田中史生　編

古代文学と隣接諸学 1

古代日本と興亡の東アジア

竹林舎

監修のことば

『古代文学と隣接諸学』と題する本シリーズは、古代日本の文芸、言語や文字文化を対象とする文学のほか、歴史学、美術史学、宗教史学などの隣接諸分野の研究成果を広く包摂した全一〇巻の論文集である。すでに公刊の『平安文学と隣接諸学』『中世文学と隣接諸学』などに続くシリーズとして、二〇一四年初夏、私が本シリーズの企画、編集のスーパーバイズを求められて以来、編者の委託や内容の検討を経てここに実現するに至った。

『古代文学と隣接諸学』の各巻に共通する目標ないし特色は、古代日本の人々の様々な営みを東アジアの視点から認識する姿勢である。作品や資料を遡及的、解釈的に捉えるだけにとどめず、歴史的展開の諸要素を一々細かくフォーカスして、古代史像の総体的な復元に立ち向かうことである。特に歴史学については、古代史における王権や国家の働きをア・プリオリに認めるのでなく、個々の事実に基づいて真の成り立ちや実態を追い求め、本質を突こうと努めている。加えて、人々のイデオロギーや心性、社会と密接な芸術、生活空間、環境、交通などにも目配りしている。

このように『古代文学と隣接諸学』は、核とする文学とそれに隣り合う専門分野の第一線で活躍する大勢の中堅、気鋭による多彩で豊富な論考を集めて、今日の研究の最高峰を指し示すものである。

本シリーズには学際研究の新鮮なエッセンスが満ちている。学際研究は異分野の研究を互いに認め合って接近し、知識やヒントを得たり方法論や理論を摂取したりすることができる。さらには研究の融合、進化をも可能にする。文学では、上代、上古、中古などという独自の時代区分を考え直すことになる。文学と文芸の関係性を解く糸口が得られる。世界文学と日本文学をめぐる議論を作り出すかもしれない。歴史学でも、多様な知見に耳を傾け、または抗うことによって、細分化する傾向にある古代史研究の総合化、体系化の方向を展望できるであろう。

本シリーズが多くの読者を魅了し、既往の諸学の成果を踏まえて未知の地平を切り拓き、今後の研究を押し広げ、深めるきっかけとなることが大いに期待される。それが新たな文学と文学史の再構築につながり、ひいては日本の人文科学の進展に寄与するならば幸いである。

二〇一七年四月　　鈴木靖民

目次

Ⅱ　宗教・思想と儀礼・文化

Ⅲ　モノがつなぐ日本と東アジア

Ⅳ　交流する人・場

序　古代文学の国際性を歴史的に考える

田中　史生

日本の古代文学は、どの側面から見るにせよ、東アジア諸地域の影響を考えずにその姿を捉えることは難しい。このために本シリーズも、東アジアからの視点を各巻共通の課題として掲げている。それを踏まえて第一巻は、日本で様々な書物がつくられるようになる奈良・平安時代を中心に、列島古代社会の展開を、東アジアの交流史のなかに位置づけようとするものである。しかしそれは、「東アジア」を最初から自明の枠組みとして置くというのではない。むしろ東アジアの関係性を具体的にみることで、その枠組み、中身をも問い直そうという意図を持っている。

近年の歴史学において「東アジア」は、一昔前ほど当たり前のキーワードとしては扱われなくなっている。中国史を成り立たせた国際環境の広がりや、海の交流の広域性・多様性、東アジアを越えるモノの流通などが様々に明らかにされるにつれ、歴史空間としての「東アジア」が相対化されていったからである。しかし一方で、古代社会の政治・思想・文化の形成・展開に多大な、時に決定的な影響を与えた文字文化に着目するならば、それをある程度の多様性をもつ漢字文化として共有した「東アジア」は、歴史的に問われるべき枠組み・空間としての有効性を依然失っていない。日本の古代文学の有り様を歴史的に問う場合、「東アジア」を問わないわけにはいかないのである。本巻ではこの東アジアと古代日本の関係性を、日本列島からだけでなく、朝鮮半島や中国大陸からも、さらには政治的・文化的な関係だけでなく、実際に流通した「モノ」、交流を担った「人」や「場」の動きにも留意して、学際的・多面的にながめてみたいと思う。

そしてまた、列島古代社会の成り立ちと展開を、東アジアの多面性・多元性のなかに位置づけることで、「日本」という空間・枠組みをも問い直すことにつなげたいと考えている。歴史空間を広域史の視点から多面的に捉えると、それぞれの面にあらわれる「内」と「外」の境界は、必ずしも重ならないことに気づかされる。そのズレを古代史から考えることは、古代日本文学という場合の「日本」とは何かを、またその成り立ちを、古代社会の実態から見つめ直すことにつながるであろう。

本巻では、以上の問題関心のもと、古代の列島社会をとりまく国際環境を、古代文学にあらわれる国際性ともかかわりの深い四つのテーマ、すなわち「国際関係の多元性と多様性」「宗教・思想と儀礼・文化」「モノがつなぐ日本と東アジア」「交流する人・場」から見てゆくこととする。これら各テーマをⅠ～Ⅳの各章とし、章毎に、それぞれのテーマを複数の視点、複数の主体から越境的、多面的に深める論考を配して、古代の「東アジア」と「日本」を相対的に捉えつつ、その特質を浮かび上がらせることを目指している。以下、各章の意図とその内容を簡単に紹介しておこう。

Ⅰ「国際関係の多元性と多様性」は、七～一三世紀の東アジアの国際関係が、多元性と多様性をもって動いていたことを、四編の論考によって見る。

最初に、金子修一氏の「隋・唐帝国からみた国際社会」が、隋・唐からみた国際関係を概観し、東アジア諸国との関係は、北アジア・西域諸国との関係とは異なり安定的に継続したこと指摘し、当該期における「東アジア」という枠組み設定の有効性について、本巻の起点にふさわしい問題提起を行う。次に唐並行期の朝鮮半島に視点を移し、赤羽目匡由氏「新羅・渤海からみた日本」が、新羅・渤海の対日外交の変遷を整理し、両国を強行に朝貢国と位置づけようとする日本に対し、新羅や渤海が唐皇帝の権威を背景に対等関係の維持をはかっていたことを指摘し、両国の対日外交に対唐関係が極めて重要な意味を持っていたことを確認する。続いて、その唐が滅亡した後に時代を移して、山崎覚士氏「呉越国・宋朝と古代日本との交渉・貿易」が、この前後から急速に成長した海商の交易活動に、日中の政治交渉が埋め込まれていた状況を読み取る。また近藤剛氏の「日本と高麗の交流」が、一〇～一三世紀の日本と高麗の関係を、研究史を踏まえて概観し、両国関係が九州や中国大陸の情勢と密接にからみついて展開していたことを、歴史段階論的に示している。

Ⅱ「宗教・思想と儀礼・文化」は、古代日本の政治・社会を支えた宗教・思想や儀礼・文化の、越境性・国際性と特性・個性の形成を、五編の論考を通して考える。

まず西村さとみ氏の「「唐風」と「国風」」が、「古代文学」や「古代文化」を考える上でも重要なキーワードとされる「唐風」「国風」を、古代の語義概念に立ち戻って再検討し、両者の関係性を「風俗」認識の変遷から歴史的に捉えて、第二章のみならず第三章へもつながる視点を提示する。次いで浜田久美子氏の「古代日本の外交儀礼」が、日本律令国家の外交儀礼を、唐・新羅・渤海のそれと比較検討し、唐の臣蕃国を意識した新羅・渤海と、唐同様の「中華」国を目指した日本では、唐に倣った外交儀礼の整備のあり方に大きな異なりがあったことを指摘する。また細井浩志氏「陰陽道と東アジア」は、中国との冊封関係下にない日本が中国系占法の影響を受けつつ独自に発展させた陰陽道の形成・展開について、八世紀後半～九世紀前半の「初期陰陽道」の成立から、一一世紀半ばの賀茂氏・安倍氏による陰陽・暦・天文道支配の確立までを追う。手島崇裕氏「平安王権と中国仏教」は、九世紀の日本仏教が、特に密教に注目して中国仏教と関わりを持ち、日本王権もこれを独自の文脈で利用したことを指摘し、一二世紀までの王権の中国仏教への向き合い方を追いながら、そこに日本の国際社会との向き合い方、対外政策・対外認識の変化を見出す。最後に葛継勇氏「漢詩による文化交流」が、漢詩による日唐交流の実態を、九世紀の入唐僧円珍に送られた唐人の送別詩を中心に検討し、東アジアの越境的な交流の場で用いられた漢詩が、その作成者の出自や文化に規定される側面があったことを示唆する。

Ⅲ「モノがつなぐ日本と東アジア」は、古代文学でもよく登場する、奈良・平安時代に国際社会から日本にもたらされた代表的なモノを選び、その流通の背後にある重層的な国際交流史を五編の論考から探る。

冒頭の河添房江氏「王朝文学に見える唐物」は、成立時代順に『竹取物語』『うつほ物語』『源氏物語』『栄花物語』から唐物交易の姿を捉え、王朝文学から、「唐物」が古代社会においてどのように受容され評価されていたかをあぶり出そうとする。次いで皆川雅樹氏の「香薬の来た道・社会」は、「唐物」の代表ともいえる香料・薬物について、その種類や、それらをどのような人々がもたらし、日本においてどのように使われていたかをみる。榎本淳一氏の「将来された書物」は、主に外典（漢籍）の日本への将来の歴史を概観したうえで、それらの特徴や性格、所蔵と伝来について明快に整理する。王海燕氏の「動物と国際交流」は、外交や貿易を通して古代日本にもたらされた家畜を中心に、これらをもたらした主体の意図を探りつつ、動物の国際交流に果たした役割を歴史的に捉える。田中克子氏の「貿易陶磁器の流通」は、考古学の立場から貿易陶磁器の種類や生産地・消費地の状況を踏まえ、八世紀後半以降に海商が中国陶磁器を日本にもたらすようになって以後一二世紀までの、日本の受容した貿易陶磁器の流通実態や、その変遷の歴史的背景について探る。

Ⅳ「交流する人・場」は、実際に現場で国境を越える諸関係を結ぶ役割を果たした「人」や「場」に着目し、国と国の関係史では収まらない国際交流史の生々しい実相と多様性を浮き彫りにしようとするものである。

最初に田中「国際交易者の実像」が、邪馬台国の時代から平安時代までの列島の国際交易の構造的変遷を見通し、交易の「場」とそこでの「人」の動きに古代の政治性と社会性を見出して、それらが古代文学にどう織り込まれたかを探る。次に交流する「人」に注目して、河内春人氏の「日唐交流における「人」」が、遣唐使の人選の変遷を分析し、日本の対唐外交に、七世紀と八世紀の質的差異があることを指摘する。また森公章氏「僧侶たちの国際交流」が、呉越国や宋に渡った日本僧を網羅的に取り上げて、唐滅亡後の日中交流の変遷を描く。続いて交流の「場」に注目して、菅波正人氏の「鴻臚館と博多」が、博多湾に面して奈良・平安時代の国際交流を担った鴻臚館と博多遺跡群の様相を、これまでの発掘調査の成果から整理する。さらに視点を列島の北方・南方へと移し、蓑島栄紀氏「列島北方史からみた日本とアジア」が北海道を舞台に、列島北方とアジアが交易によって密接に結びついていた実態を、永山修一氏の「列島南方史からみた日本とアジア」が南九州・琉球列島を舞台に、列島南方社会の日本史・アジア史とのつながりを、いずれも近年の文献史学・考古学の研究成果を踏まえて概観・整理する。

以上二〇編の論考は、それぞれに各章のテーマに沿って、扱う題材毎に完結した論を展開しているが、同時に、相互に関連して、本巻のねらいに沿った気づきと、新たな課題を全体として示してくれてもいる。その読み解き方はもちろん様々であるべきだが、編者なりにそれをいくつか整理するならば、第一に、時代や舞台・主役をスイッチしながら古代の東アジアの関係史・交流史をながめたことで、日本を含む古代の東アジア諸地域が、その範囲を越える歴史と関係を持ちながらも、密接に、また重層的・相互的・多方向的に結びついて動いていたことが、具体的に浮き彫りになったと思う。第二に、モノや文化の流通範囲は日本、さらには東アジアをも越える広がりある社会実態の存在を示す一方、その実態が、モノや文化を供給し、移動させ、受容する各主体の社会実態、社会認識とは必ずしも重ならないことも示されたと思う。例えば、多様な来歴と流通範囲を持つモノが、平安期日本で「唐」を冠した「唐物」などと一括りにされてしまうことなどは、そのどちらが歴史の本質的な広がりなのかを問うよりも、そのズレと多層性と関係性に古代社会と国際交流の実態をどう見出していくかが問われるべきであろう。

そして上記の問題とも関連するが、第三に、そのなかにあって、奈良・平安時代の日本では、中国を強く意識しながら、政治的・文化的特色を生み出そうとしていたという点である。しかしながらそれは、朝鮮半島が相対的に軽視されていたことを意味しないだろう。本巻所収のいくつかの論考が指摘しているように、その特色は、中国の冊封下にあった朝鮮半島との異なり、つまりは日本列島と朝鮮半島の国際環境の異なりからも比較論的に捉えられうるものだからである。そもそも倭国において特に意識されていたのは朝鮮半島の政治・文化情勢であったし、八世紀になっても日本と新羅・渤海との交流の密度は、唐との交流に比して圧倒的に高い。そのなかで、朝鮮諸国の側は対中関係を背景に、あるいはそれを利用して対日外交をすすめたから、日本が中国を意識せざるを得ない状況は、むしろ朝鮮諸国との関係のなかに埋め込まれていた。冒頭の金子氏の論考によって指摘された、隋・唐の国際関係における東アジア諸国との関係の、安定的継続性という特徴は、こうした日朝関係自体の特性、問題とも深く関連している可能性がある。したがって今後、本巻から得られた示唆を、朝鮮半島との比較のなかで、あるいは朝鮮半島の役割に注目して、通時代的に深めていくことも有効ではないかと思うのである。

各論考には以上の他にも、今後の歴史学とは隣接学問分野に重要な示唆を与える論点や視座、気づきが多く含まれている。それらをここで全て網羅的に示すことはできないが、それぞれを多様に響き合わせることで、古代文学を生み出した古代の「日本」の、国際社会に広がりをもつ多面性・多元性・越境性が、少しでも多く明らかなることを期待したい。

Ⅰ 国際関係の多元性と多様性

隋・唐帝国からみた国際社会

――隋・唐帝国の成立から崩壊まで――

金子　修一

一　はじめに

西嶋定生氏が一九六二年の「六―八世紀の東アジア」において当時の東アジアを規律する国際秩序としての「冊封体制」の概念を提起し、さらに一九七〇年に「東アジア世界」の存在を提唱してから半世紀ほどが過ぎた。[注1] その後、冊封体制や東アジア世界についてはさまざまな論評が加えられたが、近年では中国の北方や西方の遊牧民族と中国王朝との関係も視野に入れて、東部（東）ユーラシア世界といったより広域的な概念が登場するようになり、[注2] その見方に賛同する研究者も多くなりつつある。筆者自身は、王号等の爵位授与を軸とした「東アジア世界」という概念は充分に成立すると考えているが、隋唐の国際関係が朝鮮半島や日本といった東アジア諸国との関係だけで語られないのはもちろんである。そこで本稿では、隋・唐と周囲の諸国との関係について中国王朝を中心に概観するが、日本と関連する点についてはやや詳しく述べることとする。

このような隋・唐を中心とした国際関係については、筆者は主に『隋唐の国際秩序と東アジア』（名著刊行会、二〇〇一年）で述べており、以下の論述でも同書を基礎とした部分が多い。また、「冊封」は明清時代には多用されるが、唐以前の正史には一、二例を除いて用いられない語であり、用例から帰納的に定義できない所に冊封や冊封体制をめぐる議論が複雑になる一つの要因がある。本稿では学術的な術語として用いる場合を除いて、王に立てる場合の用語としては事実を伝える「冊立」の語を用いることとする。

二　隋代の国際社会

隋代の国際社会に関わる最も重大な事件は、開皇九年（五八九）の隋による中国統一である。隋の文帝（在位五八一～六〇四）は北周の大定元年（五八一）二月に、静帝の禅譲を受ける形で隋王朝を開いた。しかし、当時は南朝の陳（五五七～五八九）がなお健在で、中国全体は統一されていなかった。南朝では、梁の武帝（在位五〇二～五四九）の末期に侯景の乱（五四八～五五二）が勃発して梁は滅亡、五五七年に陳が成立するが、侯景の乱に起因する混乱の中で、長江中流の江陵に拠った梁の一族の蕭詧《しょうさつ》が五五五年に独立して皇帝を名乗っていた（宣帝、在位五五四～五六二）。この梁を後梁《こうりょう》といい、当初は西魏（五三五～五五六）の、西魏が北周（五五七～五八一）に滅ぼされた後は北周の傀儡国家であった。隋が建国すると後梁はそのまま隋の傀儡国であったが、開皇七年（五八七）に隋はこれを併合して江陵を拠点に長江を下り、開皇九年に陳を滅ぼして中国の統一を達成した。後漢末の一八〇年代には中国は群雄割拠の状態に陥っており、そこから数えると四百年ぶりの中国統一であった。なお、二〇一三年に隋の煬帝及び煬帝の蕭皇后の墓が揚州で発見されて話題となったが、蕭皇后は蕭詧の孫娘である。

隋の出現と中国統一によって最も大きな影響を受けたのは、東アジアの高句麗と北アジアの突厥とである。東アジアで百済と新羅とが四世紀半ばに登場するようになるのと違って、高句麗は前漢末から中国の文献に姿を現していた。三国で最も北及び西にある高句麗は歴史の古い大国でもあり、中国に境を接する位置にあって漢代から中国と交渉し、南北朝では南朝・北朝の双方に朝貢した。百済は咸安二年（三七二）に初めて東晉に朝貢し、以後は主に南朝に朝貢した。五世紀代には高句麗の南侵にさらされ、北魏孝文帝の延興二年（四七二）に北魏に遣使して高句麗征討の助勢を訴えたが、北魏に拒否されたのみならず、かえって高句麗の攻撃を受けることとなり、百済の北魏外交は完全に失敗した。[注3] ようやく六世紀半ば過ぎに、百済は北朝の北斉や北周に複数回の交渉を行うようになった。新羅も六世紀後半に北斉及び陳と複数回交渉した。南北朝時代の倭国の交渉が、東晉及び南朝の宋（四二〇〜四七九）にほぼ限られたことは周知の如くである。[注4]

北アジアでは、南下して華北に定着した北魏の故地をモンゴル系遊牧民族の柔然が領有し、五世紀以降に勢力を拡大してしばしば北魏の北辺に侵入した。しかし、五五二年には支配下のトルコ系遊牧民族の突厥が可汗を称して独立し、柔然は併合されて滅亡した。ちょうどその頃建国した北周と北斉とはそれぞれ突厥に軍事援助を要請し、優位に立った他鉢可汗（在位およそ五七二〜五八一）は、「我、南に在る両児は常に孝順なり、何ぞ貧しきを患《わずら》わんや」（『隋書』巻八四・北狄伝・突厥條）、つまり南の二人の子（北周と北斉）が常に孝順なので、突厥が貧乏になる心配はない、と嘯《うそぶ》いた。そこで隋が建国すると、陳の併合より先に突厥対策が急務となったが、開皇三年（五八三）には突厥の内紛に乗じてこれを東西に離間させることに成功した。その後、東突厥は隋末まで隋に服属した。

一方、隋の西の黄河上流以西には吐谷渾《とよくこん》が勢力を張っていた。北方遊牧民と連絡の取れない南朝は吐谷渾を通じて西域と交渉しており、南北朝時代には吐谷渾は終始優勢を誇っていた。隋代に入っても、しばしば河西回廊に侵入して隋と西域との交渉を妨害した。隋は実質的に文帝と煬帝《ようだい》（在位六〇四〜六一八）との二代の王朝であるが、文帝は陳を平定して南北朝を統一したものの、対外政策には概して消極的であった。これに対して煬帝は対外積極策に転じ、西域との交渉も盛んに行うようになった。この点は、中国を統一して長期政権の確立に成功した前漢で、中期の武帝（在位前一四一〜前八七）の時代になって積極的な対外政策が採られるようになったこととよく似ている。煬帝は大業五年（六〇九）に吐谷渾に親征してこれを大敗させ、その地に西海・河源・鄯善《ぜんぜん》・且末《しょまつ》の四郡を置いた。隋末の混乱期に吐谷渾は勢力を取り戻してしてこれら四郡を回復するが、一時的に吐谷渾は隋の勢力下に置かれたのである。後に述べるように、隋と高句麗との対立が先鋭化するのは大業三年（六〇七）以後のことで、その直後の煬帝による吐谷渾征服は、高句麗対策に集中する前に隋の背後の西方勢力を抑えて後顧の憂いを絶つ行動であった、と言うことができる。

『隋書』文帝紀及び煬帝紀で見ると、文帝朝に隋に遣使または内附した国は白狼国・靺鞨《まっかつ》・吐谷渾・突厥・百済・高麗（高句麗）・契丹・党項羌・奚《けい》・霫《しゅう》・室韋《しつい》・林邑《りんゆう》で、前述した高句麗・突厥・吐谷渾以外には、契丹・奚・霫・室韋・靺鞨、そしておそらく白狼国も含む中国東北の勢力か、吐谷渾の南に隣接する党項（タングート）であり、開皇一五年（五九五）になって漸くベトナム南部の林邑の遣使が加わる。これに対して煬帝朝では、大業元年（六〇五）に将を派遣して林邑を撃破し、大業三年（六〇七）には台湾のことと考えられている流求国に遣使し、大業六年（六一〇）に将を派遣してこれを撃っている。その他の入朝国には、突厥・吐谷渾・高昌・百済・倭・赤土・迦羅舎国・伊吾・党項羌・吐屯設（不明、西域にあり）・室韋・曹国・真臘国があり、西域や南海方面[注5]から遣使している国が増えている。また、吐谷渾を征討した大業五年には張掖《ちょうえき》の行宮《あんぐう》に至った蛮夷は三十余国あった。高句麗と和睦した翌年の大業一一年（六一五）正月元日には、突厥・新羅・靺鞨・吐火羅・亀茲《きゅうじ》・疎勒《そろく》・

于闐《うてん》（ホータン）・安国・曹国・契丹等、右に挙げなかった国も含めて二十数国の遣使がある。これは、高句麗遠征の一応の決着が隋の周囲の国々の行動に影響を与えたのであろう。その後隋は滅亡に向かうが、本紀の記録を一瞥しただけでも、煬帝朝における対外交渉の全面的な活発化は明らかである。

このように、煬帝は周辺諸国との交渉を盛んに行った。大業三年六月には突厥の啓民可汗が楡林郡巡幸中の煬帝の許に来朝し、七月には上表して服を変え冠帯を襲うことを請うた。漢の文帝の後元二年（前一六二）に匈奴の大単于《ぜんう》に遣《おく》った書に「先帝（漢の高祖）制すらく、長城以北は弓を引くの国にして命《めい》を単于に受く。長城以内は冠帯の室にして朕亦《ま》た之れを制す」（『史記』匈奴列伝）とあるように、冠帯とは中国の朝廷で身に着ける冠と衣服・帯のことで、啓民可汗は遊牧民族の風俗ではなく中国的な習俗に従うことを願ったのである。これに対して煬帝は、可汗に「賛拝不名、位在諸侯王上（賛拝して名いわず、位は諸侯王の上に在り）」という待遇を与えた。通常であれば、臣下は皇帝に拝謁する時に「臣某（当人の諱《いみな》）」を言う必要があり、隋の文帝に対して晋王楊広（煬帝）が拝謁する場合であれば「臣広」と言う。それがこの時、啓民可汗に「名いわず」という待遇を与えたのは、「臣」とは称しても諱までは言わないという措置を取って、皇帝に臣従する立場を緩和したのである。また、諸侯は周王に仕える地位の高く有力な臣下であり、漢代では皇帝の下の王は諸侯王（諸侯としての王）と言われた。「位は諸侯王の上に在り」というのは、皇帝の臣下の中で諸侯王よりさらに上の地位を与えるということで、「賛拝不名」と照応している。これらは前漢の宣帝（在位前七四～前四九）が、甘露二年（前五二）から翌年にかけて来朝した東匈奴の呼韓邪単于に与えた待遇であり、諸侯王という些か時代錯誤の語はこれに起因する。

つまり煬帝は、前漢の宣帝が服属した匈奴の呼韓邪単于に与えたのと同じ待遇を啓民可汗に与えたのである。隋が中国を統一する前に中国を統一していた王朝はほとんど前漢・後漢に限られるから、煬帝は前漢の匈奴対策における手法を援用したのであろう。その得意は推測に難くない。この時までの煬帝朝に来朝した異民族は、同年の突厥及び吐谷渾・高昌に過ぎない。それが、翌々年の大業五年になると、吐谷渾征服の前後に赤土国・高昌・吐谷渾・伊吾・吐屯設・党項羌といった北方や西域の国々が来朝し、行幸先の張掖の宴席では、前にも触れたが蛮夷の列する者は三十余国に上った。こうして周囲の国々との交渉が隋に優位に展開する中で、大業三年八月に煬帝は啓民可汗の牙帳（テント）に幸《みゆき》し、事前に派遣された武衛将軍長孫晟《ちょうそんせい》は、牙帳の中に生えている雑草を啓民可汗に巧みに勧めて刈り取らせ、居合わせた北方諸部族の酋長達に、突厥に対する隋の優位を見せつけた。しかし、この時に高句麗の使者が啓民可汗の牙帳に先に到着しており、その使者を啓民可汗は隠さずに煬帝に引き合わせたのである。

中国の東北地方にいる民族にとって、中国王朝を経由せずに長城以北の北アジアから中央アジアまで交渉を行うことは難事ではないし、それ自体中国王朝の了承を得るべき事柄でもない。しかし、高句麗は隋の平陳の後には隋を警戒して武器を調え食料を備蓄するに至り、文帝は開皇一〇年（五九〇）に親書である璽書を高句麗王高湯（平原王）に賜わって、陳の滅亡を嘆いた平原王の態度を譴責した。たまたま平原王が病死し、子の高元（嬰陽王）が王位を継いで文帝との関係は修復できたが、翌年に嬰陽王は中国東北の靺鞨の衆万余騎を率いて遼西に寇し、激怒した文帝が四男の漢王楊諒を派遣して高句麗征討を行う事件も起きていた。この征討は不首尾に終わり、嬰陽王も遣使上表して「遼東糞土の臣元」云々といって謝罪し隋と高句麗との関係は修復したが、隋の高句麗に対する警戒心は緩んでいなかったのである。煬帝は使者に対して嬰陽王に早く来朝すべきことを伝えるように言い、来朝しない場合には必ず啓民可汗を率いて高句麗に巡行する、と威嚇した。これは、隋に対して臣下の姿勢を明確にした突厥に対する威圧でもあったであろうし、高句麗と突厥との間の自由な交渉を許さない、という煬帝の意思の表明でもあったであろう。次に述べる大業八年（六一二）からの高句麗征討に突厥の啓民可汗が同行することはなかったが、大業五年に隋に来朝した高昌王麹伯雅《きくはくが》は煬帝の高句麗征討に従軍し、帰還してから煬氏一族の女性華容公主を尚《めと》っている。こうしたところにも、中国王朝と周囲の国々との君臣関係の特殊性が窺えるであろう。

大業四年（六〇八）に、煬帝は永済渠《えいさいきょ》を開鑿して、黄河から涿郡《たくぐん》（北京市東部）まで大運河を通し、対高句麗戦の準備に着手した。前述のように、翌年には吐谷渾を平定して西海・河源等の四郡を置き、後顧の憂いを絶った。この間、倭国は推古一五年（六〇七＝大業三年）に小野妹子を隋に派遣して、「日出処の天子、書を日没処の天子に致す、恙無きや云云」という国書を送り、これを覧《み》た煬帝が悦ばず、「蛮夷の書、礼を無《な》みする者有らば、復た以て聞《ぶん》する勿《なか》れ（今後、礼に戻《もと》る蛮夷の書があれば、皇帝の許に届けないように）」、といった話は有名である（『隋書』巻八一・東夷伝・倭国条）。しかし翌年の大業四年には、煬帝は帰国する小野妹子と同行させて裴世清《はいせいせい》を派遣した。永済渠を開鑿した年であり、諸家の説く通り、高句麗遠征に備えて倭国との間に無用の摩擦の生じるのを避けたものと考えて良いであろう。そしてついに、大業八年（六一二）から一〇年までの三年間、煬帝の親征も含めて毎年大軍を高句麗に派遣した。さしもの高句麗も大業一〇年（六一四）には和睦を乞い、面目を保った煬帝は高句麗使を連れて長安に帰還し、冬至に高句麗使も参加させて天を祀った。戦勝を報告したのであろう。しかし、既に大業九年の第二次遠征の最中には国内で反乱が起こっており、煬帝は大業一一年には長安を離れ、翌年には江都（揚州）に行幸し、結局大業一四年（六一八）三月に近衛軍の反乱で江都に落命した。

以上のように、高句麗遠征は煬帝の、ひいては隋王朝そのものの命取りとなってしまった。これについて、国際関係の視点で積極的な意味づけを行ったのは、初めに述べた西嶋定生氏の「六―八世紀の東アジア」であった。冊封体制の存在を念頭に置くと、煬帝の高句麗遠征に際して、その地は商（殷）・漢以来中国の領域であった、という議論（『隋書』巻六七・裴矩伝）のあることが注目される。即ち、伝統的な領域が中国王朝の秩序から脱落するのを防止し、当時の国際関係の拠って立つ秩序を正す、というのが高句麗遠征の最大の理由となり得るのである。高句麗遠征は一人の専制君主の征服欲に基づくものではなく、当時の中国の国家体制が必然的に突入せざるを得なかった自己運動と理解される。西嶋氏はこのように述べて、当時の冊封体制の特質の顕現を煬帝の高句麗遠征に認めたのである。一方宮崎市定氏は、隋朝官僚の主流は武川鎮《ぶせんちん》（中国内蒙古自治区武川県附近）の出身の軍閥であり、平陳以後に出陣の機会の減った彼等が功賞の継続を望んで起こした戦争が高句麗遠征であった、とする。また、中国史研究者として西嶋氏と並んで東アジア世界論に積極的に発言していた堀敏一氏は、煬帝の朝廷で冊封体制の論理が機能していたことと、政権を独占した少数近臣の情報操作による煬帝の情勢判断の誤りとが、高句麗遠征の致命的失敗に繋がった、とする。[注6]少なくとも、煬帝の高句麗遠征の原因の一つに上述の煬帝の対外積極策と伝統的な封疆《ほうきょう》観念との結びつきがあったことは、充分に想定できるのではないだろうか。

二　唐初における国際社会の再構築

隋末の反乱の中で晉陽（山西省太原市）に挙兵した李淵は、大業一三年（六一七）に汾水に沿って南下して長安に入り、煬帝の孫代王侑《ゆう》（恭帝）を皇帝に立てて義寧と改元した。翌年三月に煬帝が殺されると、五月に恭帝の禅譲を受ける形で長安に即位し、武徳と改元して唐王朝を開いた（高祖、在位六一八～六二六）。しかし、当時は各地に群雄が林立しており、中国全体が統一されるのは次の太宗の貞観二年（六二八）のことであった。唐は隋末に復興した突厥に兵力を借りたこともあり、突厥は高祖朝にはたびたび唐の領域に侵入した。一方、建国直後の武徳二年・三年には西域の西突厥・高昌国が遣使朝貢している。おそらく、唐に対して攻勢をかける突厥（東突厥）の牽制を意図した遣使であったであろう（『旧唐書』高祖紀）。

しかし、唐朝最初期の安定的な遣使は高句麗・百済・新羅の朝鮮三国との間で結ばれた。武徳四年（六二一）には三国がそれぞれ入朝し、新羅はこれより入朝を絶やさず、百済も武徳七年（六二四）以後、年ごとに遣使入朝したという（『旧唐書』巻一九九上・東夷伝）。同年の正月には、高祖は三国に使者を派遣して高句麗の栄留王を遼東郡王・高麗王、百済の武王を帯方郡王・百済王、新羅の真平王を楽浪郡王・新羅王に冊立した。このうちの遼東郡王・帯方郡王・楽浪郡王は、それぞれ隋代の遼東郡公・帯方郡公・楽浪郡公という爵位を進めたものである。しかし、唐代の爵位の用例では王は唐室一族の者のみが授与される最高位の爵位であるが、これに次ぐ郡王は唐室の者のほか、高位の官僚や唐王朝に服属した異民族の出身者にも授与された。[注7]従って、遼東郡王・高麗王以下の三国の爵号は、それぞれの国号（本国王）の爵位と唐に従属した異民族の爵位との併用ということになる。後述する渤海の渤海郡王の爵位も唐国内で通用する爵位であり、唐代で朝鮮三国及び渤海に他の地域の国々とは違った形の爵位授与が見られたことは注意しておく必要があるであろう。

その後、治政が安定するにつれて唐の対外計略は北方・西方に延びてゆく。紙数の関係で、唐王朝が周囲の国々に与えた王号（爵号）中心に述べてゆくが、表1に示したように、即位後まもなく中国を統一した太宗朝にあっても、王の冊立に及ぶ国際関係はなお朝鮮三国に留まっており、唐の影響力はその他の地域には積極的には及んでいない。しかし、貞観四年（六三〇）には難敵の東突厥を服属させることに成功し、十年後の貞観一四年（六四〇）には河西回廊以西の吐魯番《トゥルファン》盆地にあり、五胡十六国時代から存続していた漢人王朝の高昌国（新疆ウイグ

表1　高祖朝—睿宗朝の諸外国の王号表

皇帝	年月	国名	人名	王号	出典・備考
高祖	六二四（武徳七）年一月	高句麗	高建武	遼東郡王高麗王	冊九六四、旧一九九上等
		百済	扶餘章	帯方郡王百済王	冊九六四、旧一九九上等
		新羅	金真平	楽浪郡王新羅王	冊九六四、旧一九九上等
太宗	六三五（貞観九）年	新羅	*金善徳	楽浪郡王新羅王	旧一九九上
	六四一（貞観一五）年五月	百済	*扶餘義慈	帯方郡王百済王	冊九六四、旧一九九上等
	六四三（貞観一七）年閏六月	高句麗	*高蔵	遼東郡王高麗王	冊九六四、旧一九九上等
	六四八（貞観二二）年一月	新羅	*金真徳	楽浪郡王新羅王	冊九六四等、旧一九九上では二一年
高宗	六四九（貞観二三）年	吐蕃	弄讃	賓王	旧一九六上、新二一六上。西海郡王からの進爵。
	六五〇（永徽一）年八月	亀茲	訶黎布失畢	亀茲王	冊九六四、旧一九八
	六五四（永徽五）年閏五月	新羅	*金春秋	楽浪郡王新羅王	冊九六四等、旧一九九上では三年
	六五八（顕慶三）年一月	亀茲	*白素稽	亀茲王	冊九六四、資二〇〇
	六六一（龍朔一）年九月	新羅	*金法敏	楽浪郡王新羅王	冊九六四、資二〇〇
	六六二（龍朔二）年一月	波斯	卑路斯	波斯王	冊九六四、資二〇〇
	六六六（乾封一）年五月	吐谷渾	慕容諾曷鉢	青海国王	新二二一上、河源郡王からの進爵。
	六七四（上元一）年一月	新羅	金仁問	新羅王	資二〇二、新二二〇。金法敏の背反による。
	六七五（上元二）年二月	新羅	金法敏	（新羅王）	資二〇二、旧五。法敏の官爵を復す。
	六七九（調露一）年六月	波斯	*泥洹師（泥浬師）	波斯王	資二〇二。旧一九八に卑路斯とあるは誤り。
	六八一（開耀一）年一〇月	新羅	*金政明	新羅王	旧五、冊九六四、資二〇二。
則天武后	六九二（天授三）年	于闐	尉遅瑕（璥）	于闐王	冊九六四、資二〇五。旧一九八では于闐国王
	六九三（長寿二）年二月	新羅	*金理洪	新羅王	冊九六四、旧一九九上等
	六九六（万歳通天一）年九月	康国	篤娑鉢提	康国王	冊九六四、旧一九八
	六九八（聖暦一）年七月	康国	泥沮（涅）師師	康国王	冊九六四、旧一九八
	六九八（聖暦一）年	高句麗	高宝元	忠誠国王	旧一九九上、新二二〇。朝鮮郡王からの進爵。
	七〇三（長安三）年閏四月	新羅	金隆基（興光）	新羅王	資二〇七、冊九六四。旧一九九上では二年
中宗	七〇五～七〇七（神龍一～三）年	康国	*突昏	（康国王）	『唐会要』九九、旧一九八

○旧は『旧唐書』、新は『新唐書』、冊は『冊府元亀』、資は『資治通鑑』の略。次の数次は巻数を示す。
○人名欄の＊印は王位の継承または王の交代による冊立を示し、王号欄の（　）は推定によることを示す。

ル自治区）を占領して、この地に西州を置いた。有名な玄奘の事績は、こうして唐の計略が西域に延びていったことを象徴的に示している。玄奘は仏教発祥の地のインドに赴いて仏教の原典を学ぼうと決心したが、彼の出国した貞観二、三年はちょうど中国国内が平定された頃であり、中国人の外国行きは許されておらず、彼は命がけで密出国した。途中、タクラマカン砂漠北側の西域北道沿いにあるオアシス都市の援助を受け、ことに高昌国にはひと月滞在し、経済的な援助のみならず、その後に訪れる国々への紹介状を発行してもらった。インドでの研鑽を終えると、貞観一九年（六四五）に今度はタクラマカン砂漠南側（崑崙山脈北側）の西域南道沿いに唐に帰国したが、この時には高昌国は既になく唐の西州となっていた。そればかりでなく、玄奘は高句麗親征のために洛陽にいた太宗の手厚い歓迎を受けたのである。

隋代に中国と対立していた東突厥・吐谷渾・高句麗のうち、前述のように東突厥は当時既に唐に服属していた。吐谷渾は高祖朝・太宗朝を経て次第に唐と対立するようになったが、貞観九年（六三五）に唐の攻撃を受けて大敗し、称臣内附するに至った。唐は可汗の慕容順を西平郡王に封じ、趉胡呂烏甘豆《くつこりょううかんとう》可汗を授けた。間もなく可汗が臣下に殺されると、その子の慕容諾曷鉢《ぼようだくかつはつ》を河源郡王に封じ、烏地也抜勒刀《うちやばつろくとう》可汗を授けた。しかしその後、吐谷渾は東に勢力を伸ばした吐蕃との戦いに敗れ、咸亨《かんこう》元年（六七〇）に吐蕃に併合され、諾曷鉢は唐に内属して安楽州（寧夏回族自治区呉忠市）刺史《しし》となった。郡王と可汗との併称は唐代では吐谷渾にのみ見られる特徴であり、烏地也抜勒刀可汗は八・九世紀の交の慕容復まで継承された。[注8] 話が先まで延びてしまったが、玄奘が帰国して太宗に面会したのは、唐の対外計略が東西に活発化するこうした時期であったのである。太宗は還俗して仕官することを強く勧めたが、中国仏教の発展を願ってインドまで行った玄奘はこれを断った。しかし、太宗の要請で朝廷の援助を受けて、西域諸国における見聞を纏めた有名な『大唐西域記』を献上した。唐初には到底得られなかった西域の貴重な情報を、太宗も切望していたのであろう。

他方、高句麗は栄留王が武徳七年（六二四）に高麗王に冊立された後、唐との関係は概ね平穏に推移した。しかし貞観一六年（六四二）に、権臣の泉蓋蘇文が栄留王を弑して王弟の子の宝蔵王を立てるという事件が起きた。太宗は翌年に宝蔵王を栄留王と同じ遼東郡王・高麗王に封じたが、その時に使者を遣わして新羅を侵害しないように泉蓋蘇文に説諭した。しかし蓋蘇文はこれを拒否し、太宗は高句麗征討を決意するに至ったのである。この間の東アジアでは七世紀半ばごろから、積極的に唐と結んで国力の増強を図る新羅と、旧来の高句麗及びしばしば新羅の侵略を受けていた百済、さらに歴史的に百済との関係の深い倭国との間に、大きな対立が見られるようになっていた。貞観一九年の太宗の親征は捗々しく行かず、翌々年の貞観二一年、さらに翌年の貞観二二年と、あたかも煬帝の時のように太宗の高句麗遠征は三度にわたった。しかし太宗は貞観二三年（六四九）に病死し、高句麗との決戦は高宗朝に決着を見ることになった。なお、高宗に仕えた許敬宗等の編集で、顕慶三年（六五八）に上《たてまつ》られた『文館詞林』の巻六六四・詔三四・撫辺には「貞観年中撫慰百済王詔一首」及び「貞観年中撫慰新羅王詔一首」が収録されている。これらは共に貞観一九年（六四五）に発信されたものであり、泉蓋蘇文がその主君を殺害したこと、その懲罰のために唐が高句麗征討の兵を興すこと、その際にはそれぞれの王が援軍を差し向けるべきこと、を記している。注9

このような形で、唐と高句麗との対立は新羅・百済にも直接の影響を及ぼしたのであり、また前述のように新羅寄りの唐の姿勢は既に明らかであった。その後、唐と新羅との関係は一層緊密となり、高宗（在位六四九～六八三）の顕慶五年（六六〇）には、唐軍と新羅軍との挟撃によって百済が一旦滅ぼされ、義慈王や太子の扶餘隆らは洛陽に拉致された。すると残存の百済の遺臣鬼室福信らが、倭国に遣使して人質として倭国にいた義慈王の子扶餘豊璋の帰還と、百済復興運動の援助とを倭国に求めた。倭国側はこれを了承して援軍を差し向けたが、龍朔三年（六六三）の朝鮮半島西部の白村江の戦いで倭軍は唐軍に大敗し、扶餘豊璋が鬼室福信を殺害するなどの内紛もあり、百済は最終的に滅亡した。白村江の戦いは唐代における唐と倭国との唯一の戦闘となった。なお、孝徳天皇の白雉五年（六五四）に派遣された倭国の第三次遣唐使について、『唐会要』巻九九・永徽五年（六五四）一二月條には

高宗は書を降して之れを慰撫し、仍《よ》りて云《いわ》く、王国は新羅与《と》接近す。新羅は素より高麗（高句麗の略称）・百済の侵す所と為る。若《も》し危急有らば、王は宜しく兵を遣わして之れを救うべし、と。

とあり、唐は倭国に対しても既に新羅援助の要請を行っていたのである。

乾封《けんぽう》元年（六六六）に高句麗の泉蓋蘇文が病死すると、その長男の泉男生と弟の男建・男産との間で内紛が生じ、泉男生はその子の泉献誠を唐に遣わして援助を請うた。これを機会に唐と新羅とは高句麗を挟撃し、総章元年（六六八）には高句麗を滅ぼした。しかしその後、咸亨元年（六七〇）には高句麗の旧将鉗牟岑《けんぼうしん》が反乱を起こし、新羅に逃げていた高句麗王族の安勝（安舜とも記される）を迎えた。ところが安勝がかえって鉗牟岑を殺すなど、百済復興運動の時のような混乱が起きたが、新羅の文武王は高句麗の反乱を援助し、同年八月には安勝を高句麗王に策命（冊立）した（『三国史記』巻六）。高句麗の復興運動は咸亨四年（六七三）に平定されたが、新羅の文武王は翌年に高句麗の遺民を納め、百済の故地に官吏を派遣し安勝を報徳王とするなど、高句麗・百済の領域の接収を図った。怒った高宗は文武王の官爵を削り、人質として長安にいた文武王の弟の金仁問を新羅王に立てて帰国させた。翌年に文武王が遣使入貢して謝罪すると王の官爵を復し、金仁問は途中で長安に引き返した。[注10] その結果、唐と新羅との関係は修復され、翌儀鳳元年（六七六）、唐は平壌に置いていた安東都護府を遼東に移して朝鮮半島の直接支配を放棄し、大同江以南の朝鮮半島は新羅の領有するところとなった。これ以後の新羅を統一新羅と

呼ぶ。

その後、唐と新羅・倭国との間には大きな動きは無く、一方で倭国と新羅との交渉は七世紀末までの間が最も密接であった。[注11]その交流によって倭国が律令制の構築に邁進し、大宝元年（七〇一、武周朝の長安元年）の日本を名乗った粟田真人の遣唐使派遣に至ることはよく知られている。この間の唐と外国との交渉は次第に西に延び、高宗朝には新羅・吐谷渾に加えて吐蕃・亀茲《きゅうじ》・波斯《ペルシャ》の諸王が冊立されるようになった（表1参照）。顕慶四年（六五九）には西突厥に服属していた地域に府・州・県を置き、調露元年（六七九）には砕葉鎮を置いた（貞観二二年〈六四八〉設置という異説もある）。砕葉鎮はパミール高原以西のスイアーブにあり、唐が設置した最も西側の軍事拠点であった。こうして唐の版図は東西に広がり、唐の領域は高宗朝に最も大きく広がったのである。

四　唐中期の国際関係

しかし、永徽六年（六五五）に皇后となった則天武后がその後政治の主導権を握り、弘道元年（六八三）に高宗が洛陽で崩御すると、武后は高宗の子の中宗、続いて中宗の弟の睿宗を皇帝に立てたが、洛陽を神都と改称して政治の実権を握り、天授元年（六九〇）には周王朝（武氏の周なので武周ともいう）を開いた。武后は政権を維持している間、自分の子も含めて多くの人物を誅殺し、密告を奨励して拷問をこととするなど評判が悪いが、国内政治においては特に破綻を見せていない。だが、高宗朝末期の調露元年（六七九）にはそれまで服属していた東突厥が唐の支配下から離脱し、垂拱二～三年（六八六～六八七）には突厥第二帝国を建てた。また、咸亨元年（六七〇）に吐谷渾を併合した吐蕃は次第に東進して、武周朝には侵入を繰り返すようになった。中国の東北に存続していた契丹と奚《けい》とは、唐から離脱した突厥に帰服していたようであるが、契丹の李尽忠は唐側の対応の不備もあって、妻の兄の孫万栄と共に万歳通天元年（六九六）に反乱を起こした。この反乱は李尽忠の死去や突厥の契丹攻撃もあって翌年には終熄し、その後契丹は突厥に隷附したが、高句麗の故地から沿海州に拠った渤海が建国するのはその直後のことである。[注12]おそらく、契丹の反乱とその突厥への帰服によって、唐と中国東北との連絡が絶ちきられたのである。なお、反乱が起きると武后は李尽忠の名を李尽滅、孫万栄を孫万斬と改めている。

渤海の建国時の国名は震国（振国）であったが、先天二年（七一三）になって唐から渤海郡王の称号を受けた。[注13]その後、代宗（在位七六二～七七九）の宝応元年（七六二）に大欽茂が渤海国王を受け、また徳宗の貞元一一年（七九五）に渤海郡王に冊立された欽茂の子大嵩璘が渤海国王への進封を願うと、貞元一四年に渤海国王に進められ、以後の渤海の君主は渤海国王を受けることとなった。注意しなければならないのは、渤海郡王が唐の国内の臣下に授与される爵号であったことである。唐建国時には、高祖の侄《おい》の李奉慈が渤海郡王に封《ほう》ぜられており、大嵩璘が渤海国王へ進められた後には、『旧唐書』憲宗紀上・元和元年（八〇六）九月丙寅條に渤海郡王高崇文の名が見える。[注14]前述のように、唐の郡王号は国内の臣下にも服属した異民族にも授与された。従って、渤海郡王の授与はむしろ唐の国内の臣下に近い称号だったのである。渤海と新羅とに対しては、唐王朝が新羅をより上位に扱っていたことが既に指摘されている。[注15]さらに、渤海が最初に日本に派遣した聖武天皇神亀四年（七二七、唐の開元一五年）の使節は渤海郡王の使節であると名乗っており、渤海自身が唐の内臣的な立場にあることを外国との交渉に活用していたことが察せられる。[注16]

玄宗朝では大欽茂の父の大武藝の時に、渤海の誤解から唐と一時的に対立したことがあった。しかし、大武藝が死去すると開元二五年（七三七）に大欽茂が渤海郡王に封じられ、その後渤海国王の称号を受けたことは前述の通りであり、以後の渤海と唐との間は唐末まで平穏に推移した。渤海と新羅との関係はかなり緊張したものであったと推測されるが、[注17]大きな戦闘などは生じなかった。前述のように、渤海の日本への遣使は七二七年が最初であるが、唐と大武藝との間が悪化するのは前年の開元一四年（七二六）のことである。当然、そのような情況に対処するために日本へ遣使したものと考えられる。八世紀の日本と新羅との間では、三国時代のような臣従する態度を要求する日本と、朝鮮半島を統一して対等の外交態度を取ろうとする新羅との間で、しばしば外交上の軋轢が生じ両国の間は疎遠になった。これを埋め合わせるように、渤海と日本との交渉は一〇世紀初頭に渤海が滅亡するまで続いた。[注18]このように、八世紀以降の唐と新羅・日本・渤海との関係は、それぞれ円滑であったといえない部分もあるが、概して安定した状態で推移したのである。

則天武后の周王朝は、聖暦元年（六九八）に皇太子となった中宗を擁する臣下のクーデタで神龍元年（七〇五）正月に終わりを告げ、武后はその年の一一月に病死した。中宗（在位七〇五～七一〇）が即位したが、治政には意欲を示さずに政治の主導権は韋皇后《いこうごう》が握り、武氏一族の巻き返しもあって政治は混乱した。韋后は景龍四年（七一〇）に中宗を毒殺して娘の安楽公主を前代未聞の皇太女に立てようとしたが、中宗の弟睿宗の三男である玄宗の反撃で韋后や安楽公主が殺され、睿宗（在位七一〇～七一二）が即位して玄宗が皇太子となった。しかし、今度は睿宗及びその姉妹（妹とされることが多いが必ずしも明らかではない）の太平公主と玄宗との対立が顕在化し、太平公主の奨めで睿宗は延和元年（七一二）八月に玄宗（在位七一二～七五六）に譲位したが、太上皇帝の地位を新設してその命令を詔とし、死刑の決定権や三品以上の高官の任命権を握って自らの正殿を太極殿とした。注13に述べたように、外交権も握っていたと推測される。翌年七月に、玄宗がクーデタを起こして太平公主一派の宰相を粛清して太平公主は自殺し、中宗は太極殿から退いて大権を玄宗に返上した。このように、武后が崩御してから唐朝の政治はめまぐるしく変動したのである。なお、武后は中宗を皇太子に立てた後、長安元年（七〇一）から長安三年まで長安に滞在した。洛陽を首都としていた武后在位中の唯一の長安行幸であり、翌長安二年一一月冬至の南郊壇の天の祭祀には、皇太子に復位させた中宗を盛り立てる意味があった。ひと月前の一〇月に粟田真人の遣唐使が長安入りしており、三十年振りの日本の遣使は武后にとっても、中宗を皇太子とした自身の判断を正当化する良い宣伝材料になったと思われる。[注19]

実権を握った玄宗は、宮中の珠玉・錦繡を焼き捨てるなど当初は政治の緊縮に努め、開元の治といわれる治世を現出した。玄宗朝に異民族に賜与された王号は表2に掲げた通りであり、特に西域との関係が広がっている。契丹や奚も唐に帰服し、契丹の李失活が松漠郡王、奚の李大酺が饒楽郡王を受け、太宗の貞観二二年（六四八）に置かれ、李尽忠・孫万栄の乱で消滅した松漠・饒楽の両都督府が復活した。これらは典型的な羈縻州（羈縻府）といえる。玄宗朝に諸外国に授与された王号は二種類あり、一つは相手側の国号をそのまま用いる王号であり、いま一つは開元一四年（七二六）の契丹の李邵固の広化王、奚の李魯蘇の奉誠王のように、相手側の国号を伴わない王号である。前者を本国王、[注20]唐朝の徳に化すという意味の形容句の後者を徳化王と呼ぶと、本国王は継承されるのに対し徳化王は一度しか用いられずに継承されない、という明白な相違がある。また、「勃律国王」「護密国王」等の「国」字を挿入した本国王は、パミール高原以西の小国に多い。唐代の冊封体制を論ずる際に、東アジア地域の諸国にのみ王への冊封が行われたように言われることがあるが、西方でも勃律国王・護密国王等は継承（襲封）されており、冊封が東アジア諸国のみに限定されていないことは、注意しておく必要があるであろう。また、日本は唐からは冊立されなかったが、唐から日本に発信された唯一の国書である、張九齢の『曲江集』巻一二「勅日本国王書」（開元二三年発信）は「日本国王主明楽美御徳《すめらみこと》に勅す」と書き出される。玄宗朝以降の日本

表2　玄宗朝の諸外国の王号表　（略称等は表1に同じ）

年月		国名	人名	王号	出典・備考
七一七（開元 五）年	五月	勃律国	蘇弗舎利支離泥	勃律国王	冊九六四
七二〇（開元 八）年	三月	護密国	羅施伊具骨咄禄多比勒莫賀咄達靡薩爾	護密国王	冊九六四では護密王、開元二〇年の例に従う。
	四月	烏長国		烏長国王	冊九六四
	四月	骨咄国		骨咄国王	冊九六四
	四月	倶位国		倶位国王	冊九六四、原文の倶立は誤り。
	六月	勃律国	・蘇麟陁逸之	勃律国王	冊九六四
	八月	箇失密国	真陁羅祕勒	箇失密国王	冊九六四
	九月	謝颶国	葛達羅支頡利発誓屈爾	謝颶国王	冊九六四
	九月	罽賓国	葛達羅支特勒	罽賓国王	冊九六四
	一一月	南天竺国	尸利那羅僧伽宝多抜摩	南天竺国王	冊九六四
七二三（開元一一）年		小勃律国	没謹忙	小勃律国王	新二二一下では王、以下の例に従う。年代は推定。
七二六（開元一四）年	一月	契丹	李邵固	広化王	冊九六四、旧八等
	一月	奚	李魯蘇	奉誠王	冊九六四、旧八等
七二八（開元一六）年	一月	于闐	尉遅伏師	于闐王	冊九六四、旧一九八
	一月	疎勒	裴安之（定）	疎勒王	冊九六四、旧一九八、新二二一上
七二九（開元一七）年	一月	吐火羅	骨咄勒頡達度	吐火羅葉護悒怛王	冊九六四
七三一（開元一九）年	四月	小勃律国	・難泥	小勃律国王	冊九六四、原文は「其国王」。
	四月	曹国	咄褐	曹国王	冊九六四、九九九、旧一九八
	四月	米国	黙綴	米国王	冊九六四、九九九、旧一九八
七三二（開元二〇）年	九月	護密国	・護真檀	護密国王	冊九六四
七三二（開元二〇）年		・奚	李詩	帰義王	旧一九九下、唐に来降しての授与。
七三三（開元二一）年	四月	箇失密国	・木多筆	箇失密国王	冊九六四
七三五（開元二三）年	七~八月	奚	李帰国	帰誠王	『曲江集』九、『全唐文』二八五
七三七（開元二五）年	一月	新羅	・金承慶	新羅王	冊九六四、旧一九九上
七三八（開元二六）年	九月	南詔	蒙帰義	雲南王	冊九六四、旧一九七
	一〇月	康国	・咄喝	康国王	冊九六四、それぞれ先王の死はこれ以前で、この年に至って使者を遣して封じたもの。
	一〇月	謝颶国	・如没拂達	謝颶国王	
	一〇月	曹国	・蘇都僕羅	曹国王	
	一〇月	史国	・忽鉢	（史国王）	

	一〇月	罽賓国	*拂林罽婆	罽賓国王	冊九六四
七三九（開元二七）年		抜汗那	阿悉爛達干	奉化王	新二二一下
七四〇（開元二八）年	三月	石国	莫賀咄吐屯	石国王	冊九六四
				順義王	
	三月	突騎施	吐火仙可汗骨啜	循義王	冊九六四
七四一（開元二九）年	二月	小勃律国	*麻号来	勃律国王	冊九六四。新二二一下では麻来兮。
七四二（天宝　一）年	一月	女国	趙曳夫	帰昌王	冊九六五、旧一九七
	一月	室利仏逝国	劉滕未恭	賓義王	冊九六五、新二二二下
	一月	日南国	揚多過	懐寧王	冊九六五、旧九
		回紇	骨力裴羅	奉義王	旧一九五、資二一五
七四三（天宝　二）年	五月	新羅	*金憲英	新羅王	旧一九九上。冊九六五では新羅国王。
七四四（天宝　三）載	閏二月	陁抜薩憚国	阿魯施多	恭化王	冊九六五
	七月	曹国		懐徳王	冊九六五
	七月	米国		恭順王	冊九六五
	七月	康国		欽化王	冊九六五、旧一九八
七四五（天宝　四）載	三月？	契丹	李懐節	崇順王	冊九七九。新二一九。ともに公主降嫁を受けたときの授爵か。
		奚	李延寵	懐信王	
	七月	安国	屈底波	帰義王	冊九六五
	九月	罽賓国	*勃匐準	罽賓国王	冊九六五、旧一九八。罽賓国王を継承。
				烏長国王	
七四七（天宝　六）載	二月	陁抜斯単国	忽魯汗	帰信王	冊九六五。新二二一下では天宝五載入朝。
	二月	羅利支国	伊思倶習	義寧王	冊九六五
	二月	岐蘭国	盧薛	義賓王	冊九六五
	二月	涅蒲国	謝没	奉順王	冊九六五。新二二一下では国名は恒満。
	二月	渤達国	摩倶濫思	守義王	冊九六五。新二二一下では勃達王摩倶渋斯。
	二月	都盤国	謀思健摩訶延	順徳王	冊九六五。新二二一下では健は健、順化王。
	二月	阿没国	倶般胡没	恭信王	冊九六五。新二二一下では王名は倶那胡設。
	二月	沙蘭国	卑略斯威	順礼王	冊九六五。新二二一下
七四八（天宝　七）載		南詔	閤羅鳳	雲南王	冊九六五
七五〇（天宝　九）載	三月	掲師国	*素迦	掲師国王	冊九六五
七五三（天宝一二）載	九月	葛邏禄	頓毗伽（進頓毗）	金山王	冊九六五。新二一七下では金山郡王。
	一〇月	石国	王子那倶車鼻施	懐化王	『唐大詔令集』六四。新二二一下では那倶車鼻施。

は、唐から見てパミール高原以西の小国と同様の位置附けであったと言えそうである。[注21]

このように、直接支配の領域こそ高宗朝に及ばなかったが、玄宗朝の対外関係は唐代の中で最高の盛り上がりを見せたといえよう。しかし、律令制下の徴兵制度である府兵制が事実上停止されるなど、唐の律令制は既に破綻の兆候を見せていた。天宝一〇載（七五一）には、唐と新興のイスラム帝国（アッバース朝）との唯一の戦いであるタラス河畔の戦いが起こり、唐は敗退した。この敗戦自体は唐の西域経営に大きな影響は与えなかったが、玄宗末年の天宝一四載（七五五）には安禄山・史思明の乱（安史の乱、七六三年まで）が勃発し、唐の国内は華北を中心に大混乱に陥った。唐は回紇《かいこつ》（ウイグル、後に回鶻《かいこつ》と改称）に援軍を要請せざるを得ず、西方から吐蕃も進出した。玄宗の曾孫の徳宗（在位七七九〜八〇五）は、両税法を発布するなど唐朝の立て直しを図ったが、その貞元二年（七八六）頃には吐蕃が敦煌を占領し、唐と西域諸国との直接的な関係は断たれることとなった。

五　唐後半の国際関係

安史の乱以降の唐は、高宗朝・玄宗朝の威勢を取り戻すことはできなかった。国内では安史の乱の中心地であった華北には節度使が盤踞し、周囲の州の管轄権も手に入れて藩鎮と称され、新たな節度使を藩鎮内で決めたり、中央に送るべき租税（上供）を送らないなど、半ば地方軍閥化していった。中央では、玄宗朝から優遇されだした宦官が権力を振るうようになり、やはり安史の乱に登場した皇帝直属の神策軍の指揮権も宦官が握り、宦官が皇帝を殺害して次の皇帝を立てるような事件すら起こるようになった。対外関係では回紇（回鶻）が優位に立ち、八世紀後半から九世紀前半にかけて、唐の絹と北方の馬とを交換する絹馬交易では多量の馬を持ち込み、唐はその対応に苦しんだ。また唐代には、和蕃公主と称される帝室の女性が異民族に降嫁する外交政策が盛んに行われたが、その女性の多くは皇帝の娘ではなかった。しかし、徳宗の貞元四年（七八八）に回紇の武義成功可汗（長寿天親可汗とも）に降嫁した咸安公主は徳宗の第八女、穆宗の長慶元年（八二一）に崇徳可汗に降嫁した太和公主は穆宗の第十妹で、このような所に唐に対する回紇（回鶻）の優位が表れている[注22]。

吐蕃は安史の乱以降は唐に対する攻勢を強め、唐との間には干戈が絶えなかった。しかし、吐蕃に服属していた雲南省の南詔などが吐蕃から離反して唐に帰服するといった動きもあり、穆宗（在位八二〇～八二四）の長慶元年（八二一）から二年にかけて境界を定めた盟約が成立し、唐と吐蕃との関係は安定した。しかしその後、武宗（在位八四〇～八四六）朝から宣宗（在位八四六～八五九）朝にかけて内紛が起きて吐蕃は衰亡し、宣宗の大中三年（八四九）には唐は吐蕃に没していた多くの州を取り戻した。また、大中五年には敦煌の漢人の張義潮（張議潮）が敦煌を回復して唐と結び、帰義軍節度使としてこの地方を経営した。漢人の帰義軍節度使による敦煌地方の経営は五代まで続いた。一方、回鶻の北方にはイェニセイ川上流にいた黠戛斯《かつかつし》（キルギス）が武宗朝に台頭し、唐とも図って回鶻に攻勢をかけた。回鶻は急速に衰亡したが、その一部は吐蕃の勢力の衰えた河西地方に入り、甘州回鶻として存続した。このように、九世紀半ば以降は回鶻・吐蕃ともに唐の国際関係を巡る舞台から退場したが、唐朝も僖宗（在位八七三～八八八）の乾符《けんぷ》元年（八七四）～二年頃から中和四年（八八四）まで続いた黄巣の乱によって壊滅的な打撃を受けた。その後は地方の藩鎮が跋扈し、唐の朝廷は有力藩鎮の意向に左右される地方政権に転落した。

こうして、九世紀半ば以降の唐の国際関係は繁栄を失っていった。代宗（在位七六二～七七九）以後の唐に対する異民族の入朝を『旧唐書』『新唐書』の各本紀、『資治通鑑』及び『冊府元亀』巻九七二・外臣部朝貢五に拠って通覧すると、恒常的に朝貢する国は回紇（回鶻）・吐蕃・新羅・渤海・靺鞨（虞婁・越喜・黒水各一例を含む）・契丹・奚・室韋《しつい》・南詔・牂牁《そうか》（牂柯）に限られ、それも宣宗朝になると複数の国が同時に朝貢することは稀になり、僖宗の乾符六年（八七九）以降は朝貢記事が一切見られなくなる。ただし『資治通鑑』に拠れば、その後は南詔がたびたび唐に侵入し、唐と対等の交渉を要求するようになる。南詔は開元二六年（七三八）に蒙帰義が唐から雲南王に冊立されたが、その後は南方に進出してきた吐蕃に服属した。しかし、徳宗の貞元年間（七八五～八〇五）には吐蕃から離脱して唐に帰属した。『旧唐書』徳宗紀下には「（貞元二〇年、八〇四）十二月、吐蕃・南詔・日本国並びに遣使朝貢す」とあり、『冊府元亀』巻九七二・同年條には「二十年十一月、渤海・新羅遣使来朝す。十二月、南詔蛮・弥臣国・日本・吐蕃・並びに遣使し来りて朝貢す」とあり、空海や最澄を乗せた第一八次遣唐使は南詔や吐蕃と同時に長安入りしたのである。ちょうど南詔が吐蕃から離脱した時期であり、この両者の使節の間には緊張が走ったのではなかろうか。なお、牂牁（牂牁蛮）は雲南省東部から貴州省西部にいた山岳民族で、蛮と呼ばれる中国西南の山岳民族の中では唐に遣使することが最も多く、武宗の会昌年間には羅殿王にも冊立されている。室韋は契丹の別種とされるが、契丹や奚と別に単独で唐に遣使することもあった。

表3に拠ってこの時期の諸外国の冊立を確認すると、新羅と渤海とが共に七回で圧倒的に多く、徳宗朝から台頭してきた南詔が三回でこれに次いでいる。[注23] 唐の初期と同様に、唐後半の退潮期にも東アジア諸国との関係は比較的安定しているのに対し、唐の盛期には戦争・和平両面で交渉の活発であった、北アジア・中央アジア諸国との正規の交渉はほとんど見られないのである。加えて以下のような事実がある。毛璧「唐故振武監軍使贈内侍楊公夫人譙郡曹氏（延美）墓誌銘并序」に「次子遵誨……前年、主上龍飛、先帝晏駕、遠頒国命、達于海東」とあり（呉鋼主編『全唐文補遺』第八輯、三秦出版社、二〇〇五年）、拝根興氏は、乾符三年（八七六）に撰写されたこの墓誌銘にいう「前年」とは乾符元年のことであり、僖宗が乾符元年の即位の初めに使者を新羅に派遣して皇帝の崩

表3　粛宗朝以後の諸外国の王号表（略称等は表1と同じ）

皇帝	年月	国名	人名	王号	出典・備考
粛宗	七五七（至徳二）載一一月	回紇	太子葉護	忠義王	旧一九五
代宗	七六二（宝応一）年	渤海	大欽茂	渤海国王	旧一九九下。渤海郡王からの進爵。
	七六四（広徳二）年	于闐	尉遅曜	于闐王	旧一四四、資二二三。曜の兄勝（唐に帰附）には武都王を賜う。
	七六五（永泰一）年	林邑	*文欵	林邑王	冊九六六。先王入朝途上の死去による。年代は推定。
	七六八（大暦三）年一月	新羅	*金乾運	新羅王	冊九六五、旧一九九上
徳宗	七八五（貞元一）年二月	新羅	*金良相	新羅王	旧一二、旧一九九上
	七八五（貞元一）年	新羅	*金敬信	新羅王	冊九六五、旧一九九上。いずれも「令襲其官爵」とある。
	七九三（貞元九）年七月	哥鄰国	*利羅	哥鄰国王	『唐会要』九九。冊九六五では哥隣王。
	七九四（貞元一〇）年六月	南詔	異牟尋	南詔王	新二二二上
	七九八（貞元一四）年三月	渤海	大嵩璘	渤海国王	冊九六五、旧一九九下。渤海郡王からの進爵。
	八〇〇（貞元一六）年四月	新羅	*金俊邕	新羅王	旧一九九上、資二三五。旧一三、冊九六五では新羅国王。
順宗	八〇五（永貞一）年三月	新羅	*金重熙	新羅王	冊九六五、旧一九九上
	八〇五（永貞一）年四月	弥臣国	*楽道勿礼	弥臣国王	冊九六五、『唐会要』一〇〇、旧一四
憲宗	八〇九（元和四）年一月	渤海	*大元瑜	渤海国王	冊九六五。『唐会要』九六では元和元年。
	八〇九（元和四）年一月	南詔	*蒙閣勧	南詔王	『唐会要』九九
	八一二（元和七）年七月	新羅	*金彦章	新羅王	冊九六五、旧一九九上。『唐会要』九五では新羅王。
	八一三（元和八）年一月	渤海	*大言義	渤海国王	冊九六五、旧一五、旧一九九下
	八一八（元和一三）年五月	渤海	*大仁秀	渤海国王	冊九六五、旧一五、旧一九九下
穆宗	八二三（長慶三）年九月	南詔	*豊祐	（南詔王）	冊九六五
文宗	八三一（大和五）年一月	渤海	*大彝震	渤海国王	冊九六五、旧一七下、旧一九九下
	八三一（大和五）年四月	新羅	*金景徽	新羅王	冊九六五、旧一七下、旧一九九上
武宗	八四一～八四六年（会昌年間）	牂牁蛮		羅殿王	新二二二下。「其後又封別帥為滇王」ともある。
宣宗	八五八（大中一二）年二月	渤海	*大虔晃	渤海国王	旧一八下

御を告げ（告哀）、その使者として宦官の内僕令楊遵誨が新羅と長安との間を往復したことを指摘する。[注24]

これは、異民族への弔祭冊立使だけでなく、唐の皇帝の告哀使も異民族に派遣されていたことを示す事実として注目されるが、それが先に述べた編年史料で異民族の遣使がほとんど見られなくなる僖宗朝に新羅に対して行われていることにも注意すべきであろう。また、昭宗（在位八八八～九〇四）の乾寧《けんねい》四年（八九七）に、渤海の賀正使が渤海を新羅の上位に置くように要求した事実もある。[注25]近年、東アジア世界の見直しが盛んに叫ばれているが、隋唐の国際社会を概観すると、東アジア諸国と隋・唐との関係は、他の地域の諸国と比べて遙かに安定し、また長期的であったのである。

六　おわりに

以上、隋唐時代の国際社会を中国中心に概括してきた。秦漢以来、中国を統一した王朝にとって北アジアとの関係が最も重要となった。隋唐でも同様であったが、北アジアの主要な遊牧民族は突厥から回紇（回鶻）へと交代し、その回鶻も九世紀半ばには衰亡して甘州へと移動した。西域諸国との交渉は隋代では煬帝朝、唐代では高宗朝以降に隆盛を迎え、玄宗朝に最盛期を迎えた。しかし、唐中期の安史の乱以降は西域との関係は断ち切られ、以後は東アジアの新羅・渤海と日本、及び雲南の南詔とが唐の主要な交渉相手となった。東アジアでは七世紀半ばに大変動があり、唐との交渉相手はそれまでの高句麗・百済・新羅及び倭国から、新羅・渤海及び国名を改めた日本へと変わった。しかし、新羅や日本は隋唐と終始交渉しており、隋唐との関係を終始保っていたのは結局東アジア諸国だったのである。

前節の終わりにも述べたように、近年では中国と周囲の諸地域との関係について、東アジア世界より広域の、遊牧地域も含む東部（東）ユーラシア世界の視点で論ずべきであるという意見が強くなり、東アジア世界の概念について否定的な見解も出されるようになってきた。しかし、東アジア諸国と中国王朝との関係は、隋及び唐初に高句麗遠征が行われたのを除いて唐末まで比較的安定しており、本稿では述べなかったが、中国王朝からの爵位授与の事例は圧倒的に東アジア諸国に集中している。その点で、爵位授与を通した唐代までの東アジア世界の形成と維持、という西嶋定生氏の提言は実証的に否定されるものではない。本稿では、日本に関わる問題を多少詳しく述べた部分もあるが、他の地域に関する論点を削ったわけではない。隋唐と周囲の諸地域との関係について考えるうえで、本稿がなにがしかの参考になれば幸いである。

注

1　前者は西嶋定生『中国古代国家と東アジア世界』（東京大学出版会、一九八三年）に収録、その際「東アジア世界と冊封体制——六—八世紀の東アジア——」と改題し、補注が追加された。『西嶋定生東アジア史論集』第三巻（岩波書店、二〇〇二年）に再録されたものは『中国古代国家と東アジア世界』所収論文を底本としている。西嶋定生著・李成市編『古代東アジア世界と日本』（岩波書店、二〇〇〇年）も同様であるが、さらに編者注が附されている。また、後者は『古代東アジア世界と日本』に「序説——東アジア世界の形成」と改題して収録されている。

2　鈴木靖民「東部ユーラシア世界と東アジア世界——構造と展開」（同氏『古代日本の東アジア交流史』所収、勉誠出版、二〇一六年、初出は二〇一五年）、及び同氏「東アジア世界史と東部ユーラシア世界史——梁の国際関係・国際秩序・国際意識を中心に——」（専修大学『東アジア世界史研究センター年報』第六号、二〇一二年）参照。

3　拙稿「北朝の国書」（鈴木靖民・金子修一編『梁職貢図と東部ユーラシア世界』所収、勉誠出版、二〇一四年）参照。

4　ただし、近年紹介された「清張庚諸番職貢図巻」に引用された『梁職貢図』の倭国逸文の末尾には「斉建元中奉表貢献」とある（注3所掲『梁職貢図と東部ユーラシア世界』参照）。『南斉書』巻五八・東夷伝の倭国條には

　建元元年（四七九）、進新除使持節・都督倭新羅任那加羅秦韓六《ママ》国諸軍事・安東大将軍・倭王武号為鎮東大将軍。

とあり、従来はこの文は南斉建国に伴う御祝儀的な昇進であって、実際の遣使は無かったものと理解されていたが、右の梁職貢図逸文に拠れば、南斉への倭国の遣使もあった可能性が考えられる。

5　陳佳栄・謝方・陸峻嶺『古代南海地名匯釈』（中華書局、一九八六年）では、赤土はマレー半島西岸のケダー・ラマ（Kedah Lama）、迦羅舎国はタイのチャオプラヤ川（メナム川）河口西側のラトブリー（Rajburi）に比定している。

6　宮崎氏の所説については、『隋の煬帝』（中公文庫、一九八七年、改版二〇〇三年。『宮崎市定全集』第七巻所収、岩波書店、一九九二年、初出は一九六五年）、また『大唐帝国』（中公文庫、一九八八年、等。『宮崎市定全集』第八巻所収、一九九三年、初出は一九六八年）参照。堀氏の所説については「隋代東アジアの国際関係」（同『東アジアのなかの古代日本』所収、研文出版、一九九八年、初出は一九七九年）参照。

7　拙稿「唐代の異民族における郡王号——契丹・奚を中心にして——」（拙著『隋唐の国際秩序と東アジア』第六章、名著刊行会、二〇〇一年、初出は一九八六年）参照。

8　徳宗（在位七七九～八〇五）の貞元一四年（七九八）に、慕容復は長楽州都督・青海国王・烏地也抜勒刀可汗を襲っている（『旧唐書』巻一九八・西戎伝・吐谷渾條）。青海国王は唐代では慕容復のみの国号である。

9　拙稿「唐代の国際文書形式」（注7所掲『隋唐の国際秩序と東アジア』第四章、初出は一九七四年）参照。なお、『文館詞林』は唐では散佚したが、我が国に弘仁一四年（八二三）鈔本二十数巻が伝わっており、古典研究会から『影弘仁本文館詞林』（一九六九年）が刊行され、中国ではこれを元にした羅國威整理『日藏弘仁本文館詞林校證』（中華書局、二〇〇一年）が出版されている。

10　このようなことをわざわざ書いたのは、この頃のことに関連して近年出土して注目された禰軍《でいぐん》墓誌に

　遂能説暢天威、喩以禍福、千秋僭帝、一旦稱臣。仍領大首望數十人、將入朝謁。特蒙恩詔、授左戎衛郎將、少選遷右領軍衛中郎將、兼檢校熊津都督府司馬。（遂に能く説きて天威を暢《の》べ、喩うるに禍福《ぐふく》を以てし、千秋の僭帝、一旦に称臣す。仍りて大首望数十人を領し、将《ひき》いて入りて朝謁せしむ。特に恩詔を蒙り、左戎衛郎将を授け、少選〈しばらく〉して右領軍衛中郎将に遷り、検校熊津都督府司馬を兼ぬ）

とあるからである。禰軍は新羅の文武王一〇年（六七〇）には新羅に赴いて新羅王と高句麗の遺臣の復興運動との間を調停したが、その後新羅に拘留され、一二年九月に釈《ゆる》されて唐に派遣されたと思われる（『三国史記』巻六～七・新羅本紀及び墓誌）。そこで、多くの研究者は墓誌にある大首望数十人を新羅人や高句麗人と判断し、その功績で禰軍が左戎衛郎将を授けられたとし、さらに僭帝を文武王のことと解釈する研究者もいる。しかし、文武王一二年の禰軍の官職は熊州都督府（『三国史記』、墓誌では熊津都督府）司馬で、恩詔で左戎衛郎将（正五品上）を得た後に熊津都督府司馬を受けたことは右の墓誌の通りである（都督府司馬の官品は上都督府で従四品下、中都督府で正五品下、下都督府で従五品下であるので、熊津都督府は上都督府か）。また、文武王の官爵を削った時に唐は弟の金仁問を新羅王とし、文武王が謝罪すると王の官爵を復している。従って、この間の新羅王は空位ではなく、その時の文武王を唐側が僭帝と呼ぶのは不自然である。また、『新唐書』巻四九上・百官志上・左右驍衛條に拠れば、高宗の龍朔二年（六六二）に左右領軍衛を左右戎衛とし、咸亨元年（六七〇）に左右戎衛を領軍衛に戻している。従って、文武王一二年（六七二）以後に禰軍が左戎衛郎将を授けられることはないのであり、右のような解釈は成り立たない。なお、引用文冒頭の「遂能説暢天威喩以禍福千秋僭帝一旦稱臣」については、中国人も含めて「遂能説暢天威、喩以禍福千秋、僭帝一旦稱臣」と読む研究者がいるが、初めの「遂能」の二字を除外し、「説暢天威」以下を四字ずつで読むのが自然で、そうすれば「千秋僭帝一旦稱臣」は対比的、かつ関連した意味内容の対句として成立する。

11 関晃「遣新羅使の文化史的意義」（関晃著作集第三巻『古代の帰化人』所収、吉川弘文館、一九九六年、初出は一九五五年）参照。

12 中国史料には、渤海の建国時期に関する明確な記述はない。日本の『類聚国史』巻一九三・殊俗・渤海上に文武天皇二年（六九八）に「大祚栄始めて渤海国を建つ」とあるのが、渤海の建国の紀年を伝える唯一の史料である。

13 『旧唐書』巻一九九下・北狄伝・渤海靺鞨條には「睿宗先天二年、郎将崔訢《さいきん》を遣わして祚栄を冊拝《さくはい》して……渤海郡王と為す」とあり、大祚栄を冊立したのは皇帝の玄宗ではなく、太上皇帝の睿宗となっている。これは誤りではなく、当時の唐朝の外交権は太上皇帝の睿宗が握っていたものと考えられる。拙著『中国古代皇帝祭祀の研究』（岩波書店、二〇〇六年）第八章「中国古代の即位儀礼と郊祀・宗廟」四八六～四八八頁参照。

14 拙稿「唐朝より見た渤海の名分的位置」（注7所掲拙著『隋唐の国際秩序と東アジア』第八章、初出は一九九八年）参照。

15 古畑徹「渤海使の文化使節的側面の再検討——渤海後期の中華意識・対日意識と関連させて——」（『東北大学東洋史論集』六、一九九五年）。

16　注14所掲拙稿「唐朝より見た渤海の名分的位置」参照。

17　李成市「八世紀新羅・渤海関係の一視角――『新唐書』新羅伝長人記事の再検討」、（同『古代東アジアの民族と国家』岩波書店、一九九八年、所収、初出は一九九一年）参照。

18　渤海と日本との関係を論じた研究は近年著増しているが、代表的な専著として石井正敏『日本渤海関係史の研究』（吉川弘文館、二〇〇一年）、酒寄雅志『渤海と古代の日本』（校倉書房、同年）、があり、近年の研究書として浜田久美子『日本古代の外交儀礼と渤海』（同成社、二〇一一年）、赤羽目匡由『渤海王国の政治と社会』（吉川弘文館、同年）が挙げられる。また、日本と渤海・新羅との間で交わされた外交文書については、鈴木靖民・金子修一・石見清裕・浜田久美子編『訳註日本古代の外交文書』（八木書店、二〇一四年）を参照されたい。

19　拙稿「則天武后と杜嗣先墓誌――粟田真人の遣唐使と関連して――」（『国史学』第一九七号、二〇〇九年）参照。

20　本国王の用例として、『南斉書』巻五八・東南夷伝・加羅国條に

　建元元年（四七九）、国王荷知の使い来献す。詔して曰く、……加羅王荷知は関《まじわり》を海外に款《かん》し、贄《にえ》を東遐《とうか》に奉る。輔国将軍・本国王を授く可し。

とある。

21　唐代全般における日本の位置附けについては、拙稿「唐代国際関係における日本の位置」（注7所掲拙著『隋唐の国際秩序と東アジア』第七章、初出は一九九八年）参照。

22　中国の和蕃公主に言及した論著は数多いが、和蕃公主の事例を包括的に論じた専著に藤野月子『王昭君から文成公主へ――中国古代の国際結婚』（九州大学出版会、二〇一二年）がある。

23　本文に引用した『冊府元亀』巻九七二・貞元二〇年一二月條に南詔蛮と並称されている弥臣国が、南詔と共に遣使することの多い牂牁蛮であるとすれば、牂牁蛮は弥臣国王と羅殿王という形で唐から二度冊立されたことになる。

24　拝根興「新発現的墓志石刻与唐代東亜交流」（『石刻墓誌与唐代東亜交流研究』第一章、科学出版社、二〇一五年、初出は二〇一四年）。

25　濱田耕策「唐朝における渤海と新羅の争長事件」（末松保和博士古稀記念会編『古代東アジア史論集』下巻所収、吉川弘文館、一九七八年）参照。

新羅・渤海からみた日本

赤羽目　匡由

はじめに

新羅・渤海・日本の三国は、およそ七世紀末から十世紀前半まで、朝鮮半島・中国東北部・ロシア沿海地域・日本列島において、中国大陸の唐の政治的・文化的な影響のもと、それぞれ国家を形成し、発展させていった。しかし新羅・渤海と日本とでは、地勢的に唐から受ける圧力・影響の大きさは比較にならない。新羅・渤海両国と唐とは境を接しており、両国は、政治的には、実際に唐との軍事抗争に巻き込まれたり、唐から冊封を受けたりして、対立・協調両側面で直接的関係に迫られ[注1]、文化的には、例えば外国人対象の科挙である賓貢科に登第し、唐の官僚として活躍する新羅・渤海人が出現する[注2]など、その前提となる中国文化の社会への浸透度も根深いものがあった。新羅・渤海と日本との間に展開した交渉にも、その影響が及んでいることは容易に想定される。

筆者に与えられた課題は、新羅・渤海各々が日本をどのような存在と見なしていたかを述べることであるが、ここでは時期と検討対象とを、新羅と渤海とが同時に日本と交渉を重ねていた八世紀の、外交の場における支配層の意識に絞って素描してみたいと思う。

一　新羅からみた日本

1　八世紀新羅・日本の外交関係の推移

八世紀の新羅と日本との関係を概観する（以下、表1も併せて参照）と、まず、文武四年（七〇〇）十一月来日の金所毛から天平四年（七三二）正月来日の金長孫までは表面上、およそ宗主国日本に附庸国新羅が朝貢するという、日本を上位に置くかたちで安定した関係が展開していたといえる。[注3]『続日本紀』（以下、『続紀』）にはこの間十回の新羅使の目的を、日本への特別な従属を含意する「調」の献上、即ち「貢調」とするのが六回（七〇五年、七一九年、七二一年、七二三年、七二六年、七三二年）、朝貢形式での来朝が二回（七〇九年、七一四年）と伝える。残る二回は各々、王母（七〇〇年）・王（七〇三年）の告喪が目的であった。

しかし、天平六年（七三四）来日の金相貞以降、両国間の外交摩擦が散見し始める。

(a)二月癸卯、新羅使金相貞、入㆑京。○癸丑、遣㆓中納言正三位多治比真人県守於兵部曹司㆒、問㆓新羅入朝之旨㆒。而新羅国輙改㆓本号㆒曰㆓王城国㆒。因㆑茲、返㆓却其使㆒。

（『続紀』天平七年（七三五）二月条）

この前年十二月癸巳に大宰府へ来着した金相貞は、入京して多治比県守から尋問を受けた際、国号を新羅国から「王城国」に改めたとして、日本から退去させられた。その後まもなく、

(b)遣新羅使奏、「新羅国、失㆓常礼㆒、不㆑受㆓使旨㆒」。於㆑是、召㆓五位已上并六位已下官人惣卌五人于内裏㆒、

令レ陳二意見一。（『続紀』天平九年〔七三七〕二月己未条）

とあって、帰朝した遣新羅使が、[注4]新羅より退去させられたことを報告している。これを受け日本朝廷では、使者を派遣し理由を質す、軍隊を派遣し征伐する、などの意見が提出され、四月には伊勢神宮や香椎宮など諸社に遣使奉幣し新羅の無礼を報告している。この新羅の対応を、遣新羅使一行の疫病感染による例外的な措置という意見もある。[注5]しかし「常例を失す」、「礼无し」という日本の評価を勘案すれば、やはり新羅の報復、強硬な態度を表すと思われる。それは、『続紀』天平勝宝四年（七五二）六月壬辰条で、天皇が過去を振り返り「而るに前王承慶・大夫思恭ら、言行怠慢にして恒礼を闕失せり」とするように、承慶＝新羅孝成王（位七三七〜四二）代が日本に礼を欠いていた、とする当時の新羅朝廷の雰囲気とも符合する。

以後、新羅が日本従属下から離脱する意思を示す事件が散見する。天平十五年（七四三）に筑前に来着した金序貞は、外交文書で贈答品を「土毛」と称したことで「大いに常例を失す」、「礼を失す」とされ退去させられた。[注6]景徳王元年（七四二）十月には、今度は新羅が来朝した日本国使を退去させ（『三国史記』巻九・新羅本紀九）、同十二年（七五三）にも「秋八月、日本国使、至るも、慢りて礼無し。王、之れに見えず、乃ち廻す」（同書・新羅本紀九）とある。七五三年の日本国使とは、天平勝宝五年（七五三）二月辛巳に遣新羅大使に任命された小野田守一行にあたり（『続紀』）、この新羅行は、のち『続紀』天平宝字四年（七六〇）九月癸卯条で「其（金泰廉の入朝。七五二年閏三月）の後、小野田守を遣わす時、彼の国、礼を闕けり。故に田守、使いの事を行わずして還帰す」と回顧される。神護景雲三年（七六九）十一月対馬に来着した金初正（『続紀』同月丙子条）は、贈答品を「土毛」と称し（『続紀』宝亀元年〔七七〇〕三月丁卯条）、宝亀五年（七七四）三月に大宰府に来着した金三玄は、来朝の理由を問われて「本国の王の教を奉じ、旧好を脩め、毎に相い聘問せんことを請う」と答え、贈答品を「国信物」・「土毛」

と称した。金三玄の返答に対し日本朝廷は、「旧好を脩め、毎に相い聘問」するのは、「亢礼の隣」即ち対等の礼での交際であり、また旧例に従わず「調」を「(国)信物」と称するのは無礼だとして譴責した。[注7] 以上を通じ、およそ七三〇年代以後、新羅は日本に対して対等の外交姿勢を取るようになったことを確認できる。[注8]

しかし一方この間新羅は、日本の求める態度でも交渉を行っている。天平勝宝四年閏三月に大宰府に来着した金泰廉は、貿易を円滑に進めるため新羅が、日本に朝貢する附庸国という外交姿勢で交渉した特殊な事例として注目されており、[注9] 自身「御調を貢ぐ」と発言している(『続紀』同年六月己丑条)。天平宝字四年九月来朝の金貞巻も「朝貢」したとされ、貞巻自身が「本国の王、御調を賚らし貢進せしむ」(『続紀』同月癸卯条)と発言している。天平宝字七年(七六三)二月には、「朝貢」してきた新羅使金体信が、その来朝の趣旨を「唯だ調もて是れ貢するのみ」と返答している(『続紀』同月癸未条)。そして日本への最後の公的使節となる、宝亀十年(七七九)七月に大宰府に来着した金蘭蓀は、新羅王の言葉として「夫れ新羅は開国以降、…、御調を貢奉すること年紀久し。…。是こを以て、謹んで薩飡金蘭蓀・級飡金巌らを遣わし御調を貢ぎ、兼ねて元正を賀せしむ」と天皇に奏上しているのである。

以上見たように新羅が日本に対し対等外交を志向しながらも、日本に恭順な態度を示すことがあったのは、新羅を附庸国とする日本の対新羅観に基づく外交圧力[注10]によると見てよい。こうした新羅の外交姿勢の変化を、その時々の両国の政治情勢と照合して個別的に分析する試みがあってもよい。しかし大きく見て七三〇年代以後、新羅の外交姿勢が対等志向に変化した趨勢は認められよう。それではこうした新羅の外交姿勢の変化は、何故起こったのだろうか。

2　七世紀後半～八世紀における新羅の国際環境と日本の対新羅観

前節末尾の疑問を考えるにあたり、日本が新羅を朝貢国・附庸国とみなすようになった次第を、新羅をとりまく国際情勢と対照しつつ概観する。まず、唐成立後の六二〇年以降に、日本へ派遣された新羅使の一覧表（表1）を掲げる。その遣使間隔を指標に六五六年以降をⅠ～Ⅳの四期に時期区分した（なお、本稿の叙述には直接関係ないが、第Ⅰ期の特徴を際立たせるため、表1には六五六年以前の新羅使も便宜上収録した）。新羅をとりまく国際情勢は、対日遣使と密接に関わると思われるからである。

第Ⅰ期は、六五七年から六六七年までの遣使中断期間である。これは新羅が、日本の同盟国であった百済、及び高句麗との対立・戦争状態にあったためである。

七世紀中葉、高句麗・百済の攻勢に苦しんでいた新羅は、救援を求めて唐と連合する。唐は、高句麗平定の障碍となる百済の征討を実行し、六六〇年、唐・新羅連合軍は百済を滅ぼす。その後まもなく百済復興運動が起こり、百済の同盟国であった日本は復興軍を援助するが、唐・新羅の圧迫を受け復興軍の勢力は次第に弱まり、日本水軍が唐水軍に白村江で大敗（六六三年）したこともあり、百済復興運動は挫折する。一方、唐の侵攻をしのいでいた高句麗ではあったが六六六年、権臣泉蓋蘇文が没するや、その子三兄弟に反目が生じ、これに乗じ六六七年、唐は高句麗征討に踏み切り、翌六六八年、新羅軍と合同で王都平壌を陥とし、高句麗を滅ぼしたのであった。[注11]

第Ⅱ期は、唐・新羅が高句麗を滅ぼした六六八年から六九三年までである。六六八年、新羅は斉明二年（六五六）以来の日本遣使を再開する。しかも「新羅、沙喙の級飡金東厳らを遣わし調を進す」（『日本書紀』天智天

表1　六二〇年以降の新羅使（青木和夫他校注『続日本紀』一、岩波書店、一九八九年を改変）

来着年月	使節（官位）	備　考
推古二十九（六二一）	伊彌買（奈末）	朝貢。上表して使いの旨を奏す。
推古三十一（六二三）・七	智洗爾（奈末）	仏像・金塔・舎利等を貢す。
舒明四（六三二）・八	不明	唐使高表仁らを送る新羅送使。
舒明十（六三八）	不明	朝貢。
舒明十一（六三九）・九	不明	唐に渡った学問僧を送る新羅送使。
舒明十二（六四〇）・十	不明	朝貢。
皇極元（六四二）・三	不明	賀騰極使・弔喪使ら。
大化元（六四五）・七	不明	進調。
大化三（六四七）・正	不明	調賦貢献。
大化三（六四七）	金春秋（大阿飡）ら	高向黒麻呂らを送る使。孔雀などを献ず。
大化四（六四八）	不明	貢調。
大化五（六四九）	金多遂（沙飡）ら	金多遂は質として来倭。
白雉元（六五〇）・四	不明	貢調。
白雉二（六五一）・六	知万（沙飡）	貢調。唐服を着て来倭。筑紫より放還。
白雉三（六五二）・四	不明	貢調。
白雉四（六五三）・六	不明	貢調。
白雉五（六五四）・七	不明	遣唐使の送使。
白雉五（六五四）	不明	孝徳を弔う使い。
斉明元（六五五）	不明	進調。
斉明二（六五六）	不明	進調。
Ⅰ		
〈中断期間〉		
Ⅱ		
天智七（六六八）・九	金東厳（級飡）ら	進調。
天智八（六六九）・九	督儒（沙飡）ら	進調。
天智十（六七一）・六	不明	進調。
天武元（六七二）・十一	金押実ら	
天武二（六七三）・閏六	金承元（韓阿飡）ら	天武の騰極を賀す使、天智の弔喪使（調使）など。
天武二（六七三）・八	金利益（韓奈末）	送高麗使。
天武四（六七五）・二	王子金忠元ら	進調。
天武四（六七五）・三	朴勤修（級飡）ら	進調。
天武五（六七六）・十一	金清平（沙飡）ら	請政、進調など。
天武七（六七八）	金消勿（汲飡）ら	進調。途中遭難。
天武八（六七九）・二	甘勿那（奈末）	送高麗使。
天武八（六七九）・十	金項那（阿飡）ら	朝貢進調。
天武九（六八〇）・五	考那（大奈末）	送高麗使。
天武九（六八〇）・十一	金若弼（沙飡）ら	進調。
天武十（六八一）・十	金忠平（一吉飡）ら	貢調。
天武十一（六八二）・六	金釈起（大那末）	送高麗使。
天武十二（六八三）・十一	金主山（沙飡）ら	進調。
天武十三（六八四）・十二	金物儒（大奈末）	留学生・捕虜を送る使。
天武十四（六八五）・十一	金智祥（波珍飡）ら	請政、進調。
持統元（六八七）・九	王子金霜林ら	請政、献調賦。

	持統三(六八九)・四	金道那(級飡)ら	天武の弔喪使。
	持統四(六九〇)・九	金高訓(大奈末)ら	学問僧・捕虜らを送る使。
	持統六(六九二)・十一	朴億徳(級飡)ら	進調。
	持統七(六九三)・二	金江南(沙飡)ら	新羅王の喪を告げる使。
Ⅲ	持統九(六九五)・三	王子金良琳ら	奉請国政、進調献物。
	文武元(六九七)・十	金弼徳(一吉飡)ら	朝貢、貢調。
	文武四(七〇〇)・十一	金所毛(薩飡)ら	王母の喪を告げる使。
	大宝三(七〇三)・正	金福護(薩飡)ら	王の喪を告げる使。
	慶雲二(七〇五)・十	金儒吉(一吉飡)ら	貢調。
	和銅二(七〇九)・三	金信福ら	貢方物。
	和銅七(七一四)・十一	金元静(重阿飡)ら	朝貢。
	養老三(七一九)・五	金長言(級飡)ら	貢調。
	養老五(七二一)・十二	金乾安(一吉飡)ら	貢調。
	養老七(七二三)・八	金貞宿(韓奈麻)ら	貢調。
	神亀三(七二六)・五	金造近(薩飡)ら	貢調。
	天平四(七三二)・正	金長孫(韓奈麻)ら	貢調。年期を奏請。
	天平六(七三四)・十二	金相貞(級伐飡)ら	貢調。国号を「王城国」としたため返却。
Ⅳ	天平十・正(七三八)	金想純(級飡)ら	大宰府より帰国させる。
	天平十四(七四二)・二	金欽英(沙飡)ら	恭仁宮未完成のため大宰府より帰国させる。
	天平十五(七四三)・三	金序貞(薩飡)ら	調を土毛と称す。失礼として大宰府より帰国させる。
	天平勝宝四(七五二)・閏三	王子金泰廉(韓阿飡)ら	貢調。入朝を嘉すも国王自身の入朝又は表文を要求。
	天平宝字四(七六〇)・九	金貞巻(級飡)ら	朝貢。使の身分が低いとして帰国させる。
	天平宝字七(七六三)・二	金体信(級飡)ら	朝貢。王子又は執政大夫の入朝を命じ追い返す。
	天平宝字八(七六四)・七	金才伯(大奈麻)ら	日本僧の帰国を確認する使。
	神護景雲三(七六九)・十一	金初正(級飡)ら	大宰府で接待、帰国させる。
	宝亀五(七七四)・三	金三玄(沙飡)ら	調を国信と称したため、大宰府より帰国させる。
	宝亀十(七七九)・七	金蘭蓀(薩飡)ら	賀正、貢調。
	延暦二十二(八〇三)・七	不明	
	承和七(八四〇)・十二	不明	王の使者でないため、鎮西より帰国させる。

皇七年（六六八）秋九月丙午朔癸巳条）とあるように、「進調」したという。以後、進調や「奉請国政（請政）[注12]」のように日本への従属姿勢を示し、ほぼ連年の遣使が六九三年まで続く（表1参照）。

この時期は、唐軍と協力して百済・高句麗両国を倒した新羅が、唐の羈縻州支配下に入った両国旧領をめぐり、唐と対立・戦争に至り、唐への謝罪で戦争は終結したものの、関係が冷却していた時期である。

百済旧領をめぐっては、高句麗滅亡後間もない六六九年ごろ侵攻を始め、翌六七〇年以降それを本格化させる。一方、高句麗旧領をめぐっては、六七〇年に起こった高句麗遺民の唐への反乱を支援し、旧高句麗王族の安勝が新羅に来降した際には、これを王に封じ金馬渚（全羅北道益山市）に安置した（報徳国）。

このように新羅は、平壌以南の高句麗・百済の旧領領有を目指したため、ついに六七四年二月、唐は新羅征討の軍を起こし、冊封していた文武王の官爵を剝奪する。六七五年九月、新羅が謝罪して再び官爵を授与され、翌年まで局地戦は続くが、戦争状態は一応の終結をみる。ただし再授与された官爵は降格されており、また六七六年二月の安東都護府・熊津都督府の遼東移転も、唐の朝鮮半島占領放棄を意味せず、さらに六七八年時点でも唐には新羅征討計画が存在し、唐・新羅間の先鋭化した対立はこの頃まで続いていた。その後も新羅は、六八〇～九〇年代初頭まで、対唐消極外交を展開する。

日本とは、旧百済・高句麗領編入問題をめぐり、友好関係を維持することが必須であった。旧百済領をめぐっては、古来日本は百済と密接な関係にあった。新羅は六八七年頃までその編入を完全には終えておらず、そこへの日本の介入を避けたかったのである。一方、旧高句麗領をめぐっては、報徳国が建国当初より日本と通交しており、その吸収にあたり日本との関係を考慮する必要があった[注13]。

第Ⅱ期は新羅にとって、対唐関係ではおよそ対立・冷却関係にあり、同時に朝鮮半島内での自領拡大のため、日本との友好関係を維持する必要があった。それゆえ日本に対し従属的な外交が行われたと考えられる。

新羅を「調」を献じて朝貢すべき「蕃国」と位置づける、古代日本の新羅附庸国観は、七〇一年制定の大宝律令で確立されたが、これと密接に関わって記紀には神功皇后伝説が伝えられ、新羅が日本へ朝貢すべき由来が語られる。これに基づき八世紀中～後葉にかけ日本は、新羅が遠世より舟檝を連ねて供奉してきたとして、度々その朝貢・従属を強要した。[注14] 神功皇后伝説が記紀に伝わるような形で定着したのは、通説では天武・持統朝とされるが、[注15] 最近、そこには天武・持統朝より奈良時代前期にかけ一時的に新羅が継続的に日本に朝貢した事実が大きく影響したと指摘されている。[注16] 何れにせよこの第Ⅱ期の、新羅の置かれた厳しい国際環境が後の日本の朝貢・従属強要につながるのである。

第Ⅲ期は、六九五年から七三二年までである。第Ⅱ期がほぼ連年遣使だったのとは異なり、第Ⅲ期は遣使間隔が二～六年と開く。この時期は、おおむね唐と親密・安定的な外交関係が続き、日本への遣使間隔が開く一方で、日本を上位に置く形式で安定した外交関係が展開する。

第Ⅱ期に懸案であった旧百済領は編入を完了し（六八七年）、旧高句麗領もやはり報徳国を廃止し安勝を王都に移住させ（六八三年）、問題は既に一応の解決を見ており、対唐関係においては、六九五年の武周の正朔導入の頃より関係重視・親唐路線へ変化し、七〇〇年代に入ると急速に接近する。[注17] その後も多少の紆余曲折はあるものの、七三〇年代初頭に至るまで唐・新羅関係は親密な関係が継続する。[注18]

第Ⅳ期は、七三四年の「王城国」への国号変更事件以降である。この時期以降、両国間で外交摩擦が生じることが多くなる。

七二六年以降唐と対立関係にあった渤海が七三二年、唐の登州に入寇するや、新羅は唐側に立って参戦し、浿江（大同江）以南の地の領有を認められる（七三五年）など、対唐関係は一層の親密化を果たす。日羅間で外交摩擦が頻見するようになるのは、こうした国際情勢を反映すると見てよい。

以上のように見ると、第Ⅳ期に入って始めて新羅が日本に対し対等の外交姿勢を取ったとみるには、疑問を差し挟む余地もあろう。第Ⅲ期にはすでに、新羅をとりまく国際環境からすると、日本に朝貢国として従属的態度

を取る必要性は消滅しており、第Ⅳ期にはその傾向がより一層明確化するに過ぎないからである。[注19]

3　新羅の対日本対等外交志向と唐との関係

そこで第Ⅲ期以降に、新羅の日本に対する外交姿勢の変化を示唆すると思われる事例を取り上げて検討を加え、その特徴を抽出してみたい。

第一に取り上げるのは、和銅二年（七〇九）三月に来日した新羅使金信福と藤原不比等との会見でのやりとりである。すでに指摘があるように、この会見は日本を上位とする立場で、特別に両国の修好を図る目的で行われたものである。[注20] そうした性格を認めた上で、なお別途新羅使の意図をうかがってみたい。史料を掲げれば次のとおりである。

(c)右大臣藤原朝臣不比等、引二新羅使於弁官庁内一語曰、新羅国使、自レ古入朝、然未下曽与二執政大臣一談話上。而今日披晤者、欲下結二二国之好一、成中往来之親上也。使人等即避レ坐而拝、復レ坐而対曰、使等、本国卑下之人也。然受二王臣教一、得レ入二聖朝一。適従二下風一、幸甚難レ言。況引二升榻上一、親対二威顔一。仰承二恩教一、伏深欣懼。

（『続紀』和銅二年五月壬午是日条）

ここの新羅使は、金信福と見てよい。全体的にこの会見では、金信福の恐縮した態度が目につく。注目したいのは、金信福が「王臣の教」を受けて日本に入朝したとする一節である。「王臣」とは「王の臣」を意味する。すでにこれを新羅王か、藤原不比等かとする二つの案[注21]が提示されているが、他にも文字どおり「新羅王の臣」とも解されよう。一般的に新羅では王の命令を「教」と称したが、新羅中央官庁の執事部の次官である典大等が「教」を下したと解釈される木簡が発見されているので、[注22] 金信福は新羅高官の「教」を受け日本に派遣された可能性もなくはない。しかし、後代の事例で金体信が「国王の教を承け、唯だ調もて是れ貢するのみ」(『続紀』天平宝字七年二月癸未条)といい、金三玄が「本国の王の教を奉じ、旧好を脩め毎に相い聘問せんことを請う」(『続紀』宝亀五年三月癸卯条)といい、各々新羅使が新羅王の「教」を受け来日したとすることから見て、「王臣の教」とは「新羅王の教」と見てよい。

そこで次に問題となるのは、「王の教」ではなく、わざわざ金信福が「王臣の教」と述べることである。「王の臣」が新羅王であれば、その上に立つ「王」が存在するはずである。「王」とは、ここでは唐皇帝にあたるのではなかろうか。即ち新羅王が唐皇帝に冊封された「臣」であることを念頭に置いた発言だと思うのである。そしてこの発言は、金信福の個人的・偶発的見解ではなかろう。自らが仕える君主の地位を殊更貶める理由はないからである。当時の新羅支配層の間に、新羅王を唐皇帝の「王臣」とする理解が広まっていたのであろう。[注23]

先述の如く七〇九年当時の唐・新羅関係は親密であり、新羅王は唐皇帝から安定して冊封を受けている。[注24]こうした関係を背景に、唐の権威を仄めかしつつ、新羅使が日本に対し自国の地位向上を図ったと考える余地はあると思う。

第二に取り上げるのは、先述の国号を「王城国」と改めたとされる事件である。以下、濱田耕策氏の研究[注25]を参考に考察してゆこう。

まず「王城国」とは、新羅王都の金城を意味する新羅語を使者の金相貞が漢訳したもの、という想定も一応可能であるが、濱田氏が的確に指摘するように、ならば単に「王城」でよく、「国」字の解釈がむずかしい。やはり「王城国」には、「王都」の語の翻訳以上の何らかの意味が込められていると思われる。

そこで次に、その意味するところを考えよう。濱田氏は和田軍一氏の指摘を支持し、独立国としての自尊意識の表れとする。和田・濱田氏両氏とも「王城国」を称することが何故自尊意識を示すのかへの言及はないが、「王城」には「天子の都城」の意味があるので、自国を天子が居する国に擬する自尊意識とすることもできる。最近では「王城国」を仏教的な自己中心的意識で、中国的な帝国を志向したものとする意見[注26]もある。

しかし金相貞は、「新羅貢調使」の肩書きで大宰府に来着している（『続紀』天平六年十二月癸巳条）。こうした従属的態度を表明する金相貞が、直截的な自尊・自己中心意識を日本官人に表明するというのは少しく疑問である。しかも新羅の反日本的姿勢は、(b)のとおり金相貞の帰国を承けて明確化するのである。

「王城」には、文字どおり「王の城」の意味がある。例えば『新唐書』地理志末尾に記される所謂賈耽「道里記[注27]」には、「新羅王城」、「渤海王城」が見える。「道里記」の記事は、唐の勅使が外国や辺境に派遣された際の見聞に基づくと考えられるので、ここでの「王城」とは、唐人から見て皇帝の臣たる蕃国の王の居城、を意味しよう。金相貞が称した「王城国」も唐皇帝の冊封を受けた新羅「王の城」、それを中心とした国の意味ではなかろうか。

金相貞は多治比県守に入朝の意図を尋問されるなか、話が国号に及んだ際に「王城国」と称したのであろう。積極的に自尊・自己中心意識を表出したかはわからない。しかし「王城国」の称謂が外部に出たのは、それが新羅支配層の一般的な認識だったためと思われる。それゆえその限りで金相貞が「王城国」を称したことは、唐の権威を背景とした自尊意識の表れということは可能であろう。

第三に取り上げるのは、七七九年七月に賀正・貢調を目的として来日した金蘭蓀に随行した金巌の事例である。

(d)（金）允忠庶孫巌、性聡敏、好習㆓方術㆒。少壮為㆓伊飡㆒、入㆑唐宿衛、間就㆑師学㆓陰陽家法㆒。…。大暦

(七六六～七九)中、還レ国為二司天大博士一。…。大暦十四年(七七九)、受レ命聘二日本国一。其国王知二其賢一、欲レ勒二留之一。会大唐使臣高鶴林来、相見甚懽。倭人認三巌為二大国所一レ知、故不二敢留一。乃還。

(『三国史記』巻四三・列伝三・金庾信下)

金巌の日本での事跡は、日本側史料の『続紀』にも伝わり(同書・宝亀十一年〔七八〇〕正月辛未条、壬申条)、このときの新羅使一行と唐使高鶴林との日本での接触も同書で確認できる(同書・宝亀十年十月癸丑条、同十一年正月己巳条)。(d)は史実を伝えていると見てよい。

(d)によると、金巌と高鶴林とは、日本の朝廷で対面してお互い大いに喜んだという。金巌は入唐経験があり、唐滞在中に陰陽家法を学んで名を馳せたというので、二人は元々旧知の間柄だったか、唐で名を知られた金巌を高鶴林が間接的に知っていたかであろう。そうした二人の親しげな姿をみて、天皇は金巌が大国＝唐で有名であることを覚り、抑留を諦めたという。唐の権威が新羅使ひいては新羅の国家的地位を高めた事例といえよう。

しかしこの出来事は日本の朝廷で偶発的に起こったとはみられない。高鶴林は、宝亀九年(七七八)秋、遣唐判官海上三狩の帰国に同行したが途中耽羅(済州島)に漂着し、のちに新羅使とともに来日したのであった。このときの新羅使の目的の一つが、海上三狩・高鶴林らの日本への送迎にあったと見てよい(『続紀』宝亀十一年正月辛未条)。従って、金巌と高鶴林とは、すでに新羅国内で顔を合わせており、当然それは新羅王の関知するところだったであろう。唐使高鶴林との親密ぶりを日本朝廷で見せつけ、天皇に一目置かせたのは、新羅の巧妙な外交アピールと解釈することができよう。この事例からも、新羅が唐(皇帝)の権威を背景に、自らの外交的立場を高めようとしていたことがうかがえる。

以上三つの事例で、新羅が唐(皇帝)の権威を借りるという回りくどい手段をとったのは、新羅を附庸国と位置づけようとするところから出る、日本の強硬な外交姿勢の圧力をかわすためであったろう。いくら独善的な中華意識をもつ日本とて、唐皇帝の権威を無碍に否定することはできない。そして唐との関係が安定・親密化する七世紀末以降、そうした手段をとりうる環境が整ったのであった。以上の事例を通して、新羅の苦心のさまがかいま見えるのではないかと思うのである。

二　渤海からみた日本

1　日本の渤海に対する外交姿勢

約二〇〇年に及ぶ渤海と日本との交渉は、七二七年の渤海王大武芸の日本への使節派遣に始まる。大武芸の東北方への領土拡張に対し、渤海北方に位置し強盛を誇っていた黒水靺鞨が対抗上、唐との通好を模索して（開元十年（七二二））、これに応じた唐は羈縻州である黒水州都督府を設置した（開元十四年（七二六））。こうして渤海・唐間に対立が生じ、一方渤海の南進により、朝鮮半島日本海側で境を接した新羅とも緊張関係に入った。渤海の第一回日本遣使は、以上の情勢に危機を感じた大武芸が、軍事的提携を求めて始まったのであった[注28]。

このとき大武芸が天皇に送った国書には、

(e)武芸啓。山河異レ域、国土不レ同。延聴二風猷一、但増二傾仰一。伏惟大王、天朝受レ命、日本開レ基、奕葉重光、本枝百世。武芸忝当二列国一、濫惣二諸蕃一。復二高麗之旧居一、有二扶余之遺俗一。…。親レ仁結レ援、庶叶二前経一、通レ使聘レ隣、始二乎今日一。…。土宜雖レ賤、用表二献芹之誠一、皮幣非レ珍、還慚二掩口之誚一。生理有レ限、披胆未レ期。時嗣二音徽一、永敦二隣好一。

（『続紀』神亀五年（七二八）正月甲寅条）

とあって、渤海が高句麗の旧領を回復し、扶余の習俗（高句麗始祖が扶余から分かれ出たという伝説より、ここでは高句麗の習俗と同義）を保っているという高句麗継承国意識を表明している。この国書の内容は古くは、古えの高句麗の如く日本に朝貢しようとする意志を表明したもの、と解釈されてきたが、石井正敏氏は、渤海が往時の大国高句麗を継承する国家であることを誇り、低姿勢ながらも日本を対等と見なすものだったことを明らかにした。[注29] しかし日本はこうした渤海の高句麗継承意識を誤解し、渤海に朝貢形式の臣礼をとるよう要求し続けた。

(f)天皇敬問二渤海国王一。…。王僻二居海外一、遠使入朝。丹心至明、深可二嘉尚一。但省二来啓一、无レ称二臣名一。仍尋二高麗旧記一、国平之日、上表文云、族惟兄弟、義則君臣。…。由レ是、先廻之後、既賜二勅書一。何其今歳之朝、重无二上表一。以レ礼進退、彼此共同。王熟思レ之。…。

（『続紀』天平勝宝五年六月丁丑条）

(g)先レ是、責二問渤海王表无レ礼於壱万福一。是日、告二壱万福等一曰、万福等、実是渤海王使者。所レ上之表、豈違レ例无レ礼乎。由レ茲、不レ収二其表一。…。

（『続紀』宝亀三年（七七二）正月丁酉条）

(h)賜二渤海王書一云、天皇敬問二高麗国王一。…。昔高麗全盛時、其王高氏祖宗、奕世介二居瀛表一、親如二兄弟一、義若二君臣一。帆レ海梯レ山、朝貢相続。…。①爰洎二神亀四年一、王之先考左金吾衛大将軍・渤海郡王、遣レ使来朝、始修二職貢一。…。今省二来書一、頓改二父道一、日下不レ注二官品・姓名一、②書尾虚陳二天孫僭号一。遠度二王意一、豈有レ是乎。…。又高氏之世、兵乱無レ休、為レ仮二朝威一、彼称二兄弟一。③方今、大氏曾無レ事、故妄称二舅甥一、於レ礼失矣。後歳之使、不レ可二更然一。…。

（『続紀』宝亀三年二月己卯条）

(i)遣レ使宣二告渤海使烏須弗一曰、太政官処分、前使壱万福等所レ進表詞驕慢。故告二知其状一、罷去已畢。而今能登国司言、渤海国使烏須弗等所レ進表函、違レ例无レ礼者。由レ是、不レ召二朝庭一、返二却本郷一。…。又渤海使、取二此道一来朝者、承前禁断。自レ今以後、宜下依二旧例一、従二筑紫道一来朝上。

（『続紀』宝亀四年〔七七三〕六月戊辰条）

(j)勅二検校渤海人使一、押領高洋弼等進表無レ礼、宜レ勿レ令レ進。又不レ就二筑紫一、巧レ言求二便宜一、加二勘当一、勿レ令二更然一。

（『続紀』宝亀十年十一月乙亥条）

(f)では、七五二年来日の慕施蒙らの帰国に際し、日本が「高麗旧記」を引用し、日本と高句麗とが兄弟・君臣関係だったとして渤海にその関係を要求し、君臣・上下関係を明示する上表文の提出を迫っている。(g)・(i)・(j)ではいずれも、渤海使の提出した「表」を無礼として譴責する。(h)では、(f)と同様日本と高句麗との関係に擬え渤海に兄弟・君臣関係を求め、さらに国書の字句や、渤海が兄弟関係を舅甥関係と改めたことを非難する。(i)・(j)では、渤海に筑紫（大宰府）からの入朝を命じているが、これは、高句麗時代の朝貢形式での交渉を要求したものである。[注30] 以上は、渤海の外交姿勢が日本側に問題ありとされ、紛糾が生じた例だが、当然、渤海が日本の満足する外交姿勢をとることもあり、その際も日本は渤海を朝貢してくる臣下と位置づけている。

要するに、日本は執拗に渤海に対し朝貢国、臣下としての態度を取るよう要求したのであった。こうした理不尽な要求に、渤海はどのように対処したのであろうか。

2　渤海の日本に対する外交姿勢

まず渤海の日本に対する外交姿勢として確認すべきは、(e)の第一回渤海使が持参した国書の内容にみたとおり、基本的に日本に対して対等の立場で外交に臨んでいたことである。(e)には「使いを遣わし隣を聘う」「永えに隣好を敦くせん」とあり、同じく七三九年来朝の渤海使が持参した王啓には「毎に隣好を脩む」「隣義軽きに非ず」（『続紀』天平十一年〔七三九〕十二月戊申条）とある。また七五九年には、

(k)渤海使輔国大将軍・玄菟州刺史・押衙官・開国公高南申相随来朝。其中台牒曰、迎藤原河清使惣九十九人、…。内外騒荒、未レ有二平殄一。即欲二放還一、恐レ被二害殘一、又欲二勒還一、慮レ違二隣意一。仍放二頭首高元度等十一人一、往二大唐一迎二河清一、即差二此使一、同為二発遣一。…。（『続紀』天平宝字三年（七五九）十月辛亥条）

とあるように、日本を「隣」とする。さらに七七三年来日の烏須弗の能登国への報書には、「渤海と日本とは、久来好隣にして」（『続紀』宝亀四年六月丙辰条）とある。当時の渤海の日本に対する国際認識は、「隣国」が基調となっているのである。[注31] 石井正敏氏が明らかにするように、国交において「隣好」・「隣」と称するのは、「亢礼之隣」即ち対等の国交を示すのであって[注32]、新羅が「旧好」「隣好」を修めるなどと称したばあい厳しく咎めたのとは異なり、日本を「隣」国とみなす渤海の国際認識を日本はある程度許容していたのであった。

渤海が一貫して日本と対等の立場で対日本外交を進めようとしていたことは、先に史料(f)～(j)で見たように、七五三年、七七二年、七七三年、七七九年と、時期的に満遍なく国書の体例をめぐる外交の紛糾が生じていることからも推測できる。従来、七二〇年代半ばに生じ、七三二年の渤海による登州（現在の山東省蓬莱市）入寇に始まる唐・渤海間の紛争に頂点を迎える唐と渤海との対立が、七五〇年代まで続いたとされることもあった。[注33] しかし私見では、両国の対立関係は、紛争終結直後の七三五～六年頃には解消しており、その後両国は親密な関係を築いてゆく。[注34] この時期、新羅との対立は先鋭化するが、それが渤海に日本が要求する外交姿勢まで取らせたとは考えがたい。[注35] 渤海をとりまく国際情勢からみても、日本に対し対等の立場をとることに何ら不思議はない。

そして対等を超え、むしろ渤海が日本の上位に立とうとする姿勢が表れたのが、大欽茂の天孫自称（(h)②）と、自らを舅、天皇を甥、に擬えたこと（(h)③）とであると思う。前者については、高句麗の始祖朱蒙が天帝の子とされ、渤海は高句麗継承意識を有していたので、高句麗王室に連なる意識から天孫を称し、その栄誉と誇りを誇示したと見て問題ない。[注36]後者については、一方で天皇を舅、渤海王を甥と称したとも解される。[注37]しかし七七三年来日の渤海使烏須弗が、先述の如く「渤海と日本とは、久来好隣にして」と渤海を先、日本を後として並称していることは、渤海側の認識を表すものとして注意される。[注38]石井正敏氏は、これを、当時の渤海の公式見解か否か不明確として考慮の外に置くが、[注39]渤海人の自然な理解を表すものとして無視できないと思う。具体的に渤海王と天皇とがどのような関係であることによって「舅甥」とされるのかは検討を要するが、国書は渤海の立場で書かれたのだから、やはり渤海王は自らを「舅」として上位に、天皇を「甥」として下位に位置づけたと見るのが妥当だと思う。[注40]これと関連して中国史料では、大暦十二年（七七七）正月に、渤海が唐に「日本国の舞女十一人」を献じたことが伝えられる（『旧唐書』巻十一・代宗本紀など）。これは、自己に日本が服属していることを唐に誇示し、自己の威勢を示した渤海の中華意識の発露であろう。[注41]それならば、七七〇年代、渤海が日本を凌ごうとした姿勢として相通ずるものがある。

以上要するに渤海は、朝貢国・臣下、としての態度を求める日本に対し、時に表面的に迎合する態度を見せつつも、底流では対日交渉開始より八世紀は一貫して対等外交を志向していたのであった。

3　渤海の対日対等外交志向の裏付け

しかし基本的に渤海は対日対等外交を志向したとはいえ、誤解も加わった日本の強硬な態度への対処には苦慮したに違いない。渤海がもつ往時の大国高句麗を継承した国家という大国意識をじかに日本に表明しても、摩擦が深刻になる一方だったろう。では渤海はいかなる理路で日本に対処しようとしたのであろうか。

そこで再び注目したいのが、石井正敏氏による(e)の第一回渤海国書の分析である。(e)には、「伏して惟うに大王は、天朝より命を受け、日の本に基を開き、奕葉重ねて光り、本枝百世なり。武芸は忝くも列国に当たり、濫りに諸蕃を惣ぶ」とある。石井氏の解釈によりこの一節の意味を確認しよう。まず「大王」であるが、渤海国内では「大王」が君主号として使われていたので、天皇を「大王」と呼ぶのは、渤海王が天皇を自らと同格とみなしたためである。次に天皇が「（冊）命を受け」た「天朝」とは、中国の朝廷を意味する。次に大武芸が「当た」るという「列国」とは天子（皇帝）から冊封を受けた諸侯の大国を意味する。従って先の一節は、大武芸が、（自分と同格の）大王＝天皇は中国朝廷より冊封を受けて日本を治め、私も同じく冊封を受けて諸侯としての大国を統治していることを述べたもの、と解されるというのである。[注42] 渤海王大武芸は唐皇帝の権威を後ろ楯としていることになる。

この第一回渤海国書で、大武芸が唐から授与された官爵を名のったことからもそれは裏付けられる。[注43] 即ち(h)①には、「爰に神亀四年に洎び、王の先考左金吾衛大将軍・渤海郡王、使いを遣わし来朝し、始めて職貢を修む」とある。この一節は天皇が大欽茂に宛てた外交文書中の一節であり、渤海が始めて日本に使節を派遣した時のことを回顧したものである。「王」は大欽茂、その「先考」即ち亡父は大武芸にあたる。大武芸の肩書きが(h)に見えるのは、第一回渤海国書にそれが記されていたからである。この「渤海郡王」が後世の追記でないことは明らかで、[注44] また渤海使己珎蒙が七三九年に来日した際も、大欽茂は「渤海郡王」を名乗ったと見られる。[注45] 渤海王は、唐皇帝より官爵を受けた諸侯であること、即ち中国（皇帝）との関係を積極的に日本にアピールしていたのであった。

そして同様の事例は他にも見られる。[注46] 少々時期が空くが八世紀末の渤海王の国書には、次のような文章が見える。

(l)嵩璘啓。…。嵩璘猥以二寡徳一、幸属二時来一、①官承二先爵一、土統二旧封一。制命策書、冬中錫及、金印紫綬、遼外光輝。…。儻長尋二旧好一、幸許二来往一、…。其隔年多少、任聴二彼裁一、…。②許以二往期一、則徳隣常在。…。

（『日本後紀』延暦十五年（七九六）十月己未条）

(m)嵩璘啓。…。比者天書降渙、制使莅レ朝。嘉命優加、寵章惣レ華、班霑二燮理一、列等二端揆一。惟念二寡菲一、殊蒙二庇蔭一。…。

（『日本後紀』延暦十八年（七九九）九月辛酉条）

(l)・(m)はいずれも渤海王大嵩璘が天皇に宛てた国書である。まず(l)については①で、「唐皇帝の策命書（任命書）が冬に届き、これまでの渤海王と同じ官爵を授与され、領土も従来どおり統治を許され、官僚としての身分を証する金印紫綬は、遙か我が遼河東方の地まで光り輝いている」とする。これは、貞元十一年（七九五）二月に大嵩璘が唐より「左驍衛大将軍・忽汗州都督・渤海郡王」の官爵を授与された（『冊府元亀』巻九六五・外臣部・封冊三など）ことにあたる。[注47] 大嵩璘は、自らが唐皇帝より官爵を受けた、天皇と同列・対等の諸侯であることをいち早く日本に伝え、誇っていると見てよい。それは、(l)②の「徳隣」の語からも確認できよう。次に(m)については、各々「天書」は詔勅、「制使」は勅使、「燮理」・「端揆」は何れも宰相を意味し、その詔勅・勅使とは唐のそれである。従ってここは、「唐皇帝より勅書が下され、勅使が我が渤海朝廷にやってきて、皇帝の嘉命により際立った恩寵を賜り、序列は宰相に比肩するまでとなった」の意に解される。これも大嵩璘が唐から受けた厚遇を日本に伝えて誇示し、唐から見て、天皇とは同等の諸侯であると自己の地位を主張していると見られる。[注48]

以上、渤海が日本との対等外交を志向し、唐の権威を後ろ楯にした事例をみてきた。これを敷衍すると、直接唐の権威を利用したとは言えないが、以下の事例も同じ文脈で解釈できるのではないかと思う。それは、渤海が唐の命令を受けて、日本への使者の渡航を仲介・援助した事例である。

まず一例目は、平群広成の例である。平群広成は天平五年（七三三）に遣唐大使多治比広成に随行して入唐し、翌年帰国しようとして蘇州より出航したが、林邑国に漂着、死を免れ天平七年、長安に戻った。そして「本朝学生の阿倍中満に逢い、便奏して入朝するを得、渤海路を取りて帰朝せんことを請う。天子、之れを許し、船粮を給して発遣せしむ。（天平）十年（七三八）三月、登州従り海に入り、五月、渤海の界に到る。適たま其の王大欽茂の使いを差わし我が朝に聘せんと欲するに遇い、即時に同に発っ」たという（『続日本紀』天平十一年十一月辛卯条）。即ち天子＝玄宗が広成に渤海路を取って帰国することを許可し、大欽茂は皇帝の命に従っているのである。大欽茂はこうした対応を、

渤海使己珎蒙等拝朝、上二其王啓幷方物一。其詞曰、欽茂啓。…。欽茂、忝継二祖業一、濫惣如レ始。義洽情深、毎脩二隣好一。今彼国使朝臣広業等、風潮失レ便、漂落投レ此。毎加二優賞一、欲下待二来春一放廻上、使等貪レ前、苦請二乃年帰去一。訴詞至重、隣義非レ軽、因備二行資一、即為二発遣一。…。

（『続紀』天平十一年十二月戊辰条）

とあるように、「隣義」に従ったものとする。また欽茂の外交方針として「毎に隣好を脩め」ることが述べられる。これは、天子から与えられた職務を忠実に果たしていることを日本にアピールするとともに、同じ天子の諸侯として同等の立場で、「隣」即ち対等の関係で交際することを宣言したものではないかと思うのである。

次に天子から与えられた職務を忠実に果たしていることをアピールするという点で、二例目として渤海が、唐の勅使韓朝彩の東アジア使行に便宜をはかったことも注目される。韓朝彩は、

新羅使大奈麻金才伯等九十一人、到二着大宰博多津一。…。金才伯等言曰、唐国勅使韓朝彩、自二渤海一来云、送二日本国僧戒融一、令レ達二本郷一已畢。若平安帰レ郷者、当レ有二報信一。而至二于今日一、寂無二来音一。宜差二此使一、其消息欲レ奏二天子一。…。

（『続紀』天平宝字八年七月甲寅条）

とあるように、皇帝の命を受け、日本僧戒融を日本に送り届けるため渤海まで随行し、さらに無事帰郷できたかどうか確認しようと新羅にまで入国した人物である。注49 これも戒融を通じて日本朝廷に、唐と渤海との親密な関係を誇示する結果をもたらしたであろう。

おわりに

八世紀において、新羅も渤海も、東アジアのシビアな国際環境のなか、主体的・積極的に内政・外交に活動を展開していた。そして時に唐の権威を後ろ楯にするという手段を織り交ぜながら、日本との外交交渉にあって対等に渡り合おうと努めていたのであった。両国は、日本にとっての中華意識の発揮の対象、客体として存在したわけではなく、また中国の先進文化の仲介者としての存在を強調するのも適当ではあるまい。そう見えるのは、関係史料の多くを日本史料が占めるという史料的制約によるとみてよい。本稿では、日本・中国・朝鮮に残る断片的な記述から、しかも外交交渉に現れる政治的な事象を中心として、新羅・渤海両国の主体的な対日本意識を抽出するよう努めた。それゆえ、いささか両国の立場を強調し過ぎたきらいは否めない。しかし、日本支配者層のバイアスがかかった史料にかいま見える僅かな痕跡に、両国の本音をうかがう試みは許されないだろうか。両国の交渉相手としての日本は、その実、唐を中心とした秩序の外で理不尽かつ高圧的な態度で迫りくる、相当やっかいな存在、というものではなかったかと思う。

本稿の考察を通じ再確認されたのは、対日関係と比較したばあい、両国にとっての対唐関係の比重の大きさである。そもそも新羅・渤海両国が並び立っていた時代（六九八～九二六年）に、新羅の遣唐使の回数は一三〇回、渤海のそれは一一七回[注50]なのに対し、同時期の新羅の遣日本使が二三回、渤海のそれが三四回であることに、それは端的に表れている。こうした見方はともすれば、両国の事大的側面を強調することになりかねないが、むしろ中国王朝の権威をうまく利用して、周辺諸国との外交関係を優位に展開してゆこうとする両国のしたたかな姿勢を、そこに見出すべきではないかと思う。今後、事大的視点や、日本からみた新羅・渤海という視点が相対化されることが待たれよう。本稿の蕪雑な素描が、今後の本格的検討の捨て石ともなれば幸いである。

注

1 西嶋定生「東アジア世界と冊封体制」（『古代東アジア世界と日本』岩波書店、二〇〇〇年、初出一九六二年）。

2 厳耕望「新羅留唐学生与僧徒」（『唐史研究叢稿』新亜研究所、一九六九年）、宋基豪『渤海政治史研究』（一潮閣、一九九五年）一五八～七七頁、など。

3 鈴木靖民a「奈良初期の対新羅関係」、同b「養老期の対新羅関係」、同c「天平初期の対新羅関係」（いずれも『古代対外関係史の研究』吉川弘文館、一九八五年、初出はそれぞれ一九六七年、一九六七年、一九六八年）、濱田耕策「聖徳王代の政治と外交」（『新羅国史の研究』吉川弘文館、二〇〇二年、初出一九七九年）参照。なお鈴木氏は、養老（七一七～二四）末～天平（七二九～四九）初にかけて、新羅・日本間に対立の兆しが存在したことも併せ指摘する。

4 天平八年（七三六）二月任命、同年四月拝朝した阿倍継麻呂を大使とする一行。田中俊明「天平八年の遣新羅使をめぐる問題」（塚口義信博士古稀記念会編『塚口義信博士古稀記念日本古代学論叢』和泉書院、二〇一六年）は、この遣新羅使の渡航経路、新羅側の迎接や新羅行と疫病との関連を詳しく考察する。

5 田中注4論文九四頁。

6 『続紀』天平十五年三月乙巳条、同四月甲午条。

7 以上、金三玄と日本朝廷とのやりとりは、『続紀』宝亀五年三月癸卯是日条参照。

8 濱田注3論文一二五～七頁、青木和夫ほか校注『続日本紀』二（新日本古典文学大系一三、岩波書店、一九九〇年）五五〇～二頁。なお濱田氏は同論文で、新羅外交官司の改編の検討を通じ、七一〇年以後、新羅は宗主国の唐を外交上最重視し、連動して日本には対等の礼をとるようになったともする（一二七～四一頁）。本章以下の検討は、この見解を別の角度から検証する試みである。

9 石井正敏「天平勝宝四年の新羅王子金泰廉来日の事情をめぐって」（『日本渤海関係史の研究』吉川弘文館、二〇〇一年）四二頁。

10 こうした八世紀の日本の新羅に対する外交圧力については、鈴木注3c論文、同「奈良時代における対外意識」（鈴木注3前掲書、初出一九六九年）に詳しい。

11 この間の朝鮮半島情勢については、池内宏「百済滅亡後の動乱及び唐・羅・日三国の関係」、「高句麗討滅の役に於ける唐軍の行動」（『満鮮史研究』上世第二冊、吉川弘文館、一九六〇年、初出は順に一九三二年、一九四一年）に詳しい。

12 日羅交渉における「請政」については、一般的に新羅が日本朝廷に政治の報告・相談を行うことと理解されるが、古畑徹氏は政治折衝で日本に一定の了承・判断を求めることと理解する（「七世紀末から八世紀初にかけての新羅・唐関係」『朝鮮学報』一〇七、一九八三年、六八頁）。

13 唐・新羅戦争終結から六七八年までの唐・新羅関係の推移とその評価については、古畑注12論文六～一一頁参照。唐・新羅戦争については、植田喜兵成智「唐人郭行節墓誌から見える羅唐戦争」（『東洋学報』九六―一、二〇一四年）も参照。

14 その展開については、鈴木注10論文、河内春人「詔勅・処分にみる新羅観と新羅征討政策」（『駿台史学』一〇八、一九九九年）等参照。

15 直木孝次郎「神功皇后伝説の成立」（『日本古代の氏族と天皇』塙書房、一九六四年、初出一九五九年）一六九～七〇頁。

16 義江明子『天武天皇と持続天皇』（山川出版社、二〇一四年）九四頁。

17 古畑注12論文三二～五九頁。

18 古畑徹「日渤交渉開始期の東アジア情勢」（『朝鮮史研究会論文集』二三、一九八六年）九五～一〇五頁。

19 七世紀末以降七三五年頃まで、唐・新羅間に確執が存在したとする意見（青木ほか注8前掲書五五〇～二頁）もあるが、誤解であろう。

20 鈴木注3a論文一三一頁。

21 青木和夫ほか校注『続日本紀』一（新日本古典文学大系一二、岩波書店、一九八九年）一五〇頁脚注二。
22 慶州月城垓字出土の三面墨書木簡。国立昌原文化財研究所『韓国의古代木簡』（芸脈出版社、二〇〇四年）一七四頁。
23 新羅において、自国が中華たる唐の臣藩国で、新羅王が唐の天子の諸侯であるという秩序意識が行われていたことについては、濱田耕策「日本と新羅・渤海」（『律令国家と東アジア』日本の対外関係2、吉川弘文館、二〇一一年）一〇二頁参照。
24 古畑注18論文九五～八頁、同注12論文一二一～四頁。
25 濱田耕策「中代・下代の内政と対日本外交」（濱田注3前掲書、初出一九八三年）。
26 河内春人「東アジアの国際交流」（鈴木靖民ほか編『日本古代交流史入門』勉誠出版、二〇一七年）一三五頁。
27 榎一雄「賈耽の地理書と道里記の称とについて」（『榎一雄著作集』七、汲古書院、一九九四年、初出一九三六年）、拙稿「八世紀中葉における渤海の対新羅関係の一側面」（『渤海王国の政治と社会』吉川弘文館、二〇一一年、初出二〇〇四年）、参照。
28 大武芸の日本遣使の背景については、石井正敏a「神亀四年、渤海の日本通交開始とその事情」（石井注9前掲書、初出一九七五年）、同b「第一回渤海国書の解釈をめぐって」（同前書、初出一九九九年）、古畑注18論文等参照。
29 石井注28a論文。
30 拙稿「渤海使の大宰府航路（朝鮮半島東岸航路）をめぐって」（『人文学報』五〇五、二〇一五年）。
31 これ以後も八世紀末～九世紀末にかけて「善隣之義」（『類聚国史』巻一九三・殊俗・渤海上・延暦十五年四月戊子条）、「徳隣」（『日本後紀』延暦十五年冬十月己未条）、「隣好」「隣情之至誠」（『続日本後紀』嘉祥二年〔八四九〕二月戊辰条）、「善隣」（『日本三代実録』貞観元年〔八五九〕五月十日乙丑条及び六月二十三日丁未条）、「善隣」「隣交」（同前書・貞観十四年〔八七二〕五月十八日丁亥及び二十五日甲午条）、「善隣之救接」「善隣」（同前書・元慶元年〔八七七〕四月十八日己丑条）等の事例が散見する。
32 石井注28a論文二六九～七二頁。
33 石井正敏「初期日本・渤海交渉における一問題」（石井注9前掲書、初出一九七四年）四三〇～九頁、李成市『東アジアの王権と交易』（青木書店、一九九七年）九六～七頁。
34 拙稿「大武芸時代の渤海情勢と東北アジア」（『アジア遊学』二一四、二〇一七年）一七三～八頁。
35 注27拙著二一五～三三頁。
36 朴時亨著・朴鐘鳴訳「渤海史研究のために」（『古代朝鮮の基本問題』学生社、一九七四年、原著一九六二年）一五五頁。

37 石井正敏「日本・渤海間の名分関係」（石井正敏著・鈴木靖民ほか編『古代の日本列島と東アジア』石井正敏著作集1、勉誠出版、二〇一七年、初出二〇〇三年）。なお河内春人氏も、こうした理解を通説とみなす（「書評 赤羽目匡由『渤海王国の政治と社会』」『メトロポリタン史学』九、二〇一三年、一四〇頁）。
38 鈴木注10論文二〇六頁。
39 石井注37論文。
40 廣瀬憲雄「日本――渤海間の擬制親族関係について」（『東アジア世界史研究センター年報』三、二〇〇九年）一一六～九頁。森田悌「日本・渤海の兄弟・舅甥関係」（『日本古代の政治と宗教』雄山閣出版、一九九七年、初出一九九五年）も「舅」を渤海王、「甥」を天皇と理解する。
41 注27拙著二二四頁。
42 以上の解釈は、石井注28ａ論文二六七～八頁、同ｂ論文二八七～九三頁、による。
43 石井正敏ａ「第二次渤海遣日本使に関する諸問題」（石井注9前掲書、初出一九七九年）三八七～八頁、同ｂ「古代東アジアの外交と文書」（同前書、初出一九九二年）五五三頁、石井注28ｂ論文二九二～三頁。
44 石井注43ａ論文三八七～八頁。
45 注27拙著二一二～三頁。
46 ⒨の例については、すでに石井正敏「光仁・桓武朝の日本と渤海」（石井注9前掲書、初出一九九五年、四八三～五頁）にこうした視点からの詳細な検討がある。本章の考察も、この視点によるところが大きい。
47 本国書の解釈にあたっては、鈴木靖民ほか編『訳註 日本古代の外交文書』（八木書店、二〇一四年）一一八～一二三頁参照。
48 石井注46論文四八三～五頁。この他、鈴木ほか注47前掲書一四四～五〇頁も参照。
49 韓朝彩については、丸山裕美子「唐国勅使韓朝彩についての覚書」（『続日本紀研究』二九〇、一九九四年）、濱田耕策「留唐学僧戒融の日本帰国をめぐる渤海と新羅」（『日本古代の伝承と東アジア』吉川弘文館、一九九五年）、注27拙稿、参照。
50 新羅・渤海の遣唐使の回数は、権悳永『古代韓中外交史』（一潮閣、一九九七年）の集計による。

呉越国・宋朝と古代日本との交渉・貿易

山崎　覚士

はじめに

日本列島と中国大陸に横たわる東アジアの海は、九世紀とりわけ九世紀後半以降、商船が盛んに往来する時代を迎えた。かつては遣唐使の停止以後、正式な外交が行われず、両者の関係は低調であったとされた。しかし今現在では、むしろより盛んに交流や貿易が行われており、またその主導者が海上貿易を行う海商たちであったことから、この時期以降を「海商の時代」と名付けるなど、[注1] 当時の盛況な状況が解明されてきている。

本稿は、そうした研究に依りながら、海商たちの中国大陸での主な出身地である両浙地域に興った呉越国が古代日本に対して行った外交交渉と貿易について、また十一世紀に大宰府進奉使として日本より宋朝へと渡った、両浙地域出身の海商周良史の貿易について取り上げ、これまでの研究の進展に対する一助としたい。

呉越国は、九〇七年に両浙地域を支配領域として成立した地方国家である。初代国王銭鏐は、建国以前から、海商たちのネットワークを利用して山東半島などに拠点を設けて海上に勢力を拡大し、[注2]建国後は朝鮮半島や渤海・契丹、また南海諸国などと貿易・交流を展開した。[注3]日本に対して史料上確認できるのは、二代目国王銭伝瓘以降の交渉・貿易である。呉越国と日本とを行き来する海商の活動に関して、近年では日本の年紀制の問題から研究が進められているが、[注4]本稿ではいったん年紀制の問題を脇に置いて検討し、その特徴と呉越国の対外政策について論じたい。そうすることで、年紀制の問題についての研究に幾分なりとも寄与できると考える。

また十一世紀に活動した周良史は、もと呉越国領内出身の海商であり研究史上有名人だが、[注5]彼と宋朝との間で行われた貿易については、これまで宋朝の貿易政策について触れられることがほとんどなかったので、検討が十分になされているとは言えない状況にある。よって、ここでは宋朝の貿易政策のなかで、周良史の活動を位置付けてみたい。

一　呉越国の交渉と貿易

1　呉越国王と藤原実頼のやりとり

呉越国の日本に対する外交交渉・貿易を考えるにあたり、まず有名な『本朝文粋』巻七に載せる藤原実頼から呉越国王へ送られた返状を見てゆきたい。

為二清慎公一報二呉越王一書加二沙金送文一　　後江相公

蒋袞再至、枉二一札一、開封捧讀、感佩駭懐、筆語重畳、不レ異二面展一、幸甚幸甚。袞等逆旅之間、聊加二慰問一、辺城程遠、恐有二疎略一、今交関已畢、帰帆初飛、秋気涼。伏惟大王、動用兼勝、即此祖遺、又所レ恵土宜、有レ憚二容納一、既恐レ交二於境外一、何留二物於掌中一、然而遠志難レ拒、忍而依領。別贈二答信一、到宜二収納一。生涯阻レ海、雲濤幾重、南翔北嚮、難レ付二寒温於秋鴻一、東出西流、只寄二瞻望於曉月一。抑去四月中、職昇二左相府一、今見二封題一、在二未レ転前一、左右之間、願勿二遅疑一、勒衰等還、不宣謹言。

天暦元年閏七月廿七日

日本国左大臣藤原朝臣

呉越王殿下謹空

沙金貳佰両

右甚雖二軽微一、當土所レ出、聊表二寸心一、謹状。

天暦元年閏七月廿七日

後江相公（大江朝綱）によって作成された清慎公、左大臣藤原実頼から呉越国王への返状は、大よそ以下のような内容である。蔣袞が再び来日し、呉越国王の書状（「一札」）をもたらせた。蔣袞らを安置させたが（「聊加慰問」）、いま貿易が終わり、帰国するところである（「今交関已畢、帰帆初飛」）。呉越国王からは贈り物（「土宜」）をいただき、別に返礼を贈る（沙金二百両）、というものだが、注目したいのは下線部である。

去る四月に左相府（左大臣）に昇進したが、いま封題を見ると、職を転ずる以前のままなので、「左右」を間違われないように、とある。確かに藤原実頼が左大臣に昇進したのが、書状の日付（天暦元年閏七月二七日）に先立つ天暦元年（九四七）四月二十六日のことである。[注6] ところが、呉越国王からの書状の封題には、左大臣となる以前の右大臣の肩書で宛てられていた、というのである。

つまり実頼に送られた呉越国王の書状の封題は、右大臣藤原実頼宛てであった。このことは何を意味するのだろうか。それは呉越国王が書状を作成した時には、右大臣が藤原実頼であるという情報を持っていたということである。藤原実頼が右大臣であったころに、日本から呉越国に赴く者がいて、その事実を呉越国王に伝えているのである。藤原実頼が右大臣となったのは天慶七年（九四四）四月九日である。よって、天慶七年四月九日から、藤原実頼が左大臣に昇任する天暦元年（九四七）四月二十六日までの三年間に、誰かが日本の右大臣が誰であったのかを呉越国王に伝えなければ、封題に右大臣藤原実頼と書くことはできないのである。

　ではこの九四四年から九四七年の三年間に、だれが日本から呉越国へと渡ったのか。『本朝世紀』巻七、天慶八年（九四五）七月二十六日条に、唐人が肥前国松浦郡柏嶋に来着したことを伝える大宰府解文が載せてある。それによると、到来したのは蔣袞を始めとする呉越船であり、三月五日に出国し、六月四日に着岸したとのことであった。この蔣袞等について安置すべしとされ（『貞信公記抄』天慶八年七月二十九日）、八月五日に安置する官符に請印がなされた。

　この蔣袞一行がいつ呉越国に帰国したかは、史料上不明である。天慶八年（九四五）に日本に来着し、そのまま滞在して天暦元年（九四七）に帰国したとする説もあるが、となると右大臣が藤原実頼であるという情報をいつ、呉越国に持ち帰ったのかという疑問に突き当たる。[注7] よってここでは以下のように整理しておきたい。

　蔣袞一行は天慶八年（九四五）三月五日に出国し、同年六月五日に日本に来着した。その二か月後の八月五日に安置する正式の許可が下りた。その後、貿易を行ったのち、いったん帰国し、呉越国王に右大臣が実頼であることを伝達した。そこで呉越国王は右大臣藤原実頼宛ての書状を作成して蔣袞に託し、[注8] おそらく天暦元年（九四七）に「再び」到来して呉越国王の書状を将来し、安置の措置を受けて貿易を行い、実頼から呉越国王宛の書状（閏七月二十七日付）を受け取り帰国した。

　このことから窺えることは、呉越国王が書状を出す場合、まずそれ以前に海商たちが一度日本に赴いて貿易や権力中枢部の為政者の情報収集を行い、その帰国後に、日本の為政者宛てに呉越国王が書状を用意しているという点である。そして海商はその書状を持って再び日本に到来し、呉越国王からの書状や贈り物を為政者へと届けている。また日本の為政者から返状や贈り物があれば、それらを持って呉越国に帰国しているのである。

この呉越国王の書状・贈り物は、やはり海商たちが日本に安置されて、円滑に貿易を行えるように狙った外交交渉戦略の一環であったと思われる。年紀違反とも思われる数年間隔での往来も、呉越国王の書状を切り札とした交渉・貿易の結果であったのではないか。

2　呉越国王と藤原忠平とのやりとり

藤原実頼の返状を検討したが、その父であった左大臣藤原忠平もそれ以前に呉越国王に書状を送っていた。時間を少し遡らせてみよう。

『日本紀略』承平六年（九三六）八月二日条に、

左大臣（忠平）贈㆓書状於大唐呉越王㆒。

とあるものである。このことについて『玉葉』承安二年（一一七二）九月二十二日条に、

昔朱雀院御時、大唐贈㆓物于公家幷左右大臣（左大臣貞信公、右大臣仲平）㆒、於㆓公家御分㆒者、自㆓西府㆒被㆑返了（有㆓返牒㆒）、左右大臣分留㆑之（各有㆓返牒㆒）。

とより詳しく記し、呉越国が公家（天皇）と左大臣・右大臣宛てに贈り物をしたのに対し、公家分は返却したが、左右大臣分は受納したという。そして公家・左右大臣とも返状（「返牒」）を用意したとする。呉越国は贈り物に当然ながら書状を添えていたはずであり、それらの書状に対する三者の返状が用意されていた。

先の藤原実頼宛ての呉越国王の書状から見て、今回の呉越国王の書状も、少なくとも左右大臣宛ての分は封題に「左大臣藤原忠平」「右大臣藤原仲平」などと記されていたと思われる。

ではこの書状と贈り物はだれがもたらせたかというと、承平六年（九三六）七月十三日に、大宰府より大唐呉越州人蔣承勲・季盈張等が来着したことが報告されている（『日本紀略』）。よって、蔣承勲らが天皇・左大臣・右大臣宛ての書状・贈り物を将来したと見られる。

そしてやはり前節のように、呉越国王の書状が贈られる以前に、蔣承勲は承平五年（九三五）九月に一度来日し、羊数頭を献上していた（『日本紀略』）。この年に来日し、そのまま承平六年七月まで滞在していた[注9]と考えることもできるが、呉越国王の書状を用いた外交交渉を念頭に置いた場合、やはり承平五年に蔣承勲がまず来日して、日本の為政者情報を入手していったん帰国し、翌承平六年に再来日して、呉越国王の為政者宛ての書状・贈り物を将来し、その返状が公家・左大臣・右大臣分用意され、その年に呉越国に持ち帰った、と考えたい。

3　呉越国王とその他左右大臣とのやりとり

日本の為政者から呉越国王への書状の例は、先の藤原仲平が左大臣となったとき（承平七年〔九三七〕一月二十二日着任）にも確認できる。『日本紀略』天慶三年（九四〇）七月某日条に、

左大臣（仲平）贈㆓書状於大唐呉越王㆒。

とある。このとき右大臣は不在であるから、左大臣藤原仲平からの書状のみであったと見られるが、これまでの例からして、これはやはり呉越国王への返状が出されたものであろう。そして同様に呉越国王の書状が左大臣となった藤原仲平宛であったとするならば、その情報を持ち帰ったのはそれ以前に呉越国と日本を往復した人物で

あろう。そして史料では『本朝世紀』天慶元年（九三八）八月二十三日条に、蒋承勲への未払い分が大宰府庫の布で代納されていることから、この前後に蒋承勲が日本に滞在していたことが確認されるのである。

最後に、先に引用した『本朝文粋』巻七の藤原実頼の返状に続けて、その弟の右大臣藤原師輔の返状も記載されている。

為㆓右丞相㆒贈㆓太唐呉越公㆒書状　　菅三品

蒋丞勲来、投㆓傳花札㆒。蒼波萬里、素意一封、重以㆓嘉恵㆒、歓惕集㆑懐。抑人臣之道、交不㆑出㆑境、錦綺珍貨、奈㆓国憲㆒何。然而志緒或織㆓叢竹之色㆒、徳馨或引㆓沈檀之薫㆒。受㆑之則雖㆑忘㆓玉條㆒、辞㆑之恐謂㆑嫌㆓蘭契㆒。強以容納、蓋只感㆓君子親㆑仁之義㆒也。今抽㆓微情㆒、聊寄㆓答信㆒。以㆑小為㆑遺、到願検領。秋初涼。伏惟動履清勝、空望㆓落日㆒、長懸㆓私恋㆒而已。勒㆓烝勲還㆒。書不㆑尽㆑言、謹状。

天暦七年　七月　日　　日本国右大臣藤原朝臣謹言

天暦七年（九五三）七月を日付に持つ菅原文時によって作成された右大臣藤原師輔の返状は、おおよそ次のようであった。蒋承勲が到来して、呉越国王の書状（「花札」）をもたらせた。呉越国王からの贈り物（「錦綺珍貨」）を受納するかわりに、僅かながらお返しする、というものであった。

やはり藤原師輔の書状は、呉越国王への返事として作成されたものだが、文面には貿易については触れられてはいない。左大臣藤原実頼宛ての手紙も同時に作成されたと思われるが、もしかすればそちらに記載があったのかもしれない。しかしながら、それよりも今回の蒋承勲の来日は、五代目呉越国王銭弘俶が日本にある「天台智者教五百餘巻」を求めて黄金五百両を託して派遣した（『楊文公談苑』）ものとされている。その帰国に際し、右大臣藤原師輔の返状が用意され、そして同天暦七年に、蒋承勲は師輔の返状と、「天台智者教五百餘巻」および

【呉越国貿易交渉表】

年月	事項	補足	備考
九三五年九月	呉越州人蒋承勲が至り、羊数頭を献じる		蒋承勲①来日（と帰国）
九三六年七月 十三日 八月 二日	大宰府が大唐呉越州人蒋承勲・季盈張の来着を上申する 左大臣忠平、書状を大唐呉越王に贈る	蒋承勲、呉越国王（銭元瓘）書状を齎す 公家（天皇）、左右大臣に呉越国王より贈り物あり、それぞれ返牒あり	蒋承勲②来日と帰国
九三八年八月 二十三日	故少監物源興国が蒋承勲への代価を払わず死去、府庫の布を支給		蒋承勲③来日
九四〇年七月	左大臣仲平、書状を大唐呉越王に贈る		蒋承勲③帰国
九四五年七月 二十六日	唐人蒋袞、肥前国松浦郡柏島に来着する		蒋袞①来日（と帰国）
九四七年閏七月二十七日	清慎公実頼（左大臣）、呉越王に書を報じる	蒋袞、呉越国王（銭弘佐）書状を齎す	蒋袞②来日と帰国
九五三年七月	右大臣師輔、大唐呉越公に書を贈る	蒋承勲、呉越国王（銭弘佐）書状を齎す	蒋承勲④来日と帰国

その送使日延を伴って帰帆した（『平安遺文』四六二三、「大宰府政所牒案」）。

よって今回の蒋承勲来日は、貿易が主眼ではなく仏教経典の呉越国への将来が求められたものであった。呉越国王の書状に対し右大臣藤原師輔が返状しているが[注10]、これは前回の派遣が本章の冒頭で見た左大臣藤原実頼の時であり、その時の情報（実頼が左大臣になると同時に師輔は右大臣に就任）がそのまま利用されたと見られ、前もって一度来日していた他の事例とは違っている。

以上のように、呉越国王から書状が日本の権力中枢部に出される場合、その一～二年前に呉越国と日本を往来する人物が確認され、その人物が日本の権力中枢部の情報を呉越国王へともたらせ、呉越国王はその情報をもとに、日本の為政者（左右大臣、さらには天皇）へ書状・贈り物を用意し、日本へ届けさせた。それは日本の為政者と通じることによって、貿易を円滑に行うという呉越国王の外交戦略の一環とみなされるのである。

二　宋朝との交渉と貿易

1　市舶司貿易

先の呉越国は、天下統一を進めていた北宋に九七八年、領土を献上するという平和的方法で滅亡した。北宋は翌九七九年に北漢を攻め滅ぼして、とりあえずの天下統一を果たした。

北宋治下であっても、両浙地域出身の海商たちは海上貿易に従事した。そうした海商たちの貿易活動を管理するために、北宋は咸平二年（九九九）ごろまでに呉越国の首都杭州や、その貿易港であった明州に、海上貿易を管理する専門機関である市舶司を設置した。注11

十一世紀ごろまでに整備された市舶司の制度では、渡海を希望する漢人海商は市舶司で渡海証明書である「公憑」の発給を受ける必要があった。そのためにはまず、海商は目的地と搭載物品リストなどを申告する状を作成し、役所に提出した。また連帯保証人として、財力のある有力戸三名を挙げなければならなかった。提出された状は審査を受け、問題なければ状に基づいて公憑が作成された。日本に赴く漢人海商船はおおむね明州を出発したので、公憑の発給は明州市舶司で行われたが、十一世紀後半には、明州市舶司を利用することが義務付けられた。公憑には、また帰国後に税としての抽解・官側による先買いである博買を行う義務が明記される。帰国すれば、海商は公憑の発給を受けた市舶司へと戻り、抽解・博買を経たのち、公憑を市舶司へ返還しなければならな

かった。[注12]

抽解・博買は漢人海商だけでなく、外国から到来した蕃人海商も受けた。海外貿易によってもたらされた貿易品は、その種類・価値に応じて細色物貨（小さく単価の高いもの）と麤色物貨（大きく単価の低いもの）とに分けられ、それぞれ抽解率が定められていた。細色物貨の抽解率はおよそ物貨の十分の一、麤色物貨の場合は十五分の一であった。博買では、おおむね抽解を受けたのちの物貨の二分の一程度を市舶司等が購入した。よって、貿易品の過半を抽解・博買によって市舶司に取られてしまうが、残った貿易品は転売することが認められていた。[注13]

ここでは、この市舶司を通じた一連の貿易とその周辺を市舶司貿易と呼んでおく。活発な海商活動と、それに伴う市舶司貿易の盛行は、時として貿易国間での摩擦や事件を引き起こすことがあった。その場合、両国の貿易を管轄する地方官府どうしで、文書を通じて外交交渉を行い、事案の解決が目指されていた。その外交交渉文書は「牒状」と呼ばれる形式で作成されたものであったが、もともと牒状は、中国文書行政のなかでは、主に統属関係のない官府どうしでやり取りされる文書であった。海商活動が活発化する宋朝になって以降は、各国の地方官府どうしで取り交わすのに適当な外交交渉文書として利用されていた。市舶司の設置されている明州と日本の大宰府との間でも幾度か牒状の往来がなされ、事案の解決が図られることもあった。[注14]

このように、宋朝以降でも、東アジアの海域にまたがる諸国間では海商が貿易を行い、中国では市舶司がそうした貿易を管轄し、また貿易相手国との間で牒状を介した外交交渉が展開されていた。十一世紀において、そうした市舶司貿易に従事した海商に周文裔・周良史父子がいた。

海商周良史とその父周文裔については、これまで研究が進められており、以下ではそうした成果に基づきながら、その活動を見てゆきたい。

2　周良史の活動

周良史の父周文裔は、中国沿海の明州より南に位置する台州寧海県の出身であった。そこは三方を山に囲われ、残り一方が海に広がる村落であり、周氏が代々暮らしてきた場所であった。周文裔は若いころから海上貿易に従事し、日本に出向くこともあった。そこで日本のむすめを娶り、生まれたのが周良史であった。幼少期の周良史は、その周氏の村落で過ごしていたが、やがて、日本との市舶司貿易の玄関口である明州の名族施氏と婚姻した。いわば〝いなか〟の台州ではなく、国際港の明州に拠点を持つための、父周文裔の戦略結婚ではなかったかと思われる。[注15] そして周良史は、父に従い日本との市舶司貿易に従事するようになっていった。

史料から確認される周文裔と周良史の渡日は、一〇二〇年（宋・天禧四年／日本・寛仁四年）八月のこととされる。[注16] このとき周文裔は天禧四年の公憑を持参しているが、それは明州市舶司で発行されたものであろう。一行は年紀違反により廻却とされるところを、後一条天皇の代始め来航者として安置が認められた。その後、宋より持ち来った舶載品を貿易した。[注17]

その後一〇二六年（宋・天聖四年／日本・万寿三年）六月に、周良史は帰国するに際し、関白藤原頼通に名籍を献呈して、栄爵を申請し、桑糸三〇〇疋を献上した。そしてもし受け入れられない場合、二年後（一〇二八）に再来日して錦綾・香薬などを献上すると約束した。藤原頼通は栄爵は与えないものの、名籍は受納し、砂金三〇両を与えた。これは周良史による権力中枢部への接近と、そのつながりによる貿易の便宜確保の一環であったとさ

れる。[注18]

そうして父周文裔とともに日本を出国した周良史は、「日本国大宰府進奉使」と称して明州に帰帆することになる。時の大宰府の責任者は藤原惟憲であり、惟憲は藤原道長・頼通に奉仕する家司受領であったので、今回の帰国にあたって、日本国大宰府進奉使という肩書きは藤原道長の意向も踏まえられたのではないかと指摘されている。[注19]では明州に到来した日本の進奉使としての周良史は、何を求めていたのであろうか。

『宋会要輯稿』職官四四―四、天聖四年（一〇二六）十月に、

明州言、市舶司牒、日本國太宰府進奉使周良史狀、奉二本府都督之命一、將二土産物色一進奉。本州看詳、即無二本處章表一、未三敢發二遣上京一。欲レ令下明州只作二本州意度一諭中周良史上。緣レ無二本國表章一、難三以申二奏朝廷一。所二進奉一物色如肯留下、即約二度價例一迴答。如不レ肯二留下一、即卻給付、曉示令レ迴。從レ之。

とある。明州が皇帝に以下のように上言してきた。明州市舶司によると、周良史は日本国大宰府の命に従い、特産物を持って朝貢してきた。しかしながら明州が見るところ、国書（「章表」）がないので、首都へ派遣することができない。そこで、明州から周良史へ訓諭し、国書がないので中央の朝廷への上奏は難しいが、朝貢品を納入したい場合は、その朝貢品の価格を定めて（それ相応の）返答をする。もし納入しない場合は直ちに返却して帰国するようにとすることとしたいと。それに対し、皇帝の裁可が下された。

つまり周良史が国書を持参しなかったので首都への上京は実現しなかったが、一方で持ち来った特産物を納入する場合には、明州でその特産物の貿易を認めるというものであった。

ではこのとき周良史は貿易をせずに帰国したかというと、やはり明州で貿易が行われていたと見られる。藤原道長に二年後の長元元年（一〇二八）に日本に再来すると約束した周文裔・周良史は、そのとおりに日本へ同年の八

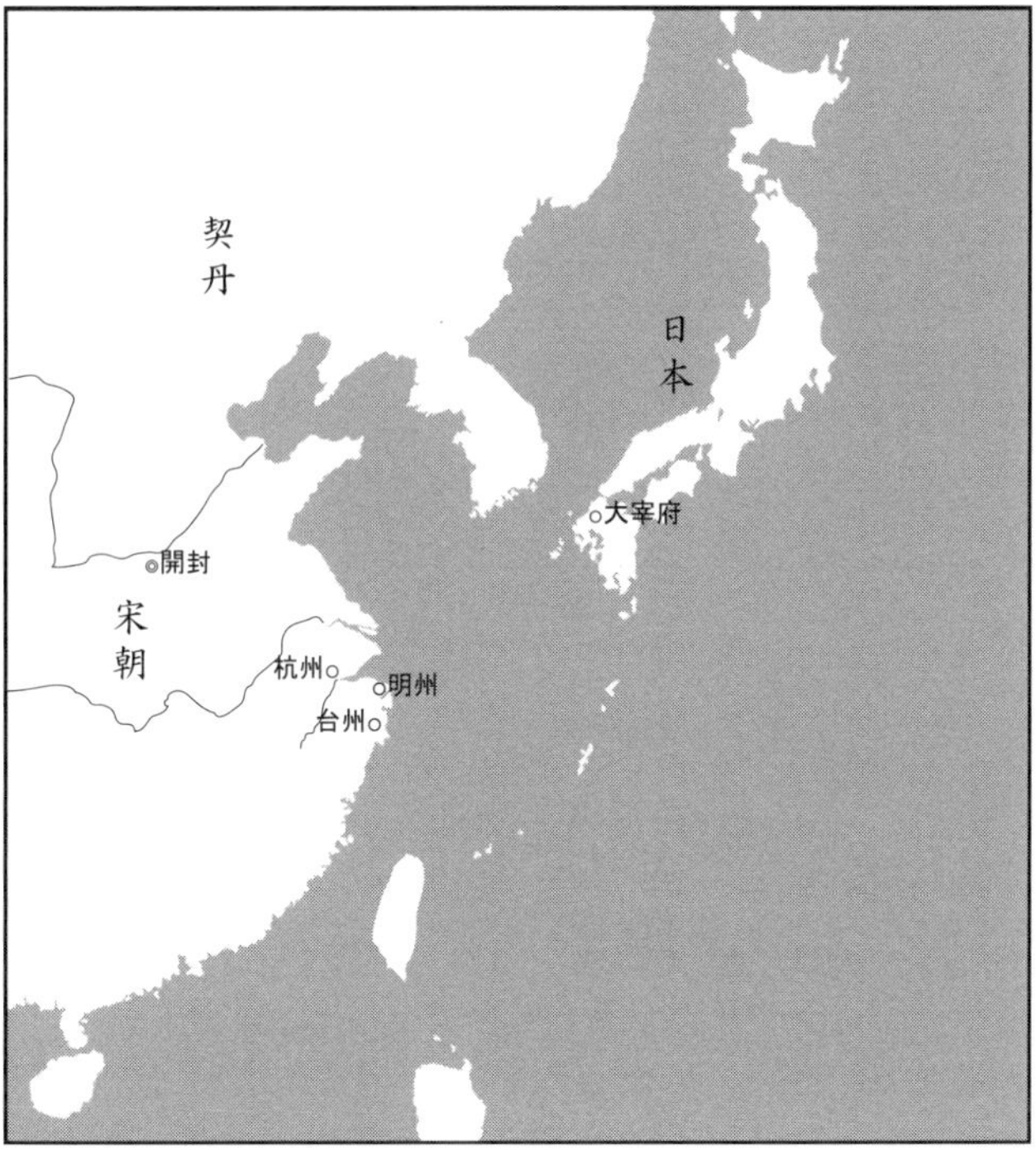

挿図　11世紀東アジア海域図

月十五日に対馬に到着し、九月には大宰府に到来した。二年という期間での再来日は年紀違反とされ、廻却すべしとする議論が出る中で、周文裔は右大臣藤原実資に進上品を贈り、安置を求めたが、その進上品を見ると、

翠紋花錦壹疋　小紋緑殊錦壹疋　大紋白綾參疋
麝香貳臍　丁香伍拾兩　沉香佰兩　薫陸香貳拾兩　可梨勒拾両
石金青參拾兩　光明朱砂伍兩
色色餞紙貳佰幅　絲鞋參足

とあって、これらは上質の絹である錦綾や南海の特産品である香薬・顔料などであり、呉越国時代からの海外貿易品と同じものであった。藤原実資への進上品のリストは、当時の周文裔・周良史父子の貿易品の延長上にあるものであり、周良史は二年前の約束通り、錦綾・香薬などを献上したと見られる。

結局のところ、周文裔・周良史父子は廻却処分とされながらも、実際には一定期間の大宰府での滞在が認められ、周父子と日本との貿易が容認されることとなった。

そして周良史が日本国大宰府進奉使として明州で行った貿易は、これまで見た市舶司貿易ではなかった。それは、当時、宋朝の新たな朝貢制度に基づく、朝貢貿易であった。以下に、宋朝の朝貢制度の変遷と朝貢貿易の成立について見てゆこう。

3　朝貢貿易

宋朝初期の朝貢制度は、唐代のものを継承していた。律令制下の唐朝の朝貢は、朝貢してくる蕃夷の特産物である土貢品を貢納することとされた。土貢品は原則として、正月元日に挙行される唐朝の元会儀礼に間に合うように将来され、皇帝の面前である太極殿庭に陳列された。その後には、土貢品は宮中で加工され、皇帝や官僚などによって消費された。よって、朝貢による土貢品は、唐朝の帝国秩序を形成する儀礼的性格を持ち[注20]、その数量の多寡は問題ではなかった。蕃夷の特産品であることが重要であった。そして、唐朝は朝貢した蕃夷に対し、返礼品である回賜を下賜したが、それは儀礼的衣服や絹，金銀器等が下されていた。[注21]
ところが唐末から五代にかけて元会儀礼が形骸化してくると、朝貢によってもたらされる物品の数量が格段に増加するようになった。[注22]そこには、皇帝の恩寵を求める蕃夷の意向が反映されていたと見られるが、朝貢品の数量の多さが重視されるようになった。
そして宋と契丹が盟誓を結び、国境の画定と一定の平和維持が図られた、いわゆる「澶淵の盟」（一〇〇四年）から四年後、大中祥符元年（一〇〇八）に真宗皇帝は、天下泰平を天に報告する泰山封禅の儀を挙行した。この時、様々な蕃夷が朝貢したとされるが、それ以降、朝貢制度は大きく変わることとなった。[注23]

つまり『宋会要輯稿』蕃夷七―一八、大中祥符二年（一〇〇九）四月に、

詔、諸蕃貢物、並令二估價酬一。

とあって、蕃夷の朝貢品は、すべて価格を定めて、その価格に応じて返礼するようにと詔勅が下された。そしてこの時以降、宋朝の朝貢制度は、将来された朝貢品に対して価格を判定し、その価格に見合う返礼＝回賜が下されることとなった。また回賜にあたっては、価格を上乗せして返礼することも多く、乾興元年（一〇二二）七月に交趾が入貢した際には、

三司言「交州進奉使李寛泰等各進貢方物白鑞・紫礦・玳瑁・瓶香等、賈人計二價錢千六百八十二貫一。」詔回二賜錢二千貫一、以優二其直一、示二懐遠一也。（『宋会要輯稿』蕃夷四―三一）

とあるように、交趾の朝貢品であった白鑞・紫礦・玳瑁・瓶香等を、賈人（仲介の商人）が価格判定したところ一六八二貫であったので、価格より上乗せして二〇〇〇貫を与えることとしている。そしてそれは、皇帝が蕃夷に対して「懐遠」という恩恵を示すことでもあった。その恩恵の方法は、価格を上乗せするだけではなく、追加で銀絹を下賜する場合もあった。

このように宋朝は蕃夷の朝貢品に対して、その価格以上の銭や銀絹を回賜するようになると、当然ながら蕃夷は朝貢品をより多く将来するようになり、結果として回賜額も増加することとなった。また蕃夷の使節が多く到来すると、その接待も煩雑化し費用もかさむこととなる。そこで宋朝は、蕃夷の朝貢を、首都開封まで来て行うものと、蕃夷が到来する境界都市で済ませてしまうものとに、二分化するようになった。

つまり、首都開封では、蕃夷の国書をもった使節等が人数制限や年限を設けられて上京し、そこで価格査定を受けて回賜を受け取り、場合によっては上乗せして下賜された。一方で境界都市では、上京できなかった者や、

また上京を願わない場合、また国書を持参しない場合などで、朝貢品をその都市に納入し、朝廷に代わってそこで価格判定して回賜を与えることとされた。

ここまで見れば、日本国大宰府進奉使周良史が明州で行った貿易は、公憑を用いた市舶司貿易であったのではなく、国書を持参せず、明州という境界都市で済まされた朝貢とその回賜という朝貢貿易であったことが分かる。宋朝側としては、周良史を日本からの朝貢使節と見なして、明州にて朝貢貿易を行ったという認識であった。

では周良史が明州に帰帆して行う貿易を市舶司貿易から朝貢貿易に変更した理由は何であろうか。これは憶測になるが、貿易の利益を計った場合、抽解・博買を経て行う市舶司貿易よりも、将来した朝貢品に対して価格判定を行い、それ相応（あるいは上乗せ）の回賜を下賜される方が利潤が高いと判断したのかもしれない。ただその背景に、日本の権力中枢部との協力関係を想定しても大過あるまい。

いずれにしても、周良史は朝貢貿易によって下賜された銭や銀絹を使って、日本に将来する絹綾や香薬を二年を費やして用意し、一〇二八年に日本へと帰国したのであろう。

おわりに

以上の呉越国の外交交渉と貿易、また海商周良史の市舶司貿易・朝貢貿易とそれにまつわる政治的交流から垣間見えてくるのは、当該時期における盛んな貿易と、それに関連する政治的交渉の展開である。この時期に中国と日本との間に冊封関係は当然なく、国交がなかったとされるものの、地方国家や地方官府と日本との間では、必要に応じて貿易に関連する意思疎通が図られていた。

呉越国は、日本との貿易の便宜を図るために、海商に国王の書状を託して左右大臣などの権力中枢部に接近した。周良史やその父周文裔といった海商も、貿易を円滑に行えるように藤原道長などに接近していた。両者に共通するのは、当時の海上貿易を順調に進めるために、日本の権力中枢部との交渉・交流を必要としていることであった。周良史にあっては、貿易形態を市舶司貿易から朝貢貿易へ変換するために、直接的には大宰府（ひいては藤原道長）と結託して進奉使の肩書を使用した。以後、いち民間漢人海商が日本の使節として宋朝に朝貢した事例は見られないが、それは裏を返せば、周文裔・周良史父子の海上貿易に対する熱意と、日本権力中枢部との厚い癒着関係の表れであった。

中国の呉越国・宋朝と古代日本との間の貿易と、その政治的交渉・交流より見えるのは、「海商の時代」と呼ばれる時期の海上貿易が円滑・順調におこなわれるように、呉越国王や海商などが日本の政治中枢部と良好な関係を構築することを目指していたのであり、それが当該時期の海上貿易の肝要であったということであった。

注

1　榎本渉「研究の現状と問題関心」（『東アジア海域と日中交流――九～一四世紀――』吉川弘文館、二〇〇七年）。
2　山崎覚士「呉越国対外政策の幾つかの問題」（黎毓馨主編『呉越勝覧国際学術研討会論文集』中国書店、二〇一一年）。
3　山崎覚士「未完の海上国家――呉越国の試み――」（『中国五代国家論』思文閣出版、二〇一〇年）。
4　渡邊誠「年紀制と中国海商」（『平安時代貿易管理制度史の研究』思文閣出版、二〇一二年）、森公章「朱仁聰と周文裔・周良史――来日宋商人の様態と藤原道長の対外政策――」（『東洋大学文学部紀要　史学科篇』四〇、二〇一四年）、また同「平安中・後

期の対外関係とその展開過程」（『東洋大学文学部紀要　史学科篇』四一、二〇一五年）。

5 代表として森克己「日宋貿易に活躍した人々」、同「東宮と宋商周良史」（以上『新編　森克己著作集　第2巻　続日宋貿易の研究』勉誠出版、二〇〇九年）。前掲、森公章「朱仁聰と周文裔・周良史」、山崎覚士「海商とその妻――十一世紀中国の沿海地域と東アジア海域交易――」（佛教大学『歴史学部論集』創刊号、二〇一一年）など。

6 本稿の左右大臣の就任日付は『公卿補任』に従う。

7 天慶八年（九四五）三月に出国し六月に到来した蔣袞が、右大臣藤原実頼宛ての呉越国王の書状をもたらし、二年間日本に滞在して、天暦元年（九四七）閏七月に帰国したと考えられなくもない。とすれば、実頼が右大臣に就任する天慶七年（九四四）四月九日から、蔣袞の出国までの一年弱の間に、誰かが日本から呉越国に赴き、呉越国王にその情報を伝えたうえで、書状を用意し、蔣袞に渡していなくてはならない。残存史料にその時期日本から呉越国に向かったとする記事は確認できないので、今は採用しない。

8 この当時の左大臣は藤原仲平であったが、仲平は天慶八年（九四五）九月五日に左大臣のまま薨去した。よって蔣袞は滞日中にその事実を知った可能性があり、となれば蔣袞は帰国後、呉越国王にその事実を伝え、左大臣宛ての書状は用意されなかったのではないか。あるいはもし薨去の事実を知らなければ、呉越国王は左大臣藤原仲平宛ての書状も用意したはずだが、蔣袞の再来日時には、薨去のため手渡されることはなかったものと思われる。

9 なおこの蔣承勲の日本での滞在が『日本紀略』天慶三年（九四〇）七月某日条に見える「左大臣（仲平）贈書状於大唐呉越王」の時までであったとする説があるが、そうすると蔣承勲は承平六年（九三六）七月の朱雀天皇・左大臣（藤原忠平）・右大臣（藤原仲平）の返状を四年間日本滞在中に所持していたことになり、さらにその間、左大臣忠平は太政大臣となり（承平六年八月十九日）、右大臣藤原仲平は左大臣となった（承平七年一月二二日）うえで、その左大臣仲平の書状を改めて持ち帰ることとなり、承平六年次の左右大臣の返状が無駄となってしまう。やはり、日本からの返状を受け取った年に帰国したと見るほうが無難に思われる。

10 この時に左大臣藤原実頼への書状、また実頼からの返状があったことを示す史料は存在しないが、先の左大臣藤原忠平の事例からして、同時に呉越国王から書状が左大臣宛てにも作成されたと思われる。

11 両浙地域の市舶司は端拱二年（九八九）にその名前が登場する（『宋会要輯稿』職官四四―二）が、正式な設置時期は不明である。

12 山崎覚士「宋代両浙地域における市舶司行政」(『東洋史研究』六九―一、二〇一〇年六月)。
13 山崎覚士「貿易と都市――宋代市舶司と明州――」(『東方学』一一六、二〇〇八年七月)。
14 山崎覚士「外交文書より見た宋代東アジア海域世界」(平田茂樹・遠藤隆俊編『東アジア海域叢書7　外交史料から十～十四世紀を探る』汲古書院、二〇一三年)。
15 前掲注5、山崎覚士「海商とその妻」。
16 なお旧稿(「海商とその妻」)では、周良史の渡日を一〇二一年としていたが、『小右記』の寛仁四年九月十四日の記事にある「文嚢」が「文裔」であり、その渡日年は一〇二〇年する見解が出されており、今はそれに従いたい。となると、周良史の息子周弁の出生年も一年早く一〇二〇年と修正すべきである。また施氏の碑文にある没年についても、元豊三年(一〇八〇)とあるが、元豊二年(一〇七九)とする方が他の史料との整合性があるという疑義が残っており、後日に改めて修正したい。
17 前掲注5、森公章「朱仁聰と周文裔・周良史」。
18 同右。
19 同右。
20 渡辺信一郎「帝国の構造――元会儀礼と帝国的秩序」(『天空の玉座――中国古代帝国の朝政と儀礼』柏書房、一九九六年)。
21 石見清裕「唐の絹貿易と貢献制」(九州大学『東洋史論集』三三、二〇〇五年五月)。
22 五代における呉越国などの貢献・進奉については、山崎覚士「呉越国王と「真王」概念――五代天下の形成、其の一――」、同「五代における「中国」と諸国の関係――五代天下の形成、其の二――」(以上『中国五代国家論』)。
23 山崎覚士「宋朝の朝貢と貿易」(佛教大学『歴史学部論集』七、二〇一七年)。

日本と高麗の交流

近藤　剛

一　日本・高麗関係史研究の難しさ

高麗（九一八〜一三九二）は日本の時代区分で言えば、平安時代から南北朝時代にかけて朝鮮半島に存在していた国家である。これまで日本と高麗の交流の歴史について概観した論文は少なからずあるが、日本古代史研究者は主に平安時代の日麗関係について論じ、[注1]中世史研究者は十三世紀半ばのクビライの日本招諭や蒙古襲来、前期倭寇が猖獗を極める十四世紀から朝鮮時代にかけての日本との交流について詳細に描くことが多く、[注2]体系的理解には程遠い状況にある。またこのことは、当該分野の研究が主に日本の対外関係史研究者によってなされてきたことを意味する。[注3]通時代的な研究が全くないわけではないが、[注4]史料的な制約の大きい十二世紀から十三世紀前半に関する研究は特に停滞していると言わざるをえない。同時代の日宋・日元関係史と比べても影が薄いように思われる。

筆者は日本と高麗の関係を開始時から見ていく際に、古代（十二世紀）までで区切るのではなく、クビライによる日本招諭前までを一つのまとまりとしてみるべきではないかと考えている。そこで本稿では、日本の時期区分では中世に属する十三世紀の日麗関係まで扱うことをあらかじめお断りしておく。

二　後百済との通交要請と朝廷・対馬

藤原明衡編『本朝文粋』には「大宰新羅に答ふる返牒一首」と題する文書がある。この文書には延喜の元号が記されているが年月日を欠いているため、正確な時期は明らかではない。これと関連する出来事として、私撰の編年史書である皇円編『扶桑略記』の延喜二十二年（九二二）六月五日条に、新羅人の対馬島到来が大宰府から太政官に伝えられ、審議の結果、速やかに帰国させるべき旨の太政官符を大宰府に発給することが決まった。したがって、「返牒」はこの時の使節に対して渡されたものとみられている。[注5]

さて、これらの史料には「新羅」の文字が見えるが、牒状の引用部分には「都統甄公」とあることから、八九二年に朝鮮半島西南部の完山で自立し、後百済を建国した甄萱からの牒状であったことがわかる。また「伏して思へば、当国の貴国を仰ぐ也」云々とあり、朝貢を願い出る内容であった。これ以前の朝鮮半島情勢を概略すれば、七世紀後半に朝鮮半島を統一した新羅は、八世紀に入ると貴族による反抗が続発し、下代以降は王族どうしによる王位争い・簒奪が続いた。その一方で、人民は相次ぐ天災による飢饉や疫病に苦しみ、政権に対してしばしば反乱を起こした。九世紀の末になると、新羅の統治能力は地に落ち、新羅王族の出身ともいわれる弓裔が八九九年に自立し、九〇一年に後高句麗（九〇四年には摩震、九一一年には泰封と国号を改める。都は鉄原）を建国する。九一八年になると、家臣の王建（太祖）が猜疑心の強かった弓裔を倒して王位に就き、高麗を建国した。そして高麗と後百済・新羅との三国鼎立状態となり、覇権をめぐって争う後三国時代に突入した。[注6] 甄萱は後百済王を自称すると、九〇〇年には呉越に遣使し、さらに九二五年には後唐の冊封を受けた。九二八年には契丹からも使者が到来しており、後百済は大陸から注視される存在であった。[注7] 返牒にある「都統甄公」とは八九二年に自称した「新羅西面都統」あるいは後唐に認められた「海東四面都統」を指す。[注8] 朝貢を目的としてはいるが、新羅や高麗との争いを有利に進めようとしたものと理解される。[注9] しかし日本の朝廷では、甄萱を新羅王の陪臣であるとして、交通を拒絶し、来日した後百済使の輝嵒に表函（牒状）と方物を返却した。

　その後九二七年にも後百済の使節が対馬島に来航したことが『扶桑略記』にみえる。この時の後百済使張彦澄は、大宰府司および対馬島守の坂上経国に送る書と信物を持参しており、朝貢することを目的として来たのであった。契機としてはこの年の正月に貧羅島（済州島）で海藻の交易をしていた新羅人が対馬島に漂着し、経国が長岑望通・秦滋景に牒状を持たせて彼らを本国に送還したことにある。その後三月に帰国した秦滋景の語るところによると、甄萱が全州王として数十州をあわせて大王と称していることや、前回の遣使の失敗を受けて再度日本へ朝貢するための船をしたてていたところ、対馬からの使者がやってきたため、甄萱は彼らに日本国に奉ずる宿心を抱いていることなどを語った。そして望通を拘留して滋景一人を帰国させ、張彦澄は漂流民送還を感謝し、朝貢を願い出るための使節（復礼使）として李栄を派遣することを伝えているが、李栄の来日はなかった。このような甄萱からの二度目の通交要請に対しても、日本側は張彦澄を「新羅甄萱使」と認識し、前回と同様に人臣（陪臣）に外交無しの原則を貫いて、国交を結ぶことはなかった。日本側では大宰府・大宰大弐・対馬島・対馬守名義の四通の牒状を作成し、食糧を与えて帰国させた。後百済はこの後九三〇年に高麗との戦いに敗れてから劣勢となり、九三五年には内紛が生じて甄萱は子の神剣に王位を追われて高麗に亡命するに至る。そして同年に新羅を降伏させた高麗は、翌九三六年に後百済を滅ぼし、朝鮮半島を統一したのであった。[注10]

後百済の通交要請に対して日本が一貫して拒否をし続けた理由としては、日本側が朝鮮半島の情勢に暗く、甄萱使を新羅の地方官（陪臣）による遣使と受け取ったという理解、[注11]二度目の遣使では後唐より百済王の国王号を授かっていたが、大国として新羅を服属国とする建前を持つ日本としては、後百済の新羅からの分立は認めがたく、また、甄萱と結ぶことで朝鮮半島の内乱に巻き込まれる危険性があったことから「臣下の使」は朝貢できないとの大義名分を掲げて拒絶したとする理解、[注12]さらには九世紀の新羅海賊の来襲以来続く、朝鮮半島諸勢力に対する警戒心が作用したという理解などがある。[注13]後百済との交渉については近年相次いで論文が発表されており、対馬島との関係も合わせて再検討すべき状況に来ているといえる。

三　高麗統一直後の通交要請と拒否

九三六年に後三国の内乱を統一した高麗は、翌年から二度ないしは三度にわたり使節を日本に派遣した。まず九三七年八月に、左大臣藤原仲平、右大臣藤原恒左以下の公卿が陣座において高麗牒状の内容について議論したことが、『日本紀略』に記載されている。この時の対応については、後述する高麗文宗（在位一〇四六～一〇八三）による請医の牒状に対して、派遣を拒否する旨の返牒を作成する過程で「長徳・承平・天慶・永承」度の返牒を引載しているため、返牒がなされたことがわかる（源経信著『帥記』）。

九三九年二月には、高麗牒を大江朝綱に検討させ、翌三月に大宰府名義で高麗国広評省宛てに返牒を送り、使節を帰らせることにした（藤原忠平著『貞信公記抄』・『日本紀略』）。広評省とは後の尚書都省で、日本における太政官に相当するが、朝廷で決定された内容を太政官ではなく、大宰府名義で伝えている。このように十世紀以降の日本外交は、表舞台から太政官が姿を消し、もっぱら大宰府や対馬島などの地方官名義で牒状が発給される特徴を持つ。[注14] 先行研究ではこの時の使節および広評省牒状を九三七年のものとする理解と、[注15] それとは別に再度もたらされたものとみる見解とがある。[注16] さらには翌九四〇年六月に、高麗牒状と大宰府解文がもたらされ、文書博士の大江朝綱と維時に勘文を命じている（『貞信公記抄』）。これら九三九年あるいは九四〇年の高麗使については、後の史料ではあるが、『師記』承暦四年閏八月五日条に「天慶年中、高麗国、使して神秋連に陳状を下し、彼国王忽ち朝貢を停めらるの事を愁ふ。件んの方物を以て、朝貢に准ずべし」云々とある。後百済甄萱使の時と同じように、高麗王が以前送った使者に対して日本政府が朝貢を拒否したことを愁いて、方物を朝貢に准じて納めようとしたことが記されている。また、この高麗使については、日本の人ではなかったかとする意見も提示されている。[注17]

いずれにせよ、日本側の対応は後百済の時と同じく外交関係を結ばないとする判断であったが、甄萱の場合は日本が後百済を国家として認定していなかったのに対し、高麗の場合は国家として認定している。したがって、高麗との通交を拒絶した理由は後百済とは別にあると考えなければならず、今のところは後の高麗との交渉でも話題にあがるが、牒状の文面における違例があったのではないかとみられている。[注18]

四　高麗の自尊意識

王建の建国・統一した高麗王朝は強い自尊意識を有していた。[注19] 国内においては国王を皇帝と称し、自称に朕を用いるなど中国の皇帝に擬していた。一九九三年に発掘された太祖像の冠は、皇帝のみが着用を許される通天冠とみられている。[注20]このような中国側からみた場合に「僭擬的」とみられる表現は単なる模倣ではなく、たとえば中華の天子が行う圜丘祀天礼を挙行し、[注21]「天授」をはじめとする独自年号を制定するなど、中国的な天命思想にうらづけられていたとする。また十三世紀の文人李承休著『帝王韻紀』によれば、高麗の君主は独自の天下をおさめる天子として君臨しており、このような立場を中国に対する相対的な位置関係を示す「海東天子」と表現した。複数の天と天下が並存する「多元的天下観」に基づく発想であるが、当時の東アジアの状況を十分に反映しているという。具体的には十一〜十二世紀において高麗が宋や契丹（遼）の使節と応対する際には、両国に属していた西夏の例に准じていた。すなわち「称臣」はするものの名を唱えず、また皇帝に対して南面せずに東面するという傾斜的な関係であったとする。[注22]これにより、高麗は直接的な君臣関係を避けて自尊意識を満足させたという。また、高麗固有の土着信仰が仏教に習合した八関会の大会では、黒水（東女真）・耽羅（済州島）に加え、宋商人や日本人まで参列し、高麗の王化に浴する朝貢者として位置づけた。さらには、他国を下においた排他的で自国至上の自尊意識がみられる風水・図讖などのマジカルな信仰は身分の上下を問わず人々の心をとらえていた。以上のように高麗の自尊意識の論理は華夷秩序の理屈だけでは説明ができないが、高麗の為政者たちは、多元的天下観に立脚しながら、実際の対外政策では柔軟な現実的外交を展開したのであった。

五　十世紀後半の日本・高麗交渉

九七二年九月には、高麗の南涼（原）府からの使者咸吉兢が、翌月には金海府使李純達がともに対馬島に来着している（『日本紀略』・平親信著『親信卿記』）。朝廷では同じ高麗からの使者であるにもかかわらず、なぜ州や年号が異なるのか話し合われているので、使者は牒状を携行していたのであろう。この時の使者については、地方行政官による遣使であったとする説もある[注23]が、当時の高麗では中央政府より地方官の派遣が始まっていなかったことから、在地の豪族が自主的に通交した可能性が指摘されている[注24]。朝廷では大宰府からの返牒が決められた。この時の年号の違いに関しては、宋の冊封を受けていた高麗が九六五年から九七二年まで使節を派遣していなかったため、この間に「天徳」から「開宝」に改元したことを知らなったのではないかとする意見[注25]、あるいは当時の国王光宗（在位九四九～九七五）は皇帝を自称し、独自年号として「光徳」を使用するなど中華意識の強い人物であったことによる可能性もある。

九七四年には、蔵人所出納の国雅（或いは雅章）が、高麗国交易使（或いは高麗貨物使）として高麗馬一疋をふくむ交易貨物を都にもたらしている。なお、その馬は日本産の駄馬と似ていたらしい（『日本紀略』・『親信卿記』）。この出来事については、九七二年来日の高麗使節と連動するものとみて、交易使は対馬島に赴いて取引をしたとする意見[注26]と、別個のものとみて大宰府で高麗使臣団または商人と交易した理解とがある[注27]。

九九七年五月には、高麗から「日本国」・「対馬嶋司」・「対馬嶋」宛てに三通の牒状が送られてきた[注28]。牒状をもたらした使節は「日本人」・「大宰人」（商客）で[注29]、主な内容は、これ以前に九州ないしは長門国の住民が鶏林府（高麗）に赴き、矢を射るなどの罪を犯したため、これを強く非難・糾弾して禁圧を強く求めるものであったと理解されている。その表現には日本国を辱めるような文言があり、これまでの高麗からの牒状に似つかわしくないことから「大宋国の謀略歟」との疑問が呈されるほどであった。日本側は無礼な牒状を送ってきた高麗に対して返牒を送らず、要害を警固して祈禱を行うなどの対応を取った。また無礼であった旨を来日した商客を通じて伝えさせようという意見が出た一方、高麗使である大宰府の人を高麗に向かわせることはせず、罪に処すべきであるという意見も出された。

この出来事で重要な点は、後の倭寇を彷彿とさせるような日本人の行動が十世紀末にすでに見られることである。そして高麗の抗議行動を通じて、貴族をはじめとする日本人の中には、高麗が報復のために軍を派遣するのではないかという警戒感を抱いていたことである。同年十月に大宰府からもたらされた解文は、奄美島民が筑前・筑後・薩摩・壱岐・対馬などの沿海地域を襲い、三百人を連れ去ったことを伝える内容であったが、大宰府からやってきた飛駅使の報を取り次いだ近衛官人はこれを高麗人の襲撃と報じ、旬政の最中であった藤原道長をはじめとする貴族たちの色を失わせた。これが誤報であることはすぐにわかったのであるが、大宰府解には高麗が兵船五百艘を日本に向けて派遣したという噂が流れていることも記されていた。そして大宋国の謀略という点については、これまで高麗は契丹との対立を背景として日本に修好を求めていたが、九九六年に宋にかわって契丹の冊封を受けるとその必然性が失われ、日本の狼藉行為に対して高圧的に抗議したのではないかとする。[注30] このような日本の高麗に対する警戒心がさらに高まる事件が刀伊の入寇である。

六　刀伊の入寇と日本・高麗

一〇一九年三月、対馬島に賊船五十艘が襲撃し、その後壱岐へと向かった。壱岐守藤原理忠をはじめとする多くの島民が殺され、また捕虜として船内に連行された。四月七日に賊は九州に上陸して掠奪・焼討を行った。大宰権帥の藤原隆家は配下の兵士を動員して応戦するとともに、解状を作成して飛駅使を派遣し、合わせて私信を

京の留守宅に送り戦況を伝えた。四月八日に賊は能古島を襲撃し、十三日には肥前国松浦郡も襲うが、隆家を中心に大宰府管内の武者たちが連携し、撃退していった。退却した賊を大宰少弐の平致行らが兵船三十余艘に分乗して追跡したが、隆家は追跡を対馬島までとし、高麗領内には入らないように下知している。捉えた捕虜は高麗人であったため、朝廷では高麗による襲撃を疑ったが、彼らは高麗の辺境の防衛をしていた者であった。「刀伊」とは夷狄を意味する朝鮮の古語「되이」(toi)に由来しており、[注31]賊の主体は沿海州地域に住む東女真で、高麗王に産物などを献上する一方、一〇一〇年代には東海岸の都市を襲撃しており、顕宗(在位一〇一〇~一〇三一)は兵船である戈船を建造・配備してこれに備えていた。[注32]朝廷では対馬・壱岐の警固の強化や仏神への祈禱をするとともに、戦功のあった者に報奨を与えるなどの対応に追われた。一方大宰府では、要害警固を強化する一方、疫病が蔓延するなどの悪化した治安の安定につとめている。

このいわゆる刀伊の入寇については、高等学校の歴史教科書にも紹介され、藤原隆家の指揮のもとで、九州の武士たちがこれを撃退したことなどが記されているが、[注33]日麗関係や日本の対外管理体制などを考える上でも重要な事件である。刀伊に捕らえられた対馬島判官代の長岑諸近は、刀伊が帰途に対馬へ立ち寄った際に単身脱出した。しかし妻子らが連れ去られたままであったため、捜索のために小船を盗んで高麗へと向かった。金海府に到ると、そこで通訳の仁礼と会い、日本から退却した賊を高麗水軍が撃退し、日本人を含む捕虜を奪い返したことや、金海府に送られてきた日本人は三百余人であったが、刀伊は高麗に向かう間に病者や体力の無い者などを次々と海へ落としていたことなどを聞いた。諸近の母・妻・子は亡くなっており、わずかに伯母と会うことができた。状況を認識した諸近は帰国をしようとするが、当時の日本には「渡海の制」・「本朝異国に向ふの制」・「朝制」・「禁制」などと呼ばれる海外渡航の禁令であるいわゆる「渡海制」が存在しており、刀伊の入寇を経てそれがますます重くなっていた。諸近は禁制を犯して渡航していたため、この間の事情を明らかにする証人として捕虜のうち十人を引き連れて帰国し、大宰府において諸近および捕虜となっていた二名の女性（内蔵石女・多治比阿古見）の供述に基づく申文を作成し、朝廷に提出した。この諸近の報告により、賊が高麗人でないことがはっきりした。そして申文の内容の多くが高麗の軍事力について述べられており、捕虜らの申文と言ってはいるものの、尋問をしている大宰府がいかに高麗に対する警戒心を抱いていたかがうかがえる。注34 特に高麗の兵船は大型の二重構造で、上下二段に櫓や櫂を備え、船主には敵船に体当たりして突き破るための鉄製の角や投石機も搭載されていたようである。また、『蒙古襲来絵詞』に描かれている蒙古軍の船や、後期倭寇の対策として建造された「板屋船」とも構造の類似性が指摘されている。注35

その後八月中旬、日本人捕虜二七〇名を連れて高麗使鄭子良が対馬島に来日し、対馬島宛の安東都護府牒状をもたらした。九月二十二日に陣定が開催されたが、会議に先立ち藤原道長は、かつての新羅朝貢の例を参考に、絹・米等を支給することを指示した。そして審議の結果、高麗使を大宰府に召して尋問し、その報告に従って処置すべきこと、大宰府解文に「刀伊国」、高麗牒状に「女真国」とある矛盾について明確にすべきこと、またこのような重要な報告にもかかわらず飛駅使を使わず、時間がかかってしまったことを責めるべきことを定めた。しかし翌日になると、都合によって陣定に参加できなかった権大納言源俊賢がこの結論に不満の意を示した。それは高麗牒の中に、時に女真が高麗に貢献（朝貢）している旨が記されていたことから、女真が高麗に帰順していないことを責めるべきであることや、本来高麗政府から牒を出すべきところを、安東都護府から対馬島に宛てて発給しているのは無礼であること、滞在が長くなれば高麗に日本の実力や経済状況を読み取られてしまうこと、秋になると風波が穏やかでなくなり漂没の危険もあることから、対馬島から帰国させるべきことなどを主張した。実際十二月に対馬島から大宰府に向かった高麗船三艘のうちの一艘が漂没してしまい、俊賢の不安は的中した。翌年二月、大宰府名義の返牒を高麗に送ることや鄭子良らに禄を支給することなどが決定された。

石女等の供述によると、金海府に行くまでの道中、高麗側から駅ごとに銀器の糧食を支給されるなど大変な厚遇を受けていた。高麗では前年一〇一八年より契丹の第三次侵攻を受けており、一〇二〇年以降、再び契丹の冊封を受けた。このような契丹と戦時中であった高麗としては、日本との対立を避けるために捕虜を厚遇したのではないかと考えられている。[注36]

七　境界領域の人々の交流

刀伊の入寇をめぐる一連の交渉を経て、日本の高麗に対する警戒心は次第に減少していったようである。[注37]一〇五一年には金州から牒状が到来したことが『水左記』や『異国牒状記』[注38]、そして鎌倉後期の歴史書である『百錬抄』に記載されている。詳細は不明であるが、『百錬抄』には「日向国の女を返上すること」とあり、『水左記』では返牒の内容に、もっぱら使者に信札（牒状）を写して商船に付して便りとするとあるため、高麗に漂着した日向国の女性を送還する際に、商船が利用されたと考えられる。この使節は先の長徳三年の時と同じ在り方であったとし、「高麗との交易を希求する弱い立場にある日本商人を高麗側の意図を伝えるための遣日使に仕立て」ているとの理解があるが、[注39]史料には「漂流した商人」とあるだけで、高麗との交易に従事していたかどうかまでは明らかではない。[注40]また、同年七月には高麗で罪を犯して対馬島に逃げてきた高麗人良漢等三人を高麗に送還している。逃げてきた者が自ら犯罪者と名乗るわけはないので、高麗からの捜査要請を受けての対応であろう。日常的に高麗と対馬島の官庁間で比較的頻繁にコンタクトがとられていたことを推測させる。[注41] 先ほどの金州牒にはこのことに関する内容も含まれていたかもしれない。[注42]『異国牒状記』には「永承六年七月、高麗国牒到来。其礼なきによりて、宰府牒を遣はす」とあり大宰府名義で返牒が送られたことがわかる。対馬島と高麗との関係については後述する。

十世紀末から十一世紀初頭にかけてみられる新しい動きとしては、九九九年や一〇一二年・一〇三九年に高麗に「来投」し、戸籍に編入される日本人（『高麗史』）や、一〇〇二年に高麗での苛酷に堪えられずに日本に住む場所を求める高麗人がいた（『百錬抄』・藤原実資著『小記目録』・藤原行成著『権記』）。双方の境界領域の人々が国境を越えて往来していた状況をうかがうことができる。

一方、不本意にも双方の国に漂着してしまった人々を送還する記事もこの時期に多く見られる。その中でも注目されるのが、藤原実資著『小右記』長元四年（一〇三一）二月十九日条で、日本に流来した耽羅人八人について大宰府解が報告された際「異国人、事に疑ひ無くば、言上を経ずして粮を給ひ還却すべきの由、格文側《ほのか》に覚ゆる所也。近代尚ほ言上を経。此の如き解文、已に疑殆ど無し。粮を給ひて還し遣はすこと尤も宜し」とあり、漂流民の扱いについては現地の裁量に任されていたという。いつの頃からかはわからないが、少なくとも高麗との関係が平穏なこの時期において、漂流民の送還に関して中央政府が強い主導権を発揮することなく、日本各地（西海道・山陰道）に漂着した高麗の人々は、いったん大宰府に収容された後に対馬島から高麗側に引き渡すというルートが公的に存在していたと想定される。[注43] 高麗側の対日本外交の窓口は対岸の金州（金海府）であったとみられ、そこには日本人を接待するための「館舎」が設置されていた。[注44] そして日本人が要求して認められれば、海路より都である開城へ向かうこともあった（『高麗史』）。

また、高麗前期を通じて、高麗人が日本に来航して貿易を行うという記事は前述の九七四年の記録以外に明確に見ることはできないが、[注45]十一世紀の半ばから後半にかけて、九州各地の日本人が高麗に渡航し、「方物」・「土物」あるいは具体的な品物を「進」や「献」すなわち献上する記事が『高麗史』に散見する。主な品物としては、螺鈿の鞍橋や刀剣・鏡匣《はこ》・硯箱・櫛・書案（文机）・画屏（屏風）・香炉・弓矢・水銀・法螺貝・鮑・鹿皮・仏像・真珠・柑橘などであった。日宋貿易で輸出する品物とほとんど変わることはなく、このほか大和絵の描かれた日本産の扇が高麗だけでなく宋でも評判だったようである。[注46]このような方物を高麗にもたらした日本人の身分については二つに大別できる。[注47]一つは「日本国使」の藤原朝臣頼忠（一〇五六年）、「壱岐島勾当官」が派遣した藤井安国（一〇七三年）、「日本国薩摩州」による遣使（一〇八〇年）、「日本国対馬島」による遣使（一〇八二年）などで、官庁・官人が派遣主体となっている事例である。もう一つは「日本国人」王則貞・松永年（一〇七三年）、「日本国船頭」重利（一〇七四年）、「日本商人」大江、「日本人」朝元・時経、「日本商」某（以上一〇七五年）、「日本商客」藤原、「大宰府商客」王則貞（一〇七九年）などで、個人名や商人の肩書きを帯びている事例である。日本人と思しき名前も見えるが、この時代における商人に付された地名については、必ずしも民族的な意味で用いられるのではなく、日本を拠点あるいは出港した宋商人も含まれていた可能性がある。[注48]その中で「王則貞」に関しては、同時代に大宰府の下級官人である府老に「王則宗」という人物がおり、筑前国嘉麻郡司にも「判官代王則季」が存在したことが明らかにされている。[注49]名前から判断して彼らは近い血縁関係にあると推測され、姓から中国・高麗の渡来人である可能性が考えられる。[注50]こうした事例から、この当時に対外貿易を営むことができる人物は、郡司・富豪層などの在地有力者（在庁官人）で、彼らが大宰府官などと結びつき、公的権威を背景として高麗との貿易に関与したと指摘されている。[注51]そして、文宗の請医の牒状や大宰府解には、「交関のために彼の州に罷向」・「右商人（王則貞――近藤）高麗国を往反するは、古今之例也」などとあり（三善為康編『朝野群載』）、この牒状に対する議論の中で、関白藤原師実が、「若しくは王則貞を遣はさば、子細を彼朝に語り示す歟。此くの如き往反之輩有る乎」と尋ねた際に、藤原師成は、「甚多候者也」と答えていることから（『帥記』）、多くの日本人が「交関」すなわち交易のために高麗へ渡航していたことがわかる。

日本からの高麗渡航・方物献上記事が多く見られる文宗朝は、中国唐・宋の国家制度を参酌しながら国家体制を整備していった高麗の全盛期であった。対外関係においても、高麗は九九四年に宋と断交し、その後も一〇三〇年まで断続的に使節を派遣していたが、文宗の政策によって約四十年ぶりに国交が回復し、一〇七一年に使節の派遣が再開された。[注52] 一〇七三年十一月には、八関会大会において、黒水（東女真）・耽羅に加え、宋商人と日本人も参列している。前述の王則貞は同年七月に高麗に渡航しており、後述の請医一件において日本側に高麗礼賓省牒状をもたらしていることから、八関会に参加したのではないかと推測されている。[注53] 彼らをはじめとする高麗来航日本人は中華高麗の皇帝の徳を称揚し、中華世界を現出してくれる重要な存在であった。[注54] そして日本人とともに大会に参列している宋商人・耽羅人・女真人もこの時期頻繁に高麗に来て、方物の献上を行っている。このような行為をこの時期の高麗では「進奉」と称していたことがうかがえるが、この点については後述する。

八　文宗の請医と日本の対応

高麗の全盛期をもたらした文宗は、その治世末期の一〇七八年六月に不予（「風痺〈風疾・中風。脳出血による半身不随などと考えられる〉」）となり、宋使が来高麗した際には、体を家臣に支えられて殿庭に出御し宋皇帝の詔を受けるような状況であった。宋使が帰国する際には、皇帝への感謝を述べる表を付すとともに、病気治療のための医官と薬材を求めている。早くも翌一〇七九年の七月に、宋は翰林医官の邢慥・邵化及らと薬百品を送り、さらに一〇八〇年にも医官馬世安を高麗に派遣している。このように宋から医者や薬材が送られているさなかの一〇七九年十一月に、高麗の中央官庁で外交・賓客等を管掌する礼賓省から大宰府宛ての牒状が到来した。そこには文宗の「聖旨」が述べられており、大宰府に対し「風疾」を治療することのできる医師の派遣を要請していた。医師を派遣し治療に効果があれば少なからぬ報酬があり、その一部として「花綾・大綾・中綾各十段、麝香十臍」を、商客王則貞の帰国に際して持たせているので受け取るように、という内容であった。

大宰府宛てに発給された牒状は、解文を添えて翌年二月に朝廷にもたらされた[注55]。そこには、交易のために高麗に渡った王則貞から、鎮西に医師がいるということを聞いて牒を送ってきたのであろう。牒状やもたらされた品物には手を付けず、王則貞から聞いたことをまとめて解文にしたため、朝廷の裁定を仰ぎたいとのことであった（『朝野群載』）。二月十六日には大宰府から「高麗国皇帝」が日本に牒を献じたことを示されたとして話題にしている（『水左記』）。日本の貴族たちが高麗国王を「皇帝」と言うわけはないので、王則貞の言葉をそのまま伝えているものと思われる。王則貞が高麗滞在中に国王を皇帝と聞いていたことが推測され[注56]、高麗の自尊意識が垣間見えるであろう。

さて、この件について朝廷では四月ついで閏八月に陣定を開催している（以下『水左記』・『帥記』）。四月の時点では、高麗は日本のために忠節を致すので[注57]、医師を派遣しなければ信義にもとるとの意見が出されている。本格的な議論は閏八月以降に行われているが、議論の過程としては、まず医師を派遣すべきか否か、返牒をどうするのかといったことが話し合われ、当初は医師を派遣すべきとする意見を持つ公卿が多かった。閏八月五日には医師の具体的な名前として「道之宗匠」である丹波雅忠や、その息子である忠康、医道の宿老である惟宗俊通などが挙げられている。十四日には医師を派遣するのであれば一人にするか二人にするか、使者として牒状をもたらした王則貞を付き添わせるのか否かなどが話し合われている。その中で丹波雅忠は医道の棟梁で、また老齢であるため遥か遠い異境に遣わすのは憚りがある。そうかと言って他の者を遣わして、もし治療の効果があらわれなければ日本の恥辱になるという意見が出てからは、医師の派遣に消極的な雰囲気が場を占めていく。そして二十三日に、関白藤原師実の夢中に亡父頼通があらわれ、高麗に医師を派遣すべきではないと告げられたことを受けると、派遣しないことを決め、大江匡房に返牒の起草を命じた。九月四日には礼賓省牒状の違例箇所が示された。すなわち、①牒状の冒頭を「高麗国礼賓省牒上」とするところを「高麗国礼賓省牒」とし「上」字を記さなかったこと。②牒状を函にいれて封緘せずに牒状そのものを封緘する「封紙」であったこと。③牒状の発給年月日に関し、年号を記さず己未年として干支を記していること。④同じく発給年月日に関して年月の下に「日」とだけ記し具体的な日にちを入れていないこと。⑤本来は宋の皇帝の命令を意味する「聖旨」を「蕃国」の王である高麗王が称していること。高麗王は「処分」としなければならない。⑥専使を派遣せずに商人に牒状を託していることを掲げ、文書の違例をもって要請に応えないことにすれば、医師を派遣しない具体的な理由まで記すことはないとの意見でまとまった。また返牒は王則貞以外の人物に託すこととし、則貞を今後高麗に渡航させてはならないことが決まった。以上の方針を受けて匡房が返牒を作成し（『続本朝文粋』・『朝野群載』[注58]）、翌一〇八一年には高麗に送られたものと考えられる。返牒のなかで「双魚猶難㆑達㆓鳳池之月㆒、扁鵲何得㆑入㆓鶏林之雲㆒」の一節については、宋皇帝が高く評価したという（大江匡房著『江談抄』）。

さて、この医師派遣要請事件については、高麗の牒状と日本の返牒、そして日本における具体的な議論の過程が残されている珍しい例であり、これまで様々な観点から考察がなされてきた。日本の高麗観としては、高麗に対する偏見や差別意識、あるいは無関心さなどが従来指摘されていたが[注59]、高麗に対する悪感情から拒絶したのではなく、治療ができなかった時に日本の恥となるという体面を考慮した結果であり、対高麗感情はむしろ好転していたとする。[注60]

対する高麗の日本観について、かつては日本の医術が信頼かつ進んでいたためとする理解があったが[注61]、確かな根拠は無く飛躍ではないかとする。[注62]また、宋の医官や薬材が来てから文宗の治世が五年間続いたことから、治療により文宗の様態が小康状態になっていたとみて、それにもかかわらず日本に医師派遣を要請するのは不審であるとする意見が出された。[注63]しかし宋から医師や薬材が継続的に来ていることから、小康状態であったとみて良いか疑問であり、宋と高麗の国交回復を快く思わなかった契丹により、宋医の来高麗が不可能になった場合に備え、あらかじめ宋以外の地域から医師を確保しておくために日本に要請したのではないかとの指摘もある。[注64]

一方、高麗牒状の分析から高麗の対日本観の考察も進められている。文書の内容は、「聖旨」や年号を使わず干支を記しており、きわめて事務的かつ上意下達的な姿勢を読み取ることができるという。それと同時に、高麗の独自性を堅持してゆこうとする強固な自立的姿勢を読み取ることもできるとする。[注65]また、牒状の首末の考察から、冒頭の「牒」は対等の立場を示し、末尾の「謹牒」は上申文書の形態を示すとするが、これは高麗が文宗の病気を治す名医の派遣を日本に要請するという特殊な事情であったからこそ礼賓省が大宰府をあたかも上級官司のように扱ったとする理解がある。[注66]さらに高麗の署名様式の分析から、礼賓省の長官である卿は大宰府より上位にあろうとし、次官である少卿は医師の派遣を要請する立場から大宰府に対して敬意を表しているのではないかという指摘もある。[注67]使者として派遣された王則貞は、前述のごとく高麗との間に朝貢関係が形成されていた。この信頼関係は、本来日本との外交関係とは無縁の次元で構築されたものであったが、高麗政府はこの政治的関係を日本との外交の場に移行させることが可能であると考えていた。しかし、日本側としては高麗の大国意識を示した形式・文言を容認することはできなかった。返牒の末尾には下達文書を示す「故牒」と記されており、高麗としても容認することはできず、また民間の動向とはまったく対照的な朝廷の態度に失望したことであろう。結果として『高麗史』には、日本に医師の派遣を要請したことも、返牒があったことなども全く書き残されていない。

九　宋の対高麗政策と日本人の海外渡航

文宗による医師派遣要請を拒絶した後も、順宗（在位一〇八三）を挟んで宣宗（在位一〇八三～一〇九四）の時代には対馬島や大宰府からの方物献上行為が見られるが、その末期にあたる一〇九三年七月に、宋人と倭人が乗った船一艘が、安西都護府轄下の延平島の巡検軍により拿捕された。彼らは弓箭・刀剣・甲冑・水銀・真珠・硫黄・法螺などを所持していた。高麗側は海賊とみなして嶺外に配し、拿捕に携わった兵士たちに賞を与えた（『高麗史』）。この記事を境にして『高麗史』における日本人の高麗渡航記事は激減し、十二世紀には一一一六年に日本国が柑子を進めたという記事と、一一四七年に「日本都綱黄仲文等」が高麗に来たという記事があるのみである。このうち一一一六年の記事は柑子を手掛かりに対馬島からのものであったことが明らかにされている。[注68]

さて、拿捕された日本人・宋人は契丹へ向かおうとしていたと考えられている。[注69] 一〇〇四年に宋・契丹との間で結ばれた澶淵の盟により両国関係は一応の安定が保たれたが、宋にとって契丹は常に警戒すべき存在であったため、契丹への文物や技術の流入を避けて、海商の契丹への渡航を禁止していた。そして契丹に臣従していた高麗に対してもその渡航をしばしば禁止していた。もっとも禁止されていた時期においても、貿易のために高麗を訪れた宋海商のいたことは『高麗史』に散見されるが、前述のように、宋と高麗との国交が回復すると、宋海商の高麗への渡航も解禁された。しかし、一〇九〇年十一月から一〇九四年閏四月までの間、再度海商の高麗渡航が禁止され、契丹に行った場合の罰則規定が細かくかつ重くなった。この時期は『高麗史』にも宋海商の高麗来航の記事が見えず、一定の効果があったものと考えられる。そしてこの時期に日本から契丹に渡る日本人や宋人の姿が見られるのである。一〇九一年から九二年にかけて、大宰権帥藤原伊房と対馬守藤原敦輔・商人僧明範（脱脱ら撰『遼史』では「応範」）・宋海商隆琨が手を結び、隆琨の船が明範を乗せて契丹に渡った（『百錬抄』・藤原宗忠著『中右記』）。明範は日本の使節として契丹に入貢し（『遼史』）、日本の武器と契丹の銀との交易も行った。翌年博多に帰着したが、藤原伊房・藤原敦輔・明範らの行動は罪に問われ、一〇九四年に処分が下されたのである。[注70]先の延平島巡検軍に拿捕された宋人と日本人の一行もほぼ同時期の出来事である。宋と同様に契丹でも火薬の原料となる硫黄を求めていた事情があり、これまで高麗貿易に従事していた海商がその役割を担っていたが、一〇九〇年に高麗渡航が再禁止され、同時に遼へ向かうことも困難になると、日本での貿易に従事していた宋海商が硫黄の産地である日本から直接契丹へ輸出する行動をとったのであろうと考えられている。[注71]

また、高麗文宗の第四子である大覚国師義天は、一〇八五年から一年余り宋に滞在し、帰国した後、契丹・宋・日本から仏書を探し集め、これを「高麗続蔵経」としてまとめて刊行した。この続蔵経は刊行直後から権力中枢にきわめて近い一部の僧・俗の手によって続々と輸入されたようであるが、その入手に活躍したのが宋海商であった。[注72]一〇九五年から一一二〇年頃までの間、大宰府滞在の宋商人や、大宰府が派遣した「専使」などを直接高麗に派遣して、経典の輸入につとめている様子が見られる。「専使」とはいうものの、おそらくは宋商人を「使者」として派遣したと考えられる。[注73]

そして、このような宋海商は、経典のみならず陶磁器や香料といった一般の唐物についても、日本側の依頼に応じていたことが推測されている。[注74] 宋商人は宋麗間・宋日間交流の主要な担い手であったばかりでなく、日麗間においても他の勢力の優位に立つ文物・情報の収集・伝達能力を有していたと考えられるが、[注75] その契機となったのが宋による高麗への再渡航禁止だったのではないだろうか。このような考えができるのであれば、先に見た一一四七年に高麗へ渡航した「日本都綱黄仲文」についても、日本を出発して高麗に渡った宋商人とみるべきであろう。[注76]

十一世紀末以降、『高麗史』に日本人の高麗渡航記事が減少することについて、従来は日麗貿易の衰退などが理由として挙げられていた。しかしこれまで述べてきたように、少なくとも九州本土にいる人々は、自ら渡海せずとも博多に居住する宋商人や彼らの持つネットワークを介して、宋や高麗の文物が入手できる状況になっていたのである。ところが対馬島と高麗との関係は、十二世紀以降も密接であった。

一一六五年頃に藤原伊通が二条天皇に提出した意見書である『大槐秘抄』には次の一節がある。

日本の人《対馬国人》は高麗にこそ渡り候なれ。其も宋人の日本に渡躰には候〔似イ〕はぬかたにて、希有の商人のただわづかに小物もちて渡るにこそ候めれ。いかで〔にカ〕侮らはしく候らん。然れば制は候事也。

この一節は「日本の人とりわけ対馬島民は高麗にだけ渡っているのです。それも、宋商人が日本に渡る姿とは異なっており、とんでもない身なりの商人が、僅かな取るに足らないつまらない小物を持って渡っているようです。どれほど日本が高麗から侮られていることでしょう。ですから『制』があるのです。」と解されるが、この記述は、十一世紀後半に見られる九州各地から高麗へ渡航し方物を献上する状況とは矛盾する。これまで見てきたように、十一世紀後半までは王則貞のような日本・高麗間を往来する九州本土の「本朝」の商人は甚だ多くおり、朝廷は日本の情勢を高麗に知られることを警戒した。さらに一〇九〇年代に契丹に向かう日本人が罪科に処せられている状況から、朝廷は航路上に位置する高麗に日本人が行くこと自体を警戒するようになっていたのではないかと推測されるのである。

一方高麗においては、請医一件において大宰府に失望し、また延坪島巡検軍による拿捕事件を通じて、日本（大宰府）商人を警戒の対象として見るようになっていった。このような両国政府が日本人の往来を警戒するようになった時期に、宋の対高麗政策ともあいまって、宋商人が聖教の輸入をはじめとする日麗間の貿易に積極的に参入するようになった。すると、九州本土の日本人は宋商人へ必要な品物を依頼するようになり、彼ら自身が高麗に渡航する必然性が薄れていった。ところが辺境の対馬島に関しては、これまでと同様に、中華高麗を満足させるような立場で交流を続けていたのであろう。しかし、もっぱら高麗に渡航する日本人が対馬島民に一元化されていくと、彼らの容貌により日本が高麗から侮られてしまうことを警戒し、朝廷の指針を受けた対馬島司を中心とした在地の勢力によって、彼らの渡航が管理・制限されたのではなかろうか。このような状態を『大槐秘抄』では「制」と称しているのではないかと推測されるのである。[注77] そしてこのような日本側の制により、対馬島民が定期的に高麗へ渡航する状況を受けて、高麗側ではこれを「進奉之礼」あるいは「進奉礼制」（後述）として整備していったのではないかと考えられる。

一〇 「進奉」と十二世紀の日麗交流

高麗における「進奉」については、唐代の進奉に由来するとの指摘がある。[注78] 唐代においては、周辺の異民族との関係によって生じる「朝貢」のほかに、毎年の元日朝賀の際に州や府の長官が、その土地の土産品（土貢）を皇帝に献上する「貢献」に加え、王室一族による皇帝への方物の献上行為を「進奉」と称していた。しかし安史の乱以後、唐朝廷の財政窮乏を受けて、王室のみならず官僚層も加わり、天宝年間（七四二〜七五六）に節度使や観察使なども「進奉」を行うようになったという。[注79] 唐が滅亡し、五代十国の分裂期になると、皇帝に対する外国の進献についても「進奉」と表現されるようになる。[注80] 「貢献」は本来「進奉」とは異なる行為であるが、[注81] これらについて史料上では「進奉」「入貢」・「進」・「献」・「貢」と表記されて区別が難しい。また注目すべき点として、列国から中原王朝に対する「進奉」が「朝貢」[注82] とも表記されている。そして宋代になると、五代では「進奉使」とあった呉越や南唐からの使者が「朝貢使」とも呼ばれるようになる。[注83] その一方で、回鶻のほか高麗や西夏の使節に関しては、「朝貢」と「進奉」とが混用されるようになる。[注84]

以上をまとめれば、「進奉」元来の意味としては、下から上に対する方物の献上行為を指すが、君臣関係を基底とした冊封関係の範疇に収まらない国家や地域の人々による方物の献上行為を「進奉」と表現することで「朝貢」の意味を含ませ、政治的な関係に擬した交流を可能にさせたのではないかと理解できる。[注85] 十一世紀後半の段階では、九州各地から訪れる日本人の方物の献上を、高麗では「行為としての進奉」として受け入れていたが、[注86] 十二世紀以降、対馬島民の定期的な方物献上行為を「制度としての進奉」として整備していったのではないだろうか。一一六九年の正月に国王の毅宗（在位一一四六〜一一七〇）が群臣に対して「宋商及び日本国の進む所の玩物を賜」ったこと、そして翌一一七〇年正月、毅宗自らが起草した臣僚の賀表の中にある「北使、寿を上りて辞を致し、日域、宝を献じて帝を称ふ」という一節からは、日域すなわち日本人が毅宗を「皇帝」と称えて進奉していることが読み取れる（『高麗史』）。これらも対馬島民によるものだったのではないだろうか。

そしてこの毅宗朝の時期に、対馬島と高麗の金海府に設置されていた東南海都部署（高麗南部の海防・漕運・民政を担当[注87]）との間で牒状のやり取りがなされている。「李文鐸墓誌」によると、対馬島が「辺事」によって東南海都部署に牒状を発給した。高麗政府では尚書都省名義で返牒を作成しようとしたが、官府の位相が異なるという李文鐸の言を受け容れ、東南海都部署より返牒することにした。この事件の年代は一一五六〜一一六二年の間であると判断されるが、この間にあたる一一六〇年四月に、対馬島の「銅採進房」や「貢銀採丁」が高麗の金海府によって拘束されたことが朝廷に言上され、同年十二月にも「対馬嶋商人」が高麗国によって「搦留」されたことについて陣定が開催されている（『百錬抄』・中山忠親著『山槐記』）。そして前述の『大槐秘抄』にも「今平清盛大貳に罷り成て候。いかがと思ひ給ふるに、高麗に事ありと聞候」とあることから、これらを一連のものとみて、何らかの事情で対馬島民が高麗によって拘束されたことに関して、牒状による折衝があったものと理解されるのである。[注88]また、この事件を少し遡る一一五一年には、小値賀島の領主であった清原是包という人物が高麗船を略奪する事件も起こしている（『青方文書』[注89]）。このような緊張関係もあったようであるが、一一八五年には、いわゆる治承・寿永の乱のさなか、再三にわたる平氏の出陣催促を断り、平氏方としばしば合戦に及んだ対馬守藤原親光が、身の危険を避けるために高麗に渡航した（『吾妻鏡』・九条兼実著『玉葉』[注90]）。対馬島と高麗との進奉関係に基づくものとみられ、高麗は身近な異国となっていた。

一一　進奉関係の展開と倭寇

このような対馬島と高麗との良好な関係は、十三世紀になると悪化していく。一二〇六年二月に金州防禦使が「日本国対馬島」宛てに発給した牒状には、一月十四日に「貴国使介」の明頼等四十人が三艘の船で金州の南浦に到着したので、通訳に来航理由を問わせると「進奉」が目的であるとして文牒を献じた。しかしその文が大変みだれていたため、高麗側は「進奉之礼に非ず」と判断した。前年の八月にも恒平等十一人が高麗に来航し文牒をもたらしたが、そこにはいたずらに「譏訣」する表現があり、礼賓省に直接宛てたものであった。金州防禦使が高麗朝廷に報告したところ、議論が一つにまとまらなかったため、恒平等を帰国させることにした。今回の明頼等も文牒が失礼であるので、恒平・明頼共に交わることを許さず、文牒及び進奉の方物も返却して帰国させるというものであった[注91]。

さて、この牒状に登場する明頼等は「貴国使介」すなわち日本国の使者と高麗側は認識しているが、牒状が対馬島宛てに発給されていることをみれば、明頼・恒平共に対馬島からやってきたとみるべきである。そして対日外交の最前線の地域である金州の守令（地方官）は、対馬からもたらされた文書の内容が「進奉之礼」に値するかどうかを審議し、不備があれば朝廷に報告し指示を仰いでいたことがわかる。彼らが高麗に交流を拒否されてしまった理由については、明頼と恒平が高麗貿易をめぐって競合関係にあったという説や[注92]、恒平を対馬の人間ではなく玄界灘周辺地域の者とみて、進奉資格をめぐる競合が存在した可能性[注93]、明頼らは使介と名乗ってはいるが公的機関から派遣されたのではなく、船を仕立てて高麗との交易を試みたが、高い知識や教養を必要とする外交文書の作成は容易ではなく、結果的に無礼とみなされて交流を拒否されてしまったという理解もある。[注94] いずれにしても、高麗側は金州防禦使名義の牒状を対馬島に発給して違例箇所を報告し、状況の改善を促したのであった。

しかし現実には、高麗側が求める「進奉」とは程遠い交流が続いていく。『高麗史』では一二二三年に「倭、金州に寇す」という記事を初見として、一二二五、二六、二七年と相次いで、日本人が金州を中心とする高麗南部沿岸地域で略奪する事件を起こしている。このような日本人の行動は公家の日記にも記録されている。藤原定家著『明月記』嘉禄二年（一二二六）十月十六・十七日条には、対馬国が高麗と「闘諍」し、翌日には「松浦党」が数十艘の兵船を構えて高麗の別嶋で合戦に及び、民家を滅亡し、資財を掠取した。彼らのうち半分は高麗軍によって殺害されたが、残りは銀器などを盗み取って帰ってきたとある。定家はこれらのことを「末世の極みにより、敵国来伐か。恐るべし、悲しむべし」と述べるとともに、高麗が国を挙げて兵を起こすのではないかと指摘する。さらに日麗関係の悪化が、日宋間の航海にも影響を与えることを懸念している。すなわち、日本の船が宋に行くときには必ず到着するが、帰国の時はその多くが風によって高麗に帰着するのが流例であるとする。そのため、高麗が日本の「怨敵」になってしまうと、宋への往来が困難になると述べている。実際に高麗に流れ着いた「唐船」が放火され、一人残らず焼死したという。この日の記事の末尾には「末世之狂乱至極、滅亡之時歟。甚奇怪事也」と記している。また、藤原経光著『民経記』同年十二月二十七日条（裏書）には、肥後や壱岐の民が高麗国と合戦し、高麗内裏に参入したとの伝聞を留めている。

このような状況を受けて、一二二七年に高麗国の全羅州道按察使が大宰府に宛てて牒状を送って来たが、その概要は次の如くである（『吾妻鏡』脱漏、嘉禄三年五月十四日条[注95]）。

対馬島民たちは、古来より邦物を貢進し、毎年好みを通じていた。高麗でも館舎を設けて歓待した。そのため高麗の海辺の州や県、島嶼に住む人々はこれまでの交流を信頼し、疑うことはなかった。ところが対馬島民が、金海府はかつて対馬島民の居所であったと主張している。[注96]どうして昨年六月、夜更けに乗じて城に入り略奪に及んだのか。このごろこのようなことが甚だしい。またなぜ対馬島司がほしいままに対馬島民を往来させ、官民一体となって高麗の罪のない民を苦しめるのをやめないのか。このたび高麗政府は上記の事件を取り上げ、承存ら二十人に牒をもたらして派遣する。一方で、日本との間に存在した「進奉礼制」は廢絶して行われていない。多くの船が途切れなく高麗を往来し悪事を働いているのはどのような理由によるのであろうか。この理由について速やかに回答されたい。

この牒状を受け取った大宰少弐の武藤資頼は、牒状を開封して対馬島の悪徒九十人を斬首し、謝罪と修好互市を求める返書を高麗使承存に渡して帰国させたのであるが、この交渉は幕府や朝廷に対しては全くの事後報告であった（『民経記』・『百錬抄』）。これまでの対高麗外交においては、対馬島や大宰府宛ての牒状であっても、大宰府は朝廷に報告して指示を仰ぎ、返牒案を朝廷で作成し地方官名義で発給していた。武藤資頼の独断について朝廷では「尤も奇怪の事也」（『民経記』）・「我が朝の恥也」（『百錬抄』）と不満を漏らしている。

そして高麗側としても、要求を全面的に受け入れるというこれまでにない返書が届いたことは驚きであったに違いない。五月十七日に承存らが帰国してまもなく、資頼の「修好互市」の要請を実現すべく、朴寅を大宰府に派遣した。『明月記』同年八月十二日条には、高麗から重ねて牒が送られてきたという巷説があり、関東（幕府）に伝えられたかと記されているので、この時期までには来日していた。朴寅らは大宰府に「一年」もの間滞在し、翌年十一月に「和親牒」を持ち帰り、当時の武臣執政であった崔瑀（怡）に褒賞された（金宗瑞ら撰『高麗史節要』)。「一年」という比較的長期の滞在であったことから、鎌倉幕府の意向が含まれていたと考えられなくもない。『異国牒状記』には、「もし武将の命をうけて、少弐が状などをやつかはさるべき、それは度々の例ある上、嘉禄・天福の儀も子細なし」とある。この嘉禄の儀が今回の事例であるとみられるが、先に述べたように、一度目の承存の時は、鎌倉幕府が命を下すことなく大宰少弐の独断で処理されていることから『異国牒状記』の文章は当てはまらない。すなわち、この記述は二度目の朴寅との交渉に関わる記述で、幕府の命を受けて少弐が返牒を遣わしたことを伝えているとみることができるのである。ただし、幕府がこの牒状に関与した記録はなく、定家の推測と「一年」という期間からの類推である。この交渉を主導したのは武藤資頼を中心とした大宰府であったとみて間違いない。[注97]

そしてこの時高麗にもたらされた「和親牒」の中身こそ、『高麗史』元宗世家四年（一二六三）四月甲寅条所載の高麗牒状に「両国交通より以来、歳ごとに常に進奉すること一度、船は二艘を過ぎず。設《も》し他船の他事に枉憑し、濫りに我が沿海の村里を擾す有らば、厳しく徴禁を加ふるを以て定約と為す」と記された内容に該当する。[注98]絶え間なく来航する日本船に対し、年に一度で船は二艘以内という制限を設けるとともに、略奪などの悪事を行った者は厳罰に処すという内容は、嘉禄・安貞期の日麗交渉の過程で定められたとみるのが最もふさわしい。ここにおいて、進奉船は高麗と大宰少弐の武藤資頼との間で結ばれた定約として整備されたのである。このような承存そして朴寅と続け様に使節を派遣した高麗側の背景としては、当時は南方の倭寇だけでなく、北方においても金末の動乱やモンゴルの勃興、そして東真（東夏）国建国などによる混乱から様々な被害を受けていた。この南北問題に対処するために、まず武藤資頼との間で南方日本との問題を解決し、その上で北方の対応に集中したかったものと考えられる。[注99]このような進奉の定約を背景に日麗間の交流が再開し、倭寇行為に関しても「侵掠稍やに息む」(『高麗史』)という状況になった。一二三二年には肥前国の鏡社住人が高麗への夜討を企て、数多の珍宝を盗み取るという事件が起きた。この辺りを拠点としていた松浦党による可能性があるが、この時は守護が子細を尋問した上で犯人を拘留するとともに、盗み出した物を沙汰するよう幕府が命じており、犯人の追捕に動いている(『吾妻鏡』)。

その後一二四〇年四月に高麗から牒状が到来し、陣定が開催された。進奉に関わる内容であったと考えられるが、牒状本文は伝わっていない。朝廷では進奉について把握しておらず、この審議の過程で、先の「金州防禦使牒状」が故藤原親経の家から見つかり、議論の際の資料となっている。すでに一二〇六年の時点で「進奉」の語はみえているのだが、対馬島民と高麗との間で取り交わされた「約」であり、「子細不審」と述べている。そして大宰府解や存問記を召して、不審の条々を尋究すべきことなどが話し合われている(平経高著『平戸記』)。『異国牒状記』によれば、将軍から返牒してはどうかという議論が起きたようであるが、結局日本側から返牒は発していないようである。

一二四三年九月には、金州防禦官(使)が高麗政府に対して日本国が方物を献じ、又高麗の漂流民を送還したことを報告しており、進奉が行われた様子がうかがえる(『高麗史』)。しかしながら、一二五〇年代以降、再び倭寇行為が報告されるようになり、済州島に宋商人と島倭(対馬・壱岐の人々)[注100]が「無時往来」する状況が発生し警戒している(『高麗史』)。一二五九年七月と一二六二年四月には倭寇禁圧を求める使節が牒状を持参して来日した。一二六三年の倭寇禁圧要請は、同年二月に金州管内の勿島を倭寇の船一艘が襲撃し、さらに高麗の貢船も襲い掠奪を行った。[注101]この時は対馬島民による襲撃であるとわかり、交渉により略奪品の一部を持ち帰っている。

一二六七年正月、元宗（在位一二五九〜一二七四）は日本へ行くために巨済島の松辺浦まで向かうも「風涛之険」を畏れて引き返した蒙古・高麗使一行を蒙古に行かせて、クビライに日本招諭を思いとどまらせようとして奏上するが、その中には、「対馬島に至ると雖も、彼の俗頑獷にして礼義無し。設し不軌する有らば、将た之を如何せん。是を以て与倶にして還れり。且つ日本は素より小邦と未だ嘗て通好せず。但だ対馬島の人、時に貿易に因りて金州に往来するのみ」と述べている（『高麗史』）[注102]。一二二八年以降に武藤資頼と間で結ばれた定約後も、基本的には対馬島民が進奉の中心となっていたことがわかる。しかし、大宰府の存在を述べていないところを見ると、この言はクビライに日本招諭を断念させるための方便ともとれる。その後来日した高麗使潘阜の書状には、金州に設置した日本人を接待するための「館舎」を毀したことが記されている（『尊勝院文書』）。そして、一二七二年七月に倭船が金州に至ると、慶尚道按撫使曹子一が日本との交通の事が発覚し、元から譴責を受けることを恐れて、密かに帰国させた。洪茶丘はこのことを聞くと子一を問いただしてクビライに伝えるだけでなく、十月には子一を殺害してしまう（『高麗史』）。こうして遅くても十一世紀後半には行われていた金州を介した日本と高麗の交流の痕跡は消されてしまうのであるが、文永の役はもう二年後に迫っていたのである。

注

1 例えば、石井正敏「日本と高麗」（土田直鎮・石井正敏編『海外視点日本の歴史5 平安文化の開花』ぎょうせい、一九八七年）、同「高麗との交流」（川越泰博・岡本真・近藤剛編『高麗・宋元と日本』石井正敏著作集第三巻、勉誠出版、二〇一七年、初出二〇一〇年）、田島公「海外との交渉」三、高麗との関係（橋本義彦編『古文書の語る日本史2——平安』筑摩書房、一九九一年）、森公章「古代日麗関係の形成と展開」（『成尋と参天台五臺山記の研究』吉川弘文館、二〇一三年、初出二〇〇八年）、山崎雅稔「後百済・高麗と日本をめぐる交流」（鈴木靖民・金子修一・田中史生・李成市編『日本古代交流史入門』勉誠出版、二〇一七年）など。

2 例えば、佐伯弘次「蒙古襲来以後の日本の対高麗関係」（『史淵』一五三、二〇一六年）、関周一「中世東アジア海域と日朝関係」（同編『日朝関係史』吉川弘文館、二〇一七年）など。

3 森平雅彦「高麗・朝鮮時代における対日拠点の変遷」（『東洋文化研究所紀要』一六四、二〇一三年）三六頁。

4 戦前においては稲葉岩吉「日麗関係」（『岩波講座日本歴史』岩波書店、一九三四年）や森克己氏の著作に日本と高麗の関係を扱った論稿が複数みられる（『日宋貿易の研究』勉誠出版、二〇〇八年〔国書刊行会、一九七五年〕初出一九四八年。『続日宋貿易の研究』勉誠出版、二〇〇九年〔国書刊行会、一九七五年〕。『続々日宋貿易の研究』勉誠出版、二〇〇九年〔国書刊行会、一九七五年〕）。近年では、李領『倭寇と日麗関係史』（東京大学出版会、一九九九年）、森平雅彦「日麗貿易」（大庭康時・菅波正人・田上勇一郎・佐伯弘次編『中世都市・博多を掘る』海鳥社、二〇〇八年）、同「10世紀～13世紀前半における日麗関係史の諸問題――日本語による研究成果を中心に――」（日韓歴史共同研究委員会編『第2期日韓歴史共同研究報告書〈第2分科会篇〉』日韓歴史共同研究委員会、二〇一〇年）。関周一注2前掲書、また韓国では羅鐘宇『韓国中世対日交渉史研究』（圓光大学校出版局、一九九六年）や、日麗関係史料集として張東翼『日本古中世高麗資料研究』（SNU PRESS、二〇〇四年）、高麗時代の対外関係史年表として張東翼『高麗時代對外關係史綜合年表』（東北亜歴史財団、二〇〇九年）などがある。

5 池内宏「高麗太祖の経略」（『満鮮史研究』中世第二冊、吉川弘文館、一九七九年、初出一九一九年）以来このような理解がなされてきたが、篠崎敦史「延長七年の後百済使をめぐって――『扶桑略記』の「寡」の解釈を中心に――」（『札幌国際大学紀要』四八、二〇一七年）一五頁は、八八五年に漂流者送還の返礼として「新羅国使判官徐善行」が来日するなどの最低限の交流は存在していたとして、『扶桑略記』と『本朝文粋』の記事を関連するものとみることに慎重な姿勢をとる。

6 北村秀人「朝鮮における「律令制」の変質」（井上光貞他編『東アジア世界における日本古代史講座7――東アジアの変貌と日本律令国家』学生社、一九八二年）、武田幸男「高麗王朝の興亡と国際情勢」（新版 世界各国史2『朝鮮史』山川出版社、二〇〇〇年）、田中俊明「新羅の三国統一と渤海」・森平雅彦「高麗」（田中俊明編『朝鮮の歴史』昭和堂、二〇〇八年）など。

7 河内春人「東アジア史上の日本と後百済」（吉村武彦編『日本古代の国家と王権・社会』塙書房、二〇一四年）三三三頁。

8 この史料に関連して、自称称号に「（後）百済王」が含まれていたとする中村栄孝「後百済王および高麗太祖の日本通使」（『日鮮関係史の研究』上、吉川弘文館、一九六五年、初出一九二七年）一三一頁、石井正敏「『日本書紀』金春秋来日記事について」（鈴木靖民・赤羽目匡由・浜田久美子編『古代の日本列島と東アジア』石井正敏著作集第一巻、勉誠出版、二〇一七年、初出二〇〇七年）三四七頁と、新羅王の臣下を名乗って遣使したとする渡邊誠「日本古代の朝鮮観と三韓征伐伝説――朝貢・敵国・盟約」（広島大学文化交流史比較プロジェクト研究センター編『文化交流史比較プロジェクト研究センタ――報告書Ⅵ』二〇〇九年）一〇頁、山崎雅稔「後百済甄萱政権の対日外交」（『国学院雑誌』一一七―三、二〇一六年）六頁の理解がある。

9　石井正敏注1前掲「日本と高麗」一六二頁。

10　原田一良「『三国遺事』訳註――巻二・紀異第二・後百済・甄萱条（部分訳）――」（『高麗史研究論集』新羅史研究会、二〇〇六年）一六九頁など。

11　中村栄孝注8前掲書、山崎雅稔注8前掲論文。

12　石上英一「日本古代一〇世紀の外交」（注6前掲『東アジア世界における日本古代史講座』7）一二三頁。

13　森克己「日麗交渉と刀伊賊の来寇」（注4前掲『続日宋貿易の研究』）三八九～三九〇頁、森公章注1前掲書六〇頁。

14　渡邊誠「平安貴族の対外意識と異国牒状問題」（『歴史学研究』八二三、二〇〇七年）五～六頁。

15　森克己「日麗交渉と刀伊賊の来寇」（注4前掲『続日宋貿易の研究』初出一九六六年）、森公章注1前掲書。

16　石上英一注12前掲論文、石井正敏注1前掲「高麗との交流」、渡邊誠「国際環境のなかの平安日本」（大津透編『摂関期の国家と社会』山川出版社、二〇一六年）、山崎雅稔注1前掲書、森平雅彦注4前掲「10世紀～13世紀前半における日麗関係史の諸問題」。

17　森公章注1前掲書二六五頁。

18　石上英一注12前掲論文一三三頁。河内春人注7前掲書三三九頁。

19　以下、森平雅彦「朝鮮における王朝の自尊意識と国際関係」（『九州大学21世紀COEプログラム「東アジアと日本：交流と変容」統括ワークショップ報告書』二〇〇七年）、同「朝鮮中世の国家姿勢と対外関係」（森平雅彦・岩崎義則・高山倫明編『東アジア世界の交流と変容』九州大学出版会、二〇一一年）を参照。

20　森平雅彦注19前掲「朝鮮における王朝の自尊意識と国際関係」一五五～一五六頁。

21　奥村周司「高麗の圜丘祀天礼と世界観」（武田幸男編『朝鮮社会の史的展開と東アジア』山川出版社、一九九七年）。

22 奥村周司「使節迎接礼より見た高麗の外交姿勢——十一、二世紀における対中関係の一面——」(『史観』一一〇、一九八四年)。

23 石井正敏注1前掲「高麗との交流」八九頁、山崎雅稔注1前掲書二五一頁。

24 森平雅彦注4前掲「日麗貿易」一〇一頁・同「10世紀～13世紀前半における日麗関係史の諸問題」二〇八～二〇九頁。高麗においてはじめて地方官(守令)が設置されたのは九八三年のことである(鄭麟趾ら撰『高麗史』巻三、成宗世家二年二月戊子条ほか)。

25 渡邊誠注16前掲書二三四頁。

26 山崎雅稔注1前掲書二五一頁。なお山崎氏は国雅の姓を藤原とする。

27 森克己「日麗交渉と刀伊賊の来寇」(注4前掲『続日宋貿易の研究』)三八九頁、張東翼注4前掲『高麗時代對外關係史綜合年表』四三四頁。

28 この事件については石井正敏「日本・高麗関係に関する一考察——長徳三年(九九七)の高麗来襲説をめぐって」(注1前掲書、初出二〇〇〇年)を参照。

29 源俊房著『水左記』承暦四年九月四日条には、後述する高麗から請医への対応中に長徳三年の例に触れた記事があるが、そこには、「何ぞ断綆漂流の客を脅し、以て行李と為すや」とあり、商客を脅して使者としていると述べている。

30 渡邊誠注14前掲論文。

31 山崎雅稔注1前掲書二五四頁。池内宏注5前掲書三一五頁も参照。

32 石井正敏「『小右記』所載「内蔵石女等申文」にみえる高麗の兵船について」(注1前掲書、初出二〇〇六年)一六一頁。『高麗史』巻八二、兵志二、鎮戍には「顕宗即位、造戈船七十五艘、泊鎮溟口、以禦東北海賊」とある。

33 笹山晴生ほか『詳説日本史 改訂版』(山川出版社、二〇一七年)八三頁。また森公章「刀伊の入寇と西国武者の展開」(『東洋大学文学部紀要』六二、史学科篇三四、二〇〇九年)では、天慶の乱以降の西国武者の動向や国衙機構の在り方を、刀伊の入寇を基軸に据えて研究している。

34 村井章介「一〇一九年の女真海賊と高麗・日本」(『日本中世の異文化接触』東京大学出版会、二〇一三年、初出一九九六年)三六一～三六六頁。

35　石井正敏注32前掲論文。
36　篠崎敦史「刀伊の襲来からみた日本と高麗の関係」（『日本歴史』七八九、二〇一四年）八頁。
37　森克己「日麗交渉と刀伊賊の来寇」（注4前掲『続日宋貿易の研究』）三九四頁。山内晋次「朝鮮半島漂流民の送還をめぐって」（『奈良平安期の日本とアジア』吉川弘文館、二〇〇三年、初出一九九〇年）八一頁。
38　一三六七年五月に来航してきた高麗使との交渉に臨む際に作られた史料で、官務小槻兼治勘例を参考に、近衛道嗣が後光厳天皇に献上した草案である（石井正敏「『異国牒状記』の基礎的研究」注1前掲書、初出二〇〇九年）三三九頁。
39　森公章注1前掲書二六六頁。
40　岩波俊彦「高麗前期対日関係の再検討――一〇世紀から一一世紀半ばまで」（『九州史学会朝鮮学部会』報告レジュメ、二〇一六年）七頁。
41　山内晋次注37前掲書九〇頁。
42　石井正敏注1前掲「高麗との交流」一一〇頁。
43　山内晋次注37前掲書八八～八九頁。石井正敏注1前掲「高麗との交流」一一〇頁。
44　李領「中世前期の日本と高麗――進奉関係を中心として――」（注4前掲書）七一頁。近藤剛「高麗における対日本外交案件の処理過程について」（中央大学人文科学研究所編『情報の歴史学』中央大学出版部、二〇一一年）。森平雅彦注3前掲論文四～一一頁。
45　『百練抄』平治元年（一一五九）八月二日条に「陣定。竈門宮焼亡并高麗商人□□。播磨国伊和社焼亡事」として、来日「高麗商人」に関連しての陣定が行われた可能性が指摘されている（張東翼注4前掲『日本古中世高麗資料研究』一一九～一二〇頁）。しかし、『百練抄』の記事には欠損があるため多様な解釈が可能である。博多遺跡群の発掘調査の成果では、高麗産の出土物は宋のそれと比べはるかに少ないようであるが、その中でも十二世紀前半に入ると粗製品の高麗産陶器が急増する（田中克子・佐藤一郎「貿易陶磁器の推移」〔注4前掲『中世都市博多を掘る』〕一二八～一三〇頁）。『大槐秘抄』のなかに「鎮西は敵国の人今日まで《〔今にイ〕》集まる国也」とある。この「敵国」は敵対あるいは匹敵する国としての高麗を念頭にしており、少なくとも十二世紀段階で鎮西（九州、特に博多周辺）に高麗（商人）がいたことは間違いないであろう。
46　石井正敏注1前掲「高麗との交流」一〇六頁。

47 森克己「能動的貿易の飛躍的発展」（注4前掲『日宋貿易の研究』）二四三〜二四四頁。山内晋次注37前掲書八二〜八六頁。石井正敏注1前掲「高麗との交流」一〇五頁。
48 榎本渉「宋代の「日本商人」の再検討」（『東アジア海域と日中交流――九〜一四世紀――』吉川弘文館、二〇〇七年、初出二〇〇一年）。
49 門田見啓子「大宰府の府老について――在庁官人制における――（上）」（『九州史学』八四、一九八五年）。
50 石井正敏注1前掲「高麗との交流」一〇五頁。
51 山内晋次注37前掲書八六頁。
52 丸亀金作「高麗と宋との通交問題（一）」（『朝鮮学報』一七、一九六〇年）、近藤一成「文人官僚蘇軾の対高麗政策」（『史滴』二三、二〇〇一年）。原美和子「宋代海商の活動に関する一試論――日本・高麗および日本・遼（契丹）通交をめぐって――」（小野正敏ほか編『中世の対外交流 場・ひと・技術』高志書院、二〇〇六年）。
53 奥村周司「高麗における八関会秩序と国際環境」（『朝鮮史研究会論文集』一六、一九七九年）。
54 石井正敏注1前掲「高麗との交流」一〇六頁。
55 田島公注1前掲書二七九頁。
56 石井正敏注1前掲「高麗との交流」一〇二〜一〇三頁。
57 この「忠節」について田島公注1前掲書二七九〜二八〇頁では、同日条にも引かれている『日本書紀』允恭天皇三年正月及び八月の、日本が新羅に良医を求め、派遣された医師によって天皇の病が治った例であると指摘されている。
58 返牒を起草したのは大江匡房であるが、源俊房や藤原師実が推敲を重ねている。高麗返牒を載せる『本朝続文粋』は推敲後の完成形であり、『朝野群載』所収の返牒は推敲途中のものであることを小峯和明氏は指摘している（小峯和明「高麗返牒」〔『院政期文学論』笠間書院、二〇〇六年、初出一九八一年〕五四頁）。
59 石母田正「日本古代における国際意識について」（『日本古代国家論』一、岩波書店、一九七三年）三一五〜三一七頁。
60 森克己「日・宋と高麗との私献貿易」（注4前掲『続々日宋貿易の研究』初出一九五九年）三〇頁。同「日麗交渉と刀伊賊の来寇」（注4前掲『続日宋貿易の研究』）三九四頁。石井正敏注1前掲「日本と高麗」一七四頁。山崎雅稔注1前掲書二六一頁。渡邊誠注14前掲論文六〜七頁。

61　辻善之助『増訂海外交通史話』（内外書籍株式会社、一九三〇年）。青山公亮注4前掲書一三頁。森克己「日・宋と高麗との私献貿易」（注4前掲『続々日宋貿易の研究』）三〇頁。同「日麗交渉と刀伊賊の来寇」（注4前掲『続日宋貿易の研究』）三九四頁。

62　奥村周司「医師要請事件における高麗文宗朝の対日姿勢」（『朝鮮学報』一一七、一九八五年）九二・一二二頁。

63　森公章注1前掲書二七六・二八四頁。

64　篠崎敦史「高麗王文宗の「医師要請事件」と日本」（『ヒストリア』二四八、二〇一五年）。

65　奥村周司注62前掲論文。田島公注1前掲書二八七～二八八頁。石井正敏注1前掲「高麗との交流」一〇二～一〇三頁。

66　酒寄雅志「渤海国中台省牒の基礎的研究」（『渤海と古代の日本』校倉書房、二〇〇一年、初出一九八五年）。

67　近藤剛「『朝野群載』所収高麗国礼賓省牒状について――その署名を中心に――」（『中央史学』三四、二〇一一年）九四～九五頁。

68　山内晋次注37前掲書九四～九五頁。

69　李領「院政期の日本・高麗交流に関する一考察」（注4前掲書）一八～二〇頁。原美和子注52前掲書。石井正敏注1前掲「高麗との交流」一〇八頁。

70　森公章「劉琨と陳詠」（注1前掲書、初出二〇〇二年）。原美和子注52前掲書など。

71　原美和子注52前掲書一四三～一四四頁。

72　横内裕人「高麗続蔵経と中世日本」（『日本中世の仏教と東アジア』塙書房、二〇〇八年、初出二〇〇二年）。

73　例えば、徐松編『宋会要輯稿』第八六冊、職官四四市舶、天聖四年（一〇二六）十月条には、宋商人の周良史を「日本国太宰府進奉使」として宋に派遣している。また、『続資治通鑑長編』巻二八八、元豊元年（一〇七八）二月辛亥条や瑞渓周鳳著『善隣国宝記』巻上をみると、「大宰府令（大弐）藤原経平」が宋商人の孫忠を使人としてやはり宋に派遣している。

74　石井正敏「肥前国神崎荘と日宋貿易――『長秋記』長承二年八月十三日条をめぐって――」（注1前掲書、初出一九九七年）四八頁。

75　原美和子「宋代東アジアにおける海商の仲間関係と情報網」（『歴史評論』五九二、一九九九年）一〇頁。

76　近藤剛「一二世紀における対馬島と日本・高麗――『大槐秘抄』にみえる「制」について――」（中央大学人文科学研究所編『島と港の歴史学』中央大学出版部、二〇一五年）一〇〇頁。

77 近藤剛注76前掲書一一〇～一一一頁。

78 石見清裕「書評 山内晋次著『奈良平安期の日本とアジア』」（『唐代史研究』八、二〇〇五年）一一〇頁。

79 宮薗和禧『唐代貢献制の研究』（九州共立大学地域経済研究所、一九八八年）一九頁。

80 石見清裕注78前掲論文。森平雅彦注4前掲「日麗貿易」一〇四頁。

81 山崎覚士「五代における「中国」と諸国の関係――五代天下の形成、其の二」（『中国五代国家論』佛教大学研究叢書一二、佛教大学・思文閣出版、二〇一〇年）一三九～一四〇頁。

82 王欽若編『冊府元亀』巻一六九、帝王部、納貢献、顕徳五年（九五八）閏七月癸丑条。薛居正編『旧五代史』巻三〇、同光元年（九二三）十二月甲申条。巻三二、同光三年（九二五）三月壬子条。巻三三、同光三年閏十二月甲辰条。巻七八、天福四年（九三九）冬十月庚戌条。なお、「朝貢」とは「対外関係において、中国王朝がとった宗属関係による前近代的な政治的儀礼。藩属国の君長もしくは使節が宗主国の皇帝に朝見して土産の物を献じ、君臣の礼を表明すること。……本来の主旨は宗属関係における冊封・君臣の礼をあらわす政治的儀礼であった」とある（佐久間重男「朝貢」〔田中健夫・石井正敏編『対外関係史辞典』吉川弘文館、二〇〇九年、初出一九八八年〕四九七～四九九頁）。石井正敏氏は、「夷狄が中華と交流を結ぶ」際に、「皇帝に信義の品を献上する行為」を朝貢とされている（『東アジア世界と古代の日本』山川出版社、二〇〇三年、三頁）。

83 脱脱編『宋史』巻一一九、礼志七二、賓礼四、外国君長来朝、太祖建隆元年（九六〇）八月三日条には「江南・呉越朝貢使」とあるが、李燾著『続資治通鑑長編』巻二、建隆二年（九六二）五月戊寅条では「両浙・江南進奉使」と記されている。

84 『続資治通鑑長編』巻三九一、元祐元年（一〇八六）十一月壬申条には、左司諫王覿が奉った箚子の中に「高麗・夏国進奉不レ経二由鴻臚一……請二高麗・夏国朝貢不レ経二由鴻臚一……」とあり、明らかに「朝貢」と「進奉」が同義で用いられている。

85 山内晋次注37前掲書九三頁、森平雅彦注4前掲「10世紀～13世紀前半における日麗関係史の諸問題」二一六頁。

86 李斉賢（一二八七～一三六七）は、文宗の治世について「宋朝毎錫二褒賞之命一、遼氏歳講二慶寿之礼一、東倭浮レ海而献レ琛、北貊扣レ関而受レ廛」（『高麗史』巻九）と述べ、「東倭」すなわち「日本」は海を渡って「琛」（蕃国が上京して献上する品物〔『佩文韻府』巻七三「献」〕）を献上する存在として位置づけている。

87 近藤剛注44前掲書一六四～一六五頁。森平雅彦注3前掲論文六～七頁。

88 近藤剛注76前掲書九六～九七頁。

89　村井章介『増補 中世日本の内と外』（筑摩書房、二〇一三年）六六〜七〇頁。

90　川添昭二「鎌倉初期の対外関係と博多」（箭内健次編『鎖国日本と国際交流』上巻、吉川弘文館、一九八八年）一〇頁では「対馬守親光が平氏の攻撃を避けて、やすやすと高麗に亡命し、高麗王（明宗）の臣下となったというのも、対馬を主とする日本の対高麗進奉船貿易による「朝貢」関係が背景にあったからであろう。親光の対馬守時代に高麗に対する進奉船貿易の事実は見出せないが、右のように解して、まず大過なかろう」と述べている。

91　近藤剛「『平戸記』所載「泰和六年二月付高麗国金州防禦使牒状」について」（『古文書研究』七〇、二〇一〇年）二九頁。

92　李領注44前掲書六六〜六七頁。

93　溝川晃司「日麗関係の変質過程――関係悪化の経緯とその要因――」（『国際日本学』一、二〇〇三年）七九頁。

94　近藤剛注91前掲論文三〇頁。

95　以下、近藤剛「嘉禄・安貞期（高麗高宗代）の日本・高麗交渉について」（『朝鮮学報』二〇七、二〇〇八年）を参照。

96　この点について、筆者は注95前掲論文五四〜六一頁において、「彼告下金海府、対馬人等旧所二住依一之処上、奈何。」と返り点を付し、「対馬島民が、金海府はかつての居所であったと告げるのはいったいどういうわけか」と理解し、その後に記載されている「又何辺村塞、擅使二往来一。彼此一同、無辜百姓、侵擾不レ已。」については、「何辺村塞（辺境地域の村におかれたとりでないしその役人）」が、ほしいままに（対馬島民）を往来させている。「彼此（高麗を襲撃する対馬島民とそのような対馬島民の往来を管理しない対馬島司）」が一緒になって高麗の罪なき百姓を侵擾することをやめない、と解釈した。しかし、本論文を盛り込んだ博士学位論文『日本高麗関係史の研究』（中央大学、二〇一一年）の口頭試問の際、副査の木村誠氏より「奈何於二丙戌六月一、乗二其夜寐一、入レ自二城竇一、奪二掠正屋一訖。比者已甚。」と「又何辺村塞、擅使二往来一。彼此一同、無辜百姓、侵擾不レ已」は対句的に読むことができるのではないかとご教示いただいた。すなわち、「彼告下金海府、対馬人等旧所二住依一之処上」は、（彼（対馬島民）が、金海府は対馬人等のかつての居所であったと告げている）とし、「奈何於二丙戌六月一、乗二其夜寐一、入レ自二城竇一、奪二掠正屋一訖。比者已甚。」は（どうして昨年六月、夜更けに乗じて城に入り略奪に及んだのか。このごろこのようなことが甚だしい。）と読む。そして「又何辺村塞、擅使二往来一。彼此一同、無辜百姓、侵擾不レ已」は、（またなぜ対馬島司がほしいままに対馬島民を往来させ、官民一体となって高麗の罪のない民を苦しめるのをやめないのか。）と解釈するのである。「奈何」「何」の理解については従うべきであると考える。さらに、ごく最近村井章介氏は、本牒状を載せる『吾妻鏡』吉川本の当該文書には誤写が多いことから、「彼告」を「披告」とし、「すなわち「披キ告グル」の誤写で「訴え出る」といった意味ではないかと思っている」と述べており、「対馬人等旧所住依之処」と説明される金海府は、居民が何かを告げた対象ではなく、「奈何」以下で述べられる倭寇事件の起きた場所だと解し」ている（村井章介「中世史家としての石井正敏」〔『前近代の日本と東アジア――石井正敏の歴史学』アジア遊学二一四、勉誠出版、二〇一七年〕一一七～一一八・一二三頁）。村井氏の指摘するように、本文書には誤写とみられるところが十箇所あり、「彼」を「披」の誤りとみることもできるかもしれない。しかし、そうすると次の「住依之処」の意味が問題となる。先行研究にあるように「居住するところ・居所」と理解すれば、高麗側が「金海府は対馬島民のかつての居所であった」と述べるのには違和感を覚える。「住」を「とどまる」と解釈し（『大漢和辞典』）、「住依之処」を「とどまるためのたのみとしていた場所」とすれば、村井氏の解釈も成立する可能性はある。ただその一方で、「彼」字を生かし、対馬島の倭寇が金海府をかつての居所であると告げて襲撃することを、高麗側が問題にしていると理解することもできるであろう。

97 高銀美「大宰府守護所と外交」（『古文書研究』七三、二〇一二年）では、高麗使承存と朴寅に送った返書をそれぞれ『異国牒状記』にある「少弐私返状」・「武将の命をうけて、少弐が状などをやつかはさるべき」とする拙論（注95前掲論文）を批判し、承存に送った返書を「武将の命をうけて、少弐が状などをやつかはさるべき」ものであったと理解する。その理由として、承安二年に平清盛が「日本国沙門静海」名義で返牒を送ったことから「何の官職も名のらない個人名義の返牒」（八頁）であるため、承存に送った「日本国の書」について「日本の公的な官職の名で発給された牒状」とは性格が異なるとする（九頁）。そして朴寅にもたらした「和親牒」については、朴寅の帰国が十一月で、一年間滞在していたことから来日は嘉禄三年の十一月頃になるといい、翌十二月に安貞に改元されるため、『異国牒状記』にある「嘉禄の例」とは異なるとする。しかしこのような高氏の見解には疑問が抱かれる。まず前者については、『吾妻鏡』によれば嘉禄三年の五月十四日に「今日披覧に及ぶ」として牒状が開き見られ書写されている。そして『高麗史』によれば、高麗使承存は同年五月乙丑（十七日）に帰国あるいは帰国報告をしていることから、返牒に将軍の意向を盛り込むことは不可能である。また『高麗史』には「日本国は書を寄せ」とあるだけで、ここから「公的な官職の名」があったことを読み取ることはできない。仮に高氏の述べるように「何の官職も名のらない個人名義の返牒」を「私返状」だったとして、大宰府との交渉に臨んだ承存が武藤資頼から返書をもらったのであれば、そこに官職がなくとも「日本国の書」となるであろう。また後者については、「一年」を十二カ月と厳密にとらえる必要はないであろう。年をまたいで滞在していたことを「一年」と数えても良いのではないだろうか。史料的制約の大きい当該期においては、やはり『明月記』嘉禄三年八月十二日条の「高麗重送レ牒之由有二巷説一云々。若又持二向于関東一歟」という記事は重要であり、「確実な根拠があるわけではない」（九頁）と一蹴すべきではない。少なくとも八月には朴寅は牒状を持参して来日していたとみるのが素直な解釈であろう。そして「若又持二向于関東一歟」という記述から、関東すなわち幕府（将軍）のもとに牒状がわたった可能性が推測されるのではないだろうか。嘉禄ではなく安貞であるとする意見についても、例えば『異国牒状記』には延応二年（一二四〇）四月に到来した高麗牒状に関する内容について、「仁治元年四月」としているところがある。延応二年は七月に仁治に改元されるのであり、本来「仁治元年四月」は存在しないのであるが、このような記載がある。したがって、実際に返牒が下されたのが安貞二年であったとしても、外交問題自体は嘉禄年間から起こっているので、嘉禄の儀とすることに違和感はない。したがって高氏の拙論批判に従うことはできない。

98 近藤剛注95前掲論文六九～七二頁、石井正敏『「武家外交」の誕生』（NHKさかのぼり日本史外交編［8］鎌倉、NHK出版、二〇一三年）一五二頁。

99 近藤剛注95前掲論文七二～七四頁。

100 武田幸男編訳『高麗史日本伝 上』（岩波書店、二〇〇五年）六〇頁。

101 『青方文書』七八の「断簡文書案」にも、この事件のものと思しい記述がある。

102 佐伯弘次『モンゴル襲来の衝撃』（中央公論新社、二〇〇三年）五六～五七頁。

〈付記〉本稿は二〇一六年学校法人開成学園ペン剣基金より交付を受けて行った研究成果の一部である。

Ⅱ　宗教・思想と儀礼・文化

「唐風」と「国風」

西村　さとみ

はじめに

「唐風」「国風」の語を耳にした多くの人がまず思い浮かべるのは、十世紀から十一世紀にかけての文化事象を総称する術語としての「国風文化」であろう。醍醐天皇の命により編纂された『古今和歌集』、『土佐日記』や『源氏物語』など、かな文字で書かれた作品の誕生をはじめとする諸事象は、「和（日本）風の文化」の意を込めて「国風文化」と呼びならわされてきた。

しかし近年、そうした術語で当該期の文化をとらえることへの批判が高まっている。早くに「国風」の語義に照らして問題提起をされたのは、村井康彦氏であった。[注1]氏は、「『国風』――『くにぶり』には、本来『和（倭）風』という意味はない。もともとこの語が中国の言葉である以上、それは当然のことであった」と述べ、典拠である『詩経』に言及される。すなわち、中国最古の詩集『詩経』（現存するのは毛氏が伝えた本文であり、『毛詩』

と呼ばれる）は、国風・雅（大雅・小雅）・頌の三部から成り、国風とは、黄河流域の国々や周王朝の直轄領内でおのおの地域性を示しつつ生まれた歌謡であるという。なお、雅は朝廷で奏される楽、頌は宗廟における楽歌であった。

ただ、村井氏は同時に、そうした『詩経』の語法を前提として次のような視点を採ることにより、「国風文化」を「和風文化」の意で使用しうることを示唆された。

すなわち国風は、内容的・質的には雅に対置されるものであり、空間的には中央に対する地方として把握されるものであったこと、この雅と国風の関係をさらに敷衍するなら、都と鄙、貴族と庶民、晴と褻、といった関係に置き換えることもできるものであろう。…… したがってまたこの雅と国風とを、視野を極東地域に広げた上で文化的先進国（＝雅）たる中国と後進国（＝国風）である日本との関係に擬することもできないわけではない。つまり国風が即倭（和）風なのではなく、倭（和）風は中国にとっての国風（の一つ）なのである。

そこには、「極東地域」という日本を越えた空間的広がりのなかで「国風文化」の形成を考える視点が含まれており、背景には「国風文化とは、中国的なものに対する日本的な文化の成熟といった要約で終るものなのだろうか。だいいち、何をもって日本的と見做すのか」との問いがあった。

しかしながら、たとえば米田雄介氏が、「国風文化を強調することは、東アジアの諸国が中国の文化的影響を蒙りながら、それぞれの国において独自の文化を発展させてきている事実を、無視しないまでも軽視することになりかねない」と述べ、村井氏の問題提起に対しても、「国風」の原義から「国風文化」をとらえなおすことはかえって概念の混乱を招きかねないと批判されたように、「国風」には、日本の独自性を誇示するかのようなイ

メージが根強く存在する。[注2]

そして近年、西本昌弘氏は、「国風文化」に関する研究史を振り返り、「議論を相対化するためには、弘仁・貞観文化のような年号を冠した文化呼称を案出する必要」があるとされ、「天暦・寛弘文化という用語」を提案されている。ちなみに、「日延が呉越国に入った天暦年間（九四七―九五七）は村上天皇の親政期で、『後撰和歌集』が編まれ、大江朝綱・同維時・菅原文時らの詩人が活躍した」時代、「寂照が入宋した長保年間（九九九―一〇〇四）から寛弘年間（一〇〇四―一二）にかけては、『拾遺和歌集』『枕草子』『源氏物語』など、王朝の高峰に連なる作品が次々に成立」し、「『漢詩文集『扶桑集』『本朝麗藻』なども編纂された」時代である。[注3]

ところで、西本氏が「年号を冠した文化呼称」の例に挙げられた「弘仁・貞観文化」は、「唐風文化」とも称されてきたが、研究の進展により、「唐風化の実態を過剰に評価するのは問題である」こと、「中国の文化や政治制度は八世紀から段階的に移入されており、九世紀のみを『唐風文化』の頂点とするのは厳密性を欠く」[注4]ことから、現在では、その呼称はほとんど使用されなくなっている。ただ「唐風」「唐風化」は、「国風」の語義、内実が問われているのに比して、無批判に使用される傾向にある。しかし、それもまた再考すべき時を迎えているのではあるまいか。「唐風」が指し示すものを不問に付すことは、対置されるものとしての「国風」を前提することになりはしまいか、と。

つまり、本稿の主題である「唐風」「国風」は、少なくとも九〜十一世紀の文化を考えるうえで避けては通れず、また、改めてその用法を問わなければならない語句であるといえよう。そこで、まずは「唐風」「国風」の用例を検討し、当時の人びとの認識において理解することからはじめたい。そして、当該期の社会においてであれ、私たちの分析概念としてでもあれ、それらが何ゆえに問題化されたのか、いいかえれば「唐風」「国風」の語を通して社会の変容をとらえる緒を探り、その考察の射程を見据えることを目的とする。

なお、近年の「国風文化」論は、対外関係史研究の進展と深くかかわりながら展開されてきた結果、「『漢』の要素を重視すべきか、『和』の要素を重視すべきかによって、大きく議論が分かれている」[注5]と映ずる様相を呈している。その一方で、村井氏のことばを借りれば、「都と鄙、貴族と庶民」をめぐる問題は等閑に付されているように思われる。そうした研究の現状については、「唐風」「国風」の考察をふまえ、改めて考えてみることにしたい。[注6]

一　「国風」が意味するもの

1　地域の風俗としての「国風」

「凡そ経は、周易、尚書、周礼、儀礼、礼記、毛詩、春秋左氏伝をば、各一経とせよ」と「養老学令」経周易尚書条に定められているように、「毛詩」すなわち『詩経』は、大学で教授され、令制下の知識人たちが学ぶべき漢籍の一つであった。彼らは当然ながら、そこにみられる語義を意識しながら「国風」の語を用いたであろう。

地域の歌謡という意味での「国風」は、九世紀後半に編纂された「貞観儀式」とみなされている現存『儀式』の践祚大嘗祭儀に散見される。[注7]

既御二悠紀正殿一、小斎群官各就二其座一。……其群官初入、隼人発レ声立定乃止。訖国栖奏二古風一、五成。次悠紀国奏二国風一、四成。次語部奏二古詞一。次隼人司率二隼人等一、従二興礼門一参入、於二御在所屏外一、北向立、奏二風俗歌舞一。主基亦同。

十一月中卯日に、悠紀・主基両殿で隼人の犬声や国栖の「古風」、語部の「古詞」と並び、悠紀・主基の「国風」が奏されたのである。『儀式』には、辰日に「国司、風俗の歌人等を率て、……幄に入り風俗の歌舞を奏せ」、午日に「次に、悠紀・主基両国司、歌人・歌女を率て同じき門の東西の戸より入り、左右の幄に就きて、風俗の楽を奏せ。歌舞一曲して退出せよ」などともあり、それらが真の意味で各地域に育まれたものであったかはさておき、「国風」は悠紀・主基それぞれの「国」の「風俗の歌舞」を意味している。なお、悠紀・主基は、卜定されて神饌や節会に用いる稲穀、酒料などを奉る国郡をいう。

ところで、「国風」の用例は決して多くはなく、六国史を紐解いても、延暦二十三年（八〇四）十月の摂津・和泉両国への行幸に関する記事にわずかにみえるに過ぎない。桓武天皇は、豊かに実った稲の刈り入れも終わり、農作業が一段落したこの時期に「国風」を視察しに訪れたと告げ、「山川も麗しく、海潋も清ら」であることを褒めて、当年の田租を免除し、行幸に奉仕した国・郡司に位を与えるなどしている。[注8]

では、その「国風」は何を指しており、それを観るとはいかなる行為であったのか。「養老令」には、当時の風俗をめぐる認識を知るうえで重要な条文が採録されている。まず「職員令」に、弾正尹の職掌として「風俗を粛清」することが挙げられており、その義解に次のようにある。[注9]

風者、気也。俗者、習也。土地水泉、気有二緩急一、声有二高下一。謂二之風一焉。人居二此地一、習以成レ性、謂二之俗一焉。仮令、信濃国俗、夫死者、即以レ婦成レ殉。若有二此類一者。正レ之以二礼教一。是以粛二清風俗一也。

「風」は自然の影響を受けて形成される気質、「俗」はその土地に住むことによって身についた習性であり、続けて語られている葬送儀礼や、すでに述べた歌舞、そして後述する言語などがそのあらわれとされていた。

また、「大宝令」の当該条文に付された古記には、

風有二厚薄一、俗有二淳澆一。明王之化、当下移レ風使二之雅一、易レ俗使中之正上。是以、上之所レ化、亦謂レ為レ風。人習而行。亦謂レ為レ俗。

とあり、[注10] 地域によりさまざまな風俗は、徳を備えた君主の感化により「雅」で「正」なるそれへと「移」し「易」えられるとの思想があったことも知られる。桓武天皇は、それゆえに、摂津国や和泉国の風俗を観るべく行幸したのである。

とはいえ、天皇が統治圏内をあまねく視察することはかなわず、代わって諸国の風俗を視察し、人びとを教化するべく派遣されたのが、国司であった。「養老戸令」には、国守の職掌の一つに任国を巡行することが挙げられている。[注11]

凡国守毎年一巡二行属郡一。観二風俗一、問二百年一、録二囚徒一、理二冤枉一、詳察二政刑得失一、知二百姓患苦一、敦喩二五教一、勧二務農功一。

「風俗」を観、「百年」すなわち故事を土地の人に尋ねることは、罪人の数を確認したり、裁判の不正を糺したりすること、儒学の経典にみられる徳目をもって人びとを教え導いたり、農業を奨励したりすることとともに励行すべき重要な職務であった。

そして、「職員令」弾正台条に、信濃国の風俗が糺すべきものとして記されたように、八世紀には、風俗はしばしばあるべきそれに照らしてそうでないものを改めさせるという文脈で語られていた。一例を挙げれば、弘仁七年（八一六）十月には、

勅、延暦廿年格云、荒服之徒未レ練二風俗一。狎馴之間不レ収二田租一。其徴収限待二後詔一者。今夷俘等、帰化年

久、漸染二華風一。宜下授二口分田一、経二六年已上一者、従収中田租上。

延暦二十年（八〇一）当時、服属したばかりの人びとの田租を免じることにしたが、帰化から年月が過ぎ、ようやく「華風」に染まってきたため、ここで口分田を授けて租を徴収するよう定めたという。[注12]

しかし、時期を経るにつれて、国司たちには、任地の風俗を導き糺すことではなく、むしろ尊重することが求められるようになった。国司の心得を説いた「国務条々事」は、『朝野群載』に採録された時期は下るものの、成立は十世紀前半まで遡るといわれている。[注13]その一条「吉き日時を択びて境に入る事」に「国風」は、

在京之間、未レ及二吉日時一者、逗二留辺下一。其間官人雑仕等、慮外来着、令レ申二事由一。随レ礼召上、

可レ問二国風一。

とみえる。また「老者を粛みて風俗を申さしむる事」には、

外土之事、逐レ年凋殘、代々凌遅、毎任二易改一。仍可レ令三高年者申二諸事一。遍問二故実一、有二善政一、就レ彼不レ

可レ改二旧風一。

老者に故実を尋ね、過去に善政があればそれに倣って「旧風」を改めるべきではないとも記されている。「国風を問ふべし」に続くことばが、「但し礼に随ふべし。専ら無益の事を云ふべからず。外国の者は、境迎の日に必ず官長の賢愚を推量す」であることからすれば、形式化しているとみえなくもないが、少なくとも「国風」を尊重する意識はあったといえよう。八世紀から九世紀初頭にかけては、「国風」を糺すことが強調されていたのに対し、十世紀には、尊重すべきことが標榜されるようになった。この点をおさえたうえで、続いて「国風」の異なる用例を検討することにしたい。

2　和の風俗としての「国風」

次に掲げるのは、長保四年（一〇〇二）に藤原有国が執筆した「讃㆓法華経廿八品㆒和歌序」の一節である。[注14]

和歌者、志之所㆑之也。用㆓之郷人㆒焉、用㆓之邦国㆒矣。情動㆓於中㆒、言形㆓於外㆒。……上自㆓神代㆒下訖㆓人俗㆒、国風之始也。故以㆑和為㆑首。吟詠之至也。故以㆑歌為㆑名。

この和歌序は、藤原道長が主宰した歌会で詠まれた歌群に付されたもので、歌会の趣旨に先んじて和歌論を展開し、「和歌」と称する所以を述べている。和歌は、「志」のあらわれであり、庶民にかかわることにも国家に関することにも用いられる。「情」が内側に動いて「言」として外に形を成したものである。神代から詠われ、人の世の「俗」となった「国風」の筆頭に挙げられるものである。ゆえに「和」を冠する。さらに節を付けて歌う最高のものであるから「歌」という、と。

この「国風」の「国」は「和」に重ねられることから、行政区画としての「国」ではなく、それらを包摂する範囲を指していると解される。それは、たとえば長元八年（一〇三五）五月に関白左大臣藤原頼通の邸宅で開かれた歌合の記録など、この前後に和歌を「我が国の風俗」とする文章が散見されることからも裏づけられよう。[注15] 頼通が主催し、「世治まれば此の興起こり、時質くんば此の思ひ切なり」と謳われた歌合において想起される「我が国」が行政区としての「国」であるとは考えがたい。十一世紀初頭には、「国風」が「和（日本）風」の意で使用された例が存在したのである。

ところで、「我が国の風俗」としての「国風」の用例は、歌論との関係において立ちあらわれた。そこで、そうした用例の背景にある認識を形づくる一つの契機となったであろう『古今和歌集』の和歌観を、ここに確認しておきたい。

「国風文化」を代表する作品としてしばしば採り上げられる『古今和歌集』は、延喜五年（九〇五）に成立したとも、撰集が開始されたともいわれるが、そこに和歌は次のようなものであると述べられている。

　夫和歌者。託二其根於心地一、発二其華於詞林一者也。人之在レ世、不レ能二無為一。思慮易レ遷、哀楽相変。感生二於志一、詠形二於言一。……動二天地一、感二鬼神一、化二人倫一、和二夫婦一、莫レ宜二於和歌一。

真名序の冒頭の一節である。[注16]「志」が「言」として「形」を成したものが和歌であるとの歌論は、有国の手になる序文に通じる。そして、それは遡れば『文鏡秘府論』における詩の性質、すなわち「詩本レ志也。在レ心為レ志。発レ言為レ詩。情動二於中一。而形二於言一。然後書二於紙一也」に重ねられる。[注17]『文鏡秘府論』は、空海が六朝・唐代の詩文から制作上の技法や理論を抄出し、九世紀初頭にまとめた詩論書であり、上記の一文は『毛詩』の「在レ心為レ志、発言為詩。情動於中、而形於言」をふまえている。『毛詩』には「動二天地一、感二鬼神一、莫レ近二於詩一」ともあり、『古今和歌集』における和歌は『文鏡秘府論』、さらには『毛詩』にいうところの詩に通じていたとみなされよう。

とすれば、和歌は詩に相違ないのであろうか。真名序は次のようにもいう。

　自三大津皇子之、初作二詩賦一、詞人才子、慕レ風継レ塵。移二彼漢家之字一、化二我日域之俗一。民業一改、和歌漸衰。……其余業二和歌一者、綿々不レ絶。……適為二後世一被レ知者、唯和歌之人而已。何者語近二人耳一、義慣二神明一也。

七世紀後半に大津皇子が詩を作って以来、跡を継ぐ人びとがあらわれ、「俗」が変わってしまったために、和歌が衰えた、とみるのである。また真名序には、和歌は耳になじみやすく、神の心にかなっているため、後世まで伝わるとも述べられている。
漢詩と異なる和歌の特性は、日常的に用いることば、すなわち「俗」のことばによる表現の形式である点に求められた。それは、あえて語るまでもないことのようであるが、宝亀三年（七七二）に成立した歌論書『歌経標式』には、作歌の技巧を問題にしてのこととはいえ、「韻は風俗の言語に異ひ、遊楽の精神を長す所以なり」、歌の響きは「風俗の言語」に違うと記されている。[注18] それに対して、和歌が形式性を帯びているにもかかわらず、日々に用いることばとの近しさを強調するのが、『古今和歌集』の序文なのである。ここにみえる「我が日域の俗」としての和歌が、やがて「我が国の風俗」、「国風」としての和歌へといいかえられていったのであろう。「和（日本）風」を意味する「国風」の語は、和歌を風俗の言語とみる思想の展開から生まれたのである。

ただ、十一世紀初頭に「我が国の風俗」の意で「国風」の語が用いられる以前に、「我」として日本を意識し、それとは異なる風俗をとらえる視点がなかったわけではない。次にそうした意識を緒に「唐」「唐風」へと目を転じることにしよう。

二 「唐」が帯びるもの

1 問題化されない「唐風」

さて、『続日本紀』天平宝字三年（七五九）六月丙辰条には、その日に出された官符の内容に続けて、

是日、百官及師位僧等、奉㆓去五月九日勅㆒、各上㆓封事㆒、以陳㆓得失㆒。……其緇侶意見、略拠㆓漢風㆒、施㆓於我俗㆒、事多㆓不穏㆒。雖㆑下㆓官符㆒、不㆑行㆓於世㆒。故不㆓具載㆒。

と付記されている。[注19] 僧侶の進言した政策が「漢風」によっていたため、「我が俗」に馴染まず、官符を下しても実行されなかったとの理由で、国史に採録されなかったのである。それらの政策とは、『類聚三代格』によれば、破損した寺院の修理すること、私度僧を禁断すること、駅路の両側に果樹を植えること、殺生禁断のために諸国に放生池を造ることなどであった。これらをあえて「漢風」と称した事情はさておき、「漢風」が「我が俗」とは異なるものとして語られている点は注目されよう。[注20]

もっとも、「我が俗」と「漢風」との関係、すなわち「風に厚薄」、「俗に淳澆」があるならば、いずれがより「厚」くまた「淳」いのか、は論じられていない。ただ、天平三年（七三一）七月、雅楽寮の雑楽生の人数が定められた時には、

大唐楽卅九人、百済楽廿六人、高麗楽八人、新羅楽四人、度羅楽六十二人、諸県儛八人、筑紫儛廿人。其大唐楽生、不レ言二夏蕃一、取下堪二教習一者上。百済・高麗・新羅等楽生、並取二当蕃堪レ学者一。但度羅楽、諸県・筑紫儛生、並取二楽戸一。

「百済・高麗・新羅等」の学生は「当蕃の学に堪ふる者」、すなわちそれぞれの出身者を用いるとあるのに対し、「大唐楽」は「夏蕃を言はず」、風俗によらず学び習うものとされた。[注21] 舞楽は風俗のあらわれの一つであり、唐の風俗は百済・高麗・新羅のそれとは位相を異にすると考えられていた。それは、天平宝字二年（七五八）十月に、

美濃国席田郡大領外従七位上子人、中衛无位吾志等言、子人等六世祖父乎留和斯知、自二賀羅国一慕レ化来朝。当時未レ練二風俗一。不レ著二姓字一。望随二国号一、蒙レ賜二姓字一。賜二姓賀羅造一。

「賀羅国」出身者が来朝から時を経て風俗に馴染み、賜姓を願い出て許可されているように、賜姓にいたるに

は年月を要するのが通例であったにもかかわらず、唐人は来朝から代を経ることなく姓を与えられたことにもあらわれていよう。[注22]

「唐」の楽は、風俗によらず誰しもが習うべきものとされた点で「我が俗」に通じ、賜姓をめぐる措置は、「我が俗」と「唐」の風俗との近さを示しているように思われる。こうした思想のもとでは、「我が俗」と相違するものとして「唐」の俗を問題化し、語る契機は決して多くはなかったであろう。現実には風俗の差異が意識されたにせよ、唐人の風俗の意で「唐風」と称した事例がほとんどみられないのは、移風易俗の思想を受容していたためであり、それゆえ「我が俗」と「唐」の俗との関係は描きがたく、「唐風」は顕在化しなかったのではなかろうか。

ところで、『続日本紀』天平宝字三年六月丙辰条において、「我が俗」と比較される風俗は、当時の王朝名によらず、「漢風」と称されていた。八、九世紀の人びとの意識を伝えてくれる史料は、国史や法令集など数も性格も限られてはいるが、そこに「唐」は多くの場合、王朝の名として登場する。遣唐使に関する記事に「唐国」や「唐人」などの語がみられるほか、弘仁九年（八一八）三月の「朝会の礼及び常に服する所、また卑、貴に逢ひて跪くなど、男女を論ぜず、改めて唐法に依れ」との勅、貞観十三年（八七一）十月の「本朝の制度、多くは唐家に擬ふ」として、火災に遭った応天門の門号を変えるか否かを唐朝およびそれ以前にまで遡り先例を勘案した記事など、風俗が前提にあったにせよ、より整備され、制度化されたものをいう場合がほとんどである。[注23]それに対して、「漢」は、天平二年（七三〇）三月、「諸蕃・異域、風俗同じからず。もし訳語無くは、事を通す事難けむ」として、粟田馬養らに弟子をとらせ「漢語」を教習することを許可した記事など[注24]、前述した意味での風俗を指して、おもに使用されている。

しかし、唐朝が十世紀初頭に滅びたのちも、たとえば延喜十九年（九一九）七月に「唐商人」が孔雀一羽を内裏に献上したとあるなど、[注25]「唐人」の来朝が記され、『小右記』正暦二年（九九一）九月三日条に「大宋国」が「大唐を謂ふ」と説かれたように、「唐」は次第に「漢」と同じく、王朝名を離れて広く使用されるようになっていく。その過程で、「唐詩」「唐絵」など「唐」を冠する語が増加し、かなで書かれた文学作品に「唐めく」という形容句が散見されるようになるのである。そうした変化は、史料の性格の差異のみでは説明しえないと思われるが、さしあたり次節では、新たな「唐」の用例を確認しておきたい。

2　再構成される「唐」

九世紀前半にあらわれ、以後、史料に頻出する語の一つが、近年、その研究が大きく進展した「唐物」である。かつては広く舶載品を指すと考えられてきたが、少なくとも使用されはじめた時期には、それは唐からもたらされた品であり、しかも王権が先買い、あるいは把握すべきであるとみなされた特別な品を意味したという。[注26]

唐物をめぐる研究は、そう称された品々の内実や交易のありようの解明から、それらが表象する社会関係、国際関係の読解まで多岐にわたるが、[注27]ここでは「唐」が王朝としての唐に由来しつつも、そこから浮遊し、意味を帯びていくさまを、唐物を例にみていくことにしたい。

延喜帝の古今和歌集を、唐の浅縹の紙を継ぎて、同じ色の濃き紋の綺の表紙、同じき玉の軸、緂の唐組の紐などなまめかしうて、巻ごとに御手の筋を変へつつ、いみじう書き尽くさせ給へる、

愛娘明石姫君の入内に際して名筆家の手本の収集に力を注ぐ光源氏の姿を描いた『源氏物語』の一場面である。[注28]唐物をはじめとする舶載品が貴族社会においてどのように扱われ、いかなる機能をはたしていたかを知る手

がかりとして、文学作品はしばしば考察の対象とされてきた。当該期に唐物が珍重されていたことをうかがわせるこの場面も、いわゆる「国風文化」が唐の文化の受容のうえに成り立っていたことを示す事例として、幾度も採り上げられている。

唐の紙のいとすくみたるに、草書きたまへる、すぐれてめでたしと見たまふに、高麗の紙の、膚こまかに和うなつかしきが、色などははなやかならで、なまめきたるに、おほどかなる女手の、うるはしう心とどめて書きたまへる、たとふべき方なし。見たまふ人の涙さへ水茎に流れそふ心地して、飽く世あるまじきに、またここの紙屋の色紙の色あはひはなやかなるに、乱れたる草の歌を、筆にまかせて乱れ書きたまへる、見どころ限りなし。

光源氏は手本を集めるばかりでなく、みずからも制作に励んでいた。螢兵部卿宮の目に映じたその手本は「唐の紙」と「高麗の紙」、「ここの紙屋」すなわち日本の紙屋院で作られた紙に、それらにふさわしい書体で書き分けられていたという。つまり、唐物による荘厳が強調されるばかりでなく、「唐」と「高麗」と「ここ」、それぞれの個性が認識され、それとして評価されているのである。

とはいえ、その個性がいかなるものかを語るのは、容易なことではない。入内に先立っておこなわれた明石姫君の裳着に際して、光源氏が薫物に趣向を凝らす場面に目を転じてみよう。

大弐の奉れる香ども御覧ずるに、なほいにしへのには劣りてやあらむと思して、二条院の御倉開けさせたまひて、唐の物ども取り渡させたまひて、御覧じくらぶるに、「錦、綾なども、なほ古き物こそなつかしうこまやかにはありけれ」とて、

唐物の交易に深く関与しているはずの大宰大弐が献上した品よりも、桐壺院の時代に奉られ光源氏が倉に保管

していた品々が高く評価されるこの場面からは、唐物のなかでも優劣が問われたこと、より古い物が好まれる傾向があったことが読み取られている。[注29]また、

斎院（朝顔）の御黒方、さいへども、心にくく静やかなる匂ひことなり。侍従は、大臣（光源氏）の御は、すぐれてなまめかしうなつかしき香なりと定めたまふ。対の上（紫上）の御は、三種ある中に、梅花はなやかにいまめかしう、すこしはやき心しらひを添へて、めづらしき薫り加はれり。

光源氏ゆかりの女性たちが調合した薫物が、「はなやかにいまめかし」いばかりでなく、「すぐれてなまめかしうなつかし」と評されている点にも言及される。光源氏から送られた香料という唐物に由来する薫物が、「〈唐〉よりも〈和〉の美意識」でもって語られているというのである。「唐」「和」の美意識については改めて問うべきであろうが、少なくともゆるぎない「唐」の個性をとらえることの難しさが、ここに示されているといえよう。

こうした「唐」が何を表象しているのかを明らかにするためには、用例をそれぞれの文脈において読み解くと同時に、「唐」を認識し思考する枠組みのありようをも問わなければならない。それなくしては、「唐」は多様なイメージを帯びて拡散してしまうであろう。この点については次章で述べることとし、いま少し『源氏物語』をみておこう。その物語には、光源氏が北山で紫上ゆかりの僧都と出会う場面に、

聖、御まもりに独鈷奉る。見たまひて、僧都、聖徳太子の百済より得たまへりける金剛子の数珠の玉の装束したる、やがてその国より入れたる箱の唐めいたるを、透きたる袋に入れて、

須磨に蟄居した光源氏を頭中将が訪ねる場面には、

住まひたまへるさま、言はむ方なく唐めいたり。所のさま、絵に描きたらむやうなるに、竹編める垣しわた

して、石の階、松の柱、おろそかなるものからめづらかにをかし。

など、「唐めく」という形容句がみられる。[注30]「絵にかきたらむやう」とあるように、時に人びとが絵を前提として情景を眺めていたことは、

官の司に十二月に渡らせたまふに、雪のふりたるつとめて、一品宮の女房、南殿などを出でて見れば、雪はまことに花と紛ひ、池の氷は鏡と見ゆ。巌にも花咲き、いみじうをかし。御堂の方を見れば、唐絵の心地して見わたさる。

など、『栄花物語』からも確認される。[注31]須磨に赴いた頭中将、太政官庁に遷御した後朱雀天皇、それぞれがどのような情景に「唐」をみいだしたのか、そこにいかなる共通点があるのかは、定かではない。ただ、描かれた唐を前提に「唐」が再生産されていくさまを垣間見ることができよう。

このように「唐」の個性が意識され、またその再構成が図られたのは、「国風」が尊重すべきものとされ、「和(日本)風」の意でも使用された時期のことであった。次章では、そうした変化をもたらした要因について、風俗をめぐる認識に着目し考察することにしよう。

三　とらえなおされる風俗

1　多様な風俗の承認へ

弘仁六年(八一五)、氏族の出自と改姓、賜姓の実態を明らかにし、他の氏を偽る風習を断つことを目的に撰進されたという『新撰姓氏録』には、風俗についての認識を考えるうえで興味深い一文がある。[注32]

勝宝年中、特有二恩旨一、聴二許諸蕃一、任レ願賜レ之、遂使二前姓後姓文字斯同、蕃俗和俗氏族相疑一。万方庶民、陳二高貴之枝葉一、三韓蕃賓、称二日本之神胤一。時移人易、罕二知而言一。

「勝宝年中」の「恩旨」とは、天平勝宝九歳（天平宝字元年、七五七）四月に出された「その高麗・百済・新羅の人等、久しく聖化を慕ひて、来りて我が俗に附き、姓を給はらむことを志願はば、悉く聴許せ」との勅を指している。[注33] 天皇の徳を慕って来朝し俗を改めた人びとの希望通りに姓を賜うという政策が、高麗や新羅、百済の出身者が日本の姓を称するようになり、「和俗」と「蕃俗」が混交する弊害を招いたと、『新撰姓氏録』の編者たちは批判したのである。そして、「勝宝年中」以降しばしばみられた賜姓は、このころからおこなわれなくなっていく。それが「蕃俗」と「和俗」を固定化し、さらに「日本」の内に包摂するものであったとすれば、それらの秩序関係が消滅したとはいえないであろう。ただ風俗の輪郭の確定、しかも「和俗」の輪郭を「日本」のそれに重ねようとしたことは、のちに風俗の多様性を承認する一つの契機となったのではあるまいか。

十世紀には、それまでの華夷思想にもとづく「蕃国」「隣国」に代えて、諸外国を「異国」と称するようになるなど、自他認識、対外認識の転換があったという。[注34] 少なくとも日本側の意識においては対等の関係にあった「隣国」唐も含めて、等しく「異国」とみなすようになったその背景には、東アジア諸国間の人間・文物・情報の交流の拡大が指摘される。外交使節ばかりでなく民間の交流が展開することにより、あるがままに他国をとらえようとする意識が醸成されたというのである。そうした自他の認識が前景化するのは確かに十世紀のことであろう。ただ、『新撰姓氏録』の論理には、「異国」意識を醸成する契機が含まれているように思われる。

その『新撰姓氏録』の編纂とほぼ同時期、八一〇～八三〇年代に書写されたといわれる「東大寺諷誦文稿」にも、風俗について語った一節がある。[注35]

各於二世界一講二説正法一者、詞无二導解一。謂大唐・新羅・日本・波斯・崑崙・天竺人集、如来一音随二風俗方言一令レ聞。仮令、此当国方言・毛人方言・飛騨方言・東国方言。仮令、対二飛騨国人一、而飛騨国詞令レ聞。而説云、如二訳語通事一云。

法会に招かれ、仏法を講説した僧侶たちの備忘録と考えられているそれには、仏法を説くにあたってことばの障壁はなく、如来はあらゆる「風俗の方言」で真理を語りうる、と述べられている。各地を巡る僧侶にとっては、土地ごとに異なることばがあまねく仏法を語りうるものでなければならなかった。それを保証する存在が如来であり、その確信が個別性、具体性を超えた、真理を語りうるものとしてのことばについての認識を成り立たせていたのである。

そうした僧侶の交通を背景に成立したであろう『日本霊異記』が完成したのも、ほぼ同時期、弘仁十三年（八二二）のことであった。その上巻の序には、編纂の意図が次のように記されている。[注36]

因果の報を示すにあらずは、何に由りてか、悪心を改めて善道を修めむ。昔、漢地にして冥報記を造り、大唐国にして般若験記を作りき。何ぞ、唯し他国の伝録をのみ慎みて、自土の奇事を信じ恐りざらむや。

因果の報いを人々に示さなければ、悪心を改めさせ、善を修めさせることはできないと考えた編者、薬師寺僧景戒は、唐の『冥報記』や『般若験記』に収められた逸話をのみ恐れ慎むのではなく、「自土」のできごとを書き記し伝えることにより、人びとの指針にしようとした。彼は、因果応報の論理は唐にも日本にも等しく貫かれており、「唐」にあるものは「自土」にもあると考えたのである。

「大唐」も「日本」も含めた複数の地域を並び立たせる「東大寺諷誦文稿」と、「漢地」「大唐国」に向き合うことにより「自土」を意識化する『日本霊異記』では、思考の枠組みは必ずしも同じではない。ただ、いずれも当時の人びとが構想した普遍性の地平に、複数の国、地域を配置しようとしている。それらの編纂と『新撰姓氏録』の作成との間に直接の影響関係をみいだすのは困難であろう。ただ、風俗の差異によらず、それぞれの国に真理は宿るとの認識が浮上したことが、次代に「国風」の語法を変え、「唐」の風俗を多様なそれの一つとして認める途を開いたといえるのではなかろうか。

2　詩と唐詩

さて、『古今和歌集』真名序によれば、和歌は「我が日域の俗」であり、それは仮名序にいう「唐の詩」に対置されるものであった。ここでは、和歌にそうした位置を与えた撰者の一人、紀貫之の『土佐日記』に目を向けてみよう。

昔、阿倍仲麻呂といひける人は、唐土に渡りて、帰り来ける時に、船に乗るべきところにて、かの国人、馬のはなむけし、別れ惜しみて、かしこの漢詩作りなどしける。……その月は、海よりぞ出でける。これを見てぞ仲麻呂のぬし、「わが国に、かかる歌をなむ、神代より神もよん給び、今は上、中、下の人も、かうやうに別れ惜しみ、喜びもあり、悲しびもある時にはよむ」とて、よめりける歌、

青海原ふりさけみれば春日なる三笠の山に出でし月かも

とぞよめりける。かの国人、聞き知るまじく、思ほへたれども、言の心を、男文字にさまを書き出だして、ここのことば伝へたる人にいひ知らせければ、心をや聞き得たりけむ、いと思ひのほかになむ賞でける。唐土とこの国とは、言異なるものなれど、月の影は同じことなるべければ、人の心も同じことにやあらむ。

八世紀に遣唐使として彼の地に渡り、帰朝することなく没した阿倍仲麻呂の有名な和歌にまつわる逸話であ

る。[注37] 仲麻呂の送別の宴において、「かの国の人」は「かしこの漢詩作り」をし、仲麻呂は「わが国」では「上、中、下の人」誰しもが「喜びもあり、悲しびもある時にはよむ」と述べ、「歌」を詠んでいる。そして、歌の意味を漢字で書きだし、ことばに通じている人を介して周囲に伝えたのである。

長らく唐で暮らした仲麻呂が通訳を介してこうした遣り取りをするのは、いかにも不自然である。しかし、貫之はあえてその場面を描いたのであろう。価値を帯びた「漢詩」の傍らに和歌を配するのではなく、「かの国人」が「漢詩作り」をするように、「この国」の人は「歌」を詠む、という場面を。ここで普遍性を有しているのは、「同じことにやあらむ」といわれた「人の心」である。そして、それは風俗のことばでこそ表現しうると、貫之は語っているように思われる。この逸話は、「東大寺諷誦文稿」における「正法」と「風俗方言」の関係を、如来を介在させることなく描きだしているのではなかろうか。

ただ、留意すべきは、詩は常に「唐の歌」「漢詩」として認識されていたわけではなかったということである。十世紀なかばに編纂され、序文のみ現存する詩集「日観集」には、大江維時の以下のような思いが込められていた。[注38]

夫貴レ遠賤レ近、是俗人之常情、閉レ聡掩レ明、非二賢哲之雅操一。望二青山一而対二白浪一、何異二風流一。聞二糸竹一以賞二煙霞一、既同二声色一。我朝遥尋二漢家之謡詠一、不レ事二日域之文章一。草藁滋生、塵埃空積。寔可二重心咨歎一者也。……起二於承和一泊二于延喜一、一十人入レ選、廿巻成レ功、留二心異才一、分レ部同レ類。方為二日観集一、並取二扶桑名一也。

「漢家の謡詠」を訪ねるばかりで「日域の文章」を顧みない風潮を問題にし、並ぶものが「日域」にあるとみて、それらの編纂を企図したのである。『日本霊異記』を思い起こさせる論理展開であるが、詩は「唐の詩」として「和歌」に対置されるばかりでなく、「日域」にもそれとして存在するとみなされていた。詩作の盛行は「唐風化」の語で把握されているが、ここでは、詩が普遍性を帯びて「唐」にも「日域」にも存在しているのである。当時の人びとの認識に照らせば、詩作は必ずしも「唐風化」のあらわれではなかったといえよう。

その思考の枠組みは、詩を「唐の詩」として和歌に対置させるそれと必ずしも同じではなく、それらは併存しながら再構成されていく。当該期の「唐」については、「唐」であったものを時間とともに「和」化してしまう「和」と「漢」の二重構造が、九世紀における「やまと絵」の形成により生み出されたとする見解がある。[注39] 観念としての「唐」「漢」「和」を問題化し、それらを構造的に把握する視点が提示されたことの意義は大きい。ただ、私たちが「唐」と認識するものが、過去の人びとにとってもそうであったわけではないとすれば、次なる課題として、認識の構造の歴史的変遷が問われなければならないであろう。ここに述べたのは、「唐」や「和」をとらえる枠組みのありように過ぎず、その課題に応えるだけの準備はないが、とりあえず次節で、時間軸において考察する必要性を感じさせてくれる「唐」「和」に言及しておきたい。

3　ざえとやまとだましひ

『土佐日記』のなかで「唐土」「かの国」も「わが国」「この国」も「同じ」であるとされた「心」は、十一世紀には「和」と結びつけて語られた。その用例は多くはないが、赤染衛門は、

はじめからやまとごころにせばばともをはりまでやはかたくみゆべき

「やまとごころ」に乏しいなどとみることはありませんよ、と詠んでいる。[注40] 参河守菅原為理が任国に下向する際、国守である夫大江匡衡とともに尾張に住まいしていた彼女のもとに、丁子などの香を、

からくにのもののしるしのくさぐさをやまと心にともしとやみん

「唐国の物」ですから「やまと心」に乏しいと御覧になるでしょうか、との歌を添えて送ったのに対する返歌である。

菅原為理が参河守であったことが確認されるのは、寛弘五年（一〇〇八）から同七年にかけてのことであり[注41]、その時期には、「心」は「やまと」と結びつけられ、「から」の「もの」と対置されていたのである。

「大和魂」の初出として注目される『源氏物語』が誕生したのも、ほぼ同時期のことであった[注42]。

なほ、才をもととしてこそ、大和魂の世に用ゐらるる方も強うはべらめ。さし当たりては心もとなきやうにはべれども、つひの世の重しとなるべき心おきてをならひなば、はべらずなりなむ後もうしろやすかるべきによりなむ。

息子夕霧の元服に際し、光源氏が教育方針を述べるくだりである。「才」は「文の才」ともいわれており、夕霧を大学寮で学ばせるべく手配していることから、漢学を指すと解されている。光源氏は、「大和魂」をはたらかせるためには「才」を基本とすべきであると考えていた。

この『源氏物語』からやや時代は下るが、『大鏡』にも「大和心」「大和魂」の用例が散見される。若くして左大臣となった藤原時平は、時の右大臣菅原道真が「才世にすぐれてめでたくおはしまし、御心おきても、ことのほかにかしこくおはし」たのに比して、「才もことのほかに劣」っていたという。ただ、時平は「大和魂などは、いみじくおはし」たともあり、それをあらわす逸話として、醍醐天皇と示し合わせ「過差」をしずめたことが記されている[注43]。時平がわざわざ禁制を犯す装束で内裏に姿を現し、天皇の勘気を蒙ったとして蟄居することにより、世の人びとの贅沢の風を誡めたというのである。また、寛仁三年（一〇一九）の「刀伊の入寇」に際して、大

宰権帥藤原隆家がとった措置をめぐっても、

刀夷国の者にはかにこの国を討ち取らむとや思ひけむ、越え来たりけるに、筑紫には、かねて用意もなく、大弐殿、弓の本末も知りたまはねば、いかがと思しけれど、大和心かしこくおはする人にて、筑後・肥前・肥後、九国の人をおこしたまふをばさることにて、府の内につかうまつる人をさへおしこりて、戦はせたまひければ、かやつが方の者ども、いと多く死にけるは。

とある。[注44]「魂」と「心」の差異は検討の余地があるものの、「大和魂」「大和心」は、文脈を追うかぎり、現前の問題に対応する能力を意味しているように読み取られる。

これらの書物には、必ずしも「漢才」と「大和魂」「大和心」の語が対比的に用いられてはいないが、文脈上「才」が漢学の素養をうかがわせること、院政期の聞書集『中外抄』に「摂政関白は、必しも漢才候はねども、やまとだましひだにかしこくおはしまさば、天下はまつりごたせ給ひなん」とあることなどから、[注45]「才」は漢学の才、漢籍に通じて詩文を作る能力、「大和魂」は現実に応じてものごとを処理する能力と解されてきた。そして、そうした「才」と「大和魂」の関係は、書物の文脈から離れて、「我が国」が文化を受容する際の姿勢のようなものとして一般化される傾向にある。

しかし、『うつほ物語』に、

むかし、藤原の君と聞こゆる一世の源氏おはしましけり。童より名高くて、顔かたち、心魂、身の才、人にすぐれ、学問に心入れて、遊びの道にも入りたまへり。

とある「才」は、漢学の才のみを意味しているようには読めない。[注46]また、十三世紀初頭に天台座主慈円が著した『愚管抄』には、

内大臣伊周人ガラヤマト心バヘハワロカリケル人ナリ。唐才ハヨクテ詩ナドハ、イミジウツクラレケレド、などの一文とともに、

サリトテ又公実ガラノ、和漢の才ニトミテ、北野天神ノ御アトヲモフミ。又知足院殿ニ人ガラヤマトダマシヒノマサリテ、識者モ実資ナドヤウニ思ハレタラバヤアランズル。

「和漢ノ才」といった表現も登場する。[注47] その一方で、「大和魂」の語はこの後しばらく史料から姿を消すことになるという。[注48]

なぜ、ある時期に「才」と「心」「魂」という語に「唐」「漢」「和」が対比的に結びつけられ、またその対比が失われていったのであろうか。この現象の歴史的位置づけについては他日を期すこととし、[注49] とりあえず「唐」と「和」との構造的関係と、その歴史的変遷を問うことの重要性を確認しておきたい。

むすびにかえて

九世紀初頭に摂津国、和泉国など諸地域の風俗を指して用いられていた「国風」の語は、十一世紀初頭には「和風」すなわち日本の風俗の意でも使用されるようになった。その間に「唐風」の用例はほとんど確認されなかったが、十世紀には「唐」の風俗を「我が国」や「高麗」などの風俗と並ぶ一つの個性とみなしているかのような「唐」の語法が頻出しはじめる。

そうした語法の変化の背景には、九世紀前半に生じた風俗についての認識の変化が想定された。「華風」すなわち普遍的にあるべき風俗を構想し、そこに人びとを導く君主の徳を語る移風易俗の思想から、多様な風俗をそ

れとして認める思想への転換である。それは、風俗の異同の境界を問いなおすことでもあった。「国風」や「唐風」が当該期の文化を考える際の術語として浮上したことには、それなりの理由があったといえよう。

ただ、その風俗の異同、いいかえれば風俗からみた自他の別をどのように認識し、どう関係づけようとしたのかが十分には検討されないままに、それらの語が使用されてきたように思われる。「国風文化」研究が、はじめに述べたような「『漢』の要素を重視すべきか、『和』の要素を重視すべきかによって、大きく議論が分かれている」といった状況を呈するにいたった原因の一つは、そこにあるのではなかろうか。もっとも、風俗は自他を区別する一要因たりうるが、それを主たる要因として内外の別が認識される場合もあれば、そうでない場合もあることは、留意しておかなければならない。その意味では、当該期の国際関係のありようを、他の思想的要因も含めてとらえなおす必要があろう。

ところで、第三章に引用した「東大寺諷誦文稿」は、「大唐」と「新羅」「日本」の差異を語ると同時に、いままさしく仏法の講説がおこなわれている「此の当国」や「飛驒」といった「和俗」、「我が国の風俗」ともいうべき範疇の内部にある差異にも言及していた。僧侶らが各地を巡りながら感じたであろうことばの差異は、論理上「和俗」という一体性を前提とする多様性となる。それらは、当然ながら尊重されなければならず、「国風」も改めるべきものから認められるべきものへと転換したのである。「国風」は、対外関係と列島内の諸関係の再編が不可分であることを示す語であった。

「漢詩」と「歌」をそれぞれに重んじる仲麻呂の逸話を伝える『土佐日記』には、「歌」とは無縁であるかのような楫取のことばが五・七・五・七・七の三十一音をなしていたことに驚く逸話や、女童の「歌」が人びとの心を打った話なども載せられている。まさしく「上、中、下の人」が和歌を詠む状態にある。『古今和歌集』の序に「我が日域の俗」と謳われた和歌が、そのようにある状況を『土佐日記』は記しているとも考えられよう。そして、そこには、貫之が歌集の編纂に携わった平安京と国司として赴任した土佐国、国司とその一行が乗る船の楫取、村井康彦氏のことばにあった「都と鄙、貴族と庶民」の接点もまた描かれている。「国風」は、それらの関係を問題化する緒ともなりうるのである。

「国風文化」という術語が、多くの批判があるにもかかわらず使用され続けている背景には、それが「国風という概念の本来の意義が、国土とそのうえに生活している民族の生活と感情に文化が根ざすということを本質的な要請としてもっているとするならば、そのような文化は、いわゆる国風文化を生み出した貴族階級の支配そのものをまずくつがえすことによってのみ創造できるものであった」という観点から論じられてきたこと[注50]が等閑視されがちな研究の状況が横たわっているのではあるまいか。確かに、内在的要因を重視する研究には「民族の文化」を希求した時代状況が反映されており、批判的検討が必要となろう。ただ、そこには、「国風文化」を現代にいたる歴史の過程に位置づけようとする視点が含まれていた。十世紀から十一世紀にかけての文化を総称する術語として「国風文化」が適切であるかどうかは、より長期的に歴史を見通す視野に立ち、考えなおさなければならないといえよう。

注
1　村井康彦「国風文化の創造と普及」(『文芸の創成と展開』思文閣出版、一九九一年。初出一九七六年)。
2　米田雄介「貴族文化の展開」(『講座日本歴史　二』東京大学出版会、一九八四年)。

3 西本昌弘「『唐風文化』から『国風文化』へ」（『岩波講座日本歴史　古代五』岩波書店、二〇一五年）。

4 西本昌弘前掲注3論文。

5 同右。

6 「国風文化」の研究史については、行論の都合上、「国風」の語法に着目して概観するにとどめるが、その点も含めて研究の展開と課題を整理した近年の論考に、坂口健「『国風文化』の形成と展開」（『日本史学集録』第三七号、筑波大学日本史談話会、二〇一五年）がある。なお本論の内容は、旧稿「『唐風文化』と『国風文化』」（『日本の時代史五　平安京』吉川弘文館、二〇〇二年）、『平安京の空間と文学』（吉川弘文館、二〇〇五年）第六章「和俗の創造」・終章「和俗と日本」と重なるところもあるが、発表当時ほとんど言及できなかった「唐風」の問題をあわせて検討することにより、「国風文化」についての考察を深めたい。

7 卯日の次第は『儀式』巻第三、践祚大嘗祭儀中、辰日・午日の記事は同書巻第四、践祚大嘗祭儀下、にみえる。また、こうした「国風」の用例は、『延喜式』巻第七、践祚大嘗祭、にもみられる。

8 『日本後紀』延暦二十三年十月辛亥条・癸丑条。

9 『令義解』巻一、職員令弾正台条。

10 『令集解』巻五、職員令弾正台条。

11 『令義解』巻二、戸令国司巡行条。大同元年（八〇六）、六道観察使を設置するにあたっても、「風を淳風に移し俗を雅俗に易へ、清濁を激揚し幽明を黜陟する所以なり」と述べている（『日本後紀』同年六月壬寅条）。

12 『類聚国史』巻八十三、弘仁七年十月辛丑条。

13 『朝野群載』巻第二十二、国務条々事。なお、生島修平・染井千佳・森公章「『朝野群載』巻二十二「国務条々」校訂文（案）と略註」（『白山史学』第四六号、二〇一〇年）も参照した。

14 「讃法華経廿八品和歌序」（『本朝文粋』巻十一、和歌序）。ここに「日本風」の意で「国風」の語が使用されていることは、坂口健前掲注6論文において紹介された。

15 「長元八年五月十六日関白左大臣頼通歌合」（萩谷朴校注『平安朝歌合大成』第三巻、同朋社、一九七九年。初版一九五五年）。和歌が「我が国の風俗」と謳われはじめるのは十世紀中ごろからであり、十一世紀初～中期を画期としてそれが定着することは、小川豊生「和歌風俗論序説――〈和歌は我が国の風俗なり〉を起点に――」（『講座日本文学論究』第十七輯、風間書房、二〇〇三年）に論じられている。

16 『古今和歌集』真名序（新日本古典文学大系『古今和歌集』岩波書店、一九八九年）。なお、語句の出典等についても同書を参照した。以下、『古今和歌集』の引用は同書による。

17 『文鏡秘府論』南巻（『弘法大師空海全集』第五巻、筑摩書房、一九八六年）。

18 『歌経標式』序（沖森卓也他編『歌経標式　註釈と研究』桜楓社、一九九三年）。

19 『続日本紀』天平宝字三年六月丙辰条。

20 『類聚三代格』巻第三、修治諸寺破壊事・禁断私度僧事・元慶六年六月三日付太政官符所引天平宝字三年六月廿三日符、巻七、応畿内七道諸国駅路両辺遍種菓樹事。たとえば元慶六年六月三日付太政官符所引の官符は、諸国に放生池を造り、捕漁を禁断することを定めている。確かに、放生会は唐代さかんに実施されていた。しかし、天武天皇が「諸国に詔して放生せし」め（『日本書紀』天武天皇五年〔六七六〕八月丁酉条）、持統天皇は「畿内及び諸国に長生池各一千歩」を置く（『日本書紀』持統天皇五年〔六九一〕十月庚戌条）などしている。また、文武天皇も「諸国をして毎年に放生せし」めており（『続日本紀』文武天皇元年〔六九七〕八月庚辰条）、日本でおこなわれなかったわけではないが、『続日本紀』の編纂時には「漢風」とされている。

21 『続日本紀』天平三年七月乙亥条。

22 『続日本紀』天平宝字二年十月丁卯条。八、九世紀の賜姓の実態は、田中史生「律令国家と『蕃俗』——渡来系氏族の姓と出自の問題——」（『日本古代国家の民族と渡来人』校倉書房、一九九七年。初出一九九六年）に論じられている。

23 『日本紀略』弘仁九年三月丙午条。『日本三代実録』貞観十三年十月二十一日条。

24 『続日本紀』天平二年三月辛亥条。なお、茶の湯においては「漢作唐物」と「唐物」という分類があるなど、「唐」「漢」が表現するものは時代やその語を使用する文脈によって異なる。

25 『日本紀略』延喜十九年七月十六日条。

26 皆川雅樹「九世紀における『唐物』の史的意義」（『日本古代王権と唐物交易』吉川弘文館、二〇一四年、初出二〇〇三年）。

27 他の舶載品から区別され意識化された「唐物」をめぐる研究の動向については、皆川雅樹氏が前掲注26論文や『新装版唐物と東アジア——舶載品をめぐる文化交流史』（河添房江・皆川雅樹編、勉誠出版、二〇一六年）などに整理されている。それらにも紹介されているが、本論で扱う時期の「唐物」に関するおもな研究として、皆川氏の論考のほか、早くに『源氏物語』に描かれた「唐物」に着目し、地域間の交易のありようと対外関係の転換を論じられた榎本淳一氏の「『蕃国』から『異国』へ」（『唐王朝と古代日本』吉川弘文館、二〇〇八年、初出二〇〇一年）や、「唐物」を通して王権の対外観に言及された保立道久氏の『黄金国家――東アジアと平安日本――』（青木書店、二〇〇四年）、文学作品にみられる「唐物」を通して、その研究を牽引してこられた河添房江氏の『『源氏物語』と東アジア世界』（ＮＨＫブックス、日本放送出版協会、二〇〇七年）、『光源氏が愛した王朝ブランド品』（角川選書、二〇〇八年）などの一連の論考があげられよう。

28　『源氏物語』梅枝巻（新編日本古典文学全集『源氏物語　三』小学館、一九九六年。以下、『源氏物語』からの引用は同シリーズによる）。これらの記事から唐物をめぐる認識を読み解かれた論考に、榎本淳一前掲注27論文、河添房江注27書や同「平安物語の唐物をめぐる文化史――『源氏物語』と『うつほ物語』の比較から――」（『専修大学人文学研究所月報』二七二号、二〇一四年）などがある。

29　『源氏物語』梅枝巻。なお、本文中に紹介した薫物についての見解は、河添房江前掲注28論文にみえるものである。

30　『源氏物語』若紫巻・須磨巻。

31　『栄花物語』巻第三十六、根あはせ（新編日本古典文学全集『栄花物語』小学館、一九九八年）。

32　『新撰姓氏録』序（佐伯有清『新撰姓氏録の研究　本文篇』吉川弘文館、一九六二年、同『新撰姓氏録の研究　考證篇一』吉川弘文館、一九八一年）。

33　『続日本紀』天平宝字元年四月辛巳条。『新撰姓氏録』序にみられるこの一文の意義を、実際の賜姓をめぐる考察もふまえて明快に論じたものに、田中史生前掲注22論文がある。

34　榎本淳一前掲注27論文。なお、同論文で検討されている本朝意識については、私見を述べることがかなわなかった。また森公章氏は、八世紀から平安期にかけての国際認識を、唐を「中華・上位」とみる事大主義と「蕃国・下位」とみなす日本中心主義の二重構造としてとらえられているが（「古代日本における対唐観の研究」、「平安貴族の国際認識についての一考察――日本中心主義的立場の『定立』――」、いずれも『古代日本の対外意識と通交』所収、吉川弘文館、一九九八年。前者の初出は一九八八年）、それらの思想との関係にも言及できていない。今後の課題としたい。

35　中田祝夫解説『東大寺諷誦文稿』（勉誠社文庫十二、勉誠社、一九七六年）。中田祝夫『東大寺諷誦文稿の国語学的研究』（風間書房、一九七九年）。

36 『日本霊異記』上巻序（新編日本古典文学全集『日本霊異記』小学館、一九九五年）。

37 『土佐日記』一月二十日条（新編日本古典文学全集『土佐日記　蜻蛉日記』小学館、一九九五年）。同書には、詩や歌を作るのは「唐土も、ここも、思ふことに堪へぬ時のわざ」であろうとも述べられており（二月九日条）、仲麻呂の逸話と共通する「唐の詩」と「我が国の歌」の認識がうかがわれる。なお『古今和歌集』巻第九羇旅歌に採録された仲麻呂の「唐土にて月を見て、よみける」歌は、「昔、仲麿を、唐土に物習はしに遣はしたりけるに、数多の年を経て、え帰りまうで来ざりけるを、この国より又使まかり至りけるにたぐひて、まうで来なむとて出で立ちけるに、明州と言ふ所の海辺にて、かの国の人、餞別しけり。夜に成りて、月のいと面白くさし出でたりけるを見て、読めるとなむ語り伝ふる」ものであり、『土佐日記』が伝える逸話はみえない。

38 『朝野群載』巻第一、文筆上、詩序。同序を取り上げ、日本の詩と中国の詩とを区別し、日本の詩を重視しようとする意識を論じたものに、坂口健「『日観集』にみる国風化の様相」（『社会文化史学』五四、二〇一一年）がある。

39 千野香織「日本美術のジェンダー」、「やまと絵の形成とその意味」（『千野香織著作集』ブリュッケ、二〇一〇年。初出はいずれも一九九四年）。なお、皆川雅樹氏は前掲注26『日本古代王権と唐物交易』終論において、「和」と「漢」の価値観は「内」「外」の影響を受けて常に変化しているとし、「唐物」の価値観の歴史的変遷を明らかにする必要を説いておられる。

40 『赤染衛門集全釈』（風間書房、一九八六年）。

41 『公卿補任』寛弘五年条の菅原輔正の尻付に「去年辞三木請以男為理任因幡守。今年正月―三河守」とみえる。為理は寛弘六年八月に宇佐使に任じられており（『御堂関白記』同月十八日条）、香は宇佐との往来の間に手に入れたのかもしれない。

42 『源氏物語』少女巻。

43 『大鏡』時平伝（新編日本古典文学全集『大鏡』小学館、一九九六年。以下、『大鏡』の引用は同書による）。

44 『大鏡』道隆伝。

45 『中外抄』下―三〇（新日本古典文学大系『江談抄・中外抄・富家語』岩波書店、一九九七年）。

46 『うつほ物語』藤原の君（新編日本古典文学全集『うつほ物語』小学館、一九九九年）。なお近年、佐伯雅子「『うつほ物語』における『才』―『俊蔭』『藤原の君』『忠こそ』巻の冒頭をめぐって―」（『人間総合科学』第四九巻第六〇号、二〇〇三年）。同「『源氏物語』における学問・学識―『才』についての考察―」（『人間総合科学会誌』第一巻第一号。二〇〇五年）など、「才」

に着目した論考が公表されている。

47 『愚管抄』第三、第四（日本古典文学大系『愚管抄』岩波書店、一九六七年）。

48 斉藤正二『「やまとだましい」の文化史』（講談社現代新書、一九七二年）。

49 『本朝文粋』巻第六に採録された大江匡衡の正暦四年（九九三）正月十一日付の申文には「近くは延喜・天暦二朝の故事を訪ひ、遠くは周室・漢家の遺風を問ふ」とある。また、延久四年（一〇七二）十月、宋に渡った僧成尋は、皇帝から「日本の風俗」を問われ、「学文武之道、唐朝を以て基と為す」と答えたと、『参天台五台山記』に記されている。こうした「和」と「唐」「漢」をつなぐ意識が「和漢の才」という語句の生成にかかわっていることも考えられよう。

50 石母田正『日本史概説Ⅰ』（『石母田正著作集』第一二巻、岩波書店、一九九〇年。初出は一九五五年）。ここに示された観点は、その後、河音能平「『国風』的世界の開拓」（『講座日本文化史』第二巻、三一書房、一九六二年）、木村茂光『「国風文化」の時代』（青木書店、一九九七年）などに継承されたが、近年はさほど論じられていないように思われる。

古代日本の外交儀礼

――唐・新羅・渤海との比較――

浜田　久美子

はじめに

外交儀礼には、儀礼を主催する国家と儀礼の対象となる国家が存在する。十八世紀末にイギリス使節マカートニーが清乾隆帝への謁見儀で三跪九叩の礼を拒み条約締結を逸した例にみられるように、[注1]外交における儀礼の重要性は全時代、全世界の共通認識と言えよう。

古代日本の律令国家の外交は唐、新羅、渤海との間で行われ、来日した外交使節は律令国家の外交儀礼で迎え、日本が派遣した使節は各国の外交儀礼で迎えられた。外交儀礼には相手国に対する外交認識が現れ、相手国がその認識を受け入れるか否かで外交関係は円滑にもなり、軋轢も生む。史料に残るのは多くは後者の場合であり、それを手がかりに各国の対外認識や外交秩序が研究されてきた。しかし、裏を返せば、外交関係が良好な場合の儀礼の実態は不明であり、礼書に規定された外交儀礼が実践されているかを見極めるのは困難である。小稿では、以上の問題意識を持ちながら、唐、新羅、渤海の外交儀礼を概観し、それらとの比較を通じて日本古代の外交儀礼の特質を考察したい。

一　東アジアの外交儀礼

1　唐の外交儀礼

唐の礼書について、『旧唐書』巻二一礼儀志には『貞観礼』『顕慶礼』『大唐開元礼』がみえる。このうち現存する開元二十年（七三二）成立の『大唐開元礼』一五〇巻では、巻七九・八〇が賓礼に該当し、①「蕃主来朝遣使迎労」②「皇帝遣使戒蕃主見日」、③「蕃主奉見」、④「皇帝受蕃使表及幣」、⑤「皇帝宴蕃国主」、⑥「皇帝宴蕃国使」の六儀礼が規定されている。

①②が来朝した蕃客をねぎらい、謁見日を伝達する迎労儀、③④が謁見儀、⑤⑥は宴会儀で、謁見儀と宴会儀は、蕃主（蕃国王）の場合（③⑤）と蕃使（蕃国使）の場合（④⑥）で別々に規定されていた。石見清裕氏によれば、①②はおもに宮城内外の客館で、③～⑥は宮城や大明宮内の宮殿で行われ、蕃主は宴会儀で貢物を献上するが、蕃使は謁見儀で外交文書と貢物を献上するという違いがあるという。[注2]

賓礼の中心となる謁見儀では、皇帝からの労問の制（労いの言葉）が有司（蕃主は侍中、蕃使は通事舎人）を通じて蕃客に下される。六五九年に斉明朝の遣唐使が蝦夷を連れて高宗に謁見した際には、

天子相見問訊之、「日本国天皇、平安以不」、使人謹答、「天地合レ徳、自得二平安一」。天子問曰、「執事卿等、好在以不」、使人謹答、「天皇憐重、亦得二好在一」。天子問曰、「国内平不」、使人謹答、「治称二天地一、万民

無レ事」。天子問曰、「此等蝦夷国有二何方一」、使人謹答、「国有二東北一」。天子問曰、「蝦夷幾種」、使人謹答、「類有二三種一、遠者名二都加留一、次者名二麁蝦夷一、近者名二熟蝦夷一。今此熟蝦夷、毎歳入二貢本国之朝一」。天子問曰、「其国有二五穀一」、使人謹答、「無レ之、食レ肉存活」。天子問曰、「国有二屋舎一」、使人謹答、「無レ之、深山之中、止住樹本一」。天子重曰、「朕見二蝦夷身面之異一、極理喜怪。使人遠来辛苦、退在二館裏一、後更相見」。

と皇帝と日本使節との問答が行われ[注3]、『大唐開元礼』以前の謁見儀でも皇帝の労制と蕃使の答奏が行われていたことがわかる。

賓礼の場で皇帝に献上される貢物は、蕃使が最初に至った州県で調査され、「薬物滋味類」があれば、苞《あぶらがや》で包み函に入れて封印してから蕃使に返し、物名と数を鴻臚寺に報告することになっていた[注4]。薬物に限らず、州県では使者の献上品を調査して品目や数量を報告していたと考えられているが、外交文書が開封され調査された例は確認できない[注5]。この点は後述するように日本の外交文書が来着地で開封されることと異なる。

また、『大唐開元礼』には賓礼以外にも、吉礼「皇帝冬至祀圜丘」、軍礼「皇帝講武」、嘉礼「皇帝加元服」「皇帝元正冬至受群臣朝賀」など、蕃客が出席する儀式が三十項目以上存在する[注6]。献上した外交文書に対する皇帝の返書が授けられる儀式（国書授与儀）も、嘉礼巻一二九「皇帝遣使詣蕃宣労」儀とされる[注7]。これらのほとんどは、蕃客を主賓とする賓礼と異なり、唐国内の君臣儀礼に、臣下としての蕃客が加わったものであるが、これらも含めて蕃客が参加する儀礼が外交儀礼と理解できる[注8]。日本でも来日した外交使節は謁見儀や宴会儀だけでなく、元日朝賀や節会にも参加しており、この点で日本は唐の外交儀礼の構造を忠実に継受したと言えるだろう。

次に、遣唐使の帰朝報告から外交儀礼の実態をみると、迎労、謁見、宴会という儀礼の構成は礼書の通りであるが、宝亀・延暦・承和の遣唐使の例からは、外交文書や貢物献上（「礼見」）の場に皇帝が出御しなくなり、その後、皇帝への「対見」の機会が設けられることが確認できる。この「礼見」「対見」と『大唐開元礼』賓礼の謁見儀の関係については諸説があり、[注9]今後も検討が必要となる。また、唐の衰退期には、唐使に対して起立や答拝を行わない回鶻や南詔の例があり、中国王朝の儀礼の方針が当時の国際情勢により変化することが指摘されている。[注10]

このように、唐の外交儀礼の実態については、まだ研究の余地があるが、礼書が整備され、皇帝権力が及ぶ空間的・時間的範囲にはおおよそ礼書に基づく儀礼が実践されていたとみることができるだろう。

2　新羅の外交儀礼

新羅の外交儀礼に関する史料はほとんど残らないため、この分野の体系的な研究はない。

新羅が九三五年の滅亡までに迎えた外国使節を『三国史記』にみると、弔冊使を中心に唐使が約三〇回、日本国使が一一回（表1）、そのほか七世紀に限定的にみえる「報徳王」安勝からの使と八〇一年に朝貢した耽羅国使がある。また、新羅の遣使はほとんどが唐に対してであり、[注11]新羅の外交儀礼が唐との関係を中心に整備されたことがわかる。新羅には、則天武后の六八六年に『文館詞林』や『吉凶要礼』が送られており、[注12]唐の弔冊使を迎える際は、唐の儀礼に則って行われてもおかしくない。冊封は『大唐開元礼』巻一〇九嘉礼の「遣使冊授官爵」儀に準じたとされるから、[注13]新羅の王宮でこの儀礼が行われた可能性もあるだろう。この場合、唐皇帝の使者が北に位置し南面することになる。

新羅が独自の外交儀礼を実施する対象に日本国使、耽羅使、安勝がいる。新羅は耽羅使を朝貢使と扱い、安勝

表1　『三国史記』にみえる日本国使

西暦	王・年月	記事	該当する日本史料の記事
①六九八	孝昭王七・三	日本国使至、王引見於崇礼殿。	
②七〇三	聖徳王二・七	日本国使至、総二百四人。	
③七四二	景徳王元・一〇	日本国使至、不納。	
④七五三	景徳王一二・八	日本国使至、慢而無礼、王不見之、乃廻。	彼国闕礼、故田守不行使事而還帰（続紀）
⑤八〇三	哀荘王四・七	与日本国交聘結好。	三月斎部宿禰浜成等於新羅国、大唐消息（古語拾遺明応本識語）
⑥八〇四	哀荘王五・五	日本国遣使、進黄金三百両。	
⑦八〇六	哀荘王七・三	日本国使至、引見朝元殿。	
⑧八〇八	哀荘王九・二	日本国使至、王厚礼待之。	
⑨八六四	景文王四・四	日本国使至。	
⑩八七八	憲康王四・八	日本国使至、王引見於朝元殿。	
⑪八八二	憲康王八・四	日本国王遣使、進黄金三百両、明珠一十箇。	

は高句麗王に（のちに報徳王に）冊封しており、新羅の華夷思想がみてとれる。[注14] 日本国使については、『三国史記』に「日本国使至」「日本国（王）遣使」とあり（表1）、「朝貢」の語は用いられていないため、新羅は日本を朝貢国とは扱っていないことがわかる。[注15]

では、新羅は日本をどのように位置付けていたのだろうか。『三国史記』にみえる日本使（表1）への儀礼をもとに検討したい。表1①⑦⑩では日本国使は新羅王に謁見している。謁見の場である①崇礼殿は九世紀の哀荘王や憲徳王代にも歓楽や群臣の宴会で用いられており、⑦⑩朝元殿は七世紀真徳王代に始まる百官賀正の礼を受ける場であった。[注16] しかし、日本の史料にはこれらに該当する記事がないため、儀礼の詳細や謁見の真偽も不明である。日本側に記録がない理由は、律令国家が臣下と扱う新羅王に謁見した記事を意図的に残さなかったためと思われるが、日羅関係が悪化する天平年間以前の①②は、日本の史料にみえなくても、新羅使の帰国に同行した遣新羅使が新羅王に謁見したと推測できる。③は、七四二年二月来日の新羅使金欽英を恭仁京の宮が未完成であるため大宰府で饗を行い帰国させた記事が『続日本紀』にみえる。金欽英の送使は史料上確認できないが、実際は派遣されて新羅国内に到着したが、日本が金欽英を放還したため、新羅使も「不納」としたのではないだろうか。

④⑤は『三国史記』と日本側の史料の内容が一致することが知られる。④では遣新羅使が「慢而無礼」なため新羅王は会わなかったと記し、日本側は新羅が礼を欠いたとしている。遣新羅使小野田守が使事を行わずに帰国した理由については、同年正月の遣唐使の長安での席次をめぐる争長事件の影響とする説[注17]や、日本が前年の王子金泰廉来日を新羅の朝貢使とみなし、宗主国の立場で新羅に臨んだためとする説[注18]があるが、両説に共通する新羅を朝貢国とする日本の外交認識を小野田守が主張したためであろう。

⑤は新羅が日本と「交聘結好」したとみえるが、「交聘」の語は『三国史記』では新羅と倭、新羅と高麗、百済と新羅、『高麗史』では高句麗と後百済、高句麗と契丹などの関係で用いられており、隣国同士の対等関係を表す語と理解できる。『三国史記』景明王四年（九二〇）正月条には「王与二太祖一交レ聘修レ好」と記され、『高麗史』より高麗の太祖のもとに新羅の景明王が使者を派遣したことがわかる。[注19]このため、⑤も新羅が日本に使者を派遣したとする見解がある。[注20]しかし、宮内庁書陵部蔵『古語拾遺』明応本識語より、「大唐消息」のために遣新羅使斎部浜成の派遣が明らかとなり、[注21]浜成の遣使を機に新羅が日本に「交聘修好」な関係を締結したと考えられるため、[注22]⑤の記事は日本への遣使でなく、日本からの遣使と理解してよいであろう。

「大唐消息」は遣唐使派遣の事前通告と保護・援助の依頼とみられるが、同様の例である承和三年（八三六）の遣新羅使紀三津に託された新羅執事省牒[注23]をみてみたい。

新羅国執事省牒二日本国太政官一

紀三津詐称二朝聘一、兼有二贄賚一、及レ検二公牒一、仮偽非レ実者牒、「得二三津等状一称、『奉二本王命一、専来通レ好』。及レ開レ函覧レ牒、但云、『修二聘巨唐一、脱有三使船、漂二着彼界一、則扶レ之送過、無レ俾二滞遏一』者。主司再発二星使一、般問丁寧、口与レ牒乖、虚実莫レ弁。既非二交隣之使一、必匪二由衷之賂一。事無レ摭レ実、豈合二虚受一（下略）」。

「専来通好」の使を自称する遣新羅使紀三津と、遣唐使漂着時の救援を求める使とする太政官牒の言い分が異なるため、三津は「交隣の使」ではないとして、信物も受納されず、青州から帰国させられた。「交隣の使」は、『三国史記』朴堤上伝で、堤上が高句麗質子となっていた卜好を救出するために高句麗王を説得する冒頭の一節「臣聞、交隣国之道、誠信而已」にもみえ、近世の朝鮮通信使では、朝鮮側が対等な隣国関係を意味してこの語が用いられたという。[注24] すなわち、新羅、高麗、李朝と引き継がれた日本への外交姿勢であり、上記の「交聘」も類似の語であろう。

紀三津の放還は、三津の言い分と太政官牒の内容が異なる点を三津が弁明できなかったためであり、遣唐使漂着時の救援を求める使であることが問題視されたわけではない。執事省牒の省略部分には「況貞観中、高表仁到レ彼之後、惟我是頼、唇歯相須、其来久矣」とあり、六三二年に倭国の第一回遣唐使帰国時に唐使高表仁や留学生を新羅が送った例が挙げられている。[注25] このため、遣唐使派遣の援助や入唐留学生の帰国の支援という日唐間の中継の役割が唐の臣藩国の「職約」とされたことがわかる。[注26] 新羅は隣国日本を「交聘結好」「交隣誠信」という対等かつ誠実な態度で迎えたのであり、外交儀礼においてもこの姿勢が貫かれたと考えられる。

なお、表1の⑥以降の日本国使は、日本政府の使者でなく、対馬や大宰府との間で私的に行われたものとするのが通説であるが、[注27] ⑥⑦⑧は延暦の遣唐使の入唐後に集中しており、遣唐使関係の遣使と考える余地があるだろう。また、⑨以降も入唐僧の活動が活発な時期であり、ともに日唐通交の仲介に関する内容として検討する必要があるのではないか。この点は今後の課題としたい。

3　渤海の外交儀礼

自国の史料をほとんど残さない渤海の外交儀礼は明らかではない。だが、渤海も唐の冊封を受け、頻繁に唐に使者を派遣し[注28]、唐からの使者も迎えている[注29]。七三八年には「唐礼・三国志・晋書・三十六国春秋」の書写を許されているから[注30]、唐に倣った外交儀礼が整備されたと考えられる。

渤海が行う外交儀礼の対象は、まず唐が挙げられるが、日本にも九二六年の渤海滅亡まで三〇回以上の渤海使が来日し、日本からも十回以上の遣（送）渤海使が派遣されている。遣（送）渤海使が渤海国内でどのような儀礼を受けたのかは不明だが、日本の史料には渤海使の来日記事とともに、渤海と日本の間で交わされた外交文書が残されている。そこで、渤海の外交文書をもとに、渤海の日本に対する外交姿勢を確認したい。

すでに「隣好」など「隣」の語が対等関係を表す相手に用いられるという指摘があるが[注31]、渤海からの外交文書にみえる「隣」字を抽出したのが表2である。

表2①②の「聘隣」「隣好」「隣義」や、④にみえる「善隣之義、必問二吉凶一」は、新羅同様、唐の臣藩国としての隣国日本に対する意識とみられる。また、③の中台省牒には、「即欲二放還一、恐レ被二害残一、又欲二勒還一、慮レ違二隣意一」とあり、迎入唐大使使高元度ら一行について、もし渤海から唐へ行かせれば安史の乱の混乱に巻き込まれ殺害される危険があり、一方で渤海から唐に行かせず日本に帰国させれば、「隣意に違わんことを慮る」として、日唐通交の支援も「隣意」と捉えていたことがわかる。このほか、渤海の外交文書にみえる起居の語「起

表2　渤海の外交文書にみえる「隣」

文書	掲載年	内容
①武芸啓	神亀五（七二八）	通使聘隣、始乎今日…時嗣音徽、永敦隣好
②欽茂啓	天平一一（七三九）	義洽情深、毎修隣好…訴詞至重、隣義非軽
③中台省牒	天平宝字三（七五九）	又欲勒還、慮違隣意
④嵩璘告喪啓	延暦一五（七九六）・四	善隣之義、必問吉凶
⑤嵩璘啓	延暦一五（七九六）・一〇	許以往期、則徳隣常在
⑥彝震啓	嘉祥二（八四九）	雖然自古隣好、憑礼相交
⑦中台省牒		双旌擁節、達隣情之至誠
⑧中台省牒	貞観元（八五九）	憑事表情、善隣賓礼
⑨玄錫啓	貞観一四（八七二）	盈紀感心、善隣顧義
⑩中台省牒		隣交有節、使命無愆
⑪玄錫啓	元慶元（八七七）	善隣之救援、敦於当時
⑫中台省牒		我有善隣、誰謂路阻
⑬中台省牒	寛平四（八九二）	謂徳方不孤、亦難闕隣約

【参考】日本の外交文書にみえる「隣」

a慰労詔書	宝亀三（七七二）	普天之下、恩無隔於殊隣
b慰労詔書	弘仁二（八一一）	王念濬善隣、心切事大
c慰労詔書	弘仁一三（八二二）	情存善隣、慮切来遠
d慰労詔書	天長三（八二六）	敦隣好於南夏、万里之航自通
e太政官牒	承和九（八四二）	隣好相尋、匪亶今日
f太政官牒	貞観元（八五九）	更待紀盈、当表隣好
g太政官牒	貞観一四（八七二）	善隣之款、允属寝興
h太政官牒	元慶元（八七七）	況乎渤海、世為善隣

居万福」や「動止万福」を書儀に照らして、渤海は日本を上位に置くが、臣称はしていないため君臣関係は表明していないとする指摘も、[注32]隣国としての渤海の立場を表すものであろう。

なお、参考として挙げた日本の外交文書にみえる「隣」の用例をみると、渤海の「隣好」な姿勢を示すために用いたb、d～hを除き、a、cは中華である日本からみた渤海との友好を「善隣」などの語で表したもので、日本では「隣」字を必ずしも対等関係の語として用いていないといえる。[注33]

以上、新羅、渤海の外交儀礼については、ともに自国で編纂した礼書の存在が明らかでなく、唐の臣藩国となってからは、唐に対する儀礼を中心に外交儀礼が構成されたと想定される。そして、唐の臣藩国として隣国日本には敬意を示しながらも対等な外交姿勢で臨んだとみられる。また、新羅は耽羅に、渤海は靺鞨諸部に対して自らを中華とする華夷思想がみえる。[注34] したがって、新羅・渤海の外交儀礼には、宗主国唐に対する臣下の儀礼、日本などの隣国に対する対等の儀礼、そして朝貢使に対する宗主国としての儀礼という三階層が存在したことが想定される。

二 日本古代の外交儀礼

1 「中華」の継受

次に、日本の律令国家の外交儀礼を検討したい。

八・九世紀には新羅使が約二〇回、渤海使が約三〇回、唐使が一回来日しているが、新羅使は天平末年以降、新羅王の上表文を持参しないことなどを理由に大宰府から放還された。このため、八世紀後半以降、日本の外交儀礼の対象は渤海使が中心となる。来日した新羅使や渤海使の記事から日本の外交儀礼をみると、迎労、謁見、宴会という儀礼の構成は『大唐開元礼』賓礼と同様であるが、新羅使からの献上物は大化前代からの服属を示す「調」であることが求められ、同じ蕃国でも新羅と渤海とは明確に区別されているのがわかる。

日本の唐礼受容は、遣唐使吉備真備が天平七年（七三五）に献上した「唐礼一百卌巻」が巻数より『顕慶礼』とみられ、『大唐開元礼』の日本への将来はそれ以降と考えられている。[注35] 渤海使への外交儀礼は、『大唐開元礼』賓礼にみえる宮中儀礼のほか、国書授与儀、元日朝賀や正月七日、十六日節会などへの参加も含み、[注36] 唐の外交儀礼をもとに整備されていったとみられる。また、新羅使や渤海使に上表文の提出を求めるようになるのも、唐の賓礼を受容した結果とみられる。しかし、新羅や渤海が上表を奉ずるのは唐のみであるから、双方日本の意を満たす表文を持参することはなく、この結果、新羅とは八世紀末に国交が断絶し、それまで「啓」の書式の文書を持参していた渤海に対しては、一時的には「表」が持参されたと国史に記載し、国内的に対面を保とうとするのである。[注37]

一方、公式令集解詔書条古記には「隣国者大唐、蕃国者新羅也」とあるように、唐は新羅や渤海とは異なる位置付であった。日本の遣唐使が在唐中に自らを「蕃」や「朝貢」の語で表した記事が散見され[注38]、日本が唐の蕃国という認識は八世紀初めより存在したとされている。[注39]しかし、宝亀十年（七七九）に遣唐使帰国に際し来日した唐使孫興進らに対する儀礼をめぐる混乱[注40]からは、唐使の来朝は想定されず、来日した唐使への外交儀礼が整備されていなかったことがわかる。

これは日本が唐の冊封を受けず唐の臣藩国の認識がないためであろう。六三〇年の第一回遣唐使の帰国に同行した高表仁は、「持レ節往撫レ之」ために派遣された[注41]。高表仁は遠夷である倭国の綏撫を目的に派遣され、王権の象徴物である節を背景に、儀式の場では自ら南面しようとしたと考えられる[注42]。しかし、日本はそれを許さなかったのであろう、高表仁は「無二綏遠之才一、与二王子一争レ礼、不レ宣二朝命一而還」した。ここからも、日本は国内で唐の儀礼を臣下の立場で受ける想定がなかったことがわかる。

結局、律令国家が整備した外交儀礼は、新羅、渤海を臣下と位置付けた儀礼のみであったことになる。これは、日本の唐礼継受の特質であり、新羅や渤海とは異なる点として注目されよう。九世紀初めに編纂された『弘仁式部式』にも、「受諸蕃使表及信物」儀と「賜蕃国使宴」儀が規定されており、『延喜式部式』にも引き継がれるが、これらは『大唐開元礼』賓礼の謁見儀や宴会儀をもとに整備された条文とみられる。唐から得た礼を「諸蕃」の立場でも継受した新羅や渤海と異なり、日本は唐と同じ「中華」の立場で外交儀礼を継受し、整備していくのである。

2　外交文書の事前開封

次に唐の外交儀礼と比較して日本の儀礼の特徴を考えたい。

唐礼にもとづく外交儀礼には、君主間文書の交換が重要な要素であった。初回の来日時から君主間文書（王啓）を持参したのが渤海であるが、その内容が問題視されるようになるのは、天平勝宝四年（七五二）来日の第三回渤海使からである。帰国する渤海使慕施蒙らに託された日本からの慰労詔書には、上表文持参の要求に加え、「但省二来啓一、無レ称二臣名一」と書式の不備が指摘されている。[注43] また、宝亀二年（七七一）の渤海使壱万福らは表文に「頓改二父道一、日下不レ注二官品姓名一、書尾虚陳二天孫僭号一」という点が「違例無礼」とされたため、壱万福が文書を改修し賓礼が許された。[注44] 壱万福の場合は、宝亀三年の元日朝賀に参加し、正月三日の謁見儀で方物を献上していた。おそらくその後に表文の違例が発覚したのであろう。献上された方物も返却せざるをえなくなった。この外交儀礼の失敗から、事前に君主間文書が来着地で開封され、写しが中央に送られて無礼がないか確認されるようになったという石井正敏氏の指摘がある。[注45]

しかし、石井氏が根拠とする次の史料[注46]には、能登国司による外交文書の開封は明記されていない。

遣レ使、宣二告渤海使烏須弗一曰、「太政官処分、前使壱万福等所レ進表詞驕慢。故告二知其状一、罷去已畢。而今能登国司言、『渤海国使烏須弗等所レ進表函、違レ例無礼』者。由レ是、不レ召二朝廷一、返二却本郷一。但表函違レ例者、非二使等之過一也。渉レ海遠来、事須二憐矜一。仍賜二禄并路粮一放還。又渤海使、取二此道一来朝者、承前禁断。自レ今以後、宜下依二旧例一、従二筑紫道一来朝上」。

このため、傍線部の「表函」を表文の入った函と捉え、能登国司は表函を開封せず、函書きから違例と判断したという反論がある。[注47] だが、そうであれば、太政官が表文を確認せず函書の無礼を伝えた能登国司の報告のみで放還を判断したことになる。やはり、能登国司は表文の内容を写し取り進上したと考えるべきであろう。

一方、天長五年（八二八）二月には「但馬国司、写二渤海王啓・中台省牒案一進上」とみえ、来着国司による渤海王啓の開封が明記されている。[注48] これは以下の太政官符[注49]の「応レ写二取進上啓牒一事」の傍線部を受けての対応である。

太政官符

一　応レ宛二客徒供給一事

大使副使日各二束五把　判官録事日各二束

史生訳語医師天文生日各一束五把　首領以下日各一束三把

右、得二但馬国解一稱、「渤海使政堂左允王文矩等一百人、去年十二月廿九日到着。仍遣二国博士正八位下林朝臣遠雄一勘二事由一、并問二違期之過一。文矩等申云、『為レ言二大唐淄青節度康志曀交通之事一、入二覲天庭一。違期之程、逃レ罪無レ由。又擬二却帰一、船破粮絶。望請、陳二貴府一、舟楫相済』者。且安二置郡家一、且給二粮米一」者。違期之過、不レ可レ不レ責、宜下彼食法減二半恒数一、以二白米一宛中生粮上者、所レ定如レ件。

（中略）

一　応レ写二取進上啓牒一事

右、蕃客来朝之日、所レ着宰吏、先開二封函一、細勘二其由一。若違二故実一、随即還却、不レ労二言上一。而承前之例、待二朝使到一、乃開二啓函一。理不可然。宜二国司開見写取進一レ之。

以前、中納言兼左近衛大将従三位行民部卿清原真人夏野宣、如レ右。

天長五年正月二日

すなわち、来着国司が明らかに君主間文書を開封しているのは天長五年のみであり、解釈上開封したとみられる宝亀四年を含めても僅か二回であった。天長五年も、太政官符を受けて開封されたものであり、国司が自発的に開封したのではない。宝亀四年は前年の壱万福に対する外交儀礼の失態を受けたものであり、天長五年は右大臣藤原緒嗣の経費節減策により、存問使派遣の経費を削減して、後述する王啓の開封を含む存問使の任務を国司に代わりに行わせたものと考えられる。したがって、来着国司が君主間文書を開封するのは例外的な措置と考えるべきであろう。石井氏のように、来着国司に「外交文書調査権（国書開封権）」が付与されたとみるべきではない。

ところが、九世紀半ばには、渤海使来着時に中央から派遣される存問使が、外交文書を開封している史料が次の通り散見される。

『続日本後紀』承和九年（八四二）三月辛丑（六日）

存問兼領渤海客使式部大丞正六位上小野朝臣恒柯・少内記従六位上豊階公安人等上奏、勘二問客徒等文幷渤海王所レ上啓案、幷中台省牒案等文一。其啓状曰、…。

『続日本後紀』嘉祥二年（八四九）三月戊辰（十四日）

遣二能登国一存問渤海客使少内記縣犬養大宿禰貞守等、馳駅奏二上客徒等将来啓牒案一。彼国王啓曰、…。

『日本三代実録』貞観三年（八六一）五月二十一日

宣二告存問兼領渤海客使但馬権介正六位上藤原朝臣春景、幷出雲国司等一云、渤海国使李居正、違二先皇制一、輙以弔来。亦令レ看二啓案一、違例多端。事須下責二其軽慢一、自レ彼却還上。然而如レ聞、居正位在二公卿一、齢過二懸車一、才綺交新、猶有レ可レ愛。因欲下特加二優恤一以聴中入京上。而頃者炎旱連日、有レ妨二農時一。慮二夫路次一、更以停止。又王啓幷信物等不レ可二更収一、須レ進二上中台省牒一…。

『日本三代実録』貞観十四年（八七二）四月十三日

存問渤海客使少外記大春日朝臣安守等、開二大使楊成規所レ齎啓牒函一、詰二問違例之由一問答状、及記下録安守等向二加賀国一途中消息上、馳駅奏上。

『日本三代実録』元慶元年（八七七）四月十八日

存問兼領渤海客使少外記大春日朝臣安名等、写二渤海国王啓幷中台省牒一、馳駅上奏。王啓曰、…。

前掲天長五年（八二八）官符の傍線部に「而承前之例、待二朝使到一、乃開二啓函一」とあるため、存問使による王啓の開封は天長五年には行われていたとみられる。では、存問使による開封はいつまで遡れるのだろうか。勅撰漢詩集『文華秀麗集』巻上の巨勢識人「春日餞三野柱史奉レ使存二問渤海客一」の詩題より、弘仁五年（八一四）来着の渤海使王孝廉らに存問使が派遣されたことが知られる。弘仁十四年（八二三）には、「停二止存問渤海客使一、今年雪深、往還不レ通」とあり、[注50] おそらく渤海使が頻繁に入京した嵯峨朝を通じて存問使は派遣されたと思われる。

そこで、次の史料に注目したい。内容から段落を分けた。

『類聚国史』巻一九四　弘仁十年（八一九）年十一月甲午（廿日）

a渤海国遣レ使献二方物一。上啓曰、「仁秀啓、仲秋已涼、伏惟天皇起居万福、即此仁秀蒙レ恩。慕感徳等廻到、伏奉二書問一（中略）謹遣二文籍院述作郎李承英一、齎レ啓入覲、兼令二申謝一。有二少土物一、謹録二別状一。伏垂二昭亮一幸甚。雲海路遥、未レ期二拝展一。謹奉啓」。

b問二承英等一曰、「慕感徳等、還去之日、無レ賜二勅書一。今検二所レ上之啓一云、『伏奉二書問一』、言非二其実一、理宜二返却一。但啓詞不レ失二恭敬一。仍宥二其過一、特加二優遇一」。

c承英等頓首言、「臣小国賤臣、唯罪是待。而日月廻レ光、雲雨施レ沢。寒木逢レ春、涸鱗得レ水。戴荷之至、不レ知二舞踏一」。

aは王啓の内容が中心であり、中央に報告された王啓案に基づいた記事であろう。b、cは渤海使李承英への問答記録である。渤海使に直接問答しているという点で、来着地での問答を存問使が報告したものとみられる。bの傍線部には「今検二所レ上之啓一云」とあるため、李承英に直接王啓の内容を確認しており、この時点で王啓は開封済であることがわかる。李承英への問答が入京後に行われたと考えることもできるが、日付が十一月二十日であることを考えると、他の渤海使が朝賀や謁見儀など宮中儀礼の直前に入京しているのに比べ時期が早いと思われる。[注51]

したがって、存問使の来着地での王啓開封は、弘仁十年に遡ることが可能であると言える。前回の渤海使慕感徳らの経緯を踏まえた詰問や「啓詞」の評価をしている点で、尋問者の存問使には近年の渤海対応に精通し、かつ外交文書の表現にも詳しい人物が求められたことになる。

最後に、存問使が来着地で外交文書を開封するようになった背景を考えたい。

『類聚符宣抄』第六によれば、弘仁六年（八一五）正月二十三日付で、外記による諸使文記の検察と外記への御所記録の共有がそれぞれ命じられている。[注52] 前日正月二十二日が渤海使の出京の日であることからすれば、「諸使文記」には存問使の文記も含まれ、この時の渤海使の外交記録を整備する動きとみることができる。また、同様に弘仁九年四月五日付でこれまでの外交記録をもとに迎接諸事や担当者を決定し、外記が推挙して天皇に奏上することが命じられている。[注53] 渤海使入京が頻繁となったことで、外交記録の整備が強調され、外記が総括を担当したことがわかる。

存問使には、内記や外記、また同等の職務を遂行できる能力を持つ者が任命されている。[注54] 外交文書の記録は外交記録の要であるとともに、外交儀礼の内容の根拠ともなる。存問使による来着地での外交文書の開封は、外交文書をいち早く現物から書写でき、先例との比較ができる点で外交記録の整備と外交儀礼の準備のために必要な措置として、嵯峨朝の外交儀礼整備のなかで確立したのではないだろうか。

おわりに

以上、小稿では、唐、新羅、渤海の外交儀礼と日本の律令国家の外交儀礼を比較した。小稿で明らかになった日本の外交儀礼の特質の一点目は、日本が整備した外交儀礼は蕃国を対象とするもののみであり、対等な立場で来日する新羅や渤海についても、臣下として扱ったことが挙げられる。これは、唐礼を臣藩国の立場でも継受した新羅や渤海と異なり、唐の国際秩序をそのまま日本の国際秩序として受容した点に特徴がある。

特質の二点目は、唐の外交儀礼には見られない君主間文書の来着地での開封である。これは、渤海の外交文書が臣下の立場で書かれていないことで、外交儀礼に支障を来たすことを事前に防ぐための措置であり、九世紀初めの嵯峨朝の儀礼整備の中で、専使存問使による開封体制が確立していくこととなるのである。

なお、紙幅の都合上、王宮などの儀礼空間や、律令制以前の倭国の外交儀礼などについては、ほとんど取り上げることができなかった。別の機会に改めて述べることとしたい。

注

1 斉藤孝「外交儀礼」（『歴史学事典七、戦争と外交』弘文堂、一九九九年）。

2 石見清裕ａ「鴻臚寺と迎賓館」、ｂ「外国使節の皇帝謁見儀式復元」、ｃ「外国使節の宴会儀礼」（『唐の北方問題と国際秩序』汲古書院、一九九八年、初出はａ一九九〇年、ｂ一九九一年、ｃ一九九五年）。

3 『日本書紀』斉明天皇五年七月戊寅（三日）条所引伊吉連博徳書。

4 『大唐六典』巻一八、鴻臚寺典客令、石見清裕「辺境州県における朝貢使節の待遇」（前掲注2著書所収、初出は一九八九年）参照。

5 中村裕一『唐代制勅研究』（汲古書院、一九九一年、三三七頁）は、『唐会要』巻二六の開元七年三月勅にみえる「胡書進表、並令西蕃所由州府繙訖封進」を、西域諸国の進表は州府で開封して点検する意で理解するが、石井正敏「光仁・桓武朝の日本と渤海」（『日本渤海関係史の研究』吉川弘文館、二〇〇一年、初出は一九九五年）注（6）では、この例が漢字以外の文書の翻訳を示す特例で、唐でも原則は来着地での外交文書の開封が厳禁されていたとする。唐代における来着地での君主間文書の開封事例については、今後も調査していきたい。

6 石見清裕「蕃望について」（前掲注2著書所収、初出は一九八八年）表7「『大唐開元礼』所載蕃客出席儀式一覧表」参照。

7 石見清裕「唐の国書授与儀礼について」（『東洋史研究』五七―二、一九九八年）。

8 浜田久美子「律令国家の賓礼受容」（『日本古代の外交儀礼と渤海』同成社、二〇一一年、初出は二〇〇三年）では、一連の外交儀礼のなかで『大唐開元礼』が「賓礼」と規定する儀礼の特質を、皇帝と蕃客の君臣関係を前提としながらも、蕃客の来朝をねぎらう主客関係を直接的に表現した儀礼と考察した。この点については今後の議論の深化を望む。

9 「礼見」「対見」について、古瀬奈津子『遣唐使の見た中国』（吉川弘文館、二〇〇三年、一一三頁）は賓礼の謁見儀と捉えるが、藤森健太郎「蝦夷の世界と二つの「天下」――それらの表象としての儀礼――」（小林昌二編『古代の越後と佐渡』高志書院、二〇〇五年）、廣瀬憲雄「唐後半期から北宋の外交儀礼」（『東アジアの国際秩序と古代日本』吉川弘文館、二〇一一年、初出は二〇〇九年）は『大唐開元礼』賓礼の変質とみる。また、森公章「遣唐使が見た唐の賓礼」（『遣唐使と古代日本の対外政策』吉川弘文館、二〇〇八年、初出は二〇〇三年）は賓礼と異なる「実態」としている。

10 廣瀬憲雄「唐宋期周辺諸勢力の外交儀礼について」（前掲注9著書所収）。

11 濱田耕策「新羅の遣唐使と留学生」（『東アジア世界史研究センター年報』四、二〇一〇年）によれば、新羅の遣唐使は約一八〇〜一九〇回とされる。

12 『三国史記』新羅本紀、神文王六年二月条。

13 石井正敏「古代東アジアの外交と文書」（前掲注5著書所収、初出は一九九二年）。大原良通「王権象徴の拡散」（『王権の確立と授受』汲古書院、二〇〇三年）では、『蛮書』巻十、南蛮境界接連諸番夷国名にみえる貞元十年（七九四）十月二十七日条の南詔王への冊命の儀式が、ほぼ「遣使冊受官爵」儀のとおりに行われたとする。

14 酒寄雅志「華夷思想の諸相」（『渤海と古代の日本』校倉書房、二〇〇一年、初出は一九九二年）は、礼制が金春秋・金庾信により七世紀半ばに唐から導入され、新羅の「華夷思想」を質的に向上させることになったとする。

15 天平七年（七三五）に新羅使金相貞らが自国を「王城国」と称したことについて、濱田耕策氏は、「王城国」が正式の国号ではないが、新羅の自尊意識の表れとする（「中代・下代の内政と対日本外交――外交形式と交易をめぐって――」『新羅国史の研究』吉川弘文館、二〇〇二年、初出は一九八三年）。ただし、新羅の自尊意識と日本を朝貢国と扱うことは一致するわけではないので、ここでは新羅が自らを中華として日本を臣下とする認識はなかったと考えたい。

16 濱田耕策「迎賓機構」（前掲注15著書所収、初出は一九九〇年）、吉田歓「新羅の都」（『古代の都はどうつくられたか』吉川弘文館、二〇一一年）。王宮月城の東宮には、王が臨席する饗宴が行われたとみられる「臨海殿」に比定される前殿建物があったとされる（佐藤興治「王京」中尾芳治・佐藤興治・小笠原好彦編『古代日本と朝鮮の都城』ミネルヴァ書房、二〇〇七年）。

17 酒寄雅志「八世紀における日本の外交と東アジアの情勢――渤海との関係を中心として――」（前掲注14著書所収、初出は一九七七年）。

18 石井正敏「八・九世紀の日羅関係」（田中健夫編『日本前近代の国家と対外関係』吉川弘文館、一九八七年）。

19 『高麗史』巻一世祖一太祖一。

20 鈴木靖民『古代対外関係史の研究』（吉川弘文館、一九八五年）の年表や、田島公「日本、中国・朝鮮対外交流史年表」（橿原考古学研究所附属博物館編『貿易陶磁――奈良・平安の中国陶磁』由良大和古文化研究協会、一九九三年）では、新羅から日本の使者派遣と理解されている。浜田久美子「付表2新羅使一覧」（前掲注8著書所収）や、「表3新羅使一覧」（鈴木靖民・金子修一・石見清裕・浜田久美子編『訳註日本古代の外交文書』八木書店、二〇一四年）にも、八〇三年の新羅使として扱ったが訂正を要する。

21　石井正敏「八・九世紀の日羅関係」（前掲注18論文）、同「『古語拾遺』の識語について」（『日本歴史』四六二、一九八六年）。

22　斎部浜成の新羅派遣と⑤記事の関連については、石上英一「古代国家と対外関係」（『講座日本歴史2古代2』東京大学出版会、一九八四年）や濱田耕策「下代初期における王権の確立過程とその性格」（前掲注15著書所収、初出は二〇〇〇年）でも指摘される。

23　『続日本後紀』承和三年十二月丁酉（三日）条。

24　糟谷憲一「近代的外交体制の創出――朝鮮の場合を中心に――」（荒野泰典・石井正敏・村井章介編『アジアのなかの日本史Ⅱ』東京大学出版会、一九九二年）。

25　『日本書紀』舒明四年八月条に「大唐遣㆓高表仁㆒、送㆓三田耜㆒、共泊㆓于対馬㆒。是時学問僧霊雲・僧旻及勝鳥養、新羅送使等従㆑之」とみえる。

26　濱田耕策「日本と新羅・渤海」（『日本の対外関係2律令国家と東アジア』吉川弘文館、二〇一一年）。

27　石井正敏「八・九世紀の日羅関係」（前掲注18論文）。

28　酒寄雅志「渤海の遣唐使」（専修大学・西北大学共同プロジェクト編『遣唐使の見た中国と日本』朝日新聞社、二〇〇五年）では、渤海の遣唐使が中国史書に一〇〇回以上数えることができるとする。

29　赤羽目匡由「八世紀中葉における渤海の対新羅関係の一側面」（『渤海王国の政治と社会』吉川弘文館、二〇一一年、初出は二〇〇四年）表1では、七五七年十二月から八〇一年十一月までに唐より渤海に派遣された使者を七回としている。

30　『唐会要』巻三六、蕃夷請経史、開元二十六年六月二十七日条。

31　石井正敏「神亀四年、渤海の日本通交開始とその事情――第一回渤海国書の検討」（前掲注5著書所収、初出は一九七五年）。

32　廣瀬憲雄「外交文書から見た八世紀末以後の日本――渤海間の名分関係」（前掲注9著書所収、初出は二〇〇七年）。

33　森公章「古代日本における対唐観の研究」（『古代日本の対外認識と通交』吉川弘文館、一九九八年、初出は一九八八年）でも、「隣」字が日渤両国の外交文書に散見され、「必ずしも対等関係を示すとは言えないように思われる」としている。なお、新羅が安勝を冊封した際の冊書にも、「永為㆓隣国㆒、事㆓同昆弟㆒」とみえる（『三国史記』文武王十年七月）。

34　酒寄雅志「華夷思想の諸相」（前掲注14論文）。

35　『大唐開元礼』の受容は、天平勝宝の遣唐使に拠るとする弥永貞三「古代の釈奠について」（『古代の政治と史料』高科書店、一九八八年、初出は一九七二年）と、宝亀の遣唐使とする河内春人「日本古代における昊天祭祀の再検討」（『古代文化』五二—一、二〇〇〇年）があり、また坂上康俊「書禁・禁書と法典の将来」（『九州史学』一二九、二〇〇一年）では天平七年に『顕慶礼』とともに持ち込まれたとする。

36 田島公「日本の律令国家の「賓礼」——外交儀礼より見た天皇と太政官」（『史林』六八—三、一九八五年）では、弘仁十三年を最後に渤海使が元日朝賀や正月節会に参加しなくなることが指摘されている。

37 浜田久美子「律令国家の賓礼受容」（前掲注8論文）、「賓礼の受容と渤海国書」（前掲注8著書所収、初出は二〇〇五年）。

38 『凌雲集』菅原清公「越州別二勅使王国父一還レ京」に「我是東番客、懐恩入聖唐」、『性霊集』巻五「為二藤大使一与二渤海王子一書」に「賀能（藤原葛野麻呂）、忝就二朝貢一」、『入唐求法巡礼行記』巻一開成四年閏正月五日「本国朝貢第一船」、巻二開成五年二月十七日「円仁是外蕃庸僧」など。堀敏一「中華的世界帝国——隋唐（二）変貌期」（『中国と古代東アジア世界』岩波書店、一九九三年）参照。

39 石母田正「天皇と「諸蕃」」（『石母田正著作集』四、岩波書店、一九八九年、初出は一九六二年）、森公章「古代日本における対唐観の研究」（前掲注33論文）。

40 『続日本紀』宝亀十年四月辛卯（二十一日）条、大沢清臣本壬生家文書（廣瀬憲雄「倭国・日本の隋使・唐使に対する外交儀礼」前掲注9著書所収、初出は二〇〇五年）。

41 『旧唐書』巻一九九上、東夷伝倭国。

42 西嶋定生「七—八世紀の東アジアと日本」（『日本歴史の国際環境』東京大学出版会、一九八五年）、大原良通「王権象徴の拡散」（前掲注13論文）。西嶋論文では、高表仁との争礼を日本が隋代の対等外交を継続したと理解する。

43 『続日本紀』天平勝宝五年六月丁丑（八日）条。

44 『続日本紀』宝亀三年正月丁酉（十六日）、庚子（十九日）、丙午（二十五日）、二月癸丑（二日）、己卯（二十八日）条。

45 石井正敏「大宰府の外交機能と外交文書」（前掲注6著書、初出は一九七〇年）。「国書開封権」問題については、浜田久美子「大宰府における外交文書調査——「国書開封権」研究の現在——」（『ヒストリア』二六二、二〇一七年）参照。

46 『続日本紀』宝亀四年六月戊辰（二十四日）条。

47 中西正和「新羅使・渤海使の来朝と大宰府——大宰府の外交的機能について——」（『古代史の研究』八、一九九〇年）。

48　『類聚国史』一九四渤海　天長五年二月己丑（二日）条。

49　『類聚三代格』巻十八　天長五年正月二日官符。

50　『類聚国史』巻一九四　弘仁十四年十二月戊子（八日）条。

51　渤海使の入京と拝朝等の日をみると、第一回渤海使は神亀四年十二月二十日入京、神亀五年正月三日の朝賀に参加、第二回渤海使は天平十一年十月二十七入京、遣唐使平群広成が先んじて十一月三日に拝朝し、渤海使の拝朝は十二月十日であった。九世紀の例では、天長三年五月八日入京、五月十二日叙位、承和九年三月二十七日入京、四月二日方物献上、嘉祥二年四月二十八日入京、五月二日方物献上など、いずれも宮中での正月行事の直前に入京していることがわかる。

52　『類聚符宣抄』第六　文譜「応㆑検㆓収使司所㆑進文記㆒事」、外記職掌「応㆓御所記録庶事外記内記共預㆒事」。

53　『類聚符宣抄』第六　雑例。小稿で省略した『類聚符宣抄』の内容の検討は、浜田久美子「外交文書開封にみる政治文化」（新川登亀男編『古代史の方法と意義』勉誠出版、二〇一八年刊行予定）参照。

54　中野高行「八、九世紀における外記の特質」（『日本古代の外交制度史』岩田書院、二〇〇八年、初出は一九八七年）。

陰陽道と東アジア

――国立天文台の変質としての陰陽道の形成――

細井　浩志

はじめに

陰陽道は、古代～近代初頭の日本で重要な役割を果たした。この陰陽道の母体である陰陽寮は、唐の太史局など、中国の国立天文台の制度を継受したものである。

中国では観象授時思想に基づき、近代に至るまで国立天文台での天体観測が続けられ、暦法の改良が進められた。また歴代朝鮮王朝では、冊封関係を結ぶ中国から、新暦法と天体観測技術を輸入した（全二〇一七）。独自の暦法は編纂できなかったが、国立天文台が観象授時の理念に基づいて運営された点では中国と同じである。

一方、日本の陰陽寮は、官司としての形式は残しながらも、貴族官人から「陰陽道」とよばれる、占い・呪術を主たる職務とする緩やかな組織（その構成員である陰陽師の使う術もこうよばれる）へと、事実上は変化した。これは日本が中国との冊封関係下になく、観象授時思想が定着しなかったため、国家が天文暦学を保護・育成しなかったことが背景にある（細井二〇〇二・二〇〇八b）。このため、中国の国立天文台のもうひとつの職能である、占術を担う部門が、発展して陰陽道になったのである。

この陰陽道の成立は、日本文化史上の重要な出来事であり、実はそこには同時代の中国の影響も窺えるのである。本稿はこの点に留意しつつ、従来の研究では十分解明されていない、陰陽道形成をもたらした諸条件を探りたい。

一　初期陰陽道の成立について

1　初期陰陽道について

従来の通説は、陰陽道の成立を九世紀後半～一〇世紀とする。だが筆者は前稿（細井二〇一七c）で、これを八世紀後半～九世紀前半とほぼ一世紀遡らせ、この時期の陰陽道を「初期陰陽道」とよんだ。また従来、典型的な陰陽道とされていた、九世紀後半～一〇世紀に成立する平安時代の陰陽道を、「平安期朝廷陰陽道」とよんだ。本節ではこの点を前稿に基づき、多少の補足を加えて再確認したい。

初期陰陽道期の陰陽道は、まだ「陰陽道」とはよばれていない。それなのに陰陽道とみなせるのは、次の二点の理由による。

第一に陰陽道に限らず、明経道や明法道、医道などの学問・技術が「〇〇道」とよばれるようになるのは、九世紀後半に降る。古代学制史の基本的な枠組みを示した桃裕行（一九九四）は、貞観年間以後、「諸道人」（『日本三代実録』貞観一〇年（八六八）六月朔条）、「音書算三道博士」（『類聚三代格』五、貞観一三年一二月二七日太政官符）、「大学諸道博士」(『菅家文草』九、元慶八年〔八八四〕二月二五日請被補文章博士一員闕共済雑務状)などの例が出てくることから、このころにこうした用法が登場したとする。一方桃は、紀伝道の確立を九世紀前半としており、学術用語としての「〇〇道」と史料用語としてのそれを区別する。これに倣うなら、陰陽道の成立も史料用語「陰陽道」の登場とは区別するべきであろう。

第二に通説では、平安期朝廷陰陽道における陰陽師の職掌として、①占術、②呪術・祭祀活動、③日時・方角禁忌の勘申をあげる(山下二〇一五:序章など)。実はこれらの職掌は、筆者が初期陰陽道期とする八世紀後半には陰陽寮に揃い、九世紀前半には陰陽師の職掌となる。なお内裏などで起こる怪異(「物怪」)に、有力神社や天皇霊の意志を見いだそうと占わせる行為も、史料上は九世紀前半の淳和・仁明朝に登場する(小坂一九八〇)。

またこの三つの職掌は、実は八世紀前半においては、典薬寮に属する呪禁師の職掌だったと思われる。呪禁師は、養老医疾令14按摩呪禁生学習条等によれば疾病予防・治療のための呪術を担った。これは病気を引き起こす神霊が何かを認識することが前提なので、彼らは何らかの占法を行ったはずである。一〇世紀以降の陰陽師は、吉凶判断のために暦日を使い、病因診断のため六壬式占を使った。そうであれば八世紀前半は、陰陽道成立後の陰陽師のルーツの一つである呪禁師が、六壬式占や日の吉凶を使って、病因診断や治病を行った可能性が高い。

一方、養老令での陰陽師の職掌は、①の占いのみであった。

(史料1)養老職員令9陰陽寮条(( )内と。は大宝令にあった語句)

陰陽寮

頭一人。掌、天文、暦数。(卿)風雲気色有レ異密封奏聞事。助一人。允一人。大属一人。少属一人。陰陽師六人。掌、占筮相地。陰陽博士一人。掌、教二陰陽生等一。陰陽生十人。掌、習二陰陽一。暦博士一人。掌、造レ暦、及教二暦生等一。暦生十人。掌、習レ暦。天文博士一人。掌、候二天文気色一、有レ異密封。及教二天文生等一。天文生十人。掌、習レ候二天文気色一。漏剋博士二人。掌、率二守辰丁一、伺二漏剋之節一。以レ時撃二鐘鼓一。使部二十人。直丁三人。

表1「官人考文」（八世紀初頭）の陰陽寮技術者の能

名	職	能	備考
高金蔵	陰陽師	太一・遁甲・天文・六壬式・算術・相地	還俗僧
文広麻呂	陰陽師	五行占・相地	
角兄麻呂	陰陽博士	周易経及び楪筮・太一・遁甲・六壬式・算術・相地	還俗僧
王中文	天文博士	太一・遁甲・天文・六壬式・算術・相地	還俗僧
池辺大島	漏刻博士	匠	

職員令の規定（史料1）によれば陰陽寮は、陰陽・暦・天文・漏刻の四部門で構成される。[注1] 陰陽部門の構成員は陰陽博士・陰陽師と陰陽生であるが、実際の陰陽博士は一貫して陰陽師と同じ職能を持っていた（表1など）。陰陽師の「相地」は、遷都などの際の土地の吉凶判断をさし、[注2]「占筮」は小坂眞二（一九八〇・一九九〇・一九九三）が指摘するように、多くの陰陽師（相当の人物）が太一式占を使うことから（表1）、主に国家的大事を対象とした占いだと考えられる。[注3] 瀧川政次郎（一九七〇）・松本政春（二〇〇二）は、特に軍事が主要な対象だったとする。これは九世紀の対蝦夷戦のために東国に鎮守府陰陽師・国陰陽師が置かれたのみならず（『類聚三代格』五）、対外防衛をも担ったと考えられる大宰府（職員令69大宰府条）や、天平四年（七三二）の節度使（『続日本紀』八月丁亥条）に陰陽師が置かれており、『延喜式』大蔵省式諸使給法によれば征夷使にも陰陽師がいるので間違いない。

ところで大宝・慶雲年間（七〇一～七〇八）の文書である「官人考文」（いわゆる「官人考試帳」『大日本古文書』二四、田中一九八五）によれば、陰陽師は当初から六壬式も使っており（表1）、病因診断の占いも可能であった。確かに職員令では法制上、占いのみ行い、治病に要する呪的能力のない人物でも陰陽師になることができた。だが表1の角（縁）兄麻呂のように、なかには「厭術」を使える者もいた（櫛木二〇一〇）。つまり陰陽師と呪禁師の人材は、もともと資質が近かったのである。これを背景として、恐らく八世紀半ばの藤原仲麻呂政権期に、呪禁師は典薬寮から陰陽寮に所属が移され（『続日本紀』神護景雲元年〔七六七〕八月癸巳条）、八世紀末～九世紀初に、陰陽師に統合される。この結果、陰陽師の職掌は①②③となったと推測されるのである。

なお陰陽師の本来の職能である占いは、大宝元年（七〇一）の大宝令制定前後まで僧侶が担っていた。占法は仏教の一部として伝習され、これのみを世襲的または徒弟制的に伝習する制度は確立していなかった。天平二年（七三〇）には「陰陽・医術・曜・暦」の後継者が育っていないことが問題とされるが（後掲史料2）、これは、職員令（史料1）が想定する学校教育による後継者育成方法が、機能しなかったことを意味する。これに対して天平二年の改革を機に、陰陽寮各部門の伝習制度が成立し、後継者が養成できるようになった（細井二〇〇四・二〇〇八b）。ここに、陰陽部門の占法を伝習する集団が形成され、初期陰陽道の直接の母体となったのである。

2　陰陽師の司祭者化の背景

問題は、法制上、占いのみを担当する陰陽部門の伝習者集団が、呪禁師の職能を継承して、疫鬼防遏などの祭祀執行能力を強めた積極的理由である。資質が近かったにせよ、呪禁師と陰陽師の専門分化を進め、それぞれの職能を深化・向上させる方向性もありえた。そうならなかった第一の理由として、人材不足が想定できる。まず天平二年の太政官奏を示そう。

（史料2）『続日本紀』天平二年（七三〇）三月辛亥条

太政官奏稱、大学生徒、既経二歳月一、習レ業庸浅、猶難二博達一。実是家道困窮、無二物資給一、雖レ有レ好レ学、不レ堪レ遂レ志。望請、選二性識聡恵芸業優長者十人以下五人以上一、専精二学問一、以加二善誘一。仍賜二夏冬服并食料一。又陰陽医術及七曜頒暦等類、国家要道、不レ得二廃闕一。但見二諸博士一、年歯衰老。若不二教授一、恐致レ絶レ業。望仰、吉田連宜、大津連首、御立連清道、難波連吉成、山口忌寸田主、私部首石村、志斐連三田次等七人、各取二弟子一将令レ習レ業。其時服食料亦准二大学生一。其生徒、陰陽医術各三人、曜暦各二人。

……詔並許レ之。

表2　天平二年（七三〇）太政官奏の「陰陽・医術・七曜・頒暦」者

名前	能	備考
吉田連宜	医術	藤氏家伝（武智麻呂伝）
大津連首	陰陽	藤氏家伝（武智麻呂伝）
御立連清道	医術	藤氏家伝（武智麻呂伝）呉粛胡明のこと
難波連吉成	陰陽	藤氏家伝（武智麻呂伝）谷那庚受のこと
山口忌寸田主	暦算	藤氏家伝（武智麻呂伝）
私部首石村	暦算	藤氏家伝（武智麻呂伝）
志斐連三田次	暦算	藤氏家伝（武智麻呂伝）

ここで指名された技術者の専門性は、表2の通りである。[注4]

陰陽寮では陰陽と暦部門（七曜暦・頒暦）の後継者が問題となっている（細井二〇〇四）。なおこの段階の天文は、事実上、陰陽部門に包摂されていた（細井二〇〇八a）。

一方、呪禁師について、太政官奏は触れない。『藤氏家伝』武智麻呂伝によれば、藤原四子政権（天平元～九年）の「共時輔政」者に、呪禁として余仁軍と韓国広足がいる。広足は天平四年（七三二）一〇月丁亥に典薬頭に任じられており（『続日本紀』）、彼らが天平二年当時はまだ壮年だったため、呪禁の後継者が問題とされなかったのだろう。[注5]

ただし広足は役小角の弟子なので（『続日本紀』文武天皇三年（六九九）五月丁丑条）、小角から呪禁を伝承したとみられる。小角は『日本霊異記』上・二八では「役優婆塞」とよばれ、孔雀法を駆使する。これを信じるなら仏教系の山林修行者である。『日本書紀』敏達天皇六年（五七七）一一月朔条で百済王が献じた呪禁師も、僧侶だったと推測されている（下出一九七〇）。すると呪禁も、陰陽寮や典薬寮の他の技術と同様、もとは仏教の一部として伝習されたと推測できよう。[注6] 従って呪禁も、陰陽寮の諸術同様、仏教を離れての伝習方法が確立されておらず、何れ後継者問題に直面する可能性があったはずである。ただし余仁軍のような渡来人は、七世紀段階からこうした技術を身につけているので（持統天皇五年〔六九一〕一二月己亥条）、すでに一族内で技術が伝習されていた可能性がある。だが八世紀段階の彼ら（いわゆる方技官僚）は、より出世が見込める明経科・文章科などへの転身を志向していた（細井二〇〇四・二〇〇七：Ⅰ一）。こうした後継者難の状況で、資質が近い呪禁師と陰陽師をいつまでも別置することには、無理があったと思われる。[注7]

第二の理由は、占い師（神霊の意志を知る者）が祭祀（神霊への働きかけ）を行うことに、合理性があったからである（鈴木二〇〇二：六九～七〇頁）。前稿では、通説に従って平安時代の陰陽師の職掌（①占術、②呪術・祭祀活動、③日時・方角禁忌の勘申）が揃ったとき、陰陽道が成立したとした。これは小坂（一九八〇など）が陰陽道を「宗教体系」とするように、①②③は相互に独立したものではないからである。実際に陰陽道成立以後の陰陽師は、式占や暦日に基づき、神霊の意志や行動を予知して国家や貴族官人に不幸を避けさせ、祓や祭祀によって神霊に働きかけて不幸の予防や解決を図った。

ところで律令国家では、亀卜を行う神祇官の卜部が祭祀も行っていた（笹生二〇一二など）。だが八世紀は、唐や新羅から、「漢神」や疫鬼、怨霊思想など、新たな神々の信仰が日本に入ってきた時期である。こうした中国起源の神霊が起こした異変なら、亀卜よりも新しい中国系の占法を使う陰陽師が、祭祀を行うのが自然である。[注8]

なお呪禁師は、呪術の対象が疾病に限定される。一方、陰陽師なら、広い範囲の吉凶に対応できる。しかし八世紀初頭前後の律令国家は仏教の「純化」を行い、僧侶の陰陽師は還俗させられて（細井二〇一五）、仏呪による神霊への対処能力を喪失していた。彼ら還俗者のなかには、前述のように仏呪以外の「厭術」を駆使しえた人材もいたが、制度的に裏付けられたものではない。そこで陰陽師が主に中国系の祭祀を学び、自らの技術の中に組み込むことが、八世紀半ば以降の律令国家により、改めて求められようになったのであろう。現に仲麻呂政権期の陰陽師は、まだ呪禁師と統合されていないが、鈴木一馨（二〇〇三）や中村航太郎（二〇一六）が指摘するように、相地から発展して、鎮祭を行うようになっている（『大日本古文書』一五・造石山院所銭用帳など）。

陰陽師が祭祀を学ぶ機会として注目されるのは、遣唐使である。九世紀の遣唐使には陰陽寮三部門の者が遣唐請益生・留学生に任じられた例が知られる（山下一九九六：付論）。記録にはないが、八世紀にも陰陽寮から請益生・留学生が派遣された可能性がある。だがそうでなくても遣唐使には陰陽師が同行し（史料3）、唐の呪術を学ぶ機会はあった。

（史料3）『延喜式』大蔵省式入蕃使条

入唐大使。絁六十疋。綿一百五十屯。布一百五十端。副使。（略）。判官。（略）。録事。（略）。知乗船事・訳語・請益生・主神・医師・陰陽師・画師。各絁五疋。綿卌屯。布十六端。史生・射手・船師・音声長・新羅奄美等訳語・卜部・留学生・学問僧・傔従。（略）。……

遣唐陰陽師は航路の安全を担当したと思われ、留学生や請益生とは異なり、就学の義務はない。だが唐土に到ったときに、彼らが唐の占い・祭祀に無関心だったとは思えない。彼らがそこで、前述の職掌②の呪術・祭祀活動、③の日時・方角禁忌に関する新知識を獲得した可能性を指摘しておきたい。

たとえば佐賀県唐津市所在の中原遺跡からは、次のような木簡が発見されている。

（史料4）佐賀県唐津市中原遺跡出土二号木簡

・「呼二邊玉女別百讀　凡死人之家到十□（邊カ）
先見地土後見□（風カ）□　念保玉女二□」
・「　　　　料縄十五束　　　　」

本木簡は、九世紀前半以前のものとされる。田中史生（二〇〇七）は、本木簡の文言と、後世の陰陽道の反閉作法を比較し、この地で反閉類似の祭祀が中央に先行して行われた可能性を指摘する。[注9]

また小坂（二〇〇五）は、九世紀中ごろ以降の日本の六壬式の課式に、中唐（七六六〜八三五）ころの江南に発生した新法の影響をみる。小坂はこれを承和の遣唐使に同行した陰陽請益生春苑玉成が持ち帰ったものとするが、長安における最新の情報でないなら、遣唐陰陽師が持ち込んだ可能性もあろう。

第三の理由として、陰陽師の主要占法である式占と祭祀の関係が注目できる。中世に降るが、西岡芳文（二〇〇七・二〇一四）は式占の道具である式盤を使った種々の密教祭儀の存在を指摘する。また天慶の乱の際に陰陽師らによって太一式祭が行われ（『貞信公記抄』天慶二年〔九三九〕三月二二日条）、太一式盤を使って平将門を呪詛した（山下二〇一七ａ）。つまり式盤は反乱鎮圧といった重要な祭祀にも利用できた。なお平安時代の陰陽師が駆使したとされる式神が、式占の神であることはよく知られる。

以上の理由により、初期陰陽道期に陰陽師は、②の呪術・祭祀活動、そして③の日時・方角禁忌をも職能とするようになったと考えられるのである。

3　陰陽寮と民間の占い師

ところで八世紀初めの官人考文（表1）によれば、角兄麻呂は『周易経』と楪筮を能としていた。同経は、大学寮でも学ばれており（養老学令5尚書周易条）、大学出身の文人が易筮を行ったことは、その後の実例に徴しても疑いがない（小坂一九九三）。

また八世紀には、民間にも中国系占法を駆使する人々がいた。『日本霊異記』中・二四によると、聖武朝の話として、閻魔王に遣わされた鬼が、楢嶋磐の賄を受けて、「吾聞かくは、率川社の許の相八卦読に、汝と同じく戊寅の年の人有りと。汝に替うべくは、彼の人を召将む」と語った。つまり、大和国添上郡に鎮座する率川社に人相見と易筮を行う者がいた。[注10] さらに最澄の伝記である『叡山大師伝』によると、最澄は七歳の時に「村邑小学」で「粗々陰陽・医方・工巧等を練」ったとされる。[注11] これを信ずるなら地方においても、陰陽（占い）[注12]などの学問を習う私的な場所があったことになる。

このように中国系の占いをする者は、陰陽寮外にも確実に存在した。では天平二年（七三〇）太政官奏（史料2）で断絶が懸念された「陰陽」（占い）とは、どのような占法をさすのだろうか。注目されるのが、律令制の陰陽師らが使った太一式である（表1）。太一式の道具である太一式盤は、唐でもだが（『大唐六典』一四・太卜署）日本でも、禁制品であった（史料5）。つまり太一式盤は、国家の独占的管理下にあるべきものだった。[注13]

（史料5）養老職制律20玄象器物条

凡玄象器物、天文、図書、讖書、兵書、七曜暦、太一雷公式、私家不レ得レ有。違者徒一年。私習亦同。其緯候及論語讖、不レ在二禁限一。……太一雷公式者、並是式名。以占二吉凶一者。私家皆不レ得レ有。違者徒一年。若将伝用、言渉二不順一、自従下造二妖言一之法上。……

また太一式盤が、一〇世紀に天徳の大火で焼失すると（後掲史料10）、替わって六壬式が朝廷の主要な占法となる。つまりこの太一式盤は、天慶の乱鎮圧の祭祀に使われた点からみても、代替がきかない貴重な霊物であったと思われる。[注14] 従って天平二年太政官奏の「陰陽」が、主に太一式の使用法をさすことは間違いない。また太一式盤が禁制品だからこそ、陰陽寮外に占いを得意とする者がいても、彼らがその占法を修得している可能性は少なかったのである。

もっともこの「陰陽」は、厳密には太一式だけをさしたわけではないかもしれない。なぜなら天平宝字元年（七五七）に指定された、陰陽生の学ぶべきテキストは「周易、新撰陰陽書、黄帝金匱、五行大義」（後掲史料6）で、太一式を必修としないからである（『黄帝金匱経』は六壬式のテキストである〔小坂二〇〇四：五頁以下〕）。官人考文（表1）においても、陰陽師の文広麻呂が式占を能としないので、太一式が陰陽師就任の必須条件でなかったことは確かである。また太一式盤が公的には宮中（仁寿殿）にしかなかったなら（史料10）、大宰府陰陽師や東国に置かれた国陰陽師・鎮守府陰陽師は、管轄行政区域内の怪異の意味を、太一式以外の占法で判断していたことになる。

「官人考文」（表1）から、陰陽寮は――すでに卜部が担っていた亀卜を除く――中国系占法の術者を寄せ集めて、創設されたと考えられる。陰陽師・陰陽博士・天文博士の職掌の分担が、できていないからである。とすると後世の軒廊御卜のような、制度的に整った形での陰陽寮の占いは、当初は行われていなかった可能性がある。その意味で陰陽寮・神祇官が並んで怪異を占う記事が桓武朝より登場するのは（大江二〇〇七）、陰陽部門（陰陽道）による怪異の占いが恒常的な制度に変わった結果と思われる。これに伴って、陰陽師の占法も、式占に集約されていったのであろう。中国の国立天文台では式占を重視したので、注15 唐の情報の伝播によって、この傾向が促進されたのであろう。注16

二　平安期朝廷陰陽道の成立

1　陰陽部門（陰陽道）と暦・天文部門（暦道・天文道）の融合

藤原仲麻呂政権が確立した天平宝字元年（七五七）に、大学寮・陰陽寮・典薬寮の学生が国博士・国医師に任じられる場合、修得しておかねばならないテキストが指定された。これらは各分野の基本テキストをあげたものである。

（史料6）天平宝字元年（七五七）孝謙天皇勅（『類聚三代格』五）

勅、如聞、頃年諸国博士医師、多非二其才一、託請得レ選、非二唯損レ政、亦無レ益レ民。自レ今以後不レ得二更然一。其須レ読、経生者三経。伝生者三史。医生者太素、甲乙、脈経、本草。針生者素問、針経、明堂、脈決。天文生者天官書、漢晋天文志、三家簿讃、韓楊要集。陰陽生者周易、新撰陰陽書、黄帝金匱、五行大義。暦算生者漢晋律暦志、大衍暦議、九章、六章、周髀、定天論。並応レ令二任用一、被レ任之後、所レ給公廨一年之分、必応レ令レ送二本受業師一。如レ此則有二尊レ師之道終行、教資之業永継一。国家良政莫レ要二於茲一。宜下告二所司一早令中施行上。

天平宝字元年十一月九日

ここでは陰陽生・天文生・暦算生（暦生と算生）注17それぞれに、違う書物が指定されている。つまり陰陽寮の陰陽・天文・暦の三部門は、この時点では、それぞれが専門分化の方向に進み始めたのである。これは唐風化政策を推進した仲麻呂の意向によると考えられる（細井二〇一七c）。天文生は中国正史の天文志を必修テキストとしたので、明経科や文章科出身者が天文部門に関わりやすくなり、天文習学宣旨・天文密奏宣旨を受け、八世紀後半〜一〇世紀前半には陰陽頭・助に就任する者も実際にみられる（山下一九九六：第一部第三章、宮崎二〇一三・二〇一四）。

また八世紀の暦部門は、大学寮算科との関係が深く、史料6では暦生・算生の教科書が全く同じである。この仲麻呂政権期には、陰陽寮に算科が統合されて「太史局」と改称した。また七曜暦の計算法は算生、具注暦は暦生が学んだと考えられる（細井二〇〇四）。

ところが陰陽部門（陰陽道）と暦・天文部門（暦道・天文道）の融合（天文は再接近）が、遅くとも九世紀後半には始まり、一一世紀半ばには、陰陽師の賀茂氏が暦道を（保憲の場合は天文道も）、安倍氏が天文道を支配するようになった（山下一九九六：第一部第三章）。保憲やその弟子の晴明も、陰陽生・陰陽得業生ではなく、暦生や天文得業生から陰陽師・陰陽博士や陰陽寮官人に就任した。だが陰陽と天文は八世紀前半にも同一人物が兼ねていたので理解できるが（表1）、なぜ暦と陰陽の接近が起こったのか。

第一に前提として、呪禁師との関係がある。中島和歌子（二〇一四ａｂ）は、陰陽道の日時・方角禁忌である八卦忌が、陰陽生のテキストである『五行大義』（史料6）ではなく、実は『外台秘要方』などの医書に由来すると指摘する。これは呪禁師の陰陽師への統合を契機とした可能性が強い。つまりもとは医方の一種として、典薬寮の呪禁師が日時・方角禁忌を主に掌り、このためその説の方が陰陽道に継承されたのであろう。また陰陽師は、日時・方角禁忌を主要な職掌とした結果、暦への関わりを強めたのだと思われる。なお『陰陽博士安倍孝重勘進記』一によると、延暦一三年（七九四）の平安遷都の際、八卦忌の生気方を意識して、童男に緑色衣が着せられている（中島二〇一四ｂ）。孝重は「（桓武）天皇の御年五十八、御生気、乾にあり。童男、白色衣を着すべきか」とこれに疑問を呈しているので、具体的な記録に依拠していたことは間違いない。この記録を信頼するなら、遷都とい

表3　平安時代の陰陽道祭祀と初見年代（山下一九九六：第一部第一章）

祭祀名	初見年代	出典
高山祭	貞観元（八五九）	三代実録
属星祭	同　六（八六四）	政事要略所引善家異記
鬼気祭	同　九（八六七）	三代実録
移徙法	元慶元（八七七）	同
雷公祭	元慶年間	西宮記所引醍醐天皇日記
本命祭	仁和四（八八八）	卅五文集
五龍祭	延喜二（九〇二）	日本紀略
老人星祭	同　九（九〇九）	同・扶桑略記
四角四堺祭	同一四（九一四）	西宮記
七献上章祭（泰山府君祭）	同一九（九一九）	貞信公記抄
庭火幷平野竈神祭	延長五（九二七）	延喜式
三元祭	同年	同
太一式祭	天慶二（九三九）	貞信公記抄
斬草祭	同　八（九四五）	仁和寺流記所引吏部王記
三方五帝祭	天徳四（九六〇）	塵袋
火災祭	応和元（九六一）	日本紀略
大歳祭	康保元（九六四）	革暦類
海若祭	同年	同・西宮記
代厄祭	永延二（九八八）	小右記
熒惑星祭	同年	同
招魂祭	同年	小記目録
土公祭	正暦元（九九〇）	小右記
玄宮北極祭	長保四（一〇〇二）	諸祭文故実抄
本命元神祭	寛弘元（一〇〇四）	御堂関白記
太白星祭	同　七（一〇一〇）	九条家本延喜式裏文書
月曜祭	同年	同
天地災変祭	同　八（一〇一一）	小右記
地震祭	長元九（一〇三六）	範国記
悪夢祭	長久元（一〇四〇）	春記
竈祭	寛治六（一〇九二）	後二条師通記
三万六千神祭	嘉保元（一〇九四）	中右記
呪詛祭	長治二（一一〇五）	殿暦
日曜祭	嘉承元（一一〇六）	永昌記
大歳八神祭	天永三（一一一二）	中右記
百怪祭	永久二（一一一四）	殿暦
辰星祭	長承元（一一三二）	兵範記・知信朝臣記
厩鎮祭	久安五（一一四九）	陰陽道祭用物帳
大将軍祭	保元三（一一五八）	兵範記
王相祭	同年	同
井霊祭	同年	同
天曹地府祭	治承元（一一七七）	玉葉
霊気祭	同年	同

う国家的大事に八卦忌が使われているので、桓武朝には呪禁師と陰陽師の統合がなされていたものと思われる。

第二に想定される理由は、暦神祭祀の問題である。七曜暦には日月五惑星の位置が載っている。また具注暦には日月食や月相以外に、八将神などの神々に関わる日の吉凶が載せられている。一方、九世紀後半以降は、史料上の陰陽道祭祀が増えるが、それは山下克明によれば表3のとおりである。

七曜暦に関わる星祭には、太陽（日曜）、月（月曜）、水星（辰星）、金星（太白星）、火星（熒惑星）の各祭がある。また天文道に関わる星祭には、これに加えて属星、老人星、玄宮北極、地震[注18]などの各祭が現れる。そして具注暦に載る神格の祭には、日月以外に、大歳、土公、大歳八神、大将軍などがみられる。

前述のように占い師と司祭者が同一人物であることが合理的なら、七曜暦・具注暦を計算する暦道、天体の異変を観察してその意味を判断する天文道が、陰陽師として星祭をすることに合理性がある。また具注暦の暦注部分と七曜暦は占星術的性格を有するので、天地を象り天体が描かれた式占の式盤とは、星辰信仰の面でやはり共通する。[注19]さらに平安時代の陰陽師滋岳川人は、密教占星術のテキスト『宿曜経』の注釈書である、『指掌宿曜経』を著している（『日本三代実録』貞観一六年（八七四）五月二七日条）。従って特に九世紀後半以降の陰陽道が、星辰信仰を深める傾向にあったことは間違いない。

ちなみに一〇世紀に台頭する賀茂氏は、密教との関係が深く、賀茂保憲の父・忠行が天慶の乱に際して、白衣観音法を修すべしとの意見を述べ、また小野僧正仁海は本命元辰供の作法に忠行の説を取り入れた（山下二〇一五：第一部第四章など）。また後述のように、保憲・光栄は密教占星術師である宿曜師と協力関係にあった。山下によれば密教と陰陽道は、相互に影響しながら、中国道教の星辰信仰を取り入れた。賀茂氏はその流れに乗じて、陰陽道での地位も上昇させたのであろう。

第三の理由は専門性の近さによる人材の重複である。実は暦と陰陽・天文の能力を兼ね備える者は、中国には珍しくない（山田一九八〇：Ⅲ・Ⅴ）。また日本でも七世紀の新羅僧行心は天文卜筮を解したが（『懐風藻』）、その子の隆観は「算暦」と「芸術」を解し、その一族とみられる国見今虫は天文博士となる[注20]（橋本一九九一など）。また『続日本後紀』天長一〇年（八三三）一二月戊子条には暦博士刀岐浄浜が、承和六年（八三九）三月丁酉条には遣唐暦請益生刀岐雄貞がみえ、刀岐氏は暦道に携わっていた。一方、『文徳天皇実録』斉衡元年（八五四）九月丁亥条では、雄貞とともに刀岐川人の滋岳改姓が行われるが、川人は著名な陰陽師である（宮崎二〇一四）。もともと暦も暦注という占星術的な要素をもっており、陰陽・天文と暦の三部門（三道）は同一ではないが、相互に近い分野であった。九世紀後半以降は、これに星辰信仰の高まりが加わり、陰陽師に天文道・暦道への関心を深めさせたのであろう。

さらに後述のように、賀茂氏は大春日氏などの旧世襲氏族に対抗し、意図的に他氏を暦道から排除した。保憲は暦生である天慶四年（九四一）に、造暦宣旨を受け（『別聚符宣抄』）、さらに天文道にも習熟した陰陽師であった。とすれば特に賀茂氏が、暦・天文道での主導権を握るため、祭祀への関わりが弱かった陰陽寮の一部の旧世襲氏族や、九世紀までは陰陽寮官人や博士を輩出したものの祭祀執行能力に乏しいはずの算道・文人と自己を差別化するために、星辰信仰や祭祀執行能力を強めるのは当然であろう。

第四の理由は人材と設備の不足である。仁和四年（八八八）の陰陽寮官人の数は次の史料から推測できる。

（史料7）仁和四年（八八八）太政官符（『類聚三代格』一五）

太政官符

応レ給官田七十八町六段三百卅九歩事

山城国十九町三段二百九十九歩
河内国廿七町九段二百九十六歩[注21]
摂津国十町二百六十歩
　右陰陽寮官人以下諸生已上并廿八人月料
山城国廿一町二段二百四歩
　右主殿寮殿部廿人粮料
以前、得二中務宮内両省解一偁、彼両寮解偁、件月料粮等米、停レ給二京庫一、以二官田一。所レ請如レ件者。謹請二
官裁一者。左大臣宣、奉レ勅、依レ請。
　仁和四年十二月五日

陰陽寮の諸生以上は二八人だが、九世紀後半は暦博士の権官が確認できるので（『続日本後紀』承和三年〔八三六〕七月朔条）、陰陽・暦・天文博士が各二名とすると、官人・陰陽師・漏刻博士が定員どおりなら（史料1）計一九名となる。とすると学生は、各得業生（定員は陰陽三、暦二、天文二）と諸生（同じく陰陽・暦・天文各一〇）をあわせて九人しかいないことになる。これは学生定員三七名（延喜陰陽寮式にみえる観天文生一名を加えれば三八名）にくらべて四分の一以下である。月料を得られる諸生の地位に魅力があるとするなら、これは陰陽寮三部門の後継者候補が、実はこの段階に至っても非常に少なかったことを意味する。[注22] 人材が足りなければ、能力が重なる部分での兼修が求められても仕方がない。

また設備も足りない。『中右記』によると、陰陽寮の備品に次のものがみられる。

（史料8）『中右記』大治二年（一一二七）二月一四日条

未時許、当レ西有二焼亡所一、申時火滅了。後陰陽頭家栄示送云、焼亡之興、火起二醤司小屋一、焼二陰陽寮一……郁芳門等了。陰陽寮楼鐘皆焼損。但渾天図・漏刻等具者、令二取出一也。往代之器物此時滅亡。尤為二大嘆一者。抑陰陽寮楼鐘ハ、古人伝来云、昔桓武天皇遷レ都被二作渡一也。其後未レ逢二火災一至二今年一三百三十七年。今日焼了。為二天下一為二大嘆一歟。

「渾天図」は渾象（天球儀）をさし（宮島一九九九）、この時点で陰陽寮には天体観測用の渾天儀は存在しなかったことが伺われる。渾天儀があれば精密機器で重要なので、搬出したにせよ焼失したにせよ、一番に言及されるはずだからである。また日本での渾天儀製造は、技術的に困難だったと考えられている（山田一九九一：一六八頁）。同時代の中国の国立天文台には渾天儀があり、水力で時々の天象に合わせて動き、天体の位置を観測できた（山田一九九一：九五〜一〇二頁）。このために中国では詳細な天体観測記録を蓄積し、暦法の改良を行うことが可能だった。またそのために多くの天体観測官が必要であり（『大唐六典』一〇・太史局によると観測実務官である天文観生は九〇人）、暦法も精密化するので、国立天文台は天文暦学の専門性が強まる方向に進む（山田一九八〇の特にV）。だが日本の天文道の天文暦学的業務は、平安時代以降、天変を探すため、毎日二回の天体観察を行うだけ（斎藤一九九〇、細井二〇一七b）、暦道は毎年の暦の計算と日月食予報だけとなる。仲麻呂政権時より嵯峨朝の唐風文化隆盛の時期にかけて、ひとたび専門分化の方向に進んだ陰陽寮三部門ではあったが（細井二〇一七c）、特に暦道・天文道に関しては、それを支える人的・設備的条件が、十分整っていなかったのである。

2　太一式盤の焼失

貴族社会では九世紀に、内裏・大寺院などの重要施設での火災や動物などが引き起こす異変（怪異）を、疫病流行や戦乱、天皇の病の前兆だとする考え方が強まる（小坂一九八〇など）。こうした怪異を陰陽寮が占う事例は八世紀末から確認されるが（大江二〇〇七）、一〇世紀に入って天慶の乱のころより、災厄の原因を近京神社の祟りとする認識が成立する（横井二〇〇二）。そこで神々の意志を読みとるため、怪異あるいは災厄が起こると、神祇官・陰陽寮が占う軒廊御卜などが制度化された。そして祟りが疑われる諸社に検非違使が派遣され、神社の汚穢などが確認されれば、神々を宥めるため奉幣するのである。また天皇は、陰陽寮が指定する日の物忌が要求された。すなわち朝廷にとって、陰陽道が日常的に必要な存在となったのである。その際に陰陽道が使ったのが式占である。

ところで一〇世紀までの陰陽道で、最も権威ある占法は前述のように太一式だった（小坂一九八〇・一九九〇・一九九三など）。一方賀茂保憲の父忠行は六壬式を得意としており、天徳三年（九五九）二月七日に村上天皇は、忠行に勅して匣中の水晶念珠を六壬式で占わせた（『朝野群載』一五）。だが六壬式は唐はもちろん、日本でも陰陽道の独占ではなく、一般貴族も使った。『江談抄』は、次のような話を載せる。

（史料9）『江談抄』二・一八「六壬占天番廿八宿、可レ在レ天而在二地番一不審事」

被レ命云、陰陽家事心被レ得如何。答云、於二書籍一者、大略随レ分雖二歴覧一、不レ能二委学一、此間逢二陰陽博士宗憲一、占事少々所二学請一候也云々。被レ命云、占事尤可レ被レ知事也。但番事能被レ学哉。番ニハ不審事在レ之也。天番可レ在二廿八宿一、在二地番一。地番可レ在二十二神一、在二天番一、如何。此事可レ被レ学也云々。

大江匡房は、式盤について学んだかと問い、六壬式盤の天盤・地盤について話が及んでいる。筆録者藤原実兼が占いを習ったのは賀茂宗憲からで、また話の展開からみて、六壬式を学んだのだと思われる。また平安末期には、安倍晴明撰の六壬式のテキスト『占事略決』が「世間流布之本」で（『長秋記』大治四年〔一一二九〕五月一八日条）、また降って花園天皇も同書により「卜筮」を学んだ（『花園天皇日記』正中元年〔一三二四〕一一月四日条）（中村一九八五）。

一〇世紀後半以降の軒廊御卜で陰陽寮は、六壬式によって国家的大事を占った。しかし軒廊（紫宸殿と宜陽殿を結ぶ廊下）で使う六壬式と、仁寿殿の太一式（史料10）とは場所からみても、明らかに後者が格上であり、本来は太一式が国家的大事を占う主要な手段だったことは間違いない。ところが天徳四年（九六〇）に内裏で火災がおこった。この内裏火災が、六壬式重視の重要な契機になったと考えられる。

（史料10）『村上天皇日記』天徳四年（九六〇）九月二三日条

此夜寝殿後聞二侍臣等走叫之声一。驚起問二其由緒一、少納言兼家奏、火焼二左兵衛陣門一、非レ可二消救一。走出見レ之、火焔已盛。…朝忠朝臣還来奏、火気漸衰不レ可レ延二及八省一。火起レ自二亥四点一迄二于丑四点一。宜陽殿累代宝物、温明殿神霊鏡太刀節刀契印、春興安福両殿戎具、内記所文書、又仁寿殿太一式盤、皆成二灰燼一。天下之災無レ過二於斯一、後代之譏不レ知レ所レ謝。鈴櫃置二御所一、内印幷鎰辛櫃納二外記局一。人代以後内裏焼亡三度也。難波宮、藤原宮、今平安宮也。遷都之後既歴二百七十年一始有二此災一。

太一式の占法はその後も残っていた可能性はあるが、祭祀にも使われる霊妙な式盤が焼けてしまった時、簡単に代用品に取り替えるわけにはいかなかったのだろう。[注23] この結果、国家的大事の占いに関しても、専ら六壬式が使われるようになり、このため六壬式を得意とする保憲やその弟子の晴明が、暦道・天文道だけではなく陰陽道でも、主導権を握るようになったと推測される。[注24] なお小坂（一九九三）は太一式派の平野氏・「渡来系」の文・秦氏と、六壬式派の「豪族系」出雲・安倍・賀茂氏の対立を想定する。これは渡来系が多かった旧来の陰陽道世襲氏族は太一式を得意とし、新興氏族の陰陽師は六壬式を主に使っていたことを意味しよう。権威の最大の根拠であった太一式盤が失われたことは、旧世襲氏族にとって打撃だったはずである。

太一式から六壬式への転換の時期が一〇世紀前半か後半かについて、小坂は史料からは断言できないとする。小坂（一九九〇・一九九三）は、軒廊御卜などで占われる、国家的大事の前兆と疑われる怪異（大怪）は、当初は陰陽寮が主体となって太一式で、そうでない怪異（小怪）は、蔵人所陰陽師などが六壬式で占ったとする。[注25] そして国家的大事（大怪）を、六壬式で占った明確な初見は『本朝世紀』寛和二年（九八六）二月二七日条の安倍晴明占文とするが、これは天徳の大火の後である。では大怪に関する朝廷の怪異占に、いつから六壬式が使われるようになるのだろうか。

前述のように、地方の怪異については、もともと地方設置の陰陽師が六壬式で占っていた可能性がある。また『新撰六旬集』は、六壬式の課式の一種の早見表だが、その原型は滋岳川人撰『六甲』である（小坂二〇〇四・終章）。こうしたものが必要とされるほど、九世紀後半には六壬式が頻用されていた。よって国家的大事は太一式で占いつつも、六壬式はその浸透度のゆえに、自ずと補完的な役割を果たすようになったのではないか。たとえば次のような例がある。

（史料11）『扶桑略記』（裡書）延長八年（九三〇）六月一四日条

蔵人頭有相朝臣仰二外記一云、去九日大極殿内梁上、鷺居。寮占云、子午辰戌年公卿可レ有レ病者。此由令レ告レ之。

この大極殿の鷺怪は、臣下である公卿の疾病の予兆であり、小坂（一九九〇）は小怪だとする。しかし大極殿での怪異は、当然その主である醍醐天皇に関わる怪異、つまり大怪とまずは疑われたはずである。小怪とみなされる怪異は、陰陽寮ではなく陰陽師が単独で占うものだが、史料11には「寮占」とあり、陰陽寮として占っている。

つまりこのケースは大極殿での怪異なので、最初に大怪ではないかと陰陽寮が占ったところ違っていたので、小坂のいう覆推の制により、再度占ったものと理解できよう。この際、最初は太一式、二度目は六壬式で占ったとも考えられる。こうした状況なら、太一式盤が焼失した時、六壬式が代用されるのも自然であろう。

しかし太一式盤の焼失は、陰陽道さえもが、国家による独占的技術という性格を失ったことを意味する。なぜなら太一式盤は禁制品だが、六壬式は一般の貴族も使っている。つまり朝廷陰陽道は朝廷内外の占術に対して、陰陽師の個人的技量、及びその背後にある賀茂氏・安倍氏の秘伝や先例の積み重ねのみで、優位性を主張できるに過ぎなくなった。換言すれば、朝廷陰陽師と、それ以外の式占の使い手や術者との境界が曖昧になったのである。

3　賀茂氏・安倍氏の三道支配

賀茂氏・安倍氏による陰陽道支配の進展の具体相については、既に山下（一九九六：一二七頁以下）・木村純子（二〇〇二）・中村晃子（二〇〇五）・高田義人（一九九六・二〇〇七・二〇〇八・二〇一三）らの研究がある。山下によれば両氏はそれぞれ暦道・天文道の支配を進め、それを足がかりに陰陽道支配を行った。また木村により、両氏と摂関家などとの結びつきが、影響したことも指摘されている。

暦道では葛木氏の弟子と考えられる保憲は（山下一九九六：一一八頁、細井二〇〇五）、たびたび暦道の旧世襲氏族である大春日氏と論争をした（細井二〇一四など）。彼は天台僧日延に依頼し、天徳元年（九五七）に呉越国司天台より符天暦を持ち帰らせた。その理由は、大春日真野麻呂の申請で採用された宣明暦に替えて、中国の「より進んだ」と考えられる暦法を輸入し、暦道での主導権を握ろうとしたのであろう。この符天暦は公式には採用されなかったが、賀茂氏は暦算の参考に使った（桃一九九〇）。また賀茂氏は、暦博士二人で毎年の暦を造る先例を破って、符天暦を使う宿曜師を造暦に参加させることで、他氏を暦道の支配から排除した（山下二〇一七b：第二章三）[注26]。その上、保憲は天文博士も兼ね、後に弟子の晴明・吉昌父子や子の光国を天文博士とした。

高田（二〇一二）によると諸道に複数の門流が存在するのは、課試で同門の者が試博士になることを防ぐためである。これに対して賀茂氏は弟子の安倍氏とともに、長期にわたり三道の博士職を占めたことで、暦道・天文道の陰陽師を門生に編成し、支配するようになる（高田二〇〇七）。そして一一世紀後半には、賀茂氏・安倍氏は三道の博士職、陰陽頭・助も独占し、それ以外の氏族（門生）は陰陽少允に就任後は、主に叙爵して諸国の守・介に転出する昇進ルートが完成する（山下一九九六：第一部第八章、高田二〇〇七）。

だがなぜ賀茂・安倍氏だったのかと言えば、太一式盤の焼失を機に、陰陽道で両氏が主導権を握ったからではないか。両氏による暦道・天文道支配の進展は、時期的にみて、陰陽道支配進展とほぼ同時であり、相互補完的な関係にあったと思われる。

結論

本稿によれば、次のようになる。

（一）陰陽師が呪禁師と統合され、司祭者化したのは、呪禁師との資質の近さ以外に、この二つを別置するには人材が不足していたこと、鈴木が言うように、神霊の意志を知る占法を駆使する陰陽師が、その神霊を対象とする祭祀を行うことに合理性があったことである。

（二）中国系の占いは、八世紀以来、陰陽寮外でも行われていた。律令国家が天平二年（七三〇）に断絶を憂慮したのは、特に国家的大事を占う太一式法だったと思われる。

（三）天徳の大火による太一式盤の焼失によって、陰陽道の主要な占法は太一式から六壬式に替わる。これによって朝廷陰陽道の民間に対する優位性は、明確な基準を失った。六壬式は朝廷陰陽道の独占ではないからである。平安時代以後、様々な「陰陽師」と称する術者が登場する背景には、こうした事情が考えられる。鈴木（二〇〇二）は、史料上の用法からみて、「陰陽道」の語を朝廷陰陽道に限定すべきだとする。しかし官と民の行使する術の違いは、きわめて曖昧になったのである。

（四）八世紀末に、日時・方角禁忌を行う呪禁師の陰陽師への統合があり、さらに平安時代には、貴族社会での星辰信仰の高まりと、一方では専門分化を進めるのに必要な人材の不足を背景に、陰陽道と暦道・天文道の融合が進む。これは暦神や星辰の意志を知る者が、祭祀を行ってこれらに対処することが合理的だからでもある。ただし九世紀後半～一〇世紀前半段階までは、各道は曲がりなりにも独立した専門分野であった。この融合は、三道を兼ねた実力者の賀茂保憲やその子の光栄、弟子の安倍晴明らによって一〇世紀後半～一一世紀初に積極的に推進された。その際、太一式盤の焼失が、主に六壬式の使い手であった賀茂氏・安倍氏にとって有利に働いたと推測される。この結果、賀茂氏・安倍氏による陰陽・暦・天文道支配が一一世紀半ばにほぼ確立したのであろう。[注27]

　簡単に言えば両氏は、陰陽道における星辰信仰の隆盛、祭祀の発展、それに伴う暦道・天文道との融合、さらに朝廷での陰陽道重視という時代状況に乗り、太一式盤焼失という偶然の好機を捉え、巧みに旧来の世襲氏族に代わって三道の支配を進めたのである。もちろん保憲・光栄や晴明に実力と、機を見るに敏な才覚があったからこれは可能であった。

古代日本の陰陽寮には、渾天儀などの高度な天体観測装置がなかった。また慢性的な人材不足が、天文暦学の専門化を阻んだ。また中国暦法の輸入による暦法改定の試みも、遣唐使途絶後は、符天暦を最後になくなる。そして太一式盤が焼失したことで陰陽寮は、その起源である中国の国立天文台と異なり、民間に対する設備上の優位性を失った。このため陰陽道は、秘伝を含む世襲氏族の知識の蓄積と、慣習的に認められた世襲氏族ゆえの権威性によってのみ、優位性を保つことになった。その意味で、天徳の大火は陰陽道にとって、中国的ないしは律令国家的な在り方の終焉であり、世襲氏族の交代ももたらした。従来、陰陽道の成立期とされた九世紀後半～一〇世紀は、初期陰陽道が、賀安両氏に支配され、暦道・天文道をも組み込んだ平安期朝廷陰陽道へと変質する過渡期でもある。

以上で本稿を終わるが、本稿は前稿と同じく、陰陽道が朝廷諸道の一つであることを前提に論を進めた。よって朝廷諸道の一種とは言えない陰陽道の重要な側面への言及がない。また前稿に続き、問題提起を重視したものであり、個々の論点を究明した先行研究の成果の汲み取り方が不十分な憾みもある。諸賢の忌憚ない意見を待ちたい。

（引用論文・専門書等）

厚谷和雄「陰陽寮の成立について」『大正大学大学院研究論集』創刊号、一九七七年

大江篤「「祟」の展開」『日本古代の神と霊』臨川書店、二〇〇七年

木村純子「陰陽寮における賀茂・安倍両氏掌握の一過程」『日本女子大学大学院文学研究科紀要』八、二〇〇二年

櫛木謙周「長屋王家の宗教的習俗について」『木簡研究』三二、二〇一〇年

小坂眞二「九世紀段階の怪異変質にみる陰陽道の一側面」竹内理三編『古代天皇制と社会構造』校倉書房、一九八〇年
小坂眞二「物忌と陰陽道の六壬式占」古代学協会編『後期摂関時代史の研究』吉川弘文館一九九〇年
小坂眞二「古代・中世の占い」村山修一他編『陰陽道叢書　四』名著出版、一九九三年
小坂眞二『安倍晴明撰『占事略決』と陰陽道』汲古書院、二〇〇四年
小坂眞二「六壬式占の伏吟課・反吟課と陰陽道」『東洋研究』一五五、二〇〇五年
小坂眞二「六壬式占の十二籌法と陰陽道（一）」『東洋研究』一五九、二〇〇六年
小坂眞二「六壬式占と二十八宿」『東洋研究』一六三、二〇〇七年
斎藤国治「陰陽頭・安倍泰親の天文記録」『古天文学の道』原書房、一九九〇年
笹生衛「考古資料から見た古代の亀卜・卜甲と卜部」『日本古代の祭祀考古学』吉川弘文館、二〇一二年
下出積與「呪禁師」『日本古代の神祇と道教』吉川弘文館、一九七二年
下出積與「令制下の呪禁」『日本古代の道教・陰陽道と神祇』吉川弘文館、一九九七年
新川登亀男『道教をめぐる攻防』大修館書店、一九九九年
新村拓『古代医療官人制の研究』法政大学出版局、一九八三年
鈴木一馨『陰陽道』講談社選書メチエ、二〇〇二年
鈴木一馨「平安時代における陰陽寮の役割について」『駒澤史学』六一、二〇〇三年
鈴木一馨「「陰陽道」の枠組と「陰陽師」」上杉和彦編『経世の信仰・呪術』竹林舎、二〇一二年
全勇勲「韓国天文学史とその特徴」『第7回日韓科学史セミナー』全北大学校韓国科学文明学研究所、二〇一七年
高田義人「官職家業化の進展と下級技能官人」鈴木靖民編『日本古代の国家と祭儀』雄山閣出版、一九九六年
高田義人「平安貴族社会と陰陽道官人」『国史学』一九一、二〇〇七年
高田義人「平安期技能官人における家業の継承」『國學院雑誌』一〇九―一一、二〇〇八年
高田義人「九・十世紀における技能官人の門流形成とその特質」鈴木靖民編『日本古代の王権と東アジア』吉川弘文館、二〇一二年
瀧川政次郎「律令と陰陽道」『東方宗教』三五、一九七〇年

竹迫忍「符天暦法の復元」『数学史研究』二二三、二〇一五年
田中卓「続・還俗」『壬申の乱とその後』国書刊行会、一九八五年
田中史生「中原遺跡出土木簡とその周辺」『木簡研究』二九、二〇〇七年
中島和歌子「八卦忌の成立と医書の関係についての一考察」『札幌国語研究』一九、二〇一四年a
中島和歌子「陰陽道における医書の重要性と色選びの独自性」『風俗史学』五九、二〇一四年b
中村晃子「陰陽頭と「陰陽道第一者」」『文化学年報』五四、二〇〇五年
中村航太郎「古代陰陽師の「相地」考」『紀尾井論叢』四、二〇一六年
中村璋八「占事略決について」『日本陰陽道書の研究』汲古書院、一九八五年（二〇〇〇年増補版）
西岡芳文「式盤をまつる修法」『金澤文庫研究』三一八、二〇〇七年
西岡芳文「ダキニ法の成立と展開」『朱』五七、二〇一四年
西別府元日「律令官制の変質と地域社会」『律令国家の展開と地域支配』思文閣出版、二〇〇二年
橋本政良「勅命還俗と方技官僚の形成」村山修一他編『陰陽道叢書 一 古代』名著出版、一九九一年
久木幸男「村邑小学とその公共性」『日本古代学校の研究』玉川大学出版部、一九九〇年
細井浩志「時間・暦と天皇」『岩波講座天皇と王権を考える 八』岩波書店、二〇〇二年
細井浩志「奈良時代の暦算教育制度」『日本歴史』六七七、二〇〇四年
細井浩志「書評 繁田信一著『陰陽師と貴族社会』」『日本史研究』五一四、二〇〇五年
細井浩志『古代の天文異変と史書』吉川弘文館、二〇〇七年
細井浩志「日本古代の宇宙構造論と初期陰陽寮技術の起源」『東アジア文化環流』一―二、二〇〇八年a
細井浩志「陰陽寮と天文暦学教育」『「第2回天文学史研究会」集録』二〇〇八年b
細井浩志『日本史を学ぶための〈古代の暦〉入門』吉川弘文館、二〇一四年
細井浩志「七、八世紀における文化複合体としての日本仏教と僧尼令」新川登亀男編『仏教文明と世俗秩序』勉誠出版、二〇一五年
細井浩志「疾病と神仏」安田政彦編『自然災害と疾病』竹林舎、二〇一七年a

細井浩志「陰陽師の日記」松薗斉・近藤好和編『中世日記の世界』ミネルヴァ書房、二〇一七b
細井浩志「陰陽道の成立についての試論」吉川真司・倉本一宏編『日本的時空観の形成』思文閣出版、二〇一七年c
増尾伸一郎「今の時の深く智れる人」『日本古代の典籍と宗教文化』吉川弘文館、二〇一五年
松本政春「奈良朝陰陽師考」『律令兵制史の研究』清文堂出版、二〇〇二年
宮崎真由「陰陽寮官人に関する覚書」『史料』二三七、二〇一三年
宮崎真由「古代陰陽寮官人の基礎的研究」『神道史研究』六二―一、二〇一四年
宮島一彦「日本の古星図と東アジアの天文学」『人文学報』八二、一九九九年
村山修一『日本陰陽道史総説』塙書房、一九八一年
桃裕行「保元元年の中間朔旦冬至と長寛二年の朔旦冬至」『暦法の研究 下』思文閣出版、一九九〇年
桃裕行「紀伝道の成立」『上代学制の研究〔修訂版〕』思文閣出版、一九九四年（初版一九八三年）
山下克明『平安時代の宗教文化と陰陽道』岩田書院、一九九六年
山下克明『平安時代陰陽道史研究』思文閣出版、二〇一五年
山下克明「式神の実態と説話をめぐって」『東洋研究』二〇四、二〇一七年a
山下克明『平安貴族社会と具注暦』臨川書店、二〇一七年b
山田慶児『授時暦の道』みすず書房、一九八〇年
山田慶児『制作する行為としての技術』朝日新聞社、一九九一年
横井靖二「中世成立期の神祇と王権」『日本史研究』四七五、二〇〇二年
和田萃「率川社の相八卦読み」『日本古代の儀礼と祭祀・信仰 中巻』塙書房、一九九五年

（引用史料）

日本古典文学大系：『日本書紀』『菅家文草』、新日本古典文学大系『続日本紀』『日本霊異記』、日本思想大系：『律令』、『唐令拾遺補』：大宝令、新訂増補国史大系：『続日本後紀』『日本文徳天皇実録』『日本三代実録』『扶桑略記』『令義解』『令集解』『類聚三代格』『別聚符宣抄』『朝野群載』、神道大系：『延喜式』、大日本古記録：『貞信公記』、増補史料大成：『中右記』『左経記』『長秋記』、伝教大師全集：『叡山大師伝』、所功編『三代御記逸文集成』（国書刊行会、一九八二年）：『村上天皇日記』、史料纂集：『花園天皇日記』、沖森卓也他『藤氏家伝鎌足・貞慧・武智麻呂注釈と研究』（吉川弘文館、一九九九年）、『陰陽博士安倍孝重勘進記』：詫間直樹・高田義人編著『陰陽道関係史料』（汲古書院、二〇〇一年）、廣池千九郎訓点・内田智雄補訂『大唐六典』

付記　本稿は科学研究費助成事業（課題番号二六三七〇七八二）の成果の一部である。

注

1 九世紀後半に、陰陽師は漏刻の取り扱いもするようになるが、漏刻の保守管理にまで及んだのかは不明である。よって本稿でも、漏刻部門と陰陽部門の融合については論じていない。

2 養老営繕令3私第宅条に見える、宮内の営造修理に関する択日の職能も広義にはこれに入ると思われる。

3 小坂は、一〇世紀前半の陰陽寮の主要占法が太一式であった理由の一に、国家的大事における祟りの指方が、六壬式占では四方四角であるのに対して、十二支で示されることをあげる。ところが小坂二〇〇六では、六壬式で占ったと考えられる安倍晴明の占文および一一世紀の大中臣実光を上首とする陰陽寮占文で、十二支が指方に使われているため、自身の旧説に疑問を呈している。しかし六壬式の占いに、より権威のあった太一式の影響があっても不思議ではないと考えられる。

4 新日本古典文学大系『続日本紀第二巻』該当条文の補注を参照した。

5 『続日本紀』文武天皇三年（六九九）五月丁丑条は、役小角がこのとき伊豆島に配流されたのは、弟子の広足の讒言によるとする。この条文を信じるなら、これ以前に広足は小角より呪禁を伝授されているので、当時は一〇歳代後半にはなっていたと思われる。とすると天平二年（七三〇）時点では、四〇歳代後半くらいだったのではないか。

6 下出積與（一九七二）は呪禁を経呪（仏呪）と道呪に分けた上、小角の弟子の広足が道士法を使うことから、日本の呪禁を道呪、そして小角も道呪を使ったとする（下出一九七七）。しかしこうした技術（呪術）は、当初は仏教と一体のものとして日本（倭国）に伝わり、伝習された（新川一九九九、細井二〇一五）。小角が配流されたのは、仏教とその他の技術が厳しく区別された時期であり、彼の配流自体が、こうした仏教純化政策の一環だった可能性がある。なお小角については増尾二〇一五も参照。

7 なお難波連は恵日の子孫で、最初は難波薬師を姓としたが、医術以外に進む者も多かったので連姓に改めた（『続日本紀』天平宝字二年（七五八）四月己巳条）。恵日は『日本書紀』推古天皇三一年（六二三）七月条に、「大唐学問者僧恵斉・恵光及医恵日・福因」とある（新村一九八三：第十章を参照）。福因（倭漢直福因）は俗人なので（推古一六年九月辛巳条）断言はできないが、名前からみて彼は僧であった可能性がある。とすると唐の医術も仏教系技術として倭国に伝わり、いったんは職業部的集団（難波薬師）を構成したが、その子孫は医術から離れる傾向があったことになる。

8 ト部が八世紀の疫病流行に際して有効な対処ができなかったことが、司祭者としての信頼性を損ない、これが呪禁師の司祭者としての地位を高め、その後の陰陽師の祭祀執行能力につながったという推測を、細井二〇一七aではした。

9 中原遺跡は松浦川河口にあり、壱岐・対馬への渡航や、遣唐使の通過経路でもある唐津湾にほど近い。『延喜式』大蔵省式入諸蕃使条によると、陰陽師は遣唐使・遣渤海使の随員にはいるが、遣新羅使にはいない。遣渤海使の出発地が北陸道だとすれば、中原遺跡での祭祀執行者は、遣唐陰陽師の可能性が高い。ただし大宰府陰陽師の可能性もある。

10 率川社の相八卦読については、和田一九九六の考察がある。

11 小学については久木一九九〇を参照。久木は『大師伝』を九世紀末〜一一世紀の成立と見る。

12 『令義解』および『令集解』考課令最条釈説には、「陰陽曰㆑占」とある。

13 小坂一九九三は考課令最条集解占候医卜の「占」に関する穴説「又問、占為㆓勅問㆒歟、為当広諸司公事問歟。答為㆓公事㆒。占筮相地、皆是本司実録耳。為㆓私人㆒者非也」により、本来の陰陽寮は勅問（大事）に預からず、諸司公事問（小事）のみを占ったとする。しかし穴説の問答の文意は、考課の対象が勅問に限定されるか否かであり、諸司公事問ではなく「公事」という答も、勅問を受けることを排除するわけではない。

14 『左経記』長元元年（一〇二八）四月五日条によると、滋岳川人が所持した霊験物とされる太一式盤が、文道光をへて孫の内舎人明任に伝来したことが判明し、関白藤原頼通の命で陰陽頭惟宗文高の手に渡った。だが六壬式による御卜が朝廷の儀として定着してしまったためか、あるいは「損失」があったためか、太一式が公式に復活することはなかったようである。

15 一般に陰陽師の占術が唐太常寺太卜署卜師の職掌であることが強調されるが、厚谷一九七七が指摘するように、本来中国でも占いと国立天文台との結びつきが強く、元の時代になっても、司天台占候三式科で式占が学習されている（山田一九八〇：Ⅲ9）。

16 桓武天皇は唐にならって、実現しなかった日食を史書から削除するなど（細井二〇〇七：Ⅰ二一）、唐における天体の取り扱いに関する情報に敏感だったようである。

17 「暦算生」が暦生（「暦日生」）と算生であることは、『正倉院文書』の孝謙天皇詔勅草（『大日本古文書』四・二八二〜三頁、『正倉院古文書影印集成』五）によりわかる（細井二〇〇四）。

18 地震は天文密奏の対象となり、天変とされた。地震時の月の宿で占われる。

19 式盤と星宿の関係は、小坂二〇〇七が精しい。

20 国見今虫は隆観（金財＝国看連宅良）の子とされるが、隆観は大宝二年（七〇二）四月乙巳に神馬を献上して入京を赦されており、一方、今虫は神護景雲元年（七六七）に天文博士なので、孫かその次の世代の一族と考えた方がよいだろう。

21 新訂増補国史大系本では河内国は「廿七町九段九十六歩」となっているが、西別府元日（二〇〇二：二五七頁）に従い前田家本の通り「廿七町九段二百九十六歩」とする。

22 陰陽寮職員数の少なさは、村山修一（一九八一：九七頁）もこの史料により指摘する。

23 注14を参照。なお天徳の大火で、陰陽道での太一式と六壬式の地位が入れ替わるというアイデアは、岡野玲子の漫画（夢枕獏原作）『陰陽師9 玄武』（白泉社、二〇〇〇年）にみられる。ご教示くださった黒木香氏に感謝する。

24 小坂（二〇〇四：一六〇頁）も、六壬式の重視は賀茂・安倍氏が推進したとする。

25 小坂（一九九〇・一九九三）は、軒廊御卜で占われながら国家的大事には至らない場合を「小怪並占」、蔵人所などで占われて国家的大事と判断された場合を「大怪並占」とよぶが、占う形式は怪異の発生した状況により大怪か小怪かを見込んで決め、占った結果が見込みとは異なる場合もあるということであろう。結果が大怪か小怪かで、占い方のほうを「大怪占」「大怪並占」などと区別するのは適当ではないと思われる。

26 竹迫忍（二〇一五）によると、符天暦に基づく暦日が検出されている。

27 局務家中原氏のように、天文密奏宣旨を受ける例外的存在は、院政期まであった。

平安王権と中国仏教

手島　崇裕

はじめに

本稿の課題は、「平安王権と中国仏教」である。本来、王権と仏教との関係を論じる場合には、国制ないし統治イデオロギー面に組み込まれる仏教の位置取りが、まず焦点となろう。しかし、日本の王権と「中国仏教」について、それを正面から論じるのは、多少の困難を伴いそうだ。日本における仏教は、ほぼ、中国の仏教、あるいは漢訳仏教を土台に形づくられており、王権との関係において、「中国仏教」と「日本仏教」を明確に弁別できるのか、がまず問題となるからだ。

ところで、近年の研究によれば、中国の南北朝時代以降、中国と周辺国間（日本も含む）の秩序構築には仏教が重要な役割を果たし、仏教色を強調した朝貢も行われていた。[注1] 中国王権の崇仏政策は、周辺の仏教国との外交促進にも直接影響した。また、世界宗教（普遍宗教）とされる仏教は、皇帝と諸国王といった王権間に限らず、国や地域の境界を越えて相互をつなぐ、いわばアジアの共通言語としての側面も有する。日本の王権も、仏教のこれらの側面に着目し、中国で行われた仏教を導入・共有しようとしただろう。つまり日本にとって「中国仏教」は、元来、中国王権との関係構築を円滑化する機能を帯び、同時に、外の世界とのつながりそのものを促進する役割をも果たした。本稿では、右の困難な論題に将来取り組む一助とするべく、「中国仏教」の、様々にアジア世界の内外をつなぐ媒体としての側面を重視し、それと平安時代日本王権との関わりを概観したい。[注2]

一　九世紀の日本王権と中国仏教

1　「平安新仏教」

延暦二十三年（八〇四）渡海の遣唐使と承和五年（八三八）渡海の遣唐使（事実上最後の遣唐使）の往来を介して、「平安新仏教」とも称される、天台宗と真言宗（ないしは密教）が中国から本格的に導入された。

桓武天皇は、既存の諸宗の対立をやわらげ、それらを融和し統合する教学としての天台宗に期待しており、延暦度遣唐使の派遣に際し、最澄が本格的導入を担ったという。[注3]天台に通じた鑑真ら唐僧の周辺で流布していた、聖徳太子が南岳慧思（天台宗祖智顗の師）の後身だとする伝説が、宝亀度遣唐使（宝亀八年（七七七）渡海）以降、日本と唐を結ぶ推進力となり、天台宗興隆の前提となったらしい。[注4]そして、延暦二十四年の最澄帰国直後から、天台宗の国内流布が進められ、翌年正月二十六日には年分度者が割り当てられることで（『類聚三代格』巻二「年分度者事」）、天台宗は、日本仏教界に確たる立場をしめる。以上、天台宗導入の場合は、唐僧（鑑真）を通じて中国天台宗に注目した日本王権が、独自の意図のもと、主体的に行った事業といえよう。

他方、真言宗（密教）の場合はどうか。唐・代宗のもと、いわゆる安史の乱（七五五〜七六三）や同時期の吐蕃進入などで失墜した王権を密教で護持した不空（七〇五〜七七四）の活躍は、宝亀の遣唐使帰国後には日本にも伝わったであろう。そして、延暦遣唐使の一員、空海が、不空の直弟子・恵果（七四六〜八〇五）から密教の全てを付属され、大同元年（八〇六）帰国した。天台宗の場合と異なり、空海は、ほぼ同時代の唐皇帝と仏教のつながりを長安で体感しつつ、密教を修学し、持ち帰ったことになる。

ただし、空海の密教と日本王権との関わりについて、天皇と結びつき活動を本格化させるのは、淳和の即位（八二三年）前後の時期まで下る。[注5] つまり、延暦遣唐使の派遣段階では、王権側はその即時導入を必ずしも期待していなかったが、空海帰国後、平城上皇をはじめ貴顕の関心を集め、最終的に密教が選択されたといえよう。以後密教は、真言宗として顕教他宗と並ぶ地位を獲得していくことになる。例えば承和元年（八三四）には、宮中御斎会と同日時（正月八日〜十四日）、対になる年頭法会として後七日御修法が始められるが、[注6] 密教修法もまた、従来の顕教法会と同等の効能を持つものとされる。

同じ時期、承和の遣唐使に同行した僧侶たちは、密教修学への意欲を帯びていた。真言宗請益僧真済・同留学僧真然の二人は、初度の渡海船の難破（八三六年）が忌まれて再度の派遣を止められたが、華厳宗の円行が真言宗請益僧として密教修学を担った。[注7] 長安入りが許可されず早期帰国した三論宗の留学僧常暁は、揚州で太元帥法を修学し請来した。[注8] 同じく上京不可となった天台宗請益僧円仁は、独断で唐に留まったのち、密教修得にも努めた（『入唐求法巡礼行記』）。

ところで、奈良時代には国家が仏教の興隆を主導したが、平安時代以後は、相対的に自立した仏教の側が、主体的に国家を鎮護しようとする実態を持つものとなり、仏教（仏法）が国家・王権（王法）の側に働きかけていく論理、いわゆる「王法仏法相依論」の成立（十一世紀初までには誕生）へと連続していくという。[注9]とするなら九世紀は、天台宗導入までに顕著な、国家・王権主導の中国仏教移入と国内整備が基盤となり、日本の仏教界が形づくられ、その仏教界が、主体的に中国仏教の導入・参照に携わるようになった時期だといえよう。そしてこの時期の日本の仏教界は、同時代の中国仏教のうち、密教と不断に関わりを持ち、その継続的移入をもって国家鎮護に役立てる、という特徴を帯びた。承和度遣唐使以後も、九世紀を通じて恵運、円珍、宗叡といった密教を学ぶ入唐僧が続く。そして例えば、九世紀の真言宗には、空海の法脈を継ぐ東寺阿闍梨、法琳寺の太元阿闍梨（常暁請来の太元帥法を行う）、安祥寺阿闍梨（入唐僧恵運の法脈を継ぐ）などが設置された。[注10]仏教界側は、自分たちの存在意義をより高めるべく、中国からの法脈に基づく修法導入を王権にアピールした。[注11]他方王権側は、中国由来の修法を担当する阿闍梨の官許制により、新たな修法の効能が国家鎮護に向かうよう統御できた。

2　中国密教「求法」と王権

承和遣唐使とほぼ同じ時期、東シナ海域に新羅や唐の商船の日中往来がはじまり、それを利用して、僧侶個々の入唐が可能となっていた。このルートこそが、仏教界側の主体的な密教の導入継続を支えたことになる。

商船にて渡海する僧の在中活動を王権側がどのように掌握したのか、円珍（仁寿三年〈八五三〉入唐、天安二年〈八五八〉帰国）を例にみてみる。円珍の入唐には、勅許が伴っている。『台州公験請状』（大中十二年〈八五八〉閏二月）に「嘉祥三年〈八五〇〉、聖上登極、遂進レ状求レ欲二入唐学法一」て、「至二仁寿元年〈八五一〉四月十五日一、遂蒙二恩許一」[注12]とあり、「入唐学法」の申請に対し勅許を得ている（日本人の在外活動は国家の統制下にあり、勅許が必要となる。勅許されると、大宰府に太政官符が下るなど、出国の便宜がはかられる）。[注13]ここでの「学法」は、前後の渡海僧の在中活動を指す言葉として史料に頻出する「求法」と置き換えてよかろうが、前述した密教修得を主とするだろう。遣唐使船に付随出国するのではなく、僧侶が個別に商船での入唐を希望する事態を前に、王権の側は、引き続き個々の入唐活動を勅許で管理した。これにより、「求法」など、勅許申請の名目（許可の判断材料）となった僧侶の在中活動、及び新たな修法導入といった活動成果を、自らのもとに独占できたわけである。

ところで、王権のもとに管理・独占された密教求法の成果は、修法による鎮護国家の効能のみではなかった。密教には、空海が嵯峨天皇（や平城上皇）に灌頂を施すなど[注14]、直接天皇の身体に働きかけていく側面もある。もちろんこれには、鎮護国家の一環として、王を菩薩や転輪聖王として荘厳し、正法治国を推進する王としての自覚を促す側面があろう[注15]。ただし、灌頂の、以下の点にも注目したい。唐の場合、例えば不空による皇帝への灌頂は、他と隔絶した皇帝権威の再建による国土安寧をはかる意味があったと考えられている[注16]。他方、日本の場合は異なり、九世紀後半に文徳や清和などが在位中に灌頂（結縁灌頂）を受けた事例は、その時一緒に灌頂を受けた天皇と周辺の人物たちとの一体性を高めるなど、新たな政治体制の開始と密接に関わっていた[注17]。また、各天皇が灌頂を受ける場合、師として、中国で両部灌頂を受けた僧（円仁、円珍ら天台僧）が選ばれていたという[注18]。九世紀の日本王権には、仏教界側が提案する国家鎮護への寄与とはまた別に、入唐僧の在中活動成果を、天皇とその周辺で独占し、政治的結集をはかるなど、独自の文脈で利用しようとした主体的な側面がうかがえる。

3　僧侶の中国聖地「巡礼」と王権

貞観四年（八六二）入唐の宗叡も、「入唐求法」ののち帰国、真言法を在位中の清和に授け、退位後には灌頂も施しているが、在唐時のこととして「登㆓攀五臺山㆒、巡㆓礼聖跡㆒（中略）、於㆓大華厳寺㆒供㆓養千僧㆒、即是本朝御願也」と伝える（『日本三代実録』元慶四年十二月四日条、同八年三月二十六日条）。宗叡は五臺山という聖地を「巡礼」したが、それもまた、清和の「御願」＝五臺山大華厳寺の千僧供養実行[注19]と関連するようだ。

日本側からの中国聖地・聖跡などへの結縁・供養の系譜を遡ると、長屋王が千の袈裟を唐僧侶に供養（『唐大和上東征伝』）し、最澄が安殿親王（のちの平城天皇）写経を、円載（延暦遣唐使時の入唐僧）が淳和天皇皇后の正子内親王の袈裟を天台山にもたらすなど[注20]、天皇そのものではないが、それに近い皇族関係者が実行している。ただし、天皇が自ら異国の地（五臺山）に大きな仏事を主催するのは、この清和天皇が初例で[注21]、僧侶の個別の渡海が恒常化する九世紀半ば以後のことであった。天皇自ら国使（朝貢使節）を派遣した時に、それを介して中国で天皇の「御願」仏事を行うのは、はばかられる性質を持っていたようだ。

ところで、遣唐使とは別枠で入唐した初例（八四〇年入唐）である僧恵蕚は、橘嘉智子崩伝に「遣二沙門恵蕚一、泛レ海入レ唐。以二繍文袈裟一、奉レ施二定聖者、僧伽和上、康僧等一、以二宝幡及鏡奩之具一、施二入五臺山寺一」とみえるように（『日本文徳天皇実録』嘉祥三年五月壬午（五日）条）、嵯峨天皇皇后（仁明天皇母）橘嘉智子の後援を受けて中国への聖地・聖跡供養に旅立っている。特に五臺山の場合、具体的には、会昌元年（八四一）にまず五臺山入りを果たし、いったん天台山[注22]などをめぐり帰国、「十方僧供」を求め、再び五臺山を目指したが、会昌の廃仏に遭遇して蘇州で足止めされたことなどが知られている[注23]。この時五臺山内に「日本国院」を建立する計画を持っていた[注24]ことも踏まえると、初度の渡海は、彼女の意志のもと五臺山への接近可能性の調査の側面を持ち、二度目の渡海時にいたり、この五臺山への僧侶派遣が、王権としての公認事項となったとしてもよいだろう。

五臺山は、おおよそ次のような聖地と理解できる[注25]。華厳経系の経典（仏説）には、インドの東北の方角に文殊が現に住し法を説く清涼山がある、とされるのだが、菩提流志訳（八世紀初）『仏説文殊師利法宝蔵陀羅尼経』

にいたり、中国の五臺山こそ清涼山である、と明確に訳出される。まさに、中国仏教（漢訳仏教）による、中国内への聖地の創造である。現に文殊菩薩と結縁しうるこの聖地に、八世紀以降、西域・インド方面など周辺国の僧侶も訪問するようになる。

　中華の王権は、五臺山文殊との結びつきを志向し、代宗―不空に顕著なように、王権イデオロギーに組み入れもする[注26]。ただ、宝亀・延暦の遣唐使（入唐僧）を介して、九世紀日本の王権が、天皇と五臺山文殊との結合原理までをも積極的に受容していたとはいえまい。日本にとってこの聖地が重要だったのは、従来はほぼ実現不可能であった、現世（人界）における仏菩薩との直接の結縁が叶う地の出現した点にあっただろう。

　菩薩現住の聖地、五臺山には、中国内外の僧俗上下から熱いまなざしが注がれた。中華の皇帝も含め、中国内外の王権・有力者がその宗教的源泉を分け合う、という基本的な構図[注27]を見て取った日本でも、大陸仏教の動向に意を用いていた橘嘉智子[注28]の意志という形で、まず新たな聖地への結縁が模索されたのではないか。そして、中華皇帝の膝下を目指した遣唐使とは別に、日中を往来する僧侶に託す形で、天皇の「御願」を受けた五臺山結縁が推進されるようになる。

　宗叡に次いで貞観（八五九〜八七七）末に入唐しようとした延暦寺僧済詮に関し、「将三入唐求法幷供二養五臺山文殊師利菩薩一。主上及諸公卿多捨二黄金一、以為下供二養文殊一之資上」と伝える（『智証大師伝』[注29]、実際には渡海船が遭難し死没したらしい）。唐滅亡後だが、興福寺僧寛建一行が渡海する際には、「召二興福寺寛建法師一、於二修明門外一奏請。就二唐商人船一入唐求法、及巡二礼五臺山一。許レ之。又給二黄金小百両一、以宛二旅資一」という（『扶桑略記』延長四年〔九二六〕五月二十一日条）。僧侶の渡海目的として「求法」「巡礼」が併記され、後者も勅許申請名目として浮上しているようにみえる。

公使船派遣以外に、新羅や唐の商船が日中を結ぶようになる時期、日本からも、様々な人たちが直接・間接に五臺山への巡礼行路に連なろうと望む可能性がある。僧侶の入唐「求法」を勅許のもとにおいた王権は、彼らを介した「巡礼」も勅許の名目とし、至高の聖地五臺山との結縁もまた、天皇を中心とする王権中枢のもとに一本化しようとしたようだ。[注30]

二　十～十一世紀前半の日本王権と中国仏教

1　呉越国からの仏教を介した接触

九〇七年の唐滅亡以後の中国は、中原のいわゆる五代王朝と小国家（十国）が並び立ち、北方には遼が建国される。そして日本は、東シナ海の海商の活動に対外通交活動を依存するという制約から、主として中国江南の両浙地域、特に呉越国の仏教と、強く関わっていく。[注31]

呉越国は、十世紀前半、国王から天皇宛の贈物とともに直接に通交を求めてきたが、日本は、これを中国皇帝の臣下の呉越王との通交だと把握し、拒絶している。[注32]ただし、臣下たる歴代の左右大臣が呉越王との交渉を担当し、交流は続く。[注33]

十世紀後半、法眼宗（禅宗の五家のひとつ）の徳韶（八九一～九七二）が日本の延暦寺に、中国で散逸した天台書籍の書写・送致を求めてきた。日本はこれに応じ、天暦七年（九五三）、延暦寺が日延という僧を派遣する。天皇公認のもと、内外典の蒐集、暦経の修学なども託された。

この一件の背後には、中国と周辺国を結びつけるツールである仏教を戦略的に用いた呉越国王銭弘俶

（九二九〜九八八、在位九四七〜九七八）の存在があった。徳韶は、銭弘俶が弟子の礼を取り帰依した国師であり、日本への書籍要請も、次の例を踏まえると、国王の意図が絡んだものと考えられよう。同じ十世紀後半、高麗からも、同様に書籍や僧侶が呉越へと渡っている。この場合、高麗の僧侶が中国天台の復興を支え、また、法眼宗の延寿（銭弘俶の国師に準じる僧）の法をついで帰国し国内に弘法したのみならず、高麗国王自ら、その延寿に弟子の礼をのべたことも知られる。ともに五代王朝の冊封下にあって、呉越国王と高麗王は、同一の僧の弟子という立場で、各々主体的に仏教交流を進めたのであった。[注34]

日延は、書籍送致を喜んだ銭弘俶から、滞在時には内供奉に準じた厚遇を受け、紫衣や大師号を賜ってもいる。また、銭弘俶は、自らを阿育王になぞらえ、明州鄮県阿育王寺（阿育王八万四千塔のひとつが出現した地に建立された）の真身舎利塔を模し、なかに『宝篋印陀羅尼経』を込めた小塔を造る事業を進めていた。日延は、そのいくつかを持ち帰っている。塔は、国王ないしは国師徳韶から与えられたとみてよいのではないか。日延帰国後、朝廷は彼の滞在時の日記の真偽を試問した。[注35]日本側は、仏教を介した王権間の交流促進を望む呉越側の意図をくみ取ったであろう。だが日本王権は、十世紀前半のみならず、後半の仏教を介した交流要請に対しても、積極的に応じ、関係を進めることはなかった。高麗と対照的な日本王権の特徴として重視したい。

2　奝然を介した日宋王権の接近

続いて、宋（九七九年に中国統一）の時代に目を転じる。九八三年に中国に渡海した奝然が、浙江地域のみならず、華北の中国仏教にも触れ、帰国している。呉越国王銭弘俶が版図を奉じ帰順、開封に上ったのが九七八年である。すぐのちに呉越の便船を得た奝然は、北上の可能性を感じ取っていたと思われる。あるいは、対外的に仏教交流を展開しようとしていた呉越の側にこそ、この機会に皇帝膝下・開封まで日本僧を導こうとする目論みがあり、日本僧の渡海を誘ったのかもしれない。

奝然は、宋で密教求法に従事しており、[注36]帰国後には「四季文殊法」を修する阿闍梨設置を申請している（『東寺要集』下）。彼自身は、「在中求法―鎮護国家の修法を担う阿闍梨設置」という、九世紀入唐僧の先例を踏襲しようとしたことになる。『永延二年（九八八）二月八日太政官符案』（『平安遺文』四五七五号）は、在宋時に「巡礼・伝法」に尽力したという奝然の言を引く。「伝法」は密教求法に通じるだろう。先例を意識し、「求法」、そして五臺山「巡礼」も渡海名目として申請、勅許を求めていたのではなかったか。

奝然の後援者としては、彼が将来した清凉寺現存の栴檀釈迦瑞像の胎内文書（『奝然繫念人交名帳』）に名のみえる人々、円融天皇・東宮（のちの花山天皇）・藤原遵子（円融皇后で藤原頼忠女）・資子内親王（円融姉）・関白太政大臣藤原頼忠・右大臣兼家・藤原為光・同朝光・同実資・同道隆・同道兼が想定されている。[注37]天皇の名もあり、皇族及び摂関家を中心とする陣容である。早く天禄年間（九七〇～九七三）から渡海の意志があった奝然は、その遂行のため、先例に従い五臺山「巡礼」をも、彼らに勧進したのだろう。寛建の入唐から五十年以上たつが、その一行は帰国せず、五臺山入り成功の情報は伝わっていなかった。王権中枢部は新たな五臺山結縁の機会に興味を抱き、奝然には「御願」としての聖地巡礼（五臺山供養）が課せられたと考える。

他方、奝然を介した中国仏教への接触は、九世紀渡海僧の先例の枠内に収まらない影響を日本の王権に及ぼしたようだ。太宗の厚遇を得た奝然は、五臺山巡礼を許可され、皇帝の事業として完成したばかりの版本大蔵経を下賜され帰国した。[注38]同時期の高麗の例では、王が下賜された大蔵経を受領し僧侶を集め開読し、謝礼の使者を宋に派遣しており（『高麗史』成宗十年四月条など）、仏教文物の下賜と受領報告もまた、既に構築されている宋麗の外交関係を補完し円滑化するものとなっていた。日本へも、類似の効果（謝恩の使いを引き出し、以後の恒常的外交に繋げていくなど）を期待して下賜したのだろう。

奝然は、帰国前に台州で釈迦像を造立する際、皇帝生誕節を念頭におき、祝聖行事のように、皇帝の「聖寿」を祈り「鴻恩」に答えるべく大蔵経を転読している（『奝然入宋求法巡礼行並瑞像造立記』、以下『造立記』）。これは、日本に渡る大蔵経が、皇帝の祈りにも繋がる性質を持つことの確認ともなっただろう。転読には、宋の官吏や僧侶たちの教導もあったかもしれない。

日本入国後、摂政（藤原兼家）と協議ののち、奝然一行は、将来品の勅版大蔵経、釈迦像や舎利塔を御輿に載せて入京行進し、京の北西、蓮臺寺に入った（『小右記』寛和三年〔九八七〕二月十一日条など）。永延二年に、奝然は弟子嘉因を再び宋皇帝のもとに送る。すなわち奝然は、謝恩の使者として嘉因を派遣、皇帝に表を提出し、版本大蔵経の受容も含めて報告（『宋史』日本伝）、宋側から期待されたであろう対応を最低限取っている。

ここで、釈迦瑞像にも目を向けたい。太宗皇帝膝下に収集されていた、釈迦在世時の姿を優塡王が刻したと伝える霊像を、台州で模刻したものである。後世の史料だが、『塵添壒嚢鈔』巻十七は、瑞像が蓮臺寺に安置され「大炊寮ヨリ毎日ニ、御仏供ヲ備ヘ奉リケリ。五年アリ。正暦二年辛卯ニ嵯峨ノ栖霞寺ニ奉レ渡」、すなわち朝廷の供養が五年続けられたとする。同時に蓮臺寺に入った下賜品たる大蔵経類は、のち「栖霞寺一切経」と呼ばれ、奝然遺弟の所有となっていた（『御堂関白記』寛仁二年〔一〇一八〕正月十五日条）。これらから推測するなら、大蔵経類も、釈迦像ともども供養の対象となっており（実際には、特に転読行事などの記録は知られず、半ば放置されていたか）、両者、正暦二年に栖霞寺（のちの清凉寺）に移された、とみられるのではないか。

ところで、本来奝然出国時には、五臺山結縁・供養を主目的とする先述の皇族貴族の喜捨等があったはずである。彼が帰国後、自身の後援者などに釈迦像について語る際には、胎内に彼らの名を記した文書が納められていることも説明したであろう。造像時、同時に納入された舎利、仏画、鏡などが[注39]、後援者の願いに即した入手物（五臺山巡礼の成果物など）であったかはともかく、天皇以下の後援者の名簿をも納める釈迦像は、公的な供養の対象としてふさわしい。ただ、『奝然繫念人交名帳』には、結縁者として宋皇帝（太宗）の名も記されていた。同じく胎内に籠められた『造立記』にも、造像に皇帝と天皇たちへの祈りを託そうと書かれていた。大蔵経転読（皇帝への祈りと関連）は、この造像に合わせて行われていた。以上から、奝然は、日本の王権関係者の仏教信仰（中国聖地への結縁願望）と、皇帝周辺の仏教信仰とを関連付けようとしたと読み取れると思う。

ただし、釈迦像の模刻は、皇帝の命により行ったというよりは、奝然の意志に基づき行われた（模刻の許可を得たか）とみるほうがよい。像への言及が、謝恩の表にはみられないからである。あるいは、皇帝のコレクションを天皇——王権周辺に再現することを、奝然が企図した可能性もあろう。奝然は、おそらく皇帝の意図をも汲みつつ、本来の下賜文物たる大蔵経等の経典類と、日本王権構成者たちから託された聖地結縁への思いをも込めて造像した釈迦像とをひとまとまりに扱い、仏教信仰の面において、両国の王権が結びついた状態にあると示そうとしたのだろう。

3　中国仏教に対する王権の関わりの後退

前章でみた遣唐使以後の入唐僧の求法・巡礼活動は、本来日本が朝貢使（遣唐使）を派遣している、いわば唐の友好国だという前提を日中が共有しているからこそ、個別に可能となった面もあっただろう。王権の側が、彼らを通じて中国仏教に触れ、在中活動の成果を独占的に得ることができた反面、中国側から仏教を介しての積極的な働きかけはみられなかった。つまり、九世紀までの日本の王権には、中国仏教との関わりを、相対的に外交と切り離して考える余地があった。これに対し、唐滅亡により日中の関係が曖昧になるなか、呉越国や北宋は、外交を再構築し促進するツールとして仏教を用いる。呉越や宋との交渉を通じ、日本の王権は、中国仏教との関わりを推進する自分自身が、同時に、外交の主体として他の王権と対峙すべき存在でもあることを改めて認識しただろう。そして宋皇帝からの働きかけには無視しえず、奝然弟子の再派遣を通じて、いったんは最低限の望まれる対応をとった、と理解できる。

謝恩使の役目を帯びた嘉因は、正暦元年帰国、翌年入京した（『小右記』七月二十日条、『日本紀略』正暦二年六月三日条など）。正暦二年と伝える大蔵経や釈迦像の栖霞寺への移管は、彼の帰国入京で時期を限り、宋皇帝の祈りをも含む中国仏教文物の継続供養を止めたもの、とみられるのではないか。当該時期の日本王権に、再びの恒常的な対中外交へと向かう意図は生まれなかった、と判断したい。

以後、宋皇帝の政治的意志を含んだ大蔵経の日本における位置取りも変節する。高麗の場合、勅版大蔵経輸入後、それをベースに、国家事業として独自の大蔵経[注40]の開版に踏み切る。皇帝と高麗王との外交関係が確立しており、宋側の意図を汲んで受容したからこそ、その活用も可能になる。これに比べて日本の場合、大蔵経は、その後寛仁二年に摂関家（藤原道長）の所有に帰すことになり、のち、法成寺に納められる（前出『御堂関白記』寛仁二年正月十五日条、『日本紀略』治安元年〔一〇二一〕八月一日条、『左経記』同日条など）。皇帝からの下賜品に対して、王権の総意としてその保持継続・開版再現・頒布拡散といった動きをとることはなかった。代わりに、摂関家がそれを所有し、自家の威信財へと転化させ、法成寺経蔵に秘蔵したのである。摂関家と中国仏教との関わり方について、さらに注視してみる必要がありそうだ。

4　藤原道長と中国仏教

先の日延の往来以降、日本と両浙地域の仏教交流の機運が高まり、双方にその継続が意識されていた。長徳元年（九九五）ごろ、杭州の天台僧源清（?〜九九七）から、彼らの著作物の批評と、併せて天台関連の逸書送致が求められた。[注41]日本側は、実際には朝廷が（国の威信をかけて）答釈作成手配をしてはいるが、王権同士の交渉という次元とは別に、両国の天台宗の交流が進められたのだった。

日本側では、返答作成当事者の一人、天台宗の学僧源信が、遡って永延二年（九八八）ごろ、『往生要集』や文人貴族慶滋保胤著『日本往生極楽記』（日本初の往生伝）などを宋仏教界に送致していた。日延がもたらした中国典籍が叡山内に浄土教の進展を促し、源信らは浄土教の実践活動に進んでいた。[注42]

続いて、長保四年（一〇〇二）「三月十五日、入道前参河守定基〈法名寂昭〉上レ状、向二大宋国一、巡二礼五臺山一。六月十八日首途、天下上下挙レ首、向二聖人房一受戒。世人云、是真仙也」（『百錬抄』）とあるように、日本僧寂照が渡海入宋する。寂照（大江定基）は永祚元年（九八九）出家入道した元文人貴族で、保胤ともども源信の弟子である。[注43]源信は、寂照に、中国天台の碩学に対して『天台宗疑問二十七条』（いわゆる唐決、質問状）を託している。

以上から、寂照入宋は、源信を日本側の主体とする日宋天台交流の一環として理解できそうだが、その渡海はあくまで、「巡二礼五臺山一」の名目で申請され、勅許を得たようである。彼の出国後、藤原伊周が寂照五臺山行に関して詩を詠み、藤原道長が唱和したが、道長の詩には一条天皇も和して御製を与えている。[注44]ただし寂照の場合は、勅許申請の名目が、従来の「求法」と「巡礼」のうち後者のみで、前者を欠いているらしい。官途を辞して入道したいわば遁世の僧であり、入唐求法僧や奝然のような、帰国ののち求法の成果を生かして仏教界で活躍するといった計画はなかった。

この寂照の在宋活動に、藤原道長は特段の期待をかけ、その出国直前に後援に踏み切って以降、彼との関わりを継続する。長和二年（一〇一三）、一時帰国した寂照の従僧念救は、天台山大慈寺への勧進を募っているが、「卿相已下智識物」を取りまとめたのも左大臣道長であった（『小右記』長和四年七月十六日条、『御堂関白記』同日条）。この寄進に天皇の直接の関わりはないようである。なお、道長は、政務の一環であるが、宋天台山から念救に託された延暦寺宛ての書状や智顗影像など贈物の返答手配などを取り仕切ってもいる。贈物を隠匿していた天台僧院源に対し、大いに怒っている（『小右記』同年同月二十一日条）。道長は、天皇の名のもとに統括される「求法」（＝特に密教導入）・「巡礼」（＝主に文殊の聖地・五臺山との結縁）とは別の形で続いていた日中天台交流について、その促進主体を自任していたといえるだろう。[注45]

道長は、皇帝下賜品の勅版大蔵経が、王権の総意として保持することが難しい点を逆手にとり、自家の所有物として秘蔵、威信財化した。さらには、留宋の寂照らを利用する形で、中国江南地域との天台宗間の交流に絞って、通交を促進しようとした。以前から呉越との交渉など実質的な外交主体としての経験を重ねていた摂関家だが、中国仏教との関わりでも、独自性を帯びた活動をみせたといえる。ただしそれは、この念救往来時をピークとするだろう。以後も、道長（一〇二七年の没後は頼通）と寂照との間の書のやりとりが一、二例確認できる（『百錬抄』万寿四年（一〇二七）今年条、『同』長元五年（一〇三二）今年条など）が、摂関家の目立った仏教交流への関与事例は多くない。[注46]以上にみた摂関家（道長）の中国仏教への関与は、奝然師弟を介して宋皇帝との間に生じた仏教交流が一段落し、王権の総意としてそれを継続しないことにした直後の時期だからこそ、その代替案ないし次善策として推進しえた側面もあっただろう。

三　一一世紀後半～一二世紀の中国仏教と日本王権

1　成尋の入宋

十一世紀後半になると、成尋の入宋を始発点に、王権自体が中国仏教ともう一度直接向き合うことになる。後冷泉天皇の死を機に、既に現役を引退していた成尋は、[注47]延久二年（一〇七〇）、寂照同様「五臺山幷諸聖跡等」の「巡礼」を掲げ、勅許を申請している（『朝野群載』巻二十）。申請は、従来の渡海僧の先例を踏襲する意識の表れであろう。ただし、便船を得るや、同四年には、勅許を待たずに密航のかたちで出国している（成尋の日記『参天台五臺山記』〔以下『参記』〕冒頭部）。したがって、後三条天皇や関白藤原教通など権力中枢から五臺山供養の資などは託されなかったし、成尋自身も、積極的に天皇や貴顕に勧進した節はない。

成尋の入宋に、藤原頼通（成尋は頼通息男師実の護持僧を務めていた）の支援や資金提供は推定可能である。[注48]ただし、『参記』に拠るなら、頼通自身が、五臺山に対して施財供養を託した形跡はない。他方、頼通女である、故後冷泉天皇皇后・藤原寛子からは、後冷泉天皇書写経典が供養の品として託されている。[注49]また、成尋は、「冷泉院前内親王」（後一条天皇皇女章子内親王、こちらも後冷泉天皇の妃であった）から賜った袈裟を着して五臺山を往復していた（熙寧五年十二月二十八日条）。成尋は、両者を介しても、故後冷泉天皇と五臺山との結縁を意識していたことになろう。後冷泉天皇と関わる女性たちこそ、天皇の五臺山への結縁が行われてしかるべき、と考え、成尋に最も関心を寄せたかのようである。本稿は、五臺山と王権を結びつけた橘嘉智子や、さらに遡った時代からの王権内の女性による中国仏教思慕の系譜について考えておらず、今後の課題とするが、逆に言えば、実際には密航も辞さない渡宋意志を持っていた成尋に勅許申請の先例踏襲を促したのは、天皇の後世を祈る彼女たちの存在があったからだとも考えられる。

さて、成尋従僧の帰国（一〇七三年）を通じて、皇帝神宗からは御筆文書や金泥法華経、錦などが天皇に送られた（『参記』、『百錬抄』延久五年十月条など）。日本の朝廷はその受領・返答などの対応に追われ、十年ほどのあいだに大別して二度の日宋交渉が継続する。[注50] ちょうどこの間、宋でも外交積極派の新法党と契丹（遼）を意識し外交を制限する旧法党の党争の激しい時期にあたり、政権交替に連動して日本への対応も変化をみせるが、[注51] 白河天皇に代替わりした直後の日本は、積極的な宋からのアプローチについては応じざるをえなかった。

この交渉の最末期、「快宗等一十三人」が入宋し神宗に謁見（『続資治通鑑長編』元豊六年〔一〇八三〕三月己卯〔四日〕条）、播磨国の小寺院の僧、戒覚一行も同年（元豊六年）密航し神宗に謁見、五臺山に入った（『渡宋記』）。快宗は成尋の従僧として入宋、翌年帰国した僧であり、この日宋交渉と関わって（二度目の交渉時、宋への返答とあわせて）入宋した可能性も指摘される。[注52] 他方、成尋往生の情報を知ったか、安否確認のため渡海したという側面も併せ持つようだ。[注53] 入宋時の寂照や成尋は「求法」を掲げず、国家的法会や修法に活躍する現役の僧侶ではなかったが、「一十三人」の僧や戒覚らもまた、全国の山岳霊地や別所を修行回国するような遁世の僧侶としての性質を多分に帯びる者たちだったかと思われる。[注54]

成尋の入宋は、再び王権を外交問題の矢面に立たせると同時に、王権が事前の渡海掌握により聖地との結縁を主導する方式とは別枠に、条件さえ整えば、中国仏教との直接・間接の関わりを持ちうる可能性をも社会全体に示した。五臺山については、寂照入宋時には既に、巡礼僧として旅立つ彼に結縁しようとした人々は多く、王権中枢部の独占管理下に収まらないほどの認知と社会的関心を得ていたようだが（前掲『百錬抄』長保四年三月十五日条、『続本朝往生伝』大江定基伝、『成尋阿闍梨母集』）、この時期の入宋僧には、京のみならず地方からも、より広範に多くの人々が聖地への思いを託しただろう。王権が中国仏教と日本とを一元的に取り結ぶ構造は、終焉を迎えようとしていた。

2　もうひとつの「中国仏教」

再び高麗に目を転じてみる。十一世紀、高麗は遼の冊封下に入り、一度宋との外交を閉じるが、北宋の神宗期以降、日本とは対照的に、高麗文宗（在位一〇四六～八三）が宋の積極外交に応じる。[注55] この時期、高麗は、派遣使節を介して北宋皇帝の文物に触れ、国交の証としての下賜などにより入手のうえ宮廷のコレクションとし、それらを国内政治の文脈でも用いていく。[注56] さらに、高麗が北宋に求め独自に利用したのは、仏教関連文物（書籍）にも及んでおり、それは国内や麗宋間の関係を超え、日本にも影響を与える。

文宗の息、僧義天は、直に入宋し高僧たちに学ぶとともに、大蔵経の枠を超え、三蔵以外の仏書（章疏類）の蒐集にも乗り出した。[注57] 宋のみならず、遼からも仏書を入手し、日本にも求書したらしく（『大覚国師文集』巻十四）、理念上、漢訳仏教圏に存在する章疏を網羅しようとしたらしい。二大仏教国、遼と宋に直接の仏教交流がないなか、唐から宋・遼両者に展開した「中国仏教」は、書というメディアにおいて、高麗によってまとめられ、蓄積されようとした。いわゆる「高麗続蔵経（義天版）」である。この、書＝モノの形式の「中国仏教」は、高麗―博多をも往来する宋の海商によって、日本にもたらされた。[注58]

既に指摘されているように、天皇位を退いた白河院は、真言密教重視策をとり、密教修法・儀礼の独自創案にまでいたる。[注59] 唐・宋からもたらされていた密教以外に、遼の密教への注目があり、真言密教重視策は、「遼仏教を記す高麗版本を日宋貿易で得て進められた面がある」[注60]という。親政期に成尋入宋を契機とする対宋交渉に直面し、北宋との仏教交流がはらむ外交上のリスクを知っていた白河院には、高麗に書の形で総合的・体系的に収集された「中国仏教」が、より魅力的にみえただろう。

ところで長治二年（一一〇五）、白河院第三皇子、仁和寺御室覚行法親王は、大宰権帥藤原季仲に命じ、高麗に使者（海商）を使わして続蔵経を輸入、入手した遼の密教疏鈔は、御室の主導で真言僧が学習し、各寺院間に広められたという。[注61]仁和寺御室には、覚行以後基本的に王家（院権力）の子息が送り込まれており、院権力を護持する宗教権門とも、[注62]院権力が創出した対外的文化装置[注63]とも評価されている。覚行の活動には、白河院の意志が反映しただろう。なお、覚行の前後に宋海商を通じて高麗から続蔵経を求め、また、それを管理流布させた学僧たちも、院や御室に法縁、俗縁の面で近い者たちであり、「続蔵経の輸入には間接的に院を中心とした権力中枢が介在していた蓋然性は非常に高い」[注64]。

高麗の地に出現した「中国仏教」は、白河院独自の密教重視の宗教活動に寄与したものと思われる。院もまた、従来型、すなわち天皇のもとで王権が一元的に中国仏教との関わりを独占管理するのとは異なる方式を通じて、独自に中国仏教と関わる経験を積んだといえるのではないか。

3　後白河院の中国仏教へのアプローチ

十二世紀前半、大陸の状況は激動、遼の滅亡（一一二五）、南宋（一一二七〜一二七九）と金の併存となり、以後しばらくは、宋（や高麗）仏教に対する日本側の目立った動きはみられない。最後に、平安時代末期に目を転じる。

重源が仁安二年（一一六七）に、翌年に栄西が入宋し、明州で偶然に合流、天台山と阿育王寺を巡礼し帰国する。

彼らには、当時権力を握っていた平家の動向との関わりが想定されている。[注65]

彼らは、阿育王寺から、同寺舎利殿修建を請け負って帰国しており、これに応じて、後白河院が主導的に関与していくことが近年明らかにされた。[注66]嘉応元年（一一六九）、後白河は出家、阿育王寺住持、従廓に弟子の礼を取り（「育王山妙智禅師塔銘」『攻媿集』巻百十）、南宋への木材輸出を重源とともに進めていく。

一一七一年には、叡山僧覚阿も入宋しており[注67]、杭州霊隠寺の住持瞎堂慧遠に参学、禅を学ぶが、覚阿は、慧遠との問答で「国主無二姓氏一、号二金輪王一。以二嘉応改元一捨レ位出家、名二行真一、年四十四。王子七歳令レ受レ位今已五載。」と伝えている（『嘉泰普燈録』巻二十）。慧遠は、のち孝宗との対面に合わせ、覚阿との問答の記録を孝宗に提出した。なお覚阿は、帰国ののち、後白河院出家の師覚忠（園城寺長吏）とはかって使僧を慧遠のもとに派遣してもいる（一一七五年）。覚阿の動向もまた、後白河院の認知下にあっただろう。

かつて白河院は高麗を介して間接的に「中国仏教」を参照したが、後白河院の場合、平家と組んだ日宋交渉推進の一環として、直接、中国仏教への関与を深めていったのである。振り返ると、中国江南との仏教の交流は、日延以降継続しており、藤原道長も推進をはかっていた。入宋僧の復活にあたっても、栄西が天台座主のもとに天台新章疏や宋天台僧の書を持ち帰るなど（『元亨釈書』巻第二）、過去の交流が先例として想起されたようだが、後白河院は、南宋皇帝もが帰依する[注68]阿育王寺真身舎利に接近し、従廓や慧遠といった宋僧の弟子となったり関係を持ったりするのもいとわなかった。

おそらく後白河院の仏教交渉は、明州からの「日本国王」（後白河院）「大政大臣」（平清盛）宛て贈物の受領、そして返答（『玉葉』承安二年（一一七二）九月十七日条、二十二日条、同三年三月十三日条など）といった、より政治的な対外交渉にもつながっていた。一連の仏教交渉において、彼は、院としての自己が、日本を代表する存在と捉えられることをためらわなかった。院という権力形態の確立は、天皇の存在を棚上げにした形で、後白河院が外向けに「日本国王」としてふるまうことを可能としたのである。ただし、南宋側の状況として、皇帝が日本僧や院との直接の関わりを求めたのではなく、南宋禅林が積極的に日本僧や院と皇帝との間を取り持ち、国家・皇帝を荘厳しようとしていたことも[注69]、院の活動を可能とする前提として見逃せない。

後白河院の活動は、のちの先例とはならなかったが、改めて、公家や武家の権力者たちの中国仏教への関心を引き起こしただろう。院の活動の時期は、平家により日本僧の出国が統制されていた可能性があり、南宋への渡海僧が継続的にみられるのは平家滅亡後になるという[注70]。以後、便船を得た僧侶が、入宋求法―帰国弘法という形で、同時代の両浙の仏教を日本に導入していく。院をはじめとする貴顕は、帰国した彼らに帰依、その活動を庇護し、彼らの南宋仏教界との交流を通じて宋寺院への寄進にも応じる（円爾とその外護者九条道家による径山への木材送致など[注71]）、といった形で、それぞれ中国仏教に関わっていくのである。

おわりに

以上、平安時代の王権は、遣唐使とは別に来航商船が日中を結ぶ九世紀に、日本仏教界の主体的な「求法」（密教修学）希求に着目、勅許のもと僧侶の在中活動を管理し、活動成果が鎮護国家に限って結実するよう企図した。同時に、入唐僧を師とする灌頂の場の共有など、中国由来の密教を、王権中枢部が政治的に利用した。なお、文殊現住の地五臺山への信仰が中国周辺へも拡大する時代にあたり、聖地「巡礼」も勅許申請名目として浮上し、仏教聖地への結縁・供養もまた、王権中枢が統轄するようになった。

この九世紀日本王権の動きは、実際の派遣は承和度遣唐使を最後とするものの、朝貢使を介した恒常的な外交関係が日唐間に存在する、という前提のもとでなしえた面があろう。唐の滅亡から、宋・遼を中心に東アジア世界が安定化する過程で、日本王権は、呉越、北宋の中国仏教と対峙する。日本を外交の場に出したい両者から、中国仏教を積極的に用いたアプローチを受け、日本王権側は、自身が外交の主体であることを改めて認識したと考えた。ただし日本は、再編されゆく国際秩序に参入することをためらったものと思われる。

ところで、本稿は「中国仏教」に的を絞り、「日本仏教」への言及を最低限としてきたが、九世紀には、密教「求法」もその一環であったように、主体性を獲得した日本仏教界が、中国仏教と積極的につながり、その受け皿として機能していた。他方、奝然が九世紀の先例を踏襲し、勅許のもとでの「求法」を終えた十世紀末、その成果の国内導入については、九世紀同様の阿闍梨設置こそ認められたものの、「奝然入唐帰朝、欲レ建二立三学宗一。依二諸宗訴一、被レ敗已畢」（『興禅護国論』第三門）のように、それ以外の奝然の中国仏教移入計画は、日本の仏教界側からの反対で頓挫している。[注72] 奝然が移入をはかった仏教は「達磨宗」（『三僧記類聚』奝然事）ともいわれ、禅宗をも含む、同時代の中国に行われた仏教を指すようである。中国仏教の受け皿であった日本仏教界は、既に十世紀末には、顕密八宗の枠組のもと、その構造を確固たるものとしていた。ちょうど前述の「王法仏法相依論」が登場する時期にあたるが、この論理における「仏法」は、はじめから、同時代の新たな中国仏教を必要としていなかったのである。

王権の側も、唐滅亡後、東アジアの新たな国際秩序が固まりゆくなか、従来通り勅許のもとで一元的に僧侶の在中活動を管理し、中国仏教の独占掌握をはかる際の外交上のリスクを認識した。さらに、その在中活動を公認した結果、奝然が日本にもたらしたような同時代中国仏教の要素が、国内仏教界の反発を引き起こすことも知った。奝然師弟の日宋交渉を一区切りとし、日本の王権は、「王法」を支える「仏法」たることを自負する国内仏教界に、国家の祈りを託すことで満足していくとみてよいのではないか。渡海僧も、以後勅許申請名目として「求法」を掲げなくなる。

　国内仏教が王権から選び取られる反面、以後も、藤原道長や後白河院が、中国両浙地域との仏教交流を促進し、白河院は、高麗の「中国仏教」導入を推進した。このように、天皇のもとで一元的にその交流・接触を管理するのとは異なる方式を探りつつ、中国仏教の要素が、国内に向けて補充され続ける。それらの受容は、日本仏教界のどのような部分に担われ、いかなる形で「王法」を支える「仏法」のなかに消化吸収されるのか。あるいは、どのようにその「仏法」とすみ分けていくのか。本稿では論じられておらず、今後、禅宗など同時代の中国仏教が、新たに「禅律仏教[注73]」という集団ないし枠組で日本に定着することを念頭に置きつつ考えたい。

注

1　河上麻由子『古代アジア世界の対外交渉と仏教』山川出版社、二〇一一年。

2　本稿は、拙著『平安時代の対外関係と仏教』校倉書房、二〇一四年の再説となる個所も多いが、概論という性格上、特に必要な場合を除き、その注記を略している。また、先行研究や関連史料への言及も最低限にとどめた。なお、拙稿「五代・宋時代の仏教と日本」（『シリーズ日本宗教史』第四巻、吉川弘文館、近刊予定）では、本稿と重なる時代の日中仏教交流を展望した。

3　堀裕「平安新仏教と東アジア」大津透他編『岩波講座日本歴史4　古代4』岩波書店、二〇一五年、二五三～二五五頁、中林隆之『日本古代国家の仏教編成』塙書房、二〇〇七年、三六四頁。

4　堀前掲注3論文、王勇『聖徳太子時空超越』大修館書店、一九九四年。

5　堀前掲注3論文、二五九～二六一頁。なお西本昌弘氏は、僧綱が、空海（二十年の期限で中国に滞在する留学僧）の早期帰国を問題視し、請来経典類の書写と流布も遅れた（入唐より二十年の天長元年に書写が公認された）と推定する（「空海請来不空・般若新訳経の書写と公認――一代一度仁王会の成立とも関係して――」原田正俊編『日本古代中世の仏教と東アジア』関西大学出版部、一四七頁）。

6 後七日御修法の成立から平安時代を通じた展開については、斎木涼子「後七日御修法と「玉体安穏」――十一・十二世紀における展開――」『南都仏教』九〇、二〇〇七年参照。

7 円行については佐藤長門「入唐僧円行に関する基礎的考察」『国史学』一五三、一九九四年参照。

8 佐藤長門「太元帥法の請来とその展開――入唐根本大師常暁と第二阿闍梨寵寿――」同氏編『遣唐使と入唐僧の研究 附校訂『入唐五家伝』』高志書院、二〇一五年。

9 吉田一彦「国分寺国分尼寺の思想」須田勉他編『国分寺の創建 思想・制度編』吉川弘文館、二〇一一年、一五～一七頁。吉田氏によれば、「鎮護国家」の語や概念は、寺院や宗派、僧の側が、国家に対して発信したもので、平安時代に入って登場した。なお、南都六宗が権力的に創出された集団であったこと、九世紀には王権が直接主導する仏法興隆がなされなくなったことなどは、中林前掲注3書、第四章の指摘も参照。また、「王法仏法相依」の展開については上島享『日本中世社会の形成と王権』名古屋大学出版会、二〇一〇年、四三六～四四一頁など参照。

10 堀裕「「門徒」にみる平安期社会集団と国家」『日本史研究』三九八、一九九五年、三九～四二頁。なお、堀氏によれば、もともと「真言宗とは国家のために修せられる様々な法脈の密教を包摂したもの」であり、その「国家的な密教は本来唐から受法されたいくつかの根本の法脈を基盤として」いた。

11 さらに、常暁輸入の太元帥法は、弟子の太元阿闍梨寵寿によって、貞観十九年（八七七）に、国王だけのための修法として再定義される（佐藤長門前掲注8論文、二四八～二四九頁）。中国由来の修法の効能は、王権が独占的に享受すべきものという考えが、九世紀後半の社会には浸透していた。

12 園城寺編『園城寺文書』第一巻、講談社、一九九八年、九〇頁。

13 詳しくは、渡邊誠「日本古代の対外交易および渡海制について」『東アジア世界史研究センター年報』三、二〇〇九年、石井正敏「遣唐使以後の中国渡海者とその出国手続きについて」中央大学人文科学研究所編『島と港の歴史学 中央大学人文科学研究所研究叢書61』二〇一五年参照。

14 西本昌弘「嵯峨天皇の灌頂と空海」『関西大学文学論集』五六―三、二〇〇七年、同「平城上皇の灌頂と空海」『古文書研究』六四、二〇〇七年。

15 苫米地誠一「真言密教における護国」『平安期真言密教の研究 第一部』ノンブル社、二〇〇八年。

16 中田美絵「五臺山文殊信仰と王権――唐朝代宗期における金閣寺修築の分析を通じて――」『東方学』一一七、二〇〇九年、一七頁、同「唐朝政治史上の『仁王経』翻訳と法会――内廷勢力専権の過程と仏教――」『史学雑誌』一一五―三、二〇〇六年、六〇頁、河上前掲注1書、一九三～一九四頁、駒井匠「天皇の受灌頂と皇帝の受灌頂」佐藤文子他編『仏教がつなぐアジア』勉誠出版、二〇一四年、八八～九〇頁。

17 駒井前掲注16論文、九〇～一〇〇頁。

18 河上麻由子「清和天皇の受菩薩戒について」『日本仏教綜合研究』一一、二〇一三年、三〇～三二頁。

19 川尻秋生「入唐僧宗叡と請来典籍の行方」『早稲田大学會津八一記念博物館研究紀要』一三、二〇一一年、六頁。

20 薗田香融「最澄とその思想」『最澄 思想大系4』岩波書店、一九七四年、四八一頁、佐伯有清『悲運の遣唐僧 円載の数奇な生涯』吉川弘文館、一九九九年、五一頁、堀前掲注3論文、二七三～二七四頁など参照。

21 川尻前掲注19論文、六頁、堀前掲注3論文、二七三～二七四頁。

22 崩伝の「定聖者」を定光禅師（智顗以前に天台山に住した神僧）とみるなら、その供養をも目指したものか。

23 恵蕚の活動内容や関連史料については、田中史生編『入唐僧恵蕚と東アジア 附恵蕚関連史料集』勉誠出版、二〇一四年参照。

24 『白氏文集』識語（田中編前掲注23書、三四頁）。田中史生「円仁と恵蕚――二人の入唐僧が見た転換期の東アジア」『円仁とその時代』高志書院、二〇〇九年、二七四頁も参照。

25 先行研究として、さしあたり小野勝年・日比野丈夫『五台山』平凡社、一九九五年参照。なお、中国撰述仏書類でも、清涼山＝山西省五臺山と解釈されるようになる。

26 中田前掲注16「五臺山文殊信仰と王権」参照。

27 十世紀作成のものではあるが、敦煌莫高窟六十一窟の五臺山図には、「新羅王塔」「高麗王使」「新羅送供使」「湖南送供使」などが書き込まれている（趙声良「敦煌晩期の芸術上の成果――莫高窟第61窟の内容と芸術」『敦煌石窟10』文化学園・文化出版局、二〇〇二年、二二一～四六頁）。

28 彼女は恵蕚を通じて、禅僧義空を招いてもいる。田中編前掲注23書、五二〜八二頁など参照。

29 佐伯有清「円珍伝の校訂と注解」『智証大師伝の研究』吉川弘文館、一九八九年、四一五頁。

30 渡海僧の「求法」と「巡礼」については、別に少し触れたことがある（拙稿「「入宋巡礼僧」をめぐって」荒野泰典他編『アジア遊学214 前近代の日本と東アジア 石井正敏の歴史学』勉誠出版、二〇一七年）。

31 以下、本節の呉越国と日本との仏教交流については、竹内理三「「入呉越僧日延伝」釈」『日本歴史』八二、一九五五年、桃裕行「日延の天台教籍の送致」『暦法の研究下　桃裕行著作集8』思文閣出版、一九九〇年、竺沙雅章「宋代における東アジア仏教の交流」『宋元仏教文化史研究』汲古書院、二〇〇〇年、平林盛得「大陸渡来の往生伝と慶滋保胤」『慶滋保胤と浄土思想』吉川弘文館、二〇〇一年、などを参照し述べた。

32 石上英一「日本古代一〇世紀の外交」井上光貞他編『東アジアの変貌と日本律令国家　東アジア世界における日本古代史講座7』学生社、一九八二年、一二七頁。

33 保立道久『平安時代』岩波書店、一九九九年、八三頁。

34 拙稿「高麗と北宋の仏教を介した交渉について――入宋僧を中心に――」伊東貴之編『「心身／身心」と環境の哲学――東アジアの伝統思想を媒介に考える』汲古書院、二〇一六年、で論じた。

35 石井正敏「入宋僧成尋のことなど」『古文書研究』四三号、一九九六年参照。

36 甲田宥吽「恵果和尚以後の密教僧たち」『高野山大学密教文化研究所紀要』一五、二〇〇二年、五六〜六〇頁。

37 石井正敏「入宋巡礼僧」荒野泰典他編『自意識と相互理解　アジアのなかの日本史V』東京大学出版会、一九九三年、二七八〜二七九頁の人物考証による。

38 奝然の事績については上川通夫「奝然入宋の歴史的意義」『日本中世仏教形成史論』校倉書房、二〇〇七年参照。また、本節の内容については、前掲注2拙著第三章も参照されたい。

39 納入品については、奥健夫『清凉寺釈迦如来像　日本の美術五一三』至文堂、二〇〇九年、四二〜四九頁、井上一稔「清凉寺釈迦如来像と奝然」中野玄三他編『方法としての仏教文化史　ヒト・モノ・イメージの歴史学』勉誠出版、二〇一〇年など参照。

40 いわゆる「初雕大蔵経」については、柳富鉉「高麗大蔵経についての新たな見解」大高洋司他編『アジア遊学184 日韓の書誌学と古典籍』勉誠出版、二〇一五年参照。

41 桃前掲注31論文、西本昌弘「「唐風文化」から「国風文化」へ」（大津透他編『岩波講座日本歴史5 古代5』）岩波書店、二〇一五年、一五四～一六三頁参照。関連史料はさしあたり『大日本史料』第二編之二、長徳元年四月十六日条を参照されたい。

42 上川通夫「往生伝の成立」『日本中世仏教史料論』吉川弘文館、二〇〇八年。

43 平林盛得「慶滋保胤の出家前後の諸問題」「慶滋保胤の死――三河入道寂照の入宋に関連して――」前掲注31書所収。

44 上川通夫「寂照入宋と摂関期仏教の転換」『日本中世仏教と東アジア世界』塙書房、二〇一二年、四八～五二頁、柳澤良一「『本朝麗藻』を読む――海外交渉史の視点から――」『金沢大学国語国文』一七、一九九二年、五七～五八頁。

45 上川前掲注44論文。

46 他に、日本僧の渡海をサポートした可能性もあろう。源信関係者が明州の天台僧のもとに派遣した紹良（『四明尊者教行録』第四など）は、頼通の寂照への返状送致とともに入宋した可能性が想定されており（榎本渉『僧侶と海商たちの東シナ海』講談社、二〇一〇年、一一〇頁）、その入宋は頼通の知るところだったか。また、心覚『入唐記』に「永承四年（一〇四九）申下給官符入唐」と伝える慶盛がいる（榎本同書、同頁参照）。引用部が慶盛渡海に関し勅許があったことを意味する場合、のち成尋が、勅許申請に際し、先例（寛建・日延・奝然・寂照）に彼を挙げない（『朝野群載』巻二十）ことから、成尋が慶盛を寂照関係者と認識していたと考えられるのではないか（例えば、慶盛の遁世先が、宋の寂照関係者との連絡を担う僧団で、彼が何らかの役目を帯びて入宋した、などの可能性があろう。なお、前掲注2拙著二八三～二八五頁も参照）。だとすれば、慶盛の出国にも、頼通の認知や勅許斡旋があったかもしれない。ちなみに成尋は、奝然弟子嘉因や寂照従僧念救の再渡宋も先例に挙げない。渡海僧団の長が個々の在中宗教活動を申請し勅許が下る（一団の活動が、王権の公認事業となる）と、従僧や関係者の往来などには基本的に許可が下ると考えていたか。なお拙著では、在中活動の勅許に関して、奝然とそれ以降の僧侶の区分を強調したが、篠崎敦史氏のご批判の通り、成尋までは、僧侶が天皇の許可を得て渡海するのが一般的であったとみられる（「十～十二世紀の日宋交渉と入中僧――巡礼僧成尋と通事僧仲回」『ヒストリア』二五五、二〇一六年）。私見の再検討が必要であり、将来の課題としたい。さしあたり本稿では、勅許申請の名目（許可の判断材料）ともなる在中活動の違い（「求法」や「巡礼」）、国内仏教界における立場（帰国後の活躍を念頭におくか、遁世した僧か）などに注目し、引き続き僧侶個々人の差異に注目している。

47 石井正敏氏によれば、後の史料だが『大雲寺縁起』実相寺本には、「永く公請を辞す」とある（「成尋――一見するために百聞に努めた入宋僧――」元木泰雄編『王朝の変容と武者　古代の人物6』清文堂出版、二〇〇五年、三〇〇頁）。中央寺院所属の僧侶は、公請を受けて国家的修法や法会に参加するのが本来の職務である。

48 石井前掲注37論文、二八〇～二八一頁。

49 ほかに、藤原師信の亡妻（道長の息頼宗の女）の遺髪や鏡の五臺山供養が託された（石井前掲注37論文）。

50 榎本渉「北宋後期の日宋間交渉」『アジア遊学64　徽宗とその時代』勉誠出版、二〇〇四年、篠崎前掲注46論文など参照。

51 渡邊誠「国際環境のなかの平安日本」大津透編『摂関期の国家と社会』山川出版社、二〇一六年、二四二～二四五頁参照。

52 榎本前掲注50論文、一五〇頁。

53 藤善真澄「成尋と参天台五臺山記」『参天台五臺山記の研究』関西大学出版部、二〇〇六年、一七頁。

54 さしあたり、前掲注2拙著第六章を参照されたい。拙著で「一十三人」の一人と考えた日円は、従来から金峯山との関わりが知られるが（『続本朝往生伝』日円伝）、『金峯山創草記』の諸社諸堂勤事・東南院の「長日行法。日円上人渡唐時、自二唐皇一所レ賜七條袈裟在レ之」（首藤善樹編『金峯山寺史料集成』国書刊行会、二〇〇〇年、四六頁）と同一人物か。

55 麗宋関係については、丸亀金作「高麗と宋との通交問題（一）（二）」『朝鮮学報』一七・一八、一九六〇・六一年、の基礎的論考を挙げるにとどめる。

56 塚本麿充「北宋三館秘閣と東アジアの文物交流世界」『北宋絵画史の成立』中央公論美術出版、二〇一六年、四五八～四六四頁参照。

57 義天の活動については、内藤雋輔「高麗の大覚国師に関する研究」『朝鮮史研究』東洋史研究会、一九六一年、大屋徳城『高麗続蔵雕造攷』『大屋徳城著作選集　第七巻』国書刊行会、一九八八年などを参照。また、「高麗続蔵経」の日本（ないし東アジア）仏教史上の意義については、横内裕人「高麗続蔵経と中世日本――院政期の東アジア世界観――」『日本中世の仏教と東アジア』塙書房、二〇〇八年、三六五～三七〇頁に的確にまとめられる。

58 原美和子「宋代東アジアにおける海商の仲間関係と情報網」『歴史評論』五九二、一九九九年、八～一〇頁、近藤剛「一二世紀前後における対馬島と日本・高麗――『大槐秘抄』にみえる「制」について――」前掲注13『島と港の歴史学』九七～一〇七頁。

59 上川通夫「東密六字経法の成立」・「如意宝珠法の成立」前掲注42書所収。

60 上川通夫「中世仏教と「日本国」」前掲注38書、二六六頁。
61 横内前掲注57論文、三八三頁。
62 横内裕人「仁和寺御室考」前掲注57書所収、二六頁。
63 横山和弘「法親王制成立過程試論――仁和寺御室覚行法親王をめぐって――」『仁和寺研究』三、二〇〇二年、四二頁。
64 横内前掲注57論文、三八八頁。
65 榎本前掲注46書、一二七頁。
66 藤田明良「南都の「唐人」――東アジア海域から中世日本を見る」『奈良歴史研究』五四、二〇〇〇年、渡邊誠「後白河法皇の阿育王山舎利殿建立と重源・栄西」『日本史研究』五七九、二〇一〇年、など参照。
67 以下の覚阿関連の事績については、佐藤秀孝「覚阿の入宋求法と帰国後の動向（上）（中）――宋朝禅初伝者としての栄光と挫折を踏まえて――」『駒沢大学仏教学部論集』四〇・四一、二〇〇九・二〇一〇年参照。
68 「阿育王山舎利宝塔記」（『明州阿育王山志』）によれば、孝宗は淳熙二年（一一七五）、従廓に命じ宮中に舎利塔を召している。
69 菅原昭英「江南禅林の日本志向――栄西『未来記』を手がかりに――」『宗学研究』三二、一九九〇年、伊藤幸司「東アジアをまたぐ禅宗世界」荒野泰典他編『倭寇と「日本国王」 日本の対外関係４』吉川弘文館、二〇一〇年。
70 榎本前掲注46書、一三六頁。
71 榎本渉「「板渡の墨蹟」と日宋貿易」四日市康博編『モノから見た海域アジア史』九州大学出版会、二〇〇八年参照。
72 横内裕人「自己認識としての顕密体制と「東アジア」」前掲注57書、四一五～四一六頁。
73 「禅律仏教」に関しては、大塚紀弘『中世禅律仏教論』山川出版社、二〇〇九年参照。

付記　校正時、篠崎敦史「平安時代の渡海制と成尋の〝密航〟――成尋〝密航〟説への疑問――」『史学雑誌』一二六―八、二〇一七年に接した。成尋が勅許を得て渡海した可能性を論じる。重要な問題提起であり、あわせ参照されたい。

漢詩による文化交流
――円珍に贈られた唐人の送別詩を中心に――

葛　継勇

はじめに

漢詩を詠むには、漢字の音韻を踏むだけではなく、平仄を合わせるのも必要で、現在の中国知識人にとっても容易なことではない。ただし、古代、とくに「唐詩」と言われるほどの唐代において、中国知識階層の社交技術であった漢詩の贈答は漢字文化圏に属する諸地域に広がっていって、友人同士の社交のための単なる文学的アクセサリーに留まらず、異民族間で面談による意思疎通が不自由な場合でも、相互理解の地平を拓く機能を果たしていたと思われる。[注1]当然、有声の面談のみではなく、無声の筆談の場合でも、漢詩を作ることを通じて、人間的な交流と連帯を作り上げることができた。[注2]

ところで日本では、九世紀に入って以来、弘法大師こと空海・伝教大師こと最澄をはじめ、多くの日本僧侶が入唐し求法・巡礼を行った。智証大師円珍もその一人である。円珍についての研究は、古くは『円城寺之研究』

（星野書店、一九三一年）、『智證大師研究』（同朋舎出版、一九八九年）などの論文集にまとめられ、近年では小野勝年の『入唐求法行歴の研究』（上、下巻、法蔵館、一九八二〜一九八三年）や、佐伯有清の『智証大師伝の研究』（吉川弘文館、一九八九年）、小山田和夫の『智証大師伝の研究』（吉川弘文館、一九九〇年）などの単著が上梓され、多方面から詳細に検討されており、さまざまな業績が蓄積されている。しかしながら、唐人から円珍に贈られた送別詩と尺牘についての研究は少ないと言わざるを得ない。古くは筑波藤麿や大屋徳城によって紹介され、また近年は佐伯有清や齋藤茂などの諸氏によって注目されているが、[注3]これらの送別詩と尺牘の作成時期や背景などをめぐる詳細な研究は未だ見当たらない。

そこで本稿では、これらの送別詩を中心に、円珍の入唐・帰国と唐人との交友や送別詩の作者、作成時期および時代背景について探り、漢詩による日唐文化交流の実態を明らかにしてみたいと思う。

一　円珍在唐中の交友と送別詩集

最澄の弟子で承和の遣唐使で入唐した円仁の足跡を継いだのは円珍である。『天台宗延暦寺座主円珍伝』（以下、『円珍伝』と略す）には「初伝教大師斬木刈草、建延暦寺。遂入大唐、伝天台真言両宗。其後相承闡揚両宗、広大門戸者、慈覚大師與和尚而已（初めて伝教大師、木を斬り草を刈り、延暦寺を立てる。遂に大唐に入り、天台・真言の両宗を伝ふ。其の後相い承けて両宗を闡揚し、門戸を広大するものは、慈覚大師と和尚のみ）」とあり、円珍を慈覚大師円仁と並べるように讃えている。

円珍は仁寿元年（八五一）四月に京都を発ち、大宰府に向かった。翌々年の仁寿三年（八五三／大中七）七月、商人欽良暉・李延孝の商船に乗り込み、八月十五日嶺南道福州の連江県に到着している。その後、福州、温州、台州、越州、蘇州、東都（洛陽）にしばらく滞在して、大中九年（八五五）四月に長安に着いた。長安で一年余り滞在し、求法・巡礼の生活を送った。翌年五月、長安をあとにして、東都（洛陽）を巡礼した後、越州に立ち寄って、台州天台国清寺に戻り、日本国大徳僧院として、同地に止観堂を建立している。大中十二年（八五八／天安二）六月、李延孝の商船に乗り、同月二十二日に太宰府に到着している。円珍は八月十四日に入京の詔勅を受けたが、二十八日に文徳天皇が急逝したことにより、清和天皇の即位後の十二月中旬、ようやく入京の途についている。

円珍の在唐中の交友について、『円珍伝』には次のように記されている。

初和尚発自江南、至於両京。所歴諸州、耆徳宿・名僧及詞客・才子欽愛褒美、談不容口。先後所呈之詩、稍及一十巻。文不多載。（中略）貞観中、清観贈和尚詩云、「叡山新月冷、台嶠古風清。」當時詩伯菅相公視此一句、大為絶倒。

（初め和尚江南より発し、両京に至る。歴る所の諸州、耆徳宿・名僧及び詞客・才子欽愛褒美、談口に容《すべ》からず。先後所呈の詩、稍やく一十巻に及ぶ。文多ければ載せず。（中略）貞観中、清観、和尚に詩を贈りて云く、「叡山新月冷え、台嶠古風清らかなり」と。當時の詩伯菅相公此の一句を視て、大《はなは》だ絶倒を為す。）

すなわち、円珍の在唐求法・巡礼の間、多くの名僧・士大夫との交友がおこなわれ、交わりの詩は十巻に及び、また清観の送別詩は詩伯菅原是善に高く評価されているとされる。清観は、円珍『行歴抄』によると、会昌の廃仏以降に国清寺の再興に力を尽くした国清寺僧である。宋の釈賛寧撰『宋高僧伝』巻二十唐天台国清寺清観伝には「少覧百家、弥通三教。仍善属文、長於詩筆（少《わか》く百家を覧て、弥よいよ三教に通じる。仍りて属文に善じ、詩筆に長ずる）」とあり、清観の詩文能力はここでも高く評価されている。

大中八年（八五四）九月二日付の円珍「福州温州台州求得経律論疏記外書等目録」には「相送詩一巻〈甲二首、参寥〉、（中略）温州緇素相送詩一巻〈或題福温台州相送詩、乙三十六首〉。（中略）台州開元寺建老宿詩一巻〈丙本新、総六首〉」とあり、福州・温州・台州の三州で送別詩甲乙丙三巻を贈られている。そのうちの「建老宿」とは台州開元寺僧清翰の弟子知建のことである。おそらく大中七年十二月に台州を離れる時、経疏とともに詩六首を贈られたのであろう。[注4]また、『唐房行履録』巻上所引の「智証大師年譜」には「師在唐凡六寒暑、製在唐巡礼記五巻。又有師友唱酬詩集十二巻（師在唐すること凡よそ六寒暑、在唐巡礼記五巻を製る。また師友唱酬詩集十二巻有り）」とあり、「師友唱酬詩集」は十二巻ある。

ところで、唐僧清観が円珍に詩を贈ったのは貞観（八五九〜八七七）年間のことであり、円珍が日本に帰国してからのことである。実は、円珍帰国後の天安二年（八五八）六月から十二月にかけて、大宰府鴻臚館に滞在中の唐客らと唱和した詩、また帰京の際に唐客らより送られた送別の詩は、まとめて巻子本に表装されて園城寺に伝えられている。これらの送別詩は唐人の書牘（手紙）と共に明和（一七六四〜一七七二）年間、僧敬光によって「風藻餞言集」と命名され、『大日本仏教全書』と『天台霞標』に収録されている。また、『園城寺文書』第一巻にはそれらの送別詩が「唐人送別詩並尺牘」二巻と名づけられ、翻刻されている。この上下二巻ともほぼ同じ大きさの箋紙が九枚貼り合わされて一巻となっている。このうち、詩は上巻に二枚三首、下巻に九枚十五首あるものの、これらの送別詩は筆跡や字体、字の大きさなどが異なるもので、本来の形は明らかではない。[注5]

ところで、「風藻餞言集」には、前述の清観が円珍に贈った詩の二句を収めているが、僧道玄の詩「謹呈珎内供奉上人、従秦帰東送別詩」が闕けている。この道玄の詩は「唐人送別詩並尺牘」には見えている。詩題の「従秦帰東」とは、長安城（秦＝唐）より平安京（東＝日本）に帰ることを意味しているであろう。ただし、「鎮西老

釈道玄上」とあるように、鎮西府すなわち大宰府周辺に居住する僧侶と見られ、日本僧の可能性もあるだろう。[注6]

『入唐求法巡礼行記』巻一開成四年四月八日条に「新羅訳語道玄」とあり、もし同一人物だとすれば、道玄は円仁入唐時の遣唐使船に同乗していた新羅訳語僧である。そのため本論ではこの僧道玄の詩は検討の対象から除外したい。

二　円珍に贈られた唐人の送別詩

前述した道玄の詩一首を除くと、円珍に贈られた詩は、高奉の詩五首、蔡輔の詩九首、詹景全の詩二首、李達の詩一首となり、十七首が現存している。以下、これらの唐人送別詩を考察したい。

まず、高奉の詩を見てみよう。

（1）「昨日鴻臚北館門楼遊行（昨日、鴻臚北館の門楼に遊行す）一絶　七言」には、

鴻臚門楼掩海生、鴻臚の門楼、海を掩《おお》ひて生じ、
四隣観望散人情。四隣の観望、人の情を散ず。
遇然聖梨遊上嬉、遇然《ぐうぜん》、聖梨上に遊びて嬉び、
一盃仙薬奉雲青。一盃の仙薬、雲青を奉る。

この詩は、鴻臚館門楼が海に向かうという立地を述べて、また茶を仙薬と称えている。「雲青」は『風藻餞言集』には「光按、雲青蓋茶名」という僧敬光の注があり、茶の名とされる。うちの「遇」の字は「偶」の誤りと言われているが、「遇然」は「偶然」と同じ意味であることから、改める必要はない。また、「遇然」の語から、

鴻臚館門楼で「聖梨」すなわち神聖な阿闍梨である円珍と出会ったことは予想外の出来事であったと述べる。

（2）「懐秋思故郷（秋を懐しみ故郷を思ふ）詩一首」には、

日落西郊偏憶郷、日、西郊に落ち偏《ひとえ》に郷を憶ひ、

秋深明月破人腸。秋深くして明月、人の腸を破る。

亭前満露蟬声乱、亭前、露に満ちて蟬声乱れ、

霜雁天辺一帯長。霜雁、天辺にて一帯長し。

尽夜吟詩還四望、夜を尽し詩を吟じ還《ま》た四望すれば、

一輪桂葉落西方。一輪の桂葉、西方に落つ。

一年末有鴻臚館、一年末だ鴻臚館有らざれど、

詩興千般入文章。詩興千般にして文章に入る。

とあり、来日した高奉は故郷の唐国を切実に偲んでいたとされる。「秋深」とは、九月を意味する語句であり、この詩は九月に作られたのであろう。

以上の詩二首は、内容からすると円珍への送別詩ではないことがわかる。

（3）「上人西遊漢地、将得宗旨廻到本国奉詔入城（上人漢地に西遊び、将に宗旨を得て本国に廻到し詔を奉じて入城す）、送詩一首　七言」には、

吾師奉詔入皇城、吾が師、詔を奉りて皇城に入り、

巡念禅房意叮嚀。念じて禅房を巡り意、叮嚀なり。

蓮花貝字駕龍馬、蓮花の貝字、龍馬に駕し、

明月金剛指雲呈。明月の金剛、雲呈を指す。
一朝控錫飛上界、一朝、錫を控え上界に飛べば、
何時得見拝真容。何れの時か真容を見拝するを得ん。
奉辞一到天王闕、辞を奉りて一に天王の闕に到らば、
去後千廻憶断腸。去る後、千廻の憶、断腸たり。

とあり、この詩は「吾師奉詔入皇城」の語句を勘案すれば、円珍が八月十四日に入京の詔勅を受けた後に作られたものであろう。「貝字」とは、皮日休「孤園寺」には「小殿熏陸香、古経貝多紙」（『松陵集』巻三）とあり、また唐の張鼎「僧舎小池」詩（『全唐詩』巻二〇二）には「貝多文字古、宜向此中翻」とあるように、仏教経典を意味する。「蓮花貝字駕龍馬」とは、円珍が携えてきた経典を「龍馬」に乗せ、京都を目指すことを喩えている。「一朝、錫を控え上界に飛べば」「辞を奉りて一に天王の闕に到らば」などの語句は、円珍が帰京すれば「上界」「天王闕」に飛び到るように出世すると称えていると思われる。円珍が立ち去った後に「真容」すなわち円珍の姿を見ることができず、思いめぐらすのは断腸の悲しみであると作者は述べている。

続く（4）「一首　絶句」には、

西遊大士送天涯、西遊の大士天涯を送り、
君王続命便交帰。君王、命を続けて便ち交帰す。
恵雲一去千里国、恵雲一たび去る千里の国、
誰解玩珠繫袖衣。誰か玩珠を解きて袖衣に繫がんや。

とある。「西遊」とは、西へ求法することを意味し、「大士」とは唐の湛然『法華文句記』巻二には「大士者、

『大論』稱菩薩為大士、亦曰開士」とあり、菩薩を指す語であるが、ここでは徳行の高い僧侶、すなわち円珍のことを指している。作者の高奉は円珍を「西遊大士」と喩え、高く評価しているのである。

（5）「今月十二日得上人憶天台詩韻、和前奉上（今月十二日上人の天台を憶ふ詩韻を得て、和して前に奉上す）点韻五十六字」には、

飛錫東流憩四龍、飛錫して東流し四龍に憩《いこ》ひ、
却贈天台五嶺松。却りて贈る天台五嶺の松。
難忘衆仙行道処、忘れ難し衆仙の行道する処、
望思羅漢念真容。望みて羅漢を思ひ真容を念ず。
六年洗骨金剛汁、六年骨を洗ひ金剛の汁、
八戒薫心遨身通。八戒、心を薫《くん》じ身通に遨《あそ》ぶ。
謂縦法界無障碍、縦《ひと》え法界に障碍無しというも、
志縁常在五臺中。志縁、常に五臺の中に在り。

とあり、このうちの「飛錫」とは、唐の高僧隠峰（生卒不詳、元和年間の人）が錫杖を飛ばし、みずから空を飛んで五臺山へ登ったという故事による。「飛錫東流」とは円珍が唐より東方の日本に帰ったことを指し、「四龍」とは円珍が当時滞在していた「城山四王院」のことを指すと思われる。文中の円珍「憶天台詩」は現存せず、内容は不明であるが、「城山四王院」に滞在中に詠んだのであろう。

「天台五嶺の松」について、李白「送王屋山人魏萬還王屋」には「天台連四明、日入向国清。五峰転月色、百里行松聲（天台四明と連なり、日入りて国清に向かふ。五峰月色転じ、百里松聲行く）」とあり、皮日休「寄題天台国

清寺」には「十里松門国清路、飯猿臺上菩提樹」とあり、国清寺の隣には五つの山峰があり、国清寺へ続く道の側には松が植えられているという。唐の徐霊府（生卒不詳、会昌年間の人）『天台山記』に「国清寺、在県北十里、皆長松夾道至於寺。（中略）寺有五峰。一八桂峰、二映霞峰、三霊芝峰、四霊禽峰、五祥雲峰」とあり、五峰はしばしば国清寺の代名詞となっていたらしい。「天台五嶺松」とはみな国清寺のことを指すのであろう。

なお『円珍伝』には「旋適五臺、復止天台国清（旋らく五臺に適き、復び天台国清に止る）」とあり、円珍が五臺山に行ったように記されているが、『行歴抄』などによると、円珍は五臺山に行っていないようである。この「五臺」とは天台山の五つの山峰のことを指すと言われている。[注7]ただし、大中七年（八五三）九月日付の「福州都督府公験」などの福州から越州の間に提出した公験・過所には、巡礼先に「五臺山」が挙げられている。おそらく長安を出てから、交通費が不足し当初には計画していた五臺山行きを中止したのであろう。[注8]「志縁常在五臺中」とは当初に計画した五臺山行きを指すとも考えられる。ちなみに、「天台」の「台」と「五臺」の「臺」は別義の字であり、明確に書き分けられ「五臺」は天台山のことではないと言えるだろう。

「真容」とは、ここでは智者大師の影像を指す。入宋僧成尋の『参天台五臺山記』巻一には「次参大師堂。（中略）智者真容、安坐禅床（次ぎて大師堂に参る。（中略）智者真容、禅床に安坐す）」とある。

以上の高奉の詩には、（2）と（5）の前四句を除いてみると、多くは平仄が合わず、韻を踏み落としているものがある。

（5）の「今月十二日」は十月十二日だと言われている。[注9]『園城寺文書』所収の詹景全「書牘」には「請大徳諸徒衆。右今日辰時、聊備空飯、謹専状諮屈。伏惟降重。謹状。十月十一日詹景全等状（大徳諸徒衆に請う。右今日の辰時、聊かに空飯を備えて、謹みて専状し諮屈す。降重するを伏して惟みる。謹みて状す。十月十一日詹景全等状す）」とあり、詹景全らが円珍に書状を送り、十月十一日の朝食に招待するとある。おそらく高奉は十月十一日の宴会に参加しなかったので翌日、円珍「憶天台詩」を得たのだろうと言われている。注10

この円珍の「憶天台詩」に唱和した詩には、高奉一首のほか、詹景全「跪受大徳珠玉、不揆卑劣、謹次来韻（跪《ひざまづ》きて大徳の珠玉を受け、卑劣を揆《はか》らず、謹みで来韻に次ぐ）」二首、李達「奉和大徳思天台次韻（奉じて大徳の天台を思ふ次韻に和す）」一首、蔡輔「大徳唐帰、伏承苦憶天台、敢奉詩（大徳唐より帰り、伏して苦はだ天台を憶ふを承り、敢えて詩を奉る）」二首がある。詹景全や李達、蔡輔らが参加したのであろう。

次に、詹景全、李達、蔡輔の三人と円珍との唱和詩を見てみよう。まず、詹景全と李達の詩である。

詹景全の詩（1）「跪受大徳珠玉、不揆卑劣、謹次来韻」

大理車廻教正**濃**、大理の車　廻《めぐ》りて教、正さに濃《こ》し、
乍離金地意思**松**。乍《たちま》ち金地を離れて意《こころ》に松を思ふ。
滄溟要過流盃送、滄溟を過《よぎ》らんことを要《もと》めて盃を流して送るに、
禅坐依然政法**容**。禅坐すること依然たり法容を政《ただ》す。

詹景全の詩（2）

一乗元議道無**蹤**、一乗もと議す道蹤無し、
居憩観心静倚**松**。居して観心に憩ひ静かに松に倚る。
三界永除幾外想、三界永く除く幾外の想、
一誠帰礼釈迦**容**。一たび誠を釈迦の容に帰礼す。

李達の詩「奉和大徳思天台次韻」

金地炉峯秀気濃、金地の炉峯秀気濃く、
近離雙澗憶青松。近くは雙澗を離れ青松を憶ふ。
控錫斸泉浄心相、錫を控え泉を斸《ひら》きて心相を浄め、
遠伝法教現真容。遠く法教を伝え真容を現さん。

詹景全の詩（1）と李達の詩にある「金地」とは、黄色い土を意味する語句だが、宋の林表民編『天台続集』別編巻三「禅林寺」条の注には「智者始至仏隴、定光指此曰、南峯金地、今我所居。北峯銀地、爾宜居之（智者始め仏隴に至りて、定光此を指して曰く、南峯金地、今我居る所。北峯銀地、爾宜しく之に居る）」とあり、円珍『行歴抄』には「定光和上曰、此是金地吾居。転北銀地、汝当居之。則禅林寺矣（定光和上曰く、此こ是れ金地なり、吾居す。転じて北すれば銀地なり、汝之に居るすべき。則ち禅林寺なり）」とあり、僧定光が居住する処は金地、智者大師が居住する処は銀地と呼ばれている。

李達詩中の「雙澗」は、徐霊府『天台山記』に「寺有五峰、（中略）雙澗廻抱。（寺五峰有り、（中略）雙澗廻りて抱く）」とあり、国清寺の風景の一つである。また「控錫斸泉」とは、徐霊府『天台山記』に「昔普明禅師、持錫杖琢開、名錫杖泉（昔普明禅師、錫杖を持ち琢き開きて、錫杖泉と名づける）」とある故事をモティーフしたものであろう。

注目すべきこととして、詹景全の詩（1）と（2）の第二句の最後はみな「松」の字であること、（1）と（2）の第四句の最後の字はみな「容」の字であることとである。これは李達の詩および前出の高奉（5）詩と同様である。この四首の詩題はすべて円珍の「憶天台詩」に唱和した和韻詩であるので、円珍の「憶天台詩」も第二句の最後の字は「松」、第四句の最後の字は「容」であったはずである。高奉の（5）詩題中の「点韻」の語

句は不明であるが、おそらく円仁「憶天台詩」にある「松」と「容」との二字を選び、この二字を使って韻詩を作るという意味であろう。

次に蔡輔の詩を見てみる。

蔡輔の詩（1）「大徳唐帰、伏承苦憶天台、敢奉詩」

憶昔大唐天台寺、昔を憶ふ大唐の天台寺、

乍離惆悵拭涙啼。乍ち離れて惆悵たり涙を拭いて啼く。

忽然喜悦有情頼、忽然として喜悦し、情頼むこと有りて

応是仙徳有所期。応《まさ》に是れ仙徳の期するところ有るべし。

蔡輔の詩（2）「大徳唐帰、伏承苦憶天台、敢奉詩」

別憶天台五嶺岐、別れて憶ふ天台五嶺の岐、

両伴森林尽松**枝**。両つ森林を伴ひ尽《ことごと》く松の枝。

辞帰本国鴻臚館、辞して本国の鴻臚館に帰し、

無日遊戯暫相思。日に遊戯なし暫く相ひ思ふ。

（1）の詩の「忽然喜悦有情頼」とは、おそらく八月十四日に入京の詔勅を受けた円珍の喜びを意味するであろう。（2）の詩の「天台五嶺岐」とは、天台五嶺の別れ道を指す。「松」の字は、高奉の詩に見える「天台五嶺の松」を意味するであろう。

さらに、蔡輔の詩三首を見てみる。

蔡輔の詩（3）「大徳播心之唐国遊帝京等、道捜尋経教帰本国詩（大徳心を播かちて唐国に之《い》き帝京等を遊び、道

に経教を捜尋して本国に帰る詩）一首」

判心唐国遊帝京、心を唐国に判かちて帝京に遊び、
尋得経教甚分明。経教を尋ね得る甚だ分明なり。
無過為捜精華尽、過無し捜し為すこと精華尽し、
且帰本国更朝天。且つ本国に帰りて更に天を朝す。

蔡輔の詩（4）「唐国進仙人益国帯腰及貨物詩（唐国、仙人の益国の帯腰及び貨物を進めまつるの詩）一首」

大唐仙貨進新天、大唐の仙貨を新天に進み、
春草初生花葉鮮。春草初めて生じて花葉鮮《あら》たなり。
料知今朝随日長、料り知る　今朝、日に随って長く、
唐家進寿一千年。唐家寿を進むること一千年。

以上の二首には「時天安二年十月廿一日大唐容管道衙前散将蔡輔、鴻臚館書進献謹上」とあり、天安二年十月二十一日に鴻臚館で詠まれたとされる。

蔡輔の詩（5）「大徳唐帰、入朝新天、臨途之日奉献詩（大徳唐より帰り、新天に入朝せんとし、途に臨むの日に献じ奉るの詩）」

唐帰入朝月騰光、唐より帰りて朝に入るや月、光を騰《あ》げ、
新天時亮曙色霜。新天、時に亮《あき》らかにして曙色の霜。
縦然浮雲暫遮却、縦然《ひとひ》、浮雲暫く遮却するも、
須臾還照莫苦傷。須臾《しゅゆ》にして還た照らさん苦しみ傷むこと莫《な》かれ。

以上の三首には「天」「新天」などの語句がある。この「新天」とは、佐伯有清によれば新たに天皇に即位する惟仁親王の朝廷を意味し、十一月七日に惟仁親王が即位したが、円珍は天皇になる前からその即位を既成事実として捉えていたと指摘している。[注11] しかし、この詩を詠んだのは蔡輔であり、円珍ではない。八月十四日に文徳天皇が崩御したため、天皇の代替りがおこなわれるのは当然である。よって、これらの詩によって円珍が惟仁親王（すなわち清和天皇）の即位を既成事実として捉えていたとは言えないだろう。

また、「唐家」とは鴻臚館に滞在中の蔡輔らの唐客を指すであろう。つまり、後掲した蔡輔の詩（8）は新天皇の即位を祝賀するため、上京する円珍に依頼して「仙人益国帯腰及び貨物」を献上し、新天皇の長寿を言祝いだものであろう。詩（3）は蔡輔が円珍の入唐求法の成果を称えており、上京後の評価を高めるために作ったであろう。

蔡輔の詩（5）の作成時期は記されていないが、蔡輔の詩（3）と（4）より遅く、十二月に上京する円珍が出発する際に贈ったものであろう。佐伯有清は、円珍が文徳天皇急逝後の政情を不安定なものと捉え、新天皇である清和天皇の前途にいささかの不安を感じ、それを蔡輔たちの唐人に漏らしていたと指摘した。[注12] ただし、これは清和天皇の前途より、むしろ円珍が入京後の個人的な前途に不安を持っている様子を見て、蔡輔は不順があっても、一時的なものだと円珍を励ましていたのではないかと考えられるのである。

最後に、蔡輔の「大徳帰京、敢奉送別詩（大徳京に帰るに、敢えて送別し奉るの詩）」四首を見よう。

蔡輔の詩（6）

　鴻臚去京三千里、鴻臚京を去ること三千里、

一騎蕭条駿苦飛。一騎蕭条たりて駿飛ぶを苦しむ。

執手叮嚀深惜別、手を執りて叮嚀に深く惜別し、
龍門早達更須帰。龍門早やかに達し更に帰すべし。

蔡輔の詩（7）

一別去後涙栖栖、一別去れば後に涙栖栖、
心中常憶酔迷迷。心中常に憶ひ酔迷迷。
看選応是多仙子、看選せば応に是れ仙子多かるべく、
直向心頭割寸枝。直に心頭に向ひて寸枝を割く。

蔡輔の詩（8）

一別蕭蕭行千里、一たび別れて蕭蕭たり千里を行き、
来時悠悠未有期。来るの時悠悠として未だ期有らず。
一年三百六十日、一年三百六十日、
無日無夜不相思。日と無く夜と無く相ひ思はざらんや。

蔡輔の詩（9）

遊歴天下心自知、天下に遊歴し心自《みずか》ら知り、
斎前惜別不忍啼。斎前に別を惜しむに啼くに忍ばず。
自従一辞雲去志、一辞自《よ》従り雲志を去り、
千里相送候来期。千里相ひ送りて来期を候《うかが》わん。

詩（6）にある「龍門」とは平安宮の門を指すと思われる。（6）の「執手叮嚀深惜別」と（9）の「斎前惜

別不忍啼」の語句から、この送別詩四首は十二月二十六・七日に円珍と別れる際に作られたのであろう。この送別詩四首には、円珍が遠く京へ向かう道のりの長いことやその孤独な様が表現されている。[注13]同時に、作者の蔡輔は円珍との再会を期待していると述べている。

ただし、(4)と(5)を除くと、蔡輔の送別詩の多くは平仄が合わず、韻を踏み落としているものもあるので、高い技量を示している作品とは言えないだろう。

三　送別詩を詠んだ唐人たち

これまで見てきた唐人のうち、高奉については他の史料に見られず、不明な人物である。高奉の詩文(3)と(5)に表現される内容はなかなか難解なものであり、彼の仏教的素養は他の唐人と比べて高いように思われる。これまで円珍に同行して来日した唐人の一人だと推測されているが、彼の詩の「懐秋思故郷詩一首」には「一年未だ鴻臚館有らざれど、詩興千般にして文章に入る」とあり、日本滞在はまだ一年に達していないと述べている。[注14]もし円珍に同行して来日したとすれば、大宰府に入った六月二十二日から「深秋」まで僅か三ヶ月しかない。したがって、高奉は円珍に同行して来日した唐人とは断定できないのである。

次に蔡輔について見ていきたい。彼の肩書きである「大唐容管道衙前散将」について、「容」字は「客」の字の誤りだとされ、道路の警備などを目的とする軍の将校だろうと言われている。[注15]

しかし、「唐客詹景全」の「客」の字とは字画が異なり、字形からすれば「容」の字とすべきである。『旧唐書』巻三十八地理志の「容管經略使」条に「治容州。管容、辯、白、牢、欽、巖、禺、湯、瀼、古等州」とあり、「容管道」とは容州（現在の広西省容県）に設置された容管経略使のことを指すと考えられる。『新唐書』巻二一四の劉従諫伝に「賈人子献口馬金幣、即署牙将、使行賈州県（賈人子口馬金幣を献じ、即ち牙将を署して、州県に賈を行わしむ）」とあり、昭義節度使劉従諫は財政収入を増やすために牙将に貿易をおこなわせた。「衙前散将」は節度使や州刺史の意向を受けた商人に与えられた「牙職」で、すなわち実際に軍を指揮する立場にはなく、名目的な位階・散官号であろう。[注16] おそらく交易の場に同行して対外的な交渉の責任を負ったり、交易の監視に当たったりする立場かもしれない。[注17] 容州にあった容管道は福州と同じく嶺南道に属していることから、円珍は福州あたりで蔡輔と知古を得たのかもしれない。

ちなみに、円珍に書状を送った徐直の肩書きは、『高野雑筆集』巻下所収の「唐人書簡」には「婺州衙前散将」「蘇州衙前散将」、『園城寺文書』所収の「円珍奏上」には「（蘇州）衙前同十散将」とそれぞれ記されており、円珍と蘇州刺史管轄下の商人徐直（徐公直）にも付き合いがあることが知られる。

九世紀以降、地方の軍閥として実権を握る節度使や刺史・藩鎮が商人にこの種の肩書きを与えて実利を貪り、商人もその販路の拡大などにこの種の肩書きを利用したと言われるが、[注18] 容管節度使管轄下の「衙前散将」蔡輔はなぜ来日したのか、そして彼は円珍が帰国する際に同船して来日したのかなどについて、未だ不明である。これらについては後考を俟ちたい。

続いて、李達と詹景全について見ていきたい。「唐客李達」「唐客詹景全」と記されていることから、二人とも天安二年（八五八）六月に円珍が帰国する際に同船し来日した唐人だと思われる。詹景全の詩題「跪受大徳珠玉（跪きて大徳の珠玉を受く）」から、また『円珍伝』には「務州人詹景全帰依和尚、深契檀越（務州の人詹景全和尚に帰依し、深く檀越を契《ちぎ》る）」とあることから、彼は篤く円珍に帰依した婺州（現在の浙江省金華市）出身の人であることが窺える。大中十二年閏二月日付の円珍「乞台州公験状」には「遂遇越州商人詹景全、劉仕献、渤海国商主李延孝、英覚等去大中十年九月従日本国回、願施銭四十千文、造住房三間（遂に越州商人詹景全、劉仕献、渤海国商主李延孝、英覚等去る大中十年九月日本国従り回るに遇ひて、願ひて銭四十千文を施し、住房三間を造る）」とあり、ここでは詹景全は越州商人とされ、また大中十年（八五六）九月に日本から帰国し、国清寺止観堂の造営に寄付したとされる。『円珍伝』には「和尚帰朝之後、景全図画付法師。大師上自釈迦迦葉、下至唐恵能之像二幀子同亦送来（和尚帰朝の後、景全図画して法師に付す。大師上に釈迦迦葉自り、下に唐の恵能に至るまでの像二幀子同《とも》に亦た送り来る）」とあるように、帰朝後の円珍に名僧の影像を送付していることが記されている。

また、『園城寺文書』所収の常雅「書牘」には「一別□年、毎常思詠。詹四郎到、伏扗来書。（中略）謹因詹四郎廻信、附状申情（一別して□年、毎に常に思詠す。詹四郎到りて、伏して来書を扗《う》ける。（中略）謹みて詹四郎に因りて信に廻し、状に附き情を申ふ）」とある。この常雅「書牘」に見える「詹四郎」が詹景全のことであり、彼は頻繁に唐日間を往復していることが窺える。また、円珍「上智慧輪三蔵書」には「即癸未年八月四日、更囑詹景全奉書信。而来年却帰。（中略）其来年船廻時、不待京信、景全早帰唐。更与円載法師同船指東国、遭難倶没（即ち癸未年八月四日、更に詹景全に囑《たの》みて書信を奉る。而して来年却帰す。（中略）其の来年船廻る時、京信を待たず、景全早く唐に帰る。更に円載法師と与に船を同じくして東国を指すも、難に遭ひて倶に没す）」とあり、詹景全は癸未年（八六三）八月四日の直後に帰国し、翌年に再び来日したが、八六五年に再び帰国したとされる。元慶元年（八七七）、天台留学僧円載や唐人李達とともに、渤海商人李延孝の船に乗って日本に向かう途中、船が難破し、李達は助かったが、不幸なことに詹景全は円載や李延孝とともに遭難したのである。

李達について、円珍「上智慧輪三蔵書」には「務州永康門徒（第五也）」と記されるように、彼は円珍に帰依した婺州永康県の人で、三度にわたって来日している。[注19]また、李達は円珍の依頼で郷貢進士沈懽に「国清寺止観堂記」の撰文を依嘱した。この沈懽「国清寺止観堂記」（『唐文続拾』巻六）には「趙郡李処〈士〉芳名達、爰来告愚、与師有旧。（中略）乃命予実録其事、唯慚不文。咸通二年五月十日記（趙郡李処士の芳名達、爰に来りて愚に告ぐ、師と旧有り。（中略）乃ち予に命して其の事を実録せしむ。唯だ不文を慚ず。咸通二年五月十日記す）」とあり（『円珍伝』には「趙郡李処士達」）、李達は「趙郡」を本貫地とし、咸通二年（八六一）五月にすでに帰国したことが知られる。十二月九日付の李達「書状」には「前者和尚控錫至於郡城、都無一物勘充供養、反則尤甚。頂拝未期。空増瞻恋之至。謹因従六兄往附状（前者和尚錫を控えて郡城に至りぬ。都て一物無し供養を充つに勘える。反して則ち尤甚だたり。頂拝未だ期さず。空しく瞻恋の至りを増す。謹みて従六兄に因りて往きて状に附す）」とあり、在唐中の李達は日本に渡る「従六兄」という親族に依頼してすでに上京した円珍に書状を送っている。

『円珍伝』には「元慶五年、務州人李達依和尚之囑、付張家商船、送来本朝一切経闕本一百二十餘巻（元慶五年、務州の人李達和尚の囑みに依りて、張家の商船に付して、本朝一切経闕本一百二十餘巻を送り来る）」とあり、元慶五年、李達は円珍に一切経闕本百二十餘巻を送っている。翌年七月十五日直後、帰航に際して、円珍に「上智慧輪三蔵書」を託されたと同時に、弟子の三慧を李達に同行させ、重ねて欠経となっている三四〇巻の経典を唐で探し写させたのである。その智慧輪宛ての手紙は元慶六年七月十五日という日付があるから、李達の帰航はその直後であろうが、その後の消息は全く不明である。[注20]

以上のように、送別詩を作ったこれらの人物は、いずれも都を遠く離れた沿海部の下級官僚や交易商人たちである。彼らは都の教養溢れる人々ではないため、これらの送別詩の多くは平仄が合わず、韻を踏み落としているものもあり、内容的にも優れているとは言い難いのであろう。[注21]

終わりに

以上の分析を纏めてみると、これらの唐人送別詩の作成場所はすべて大宰府の周辺であり、作成時期は天安二年（八五八）八月十四日に円珍が入京の詔勅を受けた後のことだと考えられる。また、作者である詹景全や李達は大宰府に来航する交易実務者でありながら、円珍との交友関係が深く、円珍が比叡山延暦寺に戻っていった後も、しばしば連絡を取り合い、信頼関係が厚かったことが看取できる。

これまで知られている円珍の詠んだ詩は「憶天台詩」しかない。『新古今和歌集』巻二十釈教歌に円珍の和歌一首が収録されている。すなわち、唐へ出帆する直前、円珍は「法の船さしてゆく身ぞもろもろの神も仏もわれをみそなへ」と詠んで、入唐の感慨を述べ、神仏の加護を祈っている。しかしながら、元慶六年七月十五日付の円珍「上智慧輪三蔵書」には「円珍不会唐言、又暗文才、百事面墻（円珍唐言を会《かい》さず、又た文才暗たりて、百事墻に面す）」と述べているように、円珍は中国語ができなく、詩文能力もないと謙遜して述べている。入唐後、唐の名僧・士大夫との交友ができても、即席で詩を作成し唱和することはできなかったのであろう。

これらの唐人送別詩に詠まれた円珍の人物像について見てみよう。まず、高奉の詩（3）にある「蓮花貝字龍馬に駕る」の語句は、円珍は帰国に際して厖大な経典を携えてきたことを示している。高奉の詩（5）にある「六年骨を洗ひ金剛の汁、八戒心を薫《くん》じ身通に遨《あそ》ぶ」とは、仁寿三年（八五三）七月から天安二年（八五八）六月までの六年間に円珍が唐の各地、特に天台国清寺で真剣な求法・巡礼の生活を過ごしたことを述べ、蔡輔の詩（5）にある「縦然《ひとえ》、浮雲暫く遮却するも、須臾《しゅゆ》にして還た照らさん苦しみ傷むこと莫《な》かれ」の語句は天皇の交替によって入京後の前途に不安を持っていることを表すのであろう。
前述したように、詹景全と李達は円珍の「憶天台詩」に和して次韻詩を詠んでいた。この次韻の形式は、当時元白の唱和詩を模倣した作品が広く流行しており、民間においては文学的遊劇の一つとして受容されていたと言われているものである。[注22]円珍は詹景全や李達らの唐人と親しく交友していたことが窺え、同時に円珍は当時すでに次韻詩を用いてやり取りができるほど、文学的遊劇を習得できていたと考えられる。[注23]
そして、これらの送別詩に見られるのは天台国清寺への円珍の思念である。帰国後の円珍は「憶天台詩」を詠み、天台山国清寺を甚く懐かしんでいる。高奉の詩（5）にある「天台五嶺松」「真容」、李達詩にある「雙澗」「青松」「真容」「錫を控えて泉を斸く」「金地」、蔡輔の詩（2）にある「天台五嶺岐」「両びに森林を伴ひ尽く松の枝」などの語句は、『円珍伝』にも見える語句である。すなわち、『円珍伝』の「松林鬱茂、十里挟路、琪樹璀璨、五嶺抱寺。雙澗合流、四絶標奇。智者真容、安坐禅林。普明錫泉、瀑灑殿艮。昔聞今見、宛如符契（松林鬱茂す十里路を挟み、琪樹璀璨、五嶺寺を抱き。雙澗合流し、四絶奇を標ずる。智者真容、禅林に安坐す。普明錫泉、殿艮に瀑灑たり。昔聞今見、宛も符契の如し）」とは、円珍が初めて天台国清寺に入った時の風景である。また、詹景全の詩と李達の詩にある「金地」「金地炉峯」などの語句は、円珍『行歴抄』に「（大中八年二月）九日斎後、珍領徒入山。国清東北名霊芝峰。（中略）行十八里餘、山路地黄、同一金色（九日斎《とき》の後、珍徒を領して山に入る。国清の東北に霊芝峰を名づける。（中略）行くこと十八里余り、山路地黄ろく、金色と同一たり）」とあり（『在唐日録』にも見える）、円珍が辿ったところを指している。これらを勘案すると、高奉、詹景全、李達、蔡輔の四人は天台国清寺の風景を詳しく知っている人物であると思われる。特に李達は天台国清寺に実際に行ったことがあるのではないだろうか。彼らは交易実務者でありながら、ある程度の詩文の教養を持つ仏教信仰者であったとも考えられるのである。

九世紀半ば以降の入唐日本僧の求法・巡礼は、主に大宰府に来航する唐や新羅の商人の船に搭乗して遂行されていた。本節で論じた唐人送別詩は円珍とこれらの唐人との交流を直接に物語る貴重な記録である。これらの唐人送別詩によって、当時の海外交易が新羅人から唐人へと移行し、主に唐商人の来航を通じて、唐物・唐消息を入手し、唐文化を摂取していたことが知られるのである。また、これらの唐人がほとんど江南地区出身者だったことから、当時の唐日交易が長江以北から江南地区へと移動したことを改めて佐証できるのである。[注24]

現在、円仁が帰国して後、唐の商人や僧侶たちと連絡を取り合っていたかどうかを示す史料は見られない。しかしながら、本節で見てきたように、円珍は帰京後も唐の商人や僧侶たちと深く交わり、唐人の商船を利用して手紙や荷物のやりとりを続け、欠けている経典の将来や唐の仏教界の消息を収集し、その交流を続けていた。円珍入寂の三年後となる寛平六年（八九四）に遣唐使の派遣が中止されたことを考える時、唐日間を頻繁に行き来した唐商人が仲立ちとなり、入唐した日本僧の帰国後も唐との間に音信を通じさせ、唐日交流が活発におこなわれていることを見逃すことができないだろう。本論では、円珍に贈られた唐人による送別詩を中心に考察したため、唐人の尺牘については検討できなかった。これについては今後の課題としたい。

最後に指摘しておきたいのは、漢詩による文化交流は、まずその作者の出自・文化遺伝子を究明する必要がある。しかしながら、古代史の資料はその存在量が非常に限られているために、異国に渡来した人物の出自や「国籍」を弁別することは容易ではない。こうした理由から、古代、特に九世紀の対外交易に参画した新羅人・渤海人・唐人らの「国籍」を云々することにはあまり意味がないとも指摘されている。[注25]しかし、当時の人々にも社会性があり、自己出身の民族・地域・国家のネットワーク・信仰習俗・文化遺伝子を携帯しながら活動してきたことには疑問の余地はない。その意味では古代における来日唐商人およびその後裔も例外ではない。漢詩作りは来日唐商人が持つ文化遺伝子の一つであろう。

注

1 村井章介『東アジアの往還：漢詩と外交』朝日新聞社、一九九五年、序文。

2 劉雨珍編校『清代首届駐日公使館員筆談資料彙編』（天津人民出版社、二〇一〇年）には、黄遵憲と大河内輝声、宮島誠一郎らの漢詩唱和についての場面がたくさん見られる。

3 筑波藤麿「入唐史料より観たる智証大師」、大屋徳城「智証大師の入唐求法」（以上『円城寺之研究』所収、思文閣、一九七八年）、佐伯有清『人物叢書　円珍』（吉川弘文館、一九九〇年）、齋藤茂「日本に残る唐詩資料について」（楊儒賓、張寶三共編『日本漢学研究初探』所収、勉誠出版、二〇〇二年）。

4 小野勝年『入唐求法行歴の研究』上巻（法藏館、一九八二年、一〇六頁）。

5 齋藤茂前掲注3論文。

6 大屋徳城「智証大師の入唐求法」（『園城寺之研究』思文閣、一九七八年。初出は一九三一年）。

7 「作品解説」（滋賀県立近代美術館編『アジア美術の出会い』所収、滋賀県立近代美術館、二〇〇一年）。

8 円珍「上智慧輪三蔵書」には「縁衣粮尽、忙出上都」と記されている。

9 前掲注7。

10 前掲注7。

11 佐伯有清『人物叢書　円珍』（吉川弘文館、一九九〇年、一七〇頁）。

12 佐伯有清前掲注11書、一七一～一七二頁。

13 前掲注7。

14 この詩については署名がないため作者を特定することができないが、筆跡や配字からすれば、「懐秋思故郷詩一首」「上人西遊漢地、将得宗旨、廻到本国、奉詔入城送詩一首（七言）」と続く「一首（絶句）」の三首は高奉の作だと考えられる。

15 僧敬光「風藻餞言集」（『大日本仏教全書』游方伝叢書所収）、小野勝年『入唐求法行歴の研究』下巻（法蔵館、一九八三年、三八七頁）、前掲注7書。

16 石井正敏「九世紀の日本・唐・新羅三国貿易について」（『歴史と地理』三九四号、一九八八年）、渡辺孝「唐・五代における衙前の称について」（『東洋史論』六号、一九八八年）。

17 齋藤茂前掲注3論文。

18 前掲注7。

19 呉玲「円珍と務州人李達」（藤善真澄編『中国華東・華南地区と日本の文化交流』関西大学出版部、二〇〇一年）。

20 呉玲前掲注19論文。

21 齋藤茂前掲注3論文。

22 齋藤茂前掲注3論文。

23 『懐風藻』には、外交の場で作られた漢詩、すなわち「於長王宅宴新羅客」などのタイトルを持つ漢詩が十首あり、いずれも長屋王が新羅の使節の帰国にあたってその私邸に催した饗宴において作られた送別詩である。うちには、背奈行文の詩には「賦得風字（賦して「風」字を得たり）」、刀利宣命の詩には「賦得稀字」、下毛野虫麻呂の詩には「賦得前字」、長屋王の詩には「賦得煙字」、安倍広庭の詩には「賦得流字」、百済和麻呂の詩には「賦得時字」、吉田宜の詩には「賦得秋字」、藤原総前（房前）の詩には「賦得難字」とあることから、宴会の場で随意に漢詩を作ることではなく、一字を引き当てて韻字に使っており、漢詩が宴会の遊戯として作られていることがわかる。背奈行文、刀利宣命、下毛野虫麻呂、長屋王、安倍広庭、百済和麻呂、吉田宜、藤原総前（房前）らは貴族・高官の出身または当時の歌人・学者であることから、彼らが漢詩作りによって新羅使節と唱和を行っていたのはより自然であろう。

24 唐日交易は長江以北から江南地区へと移動することについて、田中史生「唐人の対日交易」（『国際交易と古代日本』吉川弘文館、二〇一二年）を参照されたい。

25 高梨純次「近江のアジア系文物序説」（『びわ湖アジア芸術文化祭　アートプログラム　アジア美術の出会い』所収、滋賀県立近代美術館、二〇〇一年）。

Ⅲ　モノがつなぐ日本と東アジア

王朝文学に見える唐物
――交易と形容語の視点から――

河添　房江

一　はじめに

唐物とは本来は中国からの舶載品、もしくは中国を経由した舶載品をさす言葉であったが、それが転じて、広く異国からの舶載品全般を総称するものに転じていった。中国に限らず、近世では南蛮物さらには阿蘭陀物もふくめて、舶載品を「唐物」と総称したわけである。しかし、平安期で中国以外の外来品を「唐物」の範疇に入れるべきかについては、辞書類でも見解が分かれるところである。たとえば『平安時代史事典』では、中国・朝鮮等の外国から輸入された品物の総称。十一世紀後半に成った『新猿楽記』には、唐物として四〇種以上の品物が列記されている。それらは沈香・麝香等の香料・薬品類、銅黄・緑青・蘇芳等の顔料類、豹皮・虎皮等の皮革類、茶碗等の陶磁器、綾錦等の唐織物類、呉竹・甘竹の笛の材料などである。このほかにも当時の記録には、書籍・経典、筆墨等の文房具、更には鸚鵡・孔雀等の鳥獣類も舶載され、珍重されたことが散見している。

と、朝鮮からの外来品を入れて「唐物」を広義で解釈している。ところが『日本国語大辞典』では、平安時代では、舶来品について「貨物」「雑物」「方物」「土物」「遠物」等のいろいろな表現がなされるが、「唐物」は中国製品あるいは中国経由の輸入品に使用され、渤海や新羅からの輸入品には使用されない。また、史書・記録以外の資料でも、「唐物」を中国と無関係な舶来品に使用した例を見ないので、平安時代では、舶来品一般をさす言葉としてではなく、文字どおりの意味で使用されていたと考えられる。

として、渤海や新羅からの輸入品を入れてはいない。そこで本稿ではひとまず狭義の意味での「唐物」[注1]を中心に、中国からの舶載品、もしくは中国を経由した舶載品が大宰府交易によって都にもたらされ、王朝文学を彩った諸相をたどり見ることにしたい。唐物が貴族や富豪層が渇望するステイタス・シンボルであったことは、歴史的資料ばかりでなく、王朝文学においても顕著である。[注2]ここでは王朝文学の中から成立の時代順に『竹取物語』『うつほ物語』『源氏物語』『栄花物語』などを取り上げ、唐物が交易の実態とかかわる場面を中心に見ていきたい。

もとより、『竹取物語』『うつほ物語』といったフィクションの物語における交易や唐物のあり方が、時代状況をそのまま映し出しているわけではなく、そこには虚構ゆえの誇張やパロディ化もあった。作り物語における唐物のあり方は、当時の現実を再現したというより、再編したものともいえよう。しかし、虚構の設定と時代との距離を意識しながらも、王朝文学の受容から当時の唐物の位相をあぶり出していくことはできると考える次第である。

二　『竹取物語』と唐物交易

『源氏物語』から「物語の出来きはじめの祖」とよばれる『竹取物語』の内容が、かぐや姫の生い立ち、五人の貴公子と帝の求婚、かぐや姫の昇天の場面から成ることはよく知られている。その中で異国の品々との関わりが深いのが、かぐや姫が貴公子たちに難題を課す、いわゆる難題求婚譚の場面である。

かぐや姫、石作の皇子には、「仏の御石の鉢といふ物あり。それを取りて賜へ」といふ。くらもちの皇子には、「東の海に蓬萊といふ山あるなり。それに銀を根とし、金を茎とし、白き玉を実として立てる木あり。それ一枝折りて賜はらむ」といふ。いま一人には、「唐土にある火鼠の皮衣を賜へ」。大伴の大納言には、「龍の頸に五色に光る玉あり。それを取りて賜へ」。石上の中納言には、「燕の持たる子安の貝取りて賜へ」といふ。翁、「難きことにこそあなれ。この国に在る物にもあらず。かく難しきことをば、いかに申さむ」といふ。（二四―二五）[注3]

五つの難題の品は、仏の御石の鉢、蓬萊の玉の枝、火鼠の皮衣、龍の頸の珠、燕の子安貝であり、竹取の翁が「この国に在る物にもあらず」と嘆いたように、いわゆる異国風の品々である。これらが漢籍や仏典に何らかの典拠を持っていることは、契沖の『河社』以来、指摘されてきた。『竹取物語』では最初から入手不可能な観念的な異国の品々として難題物が設定されているのである。

そうした難題譚にあって、唐物交易の視点からもっとも注目されるのは、阿倍御主人の「火鼠の皮衣」の話である。「火鼠の皮衣」は難題提示の時から、かぐや姫によって「唐土」のものとされているが、阿倍御主人はみずから難題を追い求めていくのではなく、砂金による交易により解決しようとする。「唐土」の品であれは、みずから赴く必要がなく、唐物交易のルートによって解決できると阿倍御主人が判断したからであろう。しかし注意しておきたいのは、阿倍御主人が朝廷もしくは大宰府の、いわば官主導による唐物交易のおこぼれで、「火鼠の皮衣」が得られるとは思っていない点である。

阿倍御主人はその年、博多にやってきた唐船の船主の王けい（在唐）に宛てて注文の手紙を書き、腹心の家臣である小野房守に砂金と手紙を持たせて博多へ派遣する、という私貿易で解決しようとする。しかも、手慣れたやり方は、今回が初めての私貿易ではなく、すでに王けいとは過去に交易のやりとりがあったという設定であろう。

唐物交易の担い手の変遷を振り返れば、八世紀あたりでは唐在住の新羅商人が活躍し、入唐した円仁を援助した張宝高などが有名である。続いて、渤海国使を名乗る渤海商人の活躍が加わり、そこに唐商人が加わるのが、九世紀半ばといわれる。やはり入唐した円珍を支援した徐公直・公祐なども唐商人である。日本に来航した唐商人の記録上の初見は、承和九年（八四二）の李隣徳の商船といわれ、やや時代が下るが、唐商の中には李環のように入京し、直接、宇多天皇に対面した者もいる。[注4] 田中史生氏に拠れば、『竹取物語』の王けいには唐商人の徐公直らの面影があり、九世紀の国際交易の実像を反映しているという。[注5]

しかし唐商人が入京するのは稀であったらしく、博多湾に来航した唐商人は、おおむね鴻臚館に安置され、そこで朝廷と公貿易した後に民間との交易が許された。このように海商が在住せず、もたらした唐物を買い付けるシステムを波打ち際貿易という。[注6] 一方、海商が博多に定住し、交易することを住蕃貿易といい、新羅商人では、九世紀初めから住蕃貿易が見られるが、唐商人や宋商人が定住するのは遅れて、十一世紀から顕著になるという。

ここでの唐商人の王けいは唐にいて、博多と唐を商船で往復したのは小野房守だが、少なくとも朝廷以外の富裕層とも私貿易をし、活躍するような商人である。この場面のやりとりは、もたらされた唐物を買うだけの波打ち際貿易ではなく、博多在住の海商との住蕃貿易でもない。清和朝の貞観十六年（八七四）に香料や薬を購入するため、勅使を唐船に乗せて入唐させた例などは、この話に近いといえるかもしれない。

火鼠の皮衣は、かぐや姫の難題提示の折には「唐土」のものとされたが、唐の商人王けいが火鼠の皮衣を入手するに際しての苦労話に拠れば、「天竺」からの布教の入唐僧が火鼠の皮衣をもってきて、「西の山寺」に安置したという。もとより、これは王けいの作り話であり、「天竺」からの入唐僧がもたらしたとすることで、「火鼠の皮衣」の希少性をさらに高めて権威づけようとした点は疑いもない。

「西の山寺」は、これまでの典拠研究では指摘がないが、唐と西域の結節点となる敦煌の莫高窟のような場所を想定するべきであろうか。ともあれ、火鼠の皮衣は、「天竺」→「西の山寺」→「唐」と空間移動し、つまり東ユーラシアからシルクロードを経てもたらされる希少な渡来品として語られる。そして王けいから砂金五十両が上乗せの代価として要求されたのである。

もっとも「火に焼けぬ」とされる皮衣がかぐや姫により燃やされ、これらはすべて王けいの作り話であることが判明する。『竹取物語』では、黄金の光を放つ美麗な皮衣や、瑠璃の箱に魅せられ、騙された阿倍御主人の話によって、唐物に心酔し、金に糸目をつけない平安貴族の心理を痛烈に批判しているともいえる。しかし、それはそれとして、この場面は唐物交易が唐にとどまらず、中国を中継地とした東ユーラシア全般との交易であったことを浮かび上がらせているのである。

三　『うつほ物語』と唐物交易

それでは『竹取物語』に続く『うつほ物語』の場合はどうであろうか。『うつほ物語』も、長編物語ということもあり、唐物関係の描写が多くみられる。しかも、平安期の唐物交易が実態的に反映された場面がある点が注目されるのである。

内侍のかみ巻には、蔵人所に蓄えられた唐物の内容がかなり詳しく語られている。朱雀帝はかねて執心の俊蔭女に対して、息子の仲忠を介して宮中に召し寄せ、秘琴を演奏させ、その褒美として尚侍とした。やがて自邸に退出する俊蔭女に、左大臣が朱雀帝の意を受けて、蔵人所に蓄えられた唐物を惜しみなく放出して贈り物をする。

それに、蔵人所にも、すべて唐土の人の来るごとに、唐物の交易したまひて、上り来るごとには、綾、錦、になくめづらしき物は、この唐櫃に選り入れ、香もすぐれたるは、これに選り入れつつ、やむごとなく景迹ならむことのためにとてこそ、櫃と懸籠に積みて、蔵人所に置かせたまへるを、左のおとど、年ごろ、にはかにかうざくならむ折にとて、調ぜさせたまふてあるを、天の下、今宵の御贈り物より越えて、さらにさらにせじ。これよりいつかあらむ。（中略）かの蔵人所の十掛には、綾、錦、花文綾、いろいろの香は色を尽くして、麝香、沈、丁子、麝香も沈も、唐人の度ごとに選り置かせたまへる、蔵人所の十掛、杭、台、覆ひ、さらにもいはず、いといみじくめでたくて、懸け整へて候ひたまふ。（内侍のかみ②二七四―二七五）

ここには、「綾、錦、花文綾」など絹製品、「麝香、沈、丁子」などの香料が唐人の来航ごとに買い付けられ、蔵人所に収められたという唐物交易の実態が反映されているのである。そもそも大宰府経由の唐物交易では、唐船が博多周辺に到着すると、大宰府はその報告を朝廷にし、日本での滞在を許可するか否かの伺いを立てる。朝廷から許可されると、唐船の乗員は、大宰府の出先機関である博多の鴻臚館に迎えられる。朝廷からは蔵人所の官人から唐物使が任命され、大宰府に派遣される。唐物使が朝廷の必需品をまずは買いつけるという、いわゆる先買権を掌握した形での交易が進められ、その後に民間との交易が許された。そして蔵人の唐物使が買い上げた唐物が、蔵人所の納殿に収められたのである。

さて唐物交易では、蔵人の唐物使ばかりでなく、大宰府の役人が密接に関わることを明らかにする例も、『うつほ物語』藤原の君巻にある。「帥」とよばれる前の大宰大弐、滋野真菅をめぐるエピソードである。この巻では、源正頼の娘のあて宮が、身分の上下を問わず数々の男性たちの求婚を受けるが、真菅も年が六十を越えているというのに、あて宮の求婚者となる。

真菅は大宰大弐に任官して、たっぷりと蓄財するが、帰洛の旅の途上で妻を亡くし、都に戻ってあて宮の噂を聞きつけると、息子四人と娘三人もいるのに、臆面もなく求婚するのである。真菅の好色ぶりを『うつほ物語』は戯画的に描いているが、真菅が胸を張って求婚できるのも、大弐時代の蓄財があり、その財力に自信があればこそである。真菅は、京と筑紫を往復する筑紫船をもち、娘たちには唐物の極上の絹を選ばせている。そして真菅の一家がいかに豪勢な生活ぶりであったかを示す部分に、「秘色」とよばれる舶来の杯が出てくるのである。

ぬしものまゐる。台二よろひ、秘色の杯ども。娘ども、朱の台、金の杯とりてまうのぼる。

（藤原の君①一八四）

「秘色」とは、越州窯の舶載青磁のことで、唐代の漢詩文にも登場し、もともとは神秘的な色、もしくは特別な色という意味であった。ところが、唐の後の呉越国が越州窯の青磁を交易用として確保するために、臣下や庶民の使用を禁止したので、「秘色」と呼ばれたという説も後から加わった。ともかくも秘色青磁は、越州に近い明州の港から輸出され、西は遠くエジプトのフスタート遺跡まで、その遺品が確認されるという。日本では、大宰府や博多周辺から出土する数量が群を抜いて多いが、平安京の発掘調査でも、越州窯青磁の出土品が少なくない。平安京の出土品としては、京都国立博物館に所蔵されている宇治市木幡の浄妙寺出土の青磁水注が有名であり、時の権力者である藤原北家の所有した秘色青磁の逸品である。

平安時代の文献では、九世紀半ば、来日した唐僧の義空に宛てた唐商人の徐公祐の書簡に、「閏十一月二十四日謹んで白茶垸五口、越垸子五對、青瓶子一、銅匙三對を奉る。」とあり、「越垸子」とあるのが、越州窯青磁と推定される。重明親王の日記である『李部王記』の天暦五年（九五一）六月九日の条にも、「御膳沈香折敷四枚、瓶用秘色」とあり、十世紀半ばの「秘色」青磁は、御斎会の宮中の儀式に使われるような貴重な唐物として扱われていたことがわかる。『うつほ物語』藤原の君巻でも「秘色」は、真菅が大弐時代に唐物交易に関わる中で得た高価な食器というイメージが色濃いのである。

なお滋野真菅のような大宰大弐像については、『枕草子』「位こそなほめでたきものはあれ」の段の次の条が参考になる。

　あまた国に行き、大弐や四位、三位などになりぬれば、上達部などもやむごとながりたまふめり。

（一七九段、三五一）

この段に拠れば大宰大弐は、過去に何度も受領となり、任国に下った果てにようやく手にする垂涎のポストで、上達部も一目置くほどであった。真菅は、年齢も六十を越えているので、『枕草子』のように、苦労の末にようやく大弐の地位を得たというところであろう。唐物交易の利権も大きいので、歓迎された官職だが、しかし実際は交易にまつわる不正行為により更迭されたり、宇佐八幡宮をはじめ九州の在地の有力な社寺と衝突して、任を全うできない場合も多かったという。

四　『源氏物語』と唐物交易

さて「秘色」青磁は『うつほ物語』にとどまらず、『源氏物語』の末摘花巻にも登場する。

御台、秘色やうの唐土のものなれど、人わろきに、何のくさはひもなく、あはれげなる、まかでて人々食ふ。（末摘花①二九〇）

遠ざかっていた末摘花邸をようやく訪れた光源氏は、雪の夜に邸内をまじまじと観察する。そこで、まず彼が目にしたのは、女房たちが貧しい食事をする姿であった。「何のくさはひもなく」とは、品数の少なさをいい、ここでは主人の末摘花に出した貧しい食事のお下がりを、さらに仕える女房が退出して食べているのである。しかし食器だけは、光源氏の遠目にも「秘色やうの唐土のもの」、越州窯青磁の高級品を使っていると見えた。おそらく末摘花の父の故常陸宮が存命の頃に入手した唐物なのであろう。秘色青磁は、大宰大弐など大宰府の役人からの献上品かもしれず、あるいは常陸宮が「秘色」の価値を知り、博多に使者を派遣して、私交易により高値で手に入れた品であったかもしれない。しかし、この場面では、大宰府交易に関わりのある品であるかどうか、それ以上の言及があるわけではない。

末摘花と大宰大弐の関わりが語られるのは、後の蓬生巻である。光源氏に呆れられつつも庇護を受けていた末摘花は、やがて光源氏が須磨に蟄居し、また都に戻っても忘れ去られたままになった。末摘花邸は困窮を極めて、そこで性悪な末摘花の母方の叔母が登場し、受領であった夫が大弐に出世した機会に、末摘花を娘たちの後見役の女房にして筑紫に連れ去ろうとする。末摘花の叔母の夫も、『枕草子』に語られるように、受領を歴任した後に大弐というポストに登りつめた典型といえるだろう。この叔母は、末摘花の母北の方の妹に当たるが、母北の方が自分の結婚を見下していたのを逆恨みして、この機会に鬱憤を晴らそうとするのである。

しかし末摘花は、父常陸宮の遺風を守って頑として聞き入れず、叔母は諦めて、末摘花の乳母子の侍従（大弐の甥の妻）だけを連れて筑紫に下っていく。侍従に去られて末摘花の落胆も深いのであるが、そもそも多少なりとも教養も常識もある侍従や他の女房達が、末摘花に筑紫行きを勧めたのも、大宰大弐というポストの羽振りの良さの魅力ゆえであろう。末摘花邸には父常陸宮が存命の折に集めたとおぼしき秘色青磁ばかりでなく、黒貂の皮衣、唐物の香料で作られた薫物などが残っていた。末摘花邸の女房たちは往時の唐物に囲まれていただけに、筑紫での豊かな唐物に囲まれた暮らしに憧れたのかもしれない。

ところで末摘花の叔母の夫より前に『源氏物語』に登場する大弐には、源氏がほのかな思いを交わした五節の舞姫の父がいる。五節の舞姫は十一月半ばの新嘗祭や大嘗祭の舞姫のことで、二人を公卿の家、残りの二人を国守の家から出すのが慣例であった。「五節」とよばれるこの女性はおそらく後者の例で、国守の娘として選ばれた後に、父が大弐になったのであろう。須磨巻ではこの大弐が一族を挙げて大宰府から都に帰還する時の豪勢な様子が描かれ、娘たちをはじめ親戚や従者が多いので、大弐の北の方は船路をとり、船上にいる五節と源氏との間で贈答が交わされる。この場面で具体的な唐物が出てくるわけではないが、大弐の並々ならぬ財力はうかがわれる。

『源氏物語』で三番目に登場する大弐のエピソードもそれを裏づけるものである。筑紫に下っていた夕顔の遺児の玉鬘は上京し、長谷寺参詣のために泊まった椿市で、かつて夕顔に仕えていた女房の右近に再会する。右近はいまは源氏に仕えており、玉鬘を探しあぐねて、ここ何年か長谷寺参詣をくり返していた。玉鬘一行と右近はこれぞ観音の霊験と感激する。ところが、一緒に長谷寺の仏前で祈りを捧げる時に、三条という女房が、玉鬘が将来、大弐の北の方になるか、それが叶わないのならば、せめてこの国（山城国）の国守の北の方になってほしいと願を立てる。右近はその祈りを聞き過ごせず、玉鬘は今を時めく内大臣を父に持つのに、その将来が受領の妻ふぜいとは縁起でもないと咎める。すると三条は、筑紫でみた大弐の北の方が観世音寺に参詣した時の威勢は、大臣はおろか帝の行幸にも劣らなかったと胸を張り、右近をさらに呆れさせるのである。三条の田舎ぼけを割り引いても、大弐がいかにかの地で権勢をふるい、舶載の富に囲まれた生活により、垂涎の的のポストであったかを印象づける場面である。

ところで大弐ではないが、同じ玉鬘巻には、玉鬘の求婚者として肥後国に一族を広くもつ土着の豪族で無骨者の大夫監なる人物が登場する。「監」という官職は、地元で任命される大宰府の三等官であり、さらに「大夫」がつくのは、監のなかでも従五位に叙せられた実力者である。その大夫監が、玉鬘への求婚の手紙を送るに際しては、唐物を代表する「唐の色紙」や「かうばしき香」を使うのである。大夫監は、大宰府での唐物交易にも関わりうる立場にあったのであろう。

手などきたなげなう書きて、唐の色紙かうばしき香に入れしめつつ、をかしく書きたりと思ひたる、言葉ぞいとたみたりける。（玉鬘③九五）

唐の紙といえば、鮮やかな色彩と雲母刷りが特徴で、光源氏でさえも、朝顔の姫君や朧月夜といった高貴な女性の消息にしか使わないような貴重な唐物であった。ここでの「唐の色紙」は、田舎者まるだしの大夫監には分不相応ながら、一方で大夫監が大宰府の三等官として、博多の鴻臚館での交易に直接関わりうる立場であったことを鮮やかに示している。そして、その富にあかして玉鬘に求婚をせまるのである。

以上のように『源氏物語』では、大宰府の役人として大弐や大夫監が生動する姿が垣間見られるが、唐物交易との繋がりをより鮮明に見せてくれるのは、梅枝巻の冒頭で語られる大弐の存在である。

正月のつごもりなれば、公私のどやかなるころほひに、薫物合はせたまふ。大弐の奉れる香ども御覧ずるに、なほいにしへのには劣りてやあらむと思して、二条院の御倉《みくら》開けさせたまひて、唐の物ども取り渡させたまひて、御覧じくらぶるに、「錦、綾なども、なほ古き物こそなつかしうこまやかにはありけれ」とて、近き御しつらひのものの覆ひ、敷物、褥などの端どもに、故院の御世のはじめつ方、高麗人の奉れりける綾、緋金錦どもなど、今の世の物に似ず、なほさまざま御覧じ当てつつせさせたまひて、このたびの綾、羅などは人々に賜す。（梅枝③四〇三）

この巻で光源氏は、愛娘である明石姫君の裳着の準備のために、大宰大弐から献上された香料や綾・羅を検分した。明石姫君は裳着に続いて、すぐに東宮のもとへ入内する予定で、裳着の調度はそのまま入内の支度になるので、光源氏もここぞとばかりに力が入るのである。大弐から献上された香料は、いうまでもなく大宰府経由で唐船からもたらされた最上級の唐物である。沈香・丁子・薫陸・白檀・麝香をはじめとして、薫物の原料となる香料は、くり返すように当時すべて輸入に頼らねばならなかった。

対外貿易の利権を掌握した大宰府の役人が、いかに唐物を蓄えうる立場にあったかは、先に見た『うつほ物語』の滋野真菅でも明らかだが、『落窪物語』からさらに例を足しておきたい。平安の継子いじめの物語として有名な『落窪物語』では、落窪の姫君の異母妹の四の君の再婚相手として、「筑紫の帥」（実際の官職は大弐）とよばれる人物が登場する。四の君は最初、少将道頼の復讐譚に巻きこまれ、面白の駒と不名誉な結婚をするが、左大臣となった道頼が、大弐を兼官することになった中納言との縁談を取り持ったのである。大弐も、妻を亡くしたばかりで、左大臣家と縁続きになることを喜び、これを承知する。落窪の姫君の継母で、四の君の母北の方は、大弐が上達部であることをはじめ喜ぶが、後には娘が筑紫にすぐ下ることを悲しみ、道頼夫妻を恨んだりする。『落窪物語』で注目されるのは、四の君を連れた大弐が無事に大宰府に着くと、左大臣家に贈り物をしている点である。

大弐は、たひらかに下り着きて、左の大臣に物いと多く奉りたまへり。（三三八）

大宰府の高官である権帥や大弐は、朝廷から任された唐物の買い付けを行ったばかりでなく、繋がりのある大臣家に極上の唐物をしばしば献上しており、『落窪物語』の「筑紫の師」もおそらく唐物を中心とした贈り物をしたのであろう。唐物の献上品は、権力者にへつらう行為といってしまえばそれまでだが、場合によっては、大臣家の方から、むしろ自分たちの息のかかった貴族や家司クラスを大宰府の役人に任命して、良質の唐物を確保することもあった。『落窪物語』でも、左大臣である道頼は、四の君の幸福ばかりでなく、「筑紫の師」（大弐）と縁続きになる利点をしっかり計算していた可能性がある。大弐の方も事情は同じで、自分の役目を認識し、贈り物をした大弐は、任期を終え四の君を連れて都にもどると、左大臣の引き立てで晴れて大納言まで出世している。

王朝文学の世界に限らず、『小右記』に見える例では、大宰権師として筑紫に下った藤原隆家は、長和四年（一〇一五）九月二十四日、朝廷や左大臣道長らに海外のさまざまな珍宝を献じている。そこに記された「筥内納種々香、丁子百餘両・麝香十臍・甘松・衣香・甲香・沈香、今二種若欝金・薫陸」、さらに「唐錦・綾」が、梅枝巻冒頭の大弐の献上品とかなり一致していることが注目される。

梅枝巻の大弐も太政大臣である源氏に舶載品の香料や綾・羅を献上しているのは、大宰府の高官たちがいかに多くの唐物を入手し、またそれを都の権門に献上していたかを髣髴とさせる。ところが梅枝巻で見落としてはならないのは、光源氏が、大弐の献上品を手放しでありがたがっているわけではない点である。光源氏は、吟味に吟味を重ねたであろう大弐の献上品に満足せずに、旧邸の二条院の倉を開いて、古渡りの唐物をとり寄せる。それは、桐壺朝のはじめに高麗人（高麗の相人）から贈られた綾や緋金錦であった。「高麗人」こそ、新羅の北に位置した渤海国の使節の一人であり、光源氏は渤海国からの極上の舶載品を特権的に蓄えていたのである。

そして、それらと比較し吟味した結果、光源氏は大弐から献上された綾や羅を明石姫君の調度に使わず、六条院の女房たちに惜しげもなく下賜してしまう。そこには、大宰府の高官たちが交易を思うままに管理し、また時の権力者たちにおもねるあり方に対する、『源氏物語』の一種の批判意識のようなものもうかがえるかもしれない。ともかくも薫物作りのために、光源氏が香料を検分する場面は、大宰府交易や渤海国交易を背景とし、六条院世界の栄華がいかに東アジア世界と関わっているかを、いみじくも照らし出しているのである。

五　『栄花物語』と唐物交易

続いて歴史物語である『栄花物語』から、藤原隆家の大宰権帥赴任と唐物の関係について言及してみたい。先に、筑紫に下った藤原隆家が長和四年（一〇一五）九月に朝廷や左大臣道長らに唐物を献上したことに言及したが、そもそも中納言の隆家が眼を病み、その治療のため大宰府への赴任を望んで、大宰権帥に任命されたのはその前年、長和三年（一〇一四）十一月七日のことであった。『栄花物語』たまのむらぎく巻は、その経緯を以下のように記している。

かかるほどに、大弐辞書といふ物、公に奉りたりければ、われもわれもと望みののしりけるに、この中納言、さはれ、これや申してなりなましと思したちて、さるべき人々に言ひ合せなどしたまへるに、「唐の人はいみじう目をなんつくろひはべる。さておはしましてつくろはせたまへ」と、さるべき人々も聞えさせければ、内にも奏せさせたまひ、中宮にも申させたまひければ、いと心苦しきことに帝も思されけるに、大殿も、まことに思されば、こと人にあるべきことならずとて、なりたまひぬ。十一月のことなれば、さはなりたまへれど、今年などは思したつべきにもあらず。いみじうあはれなることに世人も聞ゆ。

（たまのむらぎく②五〇）

『栄花物語』では、隆家は一貫して大宰大弐のポストを望み、それを得たとされるが、実際は中納言という身分ゆえに二等官の大弐ではなく、権帥に任命された。ここで「唐の人」は、実際博多に訪れていた宋の医師を指している。そもそも隆家の眼病については『御堂関白記』の長和二年（一〇一三）正月十日条にあり、長和三年には隆家は眼病平癒のため熊野詣をしている。もっとも、その効果がなかったためか、隆家は僧清賢を九州に派遣し、砂金十両で宋の医師恵清に眼病の薬を求めたと『小右記』は伝えている（長和三年六月二十五日条）。しかし、その効果もなかったので、直接、大宰府に下り、宋の医師の治療を受けたいと願ったのである。大宰権帥の任官に際しては、「いと心苦しきことに帝も思されけるに」とあるように、同様に眼病に悩む三条天皇の隆家への同情もあってのことという。

交易の観点からここで注目されるのは、宋の医師が博多で長期滞在しうるような時代にもはや入っていたということである。先に触れたように、新羅商人では九世紀初めから住蕃貿易が見られるが、唐・宋商人が定住するのは遅れて、十一世紀中葉から顕著になるという。[注7]博多に「唐房」とよばれる大規模なチャイナタウンが形成されるのは十二世紀からである。ただし、十一世紀前半にも宋商人が長期滞在し、周文裔のように日本の女性と通婚し、二世を儲けることもあった。

隆家の志願も、宋人が交易してすぐ帰還する時代から長期滞在が可能になった時代への転換を前提としてのことであった。このころの博多の鴻臚館は、海商を隔離するような閉鎖性はなく、官民との貿易センターとして、海商が長期滞在する生活や営業拠点となっていたのである。[注8]『栄花物語』でいう「唐の人」とは、じっさい博多を訪れていた宋の医師を指すのであろう。『小右記』長和二年九月八日条に「(隆家は)深ク鎮西ノ興有リ」とある。また『小右記』の翌三年六月二十五日条には、隆家が九州滞在の宋の医師恵清に眼病の薬を求めたことがみえる。

ところが、隆家が権帥在任中の動静については、『栄花物語』はほとんど関心を払ってはいない。隆家は長和四年のみならず、翌長和五年(一〇一六)十一月にも道長に香薬を献上しており(『御堂関白記』)、大宰府の長官として唐物交易に関わっていたことが証される。しかし『栄花物語』にそれらへの言及はないのである。

さらに寛仁三年(一〇一九)、女真族の海賊が壱岐・対馬を襲って筑前に侵入した事件、いわゆる刀伊の入寇に際して、隆家が率先して指揮をとって撃退させたという名高い功績にも、『栄花物語』は触れることはない。隆家の軍功を大きく扱った『大鏡』とは対照的なのである。『大鏡』には、

かの国におはしまししほど、刀夷国の者にはかにこの国を討ち取らむとや思ひけむ、越え来たりけるに、筑紫には、かねて用意もなく、大弐殿、弓矢の本末も知りたまはねば、いかがとおぼしけれど、大和心かしこくおはする人にて、筑後・肥前・肥後、九国の人をおこしたまふをばさることにて、府の内につかうまつる人をさへおしこりて、戦はせたまひければ、かやつが方の者ども、いと多く死にけるは。さはいへど、家高

くおはします故に、いみじかりしこと、平げたまへる殿ぞかし。公家、大臣・大納言にもなさせたまひぬべかりしかど、御まじらひ絶えにたれば、ただにはおはするにこそあめれ。（二七七―二七八）

とあるが、あるいはそこに隆家の軍功にいっさい触れない『栄花物語』に対する、『大鏡』の一種の批判意識をみるべきなのかもしれない。

『栄花物語』が唯一取り上げた事跡は、隆家が大弐（正しくは権帥）を辞して、帰京した際に任地からの手土産として、道長に「唐の綾錦」を献上したことである。

かくてこの裳瘡京に来ぬれば、いみじう病む人多かり。前の大弐も、同じくは、この御堂の供養の先にと思しいそぎければ、このごろ上りたまひて、いみじき唐の綾錦を多く入道殿に奉りたまひて、御堂の飾りにせさせたまふ。めでたき御堂の会とののしれども、世の人ただ今は、この裳瘡に何ごともおぼえぬさまなり。この裳瘡は、大弐の御供に筑紫より来るとこそいふめれ。あさましうさまざまにいみじうわづらひてやがてなくなるたぐひも多かり。いみじうあはれなること多かり。（もとのしづく②二一三―二一四）

「いみじき唐の綾錦」はおそらく大宰権帥の在任中に、隆家がポストを活かして宋の海商から入手した最高級の唐物であろう。道長はそれらを法成寺の阿弥陀堂供養の飾りとして使用し、立派な供養会になったというが、漢文日記などにはこの記事は見えない。しかし、新しく道長の手許で作られた品が比較的多く見られる法成寺の荘厳具であるから、唐の綾錦も幡などに加工されてもおかしくはないのである。もっとも隆家と唐物交易の関わりについて、『栄花物語』が結局のところ阿弥陀堂供養という道長の仏事がらみでしか興味を示していないことは注意されよう。しかも『栄花物語』の記事は、隆家の従者が大宰府から裳瘡を持ち込み、それが京で流行したことの方に重きが置かれがちであった。

ところで隆家の権帥辞任の後には、多くの人々が後任を希望したが、その座を得たのは藤原行成であった。行成は道長の六男長家を娘婿に迎えていたのに、経済的に不如意でそのポストを望んだのである。そして大宰権帥に任じられるとすぐ大宰府から物品がもたらされて、長家を婿として華やかにもてなしたという。しかし行成は娘が病を得たため、結局のところ下行せず、約一年後に権帥を辞職している（もとのしづく②二一九）。その後は源中納言経房が望んで大宰権帥に任命されたものの、翌年三月、大宰府に下向する際には、それを後悔したという（同②二二五）。それらの場面には、大宰府の長官となり唐物交易に関わることで得られる経済的利益への羨望と、遠国に赴任しなければならない心細さに引き裂かれる上達部の心理がよくあらわれているといえよう。

六　唐物の形容語について

最後に王朝文学において、舶載品である唐物がどのように受容され、評価されていたのか、これまで辿った作品群から形容語を拾って、それぞれの作品の位相の相違などを補足的に述べておきたい。まず『竹取物語』では、第三の難題譚、阿倍御主人の「火鼠の皮衣」の話に注目したが、実際に皮衣やその箱に付いた形容語を見てみると、

この皮衣入れたる箱を見れば、くさぐさのうるはしき瑠璃を色へて作れり。皮衣を見れば、金青の色なり。毛の末には、金の光し輝きたり。宝と見え、うるはしきこと、ならぶべき物なし。火に焼けぬことよりも、けうらなることかぎりなし。（中略）かぐや姫の、皮衣を見て、いはく、「うるはしき皮なめり。わきてまことの皮ならむとも知らず」　（三九―四〇）

など、皮衣の箱の瑠璃に「うるはし」、偽の皮衣にも「うるはし」の形容詞がくり返されている。[注9]また偽の皮衣は「けうら」（＝「きよら」）であることがこの上もないとされ、こうした形容詞が偽物である「火鼠の皮衣」をいかにも本物らしく見せる効果を上げていることが判明する。

「うるはし」の形容詞は、「火鼠の皮衣」のエピソードのみならず、石作の皇子の「蓬萊の玉の枝」の話でもくり返されている。

翁、皇子に申すやう、「いかなる所にかこの木はさぶらひけむ。あやしくうるはしくめでたき物にも」と申す。（三〇—三一）

竹取の翁も石作の皇子が作らせた偽物の玉の枝を見て、「うるはし」「めでたし」と評価しているのである。また石作の皇子自身が蓬萊への偽の漂流譚話で、蓬萊山の様子を「高くうるはし」（三二）といっているので、『竹取物語』では異国性をもった品を「うるはし」「けうら」「めでたし」と評価して、またその形容語は偽物を異国の本物と思わせる抜群の効果を上げているといえるだろう。

『竹取物語』である種確立された唐物をめぐる形容語、「うるはし」「けうら」「めでたし」などは、『うつほ物語』をはじめ、続く王朝文学史のなかでも貫かれているといえる。『うつほ物語』でも唐物を「めづらし」「めでたし」「清ら」「うるはし」と評することが多く、『竹取物語』との共通性が感じられる。先に引用した『うつほ物語』内侍のかみ巻で、蔵人所に蓄えられた唐物が放出され俊蔭女への贈り物の唐櫃に収められた場面でも、「綾、錦、になくめづらしき物」「香もすぐれたるは」「いみじくめでたくて」と語られていた。しかし『竹取物語』では、異国の本物の難題物が招来されたわけではなく、偽物の唐物や、国内で作られた唐物もどきの品にそうした形容語が使われて、パロディとしての効果を上げていた。一方、『うつほ物語』では唐物の〈漢〉の権威性をストレートに認め、〈和〉の物より価値あるもの、優位なものとして位置づける価値観がある。唐物はここぞという時の贈り物や公的儀式に使われており、贈り主や使い主の権威や財力を象っているのである。

『栄花物語』のもとのしづく巻の引用場面でも、藤原隆家が献上した「いみじき唐の綾錦」を道長が飾りとしたので、「めでたき」供養会になったと語られていた。また他の唐物の場面をたどり見ても、「いみじ」「めでたし」「めづらし」の形容が多く、『栄花物語』でも唐物の公的で豪華なイメージが賞賛されているといえる。このように『うつほ物語』や『栄花物語』では、唐物の異国性や非日常性が〈漢〉の権威性、威信財として評価され流通するのに対して、やや違った側面をみせるのが『枕草子』の世界である。

『枕草子』では、日記章段に出てくる唐物が「宮にはじめてまゐりたるころ」（一七七段）をはじめ、中関白家の富と栄華を象徴する例が多いことが注目される。それは、まさに〈漢〉の権威性や威信財として唐物が位置づけられていることを示しているが、一方、類聚章段にみられる唐物についての形容は、必ずしも〈漢〉の権威性に終始しているわけではない。

「めでたきもの。唐錦」（八四段、一六五）のように、唐物についての従来の形容が踏襲された例もあるが、一方で「うつくしきもの」に「瑠璃の壺」（一四七段、二七二）が採られたりと、どちらかといえば、和風の美意識の形容語で、掬い取られる場合も出てくる。舶載の珍獣である「鸚鵡」を「鳥は」の段では、「こと所のものなれど、鸚鵡いとあはれなり。」（三九段、九五）と評する例もある。また唐猫かその血を引いている猫についても、「なまめかしきもの」の段で、「簾の外、高欄にいとをかしげなる猫の、赤き首綱に白き札つきて、はかりの緒、組の長きなどつけて、引きあるくも、をかしうなまめきたり。」（八五段、一六九）と評している。

このように唐物が平安の貴族社会の中で、〈漢〉の権威性を体現する手っ取り早い物質的装置になるばかりでなく、〈和〉の美意識から評価されたり、〈和〉の文化と融和する場合もあるのである。さらにその側面が顕著になるのが、『源氏物語』の世界といえよう。これも引用した場面であるが、梅枝巻の冒頭では、光源氏は大宰大弐が献上した唐物を必ずしも評価したわけではなかった。むしろ二条院の倉にあった古渡りの唐物について、「錦、綾なども、なほ古き物こそなつかしうこまやかにはありけれ」と、「めでたし」「いみじ」系ではない形容語の「なつかし」「こまやかなり」で評価していた。そもそも『源氏物語』は桐壺巻で、

絵に描ける楊貴妃の容貌は、いみじき絵師といへども、筆限りあればいとにほひすくなし。太液芙蓉、未央柳も、げに通ひたりし容貌を、唐めいたる装ひはうるはしうこそありけめ、なつかしうらうたげなりしを思し出づるに、花鳥の色にも音にもよそふべき方ぞなき。（桐壺①三五）

とするように、楊貴妃の端正な美と、亡くなった桐壺更衣の親しみやすい美を対比して、「うるはし」を〈漢〉に、「なつかし」「らうたげ」を〈和〉に振り分ける世界として始まっていた。そこからすれば、唐物は「うるはし」き〈漢〉の世界に属するものとなりそうだが、『源氏物語』ではそれに終始するわけではない。唐物が和風化、和様化したり、〈和〉の物と組み合わされることによって、「なつかし」「なまめかし」と評される例も少なくないのである。特に唐物の加工品である薫物にはそうした様相がみとめられる。[注10]

もとより「めでたし」[注11]「うるはし」「きよら」系の形容も認められるが、むしろ異国性が過剰になると、「ことごとし」「おどろおどろし」など、唐物に対して否定的な評価も出で来る点が興味深いのである。二つほど例を挙げよう。

①聴色のわりなう上白みたる一かさね、なごりなう黒き袿かさねて、表着には黒貂の皮衣、いときよらにかうばしきを着たまへり。古代のゆゑづきたる御装束なれど、なほ若やかなる女の御よそひには似げなうおどろ

おどろしきこと、いともてはやされたり。（末摘花①二九三）

②御しつらひは、柏殿の西面に、御帳、御几帳よりはじめて、ここの綾、錦はまぜさせたまはず、唐土の后の飾を思しやりて、うるはしくことごとしく、輝くばかり調へさせたまへり。（若菜上④四一）

①は末摘花の黒貂の皮衣、②は女三の宮の裳着の調度の例である。黒貂の毛皮は渤海国からの毛皮で、純粋な唐物というより、準唐物というべきかもしれないが、「きよら」「かうばし」の他に「おどろおどろし」といった形容がなされている。また女三の宮の裳着の調度は朱雀院が整えたもので、国産の綾錦を一切排して舶載の綾錦で統一されたことは、「うるはし」「輝くばかり」と形容とされる一方で、「ことごとし」、要するに仰々しいと否定的な評価も付されている。

くり返すように『うつほ物語』『栄花物語』では、唐物は「めでたし」「いみじ」の公的で豪奢なイメージであるが、『源氏物語』ではそればかりでなく、「なつかし」「なまめかし」の〈和〉の美意識から評価されている。また末摘花の唐物は古風なものとして否定されがちで、唐物がむき出しや過剰の〈漢〉となる場合もよしとされないことが、形容詞の「おどろおどろし」「ことごとし」「わざとがまし」[注12]といった距離感のある言葉から明らかになるのである。

王朝文学における唐物評の差異は、成立した時代差や作者のジェンダー差から捉えるべきなのか、それとも作品が志向した美意識から捉えるべきか、判断はなかなか難しいところではあるが、複合的な視点をもって考察しなくてはならないことだけは確かである。ともかくも唐物が日本で受容される過程で、その異国性や非日常性が〈漢〉の権威として機能するばかりでなく、〈和〉の文化と融和して評価されたり、それ自体が和風化する現象が、王朝文学の唐物の形容語の比較を通して浮かび上がってくるのである。

注

1 なお平安時代の唐物が具体的にいかなる品目であるかは、『平安時代史事典』が挙げているように、藤原明衡の『新猿楽記』が参考になる。

沈・麝香・衣比・丁子・甘松・薫陸・青木・竜脳・牛頭・雞舌・白檀・赤木・紫檀・蘇芳・陶砂・紅雪・紫雪・金益丹・銀益丹・紫金膏・巴豆・雄黄・可梨勒・檳榔子・銅黄・緑青・燕脂・空青・丹・朱砂・胡粉・豹虎皮・藤茶碗・籠子・犀生角・水牛如意・瑪瑙帯・瑠璃壺・綾・錦・羅・縠・緋の襟・象眼・繧繝・高麗軟錦・浮線綾・呉竹・甘竹・吹玉等。

2 河添『光源氏が愛した王朝ブランド品』（角川選書、二〇〇八）、『唐物の文化史』（岩波新書、二〇一四）。

3 以下『竹取物語』をはじめ王朝文学の本文引用は、小学館の新編日本古典全集本に拠り、頁数を示した。

4 保立道久『黄金国家』（青木書店、一九九三）に拠れば、宇多天皇に遣唐使派遣を願った唐商の王訥も、宇多と直接、対面したという。

5 田中史生『越境の日本史』（ちくま新書、二〇〇九）。

6 亀井明徳「唐・新羅商人の来航と大宰府」（『海外視点・日本の歴史5　平安文化の開花』ぎょうせい、一九八七）。

7 注6に同じ。

8 渡邊誠「鴻臚館の盛衰」（『日本の対外関係3　通交・通商圏の拡大』吉川弘文館、二〇一〇）。

9 中川正美「「うるはし」の語史と源氏物語」（『源氏物語の展望　第八輯』三弥井書店、二〇一〇）が、『竹取物語』で「うるはし」がすべて異国風のものに用いられていることを指摘している。

10 河添「平安文学の唐物における〈漢〉と〈和〉――『源氏物語』『うつほ物語』を中心に――」（『中古文学』一〇〇号、二〇一七・一二）。

11 「めでたし」の例には、「唐の紙のいとすくみたるに、草書きたまへる、すぐれてめでたしと見たまふに」（梅枝③四一九）などがある。

12 「わざとがまし」の例には、「侍従に、唐の本などのいとわざとがましき、沈の箱に入れて、いみじき高麗笛添へて奉れたまふ。」（梅枝③四二二）がある。

香薬の来た道・社会

皆川　雅樹

はじめに――香料と薬物――

十一世紀後半、入宋僧の成尋は、宋の神宗皇帝から書状を通じて日本で必要な中国のモノを尋ねられた際、「香薬・茶垸・錦・蘇芳等」であると答えている（『参天台五台山記』延久四年〔一〇七二〕十月十五日条）。「香薬」は香料と薬物、「茶垸」は陶磁器、「錦」は絹織物、「蘇芳」は染料の一種であり、いずれも日本列島での産出は難しいモノである。

また、成尋が入宋したのとほぼ同時期に成立した『新猿楽記』八郎真人の段には、俘囚の地（奥州）から喜界島（南九州）にわたって交易活動を展開した商人の八郎真人の話が記されている。

八郎真人、商人主領也。（中略）東臻二于浮〔俘〕囚之地一、西渡二於貴賀之嶋一。交易之物、売買之種、不レ可二稱数一。唐物、沈・麝香・衣比・丁子・甘松・薫陸・青木・龍脳・牛頭・鶏舌・白檀・紫檀・赤木・蘇芳・陶砂・紅雪・紫雪・金液丹・銀液丹・紫金膏・巴豆・雄黄・可梨勒・檳榔子・銅黄・紺青・燕紫・緑青・空青・丹・朱砂・胡粉・豹・虎皮・籐・茶垸・籠子・犀生角・水牛如意・馬瑙（帯）・瑠璃壺・綾・錦・呉竹・甘竹・吹玉等也。本朝物（後略）

八郎真人が扱った品物は、外来品としての「唐物」と国産品としての「本朝物」に分けて列挙されている。「唐物」として四十種以上の品物が列記され、そこには沈香・麝香などの香料・薬物類、蘇芳・銅黄などの染料・顔料類、豹皮・虎皮などの皮革類、茶垸といった陶磁器、綾・錦などの絹織物類等があげられている。「唐物」としての香薬は、例えば麝香の場合、香料としてニオイを作り出す薫物の材料として使用されたり、薬物として調合されたり、と香料と薬物を厳密には区別できず、香料の多くが薬物としての用途も持っている場合が多い。

このように、香薬は日本列島内を産地としない「唐物」と認識された外来品であり、それだけでも希少性が高く貴重な物として珍重されていたことになる。注1 小稿では、「香薬」という字句が香料と薬物としての意味を有していると捉える。それをふまえて、日本列島にもたらされた香薬の概要および特色をつかむために、奈良時代に来日した鑑真がもたらした香薬について触れた上で、香薬がもたらされた経路（道）とそれらが日本列島内で使用された場（社会）について考察する。

一　鑑真がもたらした香薬

1　鑑真がもたらしたモノ

唐僧鑑真は、七四二年に入唐僧の栄叡・普照らの招請を受け、日本への渡航を五回にわたって企てたがいずれも失敗し、加えて失明してしまった。七五三年、六度目にしてようやく来日に成功した。来日後、東大寺戒壇院が完成し、授戒・伝律に専念し、聖武上皇などに受戒した。さらに、天皇から賜わった新田部親王旧宅に唐招提寺を創建し、戒律の研鑽に尽力した。

その鑑真が第二回渡航時に将来しようとしたモノのリストが残っており、『唐大和上東征伝』天宝二年（七四三）十二月条において多くの香料名が確認できる。[注2]

備弁海糧。（中略）麝香廿劑・沈香・甲香・甘松香・龍脳香・膽唐香・安息香・桟香・零陵香・青木香・薫陸香都有二六百余斤一。又有二畢鉢・訶梨勒・胡椒・阿魏・石蜜・蔗糖等五百余斤、蜂蜜十斛、甘蔗八十束（中略）一。

また、第五回渡航時には「造レ舟、買二香薬一。備二弁百物一、一如二天宝二載一所レ備」（『唐大和上東征伝』）とあり、舟を造って香薬を買い、百物を備弁することは第二回の天宝二年の渡航時と同じように準備したことが書かれている。このような準備が第六回渡航時にも準備され、将来されたことは想像に難くない。なお、第六回渡航時の将来品としては、仏舎利、経論、仏像・仏具、王羲之の真跡などが記録されている（『唐大和上東征伝』天宝十二年正月十六日条[注3]）。

2　鑑真がもたらした香薬

第二回渡航時の香薬リストに見られる麝香から甘蔗までは、用途によって香材、薬材、食用材という三つの区分ができるという。[注4]

第一群の麝香から薫陸香までの香材の名称は、鑑真来日の前年（七五二年）来日の新羅使によってもたらされ

表1　七四三年（第二回）の鑑真将来の香薬リスト

鑑真将来の香薬	買新羅物解	法隆寺資財帳	大安寺資財帳
麝香	○	○	○
沈香	○	○	○
甲香		○	
甘松香	○	○	○
龍脳香	○		
贍唐香		○	
安息香	○	○	
棧香		○	○
零陵香	○		○
青木香	○	○	○
薫陸香	○	○	○
畢鉢	○		
訶梨勒	○		
胡椒			
阿魏			
石蜜			
蔗糖			
蜂蜜			
甘蔗			

た品目が記録された「買新羅物解[注5]」や七四七年に国家に提出された縁起と財産目録である『法隆寺伽藍縁起幷流記資財帳』（以下、法隆寺資財帳）と『大安寺伽藍縁起幷流記資財帳』（以下、大安寺資財帳）に共通してみられる（表1）。

麝香については、天平勝宝八歳（七五六）六月二十一日、光明皇后が六十種の薬を東大寺大仏に献上した時に、その目録と献上の趣旨を記した文書である『種々薬帳』（『東大寺献物帳』の中の一巻）の冒頭に記載があるが、帳内薬物として正倉院に現存はしていない。[注6]

麝香は、「はじめに」でも紹介した通り、薬材であると同時に香材としても重要であったことが第二回渡航時の香薬リストの配列の先頭に配されていることからも推測できる。また、香薬リストの中には甲香が見え、貝香とも言われる。甲香は貝を粉末にしたもので薫物（練香）の調製のために利用されるので、薫物の作製のためには欠かせないものである。平安時代以降の薫物は、沈香を主成分として、丁子・白檀・甲香・麝香・薫陸香などを細粒として混ぜ、梅肉・甘葛・蜜などで練り固めたものを熟成させたものであり、占唐香・甘松香・零陵香・青木香などを加えて、それらを混ぜる量を調製することで様々な香りを作り出すものである。[注7]となると、鑑真が将来した香材は、まさに薫物の作製のために準備されたかのようにも考えられるが詳細は不明である。もしそうだとしたら、法隆寺や七五二年の新羅使からの購入品でも薫物の作製は可能であったことになる。

第二群の畢鉢・訶梨勒・胡椒・阿魏といった薬材について、表1において畢鉢・訶梨勒は「買新羅物解」にも見える外来薬物であるが、胡椒・阿魏は香薬リスト以外の史料には見えない。胡椒は、『種々薬帳』に記載があり正倉院にも現存する。阿魏は、中央アジア・西アジアを原産地とし、日本の医薬史においては近世以降に知られるようになるので、当時は活用されていた痕跡はほとんどないというが[注8]、鑑真がいた唐では薬や調味料としてよく知られていたらしい[注9]。

第三群の石蜜・蔗糖・蜂蜜・甘蔗は、食用材であり、いずれも甘味料として使用されてきたものである。表1において香薬リスト以外のいずれの史料にも見えないモノである。蔗糖は砂糖のことであり、『種々薬帳』に記載が確認でき、七八七年に正倉院から出蔵されたことも記録に残っている（延暦六年六月曝涼使解・北倉一六二）。石蜜は氷砂糖のことであり、甘蔗（サトウキビ）汁を煮詰めて、それを冷まして石のような小さな塊にしたもので、古代中国（特に唐代）は菓子などの甘味に利用されていた[注10]。蜂蜜も石蜜と同様に甘味料として使用されたが、薫物の合香にも利用された。また、蜂蜜は天平十一年（七三九）と貞観十三年（八七一）の渤海使によって進上されている（『続日本紀』天平十一年十二月戊辰〔十日〕条・『日本三代実録』貞観十四年五月十八日条）。

以上のように、鑑真がもたらした香薬は、薬物としての意味とともに、薫物や甘味料としても利用された実用性の高いモノであったことがわかる。鑑真の伝記には「以二諸薬物一令レ名二真偽一、和上一々以レ鼻別レ之」（『続日本紀』天平宝字七年（七六三）五月戊申〔六日〕条）とあり、失明していた鑑真が薬物の真偽を、鼻をもって鑑定していたことが記されている。もたらしたモノの重要性とともに、香薬の真偽を見分ける技術も伝えられた可能性についても注目しておきたい。外来の香薬の入手、薬用や薫物の作製での活用のためには、香薬についての知識が必須となる。香薬は、日本列島を産地としない（たとえ採れたとしても香薬とは判別がつかず気づかれない）[注11]モノとして希少性が高いだけではなく、薬用、薫物などその実用性の歴史的意義を考える必要がある。

二　香薬の来た道

本章では、香薬が日本列島にもたらした経路およびその担い手について、六～十一世紀を範囲として確認する。[注12]ただし、香薬すべてを対象とするには限界があるので、ここでは香料（麝香など「○○香」とされるもの）に限定して概観する。香料の日本列島への流入経路およびその担い手として、1．漂着、2．新羅使、3．来日僧・入唐宋僧、4．遣唐使、5．入唐使、6．中国系海商、7．高麗の七点について紹介する。

1　漂着

香料の初見記事として、『日本書紀』推古三年（五九五）四月条があげられ、

沈水漂二着於淡路島一。其大一囲。島人不レ知二沈水一、以交レ薪焼二於竈一。其烟気遠薫。則異以献之。

とあり、淡路島に「沈水」（沈香）が漂着したが、島人は沈香とは知らず、薪と交ぜて竈で焼くと、その煙が遠くまでおよび薫りを漂わせたので、これは異なる物として献上したことが記されている。沈香の香りは、当時の人々にとって普段の生活では嗅ぐことのない「異」なるものとして認識されている。なお、この沈香が瀬戸内海を通じて、どのように漂流・漂着したかは不明であるが、焼いてしまったモノが沈香であることと判断していることは興味深く、当該期もしくは『日本書紀』編纂段階において香料に対する知識が仏教の受容にともなってある程度あったのであろう。

2　新羅使

『日本書紀』天智十年（六七一）十月是月条に、

天皇遣レ使奉二袈裟・金鉢・象牙・沈水香・旃檀香、及諸珍財於法興寺仏一。

とあり、天智天皇が法興寺（飛鳥寺）の仏に沈水香（沈香）・栴檀香（白檀）などを奉納している。同年同月に新羅使が調を進上している（『日本書紀』同年十月庚午〔七日〕条）ので、この新羅使によってもたらされたモノが奉納品とされた可能性がある。なお、この時天智天皇は疾病であったので、病気平癒の祈願のために法興寺への奉納となったことも推測できる。注13 一方、香料ではないが、朱鳥元年（六八六）に新羅使がもたらした調と別献物として多くの品目の中に「薬物」と明記されている（『日本書紀』同年四月戊子〔十九〕条）。

さらに、新羅使によって香薬がもたらされる例としては、先述の通り、天平勝宝四年（七五二）、日本の五位以上の王族・貴族が来朝した新羅使の舶来品を購入するため、その品目を記して関係官司に申請した文書として「買新羅物解」がある。この文書（解文）は現在二十六点確認されており、これらに見える新羅使がもたらした交易品として香料・薬物・顔料・染料・金属・調度品などがあり、それらを日本の王族・貴族は綿などの繊維原料により購入していることが読み取れる。

3　来日僧・入唐宋僧

既に触れた鑑真のような来日僧や成尋のような中国へ渡った日本僧（入唐僧・入宋僧）が、香薬をもたらしていたことは容易に想像でき、法隆寺や大安寺の香薬も彼らのような存在によってもたらされたのであろう。

4　遣唐使

『万葉集』巻一七―三九四八には、

大宮の内にも外にも光るまで降れる白雪見れど飽かぬかも

（中略）右件の王卿等、詔に応へて歌を作り、次によりて奏す。その時に記さずして、その歌漏り失せたり。ただし、秦忌寸朝元は、左大臣橘卿謔れて云はく、「歌を賦するに堪へずは、麝をもちてこれを贖へ」といふ。これによりて黙してやみぬ。

とあり、天平十八年（七四六）、元正天皇の御所に左大臣橘諸兄らとともに参上し、和歌を詠むようにとの詔があり、他の出席者は和歌で応えたが、秦朝元だけは詠まなかったため、諸兄に「麝香をもちてこれを贖へ」と言われ、黙り込んでしまったという。ここにおいて、天平の遣唐使にも参加した唐帰りの医術博士秦朝元が秘蔵する「麝（香）」が確認でき、唐より持ち帰ったものと考えられる。

　このような遣唐使が香薬を持ち帰った例としては、『類聚国史』巻七十八・賞賜、大同二年（八〇七）正月二十七日条に、

大唐信物綾錦香薬等、班㆓賜参議已上卿㆒。

とあり、時期的に延暦の遣唐使がもたらした可能性がある「信物」について、前後に諸山陵への「唐国信物」の献上（『日本紀略』大同二年正月十七日条）、伊勢神宮への「唐国信物」の奉納（『類聚国史』巻三・伊勢大神・大同二年八月八日条、『日本紀略』同年同月日条）が行われる中で「大唐信物」「綾」「錦」「香薬」などが参議以上に分配されている。

また、「香薬」ではないが、『続日本後紀』承和六年（八三九）八月二十五日条には、

勅二参議大宰権帥正四位下兼左大弁藤原朝臣常嗣、大弐従四位上南淵朝臣永河等一。（中略）又信物要薬等。差二撿挍使一。取二陸路一逓運。自餘人物等。陸行水漕可レ有二議定一。宜レ待二後勅一。（後略）

とあり、承和の遣唐使がもたらした「信物」「要薬」などを大宰府から京まで陸路で運ぶことが命令され、その後、伊勢神宮への「唐物」の奉納（『続日本後紀』承和六年十月十三日条）、建礼門前に「宮市」を設置し内蔵寮官人や内侍が「唐物」を交易すること（『続日本後紀』承和六年十月二十五日条）が続けて行われている。

一方、遣唐使節団の従者たちの行動について、『入唐求法巡礼行記』開成四年（八三九）二月二十日条に、

第四船監国信并通事、縁レ買二勅断色一、相公交レ人来喚。随レ使入レ州去。（中略）晩際、第四船通事・知乗等被レ免、趁来。長官傔従白鳥・清岑・長岑・留学等四人、為レ買二香薬等一、下レ船到レ市。為二所由一勘追、捨二二百餘貫銭一逃走、但三人来。

とあり、承和の遣唐使の一員が、帰国前に揚州の市へとくり出し、交易禁止品の購入や唐人とのトラブルなどが起こり、現地の役人が取り締まりを強化している中で、長官の従者四名が「香薬」を買おうと市に行ったところ、役人に追及され、二百余貫の銭を捨てて逃走し、三名だけが船に戻ってきたという。

このような「香薬」が、遣唐使帰朝の際の重要な持ち帰るべきモノであり購入品であったこと、さらにそれらは参議以上や内蔵寮官人・内侍といった限られた者たちに分配されるモノとして意味を持っていたことがわかる。

5　入唐使

『日本三代実録』貞観十六年（八七四）六月十七日条に、

遣下一伊豫権掾正六位上大神宿禰巳井、豊後介正六位下多治真人安江等唐家一、市中香薬上。

とあり、大神巳井と多治安江が「香薬」を購入するために唐へ派遣された。大神巳井については、「商量往二明州一、趁二本国神御井等舩一帰国」（『入唐求法巡礼行記』大中元年（八四七）閏三月十日条）とあり、円仁は「神御井」（大神巳井）などが乗る船で明州から帰国を画策する。これに続く記事として、「春大郎・神一郎等、乗二明州張支信船一帰国也。」（『入唐求法巡礼行記』同年六月九日条）とあり、「春大郎」と「神一郎」が明州の海商張支（友）新の船に乗って円仁を同乗させずに帰国してしまったという。佐伯有清氏はここに出てくる「神一郎」と大神巳井が同一人物であることを指摘する。注14

さらに、『朝野群載』巻一所収の延喜十二年（九一二）四月八日の「総持寺鐘銘」には、

（前略）納言尊考（中略）多以二黄金一、附二入唐使大神御井一、買二得白檀香木一、造二千手観世音菩薩像一躰一。仍建二衢場於摂津国島下郡一、安二置此像一。（後略）

とあり、中納言藤原山蔭（八二四〜八八八）が多くの黄金を「入唐使大神御井」に託し、「千手観世音菩薩像一躰」を作成するため白檀香木を購入して、摂津国島下郡に安置したことが記されている。ここでの大神巳井（御井）は、「入唐使」とあることから遣唐使に準じるような使節である可能性が高く、注15 貞観十六年の入唐に付随した個別貴族による交易活動の一端と見ることができる。注16

一方、多治安江についても、『日本三代実録』元慶元年（八七七）八月二十二日条に、

先是、大宰府言。去七月廿五日、大唐商人崔鐸等六十三人駕一隻船、来二着管筑前国一。問二其来由一、崔鐸言。従二大唐台州一、載二貴国使多安江等一、頗賚二貨物一。

とあり、「多安江」（多治安江）が中国系海商崔鐸の船に乗って帰国している。これは貞観十六年に入唐したこと

にともなう帰国と推測でき、「貴国使」とあることから、この時の使節も遣唐使に準じるものであった可能性がある。

このように、大神巳井や多治安江のような遣唐使に準じる使節が、九世紀後半に「香薬」を求めて入唐し、さらにそれに付随する活動として「白檀香木」を購入する行為も記録されている。なお、多治安江が唐から帰国する際に、中国系海商の力を借りている。このような中国系海商の船を利用して、日本の僧などが入唐や帰国する例は散見する。

6　中国系海商

『御堂関白記』長和二年（一〇一三）二月四日条には、

> 参二皇太后宮大内一、奏二唐物解文一、召即（行カ）召二御前一覧レ之。皇太后宮・中宮・皇后宮・東宮等被二少々事（奉）一、又皇后宮々々少々給レ之、余給二錦八疋・綾廿三疋・丁子百両・麝香五齊（臍）・紺青百両・甘松三斤許一、皇太后宮・中宮・東宮御使各賜レ禄。

とあり、三条天皇がもたらされた「唐物」を見る行為である「唐物御覧」が行われている。[注17] 左大臣（藤原道長）が「唐物解文」を奏上して、天皇が「唐物」を見た上で、皇太后宮（藤原彰子）・中宮（藤原妍子）・皇后宮（藤原娍子）・東宮（敦成親王）および皇后宮所生の宮たち（敦明親王・敦儀親王・敦平親王・当子内親王・師明親王・禔子内親王）に対して「唐物」が分配され、道長にも錦・綾や丁子・麝香・紺青・甘松などの香薬類が分配されている。さらに、皇太后宮・中宮・東宮の各「御使」にも禄を給わっている。道長に分配された香薬類は、三条天皇が御覧になった「唐物」であることは間違いなく、この「唐物」は前年九月に来着が大宰府より報告された中国系海商の周文裔がもたらしたものと見られる（『御堂関白記』長和元年〔一〇一二〕九月二日条）。

同じく中国系海商の周文裔が長元元年（一〇二八）九月に来着した際、年紀違反のため廻却とされた。これを受けて、周文裔は廻却の撤回を求めて右大臣藤原実資に、実資が領有していた筑前高田牧の牧司宗像妙忠に書状を託して助力を請うとともに進上の品を贈っており、その中に麝香・丁子・沈香・薫陸香などの香薬類が含まれている（『小右記』長元二年〔一〇二九〕三月二日条）。しかしその後、実資は周文裔からの贈物を返却しているので、安置が認められてはいないようである。なお、高田牧司宗像妙忠は、治安三年（一〇二三）、実資に年貢とともに、沈香・衣香・丁子・唐綾などを贈っている（『小右記』同年七月十六日条）。高田牧において妙忠は、多くの「唐物」を入手し実資に進上していることが治安三年（一〇二三）から長元二年（一〇二九）まで記録されている。それ以降の牧司によって「唐物」が進上されていないことから荘園を拠点とした海商との密貿易ではなく、妙忠が周文裔のような中国系海商との個人的な交易を通じて入手したものと考えられる。[注18]

また、大宰府官人を通じて、天皇や藤原道長などに香薬が献上される例が見られる。例えば、『御堂関白記』長和五年（一〇一六）十一月九日条には、

帥所レ送手筥為親持来。二隻、入二香薬一。

とあり、大宰権帥藤原隆家が摂政左大臣藤原道長に香薬が入っている二隻の手筥を贈っている。隆家は、前年にも例進の率分の絹や唐皮の皮籠一荷に入れた丁子・麝香・甘松・衣香・甲香・沈香・欝金・薫陸などを、道長を通じて天皇に献上し、道長には絹・檳榔・色革を献上した。さらに中宮・敦康親王・修子内親王にも種々物を献上した（『小右記』長和四年〔一〇一五〕九月二十四日条）。隆家が献上した香薬などの外来品をどのように入手したかは不明であるが、役職上、中国系海商との交易ができる環境にあったことは想像に難くない。

このように、中国系海商が九世紀後半頃から来着し、多くの船載品（「唐物」）をもたらしており、その中に多くの香薬が含まれていたことは間違いなかろう。[注19] さらに、それらは「唐物」として天皇のもとに贈られ御覧になったり、道長や実資への贈り物として利用されたりと、政治的な関係の中で有効に機能していたことがうかがえよう。

7 高麗

『朝野群載』巻二十・異国所収の「高麗国礼賓省牒」には、承暦三年（一〇七九）十一月に、高麗王文宗が風疾（中風）のため、その治療を目的として礼賓省から医師の派遣を要請している。[注20] その牒状には、「若見二功効一、定不二軽酬一者。今先送二花錦及大綾・中綾各一十段、麝香一十臍一、分二附王則貞一、賫持将二去知大宰府官員處一、且充二信儀一、到可二収領一者」とあり、治療が上手くいけば報酬を差し上げるので、今はとりあえず錦・綾・麝香を信義の印として大宰府在住の中国系海商の王則貞に牒状とともに託して大宰府に送っている。日本側の最終的な判断としては、治療した場合に効果がなかったら恥となるという意見が大勢を占め、医師派遣を拒絶し、麝香などの送られてきた方物は返却している（『本朝続文粋』巻十一・牒所収大宰府返牒）。したがって、この時は麝香がもたらされなかったが、中国系海商の王則貞のような存在が仲介となって高麗との交易が展開したことが推測できる。

なお、高麗との関係の可能性がうかがえることとして、『長谷寺霊験記』巻上・第十二に、天暦六年（九五二）三月の記録として、「新羅」の「大樋皇后」から長谷寺に梅檀香・沈香・麝香など三十三の宝物が送られたことが見える。しかし、「新羅」の「大樋皇后」の存在など不明な点が多い。

三　香薬の来た社会

本章では、香薬が日本列島内で使用された場（社会）について、1．薬用、2．薫物合わせ、3．「被物」としての薫物の三つの視点から考察する。ただし、前章と同様に、香薬すべてを対象とするには限界があるので、ここでは香料（麝香など「〇〇香」とされるもの）に限定して検討する。

1　薬用

薬用の香料は、先述の鑑真が扱った香薬類や東大寺正倉院の『種々薬帳』に見える麝香をはじめ、帳外薬物として、青木香・丁子・沈香・白檀・甘松香などが現存する。[注21] また、先述の遣唐使にも参加した唐帰りの医術博士秦朝元秘蔵の「麝（香）」も医師という立場上、薬用であったのであろう。加えて、官司において、例えば典薬寮では、薫陸香・楓香・青木香などの香薬が扱われていた（『延喜式』巻三十七、典薬寮）。

一方、日常生活の中で香料が薬として用いられた三つの例を『小右記』から取り上げたい。

第一に、『小右記』治安三年（一〇二三）十一月四日条には、

左衛門尉式光左頬腫。（中略）相成朝臣云、無レ殊。忠明宿禰云、尤可慎者。従二去朔日一有二此恙一。両醫二日見。（中略）随申二遣雄黄・巴豆・麝香・沈香一、日々遣二相成一。

とあり、左衛門尉宮道式光の左頬が腫れてしまったため、和気相成・但波忠明二人の医師がそれを診て、それを受けて藤原実資は、雄黄・巴豆・麝香・沈香を送っている。

第二に、『小右記』治安三年（一〇二三）十一月十六日条には、

今朝貴重朝臣申二麝香・沈香等一。右方頬有二腫物一。忠明申二可慎由一。

とあり、右頬に腫れ物がある惟宗貴重が、実資に麝香・沈香を請うている。

第三に、『小右記』万寿三年（一〇二六）八月四日条には、

阿闍梨文円頬腫物由云々。仍以義光朝臣訪。依二彼消息一遣二丁子・巴豆等一。従レ昨頗宜者。

とあり、阿闍梨文円の頬が腫れてしまったため、丁子・巴豆を実資が送っている。

以上の三つの例における腫物への対応として、麝香・沈香・丁子といった香料が薬として活用されている。ちなみに、巴豆・雄黄も、「はじめに」でも紹介した『新猿楽記』八郎真人の段の「唐物」としてあげられている薬物であり、巴豆は正倉院の『種々薬帳』にあげられており、雄黄は帳外薬物として現存する。

なお、麝香・沈香・丁子の薬効について、密教修法に必要な香料などについて抄出した平安時代後期の本草字書である『香字抄』（『続群書類従』第三十輯下・雑部など）で確認すると、沈香や丁子は風腫（腫物）・解熱・痛み止めなど、麝香は風毒（風邪）などがあげられている。これらの香料を薬として利用し、腫れ物やそれにともなう発熱への処置を施していたことが推測できる。[注22] このような香薬を所持していた実資は、先述の通り、外来の香薬を入手するルートを持っていたのでこれらの準備・調達が可能であったのであろう。

2　薫物合わせ

薫物に使用する香料については、先述の鑑真がもたらした香薬によって作製可能であることに触れた。平安時代では、優れた薫物の創製者が尊敬され、その秘法を知ることは高い教養の証となるなど、[注23] 薫物が重要な役割を

持っていた。薫物（合わせ）において使用される香料については、薫物合わせの指南書である『薫集類抄』（十二世紀中頃成立）に詳しい。[注24] 同書によると、薫物は、沈香を主成分とし、これに様々な香を加味し、粉末にして、梅肉・蜜・甘葛で練り固めたもので、四季の匂いに準えた六種（むくさ）が最も重要とされた。また、六種の薫物などについて、各家の薫物調剤の秘法を列記し、上は閑院左大臣藤原冬嗣（七七五〜八二六）より、下は藤原師成（一〇八一年薨）に及ぶ。同書に見える各家の氏名を年代順にならべていくと、薫物合わせは、九世紀に天皇や貴族の間に始まり、十世紀前半の延喜・天暦の頃（九〇一〜九五七年）に最も流行したことが読み取れる。[注25]

実際に行われた薫物合わせの例として、『紫式部日記』寛弘五年（一〇〇八）八月二十六日条に、

御薫物あはせ果てて、人〴〵にもくばらせ給ふ。まろがしゐたる人〴〵、あまたつどひゐたり。

とあり、中宮彰子の薫物の調合が終了し、女房たちにも配られ、薫物を丸めた女房たちが大勢集まっていたことが記されている。彰子は、女房たち薫物を分配することによって、優れた薫物の創製者として尊敬され、その権威を示すことにつながるのであろう。

紫式部によって、当時の薫物合わせの詳細な様子を彷彿とさせる状況が、『源氏物語』梅枝巻に書かれている。梅枝巻では、光源氏の娘の明石の姫君（十一歳）の裳着の儀式（女子の成人儀礼）とそれに続く春宮への入内準備について書かれており、源氏が薫物合わせを主催する場面から巻は始まる。

『源氏物語』梅枝巻の冒頭には、次のように記されいる。

御裳着の事思しいそぐ御心掟て、世の常ならず。春宮も同じ二月に、御かうぶりの事あるべければ、やがて御参りもうち続くべきにや。正月の晦日なれば、公私のどやかなる頃ほひに、薫物合はせたまふ。大弐の奉れる香ども御覧ずるに、なほいにしへのには劣りてやあらむと思して、二条院の御倉開けさせたまひて、唐

の物ども取り渡させたまひて、御覧じくらぶるに、（源氏）「錦、綾なども、なほ古き物こそなつかしうこまやかにはありけれ」とて、近き御しつらひのものの覆、敷物、褥などの端どもに、故院の御世の初めつ方、高麗人の奉れりける綾、緋金錦どもなど、今の世のものに似ず、なほ様々御覧じ当てつつせさせたまひて、この度の綾、羅などは、人々に賜はす。香どもは、昔今の、取り並べさせたまひて、御方々に配りたてまつらせたまふ。（源氏）「二種づつ合はせさせたまへ」と、聞こえさせたまへり。贈物、上達部の禄など、世になき様に、内にも外にも、事繁く営みたまふに添へて、方々に選り整へて、鉄臼の音耳かしがましき頃なり。

ここでは、今と昔のモノの区別と香料を分配される人とされない人の区別がなされていることが注目できる。大宰大弐が奉った綾・羅を「人々」（女房たち）に、大宰大弐が奉った今の香料と二条院の御倉にある昔の香料を「御方々」（紫の上・明石の君・花散里などの妻たち）に、それぞれ源氏は分配している。後者の「御方々」へ分配された香料は、彼女たちによって薫物作製のために調合されていく。源氏も「承和の御戒め」（仁明天皇秘伝の方）の二つの調合法で薫物作製に熱中する。そして、源氏の異母弟である螢兵部卿宮を判定者として薫物合わせが行われ、「いづれをも無徳ならず」（どれも悪い所がない）と評価されたことに対して、源氏は「心ぎたなき判者なめり」（卑怯な判者だ）と優劣をつけなかったことを皮肉っているようない言い方をするが良好な関係の証拠とも読める。

薫物合わせ終了後、源氏は月下の宴遊を催し、そこに螢兵部卿宮に加え、翌日の「御遊のうち馴らし」の準備のため蔵人所に来ていた頭中将と弁少将を招き入れた。宴遊が終わり、源氏は、螢兵部卿宮と頭中将・弁少将それぞれに贈り物と賜禄を行っている。螢兵部卿宮には「御贈物に、自らの御料の御直衣の御よそひ一領、手触れたまはぬ薫物二壺添へて、御車に奉らせたまふ」とあり、源氏自身の直衣一揃いと薫物を贈与している。また、頭中将と弁少将にも「事々しからぬ様に、細長、小袿などかづけたまふ」とあり、細長、小袿などを贈与している。

裳着の儀式を前提とした薫物合わせに際して、様々な「唐物」などのモノの贈与が行われたことうかがえる。源氏から昔と今の香料を妻たちに分配し、彼女たちに薫物の調合をそれぞれ依頼した。ここにおいて、源氏が「承和の御戒」（仁明天皇秘伝）の調合法で薫物を作り、紫の上が本康親王（仁明天皇皇子）の調合法を知っていたとされる。薫物の調合方法によっても身分や立場の位置づけが見えてくる。さらに、螢兵部卿宮に源氏やその妻たちの薫物を評価させ、「いづれをも無徳ならず」とほめることで、源氏は「心ぎたなき判者なめり」と冗談を言いつつ、その後の贈与において源氏自身の直衣一揃いと薫物を贈与することで関係性は強固なものとなっているのであろう。このように、『源氏物語』梅枝巻にみられる薫物合わせは、王権・貴族の趣味にとどまるものではなく、「唐物」の贈与行為を通じて、王権・貴族内の関係性を再認識する場としての意味があったと言える。

3 「被物」としての薫物

梅枝巻において、薫物合わせ後、源氏が薫物合わせの判定役を務めた螢兵部卿宮に源氏自身の装束と薫物を贈り、頭中将と弁少将に細長・小袿等装束の一部を被物（かずけもの）として与えている。「被物」とは、「恒例・臨時の行事や催事などの参列者に下賜される禄の一種。賜物が装束類なので、肩に懸けて退出することから被物[注26]」といい、さらに、「貨幣経済の未成熟な歴史段階にあって、衣服が交換価値をもち、社会に流通した経済的事情を背景に、貴族社会に特殊に行われた上級者から下級者への贈与慣行であ」り、「衣服贈与の社会慣行の中で、一定の市場価値を含みながら、経済的贈与の意義を脱して、饗宴の場における儀礼的贈与の性格を本質として展開してゆく[注27]」という。

『源氏物語』梅枝巻にみえる関係は、「上級者」である源氏から「下級者」である螢兵部卿宮・頭中将・弁少将への「贈与慣行」ということになる。また、螢兵部卿宮と頭中将・弁少将では、贈与されたモノに明確な差が生じている。そして、本来「被物」は、衣服の儀礼的贈与のことであるが、螢兵部卿宮への贈り物として装束に加えて薫物を添えている。薫物が被物として利用された例として、『権記』長保五年（一〇〇三）十一月十五日条に、

今夜舞姫参入。相模守清重女、母故信濃守陳忠女。殿上分高雅朝臣・道順・権中納言等也。高雅五節夜初参入。自二齋院一被二給扇幷薫物一。自二弾正宮一亦被二給薫物一。又自春宮大夫殿（マヽ）被二給女装束一重・掛二重等一。自二中宮一差二使忠範朝臣一、被給薫物。即被物。令レ参二拝〔舞カ〕姫一、余與二経通少将一同車参内。

とあり、五節舞姫の献上において、献上者である参議藤原行成は、斎院（選子内親王）から扇・薫物、弾正宮（為尊親王室）から薫物、春宮大夫殿から女装束・掛、中宮（藤原彰子）から薫物を、それぞれから賜っている。装束に限らず薫物が被物として見える例である。この例以外にも五節舞姫の献上における献上者への被物として薫物が機能していることは何例も見られる[注28]。

その例のうちの一つであり、装束と薫物とのセットが「被物」として機能することを示す事例が、『玉葉』承暦元年（一一八四）十一月十六日条からうかがうことができる。

此日五節参入也。公卿三人〈右大将・左兵衛督頼実・平宰相親宗〉・受領二人〈但馬守範能・紀伊守範光〉。右大将御覧、左兵衛督参入、自余三人参入・御覧共不レ勤二仕之一。（中略）戌剋自二八条院一賜二童女装束二具〈（中略）〉・薫物〈（中略）〉・薄様廿帖〈（中略）今案、於二薄様一者内々下賜歟〉一。御使別当右馬権頭基輔朝臣〈（中

略)〉。先大将出二客亭一〈(中略)〉次奉行家左京〔司脱〕権大夫光綱〈(中略)〉出二逢中門辺一。帰昇申二女院御参之由一。大将仰下可レ令レ敷レ座幷可レ取二装束一之由上。(中略)光綱参入。仰云、可レ召二御使一。(中略)職事二人出来〈初役人〉。取二童女装束一、置二北面出居一。其後薫物・薄様等内々所二持来一也。於二薫物一者具二装束一可レ置二大将前一也。兼不レ知下有二薫物一之由上。仍不レ仰二其由一。奉行者可レ存二此旨一也。不レ足レ言歟。(後略)

右大臣藤原兼実息男である右大将藤原良通が五節舞姫を献上するが、実は同年八月十五日条に「今日為二頭中将奉行一催二大将一五節領状了」とあり、子良通が献上するのではなく実質的には父兼実が献上することを承諾している。[注29] さて、五節舞姫の献上にともない、八条院より童女装束・薫物・薄様を賜り、それを御使が良通の客亭にもたらし、初担当の職事二人は童女装束だけを受け取り北面の出居に置いたが、薫物と薄様は内々に持ってきてしまったという。これに対して兼実は、「於二薫物一者具二装束一可レ置二大将前一也」(薫物は装束と一緒に良通の前に置くべきである)とし、奉行の者が薫物の存在を認識していなかったため装束とともに薫物も置くことを命じなかったこと、そもそもその方法を知っていて当然であることは言うまでもないと嘆いている。ここにおいて、装束と薫物はセット関係にあるとの認識が見て取れる。五節舞姫の献上における装束と薫物の献上者への贈与や、『源氏物語』梅枝巻における螢兵部卿宮への源氏の装束と薫物の贈与は被物として機能し、「貴族社会に特殊に行われた上級者から下級者への贈与慣行」であったと言える。

このように、「被物」は従来、装束の贈与を中心に論じられてきたが、薫物とのセット関係によって、それらを贈与することによって政治的な地位に差が出ることが推測できる。例えば、十世紀末~十一世紀前半頃に政治の中心にいた藤原道長と藤原実資それぞれの香料の贈与関係が参考になる。道長も実資も「唐物」を入手するチャネルを持っていたことは当該期の史料から明らかである。しかし、道長と実資それぞれが入手した香薬を贈与する場面において、道長が薫物を贈ることが多いのに対して、実資は香料そのものを贈っている事例がほとんどである。[注30]つまり、道長は香料を加工する能力を持っていたが実資はその能力を持ち得なかったことになる。道長は入手した香料を調合し薫物を創製し、それを天皇や中宮彰子のような娘たちなどに贈ることによって、他の貴族たちには真似できない方法で時の権力者たちに近寄り、そして確固たる地位を手に入れたのであろう。

おわりに――香薬と日本――

香薬が日本列島にもたらされる過程において、黄海および東シナ海・南シナ海の朝鮮・中国沿岸地域とのつながりは切っても切れない関係である。中国における対日本の交易の窓口・拠点は、九世紀前半までは山東半島沿岸から揚州あたりの地域であったが、九世紀後半以降は明州などの長江以南の沿岸地域へと移っていく。そのような地域を経て、外交使節や海商などによって、日本列島に香薬がもたらされたのである。

小稿で扱った香薬のうち、香料(薫物)としても薬物としても主要なモノである沈香や麝香の産地を確認しておく。[注31]

沈香は、一一七八年に中国で成立した周去非による広南・南海の風土・貿易に関する情報書である『嶺外代答』巻七、香門・沈水香条や、一二二五年に同じく中国で成立した趙汝适による泉州の南海情報書『諸蕃志』志物・沈香条において、産地によって等級分けがなされている。上位は真臘(カンボジア)、次位は占城(中部ベトナム)、下位は大食(西アジア・中東)、三仏斉(マラッカ海峡地域)、闍婆(ジャワ)、その他に海南島なども産地として有名であることが記されている。また、唐代において、唐の南に位置する広州・驩州からの貢献品として

沈香が見える。[注32]

麝香は、九～十一世紀を中心としたのアラビア語諸文献をもとに、その産地（ヒマラヤの高山地帯）、その種類と等級、そして西アジア市場まで齎される流通経路が判明している。[注33] スィーラーフ出身のヤァクービーとビールーニーの記録（九世紀半ば頃）によると、最高品質で最も価値があるものがチベット産（ズー・サムト）、次いでソグド産（イランのホラーサーン商人たちがチベットで購入する麝香）、中国産（雲南・青海や東北チベットで産出）であるという。[注34] また、中国側の唐代の記録から、中国北西域（剣南道・隴西道など）からの貢献品として麝香が見られる。[注35]

このように、沈香・麝香は、中国においてかなり厳密な等級分けがされており、それらの中の優品がどれだけ日本列島に流入してきたかは不明である。近年、正倉院に残されている沈香（全浅香・黄熟香）の科学調査が行われ、それらに含まれるセスキテルペン類の組成から、ラオス中部からベトナムにかけての東部山岳地帯のものである可能性が報告されている。産地だけを見ると次位あたりの可能性があるが、[注36] 今後のさらなる調査に期待したい。

一方、香薬などの外来品をもたらす中国系海商などは、各地の王権へと交易品をもたらすことにより、王権による大規模な購買力に期待していた。[注37] 九世紀後半のムスリム系海商の記録である『中国とインドの諸情報』第一の書には、

［インド洋の］海を越えて来航した人たちが上陸すると、中国人［の役人］たちは彼らの［船載したすべての］商品を差し押さえて、家屋（公設の倉庫）に入れるように義務づける。（中略）［中国の］君主（皇帝）が必要とするものについては、君主がそれを最高の価格で買い取り、しかも迅速にそれを処理し、一切の不正

行為はない。例えば、彼ら［中国側］が買い上げるもののなかで、（中略）竜脳香が、もし君主による買い上げではなく、［一般市場に］出回る場合、その価格はその半分ほどになる。[注38]

とあり、『新猿楽記』八郎真人の段においても「唐物」の一つでもある竜脳香を中国皇帝側に購入してもらった場合、一般市場で売ってしまった場合との価格が倍違うという。日本であれば、大宰府に来着し安置され、朝廷との交易をできることがベストであったであろうことは、先述の周文裔が来着時に廻却が決定したことに対してそれをひっくり返そうと藤原実資に香薬などの志を付けてお願いしたことからもうかがえる。

最後に、古代の日本列島は、中国系海商など海上交易活動を行う者たちにとって魅力的な市場であったのだろうか。そのことを考える上で気になる記事を紹介して、小稿の結びとしたい。

貞観十八年（八七六）三月、大宰権帥在原行平の起請である。それによると、肥前国松浦郡庇羅郷と値嘉郷を合わせて上近・下近の二郡として値嘉嶋を設置し、この島は他国と境界を接し、来日する唐人・新羅人や入唐使（遣唐使）などが必ず経由する場所である。さらに、貞観十一年（八六九）の新羅の海賊が事件を起こした際も立ち寄ったらしい。また、去年の報告によれば、唐人はこの島に必ず来着し「香薬」を多く採り自分たちの貨物に加えたり、海岸の多くの「奇石」を鍛錬して「銀」を得たり、琢磨して玉にしたりしているという（『日本三代実録』貞観十八年三月九日条）。

本記事には、「唐人等必先到件嶋。多採香薬。以加貨物」とあるが、「採香薬」をどのように解釈するか。この解釈については、五島列島の産物としての香薬を採集してそれを貨物に加えるという説[注39]と、香薬は五島列島に産するのではなく、外来の香薬を海商などが持ち込み、彼らの間で販売・転売されているという説[注40]がある。後者の説の場合、行平の報告にもある通り、唐人・新羅人や入唐使（遣唐使）が必ず経由する航海・交易のための拠点・中継地として機能していたことは確実なので、そこに外来の香薬が集散する場所であったことは想定できよう。一方、前者の説の場合は、香薬が五島列島に産出することになるが、それを裏付ける史料などは管見の限り見つからない。ただし、五島列島の事例ではないが、『延喜式』において年料として内蔵寮・民部省・典薬寮によって徴収されていたものの中に、青木香（尾張国・相模国・美濃国・下総国・常陸国・近江国・上総国・下野国・播磨国）と零陵香（淡路国・阿波国）が確認できる（巻十五、内蔵寮・諸国年料条。巻二十三、民部省下・年料別貢雑物条。巻三十七、典薬寮・諸国進年料雑薬条）。青木香や零陵香は、『新猿楽記』八郎真人の段の「唐物」の品目や鑑真がもたらした香薬に含まれる香薬である。両香薬が諸国の産出品である可能性はあり、このように想定した場合、五島列島において産出することはあり得ないとは言い切れない。

また、『今昔物語集』巻二四、第一〇に、震旦僧長秀なるものが「天暦ノ御時」（九四七～九五七年）に来朝し医師として仕えた話が収録されている。その話の中で、五条西の洞院の屋敷前にあった「桂ノ木」が薬物である「桂心」であることを見分け、それは「唐ノ桂心ニハ増テ賢カリ」（唐の桂心よりも効能がある）とし、「桂心ハ此国ニモ有ケル物ヲ、見知ル医師ノ無カリケレバ事極テ口惜キ事也」（桂心は日本にもあるのに、それを見分けることのできる医師が日本国内に存在しないことは極めて残念である）と嘆いている。[注41] このように、桂心が実は日本列島内で産出するのだが、それを見分ける能力がないことによって発見できない場合もあったのであろう。その点において、海商たちは交易品の真偽や優劣を見分ける能力がなければ交易に支障がでるので、五島列島に自生する香薬を見分けて採集し交易品に加えた可能性は否定できない。このような海商や僧の活動は、当該期における中国医学の受容[注42]との関連でも考察していく必要がある。

注

1　古代日本の「唐物」の歴史的意義については、河添房江・皆川雅樹編『新版　唐物と東アジア――舶載品をめぐる文化交流史――』（勉誠出版、二〇一六年、初出二〇一一年）、皆川雅樹『日本古代王権と唐物交易』（吉川弘文館、二〇一四年）、『発見100年記念特別展　よみがえれ！　鴻臚館――行き交う人々と唐物――』（福岡市博物館、二〇一七年）など参照。

2　鑑真がもたらした香薬などのモノについては、東野治之『鑑真』（岩波新書、二〇〇九年）、シャルロッテ・フォン・ヴェアシュア「鑑真と香薬」（『水門』二三、二〇一一年）など参照。

3　東野治之前掲注2著書、一四五～一四五頁に、「第二次の渡航計画時のものと、日本に着いた第六次のもの（中略）に限って品目を挙げたのは、第六次は当然として、この二つで請来品などを代表させる意味があったのでしょう。第二次の品目に大きなスペースが与えられていますが、毎回そっくり同じでないとしても、これが準備した品の典型だったからだと思います。（中略）第二次と第六次の品目は、あまり内容が重なりませんが、二つを合わせたものが、請来品の全体像だったのでしょう」とあり、『唐大和上東征伝』に記録された第二回・第六回渡航時の品目が、鑑真によってもたらしたモノの実態だったと指摘する。

4　米田該典『正倉院の香薬――材質調査から保存へ――』（思文閣出版、二〇一五年）二〇～二二頁。

5　「買新羅物解」（『鳥毛立女屛風下貼文書』）は、来朝した新羅使の舶来品を五位以上の貴族が購入するため、その品目を記して申請した文書で現在二十六通が確認できる。東野治之「鳥毛立女屛風下貼文書の研究――買新羅物解の基礎的考察――」（同『正倉院文書と木簡の研究』塙書房、一九七七年、初出一九七四年）、皆川完一「買新羅物解拾遺」（『正倉院文書研究』二、一九九四年）、杉本一樹「鳥毛立女屛風に用いられた文書故紙について――屛風裏側および下貼文書の調査――」（同『日本古代文書の研究』吉川弘文館、二〇〇一年、初出一九九〇年）、池田温「天宝後期の唐・羅・日関係をめぐって」（同『東アジアの文化交流史』吉川弘文館、二〇〇二年、初出一九九五年）、李成市『東アジアの王権と交易』（青木書店、一九九七年）、同「正倉院所蔵新羅氈貼布記の研究――新羅・日本間交易の性格をめぐって――」（同『古代東アジアの民族と国家』岩波書店、一九九八年、初出一九九六年）、皆川雅樹「「買新羅物解」と天平勝宝四年来朝の新羅使についての再検討」（『専修史学』六三、二〇一七年）など参照。

6　正倉院の香薬については、正倉院事務所編『正倉院薬物』（中央公論新社、二〇〇〇年）、米田該典前掲注4著書など参照。

7 薫物における香料については、山田憲太郎『香料――日本のにおい――』（法政大学出版局、一九七八年）、田中圭子『薫集類抄の研究　附・薫物資料集成』（三弥井書店、二〇一二年）、尾崎左永子『平安時代の薫香――香りの文化の源流を王朝に求めて――』（フレグランスジャーナル社、二〇一三年）など参照。

8 米田該典前掲注4著書、二〇頁。

9 エドワード・H・シェーファー『サマルカンドの金の桃――唐代の異国文物の研究――』（伊原弘日本語版監修・吉田真弓日本語版訳、勉誠出版、二〇〇七年）三一九頁。

10 エドワード・H・シェーファー前掲注9著書、二五四～二五七頁。

11 「おわりに」参照。

12 対外的なモノの流出入については、田島公「日本、中国・朝鮮対外交流史年表――大宝元年～文治元年――」（奈良県立橿原考古学研究所附属博物館編『貿易陶磁――奈良・平安の中国陶磁――』臨川書店、一九九三年）、対外関係史総合年表編集委員会編『対外関係史総合年表』（吉川弘文館、一九九九年）が参考となる。

13 新川登亀男「「諸珍財」の飛鳥大仏献納」（同『日本古代の対外交渉と仏教――アジアの中の政治文化――』吉川弘文館、一九九九年、初出一九九〇年）。

14 佐伯有清「承和の遣唐使の人名の研究」（同『日本古代氏族の研究』吉川弘文館、一九八五年、初出一九七八年）二七九～二八五頁。

15 榎本淳一「遣唐使と通訳」（同『唐王朝と古代日本』吉川弘文館、二〇〇八年、初出二〇〇五年）一五六頁では、大神巳井や多治安江ら官人は「朝廷から派遣された国家的な使節であり、その意味ではまぎれもない遣唐使であるが、これまでの遣唐使研究においてはまったくの対象外の扱いをされてきた」とする。

16 東野治之「遣唐使の諸問題」（同『遣唐使と正倉院』岩波書店、一九九二年、初出一九九〇年）九二頁、田中史生「九世紀日本における内政と国際交易――文室宮田麻呂・張宝高・唐物使――」（同『国際交易と古代日本』吉川弘文館、二〇一二年、初出二〇〇五年）五八頁など参照。

17 「唐物御覧」とは、新羅使・渤海使などが来朝した際に天皇親臨のもとにその国書・信物（調物）などを受納する儀式の流れをくみ、天皇の徳化が化外にまで及んでいることを視覚的に確認する儀式。また「唐物」の皇族・臣下への頒賜は、八・九世紀に唐・渤海の信物が特定の山陵、神社、皇族、臣下などに奉献・班賜された慣行と同様であり、天皇とその王権の中枢部を支える者との間の結合を確認する行為であった。田島公「日本の律令国家の「賓礼」――外交儀礼より見た天皇と太政官――」（『史林』六八―三、一九八五年）、大津透「貢納と祭祀――調庸制の思想――」（同『古代の天皇制』岩波書店、一九九九年、初出一九九五年）、山内晋次「中国海商と王朝国家」（同『奈良平安期の日本とアジア』吉川弘文館、二〇〇三年、初出一九九三年）、皆川雅樹「九～十一世紀の対外交易と「唐物」贈与」（同『日本古代王権と唐物交易』吉川弘文館、二〇一四年）など参照。

18 山内晋次「荘園内密貿易説に関する疑問」（同『奈良平安期の日本とアジア』吉川弘文館、二〇〇三年、初出一九八九年）一三〇～一三一頁。

19 藤原明衡（九九九～一〇六六）が著した『明衡往来（雲州消息）』第一二四条に、博多津に到着した宋朝商客が多くの貨物をもたらす中に「麝臍之香」や「鳳文之縷（錦）」があり、それは「奇珍」であることが記されている。

20 この事件については、森克己『続々日宋貿易の研究』（新編森克己著作集3、勉誠出版、二〇〇九年、初出一九七五年）、奥村周司「医師要請事件に見る高麗文宗朝の対日姿勢」（『朝鮮学報』一一七、一九八五年）、石井正敏「日本と高麗」（土田直鎮・石井正敏編『海外視点・日本の歴史5平安文化の開花』ぎょうせい、一九八七年）、田島公「海外との交流」（橋本義彦編『古文書の語る日本史2平安』筑摩書房、一九九一年）、小峯和明「高麗返牒――述作と自讃――」（同『院政期文学論』笠間書院、二〇〇六年）、石井正敏「高麗との交流」（同『石井正敏著作集3高麗・宋元と日本』勉誠出版、二〇一七年、初出二〇一〇年）、篠崎敦史「高麗王文宗の「医師要請事件」と日本」（『ヒストリア』二四八、二〇一五年）．など参照。

21 前掲注6著書など参照。

22 腫れの原因として、流行性耳下腺炎（おたふく風邪）が想定できる。また、歯痛との関係が想定できるかもしれない。当該期の歯痛の事例については、高島麻衣「歯の病と処置――平安中期を中心に――」（服藤早苗編『平安朝の女性と政治文化――宮廷・生活・ジェンダー――』明石書店、二〇一七年）など参照。

23 『国史大辞典』（吉川弘文館）の「薫物合」の項（神保博行氏執筆担当）。

24 『薫集類抄』については、田中圭子前掲注7著書に詳しいのでそちらを参照。

25 山田憲太郎『東亜香料史研究』（中央公論美術出版、一九七八年）三七三～三七七頁、山田憲太郎『香料――日本のにおい――』（法政大学出版局、一九七八年）五四頁。なお、『古今和歌集』が成立した十世紀前半前後の段階において、花の香り・薫り・匂いに加え、薫物へ意識がはっきりと見える。一方、『万葉集』段階では、花の香り・薫り・匂いについての表現はあるが、それは薫物・香料に対するものではない。王権・貴族間において、薫物が意味を持ってくるのは、早くて八世紀後半以降であり、『薫集類抄』に見えるような六種の薫物の調合法が考え作り出されるのは九世紀以降であろう。皆川雅樹「香料の贈答――十世紀前後における沈香・乳香（薫陸香）・麝香の交易――」（同『日本古代王権と唐物交易』吉川弘文館、二〇一四年）一四〇～一四一頁。

26 『国史大辞典』『有識故実大辞典』（吉川弘文館）の「被物」の項（いずれも鈴木敬三氏執筆担当）。

27 梅村喬「饗宴と禄――〝かづけもの〟の考察――」（同『日本古代社会経済史論考』塙書房、二〇〇六年、初出一九八六年）三六〇・三八三～三八四頁。なお、「被物」については、永島朋子「女装束と被物」（『総合女性史研究』一八、二〇〇一年）も参照。

28 服藤早苗『平安王朝の五節舞姫・童女――天皇と大嘗祭・新嘗祭――』（塙書房、二〇一五年）など参照。

29 服藤早苗前掲注28著書、九五頁。

30 京樂真帆子「平安京貴族文化とにおい――芳香と悪臭の権力構造――」（三田村雅子・河添房江編『薫りの源氏物語』翰林書房、二〇〇八年）七六～八一頁。

31 沈香・麝香が、各々の産地から中国・日本にもたらされるルートについては、皆川雅樹前掲注25論文参照。また、山田憲太郎前掲注25著書、土肥祐子『宋代南海貿易史の研究』（汲古書院、二〇一七年）なども中国を中心とした香料の交易史について多くの示唆を与えてくれる。

32 宮薗和禧『唐代貢献制の研究』（九州共立大学地域経済研究所、一九八八年）。

33 家島彦一「チベット産麝香の流通ネットワーク」（同『海域から見た歴史』名古屋大学出版会、二〇〇六年）五五七頁。

34 家島彦一前掲注33論文、五三六～五四四頁。

35 宮薗和禧前掲注32著書。

36 米田該典「全浅香、黄熟香の科学調査」（『正倉院紀要』二二、二〇〇〇年）三九頁。

37 榎本渉「明州市舶司と東シナ海海域」（同『東アジア海域と日中交流――九～一四世紀――』吉川弘文館、二〇〇七年、初出二〇〇一年）五二～五三頁。

38 家島彦一訳注『中国とインドの諸情報1――第一の書――』（平凡社、二〇〇七年）五五～五六頁。

39 戸田芳実「平安初期の五島列島と東アジア」（同『初期中世社会史の研究』東京大学出版会、一九九一年、初出一九八〇年）三二一二頁。

40 東野治之「ありねよし　対馬の渡り――古代の対外交流における五島列島――」（同『史料学遍歴』雄山閣、二〇一七年、初出一九九四年）一一五～一一六頁。

41 なお、この「長秀」については、『薫集類抄』や『香字抄』などに「唐僧長秀」と見え、同一人物の可能性がある。田中圭子前掲注7著書、榎本渉「平安王朝と中国医学――一二世紀を中心に――」（『東京大学日本史研究室紀要別冊「中世政治社会論叢」』二〇一三年）など参照。

42 近年の研究として、榎本渉前掲注41論文、丸山裕美子「平安中後期の医学と医療」（『日本史研究』六一九、二〇一四年）など参照。

将来された書物

榎本　淳一

はじめに

ユーラシア大陸の東端からさらに大海に隔てられた日本（以下、「日本」には「倭」の時代も含めて用いる）は、交通手段が未発達な古い時代ほど文明・先進文化の及びにくい土地であった。大陸の人々との直接的な交流が困難であったためだが、そのような不利な環境・条件を乗り越えるために、古代の日本人（以下、「日本人」には「倭人」も含めて用いる）は書物（書籍）による中国文化の摂取に力を入れた。海彼の国々に渡ることのできる人々は限られていたが、書物ならば渡海せずとも居ながらにして新知識を学び取ることができたからである。国家や文化の発展に必要な情報・学術も、その多くは書物から取り入れたものと考えられる。それ故、どのような書物がいつ頃日本に将来された（もたらされた）のか、という問題は、日本古代の歴史や文学を考える上で忽せにできない問題であろう。[注1]

本稿では、主に十世紀以前における書物の伝来状況について概観し、その特徴・特質について論じることにしたい。なお、古代日本では書物は内典（仏典）と外典（仏典以外の書籍、一般に漢籍と称す）に大別されていたが、本稿では主に外典（漢籍）について取り上げることにしたい。[注2]

一　書物伝来の概観

1　書物の初伝伝承

日本に最初に漢籍がもたらされたのは、何時のことであったろうか。書物の伝来を記す最も古いものは、『古事記』である。応神朝に百済から渡来した和邇吉師（『日本書紀』では「王仁」）が、『論語』十巻・『千字文』一巻をもたらしたことが記されている。『論語』は、言うまでもなく儒教の根本経典「四書」のひとつで、孔子（前五五一～四七九）と弟子たちの言行・問答などを記したものである。『千字文』は、梁の周興嗣（四七〇?～五二一）が武帝の命令により作成した幼学書（児童の学習書）で、漢字一千文字を四字一句の韻文、計二百五十句に仕立てることによって覚えやすく工夫したものである。[注3]

古くから儒教・書籍の初伝として重要視されてきた記事であるが、その伝える内容をそのまま信じることはできない。『論語』は時代の異なる学者によりいくつか注釈本が作られていたので、この時もたらされたとされる『論語』がいつの時代のものかは分からない。これに対し、『千字文』の成立は応神朝（五世紀）より百年ほど後の時代（南朝の梁代）であることから、和邇吉師（王仁）が『千字文』をもたらすことはありえない。『論語』と『千字文』は代表的な初学書であり、『古事記』が書かれた奈良時代の日本でも広く普及していたことが知られる。[注4] 最初に学ぶべき書物と考えられた両書が、初伝の書物としてふさわしいものとして記されたのかもしれない。

どのような書物であったかは不明とせざるを得ないが、応神朝の頃、すなわち五世紀に書物が伝来するようになったということは認めてよいと思う。五世紀には多くの帰化人（渡来人）が日本に渡ってきており、彼らの中に書物を持ってきた者もいたことは十分可能性はあるだろう。五世紀は、前方後円墳が巨大化するなどヤマト政権の勢力が強大化した時期とされる。また、「倭の五王」の中国南朝への遣使など、対外関係が活発化した時期でもあった。拡大した支配領域の統治のため、中国との外交上の必要性などから、文字の使用、文書の作成が行われるようになったとされる。当時、文筆能力を有したのは史部（ふみひと・ふひとべ）に編成された渡来系の人々であったが、彼らの活動は書物に支えられていたと考えてよいだろう。[注5] 史部が作成したと考えられる「倭王武の上表文」には、中国の様々な典籍が利用されており、駢儷体という美文調の文体のモデルも中国の典籍に求められる。[注6] なお、この時期の書物の伝来は偶発的・散発的で、その種類・数量も限られ、受容の範囲も渡来系などごく一部の人々に止まっていたと思われる。

2　百済・高句麗からの伝来

書物がある程度体系的にまとまってもたらされるようになるのは、六世紀以降である。朝鮮半島の抗争が激化するなかで、日本の軍事的援助を求める百済・高句麗が学者・僧侶・技術者などを送ってくるようになったからである。

百済は、継体朝から推古朝にかけて、五経博士・易博士・暦博士・医博士・採薬師・楽人・寺工・鑪盤博士・

瓦博士・画工、そして僧侶などを送ってきた。ちなみに、五経博士とは、『詩経』・『尚書』・『易経』・『春秋』・『礼記』という五つの儒教経典を講ずる学者である。彼らは学問や技術を日本に伝えるために派遣されてきたわけだが、当然、その教えるべき内容を記した書物をもたらしたと考えるべきであろう。仏教公伝にあたって経典がもたらされたように、儒教の伝来には儒教の経典、医学の伝来には医学書などのように書物が伴ったはずである。なお、僧侶だから仏教典のみをもたらしたとか、儒者であるから儒教典のみをもたらしたとは限らない。推古十年（六〇二）に来朝した百済僧観勒は、暦本・天文地理書・遁甲方術書をもたらしている。[注7]

百済が伝えた学術・技術は中国南朝の梁朝のものであったとされ、[注8]書物も梁朝から入手したものの写本と考えられる。驚くべきことであるが、この時期にもたらされた梁代の書物の写本（六世紀～七世紀初めに伝来した当初の写本か、それを祖本とする写本かは不明）が九世紀後半まで宮中の書庫に残存していたことが知られる。[注9]

高句麗からも書物の伝来があったことは、『新撰姓氏録』巻二左京諸蕃の和薬使主の系譜記事から窺える。それによれば、和薬使主の祖先智聡は、欽明天皇の時代、使として派遣されていた大伴佐弖比古（狭手彦）に随って来朝し、内外典・薬書・明堂図等百六十四巻、仏像一軀、伎楽調度一具等をもたらしたという。『日本書紀』欽明天皇二十三年（五六二）八月条に大伴狭手彦を高句麗征討に派遣したことが見えることから、[注10]和薬使主の祖先は高句麗から来たものと考えられ、持参した書物は高句麗にあった書物ということになる。また、推古十八年（六一〇）に来朝した高句麗僧曇徴は、「五経を知れり」と儒教に詳しかったことが特筆されているが、[注11]来朝の際に五経など儒教典をもたらした蓋然性が高いと思われる。高句麗からもたらされた書物は、中国北朝のものもあったであろうが、北朝が南朝から入手したものも含まれていた可能性がある。[注12]

この時期にもたらされた書物は、経部（儒教典類）・子部（儒教・歴史以外の諸学・技術書）のものが中心で、史

部（歴史書類）の書物が見られないという特徴がある。[注13]

3　遣隋使による書物将来

七世紀（正確には六世紀最末の六〇〇年以降）になると、遣隋使が派遣され、直接、中国から書物を入手する路が開かれた。遣隋使は都合四回派遣され[注14]、毎回かは分からないが留学僧や留学生を同伴していた。なお、以下の行論では、遣隋使・遣唐使という用語には留学僧・留学生も含めて用いるものとする。

遣隋使の活動において注目されるのは、『善隣国宝記』に引用されている『経籍後伝記』に、遣隋使小野妹子（生没年不詳）を書籍を買い求めるために派遣したと記されていることである。遣隋使に書籍入手という目的があったとすれば、留学僧・留学生たちも書籍の入手に努めたと考えてよいだろう。唐初に帰国した留学生の中には、儒教を修めた者や天文に詳しい者、国博士として大化改新政府の政策立案に関与した者などがおり、彼らが新知識をもたらしたことは明らかである。彼らは何も持たず帰国したとは考えられず、身につけた新知識に関わる書物も一緒に持ち帰ったと考えられる。[注15]

遣隋使のもたらした書物としては、正倉院聖語蔵に伝存された隋経など仏教典が想起されるが、漢籍については具体的にどのような書物が将来されたのか、これまでは不明とされてきた。[注16]しかし、『隋書』経籍志など中国の図書目録と『日本国見在書目録』（後述）を比較することによって、遣隋使の持ち帰った漢籍がある程度推定可能である。その検討結果によれば、経（儒教経典類）・史（歴史書類）・子（諸学・技術書類）・集部（文学書類）全ての分野の書物がほぼ満遍なくもたらされていたことが分かった。[注17]中国文化の総体を学び取ろうとする蒐書活動は、遣隋使に始まり、その後の遣唐使にも引き継がれていったと考えられる。

4　遣唐使による書物将来

遣唐使は舒明二年（六三〇）から承和五年（八三八）まで十五回派遣されたが、七世紀は激動の東アジア情勢への対応が中心で、書物など文物の将来が本格化するのは、外交関係の安定化した八世紀以降と考えられる。[注18]

遣唐使の書物将来ということでは、『旧唐書』倭国日本伝に見える「得るところの錫賚、尽く文籍を市ひて、海に泛びて還る」という記事が有名である。日本の遣唐使は、唐朝からの賜り物を尽く文籍購入に充てていたという。全てに優先して書物（文籍）をより多く持ち帰ろうとしていた遣唐使の姿が映し出されている。その中でも、とりわけ多くの書物を持ち帰ったとされるのが僧玄昉（?～七四六）と吉備真備（六九五～七七五）の二人である。二人は養老元年（七一七）に入唐し、天平六年（七三四）に帰国した留学僧・留学生であった。足かけ十八年にも及ぶ長期留学中に、入手可能な限りの書物を持ち帰ったと考えられる。[注19]玄昉は経論章疏五千余巻を、真備は『顕慶礼』・『大衍暦経』・『大衍暦立成』・『楽書要録』などの漢籍をもたらしたという。[注20]なお、真備は天平勝宝四年（七五二）に、遣唐副使として再度入唐しており、この時も『大唐開元礼』や『後漢書』など少なからぬ漢籍を持ち帰ったようである。[注21]

遣唐使の将来した書物（漢籍）の特徴としては、遣隋使と同様に全ての分野にわたっていることがあるが、史部（歴史書類）の充実が目を引く。史部には刑法家という分類があり、法律書が該当する。唐代の律令制に関わる各種法典類が持ち帰られており、律令体制の形成・整備のために必用とされたのであろう。また、吉備真備が唐代に尊重された三史（『史記』・『漢書』・『東観漢記』、後に前二書と『後漢書』）を持ち帰るなど、史書が重点的に将来されているということがある。[注22]これは、唐代の学術の動向を踏まえたものであり、長期滞在していた真備ならではの選書である。真備は、「凡そ伝へ学ぶところ、三史・五経・名刑・筭術・陰陽・暦道・天文・漏剋・漢音・書道・秘術・雑占一十三道、それ受くるところの業、衆芸を渉り窮む[注23]」と伝えられているように諸学・衆芸に通じていたので、史学に関わらず、広く諸分野の適切な書物を選び、持ち帰っていたものと思われる。真備に限らず、長期留学生たちは、その滞在中に蒐書に努めたと推察される。また、遣唐使には請益生という各種学芸の専門家を短期留学生として随行していたので、彼らの目利きで有用な書物が持ち帰られたということもあるだろう。

なお、この時期、量的には少ないが、新羅や渤海を経由して書物がもたらされたことにも注意を払う必要がある[注24]。

5　遣唐使以後の書物将来

承和五年（八三八）の遣唐使を最後に、日本から唐への外交使節の派遣は行われなくなった。これ以降、書物は、唐商船に便乗して入唐した僧侶、または唐商人によってもたらされることとなった。

入唐僧は未将来または新訳の仏教典（内典）の入手を目的としていたが、外典（漢籍）も併せ持ち帰っていたことが知られる。入唐僧は求法目録（請来目録）という持ち帰った経典のリストを作成しているが、最澄（七六七〜八二二）・恵運（七九八〜八六九）・円仁（七九四〜八六四）・円珍（八一四〜八九一）・宗叡（八〇七〜八八四）の目録には外典（漢籍）も含まれている[注25]。また、目録とは別に、空海（七七四〜八三五）・恵蕚（生没年未詳）・日延（生没年未詳）らが漢籍をもたらしたことが知られ、中でも恵蕚が『白氏文集』を持ち帰ったことは有名である[注26]。このほか、十世紀以降のことだが、本人は帰国せず、弟子に漢籍を送致させた事例として寂照（?〜一〇三四）・成尋（一〇一一〜一〇八一）のケースがある[注27]。僧侶のもたらした外典は、詩文集・書跡・字書・暦・医薬書などが多く、これらは僧侶にとっても有用なものであった。

商人による書物舶載の事例としては、藤原岳守（八〇八～八五一）が大宰少弐として唐商船の貨物を取り調べていた際に、『元白詩筆』を発見して、天皇に献上したということがある。[注28] 十世紀以前に知られる事例はこの一例だけだが、恐らくこれ以外にも唐商人が書物を持ち込むことはあったであろう。ただし、十世紀以降に比べるならば、唐商船の来航自体が少なかったので、書物舶載の件数・数量も少なかったものと思われる。

二　将来された書物の全体像とその特徴・性質

1　どのような書物がどのくらいもたらされたか

十世紀以前に日本にもたらされた漢籍の全体像を示す史料に、『日本国見在書目録』という漢籍目録がある。[注29] 宇多天皇（八六七～九三一、在位八八七～八九七）の勅命により藤原佐世（八四七～八九八）が撰上したもので、寛平年間（八八九～八九八）の成立とされる。九世紀末に図書寮や冷然院など主に宮中・皇室の書庫に所蔵されていた漢籍を著録したものであり、舶載漢籍が国家に独占されていた当時にあっては、文字通り日本に現在した漢籍をほぼ網羅した目録と言えるものである。

以下、「表1『日本国見在書目録』と『新唐書』芸文志の巻数対照表」を用いて、十世紀以前の将来書物の大要について述べることにしたい。なお、唐代の書籍目録としては、『旧唐書』経籍志と『新唐書』芸文志があるが、前者は開元九年（七二一）以前の書物しか掲載していないのに対し、後者はほぼ唐代全期間の書物を著録して

表1 『日本国見在書目録』と『新唐書』芸文志の巻数対照表

『日本国見在書目録』			『新唐書』芸文志			
家名	家巻数	家巻/総巻	類名	類巻数	類巻/総巻	日本/新唐
1. 易	177	0.01	1. 易	994	0.01	0.18
2. 尚書	113	0.01	2. 書	326	0.00	0.35
3. 詩	166	0.01	3. 詩	355	0.00	0.47
4. 礼	1,109	0.07	4. 礼	2,122	0.03	0.52
5. 楽	207	0.01	5. 楽	350	0.00	0.59
6. 春秋	374	0.02	6. 春秋	1,566	0.02	0.24
7. 孝経	45	0.00	7. 孝経	95	0.00	0.47
8. 論語	269	0.02	8. 論語 10. 経解	339 508	0.00 0.01	0.32
9. 異説	85	0.00	9. 讖緯	84	0.00	1.01
10. 小学	598	0.04	11. 小学	2,766	0.03	0.22
経部合計	3,143	0.19	甲部経録合計	9,505	0.12	0.33
11. 正史	1,372	0.08	12. 正史	5,875	0.07	0.23
12. 古史	240	0.01	13. 編年	1,302	0.02	0.18
13. 雑史	616	0.04	15. 雑史	2,689	0.03	0.23
14. 覇史	122	0.01	14. 偽史	542	0.01	0.23
15. 起居注	39	0.00	16. 起居注	4,997	0.06	0.01
16. 旧事	20	0.00	17. 故事	586	0.01	0.03
17. 職官	70	0.00	18. 職官	542	0.01	0.13
18. 儀注	154	0.01	20. 儀注	2,360	0.03	0.07
19. 刑法	580	0.03	21. 刑法	1,327	0.02	0.44
20. 雑伝	437	0.03	19. 雑伝記	4,230	0.05	0.10
21. 土地	318	0.02	24. 地理	2,281	0.03	0.14
22. 譜系	16	0.00	23. 譜牒	1,950	0.02	0.01
23. 簿録	22	0.00	22. 目録	520	0.01	0.04
史部合計	4,006	0.24	乙部史録合計	29,201	0.37	0.14
24. 儒	134	0.01	25. 儒家	1,162	0.01	0.12
25. 道	458	0.03	26. 道家	2,578	0.03	0.18
26. 法	38	0.00	27. 法家	201	0.00	0.19
27. 名	(4)	0.00	28. 名家	78	0.00	0.05
28. 墨	(3)	0.00	29. 墨家	17	0.00	0.18
29. 縦横	(3)	0.00	30. 縦横家	15	0.00	0.2
30. 雑	2,617	0.16	31. 雑家 39. 類書	1,919 8,626	0.02 0.11	0.25
31. 農	(13)	0.00	32. 農家	301	0.00	0.04
32. 小説	(49)	0.00	33. 小説	635	0.01	0.08
33. 兵	242	0.01	36. 兵書 38. 雑芸術	482 259	0.01 0.00	0.33
34. 天文	461	0.03	34. 天文	481	0.01	0.96
35. 暦数	167	0.01	35. 暦算	463	0.01	0.36
36. 五行	919	0.05	37. 五行	779	0.01	1.18
37. 医方	1,309	0.08	40. 明堂経脈 41. 医術	238 4,454	0.00 0.06	0.28
子部合計	6,417	0.38	丙部子録合計	22,767	0.29	0.28
38. 楚辞	32	0.00	42. 楚辞	32	0.00	1.00
39. 別集	1,568	0.09	43. 別集	12680	0.16	0.12
40. 惣集	1,568	0.09	44. 総集	5036	0.06	0.31
集部合計	3,168	0.19	丁部集録合計	17,748	0.22	0.18
	(16,734)	1.00	総計	79,221	1.00	0.21

(凡例)

1. 本表は、『日本国見在書目録』と『新唐書』芸文志の著録書籍の巻数を対比できるよう、各の分類中の書籍巻数・総巻数とその比率、そして両書の対応する分類及び総計の巻数の比率をまとめたものである。なお、『日本国見在書目録』と『新唐書』芸文志で書籍の分類方法が異なるところがあるので、正確な対比とならない部分もある。例えば、『新唐書』芸文志の雑芸術類には多くの絵画が含まれているが、日本にはそれに対応する分類(家)はなく、囲碁・投壺など遊芸関係の書の共通性から便宜的に兵家に対応させてある。

2. 本表における巻数は、両書が各分類の合計で記す巻数を使用し、著録の実巻数ではない。なお、『日本国見在書目録』では、分類(家)の合計数を記していないところがあるので、その部分の巻数は推計巻数を記し、(　)に入れて推計であることを示す。また、『新唐書』芸文志に掲載された書籍は、著録と「不著録」の区別があるが、全体の書籍数を対象とすることから、本表の巻数には、「不著録」と記された巻数も含んでいる。

3.「家巻/総巻」及び「類巻/総巻」の項目は、「家」・「類」という分類の巻数を総合計巻数で割った数値(比率)を記す。なお、小数点第3位を四捨五入し、小数点第2位までの数値で表示する。

4.「日本/新唐」の項目は、『日本国見在書目録』と『新唐書』芸文志の著録巻数を各分類及び総計で対比したもので、前書の巻数を後書の巻数で割った数値(比率)を記す。なお、小数点第3位を四捨五入し、小数点第2位までの数値で表示する。

おり、十世紀以前における日本と唐の書物の全体を比較するには後者が適切であろう。[注30]

まず、『日本国見在書目録』には、総計「一万六千七百三十四巻」の漢籍が著録されている。[注31]『新唐書』芸文志の総巻数七万九千二百二十一巻と比較するならば[注32]、二割強の巻数ということになる。この巻数の開きをどう評価するか、難しい問題であるが、将来された書物よりも将来できなかった書物の方がはるかに多いことは認識しておく必要があるだろう。

『日本国見在書目録』では四十家に書物が分類されているが、その中で最も巻数が多いのが子部の雑家である。雑家とは名前通り、他の分類に収まらない雑多な書物を含み、主なものとしては類書（今日の百科事典のような書物）や訓戒書等が属している。次いで集部の別集家（個人の詩文集）と惣集家（複数の人物の詩文集）、そして史部の正史家と続く。ただし、これらの分類に属する書物は大部のものが多く、自ずと巻数も多くなる。『新唐書』芸文志の対応する分類と比較するならば（表の「日本／新唐」の項目参照）、これらの分類において必ずしも日本側の比率が高いわけではないことが分かる。総計における日本と唐の巻数比率は〇・二一で、これが平均値ということになる。それに対し、史部のそれは〇・一四、集部は〇・一八であり、平均値を下回っている。

『日本国見在書目録』と『新唐書』芸文志を比較してみると、全体的な傾向として経部・子部の書物が比率が高く、それぞれ〇・三三、〇・二八となっている。経部・子部の書物の比率が高いという傾向は、六世紀から続いているように思われる。ただし、六世紀とは違い、九世紀末までには史部の書物もそれなりにもたらされており、中でも刑法家の比率が高いことが注意される。唐代の法典類がかなり意欲的に蒐集されていたことを示しており、上述したように律令制の形成・整備のために必要とされたのであろう。子部においては、兵家（〇・三三）・天文家（〇・九六）・暦数家（〇・三六）・五行家（一・一八）・医方家（〇・二八）の比率の高さが目を引く。

何れも実用書的な性格をもつもので、現実的な要請に応えるために求められたと考えられる。

もたらされた書物には各種各様のものがあったが、唐の書物のあり方とは異なり、特定の種類の書物の比率が高いという偏りが存在した。書物の将来にあたり、当時の日本における統治上の必要性から選択が働いた結果と見てよいだろう。[注33]

2　将来された書物の性格

前近代東アジアの最先進国であった中国においても、十世紀以前は基本的に写本の時代であった。一部、暦や仏典、字書などが印刷されることはあっても、あくまでも例外的なものであった。それゆえ、九世紀末までに日本にもたらされた書物もまず写本と考えてよい。[注34]

写本は刊本（印刷本）と異なり、全て手書きのため、複製が容易ではなく、商品化しにくいものであった。そのため、書物の流通量は少なく、貴重なものとして秘匿されることとなり、その在処を探し、借り出すことも難しかった。また、書写を重ねる中で、誤脱やテキストの改変が生じ、多くの異本が作り出された。誤りの多い異本を排除し、原本と同じか、それに近い良質のテキストの写本（善本・正本・証本）を入手することは困難を極めた。これに加えて、最新の学術成果など価値ある書物については、中国の朝廷が海外への持ち出しを制限することもあった。そのような状況の下で日本に将来された書物は、善本・完本ばかりと言えず、むしろ異本や端本など欠陥を含むものが少なくなかった。[注35]

中国の歴代王朝は、秘閣と呼ばれた宮廷図書館に原本・善本・完本を大量に所蔵し、最高・最新の学術・文化を独占していた。[注36]日本にもたらされた書物は単に数量的に劣っていただけでなく、質的な面においても中国に遠く及ばない状況にあった。それは、正に学術・文化水準の差を意味するものであったと言えるだろう。

三　現在に伝わる古代の書物

1　唐鈔本と旧鈔本

本稿では、今から一千年以上前に日本に将来された書物について述べてきたが、実はその現物が一部ではあるが伝存している。唐代以前に中国で書写された写本を唐鈔本と称するが、「表2　日本伝世の唐鈔本一覧表」（仏典は含まない）に示すように二十二書三十八点も現存している。また、唐鈔本を底本・祖本とする写本（これを旧鈔本と称する）は更に多く、六百点（原本が唐代以前のものに限る）以上残存していることが確認されている。[注37]

表2　日本伝世の唐鈔本一覧表

四部	書籍名（残存状況）	撰者名	現所蔵先	備考
経	古文尚書（存巻六）	漢・孔安国伝	東京国立博物館	紙背「元秘抄」
	古文尚書（存巻三・五・十二）	漢・孔安国伝	東洋文庫	延喜・天暦頃加点、上ノ僚巻
	古文尚書（存巻三・四・八・十・十三）	漢・孔安国伝	御物	九条家旧蔵
	毛詩（存巻六）	漢・鄭玄箋	東洋文庫	紙背「両部儀軌断簡」
	毛詩正義（断簡）	唐・孔穎達撰	不明	紙背「信義本神楽歌」
	毛詩正義（存小戎・蒹葭）	唐・孔穎達撰	京都市	富岡家旧蔵
	礼記子本疏義（存巻五十九）	陳・鄭灼撰	早稲田大学	「内家私印」の朱印
	△礼記正義（存巻五残巻）	唐・孔穎達撰	東洋文庫	単疏本
	碣石調幽蘭譜（存巻五）	梁・丘盟撰	東京国立博物館	神光院旧蔵
	春秋経伝集解（存巻二残簡）	晋・杜預注	藤井斉成会有隣館	紙背「双林善慧大士小録」

部	書名	撰者	現所蔵先	備考
	玉篇（存巻八心部残巻）	梁・顧野王撰	大東急記念文庫	
	玉篇（存巻九言―幸部）	梁・顧野王撰	早稲田大学	紙背「金剛界私記」
	玉篇（存巻九冊―欠部）	梁・顧野王撰	福井氏崇蘭館旧蔵	
	玉篇（存巻十八放―方部）	梁・顧野王撰	藤田平太郎氏	
	玉篇（存巻十九水部後半）	梁・顧野王撰	藤田平太郎氏	
	玉篇（存巻二十四魚部残巻）	梁・顧野王撰	大福光寺	早稲田大学本と同本
	玉篇（存巻二十七糸部）	梁・顧野王撰	高山寺	早稲田大学本と同本
	玉篇（存巻二十七糸―索部）	梁・顧野王撰	石山寺	早稲田大学本と同本
	真草千字文（存一帖）	陳・智永筆？	小川広巳氏	唐代搨摹本、「東大寺献物帳」に記載
	△経典釈文（存巻十四）	唐・陸徳明撰	興福寺	紙背「因明義断略記」
史	史記集解（存巻二十九河渠書）	劉宋・裴駰集解	東京国立博物館	「藤」字印、伝藤原忠平所持本
	漢書（存巻八十七揚雄伝残巻）	唐・顔師古注	上野淳一氏	天暦二年点
	周書（存巻十九）	唐・令狐徳棻等撰	奈良大神神社	
	周書（存巻十一断簡）	唐・令狐徳棻等撰	猪熊真美子氏	上ノ僚巻
子	卜筮書（存巻二十三断簡）	撰者不明	金沢文庫	「太政官印」と「龍」字朱文印
	淮南鴻烈兵略間詁	後漢・許慎撰	文化財	紙背「秋萩帖」
	世説新書（存巻六残巻）	劉宋・劉義慶撰	小川広巳氏	他の三写本と同一書
	世説新書（存巻六残巻）	劉宋・劉義慶撰	京都国立博物館	他の三写本と同一書
	世説新書（存巻六残巻）	劉宋・劉義慶撰	小西新右衛門氏	他の三写本と同一書
	世説新書（存巻六残巻）	劉宋・劉義慶撰	東京国立博物館	他の三写本と同一書
	冥報記（存上・中・下巻）	唐・唐臨撰	高山寺	包紙に円行請来とある
集	王勃集（存巻二十九断簡）	唐・王勃撰	東京国立博物館	「興福伝法」の朱方印
	王勃集（存巻二十八）	唐・王勃撰	上野淳一氏	上ノ僚巻、「興福伝法」の朱方印
	王勃集（存巻二十九・三十）	唐・王勃撰	東京国立博物館	上ノ僚巻、紙背「四分戒本略」
	趙志集（存一巻）	唐？・趙志撰	天理図書館	「興福伝法」の印記あり
	翰林学士詩集（存一巻）	唐・撰者不詳	宝生院	「東南院本」朱印
	唐詩残篇（存一巻）	唐・撰者不詳	酒井宇吉氏	紙背「白氏長慶集巻二十二」
	五臣注文選（存巻二十残巻）	唐・呂延済等撰	天理大学	紙背「弘決外典鈔巻一」

（凡例）

1. 本表は、日本に伝世した唐鈔本（仏典は除く）の残存状況及び所蔵先などをまとめたものである。
2. 書籍名の前に付した「△」は、旧鈔本とする異説の存在するものを示す。
3. 現所蔵先はできるだけ新しい情報に基づくようにしたが、変更されているものもあると思われる。
4. 本表作成するにあたって、以下の文献を参照した。

大阪市立美術館編・中田勇次郎監修『唐鈔本』（同朋舎出版、1981年）

山本信吉編『国宝大事典　三　書籍・典籍』（講談社、1986年）

阿部隆一「本邦現存漢籍古写本類所在略目録」（『阿部隆一遺稿集』一、汲古書院、1993年）

毎日新聞社図書編集部編・文化庁監修『国宝・重要文化財大全　七　書籍（上巻）』（毎日新聞社、1998年）

丸山裕美子「日本古代の地方教育と教科書」（『日本古代の医療制度』名著刊行会、1998年、初出1997年）

中国でも近代になって敦煌・吐魯番などにおいて発見された古い写本は存在するが、断簡・断片のものが中心で、当時の書物の姿を窺いがたいものが多い。そもそも、中国では早く喪われ、日本にしか残存していない書物もある。また、中国では宋代以降、書物は写本から刊本に変わり、旧来の写本が一掃されてしまった。刊本にする際にテキストに少なからぬ改変が行われたため、写本時代の原本の姿・内容が消え去ることになった。それ故、日本に伝世した唐鈔本・旧鈔本の学術的価値・意義は極めて高い。[注38]

唐鈔本・旧鈔本の残存状況を概観すると、経部の写本が圧倒的に多く、六割近くを占める。次いで子部で二割弱、集部が一割五分ほどで、史部は最も少なく一割に満たない。[注39] 経部・子部が多く、史部が少ないという書物の傾向は、古代以来のものである。案外、日本の学術・文化のあり方は、古代から近世（写本が作成された時代）まで基本的に変わっていないのかもしれない。

なお、近世・近代にもたらされた唐鈔本も少なくない。[注40] 近代になってから敦煌・吐魯番など中国西陲で発見されたものが殆どだが、中国の書物文化の及んだ西と東の最果ての地に書物の古き姿が残されているという事実には興味深いものがある。ただし、中国のものは忘れ去られたもの、葬り去られたものであるのに対し、日本のものは伝世されてきたものという違いがある。近世・近代に伝来した唐鈔本であっても、古代に将来された書物の姿を窺うにあたって有用なものであることは言を俟たない。

2　書物の保管と伝来

書物の母国である中国では喪われた唐鈔本およびその姿を引き継ぐ旧鈔本を、我が国が多く伝来してきたことは、如何に書物が尊重されてきたかを物語るものと言えよう。王朝交代毎に大戦乱が発生し、その度に書物が壊滅的な被害（書厄）を受けてきた中国に比して、王朝交代の無い我が国は歴史的環境に恵まれているということがあるにしても、将来された書物はどのように保管・伝来されてきたのであろうか。

日本に将来された書物は、原則として、先ず朝廷（政府）に献上され、秘閣とよばれた宮廷書庫や、書物関連の官司の文庫に保管・所蔵された[注41]。遣隋使や遣唐使など遣外使節は朝廷から書物の入手を命じられていたと考えられ、蒐集した書物は朝廷に差し出すのは当然であったろう。また、他国政府や外国商人などのもたらした書物も外交権・先買権を握っていた朝廷がほぼ手にするところとなったであろう。このことは、唐鈔本や奈良・平安期の旧鈔本に太政官、式部省、冷然院などの官司・後院（別宮）の印が押されていることからも裏付けられる。律令制下では、宮廷・官衙の書庫に保管された書物は、所蔵単位毎に目録が作成され[注42]、天皇の勅許無しには借覧を認めない、官司内で関係者にしか閲覧を許さないなどの制限が設けられ[注43]、厳重に管理された。

それ故、書物が将来されたからといって、すぐさま流布・普及するというわけではなかった。朝廷外に書物が広まるためには、「施行」という手続きが必要であったり[注44]、官人教育の教科書に指定されるなどの措置が必要であった[注45]。または、特定の人物に対し恩典として賜与されて宮外に出る場合もあったであろう。例外的に、将来した人物が複本を所持し、個人的な関係で転写して広まることもあったかもしれないが、書物が秘匿される時代にあっては稀なことであったろう。所蔵図書の公開を行った石上宅嗣（七二九～七八一）の芸亭は、正に例外中の例外だからこそ、歴史に記録されたと考えるべきである[注46]。

以上のような書物の状況が大きく変化していったのは、十世紀以降であろう。

現存する唐鈔本の残存状況を見るならば、所蔵先が寺社であるものが少なくなく、紙背が仏典や神楽の書写に再利用されているものが目につく。寺院が元々外典（漢籍）を多く収蔵していたことは事実だが、唐鈔本の場合は何らかの理由で、朝廷内の書物が寺社に払い下げられたのではないかと思われる。具体的な事例として、唐鈔本ではなく弘仁鈔本であるが、冷然院・嵯峨院旧蔵の『文館詞林』は、遅くとも平安時代中期には、天台宗系の寺院に払い下げられたのではないかと推測される。[注47]これら払い下げられた書物は、紙背に仏典や神楽など宗教的な書物が書写され、漢籍（外典）ではなく、仏典（内典）・神典として、その後長く伝来したことに注意する必要がある。信仰心によって守り伝えられてきたと言えるかもしれない。

旧鈔本の場合は、中近世の写本が多いが、寺社のみならず、近衛や九条など貴顕の公家、清原・中原・菅原など家学を世襲する博士家などにも収蔵されていたことが確認できる。恐らく、このような所蔵状況は家学が形成されるようになる平安時代中期まで遡りうるものと考えられる。博士家では家学継承のために、関連する書物（漢籍）の収集・所蔵が必須であったということがある。[注48]高位の貴族が漢籍を蒐集していたことでは、藤原道長や藤原頼長のケースが想起されるが、貴重な宝物のようなものとして収集するという場合、文化的な権威を示す目的で入手する場合、好学・読書のために蒐書した場合などがあったと思われる。[注49]何れにしろ、宮廷・官衙の書庫に集中的に管理・所蔵されていた書物が、次第にその外部にも広がっていったことは確かであろう。このことは朝廷の漢籍の管理・独占体制の弛緩という一面を示すが、一方で博士家の蔵書などは従来の官衙の文庫機能を代替するようになったとも言えるであろう。書物の分散的な所蔵は、戦乱や災害により書物が一挙に喪われる危険性を減じることができたと思われる。

なお、右に述べた書物（漢籍）の広がりは、十世紀以降、中国商船による書籍の舶載により、貴族らが個人的に書物を入手することが可能になったということも大きく関わっている。平安時代中期以降の貴族は、中国から輸入された刊本（版本・印刷本）を珍重したが、中国のように刊本が写本を完全に駆逐することなく、江戸時代に至っても写本が書き継がれていたことが、旧鈔本の伝存をもたらしたと言えるだろう。中国からの刊本の輸入量が、写本を一掃できるほど多くは無かったことが幸いしたものと思われる。しかし、それ以上に、代々受け継いできた書物を次代に守り伝えようという強い意志を書物所蔵者が有していたと考えざるを得ない。

おわりに

日本古代において、書物がいつ、どのようにして将来されたか。将来された書物とはどのような種類のもので、どのような特徴・性格があったのか。それらの書物がどのように所蔵管理され、伝来されてきたのか。以上の問題に対し、不十分ながら私見を述べてきたが、将来された書物が如何に受容・活用され、我が国の歴史・文化にどのような影響を及ぼしたのかという問題には全く触れることはできなかった。この点、各時代、各分野において豊富な研究成果が生み出されているので、それらを参照して頂きたい。[注50]

学術・文化は進歩または変化するものであり、新しいものが尊重され、古くなったものは捨てられるか、忘れ去られてしまうのが普通である。古代の日本においても、常に中国の最新の学術・文化の摂取に励み、新しい書物の将来に努めていた。しかし、梁代の書物の写本が二百年以上後の平安時代まで保存されていたように、また、唐代以前の書物が近世まで書き写されていたように、日本では古い学術・文化は捨て去られることなく、古いものの上に新しいものが積み重ねられる形で残されてきた。それは、家学という学問の継承のあり方に由るところも大きいかもしれないが、日本の社会や文化の特質を示すものと言えるのではないだろうか。社会・文化の激変を避け、旧来のものと新出のものとの共存・調和を尊ぶ姿勢が書物の継承にも現れているように思われるのである。

注

1 日本古代における書物の将来について概観したものとしては、神田喜一郎「奈良朝時代に伝来した漢籍について」（『神田喜一郎全集』八、同朋舎出版、一九八七年）、小島憲之「漢籍の伝来」（『上代日本文学と中国文学』上、塙書房、一九六二年）、山本信吉「漢籍貴重書の伝来」（『古典籍が語る』八木書店、二〇〇四年、初出一九七六年）、大庭脩「日本における中国典籍の伝播と影響」（大庭脩・王勇編『日中文化交流史叢書9　典籍』大修館書店、一九九六年）等がある。

2 筆者が仏典の将来について論じたものとして、「日本古代における仏典の将来について」（『日本史研究』六一五、二〇一三年）がある。

3 東野治之「千字文」（池田温編『日本古代史を学ぶための漢文入門』吉川弘文館、二〇〇六年）、黒田彰・東野治之『上野本注千字文注解』（和泉書院、一九八九年）、小川環樹・木田章義注解『千字文』（岩波書店、一九九七年）等を参照。

4 東野治之「『論語』『千字文』と藤原宮木簡」（『正倉院文書と木簡の研究』塙書房、一九七七年、初出一九七六年）、同「古代人が読んだ漢籍」（『史料学遍歴』雄山閣、二〇一七年、初出二〇〇六年）等を参照。

5 史部（ふみひと）については、加藤謙吉『大和政権とフミヒト制』（吉川弘文館、二〇〇二年）を参照。

6 倭王武の上表文については、河内春人「倭王武の上表文と文字表記」（『国史学』一八一、二〇〇三年）・田中史生「武の上表文」（平川南ほか編『文字と古代日本2　文字による交流』吉川弘文館、二〇〇五年）等を参照。

7 『日本書紀』推古天皇十年（六〇二）十月条。

8 河内春人「五―七世紀における学術の流通と南朝文化圏」（榎本淳一編『古代中国・日本における学術と支配』同成社、二〇一三年）等を参照。

9 榎本淳一「『日本国見在書目録』に見える梁代の書籍」（榎本淳一編『古代中国・日本における学術と支配』同成社、二〇一三年）を参照。

10 『日本書紀』欽明天皇二十三年（五六二）八月条。

11 『日本書紀』推古天皇十八年（六一〇）三月条。

12 南朝の書物が北朝に流れていたことについては、吉川忠夫「島夷と索虜のあいだ」（『東方学報（京都）』七二、二〇〇〇年）、廣瀬憲雄「（書評）榎本淳一編『古代中国・日本における学術と支配』」（『唐代史研究』一七、二〇一四年）等を参照。

13 榎本淳一「『日本国見在書目録』に見える梁代の書籍」（注9参照）。
14 遣隋使の派遣回数については、榎本淳一「『隋書』倭国伝について」（大山誠一編『日本書紀の謎と聖徳太子』平凡社、二〇一一年）を参照。
15 大庭脩「古代中世における中国典籍の輸入」（『古代中世における日中関係史の研究』同朋舎出版、一九九六年）等を参照。
16 池田温「遣隋使のもたらした文物」（氣賀澤保規編『遣隋使がみた風景――東アジアからの新視点――』八木書店、二〇一二年）等を参照。
17 榎本淳一「中日書目比較考」（『東洋史研究』七六―一、二〇一七年）を参照。
18 榎本淳一「遣唐使の役割と変質」（『岩波講座日本歴史』三、岩波書店、二〇一四年）を参照。
19 玄昉の仏典将来については山本幸男「玄昉将来経典と「五月一日経」の書写」（『奈良朝仏教史攷』（法蔵館、二〇一五年、初出二〇〇六・二〇〇七年）、榎本淳一「日本古代における仏典将来について」（注2参照）、吉備真備の漢籍将来については太田晶二郎「吉備真備の漢籍将来」（『太田晶二郎著作集』一、吉川弘文館、一九九一年、初出一九五九年）、榎本淳一「遣唐使による漢籍将来」（『唐王朝と古代日本』吉川弘文館、二〇〇八年）等を参照。
20 『続日本紀』天平七年（七三五）四月辛亥条・同十八年（七四六）六月己亥条、『扶桑略記』天平七年四月辛亥条に記載あり。
21 弥永貞三「釈奠」、榎本淳一「遣唐使による漢籍将来」（注19参照）等を参照。
22 三史については、神田喜一郎「正史の話」（『東光』二、一九四七年）等を参照。また、真備の三史伝来については、池田昌広「范曄『後漢書』の伝来と『日本書紀』」（『日本漢文学研究』三、二〇〇八年）、同「古代日本における『史記』の受容をめぐって」（『古代文化』六一―三、二〇〇九年）等を参照。
23 『扶桑略記』天平七年（七三五）四月辛亥条。
24 東野治之『遣唐使と正倉院』（岩波書店、一九九二年）、大平聡「留学生・僧による典籍・仏書の日本将来」（『専修大学東アジア世界史研究センター年報』二、二〇〇九年）、鈴木靖民『日本の古代国家形成と東アジア』（吉川弘文館、二〇一一年）、中林隆之「日本古代の「知」の編成と仏典・漢籍」（『国立歴史民俗博物館研究報告』一九四、二〇一五年）等を参照。
25 神田喜一郎「慈覚大師将来外典攷証」（『神田喜一郎全集』三、同朋舎出版、一九八四年、初出一九六四年）、大庭脩「僧侶と漢籍」（『漢籍輸入の文化史』研文出版、一九九七年）等を参照。

26 田中史生編『入唐僧恵蕚と東アジア　附恵蕚関連史料集』（勉誠出版、二〇一四年）等を参照。

27 藤善真澄「成尋の齎した彼我の典籍」（『参天台五臺山記の研究』関西大学出版部、二〇〇六年、初出一九八一年）を参照。

28 『日本文徳天皇実録』仁寿元年（八五一）九月乙未条。

29 『日本国見在書目録』については、狩野直喜「日本国見在書目録に就いて」（『支那学文藪』みすず書房、一九七三年、初出一九一〇年）、山田孝雄「日本現在書目証注稿解題」（『狩谷棭斎全集第七日本現在書目証注稿』日本古典全集刊行会、一九二八年）、和田英松「日本見在書目録に就いて」（『史学雑誌』四一―九、一九三〇年）、小長谷恵吉『日本国見在書目録解説稿』（小宮山出版、一九五六年）、太田晶二郎「日本国見在書目録解題」（『太田晶二郎著作集』吉川弘文館、一九九二年、初出一九六一年）、矢島玄亮『日本国見在書目録――集証と研究――』（汲古書院、一九八四年）、孫猛『日本国見在書目録詳考』上・中・下（上海古籍出版社、二〇一五年）等がある。

30 『旧唐書』経籍志は、開元九年（七二一）に撰上された『群書四部録』を抄略した『古今書録』に基づく。

31 『日本国見在書目録』に著録された書物の総巻数については、榎本淳一「『日本国見在書目録』著録書籍の総巻数について」（『鴨台史学』一五掲載予定）を参照。なお、惣集家の巻数表記に誤りがある蓋然性が高く、本文に記した総巻数「一万六千七百三十四巻」は誤っている可能性がある。しかし、現段階では正しい総巻数を確定・提示できないので、本稿では写本の巻数表記に従っている。

32 『新唐書』芸文志では、四部各部及び各類で集計巻数が記されているが、「著録」巻数と「不著録」巻数を分けて記載している。同書の「著録」は、同書以前の何らかの目録に掲載されていたものを意味するものであり、同書の著録巻数は「著録」と「不著録」両方の巻数を合計したものとなる。

33 古代日本の文物の将来が選択的であったことについては、東野治之「外来文化と日本」（『遣唐使と正倉院』岩波書店、一九九二年、初出一九八五年）、同『遣唐使』（岩波書店、二〇〇七年）等を参照。

34 例外的なケースとして、九世紀に入唐僧が持ち帰った暦や字書などに印刷本があった可能性がある。宗叡の将来した『唐韻』や『玉篇』は、印刷本の蓋然性が高い。

35 榎本淳一「遣唐使による漢籍将来」（注19参照）を参照。

36 榎本淳一「中日書目比較考」（注17参照）を参照。

37 阿部隆一「本邦現存漢籍古写本類所在略目録」（『阿部隆一遺稿集』一、汲古書院、一九九三年）を参照。

38 大阪市立美術館編・中田勇次郎監修『唐鈔本』（同朋舎出版、一九八一年）、神鷹徳治・静永健『アジア遊学一四〇　旧鈔本の世界　漢籍受容のタイムカプセル』（勉誠出版、二〇一一年）等を参照。

39 写本の概数、割合の把握にあたっては、阿部隆一「本邦現存漢籍古写本類所在略目録」（注37参照）掲載の写本数を利用した。なお、明らかに唐代より後の時代の書物を原本とするものは除いた。また、唐鈔本の数は、表2の日本伝世の写本数に拠る。ちなみに、筆者の計算では、唐鈔本の写本数は三十八点で、旧鈔本の写本数は六百三十四点であり、総計六百七十二点である。

40 日本における敦煌・吐魯番文献の所蔵状況の概要は、栄新江『海外敦煌吐魯番文献知見録』（江西人民出版社、一九九六年）等を参照。

41 宮廷、役所の書庫については、小野則秋『日本文庫史研究』上（大雅堂、一九四四年）、田島公「典籍の伝来と文庫」（石上英一編『日本の時代史30　歴史と素材』吉川弘文館、二〇〇四年）等を参照。なお、仏典については、図書寮など政府内の書庫に収められる場合と、官寺などの経蔵に納められる場合があったと思われる。

42 『日本国見在書目録』には、「冷然録」（冷然院の図書目録）や「図書録」（図書寮の図書目録）などの目録名が見える。

43 宮廷、官司に保管された書物の管理に関わる法規としては、神亀五年（七二八）九月六日勅（『類聚三代格』巻十九禁制事所収）、養老雑令秘書玄象条、延喜大学寮式寮書条等がある。

44 漢籍の施行については別途詳論を要するが、先行研究には、太田晶二郎「漢籍の施行」（『太田晶二郎著作集』一、吉川弘文館、一九九一年、初出一九四九年）、東野治之「「施行」された書物」（『書の古代史』岩波書店、一九九四年、初出一九九一年）等がある。

45 榎本淳一「藤原仲麻呂政権における唐文化の受容」（木本好信編『藤原仲麻呂政権とその時代』岩田書院、二〇一三年、初出二〇一二年）を参照。

46 芸亭については、石上宅嗣卿顕彰会『石上宅嗣卿』（石上宅嗣卿顕彰会、一九三〇年）、桑原蓼軒『日本最初の公開図書館　芸亭院』（理想社、一九六二年）、小川徹「いわゆるわが国最初の公開図書館・芸亭について」（『法政大学文学部紀要』二八、一九八二年）等を参照。

47 阿部隆一「文館詞林考」（『阿部隆一遺稿集』三、汲古書院、一九八五年、初出一九六九年）、丸山裕美子「文館詞林」（池田温編『日

本古代史を学ぶための漢文入門』吉川弘文館、二〇〇六年）等を参照。

48 榎本淳一「社会階層と「文」」（河野貴美子ほか編『日本「文」学史』一、勉誠出版、二〇一五年）を参照。

49 藤原道長の蒐書については、飯沼清子「藤原道長の書籍蒐集」（『風俗』二七―二、一九八八年）、佐藤道生「藤原道長の漢籍蒐集」（『名だたる蔵書家、隠れた蔵書家』慶應義塾大学出版会、二〇一〇年）、藤原頼長の蔵書については、住吉朋彦「藤原頼長の学問と蔵書」（『名だたる蔵書家、隠れた蔵書家』前掲）等を参照。

50 日本古代における漢籍の受容に関する代表的な研究として、倉石武四郎講義『本邦における支那学の発達』（汲古書院、二〇〇七年）、小島憲之『上代日本文学と中国文学』上・中・下（塙書房、一九六二・一九六四・一九六五年）等がある。近年の研究成果としては、水口幹記『日本古代漢籍受容の史的研究』（汲古書院、二〇〇五年）、同『古代日本と中国文化　受容と選択』（塙書房、二〇一四年）、河野貴美子・王勇編『東アジアの漢籍遺産』（勉誠出版、二〇一二年）等がある。

（附記）本稿は、平成二十七年度～平成二十九年度科学研究費補助金（基盤研究(C)一般）「日本古代における漢籍伝来時期に関する研究」（研究代表者・榎本淳一）による調査研究活動の成果の一部である。

動物と国際交流

王　海燕

はじめに

古代東アジアの国際交流においては、動物は土産品や珍禽奇獣として外交・貿易に使われていたことがよくみえる。その背景の中で、古代日本の対外交流にも動物の姿がしばしば現れた。文献史料によれば、六世紀から十二世紀にかけて、中国や朝鮮半島から日本列島に齎された動物に、馬・駱駝・驢・騾・羊・白雉・孔雀・鸚鵡・水牛・山鶏・犬・鵲・鴝鵒・鵞・驪猫・鳩・麝などの様々な種類が存在した。これらの舶来動物に対して、日本列島から朝鮮半島に送られる舶出動物の種類は主に馬・牛であった。

ところが、古代の日本列島に齎された動物に関しては、動物学・博物学の通史的な研究の中で触れられているものの、陶磁器や香料などの舶来品に比べると、歴史学における詳細な研究は多くないといえる。もちろん、近年、具体事例として孔雀と鸚鵡にかかわる歴史学の研究は進んでいるが[注1]、ほかの動物についての研究がいまだに

少ない。[注2]

日本列島の在来動物については、『魏志』倭人伝に、倭の地に「牛・馬・虎・豹・羊・鵲無し」(「其地無牛・馬・虎・豹・羊・鵲」)、「獮猴・黒雉あり」(「有獮猴・黒雉」)と記されている。これは言うまでもなく、『三国志』の編撰者である陳壽が、三世紀の中原王朝の持っている倭人関連情報に基づいてまとめた記事で、当時の日本列島にはいなかった牛・馬・虎・豹・羊と鵲が、中国では珍しくも何ともない動物だったのである。

また、時代が下がると、入宋僧成尋は熙寧五年(一〇七二)、日本に何の禽獣がいるのかという宋の神宗皇帝からの質問に応じ、「獅子・象・虎・羊・孔雀・鸚鵡など」はいないが、他の類は皆あると答えた。[注3]『魏志』倭人伝と共通する虎・羊以外の、獅子・象・孔雀・鸚鵡は古代インドでよくみられる動物であり、仏教文献にも語られている。[注4]そこで、僧侶としての成尋は仏教の知識で獅子・象・孔雀などの動物名を挙げたかもしれない。けれども『魏志』倭人伝に語られた馬・牛は既に日本列島に生息していて、言及すらされなかった。言い換えれば、時代によって、古代の日本にみられる珍しい動物の種類が変化していくのである。それにつれて、日本列島に齎されてきた動物の類も時代的特徴を有して、とくに駱駝・水牛・山鶏・鵲の名は八世紀以降、船来動物のリストから消失した。[注5]

古代日本の国際交流における動物は、馬・牛・駱駝・驢・騾・羊などの家畜と、白雉・孔雀・鸚鵡・山鶏・鵲・鷲などの禽鳥という二種類に大別できる。本稿では、主に馬・駱駝・驢・羊などの家畜を中心に取り上げ、国際交流の行為に使われた動物の種類とその変化を考察しながら、贈与動物にあらわれる古代東アジアの国際情勢や贈与側の思惑、および贈与動物への日本側の対応とを検討してみたい。

一　馬――六世紀倭・百済の交流の媒介――

古代の東アジア世界において、馬はその軍用的価値で「甲兵の本、国の大用」（「甲兵之本、国之大用」）とみられていた。[注6] 古代日本の律令国家にも「良馬は、国家の資、機急の要」（「良馬者、国家之資、機急之要」）という認識があった。[注7] ところが、前述の『魏志』倭人伝によれば、馬はもともと日本列島の在来動物ではなかった。具体的にいつ日本列島に渡来し始めたのか、不明であるが、五世紀になると、馬は家畜として既に日本列島に普及し、人間活動の中に組み込まれてきた。[注8] 馬の渡来について、『日本書紀』応神十五年八月丁卯条に、

百済王、阿直岐を遣わして、良馬二匹貢る。即ち、軽坂上厩に於いて養ふ。因って阿直岐を以て掌り飼わしむ。故、其の馬養ひし処を号けて、厩坂という。

（百済王遣阿直岐、貢良馬二匹。即養於軽坂上厩。因以以阿直岐令掌飼、故号其養馬之処曰厩坂也。）

と記されている。すなわち、馬は百済王権の「外交的」行為に利用され、倭王権との交渉にふさわしい贈与物とみられ、日本列島に齎されたのである。同じような伝承は『古事記』応神記にも見えるが、百済に贈られた良馬二匹はその内訳が牡馬（雄馬）一匹、牝馬（雌馬）一匹と説明し、繁殖価値を有するものといえる。それに、良馬の齎し手としての阿直岐は倭国に居残り、馬の飼養を担当させて、厩舎飼育技術をも日本列島に伝えてきた。

百済から贈与された良馬はその具体な品種が不明である。そもそも「良馬」という言葉は一般的に駿馬で良い品種の馬を形容する用語であり、「善馬」とも表現されている。古代においては、良馬であるかどうか、ほぼ馬の外形から判断するため、中国で技術としての「相馬術」も存在した。例えば、六世紀に成立した中国の農書の

『斉民要術』巻六には、馬の毛色によって「騮馬・驪肩・鹿毛・□馬・騨・駱馬、皆善馬也」という基準が出され、すなわち、「赤毛黒鬣」の馬、「肩部毛黒」の馬、「毛色褐黄」の馬、「青毛に葦毛交錯」の馬、「白馬黒鬣」の馬が善馬とされた。[注9]

『魏志』東夷伝によれば、百済建国前の馬韓地域では、牛・馬に乗ることを知らず、牛・馬が尽く殉葬に使われるという習俗があり、つまり馬が既に生息していたことがわかる。実に、四世紀から五世紀にかけての百済は、倭国に限らず、新羅への「外交的」行為にも良馬を利用していた。四世紀半ば、伸展してきた百済の近肖古王は高句麗への対立政策を実施している最中、三六八年に使者を遣わして新羅に良馬二匹を贈与した。[注10] 五世紀になると、また高句麗に対抗するため、百済の毘有王は、四三三年に新羅に和を求め、四三四年二月に良馬二匹、同年九月に白鷹を新羅に贈ったという。[注11] このような百済の積極的な姿勢に応じて、新羅は同年（四三四）十月に百済に黄金と明珠を返礼し、交聘を行っていた。[注12] そこで、良馬二匹が、一つのパターンとして百済から相手国へ協和・連携の意向を示す道具に使われたではないかと考えられる。

また、倭国の場合に戻ってみよう。前述の『日本書紀』応神十五年八月丁卯条には、阿直岐は馬の飼育のみならず、経典を読むこともできるため、太子菟道稚郎子の師とされたとある。さらに、汝より優れた博士がいるのかとの応神大王の問いに対して、王仁という者がいると答えたため、大王は王仁を召すという目的で使者を百済に遣わして、翌十六年に王仁は『千字文』『論語』など書籍を持って渡来し、太子菟道稚郎子に教えたと伝えられている。この伝承は本格的な漢字文化の伝来にも関連するものとみられている。従って、倭国にとっては、百済に贈与された良馬は単なる舶来動物にとどまらず、「文化的」な媒介とも言え、むしろ馬の「外交」の延長線で、馬とともに渡来する飼養者が、知識や技能を有する優秀な人材であることが最も望ましかったのである。

六世紀に入り、高句麗の強大化と新羅の台頭に対して、百済は五一二年から加耶地域に進出した。ちょうど、この頃にあたり、倭国の継体王権は使者を遣わして百済に筑紫の馬四十匹を送ったことが伝えられている。[注13] 馬の贈り手が百済から倭国に変化したのである。四十匹という数が少なくないため、これらの馬は繁殖的な目的でなく、軍事的贈与動物であったと思われる。

『日本書紀』によれば、五四〇年代から五五〇年代にかけて、欽明王権は百済王権へ馬を贈ったことが数度あり、具体な事例は下記の通りである（表1）。

a欽明七年（五四六）正月、百済の使者の帰国する際に良馬七十匹、船十隻を贈与。（欽明七年正月丙午条）。

b欽明十四年（五五三）、正月に百済は使者を遣わして倭国に軍兵を乞う。それに対して、六月に倭国の使者は馬二匹・同船二隻・弓五十張・箭五十具を百済に齎し、百済の軍事支援の請求に応えることを表明した同時に（「所請軍者、随王所須」）、百済に医博士・易博士・暦博士の番の交代および卜書・暦本・薬物などの送付を要求。（欽明十四年正月乙亥条、同六月条）。

c欽明十五年（五五四）、正月に百済の使者は渡来して前年（五五三）に求めた弓馬などの軍事支援を欽明王権に確

表1　『日本書紀』にみた欽明王権から百済への贈与馬の事例

和暦	西暦	馬	ほかの贈りモノ・軍兵	備考
欽明七年正月	五四六	良馬七〇匹	船一〇隻	百済の使者が帰国する際、贈与。
欽明十四年六月	五五三	良馬二匹	同船二隻、弓五〇張、箭五〇具	倭国は使者を遣わして馬などを贈った。
欽明十五年正月	五五四	馬一〇〇匹	軍兵一〇〇〇人、船四〇隻。	五月に倭国の舟師が百済に赴く。
欽明十七年正月	五五六	良馬甚だ多い	兵仗	百済王子の帰国する際、贈与。

認・催促。そして、倭国は百済への軍事支援として馬百匹・軍兵千人・船四十隻の派遣を決定。二月に百済は欽明王権の要望に従い、医博士・暦博士・採薬師などを倭国に送り、また再び救兵を乞う。五月に倭国の舟師が百済に到着。（欽明十五年正月丙申条、同二月条、同五月戊子条）。

d欽明十七年（五五六）正月、百済王子恵の帰国する際に甚だ多い兵仗・良馬を贈与（欽明十七年春正月条）。

以上のように、欽明王権の馬を百済に贈与する行為は大体五五三年から五五六年までの間集中的に行われている。この時期はちょうど百済の新羅討伐にあたり、五五一年に新羅の与力で高句麗を攻めて回復した百済の漢江下流域一帯の故地が、五五二年に新羅に奪われたため、五五四年に百済の聖明王は自ら出陣して新羅と戦ったが戦死した。その後も百済は高句麗に攻撃されている。戦いに追いかけられた百済にとっては、軍需馬や武器などの補給が必要であったに違いない。[注14]このため、百済は頻繁に欽明王権に使者を派遣して軍事的連携や支援を要望していたのである。

しかし、右にあげたb、cの事例の通り、百済は一方的に倭国に要求していたわけでなく、欽明王権も百済に大陸の技術を有する人材やモノを求めていた。特に留意すべきはbの事例で、五五三年に百済に贈った馬が良馬二匹しかいなかったという点である。前述のように、相手国に親交の意を示すため、百済の「外交的」行為に良馬二匹を贈与するとのパターンがあった。これに鑑みれば、欽明王権から百済への良馬二匹の贈与は、船・弓・矢とともに軍事支援の旨を表すのみならず、百済に通用する方法を利用して、連携や修好の意味をも伝えながら、それに医博士・易博士・暦博士および卜書・暦本・薬などを求める行為ではなかろうか。

よって、倭国は百済と相互に要望を提出しあい、馬・船・兵士・武器など軍事的人・モノを、大陸の技術にかかわる人・モノに交換するという連携関係を結んでいた。この時期の倭・百済連携関係の性格について、田中史

生氏は、均等交換の志向に基づく贈答関係であったという見解を示されている。[注15]

六世紀末から、倭・百済の交流における贈与動物には馬の姿がみえなくなり、[注16]かわりに駱駝・驢馬などの動物が日本列島に渡来した。しかし、百済の対唐交流には、馬は依然として利用され、六二一年に百済の武王扶余璋は唐王朝に使者を派遣するに際にして果下馬を献上したことが文献史料に残っている。[注17]果下馬は中国では後漢時代から、朝鮮半島の濊の地に産する有名な矮馬として知られ、中原王朝に献上されていたという。[注18]また、『魏志』高句麗伝に「高句麗の馬、皆小さくて山を登るに便あり」(「其馬皆小、便登山」)とあり、後世の中国文献には高句麗の小馬も果下馬に等しい馬種と認識されていた。[注19]いわゆる、果下馬は、朝鮮半島の土産にあたる矮小馬種を指す用語である。

六一八年に中国王朝が隋から唐に交替した後、新羅・高句麗・百済は六二一年に相ついで唐王朝に使者を遣わして朝貢し、六二四年に朝鮮三国が同時に唐の冊封を受けた。この流れの中で、唐王朝に対する百済の朝貢外交では、土産動物としての果下馬が使われていた。百済は相手国との関係によって、贈与動物の種類を意図的に選んで対外交流に利用していたのである。

二　駱駝・驢・騾――統一新羅からのアピール――

『日本書紀』によれば、朝鮮三国時代においては、百済のほか、新羅と高句麗もそれぞれの対倭交流に動物を利用したことがある。三国から倭国への贈与動物の種類からみれば、六世紀末から七世紀前半にかけて、百済は最も数が多く、駱駝・驢・羊・白雉・鸚鵡があり、新羅は孔雀・鸚鵡・鵲の三種で、高句麗は駱駝のみであった。羊について後述するため、ここでまず駱駝・驢馬・騾馬に触れてみよう。

1　百済・高句麗からの舶来駱駝

駱駝といえば、背中に一つもしくは二つのこぶがあり、砂漠に適する動物のイメージや、隊商の駄載獣や乗用獣として唐代のシルクロードを往来していた情景や、唐三彩の作品に表現された駱駝の造形が浮かんでくるかもしれない。しかし駱駝はもともと中央アジアや西アジア原産の動物であり、古い時代から世界の東西交流の歴史の中に位置づけられていた。

『逸周書』王会に付録された「伊尹朝献・商書」には、殷の湯王の命令を受けた宰相伊尹の制定した「四方（献）令」が記されており、この「四方（献）令」は殷王朝を中心に、東南西北の四方にあたる諸国・諸地域それぞれが殷王朝へ献上すべき土産物を規定したものである。その中で、北の方位にある空同（崆峒）・大夏・莎車・姑他・旦略・豹胡・代翟・匈奴・楼煩・月氏・孅犂・其龍、東胡諸国に対して「橐駝（駱駝）・白玉・野馬、騊駼（良馬名）、駃騠（騾馬あるいは野馬）・良弓を以て献する」（「以橐駝・白玉・野馬、騊駼、駃騠・良弓為献」）と定めている。この伝承によれば、中国においては、先秦時代から中原王朝とその北方（西北・東北含め）の諸国・諸地域との交流に、馬とともに駱駝や騾馬などの家畜も利用されていたのである。

また、前漢の桓寛が著した『塩鉄論』力耕に、漢王朝と匈奴の交流に関して「中国の一端（二丈）の縵（無紋シルク）で匈奴の沢山の物を得、敵国の財物を損なう。ここを以て贏（騾馬）・驢・馲駞（駱駝）が次々と塞内に入り、良馬を尽く漢王朝の家畜となす」（「夫中国一端之縵、得匈奴累金之物、而損敵国之用。是以贏・驢・馲駞、銜尾入塞、驒騱（野馬）・騵馬（赤身白腹の馬）、尽為我畜」）と述べられ、敵国匈奴の経済力を損なう目的で、シルクを用いて騾・驢・駱駝などの家畜と交換するという政策がとられていた。従って、駱駝のみならず、驢馬と騾馬も北方の遊牧民の家畜として秦代以前の中原地域には稀なものであったことがわかる。[注20]しかし、漢の武帝時代以降、驢馬が国家的政策で多く導入され、徐々に中原地域の人に利用・飼育・繁殖されて、後漢末になると巴蜀地域や江漢平原まで広く普及されたのである。[注21]王子今氏は、漢王朝と匈奴との交流におけるシルクと家畜との交換貿易が、政治的意義を有しながら、多くの駱駝や驢馬などを中原地域に輸入させて、漢代の交通運輸に用いられる畜力構成を変えたという見解を示されている。[注22]

中国に比べると、駱駝と驢馬は日本列島への渡来が遅かった。推古七年（五九九）九月に、百済より駱駝一匹・驢一匹・羊二頭・白雉一隻が初めて齎されたという。[注23]これらの贈与動物について、十世紀に成立した『聖徳太子伝暦』には、「太子奏曰、白雉者鳳類也、餘是彼土常獣、不足為奇、厚修其使、答信陪多」と主張されている。[注24]すなわち、白雉は祥瑞的な鳥にあたるが、駱駝・驢・羊は百済の普通の畜獣で珍奇な畜獣と言えないものの、推古王権は百済の使者を優遇し、これらの動物より価値の高い返礼品を多く与えたというのである。このような見方はもちろん、『聖徳太子伝暦』の成立時代における対朝鮮半島認識に関わったものであるが、斉明三年（六五七）に、倭国の遣百済使が駱駝一匹、驢二匹を百済から持ち帰った事例を考慮すれば、[注25]百済にとっては駱駝や驢馬が入手し難い動物ではなかったことを窺わせる。また、推古二十六年（六一八）に、高句麗は方物として隋の俘虜二人及び兵器・土物とともに駱駝を推古王権に贈ったという記事もみえる。[注26]

そもそも朝鮮半島は駱駝の産地でないため、百済と高句麗はどこから駱駝を入手しただろうか。百済の駱駝は、中国の互市貿易でのモンゴル方面や西域からの交易物であったとみなされている。[注27]しかし、山東省の済南・臨沂・滕州・済寧・鄒城などの地方や徐州一帯に発見された漢画像石の画像の中で駱駝の姿が時々見られ、とくに山東省西古村に出土した後漢の画像石に親子の駱駝が描かれている（滕州漢画像石館所蔵）。よって、後漢以降、中原より東部地方において、駱駝は既に見知らぬ動物でないことが推定できる。さらに、隋唐の中国においては、駱駝は周辺の諸国・諸地域からの畜産貿易による流入以外に、官牧での畜養も重視されていた。それとともに駱駝の飼育技術も発展したと思われる。[注28] また、後述のように高句麗も突厥・契丹など北方の遊牧民との交易を行っていたことから、百済は中原の東部あるいは隣接の高句麗から駱駝を入手した可能性もあると考えられる。

五九九年は百済の恵王が死去、法王が即位した年である。その年に駱駝などを贈ったことは、新しい百済王が倭国に対して交聘の意志を示す行為にほかならない。その駱駝は一匹だけなので、繁殖的価値はなく、観賞的動物として贈られたと思われる。時代が下って、六五五年に重祚した斉明女王は積極的外交方針を推進すると同時に、土木工事を好み、斉明二年（六五六）に後飛鳥岡本宮を造った後、「水工を使って渠穿らしむ。香山の西より石上山に至り、舟二百隻を以て石上山の石を載みて流の順に控引き、宮の東の山に石を累ねて垣とす」（「迺使水工穿渠。自香山西至石上山、以舟二百隻載石上山石、順流控引於宮東山、累石為垣。」）と記され、[注29] 王宮の周辺の景観を整備し、禁苑的な施設を造った。奈良県明日香村に位置する飛鳥京跡苑池遺構は、斉明時代から造営し始め、天武時代の「白錦後苑」にあたる施設の所在と推定され、その中に動物園が存在したという説も提出されている。[注30] そうであれば、遣百済使らが六五六年に鸚鵡を、六五七年に駱駝と驢馬を連れ帰ったのは、禁苑の整備に関連し、日本列島にいない動物を王権の外交的成果の象徴とし、禁苑で観賞動物として飼育することに理由があったのではないだろうか。[注31]

他方、百済と比べると、高句麗はその地理的位置により、駱駝畜養の地域との交流の機会が多かったと言える。『史記』蘇秦列伝に、蘇秦は秦王に国策として「燕・代の駱駝・良馬は、必ず外厩（宮外の厩）に実たすべし」（「燕・代橐駝、良馬、必実外厩」）と唱えたことが記されており、燕代地域は駱駝・良馬の産出地であったことが分かる。いわゆる燕代地域は大体雁門・太原以東から遼東に至る広い範囲であり、[注32] 遼東より東へ千里行けば、高句麗の境に至るという。[注33] 従って、高句麗は隣接の燕代地域と駱駝を含める畜産で交易したことが想定できないだろうか。また、高句麗は隋に対抗するため、馬・羊・駱駝・牛を産する突厥にも接近したことから、モンゴル高原で活動した遊牧民と畜産交流が行われた可能性もあると考えられる。[注34]

なお、高句麗と倭国の交流に使われた動物は駱駝のみで、六一八年の一度だけである。六一八年は、三月に隋の煬帝が殺され、五月に唐が建国した。その後、八月に、隋との緊張関係から解放された高句麗は、倭国に使者を遣わして隋の俘虜や駱駝などを贈り、「隋の煬帝が三十万の軍を興して我（高句麗）を攻めた。返って、我（高句麗）に破れた」（「隋煬帝興卅萬衆攻我。返之為我所破」）と謳ったが、[注35] 隋と高句麗の戦いは六一四年に既に終結しているため、高句麗の使者の言葉は隋の滅びたことを機に倭国に自国の軍事力を誇ったものではないかと思われる。そこで、贈られた隋の俘虜二人及び鼓吹・弩・抛石など軍事的モノも高句麗の対隋抗争の勝利を誇示する道具であった。しかしながら、「方物」とみられた駱駝と土産品の贈与には、建国したばかりの唐との関係の先が未知のなか、高句麗の対倭交聘を維持する意志も含まれたと思われる。

2　統一新羅に贈られた駱駝・驢馬・騾馬

六六〇年代に入ると、朝鮮半島の情勢に大きな変化が起きた。唐・新羅の連合で百済・高句麗が相次いで滅亡したのである。しかし、百済・高句麗の滅亡に伴い、新羅と唐とは共通利益がなくなり、連合した両者の関係が緊張に転じた。六七〇年から新羅軍は唐に対抗する姿勢を示し、朝鮮半島における唐の勢力を退け続け、六七六年に所夫里州の伎伐浦で新羅軍と唐軍とは大小の戦いを繰り返して、最後に唐軍が敗れる結末に至った。その後、唐の軍事勢力は朝鮮半島から完全に撤退した。六七八年に唐高宗は新羅討伐を計画したが、臣下の諫言で取りやめた。このような唐との緊張な関係を抱えていた新羅は、日本との親近関係を積極的に築いており、他のモノとともに、六七一年から七三二年にかけて対倭外交の一環として動物贈与を行っている。まず六世紀末から八世紀までの新羅から倭国・日本に贈った動物贈与事例を挙げてみよう。

a推古六年（五九八）四月、前年（五九七）に派遣された遣新羅使は鵲二隻を齎して帰ってきた。その鵲は難波杜で養われ、卵を産んだ。（『日本書紀』推古六年四月条）

b推古六年（五九八）八月、新羅は孔雀一隻を貢す。（『日本書紀』推古六年八月己亥朔条）

c大化三年（六四七）、新羅は使者を遣わして倭国の遣新羅使を送ってきて、孔雀一隻・鸚鵡一隻を献上。（『日本書紀』大化三年是歳条）

d天智十年（六七一）六月、新羅は使者を遣わして調を進め、水牛一頭・山鶏一隻を別献。（『日本書紀』天智十年六月是月条）

e天武八年（六七九）十月、新羅使は調物として、金・銀・鉄・鼎・錦・絹・布・皮・馬・狗・騾・駱駝など十余類を「朝貢」。（『日本書紀』天武八年十月甲子条）

f天武十四年（六八五）五月、前年（六八四）に派遣された遣新羅使は新羅から帰国。新羅王からの「献物」として、馬二匹・犬三頭・鸚鵡二隻・鵲二隻及び種々宝物あり。（『日本書紀』天武十四年五月辛未条）

g天武十四年（六八五）十一月、新羅使は「請政」し、調を進めてきた。その調物に細馬一匹・騾一頭・犬二狗・鏤金器・金・銀・霞錦・綾羅・虎豹皮及び薬物の類、合わせて百余種あり。また、新羅使らの別献物として金・銀・霞錦・綾羅・屛風・薬などの類、各々六十余種あり。さらに、皇后・太子及び諸親王らへの別献物もあり（『日本書紀』天武十四年十一月己巳条、同朱鳥元年四月戊子条）。

h持統元年（六八七）九月、新羅の王子や使者らは「国政奏請」し、「調賦」を献上。調賦物としての金・銀・絹・布・皮・銅・鉄の類十余物と、別献物としての仏像・種々彩絹・鳥・馬など類十余種、及び王子個人の献物としての金・銀・彩色・種々珍異の物、合わせて八十余の物を献上。

（『日本書紀』持統元年九月甲申条、同持統二年二月辛卯条）

i文武四年（七〇〇）十月、同年（七〇〇）五月に派遣した遣新羅使は孔雀と珍物を齎して帰ってきた。

表2　六七一年から七三二年にかけて統一新羅から渡来した動物

和暦	西暦	動物	齎し手	出典	備考
天智十年六月	六七一	水牛一頭・山鶏一隻	新羅使	『日本書紀』	
天武八年十月	六七九	馬・狗・騾・駱駝	新羅使	同右	
天武十四年五月	六八五	馬二匹・犬三頭・鸚鵡二隻・鵲二隻	遣新羅使	同右	
天武十四年十一月	六八五	細馬一匹・騾一頭・犬二狗	新羅使	同右	朱鳥元年（六八六）四月に筑紫から貢上
持統元年九月	六八七	鳥・馬	新羅使	同右	翌年（六八八）二月に大宰府から献上
文武四年十月	七〇〇	孔雀	遣新羅使	『続日本紀』	
霊亀二年六月	七一六	新羅の紫驃馬二匹（高さ五尺五寸）	正七位上馬史伊麻呂等	同右	
養老三年閏七月	七一九	騾・馬牡牝各一匹	新羅使	同右	
天平四年正月	七三二	鸚鵡一口・鴝鵒一口・蜀狗一口・猟狗一口・驢二頭・騾二頭。	新羅使	同右	同年（七三二）五月に献上

（『続日本紀』文武四年十月癸亥条）

j霊亀二年（七一六）六月、正七位上馬史伊麻呂らは新羅の紫驃馬二匹（高さ五尺五寸）を献上。

（『続日本紀』霊亀二年六月辛亥条）

k養老三年（七一九）閏七月、新羅使は調物及び騾・馬牡牝各一匹を献上。（『続日本紀』養老三年閏七月癸亥条）

l天平四年（七三二）正月、新羅使は種々財物と鸚鵡一口・鴝鵒一口・蜀狗一口・猟狗一口・驢二頭・騾二頭を齎してきた。五月、入京して種々財物と動物を献上し、「来朝年期」を奏請。日本はその「三年一度」の要望を許可。

（『続日本紀』天平四年正月丙寅条、同五月庚申条、同壬戌条）

以上の十二例の中で、a～c三例の時期は七世紀前半の朝鮮半島三国時代にあたり、この時期における新羅と倭王権との交流に使われた動物類は鵲・孔雀・鸚鵡など禽鳥に限られている。他方、d～l九例（表2）の時期は統一新羅時代であり、贈与動物の種類が、鵲・孔雀・鸚鵡・山鶏など鳥類のほか、水牛・馬・犬・騾馬・駱駝・驢馬など家畜類にも及んでいる。但し、注意すべきは駱駝贈与が六七九年の一例（e例）しかなかったことである。前述のように唐が六七八年に新羅討伐を諦めたことに伴い、新羅は朝鮮半島の統一を遂げた。その翌年、かつて百済と高句麗の贈った動物類を意識して、駱駝・馬・騾馬などを選んで対倭外交行為に利用したことには、畜産を通じ、天武王権に旧百済領と旧高句麗領の土地と民衆を統一したことを積極的にアピールする意図が窺われるのではなかろうか。

しかし、旧高句麗の領有した北部の領域の大部分が唐の支配下に置かれたことと、唐との緊張関係の高まりは、新羅に駱駝入手を難しくもさせていただろう。これも駱駝の姿が新羅の贈与動物から離れた一因と考えられる。また、fとiの二例からみれば、日本の遣新羅使によって齎された動物類は馬・犬・鸚鵡・鵲、あるいは孔雀のみであり、駱駝や驢馬・騾馬は日本側の最も望ましい贈与動物ではなかったかもしれない。

　新羅の畜産に関しては、『新唐書』新羅伝に「畜、羊無く、驢・鸁（騾）少なく、馬多し。馬、高大と雖も、行くに善からず」（「畜無羊、少驢・鸁、多馬。馬雖高大、不善行」）と記述されている。新羅の高大な馬の品種は、霊亀二年に正七位上馬史伊麻呂らに献上された紫驃馬の種に該当すると考えられる（i例）。『新唐書』の記事によると、新羅においては、驢馬と騾馬はその数が馬ほど多くないが、珍しい動物でなく、家畜として飼育されていた。つまり、馬・驢馬・騾馬はともに新羅に生息していたのである。また、「方産の物」（土産物）として新羅から唐への贈与動物に犬（狗）の姿もみえる。[注36] 従って、倭国ないし日本に贈られた犬（狗）も新羅に産する家畜と思われる。

　また前述のように、新羅は唐への対抗上、倭国ないし日本に対して頻繁に使者を派遣し、緊密な交流往来を進めた。他方、天武元年（六七二）から大宝元年（七〇一）まで、倭国ないし日本側も遣唐使が途絶したため、新羅に対しても使者を積極的に派遣している。この三十年間、両国の使者派遣の回数は合わせて三〇回以上に上った。しかし、新羅からの馬や騾馬の贈与年紀は、前述の六七九年の以外に、六八五年と六八七年だけである。この時期の新羅の国内情勢からみると、六八四年末、新羅は、金馬渚に置かれた高句麗遺民の高句麗国（報徳国）を滅ぼし、名実とも朝鮮半島を統一した。その翌年の六八五年、新羅使が齎したモノの種類は細馬・騾馬・狗を含める調物百種と、新羅使らの別献物各々六十余種などに及んでいる（g例）。さらに、同年（六八五）に遣新羅が齎した新羅王の贈り物としての馬・犬・鸚鵡・鵲と種々宝物（f例）を加えれば、従来の新羅からの通例の贈り物に比べると、六八五年の贈与物の種類は圧倒的に多かった。このような膨大な新羅産のモノの贈与は、貿易的目的を果たすのでなく、政治的要素を第一義に意図した外交行為であり、[注37] 多様な土産を通じて前年の朝鮮半島統一を日本側に語ろうとしたものだろう。

『日本書紀』においては、新羅使の齎した馬の品種について、基本的に言及されないため、「細馬」の記録が特例といえる。「細馬」という表現はもともと駿馬若しくは小馬の意味を指す言葉である。中国の文献史料では、同じ時期の新羅から唐への贈与馬に関して、「小馬」や「果下馬」と表した記録が少なくない。[注38] それに、上述したように、唐へ贈られる百済の果下馬と高句麗の小馬は同じ馬種であったことに鑑みれば、新羅の「細馬」は小馬の意味で果下馬にあたる馬種であった可能性が高い。

高句麗国の滅亡の後、新羅の神文王は六八六年に中央集権的官位制と骨品制を確立し、六八七年に五廟の制を創始して儒教的政治理念で王統の正統性を樹立し、王権強化を達成して内政を安定させた。[注39] その直後に来日した新羅使は新羅王子をはじめとした使節団であり、それまでよりランクが高く、新羅の整備した中央集権的国家体制を伝える意図があったとみられる。[注40] 六八七年の新羅使が齎した贈与動物は鳥と馬と簡略に記録されているが、留意すべきは仏像・種々彩絹とともに「別献物」として取り扱われたという点である（h例）。統一新羅より贈られたモノは「調」と「別献物」の二種類に分けられており、贈与動物が「別献物」とされたのは六七一年と六八七年の二例しかなかった。「調」と「別献物」の区別に関して、新川登亀男氏は天武八年（六七九）を境に、それまで「調」が大王に、「別献物」が群臣に贈られるとされたが、天武八年以後、「調」は国家体系の「官」に、別献物は天皇・皇后・太子及び親王らに贈与されることに変化したという見解を述べられている。[注41] 新川氏の研究に従えば、六八七年の鳥と馬は実際に天武八年以来、別献物としての動物贈与の初回事例でも最後事例でもある。ちなみに、統一新羅の仏像贈与も六八七年が初めてで、これは倭国ないし日本に対して新羅の技術や文化を誇示する意図があったとみられている。[注42] これらを考えあわせると、仏像とともに「別献物」とされた鳥と馬は、新羅の中央集権体制下の物産・畜産統括を天武・持統王権に示す道具として選ばれたのかもしれない。

なお、驢馬・騾馬の贈与とともに、新羅の畜産技術も日本に伝えられたと思われる。例えば、養老三年に贈られた動物は雄の騾馬と雌の馬が各々一匹と明記されていることから（k例）、その騾馬と馬は繁殖的価値を有するものとして贈与された可能性が否めないだろう。[注43]

さて以上のように、八世紀の初めは、日本と新羅両国の頻繁な交流も維持された。けれども養老年間になると、日本の海賊の出現や新羅の毛伐郡城の築造などが、両国の関係に影を落とすようになる。一方、唐羅関係の修復に伴い、新羅は日本との関係が希薄となりつつあった。天平四年（七三二）、「来朝年期」（三年一度）を奏請するという目的で、新羅は久々日本に使者を派遣し、種々財物と動物を贈与した（l例）。その際に贈与された動物が鸚鵡・鴝鵒・蜀狗・猟狗・驢馬・騾馬である。このうち、鴝鵒は新羅の対日交流の初見である。鴝鵒は鸚鵡と同じ観賞的動物であり、俗に「八哥」とも称され、中国に産する鳥で五月五日に雛を取り、その舌の先端を切って、人の言葉をまねることができる。[注44] また、蜀狗という具体な品種も記され、文字の通り四川省の犬種と思われている。『爾雅』狗条によれば、狗というのは、毫毛が未だ出ていない犬の子を指す言葉である。[注45] よって、蜀狗と猟狗の「狗」の表現は、齎されたその犬がまだ小さかったことを意味するかもしれない。贈られた鴝鵒と蜀狗が新羅で生産されたものだったとしても、その名前だけで唐との交流を連想しやすいものではなかろうか。おそらく、新羅と唐との交流を日本に伝える意図をもって新しい種類の贈与動物が使われたのだろう。

その後、七三三年に渤海が海を渡って唐の登州に侵攻すると、唐は新羅に兵を発して渤海を討伐するように要請した。こうして、唐と新羅は再び同盟関係を結んだ。以後、新羅が対日外交において動物を使う事例も途絶える。

三　羊――商人からの贈与――

推古七年に百済から贈られた家畜に駱駝・驢馬のほか、羊二頭があったことはすでに述べた。それは羊の渡来に関する初見記録であるが、羊の品種や推古王権の取り扱いについて史料に記されておらず、不明である。

七世紀から八世紀にかけて、孔雀や鸚鵡や駱駝などの動物と異なり、羊は朝鮮半島から日本列島への贈与が中断した。しかし、正倉院の屏風や染織品などの遺物には羊のイメージが表れる。例をあげると、著名な﨟纈羊木屏風は斉衡三年六月の『雑財物実録』に記載された「橡地象羊木屏風一畳高五尺」の羊木屏風で、『国家珍宝帳』に記録された﨟纈屏風の一扇であり、画面の下方に「天平勝宝三年十月」と調の銘識の一部墨書があるので、日本製とみられている。この屏風の絵はササン朝風の樹下動物文で、渦巻型羊角を有するペルシャの野羊ムフロンのような羊が表されている。[注46]ほかに、錦や綾など正倉院裂にも、羊や山羊の文様は描かれており、その中で鹿の文様に似ているものもある。[注47]

また、考古学調査で八世紀の羊形硯の頭部も何点か出土している。その中で、平城京の二点は角の基部と先端、斎宮の一点は角の先端が残っており、いずれも巻状羊角に復元されている。[注48]さらに、岐阜県尾崎遺跡や岡山県ハガ遺跡などの遺跡からも、羊形硯とみられる遺物が出土した。これらの遺跡は国府跡あるいは国府関連官衙跡と思われていることと、出土数が少ないことから、羊形硯は一定以上の階層に嗜好品とされた可能性もあると推定されている。[注49]

こうしたことから、八世紀においては、モノに表れる羊の意匠表現を通じて、日本列島に在来していない羊のイメージは、ある範囲の人々には知られているのみならず、人気もあったと推定できる。さらに、「珍獣」の象や「瑞獣」の鳳などの動物と並べて描かれたことから、中国の動物観を受け入れ、羊は良い意味を持つ動物とみられていたと想像できる。それは、後の時代に、本物の羊が度々齎されることにつながる。

九世紀以降、日本の国際交流においては、商人たちが徐々に重要な担い手となっていった。そして、商人たちの船で羊は再び贈与動物として日本と大陸との交流舞台に登場するのである。表3は文献史料にみた九世紀～十一世紀間の舶来羊一覧である。この表によれば、この時期に齎された舶来羊は七例で、それらの品種について

表3　文献史料にみた九～十一世紀間の舶来羊一覧

	年月日	西暦	品種	羊数	齎し手（渡来の回）	出典	備考
1	弘仁十一年五月	八二〇	羖䍽羊 白羊 山羊	二頭四頭一頭	新羅人李長行ら（初回）	『日本紀略』	羊のほかに鵞二羽あり。
2	延喜三年十一月	九〇三	羊	一頭	唐人景球ら（初回）	『日本紀略』『扶桑略記』	羊の以外に白鵝五羽あり。
3	承平五年九月	九三五	羊	数頭	呉越人蔣承勳（初回）	『日本紀略』	
4	天慶元年七月	九三八	羊	二頭	大唐商人	『本朝世紀』	山羊か
5	永延二年	九八八	羊	不明	朱仁聡（初回）	『元亨四年具注暦』裏書・寛治七年十月廿一日条	
6	長徳二年閏七月	九九六	羊	不明	宋人	『日本紀略』『小記目録』『元亨四年具注暦』裏書・寛治七年十月廿一日条	羊のほかに鵞や鸚鵡あり翌年、羊と鵞を返給
7	承暦元年（承保四年）二月	一〇七七	白羊	三頭か二頭	宋商人	『百錬抄』『扶桑略記』『水左記』	山羊か。同年、羊を返遣

は、羊・山羊・白羊・羖䍽羊などと記録されている。

1　舶来羊の種類

羊といえば、まず綿羊を思い出される方が多いかもしれない。『日本大百科全書』によれば、羊という言葉は現在、哺乳綱偶蹄目ウシ科ヒツジ属の動物の総称である。綿羊はそのヒツジ属の一種にすぎない。また、動物学の分野では、ウシ科の亜科分類について定説を見ないが、ウシ科をウシ亜科・ヤギ亜科・レイヨウ亜科に大別することについて、殆ど異論はなく、さらにヒツジ、カモシカなどの動物はヤギの仲間でヤギ亜科にまとめることができると言われている。[注50]

ところで、古代日本の史料では、「羊」「山羊」と「零羊」（「羚羊」）という動物名が記されているが、現代の動物学のように、これらの言葉は厳密に使い分けられていたわけではない。後述のように、「羊」と漢字表記されている動物の中で、現在の動物学に定義される羊のみならず、山羊の可能性もある。ちなみに、「零羊」も山羊と同一視されていた場合もある。[注51]では、日本に齎された羊はどのような種類だったのだろうか。史料的制約から、七例の羊種をすべて検討することはできないが、そのうちの三例を取り上げてみよう。

①弘仁十一年（八二〇）の羖䍽羊・白羊・山羊

弘仁十一年五月、新羅人の張長行らは羖䍽羊二匹、白羊四匹、山羊一匹と鵞二羽を日本に齎した。ここに羖䍽羊・白羊・山羊の三種が明記されている。[注52]まず、羖䍽羊をみよう。

『倭名類聚抄』巻十八・毛群名・羊条に引く『兼名苑』に「羝音低、一名䍽音歴。和名比豆之。羊也」とあり、䍽は羊の異名とみられ、「比豆之」（ヒツジ）と訓読みされているが、中国の文献においては、時代や解釈者によって、羖羺羊についての説明が必ずしも一定でなかった。現在、羖羺羊は羺羊とも略称され、黒い羖羺に羖羊という別名があるとされるのが一般的である。敦煌文献には『俗務要名林』という日常語彙集（S. 617）があり、その中で羊にかかわる言葉として「羖羺」が挙げられている。[注53] このことから、唐代の社会、特に敦煌の社会においては、羖羺という語彙が日常的によく使われていたことがわかり、羖羺羊が一般的な家畜であったことが知られる。また、七世紀に成立した『北史』楊愔伝に「白羊頭毼秃、羖羺頭生角」という政治的な童謡が記録されたことと、唐代の孔穎達の『毛詩注疏』巻第十四・賓之初筵にも「羖羊之性、牝牡有角」と説明されていることから、羖羺羊は牡・牝に関わらず、角を有するものと思われる。

羖羺羊の産地に関しては、宋・寇宗奭の著わした『本草衍義』巻十六・羖羊角条に「出陝西・河東、謂之羖（羖）羺羊、尤很健、毛最長而厚」とあり、羖羺羊は毛が長くて多い品種であり、陝西・河東の地方に産出するという。宋代の陝西・河東は現在の陝西省・山西省およびその隣接の河南省・河北省・甘粛省の一部にあたる地域である。すなわち、羖羺羊は中国の北方や西北地域に生息している羊の種である。

羖羺羊と対照して時々言及される羊種が白羊である。前述の『北史』の童謡にある「白羊頭毼秃」という表現は、無角白羊の特徴で喩えられたものである。このような角のない白羊は綿羊の一種とみられている。[注54]『斉民要術』には、漠北や中原地方における白羊と羖羊（黒い羖羺羊）の各々の飼育方法が明確に述べられた内容があり、その白羊は、有角の品種もあるが、有無に関わらず、綿羊の種に該当するものと解釈されている。[注55]

また、唐代の律令においては、白羊と羖羊（黒い羖羺羊）は明確に区別されている。例えば、「厩牧令」では、諸官牧の毎年各畜産死亡率（死耗者）について、法律の許す範囲が規定され、その内訳として羖羺羊が百頭ごとに十頭、白羊が百頭ごとに十五頭と、各々決められており、そして毎年の課羔数に関して、羖䍽羊が百口ごとに八十口、白羊が百口ごとに七十口という定めもある。[注56]そこから、白羊と羖䍽羊との生存率や経済価値の差が窺われる。

以上のことから、弘仁十一年に日本に齎された羖䍽羊と白羊の品種をまとめると、羖䍽羊は毛が長くかつ多い有角の品種であり、色が不明で黒い可能性があることと、白羊は白色で角の有無が不詳であり、綿羊の品種にあたることが推定できる。しかし、李長行らは五月初に渡来したため、彼らが齎した羖䍽羊と白羊は、長い毛がみえず、毛刈り後の羊であったかもしれない。[注57]

なお、弘仁十一年の船来羊の中で、山羊が一匹あった。羖䍽羊や白羊に比べると、古代においても、山羊は環境適応能力が強く、広範な地域に生息している動物である。宋・李誡の『営造法式』に山羊の姿は二種類描かれており、一種は角が後方へ弓形に伸び、もう一種は角が弧を描いて先端が前方に向かっている。[注58]その角の形の特徴だけからみれば、前者は現代の動物学分類上の山羊に近い品種であり、後者は家畜化されたヒツジの原種とみられるムフロンに似ている種と思われる。そこで、古代の中国においては、山羊と言っても、単一な種類に限らないことが明らかである。[注59]ところで、新羅商人の李長行らの手で日本に渡来した山羊の種は、その姿に関する史料がないため、不明である。

また他の事例と比べ、弘仁十一年の船来羊は種類が多いのみならず、数も七頭で最も多かった。そもそも李長行らはどこでこれらの羊に入手したのか。前に引用した『新唐書』新羅伝の記事に、新羅で羊が畜養されていないと伝えられている。但し、その羊の意味は、家畜としての羖䍽羊や白羊を包括すると思われるが、山羊が含まれるかどうか確定できない。従って、李長行らは新羅で羖䍽羊や白羊を入手した可能性がまったくないとは言い切れないが、唐で入手した蓋然性が高いだろう。唐代、とくに北方人の食卓では、羊肉が数多く消費されていた。こうしたこととかかわり、民間の養羊は盛んで、牧地のほか、半牧半農地域や農業地域でも羊が飼育され、飼育者の中で養羊を副業に行う農戸が多かっただけでなく、ほかの産業を放棄して養羊を生業にする農戸もあり、さらに羊を売買する商人も生まれた。[注60] こうした実態を踏まえれば、李長行らが唐で羊を入手することは難しくなかったと言えよう。そこで、数多い羊を「珍獣」として日本朝廷に献上することより、李長行らには羊を交易品とする意図もあったと考えられないだろうか。

②天慶元年（九三八）の羊

天慶元年七月、大宰府は羊二頭を貢上し、その羊が「大唐商人」の献上した動物という。[注61] 羊は蔵人所で飼育されており、翌年（九三九）六月、公卿は内裏の軒廊で羊を観覧した。その時の場景に関して、『本朝世紀』天慶二年六月四日条に、「上卿、蔵人所の飼う羊二頭を召し、軒廊において柱に繋ぐ。左近陣官に木枝を折り集め、之を飼わしむ。牛の草食うがごとし。久しく角を以て相競うこと、牛に似る」（「爰上卿召飼蔵人所羊二頭、於軒廊柱繋。令左近陣官折集木枝令飼之。宛如牛食草。良久以角相競似牛」）とある。ここでは木枝が餌として羊二頭に与えられ、羊は牛の草を食べるように食べたとあるから、恐らくその羊は木の茎葉を食べたのだろう。現代の動物学によれば、樹葉嗜好性が山羊の食性特徴である。また、その二頭の羊は食べた後、牛のように角で押し合ったことも、同士と喜戯するという山羊の特徴にあたると考えられる。ゆえに、天慶元年に渡来した羊は「羊」とだけ書いてあるが、むしろ山羊の可能性が高い。

③承保四年（一〇七七）の羊

『百錬抄』承暦元年二月二十八日条に「大宋商客所献の羊三頭を引見す」（「引見大宋商客所献羊三頭」）とある。この時、白河天皇は、宋の商人が献上した羊三頭を観覧した。同様の記事は『扶桑略記』承保四年二月二十八日条にもみえるが、そこでは羊の数が二頭と記録されている。その羊は藤原師実の邸で飼育され、『水左記』承保四年六月十八日条に「件羊牝牡子三頭、其毛白如白犬、各有胡髯、又有二角、豫如牛角、身体似鹿、其大々於犬、其声如猿、動尾纔三四寸許」とあるように、三頭の羊はともに白い被毛で毛髭を持ち、牛角のような角をもち、鹿に似て、身体が犬より大きく、尾の長さが短くてわずか三、四寸という特徴があり、山羊の種と思われるだろう。

以上のように舶来羊の種を述べてきた。三例だけであるが、それぞれの例にも山羊が存在した点からみれば、日本列島の自然環境も一因か、それとも商人たちの船での飼いやすさにも理由があったか、古代の日本に齎された羊は、環境適応能力の優れた山羊の種が多かったと推定できる。

ところで、九世紀までの散発事例と比べると、舶来羊が集中的に日本に齎されたのは十世紀である。すでに多くの先行研究に指摘されているように、九世紀後半から、日本の対外交流においては、中国の江南地域を基盤にした商人たちが、新羅商人ないし在唐新羅商人のかわりに活躍してきた。しかし、文献史料の記録によれば、羊が中国商人によって齎されるのは十世紀まで待たなければならない。[注62]

また承平五年（九三五）九月、呉越商人の蔣承勲が初めて日本に到着し、羊を数頭齎した。その後も彼は数度日本に渡来し、呉越国と日本との国家的交流に重要な役割を果たした人物である。皆川雅樹氏は、蔣承勲の羊を贈った記事に注目し、呉越国には、中原王朝や契丹から呉越国に輸入した羊を贈ることで、自国の持っている政治的ネットワークを日本側の権力者にアピールするという目的があると見なしているが[注63]、その通りだろうか。中国の江南地方においては、古くから山羊は家畜として飼育されていることと、唐代には北方の羊が既に南方に齎されたことや[注64]、前述のように舶来羊の種が北方の羊の種に限らないことを考慮すれば、蔣承勲の齎した羊には、呉越国の政治的ネットワークを語る性格がつけられたかどうかは疑問である。実際、五代十国時代以後の中国では北方の羊が多く南方に齎されて絹や米などと交換されており[注65]、こうしたことから、商人たちにとっては、南方でも羊をより一層入手しやすくなったのではないか。

また、商人たちは、日本に来るごとに動物を齎したわけではなかったが、羊贈与の事例に限り、各々の渡来の初回に羊を献上したケースが少なくなかった。名前が一度だけ登場する李長行や景球などはいうまでもなく、数度日本に来た蔣承勲や朱仁聡も、それぞれ初回渡来の承平五年と永延二年に、羊を献上したのである。そこで、商人の手で齎された動物は政治的性格を持っていたというより、商人たち自身にとっては、経済的利益を最も促進するという目的で、日本の朝廷や貴族の歓心を買うため、羊を含む動物を贈ったことが想像できる[注66]。

2　羊の返却事例とその背景

舶来羊は入京を許されて内裏で観覧された事例や、羊頭・牛角・鹿身・白犬のような描写からみても、孔雀・鸚鵡などの動物と同じく、観賞的動物のように扱われていたことは疑いない。しかし、長徳三年（九九七）と承暦元年（一〇七七）に、羊が返給されるという事例もある。次は、羊の返却事例に注目したい。

長徳三年（九九七）の事例

まず、長徳三年の事例をみよう。長徳二年（九九六）、宋商人は鵞鳥・羊と鸚鵡を贈与動物として献上したが、翌年（九九七）九月に鵞鳥と羊は返却された。[注67] その理由について、羊に疫病流行の源を求めたが、これはあくまで後世の人の付けた意味だろう。[注68] 正暦四年（九九三）から長保三年（一〇〇一）にかけて、疫病は幾度も大発生して平安京に及び、正暦から長徳へ、長徳から長保への改元も疫病の流行に関わるものである。この状況の中で、長徳二年に羊などの動物の入京を許したことと、長徳三年六月六日にも大宰府が羊を献上していることから[注69]、当時の支配者中心層は、羊を疫病流行源と連想しているわけではなかったと考えられる。

しかし、長徳三年六月中旬、高麗から送られた牒状を中央で審議する際に高麗牒状に日本国を辱める言葉が問題となっている。これが礼儀に背くということで、宋の謀略を疑う見解がだされ、越前や大宰府に滞留している宋商人を早く帰らせるべきという所論も上達部からは現れたが、特に越前にいる宋商人に対して警戒がなされていた。[注70] 森克己氏は、高麗や宋に対する不信感・警戒心の延長線で、宋商人の献上した羊と鵞鳥を返給するという結果に及んだと見なしている。[注71] この見解は傾聴に値するものだろう。

ところで、留意すべき点は、長徳二年に宋商人の贈り物としての動物は羊・鵞鳥のほかに鸚鵡もあったが、返却されたのは羊と鵞鳥のみであったことである。鵞鳥は家畜動物で、『日本書紀』雄略紀に初見し、それが事実であれば、五世紀後半には渡来人により日本列島に齎された。[注72] 表4によれば、長和四年の例を除き、九世紀以後の舶来鵞はほぼ羊と一緒に齎されてきたことが分かり、中国商人は羊と鵞を一つのパターンに組んで送り込んでいたと推定できる。しかし、古代の日本においては、綺麗な孔雀と能言の鸚鵡は長期にわたって好まれている動物であり、僧侶に携えられてきた場合もある。[注73] 観賞的な孔雀や鸚鵡に比べると、羊と鵞は観賞性も娯楽性も高くないと言える。そこには、長徳三年に鸚鵡が返却されなかった理由があると考えられないだろうか。そうであれば、十世紀末の日本では、羊に対する動物観は、珍しい動物から普通な動物に変わりつつある傾向が窺える。

表4　史料にみた舶来鵞一覧

	年月日	西暦	品種	数	出典	備考
1	雄略十年		鵝	2	『日本書紀』	
2	持統六年	六九二	白蛾（鵝）	不明	同右	
3	弘仁十一年	八二〇	鵞	2	『日本紀略』	鵞の以外に羊あり
4	延喜三年	九〇三	白鵝	5	『日本紀略』『扶桑略記』	鵞の以外に羊あり
5	長徳二年	九九六	鵞	不明	『日本紀略』『小記目録』『元亨四年具注暦』	鵞の以外に羊あり
6	長和四年	一〇一五	鵞	2	『日本紀略』	鵞の以外に孔雀あり

承暦元年の事例

長徳三年の後、商人から羊が献上される記録はしばらくみえなかったが、九十年近い時間が経った承保四年、羊が再び齎された。前述のように、この事例では、史料によって舶来羊の数は異なるが、羊の引見・観覧は承保四年六月以前に行われたのである。ところが、この年の夏からは赤斑瘡流行が起き、親王・貴族から庶民まで多くの人が罹っており、皇子二人も病死するほどであった。疫病流行の対応措置として、朝廷は七月に大極殿で観音経を転読し、八月に非常赦と二十一社への奉幣とを行い、宋商人の献上した羊を返遣し、十一月に承暦と改元したという。[注74]疫病流行の際の朝廷の常套的な対策として、改元と奉幣と法会と大赦などが挙げられる。[注75]それで、承保四年は常套対策のほか、羊を返却するという特別な対策が出されたとのことである。

『元亨四年具注暦』裏書・寛治七年十月廿一日条にも「承保四年大宋人献羊、天下大有皰疫、遂有第一皇子薨逝事」と書かれたように、宋人の羊の献上が疫病の流行と繋げられ、承保四年、羊は天皇・貴族に観覧された動物から、一気に疫病を齎す動物と認識されるようになった。言い換えれば、この時の羊の返却は朝廷の積極的な疫病対策とも言えよう。時代が下って、承安元年（一一七一）七月に平清盛は後白河法皇に羊と麝鹿を送ったが、その後にも疫病が流行し、羊に病因を求めて「羊病」という病名が付けられて、承暦年の例を参照し、羊は返却されたという。[注76]よって、十一世紀後半から生じた、舶来羊に疫病の病因を求めている病因観・動物観は後世の社会にも影響を与えた。

ちなみに、十一世紀後半以降、羊だけでなく、鸚鵡や孔雀や鵞鳥など舶来動物も相ついで疫病や不吉や火事など災害の源と認識されて返却されている。[注77]それらの動物の返却は「珍禽奇不畜国」という理念に基づいた行為であり、舶来動物の存在が「天下」の情勢へ影響を及ぼす際に行われたとみなす説がある。[注78]その見方を否定するわけでないが、疫病流行の源が判明できない古代においては、海を渡ってきた動物が疫病をもたらすことを恐れ、その動物を返却することも想定できるだろう。動物と疫病との関係についての認識の現れも国際交流による影響の一部といえるのである。

おわりに

以上、古代日本の国際交流における代表的な馬・駱駝・驢馬・騾馬や羊などの家畜を中心に、古代東アジアの国際情勢との関連を念頭に置きながら、贈与動物の種類や意味、および古代日本の動物観の変容に関して述べてきた。まとめると、次のようになる。

①六世紀から七世紀にかけては、倭国と百済との同盟・連携的関係において、馬は文化的・軍事的交流に重要な役割を果たした動物であった。まず百済から倭国に良馬の種が贈られた延長線で漢字文化も伝来してきた。次

に、百済に対する倭国の軍事と文化の交換交易に馬が倭の輸出軍事力として使われていた。その後、百済から倭国への贈与動物には、馬の姿がなくなり、代わりに百済には産出しない駱駝などの動物が現れることで、百済は倭国との交換的同盟関係を維持するため、倭国の需求に向け大陸文化を伝送する一環として、対倭交流において土産動物のみならず、意識的にほかの地域の所産の動物から選んで、日本列島に存在しない家畜を贈与したといえる。

②七世紀後半から八世紀初めまでは、倭国ないし日本と統一新羅との交流において、使節の手を通じて新羅から様々な動物が度々齎されてきたが、新羅と唐の関係の緊緩によって頻度も種類も変化していった。とくに、朝鮮半島統一を達成した特定的な時に、かつて百済や高句麗の贈った駱駝・驢馬など動物を贈与したことには、朝鮮半島の統一をアピールする意図が窺える。また、朝鮮半島に産する驢馬や騾馬などの畜力動物を贈る行為は、倭国ないし日本に朝貢の意味を捉えさせ、低姿勢を示しながら、新羅にとってその統一の畜産文化を強調する手段でもあった。

③六世紀から八世紀にかけて、舶来羊は瑞祥的な動物とみられていると同時に、日本列島にいない大陸の羊の姿は染織品や硯にも表れている。九世紀以降、渡来した商人は経済的利益を促すために日本でのネットワークを作る目的において、中国で入手しやすい羊や鵞鳥などの動物をも利用していた。その中で、綿羊や山羊などの種が日本に齎されてきた。山羊が中国南方にも生息しているゆえに、舶来羊は必ずしも中国北方の羊の品種とは言い難い。他方、平安時代においては、舶来羊は瑞祥的な動物とみる動物観を継承しながら、観賞動物として上達部の貴族に観覧されていたが、対高麗・宋関係や疫病などの背景で、舶来羊に戦乱や疫病の原因を求める動物観も生じた。

注

1 古代日本の対外交流における孔雀と鸚鵡についての近年の研究成果として、新川登亀男氏の「調（物産）の意味」（同『日本古代の対外交渉と仏教——アジアの中の政治文化——』吉川弘文館、一九九九年）、皆川雅樹氏の「動物の贈答——六〜十二世紀における鸚鵡・孔雀の交易——」（同『日本古代王権と唐物交易』吉川弘文館、二〇一四年、初出二〇〇六年）などが列挙できる。

2 管見の限り、古代日本に齎された羊に関する先行研究には、皆川雅樹氏の「モノからみた遣唐使以後の交易——書籍と羊を手がかりとして——」（同『日本古代王権と唐物交易』吉川弘文館、二〇一四年）しかない。

3 『参天台五臺山記』熙寧五年十月十五日条。

4 陳懐宇「中古時期佛教動植物分類」（同『動物與中古政治宗教秩序』上海古籍出版社、二〇一二年）。

5 皆川雅樹前掲注1論文。

6 『後漢書』馬援伝。

7 『類聚三代格』巻十八・弘仁二年五月廿二日太政官符。

8 松井章「家畜と牧」（石野博信ら編『古墳時代の研究4 生産と流通』雄山閣、一九九一年）、松井章・神谷正弘「古代の朝鮮半島および日本列島における馬の殉殺について」（『考古学雑誌』八〇—一、一九九四年）。

9 賈思勰原著、繆啓愉校釈『斉民要術校釈（第二版）』巻第六・養牛馬驢騾、中国農業出版社、一九九八年。

10 『三国史記』奈勿尼師今十三年条、近肖古王二十三年三月丁巳朔条。

11 『三国史記』訥祇麻立干十八年二月条、同九月条、毗有王八年二月条、同九月条、

12 『三国史記』訥祇麻立干十八年十月条、毗有王八年十月条。

13 『日本書紀』継体六年四月丙寅条。

14 『三国遺事』巻一・真興王条に、承聖三年（五五四）九月、百済の軍兵は新羅の珍城に進出し、「人男女三万九千、馬八千匹を掠取して去った」（「掠取人男女三万九千、馬八千匹而去」）と記されている。この記事からも、当時の百済にとって大量の馬の需要があることが裏付けられる。

15 田中史生「軍事と交易」（同『国際交易の日本列島』ＫＡＤＯＫＡＷＡ、二〇一六年）。

16 『日本書紀』皇極元年四月乙未条に「蘇我大臣於畝傍家喚百済翹岐等、親対語話。仍賜良馬一疋、鉄廿鋌。唯不喚塞上」とあ

り、蘇我蝦夷は自分の畝傍の家で百済の翹岐らを招き、鉄鋌とともに良馬一匹を贈ったという馬贈与の事例がある。しかし、翹岐らは大使という名目が付けられていたが、百済の政変で倭国に亡命してきた人たちともいえることと、蘇我蝦夷が個人的に贈与したことから、本文では、この事例を国と国との交流として取り上げない。

17 『旧唐書』百済伝、『新唐書』百済伝、『三国史記』武王二十二年冬十月条。

18 『後漢書』東夷伝に「(濊)多文豹、有果下馬、海出班魚、使来皆献之」と記されている。また、『魏志』東夷伝に「(濊)其海出班魚皮、土地饒文豹、又出果下馬、漢桓時献之」とあり、この記事に対して南朝の裴松之は晋・張華『博物志』と晋・左思『魏都賦』を引用し、「果下馬、高三尺、乗之可於果樹下行、故謂果下」と註した。薛愛華(Edward H. Schafer)氏は、「果下」が当時中国の東北地方にある言葉の音訳の漢字表現であったという見方と、古代中国で矮小な生物を表す際にして象徴的な言葉として「三尺」がよく使われた見解を示した(薛愛華「家畜」(同『撒馬尓罕的金桃——唐代舶来品研究』呉玉貴訳、社会科学文献出版社、二〇一六年、原著一九六三年))。

19 『魏書』と『北史』とそれぞれの高句麗伝に「出三尺馬。云本、朱蒙所乗馬種、即果下也」という伝承が記されている。

20 清・顧炎武は「自秦以上、伝記無言驢者、意其雖有、而非人家所常畜也」と述べた(『日知録』巻二十九・驢蠃条)

21 王子今「論漢昭帝平陵従葬驢的発見」(『南都学壇(人文社会科学学報)』三五—一、二〇一五年一月)。

22 王子今「騾驢馲駞、銜尾入塞——漢代動物考古和絲路史研究的一個課題——」(『国学学刊』二〇一三年第四期)。

23 『日本書紀』推古七年九月癸亥朔条。

24 『聖徳太子伝暦』巻上・推古七年八月条。

25 『日本書紀』斉明三年是歳条。

26 『日本書紀』推古廿六年八月癸酉朔条。

27 新川登亀男前掲注1論文。

28 賀新民・楊憲孝「中国駱駝発展史(下)」(『農業考古』一九八一年一期)。

29 『日本書紀』斉明二年是歳条。

30 小野健吉「飛鳥京跡苑池遺構のなかの動物園」(『奈良文化財研究所紀要』二〇〇三年)。

31 前漢武帝の禁苑である上林苑にいる動物に関して、漢・司馬相如「上林賦」に「其獣則麒麟角端、騊駼橐駝。蛩蛩驒騱、駃騠驢贏」という描写がある。『史記』匈奴列伝によれば、前漢においては、駱駝・驢馬・騾馬などは家畜として未だ中原地域で普及に飼育せず、匈奴の「奇畜」と称されたのである。漢代の上林苑に鑑みれば、鸚鵡・駱駝・驢馬が、斉明王権に「珍禽奇畜」と認識され、遣百済使を通じて齎されたかもしれない。また、斉明天皇四年（六五八）是歳条に阿倍比羅夫が粛慎を討ち、勝利品として生羆二匹と羆皮七十枚を献上したという記事がある。そのヒグマも、斉明王権の威勢の証しとして禁苑的施設に養われた可能性があるだろう。

32 『史記』漢興以来諸侯王年表に「自鴈門・太原以東至遼陽、為燕代国」とある。

33 『後漢書』高句麗伝。

34 『隋書』突厥伝によれば、突厥は使者を遣わして隋に「馬万匹、羊二万口、駝・牛各五百頭」を貢献し、中国との互市貿易を要望し、許可されたことがあり、突厥での駱駝の飼育や、突厥の交易行為に駱駝が使われたことが裏付けられる。また、後世の『高麗史』に基づけば、十～十一世紀頃の契丹や西女真などから高麗への交易にも駱駝が使われていた（『高麗史』靖宗二年二月甲寅条、同武宗三十三年六月条癸亥、同諸臣・崔承老伝・崔承老上書文）。

35 『日本書紀』推古廿六年八月癸酉朔条。

36 『冊府元亀』巻九七一・外臣部・朝貢四・開元十一年四月条、同二十二年四月条、『冊府元亀』巻九七五・外臣部・蕃・開元十八年二月条。

37 鈴木靖民「天平初期の対新羅関係」（同『古代対外関係史の研究』吉川弘文館、一九八五年）。

38 『冊府元亀』外臣部・朝貢四・開元十一年（七二三）四月条（果下馬）、同開元十二年十二月条（果下馬）、同開元十八年二月条（小馬）。『三国史記』聖徳王二十二年（七二三）四月条（果下馬一匹）、同二十九年（七三〇）二月条（小馬五匹、狗一頭）（海豹皮十張）、同三十三年（七三四）四月条（小馬二匹、狗三頭）、（海豹皮十六張）。『新唐書』新羅伝にも「玄宗開元中、數入朝、獻果下馬、朝霞紬、魚牙紬、海豹皮」とある。

39 李成市「6—8世紀の東アジアと東アジア世界論」（大津透ら編『岩波講座　日本歴史』第2巻・古代2、岩波書店、二〇一四年）。

40 六八七年に新羅使が行った「国政奏請」は、「請政」と同じ意味で、新羅の国制や国情を知るために、天武・持統王権の作った外交儀礼的行為とみなされている（鈴木靖民「日本律令制の成立・展開と対外関係」、同前掲注37著書）。

41 新川登亀男「調と別献物」（同前掲注1著書）。

42 新川登亀男前掲注1論文。

43 騾は驢と馬の雑種で、雄馬と雌驢の間より、雄驢と雌馬の間に交雑しやすいと言われている。しかし、騾自身は殆ど生殖能力を持っていないため、現代の科学からみると、『続日本紀』の記録は驢と騾を間違えなければ、養老三年に贈られた雄騾と雌馬は結果的に繁殖の役割を果たせなかったはずである。

44 明・李時珍『本草綱目』第四十九巻・鴝鵒条に引く唐・陳蔵器『本草拾遺』。

45 『爾雅』巻十・釈畜・犬条に「未成毫、狗」とある。

46 正倉院事務所編『正倉院宝物　北倉』（増補改訂版）、毎日新聞社、一九八七年。

47 正倉院所蔵の羊や山羊の文様の染織品の例を挙げれば、鹿羊文暈繝錦・紫地花樹双羊文錦・紫地山羊花卉文錦・浅緑地鳥獣花卉文錦などがある（正倉院事務所編『正倉院宝物　染織』上・下、朝日新聞社、一九六三年～一九六四年）。

48 奈良国立文化財研究所『平城京左京四条四坊九坪発掘調査報告』一九八三年。奈良国立文化財研究所『平城京右京八条一坊十三・十四坪発掘調査報告』一九八九年。斎宮歴史博物館『史跡斎宮跡　平成3年度発掘調査概報』一九九二年。

49 岡山市教育委員会『ハガ遺跡――備前国府関連遺跡の発掘調査報告――』二〇〇四年。

50 今泉吉典『世界の動物　分類と飼育7　偶蹄目Ⅲ　ウシ科の分類』（東京動物園協会、一九八八年）。

51 例えば、『日本書紀』皇極二年十月戊午条に記された童謡およびその童謡に関する同皇極二年十一月丙子朔条の説明によると、山背大兄の白髪まじりの様子は、「山羊」に似ているため、「歌麻之之」（カマシシ）という言葉で喩えられた。平安時代の『本草和名』『倭名類聚抄』『医心方』『色葉字類抄』など辞書の説明に基づいて、「カマシシ」は「零羊」の訓読みであり、それに「零羊」は「麢羊」「羚」などとも漢名表記され、ほかの「カモシシ」「カナシシ」などの訓読みもあり、「カモシカ」という動物を指すことがわかる。近世の貝原益軒『本草和名抄』は『本草綱目』巻之五以下に記載されている品目に和名を付けたものであり、麢羊の呼び方は「加毛志志」（カモシシ）の以外に「也末比豆志」（ヤマヒツシ）もあるのが記されている。そこで、近世に至っても、「山羊」とカモシシは同義であるとみることができる。つまり、「山羊」という漢名は日本在来のカマシシを指す場合でも使われたのである。

52 『日本紀略』弘仁十一年五月甲辰条。

53 『俗務要名林』雑畜部・羊条（郝春文編著『英蔵敦煌社会歴史文献釈録』第一編・第三巻、社会科学文献出版社、二〇〇三年）。

54 謝成俠「古代中国的綿羊和山羊」（同『中国養牛羊史（附養鹿簡史）』農業出版社、一九八五年）。

55 前掲注9繆啓愉校釈『斉民要術校釈（第二版）』巻第六・養羊。

56 『唐律疏議』巻十五・厩庫。

57 『斉民要術』巻六・養羊によれば、白羊の毛刈りは三月と五月に、羖䍽羊の毛刈りは四月末五月初に行われるとのことである。

58 『営造法式』巻三十三・彩画作制度図様上・飛仙及飛走等。

59 中国の文献史料では、山羊に関しての解釈も様々で一致しない。『本草綱目』第五十一巻・山羊条に「山羊有二種、一種大角盤環、肉至百斤者。一種角細者、説文謂之莧羊」とあり、この説明が割合に『営造法式』の山羊の絵に近い。

60 乜小紅「唐五代私営畜牧業（下）――家畜家禽的飼養」（同『唐五代畜牧経済研究』中華書局、二〇〇六年）。

61 『本朝世紀』天慶元年七月廿一日条。

62 延喜三年（九〇三）十一月に、唐人の景球らは羊一頭、白鵞五羽を献上したという（『扶桑略記』裏書・延喜三年十一月廿日条）。月付けは『日本紀略』で十月とされる（『日本紀略』延喜三年十月廿日条）。これは中国商人の手で羊が齎された初めての事例である。

63 皆川雅樹前掲注2論文。

64 謝成俠前掲注54論文。乜小紅前掲注60論文。

65 『旧五代史』巻六十五・高行珪伝、同巻百十八・周書九・世宗紀・顕徳五年三月条、同顕徳五年九月甲子条、など。

66 森克己氏は、来日した商人は貴族の歓心を求め、貿易の公認や官の庇護と便宜とを図るという意図で、羊を孔雀・鸚鵡・書籍・仏像などとともに、海外珍貨として貴族に贈っていると、指摘している（森克己「貿易における献納品の性質」、同『新訂　日宋貿易の研究』国書刊行会、一九七五年）。

67 『日本紀略』長徳二年閏七月十九日条、同長徳三年九月八日条。『小記目録』長徳二年閏七月十七日条、同十九日条。

68 『元亨四年具注暦』裏書・寛治七年十月廿一日条に「長徳年中、宋人献羊、天下大疫」とある。

69 『小記目録』長徳三年六月六日条に「自西府献羊事」とある。

70 『小右記』長徳三年六月十二日条、同十三日条。『百錬抄』長徳三年六月十三日条。

71 森克己「日麗交渉と刀伊賊の来寇」（『新編森克己著作集第2巻　続日宋貿易の研究』勉誠出版、二〇〇九年、初出一九六六年）。

72 『日本書紀』雄略十年条。

73 古代の中国では、孔雀は南海の鳥で鳳凰の同類として祥瑞とみられ、唐宋時代の際、嶺南地域や滇の西南地域などにも分布して多く飼育されていた（文焕然「中国歴史時期孔雀的地理分布及其変遷」、文焕然ら著、文榕生選編・整理『中国歴史時期植物与動物変遷研究』重慶出版社、一九九五年、初出一九八一年）。しかし、日本に齎された孔雀の種は不明である。一方で、鸚鵡は南方のみに産する鳥というイメージが強いが、『旧唐書』音楽志に「鸚鵡、秦隴尤多、亦不足重」という記事があり、秦隴地方の土産にも鸚鵡が数えられることがわかる。さらに、宋代の『楊文公談苑』五禽以客名に「孔雀曰南客、鸚鵡曰隴客」とあり、孔雀は南方の土産で「南客」と、鸚鵡は「西客」と喩えられた。日本に渡来した鸚鵡に関して、『本朝無題詩』に収録された大江佐国の「聞大宋商人献鸚鵡」に、「隴西翅入漢宮深。采采麗容馴徳音。巧語能言同弁士。緑衣紅觜異衆禽。可憐舶上経遼海。誰識籠中思鄧林。商客献来鸚鵡鳥。禁囲委命勿長吟」という詩文が詠われていることから、「隴西」や「緑衣紅觜」などの言葉と、『本草綱目』第四十九巻・鸚鵡に「鸚鵡有数種、緑鸚鵡出隴・蜀」とあることから、商人によって齎された鸚鵡は秦隴地域に産する緑鸚鵡の種ではなかろうか。

74 『十三代要略』承暦元年七月十日条、同九月六日条。『水左記』承保四年八月十六日条、同十九日条。『扶桑略記』承保四年八月条。

75 新村拓「正暦五年の疫癘と流言現象」（『日本医療社会史の研究——古代中世の民衆生活と医療』法政大学出版局、一九八五年、初出一九七二年）。

76 『百錬抄』承安元年十月条。

77 『本朝世紀』康和元年八月十六日条、同久安四年閏六月〇五日条。

78 皆川雅樹前掲注1論文。

貿易陶磁器の流通

田中　克子

海に囲まれた日本には、海上の道を使った長い対外交流の歴史があり、特に地理的に近い中国大陸からは、先進の文物が数多くもたらされた。陶磁器もその中の一つである。陶磁器が初めて日本にもたらされた頃、当時の人々にとって、遥か異国の地で作られた美しい釉薬（うわぐすり）のかかった焼き物は貴重な宝物であったに違いない。やがてそれは彼らの生活に浸透し、さらなる需要が生まれ、これに応え運ぶ人々が行き交うようになる。奈良・平安時代は、東シナ海海域に貿易ネットワークが形成され、陶磁器が貿易という商行為の中で流通するようになった時期でもある。貿易商品として、或いは運搬用の容器（コンテナ）として、さらには船員などが使用した食器類なども含めて、貿易行為に伴い消費地に運ばれた陶磁器を「貿易陶磁器」と呼ぶ。消費地に残された貿易陶磁器は、生産から廃棄までの過程に関わったさまざまな要因により、異なった様相を見せる。本稿は、古代日本が受容した中国陶磁器を、「貿易陶磁器」という視点から概観すると共に、消費地における出土状況が、その背景にある事象とどのように繋がるのか、若干の考察を加えるものである。

一　貿易陶磁器の出現

1　「将来」された陶磁器——外交使節による交易活動

国内で出土する海外からもたらされた陶磁器の中で、最初に登場する製品は低火度焼成された鉛釉陶である。統一新羅時代の緑釉や白釉製品も僅かにあるが、多くは盛唐期（七世紀後半～八世紀中頃）の製品である。三彩が多く、他に緑・白単色釉や「絞胎」製品もある。これらは陝西・河北・河南省などの製品で、河南省鞏義窯がその中心的窯群となる。国内出土地点は新羅産も含め約六十ヶ所と極めて少なく、京内及び大宰府郭内に集中し[注1]、受容層がかなり限定されていたことがわかる。陶枕・硯・花瓶・壺類・碗・人物俑などがあり、もともと貴族の宗教儀式用として作られたものであることから、実用向きではない。日本でも寺院跡からの出土例が多く[注2]、仏器や奢侈品としての扱いだったと思われる。出土年代が推定できるものでは、古くは七世紀後半から末位まで遡り、八世紀前半代のものが比較的多い[注3]。

鉛釉陶がもたらされた八世紀前半頃、唐王朝と諸外国との交易は「朝貢」形式をもって行われていた。遣唐使派遣の目的は、先進の文化・文物の輸入である。中国産鉛釉陶製品の出土量の少なさから見れば、そのほとんどは、朝貢に対する回賜品や彼らが当地の市などで入手したものであろう。新羅産陶磁もまた、日羅間を行き交った外交使節が運んできたものと思われる。つまり、奈良時代の早い段階に日本に入って来た陶磁器は、こうした外交使節などによって将来されたものであり、厳密には貿易陶磁器の概念とは異なる。しかし、運搬者が商人でなくても、或いは受容者が寺院や宮廷関係者などごく一部の人々であったとしても、到着後何らかの形で交易活動が行われ、需要者の手に渡ったのであれば、これもまた貿易陶磁器として捉えたい。

2 「初期貿易陶磁器」——海商の出現

八世紀後半を過ぎると国内出土陶磁器に変化が見られるようになる。鉛釉陶に代わり、高温で固く焼かれた青磁や白磁の碗・皿など実用品が目立つようになる。どのような製品があるのか、まずその概要を述べる。

中唐から五代にかけて、中国大陸では青磁と白磁の二大生産地が形成される。青磁の窯は主に華南地域に広がり、その一大生産地が浙江省である。杭州湾に面した一帯にその中心があり、この地域のかつての名称から「越州窯青磁」、「越磁」などと呼ばれる。類似品は省南部沿海地域や内陸部でも焼かれている。さらに、福建・広東省などの窯もその影響を受け模倣品を生産しているが、上質の越州窯青磁に比べると質はかなり劣る。広東では汕頭・広州の後背地と南部雷州半島の三地域に青磁窯が集中する。日本にはほぼ入ってきていない。福建もまた沿海部と内陸部に窯が点在し、福州懐安窯の製品が日本にもたらされた。日本では、越州窯と周辺地域の製品も含めて、「越州窯系青磁」の呼称を用いることが多いが、これにはその時代性を示す意味も含まれる。一方、白磁の生産地は河北・河南省など黄河以北に広がり、河北省の邢窯・定窯、鉛釉陶の生産地であった鞏義窯がその中心地である。中唐から晩唐初頭頃の各窯製品には類似したものが多く、消費地出土品ではその識別が難しいこともあり、代表的窯名を採り「邢窯系」の名称を使用する。さらに、華南内陸部には、釉下彩画陶磁を特徴とする窯群も形成される。その中心的位置にあったのは湖南省長沙窯である。八世紀後半に陸羽が著した『茶経』にも、喫茶用の茶碗を焼いた窯としてこれらの名が挙げられており[注4]、既に本格的な陶磁生産が行われていたことがわかる。

八世紀後半から十世紀代にかけて、上記白磁・青磁・釉下彩磁三種の製品は一つのセットとして、アジア域からエジプトに至る広い地域に運ばれている。亀井明徳は消費市場ごとの多様性が見られるようになる宋代以降の貿易陶磁器と区別し、時代性も含めてこれらに「初期貿易陶磁器」という概念を与えた。[注5] また共通した組成で流通した要因として、受容側の陶磁器に対する「好み」がまだ発揮されていないことを挙げている。しかし、いずれの地域も受容した製品は同じ窯のものだが、東南アジアから西アジアにかけて出土する初期貿易陶磁器は、上質品が多いことや多様な器種構成など、日本や朝鮮半島出土品とは大きく異なる。同じ窯の製品であっても、受容する地域によってその質や器種が異なる背景に、需要者、或いは商品を運んだ者の意志が明確に見える。つまり、この時期に中国大陸から海外に運ばれた陶磁器の産地が限定されているのは、受容側の事情ではなく、海外での需要を満たす生産量があったかどうか、出港地までの運搬経路の至便性など生産地側の事情によるものと考える。当時その条件を満たすことができたのが、これらの生産地だったのである。

初期貿易陶磁器の出現が何を意味するのか、当時の対外交流の窓口であった「大宰府鴻臚館」跡の出土状況によって知ることができる。周知のように、「大宰府鴻臚館」は遠の朝廷「大宰府」の外交施設である。発掘調査によって、福岡市博多湾に面した場所にその施設跡が発見され、膨大な量の初期貿易陶磁器が出土した。この施設はもともと外交使節や留学生などが発着に際して使用した宿館である。盛唐期・統一新羅時代の将来陶磁器はごくわずかしか出土しない。それはここが大陸から運ばれてきた陶磁器の単なる経由地であったことを物語る。外交使節などによって将来された陶磁器は、交易の場である京へ運ばれ、宿館として使用された場所には留まらないからである。

これに対し、八世紀後半から出現する初期貿易陶磁器の出土量には、九世紀初頭から前半にかけて、増加傾向が見られるようになり、特に九世紀後半以降激増する。遣唐使船の派遣は八三八年が実質最後であり、この量を恒常的に供給できたのは朝貢船でないことは明らかである。この相反する現象の背景に、貿易商人の出現があることは言うまでもない。鴻臚館跡出土の陶磁器の増加は、「大宰府鴻臚館」が単なるモノの経由地点でなく、商人が運んできた商品を売買する交易活動の場へと変化したことを示している。言い換えれば、日本においては初期貿易陶磁器が増加を始める九世紀初頭頃が、商行為によって輸入された「貿易陶磁器」の出現ということになろう。

3　大陸における貿易拠点

初期貿易陶磁器が、東アジア向けに輸出された貿易拠点（集散地）についても若干触れておこう。文献史料などに見られる水運の拠点として、揚州・蘇州・明州（寧波）などがある。初期貿易陶磁器の産地は、いずれもこれら港へ繋がる河川や運河の上流域、或いは港の後背地など、集荷に便利な場所に立地する。例えば、揚州唐城内の遺跡では華北産白磁と長沙窯製品が大量に出土し[注6]、特に長沙窯製品の出土量は、中国国内消費地遺跡の中では最多である。また、唐から宋代の城門や造船所跡などが発見された寧波和義路遺跡では、越州窯青磁と共に長沙窯製品が出土している[注7]。さらに上海市郊外に新たに発見された青龍鎮遺跡は、唐から宋代の対外貿易拠点であったと推定されている[注8]。太湖から長江河口をつなぐ呉淞江南岸にあり、八世紀後半には文献にその名が登場する。唐代製品では越州窯青磁と長沙窯製品が主体を占め、邢窯系白磁が数点のみ見られる[注9]。山崎覚士は、呉淞江は河口の淤塞現象の進行により、ジャンク船のような尖底の大型貿易船の乗り入れが難しいことから、国際交易の窓口になることはなかったが、蘇州に拠点を置く商人にとって、海上交易に進出するための必要不可欠な導線であったことを指摘する[注10]。運河や河川によって生産地とも繋がる青龍鎮が、国内物流と対外貿易を結ぶ結節点であった可能性は高い。福建懐安窯製品はこれら地点での出土例がない。こうして見ると、日本に輸入された初期貿易陶磁器のセットが全て揃う場所がなく、大陸の貿易拠点が一つに集約されていなかったことがわかる。

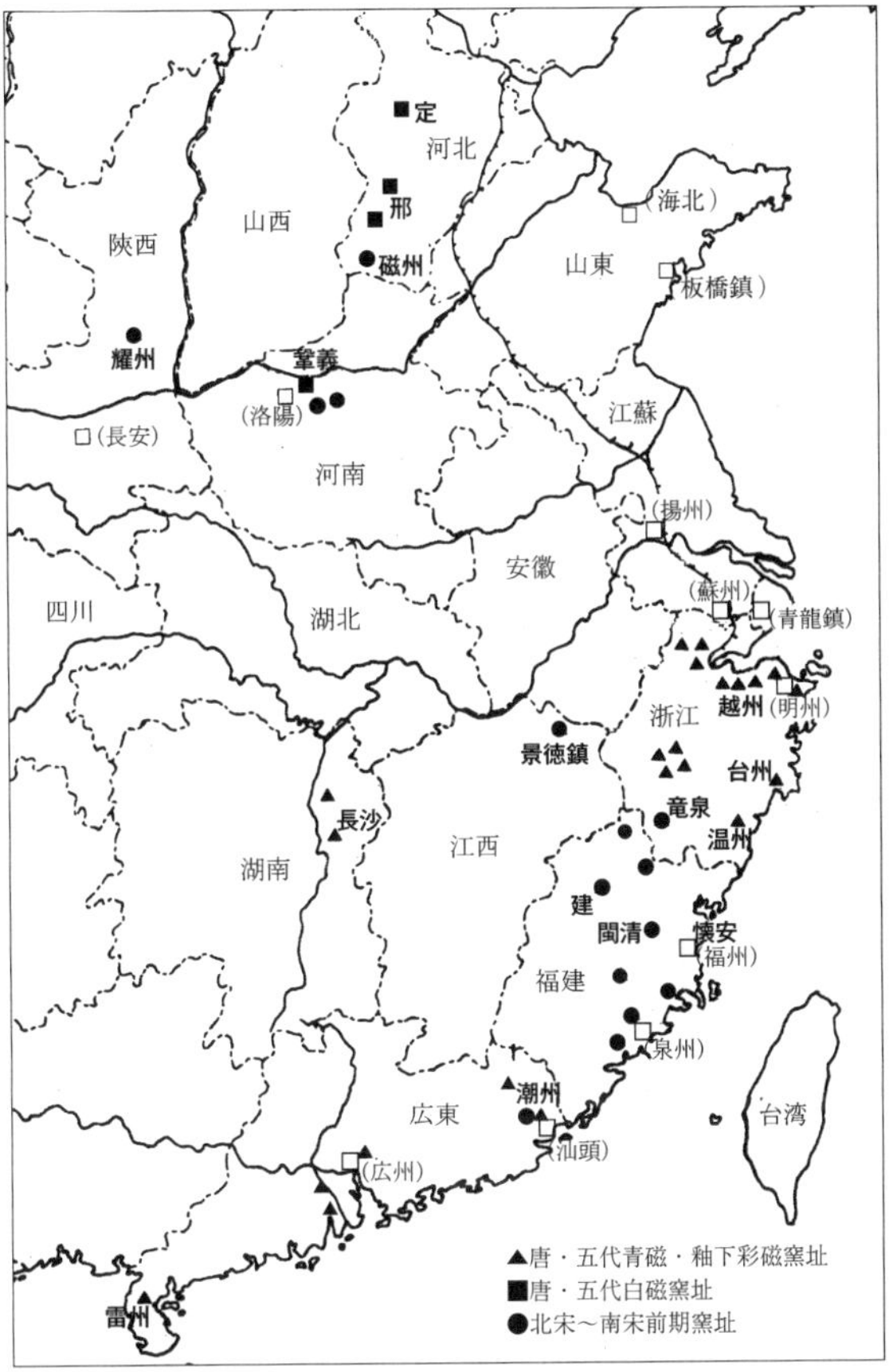

唐～南宋前期主要窯址図
（原図は出光美術館 1982『近年発見の窯址出土中国陶磁展』より転載し、筆者が一部加筆・修正した。）

二　「大宰府鴻臚館」における交易活動――初期貿易陶磁器の変遷と海商――

初期貿易陶磁器が日本に輸入された時期は、まさに「大宰府鴻臚館」が対外貿易拠点として機能した時代である。鴻臚館跡における陶磁器出土状況は、輸入状況の変化を如実に示している。その特徴から大きく三時期に分けることができ、以下輸入の概要と関わった海商について若干の私見を述べる。

1　八世紀後半代～九世紀前半代――新羅海商の活躍

この時期に主体となるのは、越州窯系青磁と邢窯系白磁で、いずれも大半を占めるのは無文の碗で、皿・壺・合子などがわずかに見られる程度である。越州窯系青磁については、浙江産が福建産を上回る。長沙窯製品は青磁・白磁に比べるとかなり少なく、その多くが貼花文を持つ褐彩黄釉水注で、これは日本と朝鮮半島出土品に見られる特徴でもある。さらに、注目したい陶磁器に西アジア・アッバース朝期の「イスラーム陶器」がある。現在のイラクで焼かれた青緑釉陶器の大形壺である。日本国内では鴻臚館跡・太宰府周辺の他、奈良・京都など全八ヶ所から出土している。[注11] 出土年代としては九世紀代のものが多いが、奈良出土品は八世紀後半にはもたらされたことを示している。[注12]「イスラーム陶器」壺は、もとは日常生活用品だが、貿易商品や航海中の飲食料などを入れるために使用され、東南アジアや西アジア域の貿易拠点で多く出土している。中国国内でも揚州・寧波・福州など数ヶ所で出土しており、特に揚州唐城内の出土量は多く、[注13] これらもまた、イスラーム商人がコンテナとして運んできたものと思われる。当時の中国陶磁には見られないコバルトブルーの釉が掛かった壺は、対日貿易に関わる商人の目には珍貴なものとして映ったに違いない。商品として日本に輸入したが、量が少ないため、畿内・太宰府周辺に留まったと推測する。

当該期、東シナ海海域における貿易活動の中心にいたのは、新羅海商であることは多言を要しない。九世紀前半に活躍した張保皐の活動拠点「清海鎮」や、旧百済や新羅地域の寺院跡などから出土する初期貿易陶磁器が、福建産青磁がないことを除けば日本と同じ器種構成であることも、[注14] これを裏付けている。また、先に述べた陶磁器集荷地に、在唐新羅人の居住区「新羅坊」が形成されていることも決して偶然ではないだろう。鴻臚館跡で統一新羅時代の壺類などが見られる。釉の掛からない日用雑器で、これらもまた彼らの痕跡を示すものと言える。

2　九世紀後半代〜十世紀前半代——唐商の進出

輸入された陶磁器の変化は、窯業の盛衰とも連動する。晩唐から五代にかけて、初期貿易陶磁器の生産状況がどのように変化したのか、簡単に述べておこう。華南青磁は、産地が貿易拠点の後背地にあったことから、貿易活動の盛行と共に生産量も増大し、器種や装飾性に富んだものも多くなる。唐滅亡後は、呉越国（浙江）、閩国（福建）の王が対外貿易を推進し、窯業を保護したことも大きな要因となっている。一方、北方域では、宮廷や貴族の保護によって白磁生産の中心的位置にあった邢窯や鞏義窯が、唐王朝の解体と共に衰退し、代わって河北省の定窯が急速な発展を見せるようになる。定窯の白磁は、邢窯系白磁製品とは異なり、薄作りで、型押しによる文様が施されるなど極めて上質な製品である。長沙窯の生産活動も唐末頃までは盛んに行われていた。器種も豊富であるが、釉下彩画の図柄も多種多様なものが出現する。中には東南アジアや西アジア的な文様やアラビア文字などもあり、この地域への輸出を意識した製品作りが窺われる。

この時期、日本の出土状況の最も大きな特徴は、華南青磁の急増である。爆発的に増えていると言ってもよい。また、新たな器種が加わると共に、それぞれの形状にも多様化した様子が見られるなど、生産地の状況を反映するものである。これに対し、華北産白磁は激減する。窯の衰退期にある邢窯系製品が減少するのは当然として、なぜか新興の定窯の製品もほとんど入ってきておらず、鴻臚館跡でごく僅か出土するのみである。長沙窯製品も、生産地の状況に反して減少する。こうした定窯白磁・長沙窯製品の受容状況は、東南アジア以西の地域と大きく異なる。需要者の嗜好の相違や価格の問題、或いは両地域の貿易を担う商人の違いによるものか、その要因については想像の域を出ない。

鴻臚館跡では、九世紀後半以降大量の陶磁器が一括で廃棄された土坑が多数検出されるようになる。一つの土坑で百個体を超えるものもある。欠損したものもあれば、火を受けて釉が剝がれ落ちた完存品も多い。これらは、荷揚げ後保管中に被災し、売り物にならず廃棄されたものと考えられる。すなわち、鴻臚館が本格的な貿易商品取引の場になったことを示すものと言える。また、文献史料に「唐商」の来航記録が増えてくるのもちょうどこの時期からで、これら大量の陶磁器は、唐海商によって輸入されたと考えていいだろう。文献史学の立場からは、彼らの多くは両浙に拠点を置いた商人が、藩鎮や呉越国との繫がりの中で派遣されたと指摘される。[注15]越州窯青磁の急増に加えて、台州や温州あたりのやや粗雑な作りの青磁がこの時期から出現するようになるのも、これら商人との関係を窺わせるものと言えよう。

一方、こうした記録から漏れた商人も数多くいたことは想像に難くない。鴻臚館跡では、対日貿易に関わった福建商人[注16]の存在を想定し得る興味深い状況が見られる。

先に述べた一括廃棄された大量陶磁器の大半は福建懐安窯の製品である。この窯の製品は、越州窯製品に比べると非常に質が悪く、見るからに安価な商品という印象が強い。器には焼成時に使用する熔着防止の窯具が付いたままで、重なった状態で出土している。安価でしか売れないため、商品選別の手間を省き、窯出ししたままの状態で梱包・出荷したのであろう。浙江産については、窯具は全て取り除かれている。さらに、同じく懐安窯産のコンテナ陶器大形壺類や鉢も多く出土している。鉢は使用され、内面が磨滅する。商人が使用中のものを船に積み込んだか、或いは鴻臚館滞在中に使ったと思われる。懐安窯は規模も小さく、中国国内はもとより、海外にも広く流通した浙江産とは異なり、その製品は福州周辺のみで消費されている。海外で大量に出土するのは日本のみで、朝鮮半島でも出土していない。[注17]もともとは窯周辺の消費者を相手に日用品を焼いていた窯が、ある時点から日本向けの輸出用として生産するようになったと考える。その背景には、産業や対外貿易を推進した閩国王・王審知が存在し、さらに彼によって日本に派遣された福建商人の姿が見えてくる。

3　十世紀後半代～十一世紀前半代——貿易システムの変化

当該期の大きな変化は、初期貿易陶磁器の組み合わせになかった華南産白磁の出現である。鴻臚館跡では、この時期にも引き続き大量陶磁器の一括廃棄土坑が見られる。この土坑から出土する白磁は、ほぼ江西省景徳鎮窯北宋早期の製品である。[注18]器種は碗・皿のみだが、その形状は変化に富む。華南地域で白磁生産が本格化し、輸出陶磁の対象になったことを示すものである。しかし、日本国内流通範囲は狭く、太宰府周辺・平安京跡以外ほとんど見られない。華南青磁は全体に減少傾向が見られるが、浙江越州窯青磁には今までにない極めて上質なものが出現する。劃花文（ヘラ彫・毛彫）で装飾された碗・皿・水注・合子、或いは精巧な透かし彫りのある香炉など装飾性に富んだものが多い。寧波の東銭湖近くに、五代から北宋前半期の製品を中心に焼いた窯群があり、[注19]日本出土品はここの製品と極めて似る。中国産以外では、高麗時代の無釉陶器大形壺が増加する。日用の容器で、コンテナとして持ち込まれたものであろう。この類の容器は、統一新羅時代以降、半島南西部一帯で焼かれている。九世紀頃から鴻臚館跡で出土するようになるが、量が増すのは高麗期に入ってからである。日麗間の政府レベルでの国交はなかったが、高麗からの使者に対し中央政府からの交易使などが派遣されていることから、交易活動は維持されていたことが指摘されている。[注20]

鴻臚館跡では墨書で「綱」や中国人姓が記された景徳鎮窯白磁が数点出土している。墨書陶磁器は次期貿易拠点となる博多で大量に出土し、貿易のために組織化された貿易集団の頭「綱首」に関わるものと考えられている。この墨書陶磁器は、鴻臚館の廃絶を示す焼土層から出土しており[注21]、鴻臚館最終段階に、「綱首」によって統率された新しい貿易形態が出現したことを示すものと考える。

三　平安時代後期における日宋貿易の様相

1　貿易拠点「博多」の出現

十一世紀後半になり、博多遺跡群では鴻臚館跡と入れ替わるように、膨大な量の貿易陶磁器が出土するようになる。貿易拠点がこの地に移った事を示している。博多遺跡群でも鴻臚館跡と同じように、大量の陶磁器が一度に捨てられた状態が多々見られる。数百点が木箱に入れられたような状態で出土する場合もあれば、同種類のものが複数セットになっていることも多い。こうした遺構は十一世紀後半から十二世紀中頃に多く見られる。集中する場所が当時の湊と推定される地域であることから、廃棄された陶磁器は、運搬途中や荷卸し時に破損、或いは倉庫などに保管中被災した製品と考えられている。つまり、これらは流通前の商品で、こうした陶磁器が集中する場所が、宋海商の居住地「博多津唐房」であり、貿易の拠点となった場所と推定されている。博多に定住し、日宋貿易を統率した宋海商は「博多綱首」と呼ばれる。彼らはさまざまな権力者達と関係を結び、貿易活動をより優位に進めた。こうして、以前にも増して膨大な量の陶磁器が日本へもたらされることになる。

2　貿易陶磁器の様相

平安時代後期の約百二十年間に輸入された貿易陶磁器は、中国産が九割を超すと推定される。残りは、朝鮮半島南西地域で生産された高麗時代初期の青磁碗・皿や、コンテナとして運ばれた無釉陶器の壺類である。国内での出土地点が、博多・太宰府の他、壱岐・対馬に集中する状況から、日麗通交との関連の中で捉えることができよう。中国陶磁の最大の特徴は、華南産白磁がそのほとんどを占めていることである。「白磁の洪水」などと例えられるが、まさにその出土量を的確に表現している。広東、及び福建産の碗・皿など日常什器が圧倒的に多く、その形状もさまざまである。他に、四耳壺・水注・合子・小壺類など、器種も極めて豊富である。広東産白磁は省北東沿海部にある潮州筆架山窯の製品で、精緻な劃花文を施したものも多い。南宋初頭頃には窯は急速に衰退したようで、十二世紀前半代には輸入品から姿を消す。福建産白磁は福州を河口とする閩江中下流域の製品で、その中心地である閩清窯の製品が大半を占める。広東産に比べやや質が劣り、無文のものが多い。窯群の規模が大きいこともあり、操業期間が長く、広東産が途絶えた後も引き続き大量に輸入される。華南産では白磁以外、福建産天目碗・景徳鎮窯青白磁がある。また、これまで大半を占めていた越州窯系青磁は窯の衰退により姿を消し、代わって浙江省龍泉窯と福建産の櫛描文青磁が出現する。しかし、まだその量は極めて少なく、白磁には遠く及ばない。華北産では、河北省磁州窯の掻落し文を施した白釉・緑釉梅瓶や白釉坏托・黒釉碗などの「倣定器」、陝西省耀州窯の非常に精巧な刻花文・印花文が施された青磁製品がある。いずれも優品が多いが、輸入量は少ない。

生産地の拡大と共に、窯ごとの独自性が現れてきた様子が窺える。こうした変化の背景には、民営化という新しい窯業体制の確立があり、その要因に国内需要はもちろんのこと、活発化してきた民間貿易による海外需要の増大があったことは確かである。さらに言えば、貿易活動のための経済基盤確保のために、陶磁生産経営に関与した貿易集団もいた可能性もあると考える。[注22]

この理由を述べる前に、博多遺跡群で出土する墨書陶磁器について触れておかねばならない。陶磁器の外底などに墨で文字や記号を書いたものを墨書陶磁器と呼ぶ。[注23] 出土量は二千点を遥かに超える。博多以外での出土例は数ヶ所のみである。特に「綱」字・中国人姓名・「花押」状の文字・数字、或いはこれらが組み合わさった墨書が多く見られる。その目的については、宋海商が取り扱う貿易貨物の帰属を識別する方法であるという理解に統一されつつある。つまり、梱包する陶磁器の一つにこれらを書き入れることで、貿易船に搭載された各海商の積荷を区別したわけである。こうした墨書は、ほぼ北宋後半から南宋中期の製品に限定されると言ってもよく、宋代貿易活動の在り方を知る一つの手掛かりになるものと思われる。話を元に戻そう。中国の窯跡から、博多遺跡群出土陶磁器の墨書に似た「花押」状の文字や、数字・中国人姓名が刻まれた窯具が出土している。[注24] これらはいわゆる窯記号と考えられる。さらに、同じような文字を記した墨書陶磁器も出土している。[注25] こうした状況から、対外貿易経営者が投資した窯の記号を、輸出貨物の識別のために「商標」として書き入れたのではないかと推測する。博多遺跡群出土陶磁に書かれた墨書の中には、こうした「商標」も含まれているのではなかろうか。

3　貿易航路

商品はどのような経路で日本に運ばれたのであろう。

市舶司が置かれた明州（寧波）が最終出港地であることは言うまでもない。寧波市内の市舶司跡から西へ一キロメートルほどの場所に、宋から明代にかけての大型倉庫跡「永豊庫遺跡」が発見された。[注26] 越州窯・福建・広東・龍泉窯・景徳鎮窯など華南域の製品、さらには華北の製品など、ほぼ国内全域の陶磁器が出土している。おそらく各地から運ばれてきた貿易商品を保管する場所だったと思われる。博多に運ばれた陶磁器のほとんどがこの場所にある。明州―東シナ海―博多というのが通常ルートであるが、これ以外の航路が存在する可能性もまた指摘されている。

その一つが、福州を最終出港地とする航路である。森達也は、この時期の主要輸入陶磁である華南産製品の組成に着目し、産地から閩江を利用し福州に至る輸送の至便性を挙げ、さらに台湾北部から同類の陶磁器が出土していること[注27]から、福州から台湾北部を通り、琉球諸島に沿って北上する航路を想定する。[注28] 当時福州には市舶司が設置されていないことから、恒常的に使用されたかどうか定かではないが、福州を拠点とする海商が法を掻い潜りこのルートを使用した可能性はあるだろう。

もう一つの貿易拠点として、既に紹介した上海青龍鎮がある。政和三年（一一一三）には青龍鎮が所属する秀州に市舶務が設置されている。この遺跡の特徴は、宋代福建産陶磁が全体の七〇パーセント近くを占めていること[注29]で、これらは日本出土品とも近似する。日本や高麗との貿易に携わる商人の拠点となっていた可能性は十分あり得る。朝鮮半島における宋代福建産陶磁の出土量は日本ほど多くはないが、半島中西部海域からは、博多遺跡群出土と同類の墨書がある宋代福建産陶磁が多量出土している。[注30] さらに山東半島の南北沿海部にある青島板橋鎮遺跡と東営海北遺跡からも、同様に墨書のある福建産白磁が出土している。[注31] 板橋鎮は唯一中国北部に市舶司が設置された場所でもある。以上から、青龍鎮―山東半島―朝鮮半島―日本を巡る貿易圏が存在した可能性も考えられる。

四　貿易陶磁器の国内流通

最後に、日本の貿易拠点が鴻臚館から博多に移る過程の中で、日本に運ばれてきた貿易陶磁器が、国内の消費者にどのように受け入れられたのか、受容の変化や特徴について見ていきたい。

1　「鴻臚館」の時代（八世紀後半〜十一世紀中葉）

初期貿易陶磁器の出土状況については、土橋理子により詳細な分析が行われている。[注32]北は秋田・岩手、南は奄美大島の東に位置する喜界島まで広く分布するが、集中域は畿内と北部九州である。特に京内貴族邸宅跡や寺院、大宰府郭内の官衙跡・住居跡・寺院などからの出土が多い。この二地域を除く七道各地域の中にもそれぞれ偏りが見られ、多くが官衙・国分寺など公的機関、或いはそれに付属すると思われる施設跡、周辺域の寺院である。この他古墓や性格不明の集落跡などもあるが、その地域性や共伴する遺物から、何らかの公的機関と繋がりのある人物や在地有力者に関係する遺跡と考えられている。陶磁器の種類などにも地域により違いが見られる。輸入品の中でも希少品である水注・壺類・合子・陶枕など、或いは輸入品の大半を占める碗・皿類の中でも極上品は、京内・大宰府郭内に集まる。また、水注が寺院に多い傾向も見られ、これは使用する場の特殊性によるものであろう。さらに、越州窯系青磁の内、粗製の福建産が九州以外にほぼ流通していないのも大きな特徴である。

こうした受容の相違が、「官司先買制」や当時の流通システムに起因していることは言うまでもない。京・難波は本州の物流センターでもあった。各地の物資はこの地に集まり、これを運んできた者たちが、他地の物品を自国に持ち帰るわけである。陶磁器もその中で移動したのであろう。しかし、貴重な唐物が誰にでも入手できるはずもなく、その主な担い手は京へ物資を運んで来た地方官吏たちと思われる。或いは中・下級クラスの貴族が地方へ下向する際に持参した可能性もある。福建産粗青磁が本州域に流通していない要因も、下手であったがゆえに中央政府に買い上げられなかったためであり、その結果、この流通網の中には含まれなかったからと推測する。九州の場合も、基本的には大宰府を拠点とした流通網の中で運ばれたと思われるが、鴻臚館やその周辺における交易で自ら入手できた需要者も多かったと思われる。

出土場所から想定される陶磁器受容者の主体は貴族・官人・僧侶たちであり、地方富裕層なども一部いたようである。彼らがどのような場面で陶磁器を使用したかは、考古学の立場から検証することは難しい。しかし、一遺跡の出土量の少なさからすれば、白磁や青磁が生活用品として常時使用されたかと言えば疑わしい。彼らにとって、陶磁器は特別の場面で使用する貴重品であり、それを所有し人前で披露することに意味があったのではないだろうか。京や大宰府から遠く離れた地方の受容層にとってはなおさらであろう。

2 「博多」の時代（十一世紀後半〜十二世紀後半）

十一世紀後半になると、貿易陶磁器の流通域はさらに拡大し、北は北海道南西地域から南は先島諸島まで見られる。ただ、琉球諸島出土の陶磁器には、先に述べたように、福州から先島諸島を経由する北上航路を利用した貿易船が寄港し、飲食料と交換するなど小取引によって残されたものも多いと考える。出土遺跡は、以前の消費地に加えて地方集落跡での出土が多くなるが、需要層はおそらく荘園領主クラスや在地豪族たちであろう。こうした消費地の拡大は国内の流通体制が整い始めたことの現れでもある。[注33] しかし、平安時代後期においては、博多に荷揚げされた陶磁器の量に対し、国内に流通した量は意外と限られている。[注34] つまり、国内流通を請負う集団が出現したとは言え、民間レベルになった輸出側と受け入れ側の間にはまだギャップがあり、この要因として大宰府による一元的貿易管理体制の存続が指摘されている。[注35] 上質で希少な華北産陶磁・龍泉窯青磁・景徳鎮窯青白磁などが畿内や博多・太宰府周辺に集まっているのも、こうした背景によるもので、鴻臚館時代の様相とそれ程大きく変わるものではない。

では、大量に輸入された華南産白磁はどのように受容されたのであろう。普遍的に流通したのは、当然日常什器である碗・皿で、各消費地での受容量も増加している。陶磁器が単なる奢侈品ではなく、生活用品へと変わってきた様子が窺える。しかし、豊富な種類がある中で、各地に流通した製品は意外と画一的で、どこも無文のどちらかというと質の劣る同形状の碗や皿である。受容者全員が同じ嗜好を持っていたとは考え難く、これらが最も大量に輸入された製品であり、安価であったからであろうか。一方で、天目碗のように博多以外の地に流通しなかったものもある。建盞のような優品も輸入されているが、京にも流通していない。中国では宋代になると天目碗が喫茶用茶碗として使用されているが、日本で広く流通するのは鎌倉時代以降である。これまでの「煎茶法」に馴染んできた人々にとって、黒い茶碗を使った「点茶法」はすぐには受け入れられなかったのかもしれない。陶磁器受容における地域差と要因については、消費地の性格などとの詳細な比較検証を要し、それが価格や嗜好の問題となると、考古学からの検証は難しい。

しかし、使用目的に合わせて特定の商品を入手した受容者の姿が見えてくる遺跡もある。その代表例として平泉がある。平泉は周知のとおり、奥州藤原氏によって栄えた都市である。この地では華南白磁の四耳壺・水注の出土量が他地に比べ極めて多い。また、一般的に福建産白磁が国内流通の主流を占める中、広東産白磁皿の割合が非常に高いという特徴もある。これらは平泉の中枢施設「柳之御所」跡から多く出土しており、四耳壺は何らかの饗宴儀式の場で使用されたと考えられている。[注36] 白磁皿も酒器として同じ場で使用されたと思われる。この他、経塚出土品に景徳鎮窯青白磁合子・小壺が多い点も興味深い。経塚は、末法思想の広まりと共に、経典を収めるために構築されたものである。青白磁合子・小壺は副納品として東北から九州まで広く共通して使用されている。中に銅銭や小玉が入ったものもあり、経塚造営時に使う何らかの仏教儀式用品の容器として入手したと推測する。

このように、需要者が必要な商品を自ら選択し、入手できるようになった環境が出現したことは、この時期の大きな変化であろう。ただ、こうした受容者はやはり身近に陶磁器があふれている都市部の住人か、入手できる背景を持つ富裕層と思われる。例えば、博多の消費状況を見ると、住人の隅々まで陶磁器が行き渡っているような感さえある。大量の陶磁器が輸入されるようになっても、京や博多から遠く離れた地方では、受容できる量や種類は当然限られたものであったろうし、こうした場所では陶磁器はまだ貴重品であったことに違いはない。海外から輸入された陶磁器が需要者の日常生活用品として浸透するようになるには、次の時代を待たねばならない。

注

1　愛知県陶磁資料館『日本の三彩と緑釉──天平に咲いた華──』一九九八年
亀井明徳「Ⅱ　隋唐白釉陶瓷の推移と三彩陶の形式」『中国陶瓷史の研究』六一書房、二〇一四年、二六八～二七〇頁

2　前掲注1亀井文献、三二〇～三二三頁

3　前掲注1亀井文献、三一九頁

4　岡崎敬「隋・唐の文化と陶磁」『世界陶磁全集11隋・唐』小学館、一九七六年、一八二～一八四頁

5　亀井明徳「序説 貿易陶磁史研究の課題」『日本貿易陶磁史の研究』同朋舎出版、一九八六年、四頁

6　南京博物院発掘工作組他「揚州唐城遺址1975年考古工作簡報」『文物』一九七七年第9期、文物出版社

　周長源「試論揚州藍天大廈工地出土的唐代長沙窯磁器」『東南文化』増刊一号、中国古陶磁研究会、一九九四年

7　林士民「浙江寧波和義路遺址発掘報告」『東方博物』浙江大学出版社、一九九七年

8　青龍鎮考古隊「上海市青浦区青龍鎮遺址2012年発掘簡報」『東南文化』二〇一四年第四期

9　二〇一六年岩手大学平泉文化研究センター国際シンポジウム『平泉と東アジアをつなぐ――貿易陶磁器にみる交流の様相』における、王建文発表資料「唐宋期における上海の対外貿易港――青龍鎮について」に拠る。

　上海博物館『千年古港 上海青龍鎮遺址考古精粋』上海書画出版社、二〇一七年

10　山崎覚士「九世紀における東アジア海域と海商――徐公直と徐公祐――」『大阪市立大学大学院文学研究科紀要』第五八巻、二〇〇七年、二三六頁

11　愛知県陶磁資料館『ペルシア陶器展』一九九四年

　佐々木達夫・佐々木花江「奈良出土青緑釉陶器瓶の産地・流通・ルート・用途・内容物・価値」『金沢大学考古学紀要』第三二号、金沢大学人文学類考古学研究室、二〇一一年

12　前掲注11佐々木文献

13　周長源「揚州出土古代波斯釉陶器」『考古』一九八五年第二期、科学出版社

14　大邱国立博物館『中國陶磁器 Chinese Ceramics in Korean Culture』二〇〇四年

　金寅圭「韓国出土の中国陶磁器――弥勒寺址出土の中国陶磁器を中心として――」『貿易陶磁研究』No.19、日本貿易陶磁研究会、一九九九年

15　前掲注10、二三四～二四三頁

　榎本渉「日宋・日元貿易」『中世都市 博多を掘る』海鳥社、二〇〇八年、七〇頁

16　文献史料に登場する福建商人に関する記録は、早くて十一世紀初頭である。
17　林文理「「博多綱首」関係資料」『福岡市博物館研究紀要』第四号、一九九四年、九三頁
18　謝必震『福建対外文化交流史』福建教育出版社、一九九七年、六六頁
19　田中克子「福州懐安窯貿易陶磁研究」『博多研究会誌』第七号、博多研究会、一九九九年、一五五～一五六頁
20　亀井明徳「北宋早期景徳鎮窯白瓷器の研究」『博多研究会誌』第一〇号、博多研究会、二〇〇二年
寧波市文物考古研究所『郭童岙：越窯遺址発掘報告』科学出版社、二〇一三年
森平雅彦「日麗貿易」『中世都市・博多を掘る』海鳥社、二〇〇八年、一〇一頁
同「10世紀～13世紀前半における日麗関係史の諸問題」『第2期日韓歴史共同研究報告書：第2分科会篇』日韓歴史共同研究委員会、二〇一〇年、二〇七～二〇九頁
21　「大宰府鴻臚館」の廃絶を示す史料として、『扶桑略記』に記された永承二年（一〇四七）の「大宋国商客宿坊」の放火事件の記載があるが、鴻臚館はこの火災で焼失したとされる。焼土層はこの火災を示す可能性が指摘されている。
福岡市教育委員会『鴻臚館跡11』福岡市埋蔵文化財調査報告書第六九五集、二〇〇一年、四二～四三頁
22　田中克子「墨書陶磁器再考――博多出土「花押」墨書の意味――」『亀井明徳氏追悼・貿易陶磁研究等論文集』亀井明徳さん追悼文集刊行会、二〇一六年
23　博多研究会『博多遺跡群出土墨書資料集成』一九九六年
24　福建省博物館・厦門大学・建陽県文化館「福建建陽蘆花坪窯址発掘簡報」『中国古代窯址調査発掘報告集』文物出版社、一九八四年
栗建安「従山林到海洋――貿易全球化中的福建陶磁生産与外銷」『閩商文化研究文庫・学者文叢』第二巻、中華書局、二〇一〇年、四七頁
25　前掲注24福建省博物館・厦門大学・建陽県文化館文献
26　寧波市文物考古研究所『永豊庫：元代倉儲遺址発掘報告』科学出版社、二〇一三年
27　王淑津・劉益昌「大坌坑遺址出土十二至十四世紀中国陶磁」『福建文博』二〇一〇年第一期、福建文博編集部
28　森達也「宋元外銷磁的窯口与輸出港口」『2012　海上絲綢之路――中国古代磁器輸出及文化影響国際学術研討会論文集』浙江

人民美術出版社、二〇一二年

29 前掲注9王文献

30 国立海洋文化財研究所『泰安馬島出水中国陶磁器』国立海洋文化財研究所学術叢書30、二〇一三年

31 二〇一六年岩手大学平泉文化研究センター国際シンポジウム『平泉と東アジアをつなぐ――貿易陶磁器にみる交流の様相』における、徐波・徳留大輔発表資料「考古資料から見た12～13世紀における中国南方磁器の山東地域での流通について」に拠る。

32 土橋理子「日本出土の古代中国陶磁」『貿易陶磁――奈良・平安の中国陶磁――』臨川書店、一九九三年

33 林文理は、十一世紀後半以降の史料に見られる、寺社・中央権門勢家と宋海商（博多綱首）の繋がりを指摘し、輸入された貿易商品はこうした権門下に組織された交易集団によって国内に流通したと指摘する。

林文理「博多綱首の歴史的位置――博多における権門貿易――」『古代中世の社会と国家』清文堂、一九九八年

34 博多遺跡群における陶磁器出土量は、十二世紀終わり頃を境に減少傾向が見られるようになる。一方、国内での陶磁器分布域は、これとは逆に格段の広がりを見せ、各消費地の出土量も増加している。これは、博多から国内各地に流通した陶磁器の量が増え、その結果博多の残留量が少なくなったことを示している。つまり、平安時代後期に博多に大量に残された陶磁器は、輸入量に対し博多から外に出ていく流通量が少なかったことを意味する。

田中克子「日宋貿易期における博多遺跡群出土中国陶磁器の変遷と流通――博多に残されたものから国内流通を考える――」『中近世陶磁器の考古学』第三巻、雄山閣、二〇一六年、一〇四～一〇六頁

35 榎本渉「『喫茶養生記』の時代における中国の文物・文化」『鎌倉時代の喫茶文化』茶道資料館、二〇〇八年、九二～九五頁

山内晋次「文献史料よりみた10～11世紀の貿易状況」『貿易陶磁研究』№14、日本貿易陶磁研究会、一九九四年

36 羽柴直人「東北地方における12世紀の貿易陶磁器――柳之御所遺跡堀内部地区の貿易陶磁器集計を基礎に――」『貿易陶磁研究』№29、日本貿易陶磁研究会、二〇〇九年、二九～三〇頁

Ⅳ 交流する人・場

国際交易者の実像
――史実と古代文学――

田中　史生

はじめに――説話に描かれた国際交易者

平安末期に成立した『今昔物語集』の巻二六―一六には、鎮西の官人秦貞重と唐人の取引に関する興味深い説話が掲載されている。これとほぼ同じ話は、一三世紀前半成立の『宇治拾遺物語』の巻一四―六にもあるが、それらの内容は概ね次のようなものである。

筑紫から上京することになった貞重は、大刀一〇腰を質に、京の関白や知人に贈る品物を唐人から手に入れた。この時、唐人が貞重に渡した品々は、貞重の予想を大きく上回る量であった。こうして京での活動を無事終えた貞重が筑紫へ戻る途中、彼の舎人が淀で商人から大粒の真珠をすすめられた。舎人が代価に普段着の上着（水干）を示すと、もうけたと思った商人は、それを受け取り慌てて去った。その様子をみて、従者は損をしたと悟り、少し後悔した。一方、筑紫に戻った貞重は、唐人のもとを訪ね、多くの品物を用意してくれたことに感謝し、酒を酌み交わす。このとき、唐人の使用人（下衆唐人）が、真珠を高値で売ろうとする貞重の舎人と接触した。それを知った唐人は、貞重にその真珠が欲しいと申し出た。そこで貞重は舎人から真珠を召し上げ、これを唐商人に渡した。すると唐商人は、質の大刀一〇腰を全て貞重に返却した。

右の説話に登場する秦貞重は、一一世紀初頭に実在した大宰府の雑任級官人秦定重がモデルである。[注1]したがってこの説話は、大宰府の官人と鴻臚館もしくはその周辺に滞在中の宋商人の交流が基となっている。九州に来着した海商は、客館、つまりは博多湾に面した鴻臚館に安置され、これを大宰府が管理することになっており、一一世紀半ばに鴻臚館が廃絶されるまで、ここが日本に来航した商人との交易の主要な拠点であった。そして貞重が日本商人ではなくわざわざ宋商人に品物の手配を依頼したということは、彼が、輸入品、つまりは唐物を欲していたことを示している。説話は、管理者である大宰府の官人と被管理者である海商が、国際交易の利で結びつくことがあったことを前提としている。

また、この説話には、実に多様な古代の交易者たちの姿が描かれている。貞重の舎人との真珠交易で得をしたと思った淀の商人は、利益を確定するため、素早くその場から立ち去った。淀の商人にとって、舎人の上着は真珠一粒より高価だったからである。この取引は、人間関係の構築を避けた一過性の、その場限りのものである。ところが、宋商人と貞重の取引は、これとは全く異なる形態で行われた。宋商人が貞重の要求に従い用意した品々は、貞重の質を上回る価値があった。この差額分が、貞重へのいわば贈与となる。宋商人は貞重に敢えて便宜をはかることで、海商を管理する府官を取り込もうとしたのである。実際これによって宋商人は、後日、彼に感謝の念を抱く貞重を利用し、貞重の舎人から真珠を有利に確保することができた。宋商人にとっては、舎人の真珠一粒が、貞重に渡した多くの唐物に質の大刀一〇腰を加えても、余りある価値を持っていた。しかもその取引は、贈答や宴を介し、人間関係に基づく時間をかけた交易として成立したものである。

一方、官人の貞重は、宋商人から入手した唐物を、京の有力者たちへの贈り物とした。自身の政治的な信頼と将来を得るためである。京の政治の世界では、唐物と政治的地位の保証が交換しうる価値をもって認識されていた。淀の商人や宋商人は経済的な利益を目的に交易を行っていたが、貞重は政治的な利益を目的に交易を行っていたのである。この説話は、古代の日本の政治が国際交易と分かちがたく結びついていたことも前提としている。

以上のように、貞重と宋商人との取引をめぐる右の説話には、古代社会が、多様な形態・価値・動機の入り交じる交易によって連鎖的・越境的に結びつく姿が、驚きを以て描かれている。そしてもちろんそこには、この物語に共感を生む歴史の実態がある。本稿では、こうした古代文学にもあらわれる多様な立場の国際交易者たちの結びつきが、どのような社会的実態や構造の上に成立していたのかを、歴史学的に探ってみたいと思う。

一　倭人の首長から律令官人へ

七世紀以前の倭国の時代、東アジア海域には、国際交易を生業とする民間の商人の姿がまだほとんどみられなかった。この時代、倭人社会における国際交易を主に担っていたのは、列島各地で諸共同体を率いた首長層である。

文化人類学において部族社会と国家の中間形態と位置づけられる首長制社会は、部族社会よりも生産性が向上し、生産と再分配を組織化する社会統合が進んで、首長層が政治・経済・社会・宗教などの諸活動を統合・調整するセンターとなる。こうした首長制社会の列島における始原期は、農耕文化の伝来とともに各地に地域開発のリーダーが登場する弥生時代に求められている。その後、三世紀には重層的な小首長国群の連合体として邪馬台国が登場した。[注2]こうして、小首長国連合と盟主となったのが邪馬台国の卑弥呼である。この邪馬台国段階の倭人の国際交流を、首長制社会の構造から明快に説明したのが石母田正であった。[注3]

石母田が注目したのは、卑弥呼が宮殿にこもり神と交信しながら政治をおこなうシャーマンとしての「未開」の風貌と、「親魏倭王」として現実の国際社会の変化に対応し外交を主導する「開明」的な風貌の、二つの顔を持つことである。卑弥呼のシャーマンとしての顔は、首長が各種の禁忌にしばられ疎外されることで秩序が維持される、倭人社会内部の後進的な社会構造に規定されている。一方、外交を主導する開明的な王としての顔は、卑弥呼が交渉する国際社会の文明的な側面に規定され、これは諸共同体を代表する首長の媒介者としての機能に基づく。ここに石母田は、共同体を代表する王＝首長の姿を見出した。

けれども、卑弥呼の「諸共同体を代表する首長の媒介者としての機能」は、外交の主導者としての顔にだけあらわれたのではない。卑弥呼のシャーマンとしての顔も、共同体を代表する首長の対外的機能とかかわっていると考えるべきである。倭人の首長制社会では、異人も神も共同体の外にあり、共同体の秩序の及ばぬ異域に属する、畏怖される対象と観念されていた。そして首長には、秩序＝共同体と混沌＝異域の間に立ち異域と交通関係を結んで、その成果を共同体の秩序に組み込む役割が期待されていた。このなかで、外交も神との交信も、首長の重要な役割とされたのである。[注4]

また、邪馬台国連合は小首長国の連合体であったから、共同体の対外的機能を担う首長の姿は、倭王の卑弥呼だけに見出しうるものでもない。実際、『魏志』倭人伝に「諸国の文身各異なり、或は左にし或は右にし、或は大に或は小に、尊卑差有り」とあるように、邪馬台国連合の倭人一般の「外」と向き合う「内」なるアイデンティティは小国単位で階層的に構成されていた。日常的な祭祀も共同体成員から畏敬の念で崇められる年長の「国の大人」、つまりは小国の首長層が中心となって執り行っていたとみられる。要するに、卑弥呼が宮殿で行った祭祀は、小国首長の上位にあり小首長国連合を束ねる大首長としての祭祀であった。一方、邪馬台国時代、列島における国際交易拠点は博多湾岸に設けられた。ここで実際に朝鮮半島の人々と交易を行っていた倭人も、各小国の首長層であったと考えられる。そして、この交易の「場」の秩序を保っていたのが、大首長卑弥呼が伊都国に置いた官（一大率）であった。祭祀も国際交易も、首長制社会の重層的な構造が反映されていたのである[注5]。

こうした倭人社会の基本構造は、四世紀以降も引き継がれている。この頃から緊迫化する東アジア情勢を反映し、倭人の首長層は、朝鮮半島の鉄資源や先進文物確保のため、軍事同盟の盟主となった大王を中心に統合されていくが[注6]、これによっても倭人の国際交流が大王に一元化されることはなかった。各地の首長層は自身の共同体成員を率いて大王主催の外交に積極的に参与し、国際交流の機会を広げつつ、先進の文物や技術者を自らの本拠地に独自に呼び込んだ。こうして入手した渡来文化を身にまとい分配することで、生産力と結び付く先進文物を外からもたらす首長としての実力を共同体成員に誇示したのである。大王は、こうした機会を各首長に与える、倭国を代表する大首長として君臨した[注7]。

以上のような首長制社会の多元的で重層的なあり方が王権に矛盾と認識されるようになるのは、六世紀以降のことである。その契機の一つとなったのは、皮肉にも王権の列島支配の進展であった。支配の進展で拡大した都鄙間交通で、共同体成員が共同体の外と直接接触する機会が増え、これが日常化して、共同体成員が首長を介さず外部者との関係を直接結んだり、自身の所属する共同体を外の共同体と比較し、有利な方へ移動したりするようになったのである。これにより共同体を代表する首長の機能は低下し、首長制社会の重層的な構造を基盤とした王権支配が危機に陥った。[注8]もう一つの契機は、国際交流の進展がもたらした。東アジアでは、諸王権の外交の活発化とともに、複数王権と多重に結びつく首長層の存在が、各王権の内政や外交の矛盾となって顕在化する。[注9]倭国でも、新羅と結びついた筑紫の磐井による大規模な反乱が起きている。

こうして七世紀になると、王権の一元的支配体制のもと、首長は官人となり、官制組織によって境界領域を管理する日本律令国家が形成されていく。『常陸国風土記』行方郡条が古老の話として掲載する、箭括氏麻多智と壬生連麿の、「夜刀神」と恐れられた蛇の群生する谷の開発伝承は、その変化をよく示しているだろう。

六世紀前半の継体期、村落首長の箭括氏麻多智は、独り甲鎧を身につけ、開発を妨害する谷の神を追い払い、境界を示す堀を設けて杖を立て、ここより上を「神地」とし下を「人田」として代々敬い祀ると宣言したという。麻多智は村落を代表する首長として祭祀をもって異域の谷の神と向き合い、新田を開発してこれを村落内の秩序に組み込んだのである。ところがその後、七世紀半ばの孝徳期、評（のちの郡）の官人となった壬生連麿は、王の「風化に従わざる」谷の神を、役民を駆使して追い払い、池の堤を築いた。麿は王権のもとにある官人として労働力を編成し、王権の政策に従わぬ神を排除して開発を進めたのである。こうして、各首長層の管理した重層的で多元的な境界世界は、王とその官人によって管理されるものとなった。[注10]

また律令国家は、中国の中華思想にもとづく天皇中心の世界観とともに、対外関係も天皇とその官によって独占し、「日本」の境界を一元的に管理する体制を築いた。例えば律令の養老職員令大宰府条は、大宰府が対応すべき国外からの流入者について、外交使節である「蕃客」と、天皇の民となることを願う「帰化」の二種類のみを定める。いずれも、文明世界を束ねる中華天皇の徳を慕い、野蛮世界から来航した者とされる点は同じである。そして、この二種に対する規定しか持たないために、例えば漂着者も、漂着ではなく「帰化」として扱われた。[注11]成立期の日本律令国家は、様々な契機で渡来する人々を「蕃客」か「帰化」に振り分け、全てを天皇中心の中華的世界に取り込もうとしたのである。「蕃客」や渡来したばかりの「帰化」申請者は、天皇の威・徳を示す荘厳な客館に安置され、衣食の支給が保証された。これも、国家が彼らを閉鎖的な空間へ隔離し管理する一面と抱き合わせの措置であった。[注12]

そして、この対外関係独占の方針に基づき、国際交易も厳しく管理された。養老関市令官司条は、国外からもたらされる物品について、まず官司が優先的に国家必要品を買い上げる先買権を定めており、これに違反し官司よりも先に交易を行った場合、その交易品は没収されることになっていた。また、官司先買後に許される交易も、参加者の階層が上位の官人層に絞られ、交易当事者間には官が介入して、両者の関係が間接化され、管理された(買新羅物解)。つまり、対外交易の機会は、天皇を頂点とした官人の地位に比例するようプログラムされていたのである。その結果、支配層の保有する輸入品の質や量も、古代天皇制における政治的身分・地位の上下と結びついて意識されるようになる。[注13]倭人の首長層にとっての輸入品は、共同体を代表し対外的機能を果たす首長の能力と威厳を、共同体の内外に示すものであった。しかし律令官人にとっての輸入品は、天皇を頂点とする一元的な身分制社会のなかで、自身の地位と権威を示すものとなったのである。

二　東アジア海域における海商の登場

列島周辺海域は、律令国家が成立してもしばらく、民間の国際商人の活動がなかったから、上記の日本律令の官司先買制も、主に「蕃客」を意識した制度として整えられている。[注14]「蕃客」は九州北部の「辺」に到着すると、日本の中心地たる都へのぼり天皇に謁見した。「蕃客」との管理交易も、原則、この都の客館において行われた。[注15] 天皇の都の中心性を国際交流・交易体制でも表現したのである。

けれども、『隋書』地理志揚州条に南海郡（広州）・交趾郡（ベトナム北部）では「犀・象・瑇瑁・珠璣」といった「奇異珍瑋」を目当てに、商賈が致来しているとあるように、中国東南沿岸部は隋代には海商たちの南海交易が賑わいをみせていた。また中国東南沿岸部では、唐の開元二年（七一四）に南海交易を管理する市舶使が置かれたように、[注16] 八世紀になると、唐朝もこの南海交易に大きな関心をはらうようになる。南海交易の拠点は広州にあったが、『旧唐書』李勉伝によれば、大暦四年（七六九）に広州刺史兼嶺南節度観察使となった李勉が、賊帥の馮崇道らの乱を鎮圧する一方、商船の「検閲」に寛容な政策をとり、それまで年に四・五隻だった西域からの商船が一気に四〇隻以上に増えたという。逆にいえば、それ以前から毎年コンスタントに西域から複数の商船が広州に到来していたわけだが、その様子は、唐僧鑑真の来日の経緯を記した宝亀一〇年（七七九）の淡海三船による『唐大和上東征伝』に記されている。

それによると鑑真は、唐の天宝八年（七四九）、五度目の日本への渡海の試みで海南島の振州に漂着した。これを振州別駕の馮崇債が兵四〇〇人で州城へ迎え入れた。馮崇債は、その名からみて、前述の七六九年に反乱を起こした馮崇道の近親者だろう。馮氏一族は、嶺南各地の刺史を輩出するなど、当地の実力者であった。[注17] 次いで鑑真一行が、賊を警戒し八〇〇の兵を率いる崇道の案内で振州から海南島内の万安州に移動すると、大首領の馮若芳がこれを迎えた。やはり馮氏一族である。若芳は毎年、波斯（ペルシア）商船を二・三艘ほど襲い、貨物を奪って乗船者は奴隷としていた。客と会す時は常にアラビア産の大量の乳頭香で灯をともし、邸宅の裏には熱帯産の蘇芳木を山積みにしていたという。また、周辺には奴隷の村々が点在していたというから、おそらく若芳は南海交易だけでなく奴隷交易にも従事していたとみられる。その後、いくつかの州を経て広州に着いた鑑真らは、香薬・珍宝を満載した波羅門（インド）、波斯、崑崙（中国西方）からの無数の商船が港に停泊しているのを目撃する。また広州には、師子国（スリランカ）、大石国（イスラム帝国）、骨唐国（不詳）、白蛮（不詳）、赤蛮（不詳）等からの「往来居住」が多く見られたという。

鑑真の時代、こうした海商・海賊の活動は、広州周辺に限らず中国沿岸部で広がりをみせていた。天宝二年（七四三）、日本への渡海を最初に試みた揚州の鑑真は、弟子の密告で海賊とのつながりを疑われ、計画は失敗する。当時、中国沿岸部では海賊が頻発し、特に江南の台州・温州・明州では海賊の被害が甚大で、海路が塞がれて公私の往来も断たれるほどであったという。実際、唐朝は呉令光らの江南での海賊活動に頭を悩ませ、天宝三年（七四四）、河南尹裴敦復、晋陵郡太守劉同昇、南海郡太守劉巨鱗らに令光勢力を討たせている。[注18]河南尹は河南道、現在の河南省・山東省を治め、晋陵郡太守は長江河口部南岸の現常州市付近を治め、南海郡太守は広州を治めたから、江南を活動拠点とした呉令光勢力は、南方の広州海域、北方の長江河口部や山東半島海域から挟撃されたとみられる。それは彼らの海上活動がこれら海域につながる広がりをもっていたことも示しているだろう。先にみたように、広州ではすでに南海交易の隆盛によって、海賊の活動が活発化していたし、『旧唐書』渤海靺鞨伝には、開元二〇年（七三二）、渤海が将張文休に「海賊」を率いさせて、登州、すなわち山東半島を攻撃したことがみえる。

しかも南海郡太守の劉巨鱗は、『唐大和上東征伝』でも天宝二年末の鑑真の第二回渡日計画において、銭八〇貫で軍船一隻を提供した人物として登場する。軍船購入は海賊への備えであろうが、それを揚州の鑑真がわざわざ広州の劉巨鱗から購入していることは、当時の揚州と広州の海運的つながりを示してもいる。これと関連し注目されるのは、安史の乱の混乱期の上元元年（七六〇）、揚州で商胡・大食（大石）・波斯の数千人が殺害される事件が起こったことである。[注19]これら西域商人は前述のように広州にも多く集結していた。揚州が東アジア海域の経済的中核都市であったことを考えれば、揚州に居留する多くの西域商人も、広州の動きと連動していたとみるべきである。

以上のような中国沿岸部の海上交易者たちの賑わいが、七四〇年代、朝鮮半島に及んでいた徴証もある。『三国遺事』塔像第四・敏蔵寺条には、海商に従い家を出た新羅の貧女の息子が海で遭難し、漂着した江南地域で捉えられて野の耕作に従事させられたが、敏蔵寺の観音の功徳で天宝四年（七四五）四月八日に帰郷できたので、それを聞いた景徳王が田や財貨を寺に施入したという話が載っている。この話は、新羅王家の敏蔵寺への施入の由来を語ったもので、帰国年月日が具体的に伝えられているだけでなく、七四〇年代に海商に従った新羅人が江南沿岸部に漂着し奴隷とされたらしいことが、前述の江南地域で活発な海賊・海商の動きと対応しており注目される。しかも、ちょうどこの七四〇年代半ば以降、新羅では天候異変などによって飢饉・疫病が顕在化していたから、貧困にあえぐ人々が、新羅から流出する状況も想定しうる。つまり右の話は、貧困を逃れて海に繰り出した新羅人のなかに、中国沿岸部の海商に加わる者があり、彼らが敏蔵寺の観音信仰とも関係していた史実が踏まえられている可能性が高い。[注20]さらに七五五年の唐の安史の乱以降は、新羅沿岸部でも海賊の横行が目立ち始めた。[注21]唐情勢の混迷は、東アジア海域の民間の交易活動を無秩序的に拡大させていたのである。

そして、こうした東アジア海域の混乱が、当然、日本列島にも影響を与える。『続日本紀』天平宝字三年（七五九）九月丁卯条には、賦役を忌避する新羅人が次々と日本に到来するので、「帰化」の意思を再三確認して、帰国を願う者には食料を支給して放却せよと命じる大宰府への勅が掲載されている。また同天平宝字四年（七六〇）四月丁卯条では、最終的に「帰化」を望んだ一三一人が武蔵国に移配されている。したがって当時、相当数の新羅人が北部九州に流入していたとみなければならない。こうした流民の発生は、前述の七四〇代半ばから続く新羅の飢饉・疫病の蔓延に起因するだろう。「帰化」を目的としない新羅人が流入している事実や、上記の東アジア海域の状況からみて、この中に交易者が含まれている可能性は高い。こうした流民への対応が、七五九年に本格的にとられたのは、この時の日本が新羅侵攻を計画していて、兵站基地となる北部九州の新羅人を警戒したためとみられる。注22

早稲田大学が所蔵する「観世音寺早良奴婢例文」は、ちょうどこの時期の北部九州の経済状況を窺わせる史料として注目される。そこには、新羅人の来航が多かった天平宝字期頃、筑前国周辺で銀が価値基準を示す貨幣的機能をもって流通していたことが示されている。こうした銀の用いられ方は、当時、他の列島諸地域で見られないが、対岸の新羅は対外交易で銀をよく用い、その流通も盛んであったことが想定される。つまり「観世音寺早良奴婢例文」は、この頃の北部九州が、銀を利用し、来航する新羅人らと経済的関係を築いていたことを示唆する史料なのである。注23

三　平安時代の国内政治と国際交易

六国史は八一一年以降、対馬、五島列島などで新羅人による海賊行為や、沿岸部の人々との衝突が相次いだことを記録する。これは、八〇九年に新羅で王が兵乱によって殺害されるなど、新羅社会の混乱が益々深まっていたことが影響しているだろう。[注24] しかしこうした個別的展開をみせる新羅人の交易活動も、張宝高（保皐）の登場により一定の秩序が与えられることとなった。

宝高は、もと新羅の海島出身者で、八世紀末か九世紀初頭頃、政治・社会情勢の不安定化した新羅から唐へ渡った。その唐で、安史の乱後に台頭した山東半島の反唐勢力を鎮圧する武寧軍に身を投じ、軍中小将の地位まで達したが、八二〇年代末頃には帰国して新羅系交易者たちの支配をおしすすめ、その実力を認める新羅の興徳王権から八二八年頃、清海鎮大使に任じられた。[注25] 政治混乱期の新羅では、支配層が政治的闘争に有利な高級輸入品を競って入手する状況が身分制を脅かすほど過熱し、これを統制したい興徳王権は、張宝高率いる新羅人交易者たちの組織を清海鎮として公的に認め、海上交易勢力の取り込みをはかろうとしたのである。[注26] 一方、日本も、宝高勢力が新羅の公的存在となったことを踏まえ、天長八年（八三一）、海商との管理交易体制を初めて整え、宝高らに国家との交易を保障しつつ、交易勢力を自らの秩序に取り込む政策を打ち出す。[注27]

こうして制度として整えられた、日本の海商船来航時の手続きは次のようであった。まず、大宰府の役人が博多湾入港の商人と接触し、来着理由を調査し、その結果を商人作成の「解状」（申上書）とともに中央へ報告する。海商は来航の際、出港地の公的機関が発行した渡航証明書も持参していたとみられる。彼らの申上する来航理由は、概ね天皇の徳を慕って「化来」したというものであった。この申し出に基づき、海商は「帰化」に準じた扱いを受け、博多湾に面した鴻臚館に安置され管理された。こうして海商のもたらした貨物は、大宰府がチェックし、官司先買が行われ、その後、官司先買の対象から外れた品々を対象に、大宰府の府官が監視するなか、取引価格の公定基準を遵守した民間交易が許可される。[注28] つまりこの交易管理制度は、「蕃客」との官司先買を軸とした交易管理を海商との交易にも適用したもので、交易拠点を都ではなく北部九州とした点が「蕃客」の場合とは異なる。また海商にとっても、これによって様々な制限を受けるものの、滞在中の衣食住と安全が保証されるとともに、国家との取引も約束され、そのメリットは大きかったとみられる。

ただし制度が出来ても、現場でその通りの運用がなされるとは限らない。例えばこの直前の天長五年（八二八）正月、中央政府は前年末の但馬国への渤海使来着を受け、「蕃客」との私交易には「法」の「恒科」があるにもかかわらず、民間に輸入品を競い買う状況があるとして、中央王臣家の使者による交易に加え、これを黙認し自らも交易に参加しようとする国司も厳しく処罰するとの太政官符を発している。[注29] 前述のように律令国家は制度上、輸入品の入手と官人身分を結びつけたから、現場で交易管理にあたる官人が、一方で輸入品の需用者であった。このため、こうした「不正」に絶えず警戒が必要とされたのである。

実際、天長八年（八三一）に整えた交易管理制度でも問題は起こった。なかでも、張宝高没後に明るみになった、前筑前国守の文室宮田麻呂と張宝高との取引の顚末は、日本王権に衝撃をもって受け止められ、その詳細が『続日本後紀』承和九年（八四二）正月乙卯条に掲載されている。その他の関連史料もあわせてこの「事件」の概略を追うと次のようになる。[注30]

承和七年（八四〇）四月に筑前守となった宮田麻呂は、宝高の存命中、密かに取引の約束を交わした。来航「蕃人」への対応は大宰府の職責だが、西海道の諸国司も大宰府のもとで対外業務を分担したから、宮田麻呂もこうした立場を利用し鴻臚館安置の新羅人に接近したとみられる。しかもその取引は、宮田麻呂が宝高に入手したい「唐国貨物」を伝え、先に代価の絁を「贈」り、後日、宝高が希望の品を揃えて宮田麻呂に「報」いる、表向き、贈—報の贈答形式をとった。天長八年（八三一）制定の管理交易体制では、官司先買後の民間交易は府官検察のもと適正価格で行われるべきだが、宮田麻呂と宝高の贈答を装った時間差の交易であれば、府官の価格管理を免れることができる。宮田麻呂は筑前国守の立場を利用しつつ、必要な「唐国の貨物」を宝高が満足する額で確実に入手しようとしていたとみられる。

ところがその翌年正月、宮田麻呂は突然国守を解任された。どうやら時の仁明王権は、この頃から宮田麻呂を警戒するようになったらしい。けれども宮田麻呂は、後任国司への引き継ぎ未了を理由にそのまま筑前に留まり、依頼品の到着を待った。しかし同年一一月、新羅王権との関係を強めた宝高が、激しい政治闘争の末、暗殺されてしまう。この報に慌てた宮田麻呂は急ぎ港に駆けつけると、混乱を逃れて博多湾に入った宝高配下の李忠らの船から、その貨物を強引に差し押さえてしまった。その際、宮田麻呂は、宝高の死によって約束していた大量の「報い獲るべき物」が得られなくなったので「宝高の使がもたらすところの物を取る」と告げたという。新羅人からの訴えを聞いた日本中央では、これを見逃した大宰府を「深く王憲の制なきを表す」ものだと、厳しく叱責する意見が噴出した。

宮田麻呂がこれほど熱心に「唐国貨物」の入手をはかったのは、当時の日本中央の政治動向と密接な関係がある。嵯峨太上天皇―仁明天皇父子と淳和太上天皇―皇太子恒貞親王父子の王統が次第に競合的関係に陥るなか、宮田麻呂は皇太子恒貞を支える政治グループに属していた。また、皇位継承問題の矛盾と、当時推し進められていた唐化政策の影響で、支配層の地位や権威を示しうる輸入品の「唐物」が政治競争を優位にするものとして注目を集めるようにもなっていた。宮田麻呂はこうしたなかで、国際交易港のある筑前国に国守として赴任したのである。したがって筑前国司の立場を利用した宮田麻呂の宝高との交易には、恒貞支持派の意向が働いていたとみられる。一方の宝高も、当時、新羅中央での政治闘争を抱えて国際交易を行っていたから、両国の政治的矛盾は、交易を通じて結びついたことになる。これを警戒した仁明天皇は、天皇の側近で詔勅などを伝送する役割を持つ蔵人所のトップ藤原衛を大宰府へ転出させ、西海道の掌握をはかると、承和九年（八四二）、承和の変によって恒貞親王派を一掃し、鴻臚館を用いた「新羅人」と政府との直接的な取引も停止した。さらに翌年には宮田麻呂にも「謀反」の罪を負わせて追放した。

しかしその後、嘉承三年（八五〇）、文徳天皇が即位し、満八ヶ月の惟仁親王が立太子すると、再び皇位継承問題が表面化する。この時期、大宰府はまたも管内国司の支配に不安を抱えていた。このため、宮田麻呂の経験を踏まえ、王権は九州来着の海商に対する官司先買のさらなる徹底をはかるため、中央の蔵人所から大宰府へ、臨時に唐物使を派遣することとした。唐物使が派遣されると、大宰府が行うべき官司先買業務の実権が彼らに移り、海商との間で唐物の検査・選別・購入を実施したのである。これは、唐の南海交易の拠点であった広州の市舶使の制度を参照したものだろう。八三〇年代後半以降、唐朝は、広州に船舶貨物の交易を行う宦官を派遣し、地方官の動向に左右されず、皇帝が直接南海物産を優先的に入手する体制を整えたが、初期の日本の唐物使には、その広州での交易経験を持つ春日宅成も加わっている。[注31]なお史料上、九世紀は政治不安などがある時期に派遣を確認できる唐物使は、皇位継承問題が安定化する一〇世紀になると、むしろ一般化する。この頃、官司先買の代価は、粗悪化した大宰府管理の綿から蔵人所管理の陸奥産の金に切り替わるから、[注32]このことが唐物使派遣の恒常化を招いたのだろう。

ただ、こうした管理体制の強化策にあっても、支配層自身によって、制度を揺るがす私交易が行われた。延喜三年（九〇三）八月、中央政府は、「唐人商船」が来着すると院宮王臣家が官使到来前に使者を派遣し「唐物」を争い買い、郭内富豪層が高値で貿易するので、貨物の価が上昇しているとし、これが関司・府吏の責任であるとして、官司先買とその違反者への罰則を定めた律令を府司が遵守するよう強く求める太政官符を出している。[注33]こうした動きを諫める同様の指示は、その少し前の仁和元年（八八五）にも出されていて、[注34]北部九州では、院宮王臣家の使者や西海道の官人層による官司先買制を逃れた私交易が、絶えず問題となり続けたのである。

ところで、こうした支配層の熱心な「唐物」需要は、平安文学作品でもよく題材とされている。例えば一〇世紀後半成立で、承和の遣唐使の記憶を織り込んだとみられる『うつほ物語』は、藤原仲忠一族の権威を優れた「唐物」で表象するが、[注35]皇位継承問題と唐物との関係では、立坊をめぐる源氏と藤原氏の綱引きで、右大将藤原仲忠が様々な珍しい香料などで細工した巨大な蓬萊山の造形品を贈り、左大臣の源正頼らを圧倒する場面などが注目されよう（国譲・中）。また、源正頼の室で嵯峨院の娘でもある大宮が、母の大后のために整えた算賀では、「唐物」の香木や綾をふんだんに用いた調度品等が準備されたが（菊の宴）、それは、『続日本後紀』嘉祥二年（八四九）一〇月癸卯条・同一一月壬申条などに記された、仁明天皇の算賀における太皇太后や皇太子の唐物を豊富に織り交ぜた奉献にも通じる。[注36]本稿の冒頭にみた『今昔物語集』の、大宰府官人秦貞重と宋商人の、おそらくは鴻臚館を舞台とした取引も、前述の政治と唐物、交易管理者たる現地官人と海商との結びつきの実態を反映しているといえるだろう。

四　地域と地域をつなぐ国際交易者

上記のように九世紀以降は日本の国家史にも多大な影響を与えるまでになった民間の国際交易者たちは、その活躍の舞台が国境を越える海域にあったから、その影響も各国の政治史とからみつきながら、国家の枠組みを越えて直接諸地域の歴史に及ぶこととなった。

張宝高が黄海海域の交易で力を発揮できたのは、黄海海域を取り囲むように築かれた新羅系交易者の拠点に影響力を及ぼし得たからでもある。唐では、世界貿易の中核的都市揚州から山東半島まで、点々と新羅人の自治組織が築かれていた。これらは唐地方政府の管理下にあり、そこの責任者の新羅人は「同十将」などの節度使配下の肩書きを帯したが、宝高は唐—新羅を結ぶ唐の玄関口の山東半島突端部に彼らの精神的支柱となる新羅的な寺院（赤山法花院）を創建し、さらには新羅王権公認の清海鎮大使の肩書きも得て、この在唐新羅人のネットワークを取り込んだ。また清海鎮を、山東半島から博多へ向かう航路の中間にあたる朝鮮半島西南端の莞島に置き、黄海海域に睨みを効かせ、九州の鴻臚館周辺にも、当地の官人層との関係を深めて居留する新羅人の協力者を持った。このように宝高は、東アジア各地に散ってそれぞれの政治権力と結びつき交易に従事する新羅系の人々を、新羅王権からの信任も背景に、「新羅」アイデンティティを利用して束ねていったのである。注37

したがって、その宝高が新羅王権と対立し暗殺されると、新羅系交易者のネットワークの秩序もたちまち崩壊する。彼らの間にも対立が持ち込まれ、黄海海域は危険な海域へと変貌した。こうしたなか、混乱を避ける新羅系交易者たちの一部に、経済発展の著しい江南へと拠点を移す者が登場する。また江南唐商らもこの新羅系交易者たちを積極的に受け入れ、彼らの対日交易ネットワークを取り込んでいった。こうして唐における東アジア海域の交易拠点が、明州を中心とする江南地域に移動し、黄海海域を避けて東シナ海を一気に横断する大洋路（五島列島—舟山群島）が日中間を往還する商船の主要航路に発展する。注38 なお「大洋路」の航路名は、後の南宋代の「輿地図」等で確認されるが、貞観九年（八六七）六月一一日の日付を持つ『安祥寺資財帳』では、これを勘録した恵運自身が、宝高暗殺直後の承和九年（八四二）八月、海商李処人の船で肥前国松浦郡遠値嘉島那留浦から温州楽城県に到ったことを「大陽海を過ぎ入唐す」と表現している。遠値嘉島とは五島列島の福江島を中心とする島々のことで、この「大陽海」は「大洋海」のこととみられるから、つまりは黄海海域を避けるようになった商船の「大洋路」について記した最初期の史料である。

そしてこの大洋路の発展が、大洋路の列島側の重要な経由地・寄港地となった肥前地域にも、様々な影響を与えることとなる。

『入唐五家伝』所収「頭陀親王入唐略記」によると、貞観三年（八六二）、高丘親王は入唐求法のため、鴻臚館から壱岐島、さらに肥前国松浦郡斑島、同柏島（唐津市神集島）へと移動すると、柏島において、江南唐商で大宰府の大唐通事に任用されていた張友信に船一隻の造船を指示した。そして翌年、船が完成すると、親王は再び鴻臚館に戻って諸手続を済ませ、肥前国遠嘉島を経由し明州へと向かった。こうした鴻臚館を起点とする一連の動きは官に掌握されたものとみられ、その点で肥前の海域は、大宰府管理下の博多湾と連携していた。

けれども一方で、肥前国の松浦郡海域では、大宰府の掌握しない海商の活動も見られたようだ。例えば『三代実録』貞観一八年（八七六）三月九日条によれば、大宰権帥の在原行平の起請に基づき、松浦郡の庇羅・値嘉両郷を併せて値嘉嶋を設け、新たに肥前国の権官と兼務する嶋司・郡司を配して、当地の特産品の貢納体制を強化することとなった。これは大宰府による管内支配強化の動きとしても注目されるが、そこで行平が掲げた理由は、奇異の特産品が豊富な平戸・五島列島地域が、遣唐使船や海商船も必ず寄港する「当国枢轄の地」でありながら、当地での松浦郡司や唐・新羅海商の独自の旺盛な経済活動を、大宰府や肥前国が十分把握できないというものである。なかでもこの起請で興味深いのは、来島する唐人が島民らを遠ざけて、香薬を採り貨物に加えたり、海浜の奇石を採り鍛錬して銀を得たり、磨いて玉に似たものを作ったりしているとの住民からの報告が紹介されていることである。古代の九州では長崎県西彼杵半島で生産された滑石制石鍋が流通するが、西海道における滑石制石鍋の出現が九世紀後半に遡るのであれば、[注39]それとの関連性も想定しうるであろう。宋代以降の史料では、山東半島で「温石」、つまり滑石が産出され、これが煮炊き具として使われていたことが確認できるし、日本では初期の滑石制石鍋が博多湾を中心に分布するから、滑石制煮炊き具が中国海商の文化に由来する可能性は極めて高い。[注40]

また一一世紀になると、肥前から商船に乗って宋へ密航する日本僧も確認されるようになる。例えば、天台僧の寂照は長保五年（一〇〇三）、肥前国で便船を得て宋へ渡ったが、これは密航僧の可能性が指摘されている。[注41]また、入宋日本僧成尋の旅行記『参天台五臺山記』によると、延久四年（一〇七二）三月一五日、成尋は松浦郡壁島において随行員とともに宋商船に密かに乗り込んだ。しかもその際に成尋が海商に渡したモノは、米五〇斛、絹一〇〇疋、掛二重、沙金四小両、上紙一〇〇帖、鉄一〇〇挺、水銀一八〇両に及ぶ。こうした多様で膨大な物品が、官に掌握されないまま、壁島に停泊中の宋海商に積み込まれていたのである。

ただ、上記のような肥前海域における官非掌握の海商の動きも、全てが密貿易に関連するものというわけではないだろう。『参天台五臺山記』によれば、「海辺の人」「海辺の男女」が壁島停泊中の宋商船に連日やってきて「売買」を行うので、その船に乗り込んだ成尋らは、彼らに見つかることを恐れて船底で息を殺していたという。博多湾を出港し帰路松浦郡域に寄港した海商船は、それだけ「海辺の人」との間で頻繁な交易を行っていたとみなければならないが、こうした交易はどうやら違法ではなかったらしい。それが違法な交易であれば、「海辺の人」がそこで得た情報を官に通報する事態を、密航者成尋が極度に恐れるはずはないからである。[注42]

そもそも日本律令国家の交易管理体制とは、海商のもたらす交易貨物に関し、官司先買後、民間での估価による管理交易を認めるものである。つまり、来航する商船の輸入品の交易に注目したもので、輸入品を交換後に博多湾を出港した商船の活動を制限するものではない。したがって、官の管理を受けない肥前海域の海商による比較的自由な交易活動も、それが帰船の行うものであれば官許の範囲であったとみるべきである。

以上のように考えるならば、海商船の往来・寄港が頻繁な肥前国の沿岸部では、考古学的に貿易陶磁などの出土が鴻臚館跡ほど顕著でなくとも、海商の多様な活動はあったと考えるべきだろう。

なお明代の『日本考』二は「土産」の「白珠」を「五島に出す」と注記していて、『今昔物語』で宋商の注目した日本産真珠は、一六世紀の中国では五島列島産のものが著名であった。この「五島」が五島列島を指すことは『日本考』一「倭国略事」に「平戸の西を五島と為す」とあることから確実で、在原行平が訴えた九世紀以来の平戸・五島列島での中国海商の経済活動には、当地での真珠の採取、交易も含まれていた可能性がある。

そのなかにあって、松浦郡に属する松浦市今福遺跡、彼杵郡に属する佐世保市門前遺跡や大村市竹松遺跡などは、九世紀から一一世紀の貿易陶磁がまとまって出土しているだけでなく、滑石制石鍋も多く出土することで注目される。[注43] なかでも、九州では希にしか出土しない良質の緑釉陶器や、極めて限られた遺跡でしか出土例のない越州窯系青磁Ⅲ類も出土した竹松遺跡では、一一世紀頃から徳之島で生産されるようになるカムィヤキまで出土し、近年注目を集めている。当時、西彼杵半島の滑石制石鍋は南島へも持ち込まれるようになっていて、南島では貿易陶磁・滑石制石鍋・カムィヤキが大量に出土する喜界島を中心に、南九州の有力層と南島の人々、国際交易を行う商人などによる交易関係が築かれていた。[注44] 博多と中国江南を結ぶ大洋路の重要な寄港地となった肥前は、そこから南進すれば南島にもアクセスできる。日本有力層の関与と、国際交易だけでなく南島との関係も示唆される竹松遺跡は、南島交易と国際交易がこの地で交わっていたことを示唆しているといえよう。

五　交易の信頼と安全めぐって

九世紀末に成立したとみられる『竹取物語』には、右大臣の阿倍御主人が唐商の王慶に代金を渡してかぐや姫へ贈る「火鼠の皮衣」の入手を依頼し、偽物をつかまされたという話がある。阿倍御主人は律令国家成立期の天武・持統・文武の三天皇に仕えた実在の重臣だが、この物語は、九世紀の海商との交易についてそれなりの知識を持ちつつ、当時の世俗の「イキホイ」を批判・否定した、『竹取物語』に通底する挿話の一つとされる。[注45]そして実際、この物語には、九世紀の国際交易の実態を踏まえた話が散見される。

御主が唐商に渡した代金は黄金であったが、日本においで金が対外的に用いられるのは八世紀の終わり頃からで、『竹取物語』が成立する頃は、前述のように官司先買の代価が陸奥産の金に切り替わる時期である。しかも来航した海商に先に代価を渡し「唐物」入手を依頼する支配層は、宮田麻呂のように存在していた。また御主はその依頼に際し「仕う奉る人の中に心たしかなるを選びて、小野塞守と云う人を付け」て、来航「唐船」によこし、唐土の王慶のもとへ派遣した。実際、王臣家が使者を派遣し来航商船との接触をはかろうとしていたことは先に見たが、九世紀は国家が、遣唐使船だけでなく商船も使って律令官人を「入唐使」として派遣し、交易を行わせることがあった。[注46]前述の広州で交易を行った春日宅成もその一人だが、こうした「入唐使」も、中央の貴族層の要求と個別に結びついた交易を行っていたから、[注47]物語には日本支配層の交易実態が様々に織り込まれているとみられる。

一方、唐商の王慶にも、やはり九世紀の唐海商の実態が反映されている。空海の書簡集『髙野雑筆集』の末尾に収録された「唐人書簡」は、九世紀半ばの江南唐商の実態を知ることができる貴重な史料で、そこに登場する徐公直は州の「衙前散将」や「衙前同十将」といった節度使配下の肩書きを持ち、有力官人層との関係を築いて、揚州や広州とつながる交易を行いながら、対日交易にも加わるようになった江南の唐商である。また公直の意を受け、実際に船で日本に赴いたのは、舎弟の徐公祐であった。[注48] こうした唐商の姿は、「天竺」、すなわち南海交易とのつながりを持ち、唐の「国司」からも便宜を得つつ、自らは唐にあって商船を日本に派遣する王慶とも重なる。

しかし、この日唐の権力者とつながり展開した国際交易も、『竹取物語』では結局失敗に終わる。それをただのフィクションと片付けられないのも、宮田麻呂の交易の顛末のとおりだろう。一国の公権力に由来する政治権力は、それの行使できる範囲が限定される。日本の右大臣であっても唐に住む商人には手も足も出ない。『竹取物語』には、国際交易での信頼性や安全性の確保が難しいことを、古代人がよく認識していたことも表現されている。

こうした交易の不安定性に対応するため、実際、国際交易者は様々な工夫を行っている。「入唐使」の春日宅成は、帰国後、数度渤海通事に任命されたが、その際に入唐経験を踏まえた、外来品の知識に秀でた面を披露した。[注49] その彼が唐物使にも加わっていることは、偽物も出回る交易の最前線に、古代国家がこうした「能力者」を選び投入していたことを物語る。『竹取物語』においても、御主が自分の信頼できる者に小野塞守を付けて唐商のもとに派遣したとあるが、小野塞守は承和の遣唐副使に任ぜられながら乗船を拒否した小野篁を皮肉ったものとみられるから、[注50] ここに遣唐使関係者を想起させる人物名を登場させているのは、国際交易において宅成のような入唐交易を経験した官人が重宝されていた実態を意識したものだろう。

また、国際交易の管理者でかつ当事者でもある公権力は、そこに交易の知識を蓄えた官人を投入するだけでなく、「清海鎮大使」や「同十将」の肩書きを持たせ、有力商人を官人組織に取り込んで活用することも積極的に行った。こうした例は、日本でも、前述した大宰府の大唐通事の江南唐商張友信がいる。

一方、来航する海商も、交易の信頼性と安全性の確保のための努力を怠らない。近年の古代・中世史研究、及び考古学研究は、平安期の日本における国際交易が、概ね博多を舞台に展開したことを指摘している。すでに見たように、実際は博多以外でも様々な交易があったとすべきだが、列島における国際交易の「場」として、国家の管理する博多湾に優位性があったことは間違いない。その理由として、冒険的色彩の強い対外交易では、海商自身が身柄と交易活動の安全確保のために、ある程度の活動制限や利益の目減りがあっても、国家・王権による管理統制・安全保障のもとでの交易を望んでいたこと[注51]、またこうして秩序が維持され国家・王権との取引が保証された港では官民の購買力が極めて高かったことなど[注52]が指摘されている。

ただし、海商が安全保障と購買力のある博多湾での交易を好んだといっても、すでに見たようにその裏では交易管理を担うべき官人層らの個別的な動きもあった。また海商らも、贈与や宴などを介して、交易の「場」に影響力のある日本の支配層との個別的な関係を深めようとした。彼らは、支配層との関係を深めるために、漢詩、音楽、その他高度な教養を身につけ、仏教も活用し、また地縁や血縁関係を介した交易者間のネットワークを構築して、交易に有用な技能や諸関係を囲い込んだ。こうして、国際交易の安全性や信頼性を担保していったのである[注53]。冒頭の『今昔物語』の話にもその実態の一端が反映されている。こうした越境的で人格的な諸関係が、国際交易に、国家・王権の法や制度の枠組を越える広がりを与えていたのである。

むすび

列島古代の支配層にとって国際交易品を手にすることは、自らの政治力を誇示することとつながっていた。日本律令国家は、この古代社会の構造的特質を法・制度によって体制化した。また八世紀半ば頃に東アジア海域に登場し、安史の乱後に拡大して、九世紀にはその動きを活発化させた海商たちも、交易に有用なネットワークを越境的に築きつつ、購買欲の強い各地の支配層に接触し、また異文化間交易を一定の秩序のもとで円滑に進めるために、政治権力への接近を重視した。そのために、両者は個別的な関係を築くこともあった。海域世界の越境的で連鎖的なつながりのなかで展開した国際交易は、各国の政治権力と結びつきながらも、国家の枠組みを相対化する多様な結びつきを包含していたのである。国際交易や唐物を題材とした古代文学には、こうした古代社会の実態がよく反映されてもいる。

ところで一一世紀の文人藤原明衡の作による『新猿楽記』には、唐物と本朝物を扱う「商人主領」で、東は「俘囚の地」から西は「貴賀の嶋」まで日本列島を駆けめぐる八郎真人という人物が描かれている。しかも「賓客の清談は甚だ繁く」とあるように、その活動は中央・地方の有力層との関係を前提としたものだったようだ。おそらく一一世紀には実際にこうした広域活動を行う日本商人も成長し、列島地域社会を国際交易と結びつけていたとみられる。しかしその歴史的実態はまだ不明な点が多い。この点は、今後の課題となるだろう。

注

1 手島崇裕『平安時代の対外関係と仏教』第二章第一節（校倉書房、二〇一四年）。
2 鈴木靖民『倭国史の展開と東アジア』第Ⅳ部第一三章（岩波書店、二〇一二年）。
3 石母田正『日本の古代国家』第一章（岩波書店、一九七一年）。
4 田中史生「〈異人〉〈異域〉と古代の交通」（『歴史評論』五九七、二〇〇〇年）。
5 田中史生『国際交易の古代列島』（角川選書、二〇一六年）。
6 鈴木靖民前掲注2論文。
7 田中史生『倭国と渡来人』（吉川弘文館、二〇〇五年）。
8 田中史生前掲注4論文。
9 田中史生『日本古代国家の民族支配と渡来人』第二編第二章（校倉書房、一九九七年）。
10 田中史生前掲注4論文。
11 山内晋次『奈良平安期の日本と東アジア』第一部第三章（吉川弘文館、二〇〇三年）。
12 田島公「大宰府鴻臚館の終焉――八世紀～十一世紀の対外交易システムの解明――」（『日本史研究』三八九、一九九五年）。
13 田中史生『国際交易と古代日本』第一部第一章（吉川弘文館、二〇一二年）。
14 田中史生前掲注9書第二編第三章。
15 渡邊誠『平安時代貿易管理制度史の研究』第4章（思文閣出版、二〇一二年）。
16 『旧唐書』玄宗本紀・開元二年十二月乙丑条
17 安藤更生『鑑真大和上之研究』第十一章（平凡社、一九六〇年）。
18 『旧唐書』玄宗本紀天宝三載四月条、『新唐書』玄宗本紀天宝三載二月条、『資治通鑑』天宝三年二月条
19 『旧唐書』鄧景山伝、『旧唐書』田神功伝。
20 田中史生前掲注5書。
21 『続日本紀』天平宝字八年七月甲寅条
22 田中史生前掲注14論文。

23　田中史生注13書第二部第一章（吉川弘文館、二〇一二年）。
24　田中史生前掲注5書。
25　蒲生京子「新羅末期の張保皐の抬頭と反乱」（『朝鮮史研究会論文集』一六、一九七九）。
26　田中史生前掲注13書第一部第三章。
27　田中史生前掲注14論文。
28　田中史生前掲注13書第一部第二章。
29　『類聚三代格』巻一八・天長五年正月二日太政官符
30　以下、宮田麻呂の「事件」については田中史生前掲注26論文の検討による。
31　田中史生前掲注5書。
32　渡邊誠前掲注15書第六章。
33　『類聚三代格』巻一九・延喜三年八月一日太政官符。
34　『日本三代実録』仁和元年一〇月二〇日条。
35　河添房江「平安文学と異国」（『日本の対外関係』三、吉川弘文館、二〇一〇年）、同「遣唐使と唐物への憧憬」（『遣唐使の時代——時空を駆けた超人たち——』角川学芸出版、二〇一〇年）。
36　田中史生前掲注26論文。
37　田中史生前掲注5書。
38　田中史生前掲書注13書第二部第二章
39　徳永貞紹「初期滑石製石鍋考」（『先史学・考古学論究』Ⅴ・下巻、龍田考古会、二〇一〇年）。
40　田中史生「国際交易と列島の北・南」（『古代ユーラシア研究センター年報』第二号、二〇一六年）。
41　石井正敏「遣唐使以後の中国渡航者とその出国手続きについて」（『島と港の歴史学』中央大学出版部、二〇一五年）。
42　田中史生前掲注5書。
43　川畑敏則・堀内和宏「大村市竹松遺跡の調査概要（古代〜中世）」・宮崎貴夫「遺跡からみた長崎県本土地域の古代の状況」（長崎考古学会『9〜11世紀における大村湾海域の展開——東アジア世界の中の竹松遺跡 発表要旨集・基本資料集』二〇一六年）参照。

44 田中史生前掲注13書第三部第二章、同前掲注40論文。
45 保立道久『かぐや姫と王権神話』（洋泉社、二〇一〇年）。
46 村上史郎「九世紀における日本律令国家の対外交通の諸様相」（『千葉史学』三三、一九九八年）、森公章『遣唐使の光芒』（角川選書、二〇一〇年）。
47 田中史生前掲注26論文。
48 田中史生前掲注13書第二部第三章
49 森公章『古代日本の対外認識と通行』第一部第五章（吉川弘文館、一九九八年）〉
50 保立道久前掲書注45書。
51 山内晋次前掲注11書第二部第三章。
52 榎本渉『東アジア海域と日中交流——九～一四世紀——』第一部第一章（吉川弘文館、二〇〇七年）。
53 田中史生前掲注13書終論。

日唐交流における「人」

河内　春人

はじめに

本稿に与えられたテーマは、日本（倭国の時代を含む）と唐の交流の史的意義を日本史の立場から捉えることである。日唐交流の特徴について概括的に述べるとするならば、次の点が強調できるであろう。

第一に、国際交通における技術上の限界という問題が挙げられる。当該期にあたる七〜九世紀は東シナ海を安全に交通する技術が確立していない。そのような技術的制約下において交流の前提である移動の安全性がいかに担保されたのか、ということが問われる。それは七世紀には朝鮮半島を経由することで一定程度確保されたが、半島を経由するという行為の実現性は朝鮮諸国との政治的関係に左右されるものであり、[注1]それゆえにその交流は外交という形式に収斂される傾向を強く持つ。逆に八世紀以降は政治的事情により朝鮮半島の経由を断念し、危険を顧みず東シナ海を横断するというルートを選択する。結局、その交流は外交使節の派遣を前提とするということになる。

第二に、交流の偏差性である。交流における外交の比重が極めて高いということは、両国が外交に対してどの程度の重要性を見出すかという政治上の位置づけによってその頻度が異なってくる。換言すれば、外交における派遣回数が異なるのである。日唐交流の場合は日本側が二〇回の派遣（中止を含む）であるのに対して、唐からの派遣は三回のみであり、日本から唐へというベクトルに偏っていたことが見て取れる。

第三に、派遣頻度の問題は他国と比較することによってさらに鮮明となる。日唐外交が前記のような派遣回数であるのに対して、新羅は約一九〇回、渤海も一一七回の派遣を数える。[注2] 要するに、日唐交流は、朝鮮諸国と唐の関係に比べて圧倒的にその頻度が少ない。東アジアレベルで比較すると、日唐の交流はむしろ稀薄の部類に入るといってよいだろう。日唐交流においては、その交流の少なさ自体が特質として指摘できる。それをふまえれば、交流の稀薄な関係においてそこにいかなる意味が認定されていたのかということが問題となる。

これまでの研究でも、様々な視角から日唐交流についてアプローチされてきたが、政治的交渉などの国際関係あるいは文物の将来といった文化的動向に注目が集まりがちであった。これに対して小稿では、日唐交流の実態に迫る手かがりとして、日本は唐にどのような人物を派遣したのかという課題について検討する。外交という権力による使節派遣が日唐交流の基調を成しているとすれば、唐に向かうべき人を権力がどのように選定したかということ自体が日唐交流に対する政治的位置づけの反映であり、その究明は必須の課題となる。

そもそも対外交流がいかなる局面においても人の移動を介して成り立つものである以上、日唐交流においても「人」がその現場において関係を成り立たしめるファクターであることはいうまでもない。換言すれば、その選任のバックボーンを明らかにすることによって交流の特質を浮き彫りにすることができる。

小稿では日唐交流が外交、特に倭国・日本から唐へというベクトルに偏るものであることをふまえて、倭国・

日本が派遣した遣唐使の人選について検討する。遣唐使を時期区分する場合、それは外交的にも組織的にも倭国の時代と律令国家の時代で大きく変貌を遂げており、大きく分けて七世紀の前期と八世紀以降の後期に区分するのが適切である。[注3]そこで時期を二つに分けて考察することにする。

一　七世紀の使人

遣唐使を派遣するという一連の流れにおいて、史料上最初に確認できるのは使節の任命である。そして史料上は残されていないが、その前段階として朝廷で人選に関して諮られたことはいうまでもないだろう。しかし、人選の基準について明確な記述は確認できない。

遣唐使の人選については、すでに森克己氏が「学者乃至は学問的素養のある人を選ぶ傾向が強かった」と論じ、[注4]特に七世紀について東野治之氏は外交に長けた氏族が実務的性格から選ばれたと指摘されている。[注5]ただし、そこには詳細な分析が示されているわけではない。それが妥当だとしても、具体的にどのような傾向を有するのか、さらに追究することは必要であろう。

前期遣唐使に任命された人物についてまとめたものが表1である。なお、遣唐使はそれを構成する諸階層が唐においてそれぞれの立場に基づいた交流を実践していた。それゆえ本来遣唐使を考える際には上層部としての使節だけではなくその下で様々な職務を担った人々や船乗りまで含めて総体的に捉えるべきであり、それを見落とすと遣唐使の全体像は理解できない。しかし、史料的な制約から遣唐使の人員全体を把握することは困難であり、また紙幅の都合もあるのでここでは外交的な任務を負った大使ら首脳部を扱う。なお、遣唐使をどのように定義するかという問題もあるが、本稿は交流という広い枠組みからの考察を前提とするものである。そこで便宜的に遣隋使や事務的な交渉、送使などの目的で派遣された使節も含めて分析する。

まず通説的に説明される氏族的な世襲という理解について再検討したい。複数名の遣隋唐使を輩出している氏族としては吉士が挙げられる。[注6] 吉士氏の外交活動は『日本書紀』では早くから確認できる。朝鮮半島との外交において雄略紀から現れており、継体朝以降は頻繁に見えるようになる。雄略紀についての史実性は慎重を期すべきであるが、吉士氏が六世紀の時点で半島との外交における折衝の中心的存在であったことは間違いない。そのような吉士氏の対中国外交への参与としては、隋③の雄成、唐②の雄麻呂・黒麻呂、唐③の長丹・駒、唐⑥の岐

表1　遣唐使の首脳層

		押使	大使	副使（小使）	その他
600	隋①				
607 608	隋② 隋③		小野妹子 小野妹子	吉士雄成	鞍作福利 鞍作福利
610	隋④				
614	隋⑤		犬上御田鍬 矢田部御嬬		
630	唐①		犬上御田鍬 薬師恵日		
633	唐②		吉士雄麻呂 吉士黒麻呂		
653	唐③		吉士長丹	吉士駒	
			高田根麻呂	掃守小麻呂	
654	唐④	高向玄理	河辺麻呂	藥師恵日	書麻呂 宮阿彌陀 崗宜 置始大伯 中臣間人老 田辺鳥
659	唐⑤		坂合部石布	津守吉祥	東漢阿利麻 坂合部稲積 伊吉博徳
665	唐⑥		守大石	坂合部石積	吉士岐弥 吉士針間
667	唐⑦		伊吉博徳 笠諸石		
669	唐⑧		河内鯨		
701	唐⑨	**粟田真人**	高橋笠間 →坂合部大	坂合部大分 →許勢祖父	
716	唐⑩	**多治比県守**	阿倍安麻呂 →大伴山守	藤原馬養	
732	唐⑪		**多治比広成**	中臣名代	
746	唐⑫		石上乙麻呂		
750	唐⑬		**藤原清河**	大伴古麻呂 吉備真備	
759	唐⑭		高元度		
761	唐⑮		仲石伴	石上宅嗣 →藤原田麻	
762	唐⑯		中臣鷹主	高麗広山	
775	唐⑰		佐伯今毛人	大伴益立 藤原鷹取 →**小野石根** →大神末足	
778	唐⑱		布勢清直		
801	唐⑲		**藤原葛野麻呂**	石川道益	
834	唐⑳		**藤原常嗣**	小野篁	
894	唐㉑		菅原道真	紀長谷雄	

※**ゴチック**は節刀を預かった人
※丸数字は便宜的なものであり、次数を示すものではない

弥・針間が該当する。六世紀に渡来系氏族として朝鮮半島との外交に活躍した吉士氏が、隋唐との外交にも関与することは至極当然のことといえる。

吉士は、難波吉士、国勝吉士、草壁吉士、三宅吉士などが確認できるように[注7]、秦氏と同様に多様な渡来系集団の集合体である。そのため遣唐使に選ばれた「吉士」はどの吉士の出自かということを考慮する必要がある。そこでもう少し詳細に見ると、雄成を単に「吉士」とのみ記す場合と、「難波吉士」と記す場合の二つのパターンがあるのが参考になる。すなわち、「吉士雄成」の「吉士」は「難波吉士」の略称であると考えることができる。問題は六世紀に外交活動が確認できる吉士氏は難波以外にも調、小黒など多様な吉士集団が外交活動を展開しており[注8]、難波吉士以外にも外交に従事している吉士の名が見えることである。それゆえ雄成以外の他の吉士を一律に難波吉士と捉えてよいかという問題が浮上する。

これについて加藤謙吉氏は、「難波吉士」とは難波に所在する複数の吉士集団の総称であると指摘する。難波周辺に在住し吉士氏の一角を構成した難波吉士系の集団が単に吉士と呼ばれることもあったとすれば、多様性を有する吉士が、これまで説かれてきたように外交担当氏族として遣唐使になったという理解と整合するのであり、本稿でもその指摘に従う。このような理解をふまえると、吉士氏の遣隋使・遣唐使への参与は六世紀以来の朝鮮半島との外交活動の経験をふまえたものであると見なし得る。

また、唐②③⑥のように、一回の使節に一人ではなく二名の人員を出すことがしばしばあることも注目に値する。七世紀の官職体系は三等官制であり[注9]、遣唐使も律令制下に比べて使職の人員が少ない[注10]。そこに吉士氏が複数名の人員を出すということになると、吉士は遣唐使の上位職に強くコミットしていたことになる。それは吉士氏が唐との外交において一定の発言権を有していたことを窺わせるものである。吉士の遣唐使選任については外交担当氏族として採用されたという通説的理解で問題ないだろう。

ところで、遣唐使に任命された人員を複数名出した氏族としては、他に坂合部氏が挙げられる。唐⑤の石布と稲積、唐⑥の石積が該当する。坂合部氏は境部とも記される氏族であり、境界の管理を担当する。[注11]すなわち、外交を担当するにふさわしい氏族である。

個別に見ておくと、石布については、六五六年に遣高句麗使として磐鍬の名が見える。これが同一人物であるとすれば、[注12]石布は朝鮮半島と唐との外交の両方に関与したことになる。吉士は対朝鮮外交を前提として唐との外交に従事したが、坂合部氏もそれと同様の傾向を示しているといえる。なお、石布が派遣された六五九年には同族の稲積も派遣されており、同じ使節で二人を輩出したケースとして注目される。

石積は六五三年の唐③において学生として唐に赴いたことが記されている。帰国年次は不明であるが、六六五年に副使として派遣されている。六六〇年に百済の役、六六三年に白村江という東アジアの情勢からすると、帰国が容易な状況であるとはいえない。唐⑤の百済の役のため唐に抑留された津守吉祥の帰国が六六一年五月であったことを想起すると、それと同時の帰国の蓋然性が高い。

なお、唐との外交に関与していない同氏の人物としては、境部雄摩侶と坂合部薬の名が『日本書紀』に見える。雄摩侶は六二三年に征新羅将軍に任命された。薬は有間皇子の変において尾張に流されているが、この時に同じく処罰された人物に守大石がいる。大石は唐⑥において大使として派遣されているが、その副使は石積であった。薬自身はこの後赦されたようであるが、壬申の乱において近江方の将として戦死している。

このように見ると、遣唐使に複数の人材を輩出した坂合部氏も、七世紀において唐との外交に食い込んだ氏族といえる。吉士との違いとしては、使人として参与した遣唐使が唐⑤⑥ときわめて限定されることである。留学を視野に入れると唐③も該当するが、いずれにせよその活動期間は吉士に比べて限定的であることは間違いない。そうすると、坂合部氏は七世紀半ばに氏族の職掌の一環として遣唐使に加わるようになったとはいえるが、世襲の実績があったとはいい難い。

ところで、石布、稲積、石積はその名が似ており、それぞれ近親であったと推測できる。すなわち石布が六五九年の使人として起用され、近親関係から稲積も副使に登用された可能性は否定できないだろう。また、六六五年の石積については、大使守大石との関係が注目される。先述のように大石は坂合部薬との政治的つながりが想定され、薬との関係を通じて同族の石積が選ばれた可能性がある。そうすると石積は留学生としての経歴を評価されただけではないことになる。これらを整理すると、坂合部氏の遣唐使選任は氏族的性質もさることながら、当時の朝廷内の人的コネクションが大きなウェイトを占めているように見受けられる。

七世紀の遣唐使において複数の人物を出した氏族として吉士氏と坂合部氏を検討したが、実のところ氏族として複数の人物を遣唐使に参与させたのはこの二氏に限られる。しかも坂合部氏は外交担当氏族ということのみで選ばれたとはいい難い一面がある。もとより唐との関係のみで推し量ろうとするのは視野狭窄に陥りやすく、注意しなければならない。しかし、もともと朝鮮半島との外交に派遣された経験がある氏族で七世紀に遣唐使に選任された人物を探しても、他に津守吉祥が見当たる程度である。[注13]

逆に遣唐使に選ばれた人物の一族がその後に外交に関与した例は、犬上君（六五六年に白麻呂が遣高句麗使）、守君（六八七年に苅田が遣新羅使）などが挙げられる。[注14] 八世紀まで視野に入れると、掃守氏も含めることができる。[注15] これらは遣唐使派遣という実績を持った人物の係累が、後に外交に採用されるようになるという傾向を示すものである。つまり朝鮮外交の実績から外交担当氏族として遣唐使になった氏族よりも、その逆のほうが多いといえる。

なお、氏族を階層的な観点から付言すると、群臣層の少なさも特徴のひとつといえる。群臣層を固定的なものとして捉えるべきではなく時期によって変化するという指摘に則っても、[注16] 該当するのは唐④の高向玄理と河辺麻呂程度である。[注17] 高向玄理は留学の経歴によって大化改新において国博士として群臣層に参入した人物であり、氏族としての選任とは見なしがたい。特にこの点は八世紀と大きく異なるところであり、次節で後述する。

このように遣唐使は氏族的な職掌に基づいて選任したとはいえないケースの方が目に付く。そこでそのような観点から離れたところで遣唐使の人選を捉え直すと、気が付くのが再任の多さである。小野妹子（隋②・隋③）、鞍作福利（隋②・隋③）、犬上御田鍬（隋⑤・唐①）、薬師恵日（唐①・唐④）、伊吉連博徳（唐⑤・唐⑦）など同一人がくり返し派遣されている。恵日について補足すれば、六二三年に「大唐学問者」として新羅経由で帰国しており、遣隋使における留学生であったと推定される。すなわち、三度中国に渡っているのである。これ以外に坂合部石積も学生から使職という経歴を有していることは先述の通りである。

ただし、これは遣隋使・遣唐使のみの傾向として捉えるべきではない。例えば、高向玄理（唐③）は六四六年に遣新羅使として派遣されている。さらにさかのぼると、六四〇年に学生として新羅経由で帰国している。恵日が〈留学→大使→副使〉[注18]という経歴であったのに対して、玄理は〈留学→遣新羅大使→押使〉という経歴を見出すことができる。両者とも留学という立場を出発点として外交にくり返し関与することになるが、それは遣隋使・遣唐使に限られるものではなく、朝鮮諸国との外交も含むものであった。

このように朝鮮諸国との外交も考察の射程に入れると、同一人の派遣のケースをさらに加えることができる。古くは吉士磐金が見え、五九七年と六二三年に新羅に二度派遣されている。安曇頰垂も六五七年に百済、六七〇年に新羅に派遣されている。伊吉博徳は二度の対唐外交に従事した後、六九五年に遣新羅使として派遣されている。

このように見ると、七世紀の外交は朝鮮・中国を限らず同一人物がくり返し選任されているといえるのであり、経験者が重視されたことの表れとして評価できる。それは単に外交担当氏族が氏族的職掌から担当したというだけではなく、むしろ外交には派遣経験を中核とする個人的資質が一定程度考慮されたということができる。

これまで遣唐使を含む七世紀の外交は前代からの氏族的な職掌に基づくものと理解されてきた。しかし、その前提となる六世紀について考えると、中国との外交が中絶している時期であり、ヤマト政権の対外関係とは朝鮮半島とのそれということになる。しかし、それは倭王権による外交の掌握という観点から見るとかなり流動的であった。列島の諸氏族が個別に半島とのつながりを有していた状況であり、倭王権も一定程度それを認めざるを得ない状況があった。[注19]倭王権は、磐井との軍事的衝突などを契機として列島の諸氏族が半島に対して持っていた個別的対外関係を徐々に回収したのであり、六世紀後半にようやく外交権を独占化することに成功した。吉士などの氏族が外交に従事するようになったのは、こうした倭王権による外交権掌握過程においてのことであろう。そのような経緯を背景として外交システムが形成されたことを念頭に置く必要がある。七世紀の段階で外交は吉士氏など王権に仕奉する氏族が設定されていたものの、そのほかの特定の氏族が外交に専従するようなものではなかった。外交においては氏族的なファクターを強調しすぎるべきではなく、七世紀の遣唐使の選任はそれを示唆しているのである。

二　節刀を授かる人々

八世紀以降の後期遣唐使は七世紀に比べて史料が豊富であり、分析の手がかりもそれなりにある。しかし、その全てを扱うことは紙幅の都合上困難である。それゆえ本節では、特にその首脳部の人選にしぼって検討を加えることにする。

六七〇年の遣唐使以来、三十年強のブランクを経て遣唐使は再開されるが、そこにはシステム的な大きな変化がある。それは節刀の出現である。[注20] 律令制下において新たに創出された節刀とは天皇の軍事・外交大権の一部的移譲の象徴であり、それは遣唐使の選任にも大きな影響を及ぼした。七世紀の遣唐使は唐④を除いて群臣層の派遣が見当たらず、むしろ王権に直接的に仕奉する人物を大使として採用している。七世紀段階ではそのような人物の冠位はそれほど高いものではなかった。

ところが律令制下において節刀を授与したうえでの派遣という形式が確立すると、節刀を授かるトップは天皇大権を代行し得る身分を有するという見地から、おおよそ四位以上という基準が形成される。[注21] 特に律令制下の初期の遣唐使は節刀専当官として大使の上位に執節使・押使を定めており、節刀の扱いに慎重であったことが見て取れる。また、節刀に象徴される外交権は、専当官が唐においてそれを担うことが困難になった場合、副官が代行することが認められている。それゆえ、副使レベルでも五位以上という基準が形成されることになる。[注22]

これを人選という観点から捉え直すと、七世紀とは一変して旧来の群臣層的氏族が多数任命されていることが見て取れる。東野氏は古代日本において文明化が一定の段階に達したことによって中国的な教養を身に着けた人選が可能になったと評価されており、[注23] 従うべき見解であるが、付け加えるならば、節刀を管掌して天皇大権を代行するというシステムが確立したことによって四位以上という一定の地位にあることが求められるようになり、旧群臣層が階層的にそこに位置していたということになろう。

節刀専当官の人物像については、内面（人格・教養）と外面（風貌）の双方の条件が問われた。[注24] 内面について、それは単に問題を起こさない人格が求められたというだけではない。彼らは唐の知識人階層との交流において、それに相応しい知識・学識を有しているかどうか試された。遣唐使は唐に赴いた際に宴席などで詩を詠むことが求められた。これゆえ詩文は大使ら遣唐使の首脳層にとって必須のスキルであった。それは唐の知識人たちに教養面において日本が後れを取るものではないことを言外に示すことをねらったものであった。

そしてそれとともに、新羅・渤海に優越する文明国であることを唐において誇示することが必須の任務であり、そのためにも新羅使を上回る学識の保有が大きな課題であった。いうなれば、遣唐使の人選は律令国家の帝国性を対外的に主張するものとして位置づけられていた。七五三年の唐の元会における席次争長事件[注25]において大伴古麻呂が、日本が新羅に対して優越するものであることを主張しているのは、日本国内における新羅服属の歴史意識が定着化しつつあることの表れであるとともに[注26]、それまでの遣唐使人の交流によって、中國文化を具備し、かつ新羅より優越した国であると唐が認識していると確信していたからこその発言であった。

外面も大きなファクターであった。『朝野僉載』に「日本国使人」と揶揄された呂延祚の人物風刺の記述から坂合部大分が「長大少髪」であったことが指摘されている。「少髪」はともかくとして、「長大」とあることから、遣唐使人は身長が高く堂々たる体軀であることが選定における基準の一つであった[注27]。

また、外的ファクターにおいて重視されるのは身長だけではなかった。初対面の人物に好感を抱かせるのは容易ではない。単なる容姿のみならず、立ち振舞も印象を左右する。十数年に一度しか派遣されない日本の遣唐使であればそれはなおさらであった。

唐が好印象を持つように、日本は中国における既存の認識を利用した。中国の東方君子観を遣唐使にあてはめることで日本のイメージの高揚を図ったのである。大宝遣唐使の唐到着時の問答はそれを示している。

唐人謂二我使一曰、「亟聞、海東有二大倭国一、謂二之君子国一。人民豊楽、礼儀敦行。今看二使人一、儀容大浄、豈不レ信乎[注28]。」

唐人が倭国を君子の国と呼んでいるが、そのような認識がどこまで普及していたのか疑問がないわけではない。唐人の発言の背景には、『論語』子罕篇の「子欲レ居二九夷一。或曰、陋。如レ之何。子曰、君子居レ之、何陋之有」という一文が影響を及ぼしている可能性がある。『論語』の東アジア流通は七世紀以前に遡るものであり、日本側も当然これを意識していたであろう。いうなれば、日本は論語以来の中国の認識を逆手にとって、唐人に得心させる所作・物腰を備えた人物を選んだといえる。

　このように人選を行なう場合、遣唐使首脳層の選任において氏族的な基準からの人選が方法として適切であるかというと、疑問といわざるを得ない。遣唐使のトップは、天皇大権を代行できる位階を有していることを前提とした上で、内面的には学識が豊かであり詩文の交歓に優れていること、外面的には君子の風貌を備えて相手を納得させること、この二点こそが人選の基準であった。

　もちろん、それが氏族的な人選と全く抵触するわけではない。学識という点についていえば、渡来系氏族は列島において中国学術の理解という点において一日の長があることは間違いない。それが七世紀における遣唐使の選任に影響している。しかし、七世紀に隋唐から帰国した留学生は、塾を開いて同時代の学問を支配者層の子弟に教授した。『藤氏家伝』に「甞群公子、咸集二于旻法師之堂一、読二周易一焉」とあり、僧旻は『周易』を群臣層子弟に教授した。そのなかでもっとも勝れていたのが蘇我入鹿であった。また「自学二周孔之教於南淵先生所一」として南淵請安のもとに中大兄・中臣鎌足が通ったのはよく知られる。[注29]

　これらのように遣隋留学生の帰国は学術を渡来系氏族による独占から開放したのであり、それによって群臣層も学識を持つことが自明化した。それが一定の段階に至ったのが天智朝から天武朝であったと考えられる。大友皇子が「博学多通[注30]」とされ、大津皇子が「好レ学、博覧而能属レ文[注31]」というのはそれを端的に表している。そのような支配者層における学術の広がりが、八世紀における遣唐使トップの貴族選任を具現可能化させたともいえる。

　外面については、近親であれば容姿は似通いやすい傾向にあることは生物学的にいえる。それゆえ優れた容貌の人物の同族から選任されることが傾向化しやすいといえなくもない。だが、きわめて不確定要素が強い問題である。吉士氏が外交に従事した理由は朝鮮諸国の外交担当者とのネットワークを維持したところにあり[注32]、外面的な容貌は全く無関係であっただろう。外見は先述のような対朝鮮外交のスタイルの延長線上にある七世紀の遣唐使のときには顕在化されにくい。むしろ唐との外交が一新される後期遣唐使において自覚化されたといえる。

このように理解すると、内外面における基準とはこの時成立した不文律であり、後期一回目の大宝遣唐使において執節使であった粟田真人は『旧唐書』日本伝に「真人好読二経史一、解レ属レ文、容止温雅」と記されており、両方の基準を満たす人選であったことが明確になる。東野氏は「中央の大氏族にも中国的な教養が行きわたるようになり、それらの中から遣唐使節にふさわしい人選ができるようになった」[注33]と述べているが、それは核心を突いた指摘である。

もっとも後期遣唐使の全ての首脳層においてそうした基準が厳格に順守されていたとするものではない。特に外見というファクターは判断が難しく、教養を備えて唐朝において礼を具備した大国としての品格を認めさせることができるかどうかということに比べれば、それほど重視されなかったであろう。

一方、このような個人的資質を基準としてルール化した人選は最後まで徹底されるのだろうか。森克己氏は世襲化の事例として多治比氏と藤原氏の例を挙げている。特に後者の葛野麻呂・常嗣父子二代の任命は「唐朝との親しみを増させ、外交的活躍に便宜をもたらさせようとのねらい」があったとする[注34]。これを妥当とすれば、その選任基準は変質したように見える。確かに森氏の挙げる、多治比県守と広成は兄弟、藤原葛野麻呂と常嗣は親子であり世襲化のように見える。

しかし、この二例から使節任命において世襲化したというには躊躇せざるを得ない。後期遣唐使の首脳部を出した氏族の分布を示したのが表2であるが、この表を見る限り、その前半に使人を出した氏族と後半の氏族ではそれほど重なるところがない。

表2　後期遣唐使首脳層の氏族分布

	702	716	732	746	750	759	761	762	775	778	801	834	894
粟田	1												
高橋	1												
坂合部	1												
許勢	1												
多治比		1	1										
阿倍		1											
大伴		1			1				1				
藤原		1			1		1		1		1	1	
中臣			1					1					
石上				1			1						
吉備					1								
高						1							
仲						1							
高麗								1					
佐伯									1				
小野									1			1	
大神									1				
布勢										1			
石川											1		
菅原													1
紀													1

三人以上を輩出している氏族としては藤原氏と大伴氏が挙げられる。それでは限定的に両氏のみに世襲化が起こったという理解は可能だろうか。

藤原氏は、森氏が論じたように北家の葛野麻呂—常嗣には明確な近親関係が認められる。また、同じ北家では清河が葛野麻呂以前に選任されている。一方、式家の馬養（宇合）—田麻呂も親子であり近親関係といえる。しかし、北家では清河（房前五男）と葛野麻呂（房前長子鳥養の孫）は血縁の距離が離れており、これを世襲というのは抵抗がある。そもそも式家と北家という異なる家でそれぞれ使人を出しているということは、そうした理解に疑問を生じさせる。さらに時系列でみると、馬養（式）—清河（北）—田麻呂（式）—葛野麻呂（北）—常嗣（北）となり、唐に親しみを持たせるという解釈も疑問である。その選任は世襲化とは異なるとすべきである。

一方、大伴氏は山守、古麻呂、益立の三人を出している。山守と益立は系譜未詳、古麻呂は伴氏系図には家持の息子とするが疑問が持たれており、宿奈麻呂の子という。[注35] 三者は血縁関係の親疎の確認が困難であるが、それぞれ係累として共通する人名が出てこないことから血統を異にする可能性が高い。このうち益立は遣唐使選任以前に鎮守副将軍や大宰少弐のような軍事・外交に関係するキャリアを歴ており、それが遣唐使につながったと見ることもできる。

これらのことから、遣唐使首脳層選任においてやはり世襲という要素の占める比重は高くないといわざるを得ない。そもそも世襲化が生じる大きな要因としては、職務に関する知識の継承が容易になるということが挙げられよう。七世紀の吉士はまさにそのパターンであった。それでは八世紀にも当てはまるのか、この点について石上氏のケースに注目したい。同氏は乙麻呂—宅嗣という親子が選任されているが、乙麻呂と宅嗣はいずれも選任されながら、[注36]結局派遣されなかった。乙麻呂は実際に唐に赴くことがなかったのであり、逆にいえば宅嗣は乙麻呂の経験を継承していない。その選任は職務知識の継承や唐の親しみとは関係ないところで判断されたとしなければならない。

このように見ると、森氏が挙げて世襲化と位置づけた多治比と藤原は、律令制下の遣唐使の人選としてはむしろ例外的なケースである。少なくとも遣唐使の首脳部の人選において世襲という論理を強調することには慎重であるべきだろう。その傾向を遣唐使に通時的に及ぼして理解するのは適切ではない。

三　留学者

遣唐使節そのものではないが、日唐の間を往来した人々としては留学生・学問僧の存在も挙げることができる。史料上多様な呼称で現れ、その活動も短期的滞在の請益・還学と長期的滞在の留学に区別される。ここではそれらを概括して留学者と呼ぶことにする。[注37]

まず取り上げるべきが、留学者の選定という問題である。遣隋使では留学者にどのような人物が選ばれたのか。例えば六〇七年には使人の発言として「沙門数十人」を来学させる旨が述べられている。また、六〇八年には倭漢直福因・奈羅訳語恵明・高向漢人玄理・新漢人大国・新漢人日文・南淵漢人請安・志賀漢人恵隠・新漢人広斉等八人が赴いている。隋滅亡後、最初の遣唐使派遣以前の六二三年に帰国した遣隋留学者には恵斉・恵光・醫恵日・福因がいる。遣隋使における留学者の特色としては僧侶の割合の高さが挙げられよう。特に六〇七年の留学者は名前こそ残っていないが、数十人という多数の僧が派遣されている。それは推古朝の文明化の基調が仏教であったことの表れである。[注38]そして、留学者にはたとえ僧侶であるとしても仏教のみならず、中国文明全般の知識獲得が期待されていた。先述のように僧旻が帰国後に周易を教えていることからも明らかである。

留学者の目的が中国文明の包括的な習得であるとすれば、彼らの出自は知識人であることが前提になる。中国文明の将来という活動のためには、文字の読み書き、ひいては漢籍の読解という作業が必須だからである。七世紀という文字文化がようやく列島に普及し始めた段階においては、それを担う社会的階層は限られていた。それゆえ仏教経典を読み、あるいは書写する僧侶が多く選ばれることは必然的な傾向であった。そして、僧侶の出自は渡来系氏族が高い割合を示す。それは列島の文字文化の基層を担うのが渡来系氏族であったためである。七世紀前半にヤマト政権は渡来系氏族をフミヒトとして編成し、支配における文筆・記録化を推し進めた。[注39]フミヒト系氏族は学問に対する指向性が強く、かつ仏教への指向性も強い。それゆえ僧侶の出自も渡来系が多い。両者は重なり合っており、単純に弁別できるようなものではない。

そして、遣隋留学者の帰国は新たな潮流を生み出す。七世紀半ばには渡来系氏族のみならず在来系豪族も留学者を出すようになるのである。そのもっとも端的なのが、中臣鎌足の長子である貞慧である。遣隋使留学者の帰国は中国の最新の学問を倭国にもたらし、それによって倭国内に新たな人材が育つことになる。南淵請安による私塾はその代表的なものであり、そこで学んだ鎌足らの在来系氏族も学問的な指向性を強めるようになる。また、六世紀半ば以来の仏教の定着も渡来系氏族のみならず在来系氏族における先進知識の習得を促すものであった。

翻ってみるに、留学者が中国に対してのみ派遣されるものと考えることは適切ではない。仏教を含めた先進知識習得のための海外への派遣ということでいえば、むしろ朝鮮諸国に対して先行的に行われていたからである。その早期の事例としては、崇峻朝における「学問尼」善信が挙げられる。鞍作氏である善信尼は百済に赴き仏教を学んで帰国した。

遡ると、六世紀には五経博士の派遣記事に象徴されるように、[注40]半島からの知識人の到来が倭国における学問受容の実態であった。しかし善信尼に至って、倭国の方から半島諸国に知識を求めて出向くようになるのである。特に用明・崇峻朝の混乱を経て蘇我氏の権力が確立するなかで、仏教を媒介とする知識の受容が加速化する。推古朝では倭国から半島諸国というベクトルは見えないが、百済の観勒や高句麗の慧慈・曇徴ら僧侶の到来の背後には双方向的な僧侶たちの交流があったと考えてもよいだろう。[注41]さらに皇極朝に高句麗への学問僧や留学生が派遣されたことが確認できるし、改新政府は「三韓」に学問僧を遣わしている。七世紀後半の遣唐使が中絶していた時期に倭国は新羅から学問や統治技術を摂取していたことはよく知られるところであり、[注42]それをもたらす一翼を担ったのが新羅への留学者であった。

そして、そうした動向と並行して遣隋使や遣唐使派遣における留学者が出現するのである。そこに選ばれた人々は当初渡来系氏族であり、在来系氏族に拡大する傾向を示す。要するに、七世紀の中国への留学者の人選は朝鮮半島への留学者と同様の行動パターンを示しており、この点は同時期の使節の人選と軌を一にするといえる。

八世紀に入ると留学者に与えられた役割は変化する。七世紀の留学者、特に僧侶は儒教・仏教のいずれも学んで帰国したが、八世紀の留学僧は仏教の受容に限定して活動するようになる。

八世紀の留学僧の動向を見渡すと、七〇二年に唐に渡った道慈は三論に精通したとされる。七一七年に入唐、七三五年に帰国した玄昉のもたらした経論五千余巻は開元釈教録との関連が推定されており、仏教経典に限定されるものであった。[注43]七三三年に渡唐した理鏡は菩提僊那を招聘した。七五二年に唐に赴き在唐三十一年にわたった行賀は唯識・法花両宗を学んだ。また普照・栄叡は戒律伝来のための伝戒師招請を任としていた。目ぼしい事例を挙げたが、彼らの動向に仏教以外の学問に関する活動は窺われないし、あったとしてもその比重はかなり軽かったといえるだろう。

次に留学僧の出自について見てみると、道慈は額田氏、玄昉が阿刀氏、行賀が上毛野公であり、栄叡は美濃の人と記す。これらの氏族は渡来系氏族ではない。八世紀はすでに僧侶を輩出する氏族は渡来系に限られるものではなくなりつつある。これらを整理すると、八世紀の留学僧の出自は渡来系のみならず、広範囲に及ぶようになった。またその目的も、仏教、特に各宗派の教義の理解を深めるためのものである。留学僧は僧侶としての学識に基づき選ばれるようになっていた。

それでは留学僧以外の留学者はどのような傾向を見せるのか。まず遣唐使ごとに主だった者を挙げておこう。大宝次は留学生として名前が残っている人物はいない。それはこの時はいなかったというのではない。先述の道慈や弁正など留学僧は確認できることから、留学生もいたと見て差し支えない。霊亀次は阿倍仲麻呂・下道真吉備・大倭小東人（請益）・井真成、天平次は秦大麻呂（請益）、勝宝次は藤原刷雄（請益？）・膳大丘・春桃原、宝亀次は伊予部家守（請益）、延暦次に橘逸勢・粟田飽田麻呂、承和次には卜部平麻呂・春苑玉成・長岑氏主などの名が知られている。

これらの出自を見ると、貴族級（阿倍仲麻呂・藤原刷雄・橘逸勢）、中級氏族（膳大丘・卜部平麻呂）、地方豪族（大倭小東人・下道真吉備・伊予部家守）、渡来系氏族（秦大麻呂・井真成？）というように分類でき、その階層は一様ではない。留学僧と同様、もはや渡来系氏族が大多数を占めるような状態ではなくなっている。留学者は唐の学問を学び文物の将来を任務としていたが、それは出自階層の如何に関わらず取り組むべき課題になっていたといえる。そのうちの一定数は帰国後に大学寮において活動することを確認できる。逆に大学寮官人から留学者となったのは真備のみである。

ところで、七世紀の留学者のその後の経歴を追うと、使節として再任されるパターンが多いことは先述の通りである。一方、八世紀の留学者のうち、再度派遣されたのは吉備真備のみである。[注44] 真備にしても清河らが任命された一年後の追加補任であり、何らかの政治的事情を窺わせる。[注45] このように見ると、渡唐経験者が対外交流に専従するというパターンではなくなっていることが見て取れる。それは個人の経験・能力に依拠して政治を遂行するやり方が解体され、官僚制的な仕組みが外交にまで及んでいることの表れと評することができよう。

そして、留学者の帰国後の待遇については、位階の上昇はそれほど見られないのに対して経済的には潤ったという指摘がある。[注46] それは留学の経験が経歴に反映されにくくなっているということでもある。

留学者の人選は、留学者の帰国後の経歴と深く結びつくものである。七世紀は留学者は外交使節としての再任の途が拓かれていた。それは留学者個人の在外経験が当時の外交において役に立つものとして認められていたからである。そして、そのような留学者は渡来系氏族からの選任が多かった。渡来系氏族は中国・朝鮮文化の知識を保有しており、それを土台として唐での学問的活動を遂行したのである。

ところが八世紀になると趣を変える。留学者を出す階層は渡来系に限らず多岐にわたるようになる。それは列島における学術が支配者階層に広汎に広がり、共有されたことによるものである。律令国家の成立は文書行政の確立という一面を持つものであり、[注47] 官僚となる階層全体に基礎的な中国文化の習得が要請された。もはやそれは渡来系氏族が占有的に担うものではなくなっていた。一方で留学者の帰国後に期待される役割も限定されるようになり、留学経験をふまえて就く官途は大学寮官人などに限られるようになる。

おわりに

本稿では従来自明のこととして論じられることの少なかった、公的に唐に赴いた「人」の選任について注目して、そこから日唐交流の特色について考察しようとした。そこから透けて見えるのは次のようなことになる。

従来想定されていた、遣唐使の選任において氏族的職掌や世襲の論理が働く比率は首脳層においてはそれほど高くない。それをふまえて選任の基準について検討した結果、七世紀と八世紀以降で選任の論理が異なることが明確になった。七世紀の前期遣唐使では同一人の再任がくり返されており、渡唐経験が重視された。その人選は朝鮮諸国との外交のあり方を踏襲しており、前期遣唐使は半島外交の延長線上にある。

これに対して、八世紀以降の後期遣唐使の首脳層の選任は節刀の創出と運用という組織的課題に強く左右された。逆に遣新羅使・遣渤海使には節刀は授与されない。それは律令国家の帝国性を反映するものであり、節刀こそ日唐交流の特質といえる。人選の基準は内面的人格と外面的容貌が挙げられるが、これは当人固有の属性である。世襲的に見える現象が生ずるのは、遣唐使に任じられるにあたって要求される教養は同一の環境から育成されやすいという傾向があるからであろう。ただし、それが選任の前提ではない。

留学者については、前期遣唐使の時期に中国的知識を一定の水準で保有している階層はかなり限定的であり、その条件に適うのはフミヒト系の渡来系氏族であった。ただし、留学者の帰国と国内での知識教授は在来系氏族への学問の普及を促し、後期遣唐使になると留学者を出すのは渡来系氏族に限られなくなるという見通しが得られる。また、僧侶は知識人として留学者に選定されやすいが、七世紀には彼らに期待される成果は仏教のみならず儒教などを含めた幅広い分野であったが、八世紀になると仏教に限定されるようになる。このような変化もまた日唐交流の特質といえるだろう。

残された課題として、今回取り上げられなかった人々の選任基準のさらなる追究が挙げられる。具体的に言えば、日本から唐へというベクトルでは実務官・技能者、さらに唐から日本へというベクトルそのものである。前者については、後期遣唐使の判官・録事では例えば上毛野氏が人材を輩出している。二十年に一度程度の遣唐使の事務処理の知識についての引継ぎが困難であり、実務的役職においてはむしろ経験者を有する氏族から優先的に選ばれる傾向があると推定されるが、その詳細を究明する必要がある。また、後者についてはー人数的にもそれほど多くない。[注48]日唐交流における偏差性はここにも表れているといえる。これらの課題については後考を期すことにする。

注

1 石井正敏「遣唐使と新羅・渤海」（『東アジアの古代文化』一二三、二〇〇五）。

2 濱田耕策「新羅の遣唐使と留学生」（『東アジア世界史研究センター年報』四、二〇一〇）、権悳永『古代韓中外交史』（一潮閣、一九九七）。

3 後期はさらにⅠ（八世紀初頭）、Ⅱ（八世紀半ば～後半）、Ⅲ（九世紀以降）に三区分できる。拙稿「律令制下における遣唐使の組織構成」（『東アジア交流史のなかの遣唐使』汲古書院、二〇一三）。

4 森克己『遣唐使』（至文堂、一九五五）。

5 東野治之『遣唐使』（岩波書店、二〇〇七）。

6 吉士については、加藤謙吉『吉士と西漢氏』（白水社、二〇〇一）、同『渡来氏族の謎』（祥伝社、二〇一七）。以下、吉士に関する加藤氏の見解は両書による。

7 国勝吉士については誤記の可能性が指摘されている。加藤謙吉前掲注6書。
8 調吉士は継体紀や欽明紀、小黒吉士は敏達紀に見える。
9 東野治之「四等官制成立以前における我国の職官制度」（『長屋王家木簡の研究』塙書房、一九九六）。
10 拙稿「七世紀における遣唐使の組織構成」（前掲注3書所収）。
11 本位田菊士「境部に関する若干の考察」（『日本古代国家形成過程の研究』）、加藤謙吉「境部の職掌について」（『大和政権と古代氏族』吉川弘文館、一九九一）。
12 『日本古代氏族人名辞典』（吉川弘文館、一九九〇）では、同一人物に比定する。
13 六四二年に津守連大海が遣高句麗使として活動している。
14 守君については、鈴木靖民「天智四年の遣唐使守君大石と守君氏」（『古代日本の東アジア交流史』勉誠出版、二〇一六）。
15 掃守氏については、鈴木靖民「掃守氏と相楽神社」（『古代対外関係史の研究』吉川弘文館、一九八五）。
16 加藤謙吉「大夫制と大夫選任氏族」（『大和政権と古代氏族』吉川弘文館、一九九一）、倉本一宏「氏族合議制の成立」（『日本古代国家成立期の政権構造』吉川弘文館、一九九七）、佐藤長門「倭王権における合議制の史的展開」（『日本古代王権の構造と展開』吉川弘文館、二〇〇九）。
17 河辺氏は造船に従事している記事が注目される。
18 恵日の唐①における地位は、「以大仁犬上君三田耜・大仁薬師恵日遣於大唐」（『日本書紀』舒明二年八月丁酉条）とあり、犬上三田耜とともども大仁の冠位で派遣されている。両者は同格であり、使節内における明確な序列はなかったと推定される。それゆえここでは大使として扱う。拙稿「七世紀における遣唐使の組織構成」（前掲注3書所収）参照。
19 拙稿「古代東アジアにおける政治的流動性と人流」（『専修大学古代東ユーラシア研究センター年報』三、二〇一七）
20 節刀については瀧川政次郎「節刀考」（『國學院大學政経論叢』五―一、一九五六）、拙稿「大宝律令の成立と遣唐使派遣」（『日本古代君主号の研究』八木書店、二〇一五）。
21 虎尾達也氏は四位に大夫制との関連を見出している（「参議制の成立」『日本古代の参議制』吉川弘文館、一九九八）。これと遣唐使の節刀専当官が四位相当であることとの関連性は断言しがたい。
22 前掲注3拙稿参照。
23 東野治之前掲注5書。

24　森克己前掲注4書、王勇『唐から見た遣唐使』（講談社、一九九八）。
25　この事件については、石井正敏「唐の将軍「呉懐実」について」（『日本歴史』四〇二、一九八一）、「大伴古麻呂奏言について」（『法政史学』三五、一九八三）。
26　拙稿「古代東アジアの国際関係と交流」（『日朝関係史』吉川弘文館、二〇一七）。
27　加藤純一「『朝野僉載』に見える「日本国使人」」（『芸林』三八―三）、池田温「日本国使人とあだ名された呂延祚について」（『東アジアの文化交流史』吉川弘文館、二〇〇二）。
28　『続日本紀』慶雲元年七月甲申条。
29　『日本書紀』皇極三年正月乙亥条。
30　『懐風藻』。
31　『懐風藻』。
32　加藤謙吉氏は特に「任那之調」問題に関与したとされる。前掲注4書参照。
33　東野治之前掲注5書。
34　森克己注4前掲書。
35　高島正人「奈良時代の大伴宿禰氏」（『奈良時代諸氏族の研究』吉川弘文館、一九八三）。
36　石上乙麻呂については、東野治之「天平十八年の遣唐使派遣計画」（『正倉院文書と木簡の研究』塙書房、一九七七）、鈴木靖民「『懐風藻』石上乙麻呂伝の一考察」（前掲注15書所収）。
37　東野治之注5前掲書。
38　拙稿「遣隋使の「致書」国書と仏教」（『遣隋使がみた風景』八木書店、二〇一二）。
39　加藤謙吉「史姓の成立とフミヒト制」（『大和政権とフミヒト制』吉川弘文館、二〇〇二）。
40　五経博士については、拙稿「五―七世紀における学術の流通と南朝文化圏」（榎本淳一編『古代中国・日本における学術と支配』同成社、二〇一三）。
41　中林隆之「東アジア〈政治―宗教〉世界の形成と日本古代国家」（『歴史学研究』八八五、二〇一一）。
42　鈴木靖民「古代東アジアのなかの日本と新羅」（『日本の古代国家形成と東アジア』吉川弘文館、二〇一一）。
43　皆川完一「光明皇后願経五月一日経の書写について」（『正倉院文書と古代中世史料の研究』吉川弘文館、二〇一二）。

44　留学者が使節になった事例としては、八三八年の遣唐使別請益生丹墀高主が揚州滞在にあたって准録事となったケースがあるが、これは再任ではないのでここでは除外しておく。
45　中川収「吉備真備の遣唐副使追補と藤原仲麻呂」（木本好信編『藤原仲麻呂政権とその時代』岩田書院、二〇一三）。
46　シャルロッテ・フォン・ヴェアシュア「帰国後の遣唐使の待遇について」（『専修大学東アジア世界史研究センター年報』四、二〇一〇）。
47　拙稿「日唐交流史における人名」（前掲注3書所収）。
48　代表的な研究としては、池田温「裴世清と高表仁」（前掲注27書所収）。

僧侶たちの国際交流

森　公章

はじめに

僧侶は前近代においては最高の知識人であり、遣隋使・遣唐使には多くの留学・請益僧の存在が知られる。小稿は僧侶を主体とした国際交流を考えるという課題であり、国家的通交に随伴して渡航した以外のもの、遣唐使事業の終焉以後の通交を担った活動を取り上げることにしたい。実質的に最後の渡海例となった承和度遣唐使以降、寛平度遣唐使計画発動までには、九世紀後半に恵蕚、恵雲、円珍、真如などの入唐僧の活動が存するが、彼らについては概説書やいくつかの専論が呈されているので、そちらを参照していただきたい。[注1]

延久二年（一〇七〇）正月十一日僧成尋請渡宋申文（『朝野群載』巻二十）には、「天慶寛延、天暦日延、天元奝然、長保寂照、皆蒙二天朝之恩計一、得レ礼二唐家之聖跡一」と、自らの先達となる僧侶の名前が挙げられている。これらのうち、天慶の寛延は延長五年（九二七）渡航の興福寺寛建一行の誤りであり、彼らは渡海直後に建州で寛建

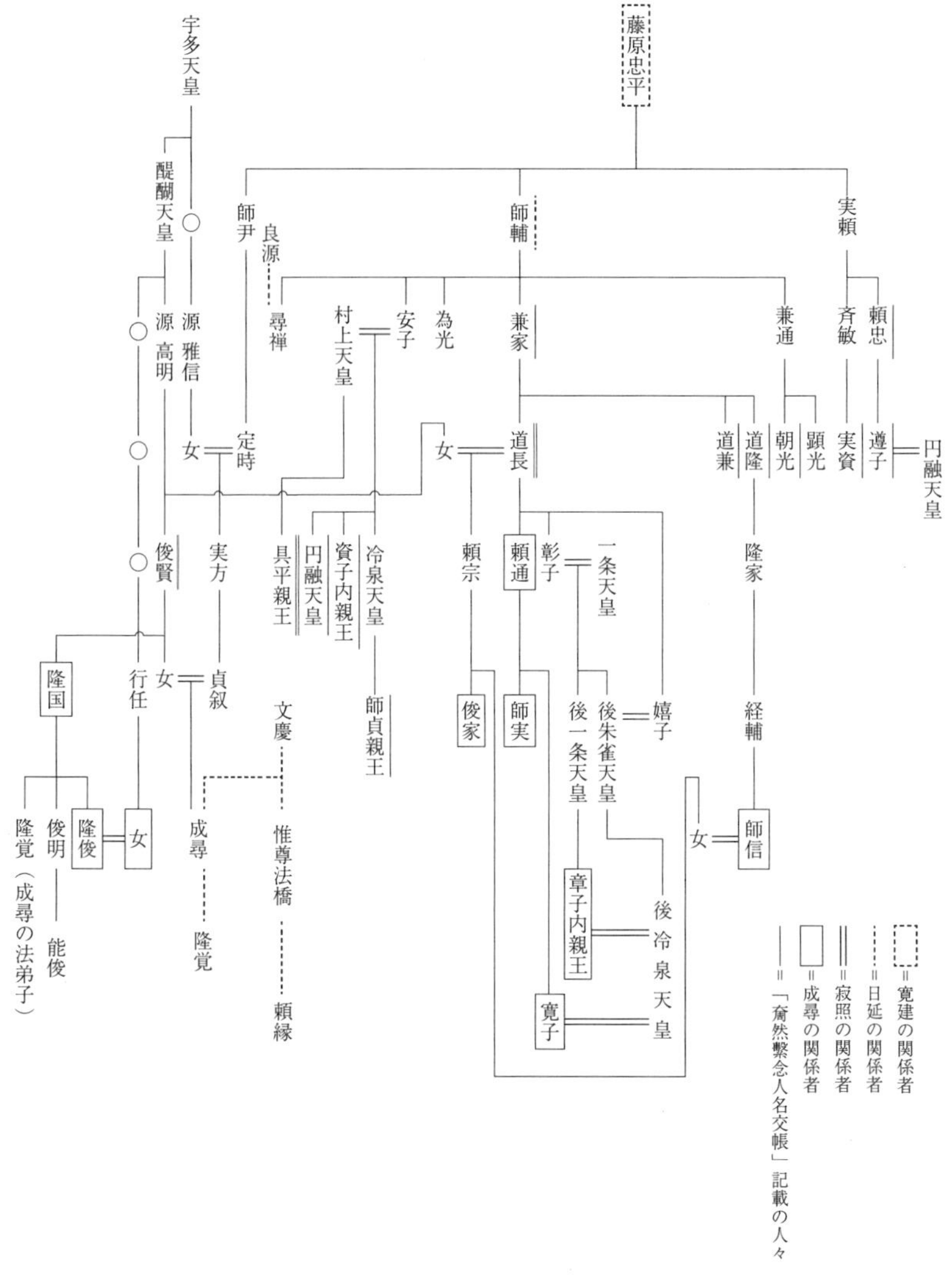

系図　寛健、日延、奝然、寂照、成尋の関係者（点線は法系を示す）
（森公章『成尋と参天台五臺山記の研究』吉川弘文館、2013 年、140~141 頁）

が死去するという悲運に見舞われ、その後一行の寛補・澄覚・超会らは中国に足跡を留めているが、時代的には五代十国の混乱の中で日本に通信することもできず、超会の如く、五十年間も滞在して宋の統一、最初の入宋僧である奝然との面会を果たす者（『鵝珠鈔』二所引「奝然在唐日記」逸文）があったものの、国際交流の様相は不明な部分が多いので（「其後澄覚学二漢語一、講二唯識論・上生経等一、賜紫資化大師賜紫号。有二帰朝之心一、遠去二両浙一。寛補左京弘二瑜伽大教一、賜二弘順大師号一。当京元無レ弘二真言教一、寛補来後弘二密教一。教授灌頂弟子三十余人」とある）、以下では日延以降の交流のあり方を整理することにしたい。

一　日延

a　『平安遺文』四六二三号大宰府政所牒案（天喜初年頃か）

（上略）前入唐僧日延天暦七年為下天台山宝幢院平等房念大和尚、依二大唐天台徳韶和尚書信一、繕二写法門一度送之使上、属二越人蔣承勲帰船一、渉二万里之洪波一、望二四州之台岳一。其時主計頭三道博士賀茂朝臣保憲奏二聞公家一云、「諸道博士皆依二不朽之経籍一、各勤二当時之研精一。但至二于暦道一者、守二改憲新術一、随二観象変通一。是以唐家毎レ移二一度一斗暦改憲。去貞観元年重明暦経来用之後、及二百卅余年計一也。大唐有二改作之暦経一歟、無二人通伝一、新暦不レ来。今件遣唐法門使日延、為二故律師仁観之弟子一、最有二便宜一、訪二習暦術一状、冀宜下仰二日延一被令上レ尋二伝新修暦経一」者、随則賜二勅宣一。日延寸レ心含レ忠、服斉不レ忌、渡レ海入レ唐、参二着呉都一。王者計二細随身法門一、歓喜感忻喧明、賜以二紫衣一、准二内供奉一。日延経二松容一之後、申三請尋二習新修暦術一、賜二許諾一、宜下仰二司天台一早令中伝習上者。即出二所レ持御金八十両一、入二司天台一、尋二学新修符天暦経幷立成等一、兼亦受下伝所レ未レ来二本朝一内外書千余巻上。以二去天暦十一年十月廿七日一改元以来云二天徳元年一、随身帰朝。即与二　勅使蔵人源是輔一、相共駅伝入レ京、依レ数献納。公家御覧之後、暦経者被レ下二預保憲朝臣一、法門者被レ上二送台嶺学堂一、外書春秋要覧・周易会釈記各廿巻等者被レ留二置江家一已了。又在唐之間日記、召二式部大輔橘朝臣直幹・文章得業生藤原雅材等一、被レ令レ試二問真偽一、所二陳申一皆須レ状矣。仍天暦聖主殊垂二哀憐一、賜二僧綱宣旨一又了。（下略）

日延は遣唐使事業終了以後、最初に国際交流を担った存在として知られる。[注2] 日延は延暦寺の僧で、時の天台座主慈念（延昌）が中国天台宗の徳韶の書状によって、「繕写法門」を度送する使者として選定されたという。日本の天台宗の源流となる天台山国清寺が存する台州を領有していたのは呉越国であり、呉越王銭俶は唐末・五代十国の混乱の中で中国の内・外典が多く失われ、特に天台宗の開祖智顗の教五百余巻に欠損が多いのを歎いていたが、商人が日本に存在する旨を告げたので、日本の国王に書を届け、黄金五百両を奉献して写本を得ることができたという逸話が知られており（『参天台五臺山記』〈以下、『参記』と略称〉巻五熙寧五年十二月二十九日所引『楊文公談苑』）、今回の日延の渡海はまさしくこの天台教の修復に関わる通交を示している。

これは隋・唐代には日本側が専ら中国の書籍を輸入しており、日中間には「ブックロード」と称すべき交流があったが、[注3]「ブックロード」の還流となる事象と言えよう。但し、中国からの「ブックロード」はなお健在であった。日延はまた、故律師仁観の弟子で、暦術にも通暁していたといい、今回の渡海に際しては、暦道の賀茂家の基礎を固める保憲が、符天暦経・立成という新暦法の将来を要請している。貞観三年（八六一）に長慶宣明暦を採用（『日本三代実録』貞観三年六月十六日条）して以後、中国では何度か暦の改訂が行われていたが、日本では遣唐使の途絶や中国の混乱に伴う学術情報の欠如により、長らく暦の改訂を実施していなかった。日延は呉越王の許可を得て、司天台に入門、朝廷から賜与された金八十両を学資として、伝習の成果を持ち帰り、暦家賀茂氏の学業確立に資することになるのである。

渡海後の日延については、呉越に歓迎され、紫衣の賜与・准内供奉の待遇に与ったこと、暦関係以外にも、日本に未到の内外書千余巻を受伝したことなどが知られる。後代の成尋は国清寺で「日本日延詩」を見ており（『参記』巻二熙寧五年閏七月五日条）、日延は勿論天台山にも足跡を残していた。日延は天暦七年（九五三）に渡航、天徳元年（九五七）に帰朝する。その際に、勅使蔵人源是輔が大宰府に派遣され、ともに入京、将来の品々を朝廷に献上した後、暦経は賀茂保憲、法門（経典）は延暦寺、外書の『春秋要覧』『周易会釈記』各二十巻は大江家に下賜された。また日延の「在唐之間日記」は式部大輔橘直幹・文章得業生藤原雅材らを召して、その真偽を試問させたといい、渡海僧の日記はこうした求法・巡礼の成果を確認する証拠書類としての意味合いで綴述された側面もあったことが窺われる。[注4]

以上のように、日延の渡海は国家的使命を帯するものでもあったが、当初の延暦寺による派遣の意思が実現した背景として、摂関家との関係に留意したい。『天台座主記』によると、慈念（延昌）は仁観律師の受法弟子とあり、日延と相弟子であったことが知られ、これが日延の人選に関わるであろう。慈念にはまた、もと法性寺座主の経歴があり、法性寺は藤原忠平の開基で、慈念は摂関家とのつながりが深かったようである。延昌が慈念の諡号を賜ったのは天元二年（九七九）八月十七日で、これは当時の座主良源（慈恵）の奏上によるものであるが、良源は藤原師輔の子尋禅を入室弟子とし、摂関家子弟が天台座主になる先蹤を開いた人物であり、延暦寺と摂関家の関係はさらに緊密になっていく。日延は帰朝後に僧綱宣旨賜与を打診されたが、a下略部分には、これを固辞して隠遁、康保年中（九六四〜九六七）に「九条右丞相聖霊成等正覚」のために大浦寺を建立することになる。九条右丞相は藤原師輔のことで、摂関家の本流になる九条流の祖であるが、日延の渡航にはこの師輔との関係が大きかったことが看取される。

日延が往路で利用した「越人蔣承勲」は、二十年近くの間、忠平―実頼・師輔と続く摂関家と密接なつながりを形成し、日本との交易や呉越王と摂関家の仲介を行う活動を展開していた。[注5] 今回の日延の渡航に際しては、蔣承勲の帰国に付託した右大臣藤原師輔から呉越王に宛てた書状が発給されている（『本朝文粋』巻七・天暦七年七月）。書状の内容は「人臣無二境外之交一」、即ち外交権は君主のみにあり、臣下は勝手に外国と通交しないという原則に配慮しつつも、献納品を受領し、返書を認める躰である。

日延の渡海は、摂関家と関係を有する蔣承勲の来日、忠平以来摂関家とつながりを持つ天台座主慈念による延暦寺と中国の天台山との関係維持、そしてこれらを結節する右大臣藤原師輔の呉越との通交の意思があって初めて実現したもので、摂関家による海外との通交掌握という文脈で理解すべきであろう。なお、蔣承勲の来航はこれが最後で、日延は「大唐呉越国持礼使盛徳」に随伴して帰朝している（『日本紀略』天徳元年七月二十日条）。盛徳は天徳三年（九五九）にも再度到来しており（天徳三年正月十二日条）、日延は蔣承勲の次代の通交を担う人物の来航の端緒を開いたという点でも、彼我の交流に重要な役割を果たしたと言えよう。

二　奝然と嘉因

b 『宋史』日本国伝

（上略）雍熙元年（九八四）、日本国僧奝然与二其徒五六人一、浮レ海而至、献二銅器十余事幷本国職員令・王年代紀各一巻。奝然衣レ緑、自云二姓藤原氏一、父為二真連一。真連、其国五品品官也。奝然善二隷書一、而不レ通二華言一。問二其風土一、但書以対云、（中略）太宗召二見奝然一、存撫之甚厚、賜二紫衣一、館二于太平興国寺一。（中略）奝然復求レ詣二五臺一、許レ之、令二所レ過続一レ食。又求二印本大蔵経一、詔亦給レ之。二年、随二台州寧海県商人鄭仁徳船一帰二其国一。後数年、仁徳還。奝然遣二其弟子喜（嘉）因一奉レ表来謝曰、日本国東大寺大朝法済大師賜紫沙門奝然啓。（中略）謹差二上足弟子伝燈大法師位嘉因幷大朝剃頭受戒僧祚乾等一拝表以聞。称二本国永延二年歳次戊子二月八日一。実端拱元年也。又別啓、（下略）

c

『続左丞抄』第一永延二年（九八八）二月八日太政官符

太政官符太宰府。応丁為レ使二伝燈大法師位嘉因一重発二遣大唐一令丙供二養五臺山文殊菩薩一兼請乙度新訳経論等甲事。従僧二口、童子二人。右得二入唐帰朝法橋上人奝然奏状一偁、奝然為レ遂二宿願一、去天元五年蒙二允許宣旨一、渡レ海入レ唐、適参二五山一、巡二礼文殊之聖跡一、更覲二大宋朝一、請二来摺本一切経論一蔵一矣。抑寔雖レ致二巡礼伝法之功一、未レ遂二財施供養之願一、帰朝之後、雖下馳二願心於五臺清涼之雲山一、繋中供養於一万文殊之真容上、未レ遂二件願心一。因レ之差二嘉因法師一、重欲二発遣一。今件嘉因、久住二東大寺一、苦二学三論无相之宗教一、同往二西唐国一、共受二五部秘密之灌頂一。非三啻学二顕密之法一、兼以解二漢地之語一、然則足レ為二訳語一者也。望請、　天恩、下二給宣旨於大宰府一、随二鄭仁徳等帰船一、発二遣大唐一、令下供二養文殊菩薩一、兼請中度新訳経論等上、将下奉レ祈二聖皇宝祚一、且遂中宿願遺余上者。左大臣宣、奉　レ勅、依レ請者。府宜二承知依レ宣行一レ之。符到施行。右中弁正五位上兼行大学頭平朝臣。正六位上行右少史穴太宿祢。永延二年二月八日。

五代十国の争乱が終息し、九六〇年に成立した宋（北宋）が中国を再統一した後、日本からの最初の入宋僧となったのは、東大寺僧で、延暦寺ともつながりを有していた奝然である。[注6] 渡海以前の奝然は必ずしも宗教界を主導する僧ではなく、季御読経の論議で『往生要集』の著者として名高い源信と問答を交したことが知られるものの、源信の論議が立派だったことは特筆されているが、奝然には言及がない（『親信卿記』天延二年〔九七四〕五月十日条）。二人目の入僧となる寂照との対比では、『続本朝往生伝』大江定基（寂照）条に、「日本国不レ知レ人。令二奝然渡海一、似レ表レ無レ人、令二寂照入宋一、似レ不レ惜レ人云云」と評されており、奝然も自らを「日本国無才無行一羊僧」と称し、「為二求法一不レ来、為二修行一即来也。其詞如レ是者、於二本朝一有二何耻一乎」と述べている（『本朝文粋』巻十三天元五年〔九八二〕七月十三日「奝然上人入唐時為母修善願文」〔慶滋保胤作〕）。

奝然は永観元年（九八三）呉越商客陳仁爽・徐仁満らの帰船で入宋、一行は従僧四人（嘉因・定縁・康城・盛算）、沙弥二人（祈乾・祈明）という構成で、大宰府による出国許可を得ていたものの、入宋後に宋の皇帝太宗（在位九七六～九九七）と謁見した時には僅かに銅器十余事を献上したといい（b）、有力な後援や国家的使命を帯びての渡海ではなかったと見られる。奝然は天台山・五臺山の巡礼を果たした後に、中天竺に行き、釈迦之遺跡を礼拝する予定で、[注7]「縦帰何敢貪二職位一」と揚言していた（修善願文）。しかし、宋成立後の最初の日本僧の到来ということで、奝然は天台山巡礼後に皇帝の聖旨により上京・面見を指示され、首都開封に京上、皇帝と謁見、紫衣と法済大師の師号を賜与され、勅旨による五臺山参詣を遂げることになる。bには奝然が「本国職員令」と「王年代紀」各一巻を捧呈したといい、中略部分にはこれらに基づく詳細な日本の地理・風土や神代からの歴代天皇の名前と中国との通交の歴史などが記されており、日本情報を伝える上で重要な役割を果たしている。[注8]ちなみに、奝然は「華言」（中国語）には通じていないが、隷書（楷書のこと）が上手で、皇帝の質問に筆書で奉答したという。cによると、従僧の嘉因は中国語ができたようである（あるいは今回の入宋時に習得か）。

奝然は寛和二年（九八六）に台州商客鄭仁徳の便船で帰朝した。入宋の成果として最も重要なのは、宋版大蔵経

（摺本一切経）の将来と清涼寺式釈迦像と称される新様式の仏像（優塡王所造栴檀釈迦瑞像）の伝来で、その他、十六羅漢絵像の到来も知られる（『扶桑略記』永延元年〔九八七〕二月十六日条）。従僧の盛算も経典入手に努めていたが（『平安遺文』題跋編一四七号大仏頂陀羅尼一巻）、奝然が将来したのは印本の大蔵経四八一函五〇四八巻と宋代に進展する新訳経四一巻であった。大蔵経は唐の智昇撰『開元釈教録』に掲載の経典で、日本でも奈良時代から何度か大規模な一切経書写事業が行われていたが、テキストは筆写本で、これを転写するので、さらなる誤字・脱字も生じる。印本（摺本）は活字印刷本なので、テキスト校訂もしっかりしており、正しい字句に基づく正しい教えを享受するには不可欠のものとされたので、垂涎の的になった。清涼寺式釈迦像は「生身の釈迦像」とも称され、従来の仏像的な造形ではなく、人間的な姿の造像である。現在、京都市右京区嵯峨の五台山清涼寺釈迦堂の本尊になっている釈迦如来像の胎内には、人間の五臓を布で象ったものが納められており、「生身」と言われる所以であり、その中には「奝然繫念人名交名帳」と名付けられた小冊子を始めとする関係の文書（胎内文書）が納められている（『平安遺文』四五六七〜七二号奝然入瑞像五臓記）。

帰朝後の奝然は朝廷・貴族に熱狂的な歓迎を受ける。奝然は入洛すると、まず摂政藤原兼家のところに参上し、小野宮流の藤原実資も奝然と面談、「触レ事驚耳、不レ可二敢記一」という感想を述べている（『小右記』永延元年〔九八七〕正月二十一・二十四日条）。次いで、「天下貴賤」が見守る中、一切経と仏像は蓮台寺に安置された。大臣公卿や殿上人が相次いで蓮台寺を参詣、新来の「唐仏」を参観したという（『平安遺文』四五七四号寛和三年正月二十八日宣旨、『小右記』永延元年二月十一・十六・二十九、三月二日条など）。この入宋の功績により、奝然は法眼・法印に次ぐ僧位である法橋上人位を授けられた。そして、cによると、永延二年、奝然は鄭仁徳の船が中国に戻る機会を逃さず、五臺山の文殊菩薩供養と新たな新訳経論の入手を目的として、中国語を習得していた嘉因と宋で受戒した祈乾らを派遣しようとする。そこには弟子の育成（入宋の箔付け）や自らの法系の安定を企図し、高い評価を得た摺本一切経や新訳経の移入の窓口となるべく、帰国後も中国と連絡回路を維持することが期待されたのであろう。[注9]

今回の嘉因らの渡海は太政官によって許可され、その旨が大宰府に伝達されている（c）。b下略部分によると、嘉因も伝燈大法師号を得ており、前回の奝然の奉献品とは比較にならない程の多数の豪華な献上品と奝然の表文が齎されたことが知られる。宋側はこの「朝貢」を受け入れ、嘉因は文殊像という新たな「唐仏」を携えて、正暦元年（九九〇）七月に帰朝している。しかし、嘉因の帰朝は朝野を挙げて大歓迎とはならなかった。文殊像は摂政藤原道隆邸に迎えられ、宮中の真言院に安置されたが（『小右記』逸文正暦二年六月四日条）、インパクトに欠けるところである。また今回は新訳経を将来することができず、これも評価を下げる要因であったのかもしれない。この点に関連して、cに記された嘉因の渡海目的やb下略部分の奝然の表文には、日本朝廷の公式な通交を仲介するという姿勢は看取できず、むしろ通交はあくまでも巡礼僧を介した間接的外交に踏み留まったもので、宋側は「朝貢」として扱っているものの、宋朝が期待するような国書提出による直接的外交は企図されていなかったと考えるのがよく、[注10]その意味では奝然の入宋は以後の入宋僧の通交形態を規定するものになったと位置づけられる。

三　寂照の渡海

奝然の次の入宋僧となったのは寂照である。寂照は俗名を大江定基といい、菅原氏と並ぶ学問の家柄である大江家の継承者になれなかったこと、また参河守となって任国に赴任した際に妻が死去し、その九相を観て道心を起こしたことや風祭と称す猪屠殺の祭祀を見たことなどを契機に出家し（『続本朝往生伝』大江定基条、『今昔物語集』巻十九第二話）、同じく文人貴族の出家者として著名な寂心（慶滋保胤）に師事して修行生活に入った。寂心は長保四年（一〇〇二）に死去したので、寂照は源信に師事しており、源信の台宗問目二十七条を以て宋の知礼の答釈を得るという彼我の天台宗間の交流の役割を担い、また五臺山巡礼の目的により、入宋を企図することになる（『善隣国宝記』長保二年条、『元亨釈書』巻十六寂照条）。

寂照は当初長保四年に出発するつもりであったが、『小記目録』第十六異朝事・長保四年六月十八日条には、「寂照、為二入唐一首途事〈不レ被レ許二入唐一事〉」とあり、この年の渡海は制止されたようである。上述のように、宋側は日本の僧侶らを朝貢使として遇し、日本との公的通交樹立を期することが予見されたため、朝廷はこうした外交関係が発生するのを恐れたのであろう。注11 しかしながら、寂照は翌長保五年八月に出帆を果たしており（『扶桑略記』長保五年八月二五日条）、そこには彼を支援するもう一つの大きな力、当時一上（左大臣）・内覧として政務を掌握していた藤原道長の使命遂行という役割があった。道長は奝然帰朝時にはまだ若年（十八歳）であったためか、瑞像結縁には参加しておらず、摂関家の人間として入宋僧後援者の名声を得ていなかった。また一切経論獲得への執着心があり、入宋僧の後援と摺本大蔵経の入手という二つの名分を寂照に期したのである。

寂照の入宋後の行状を記したものとして、「寂照大師来唐日記」があったようであるが（『善隣国宝記』寛弘三〔元カ〕年条、『参記』巻五熙寧五年十二月二十九日条所引『楊文公談苑』）、細かな旅程などは不明とせねばならない。寂照は宋・景徳元年（一〇〇四＝日本・寛弘元）に当時の真宗皇帝（在位九九七～一〇二二）に招かれて首都開封に入り、面見しており、皇帝の下問に対して日本情報を伝え、紫衣と円通大師の称号を賜り、弟子たち（元燈・念救・覚因・明蓮）にも紫衣が賜与された（『宋史』日本国伝も参照）。その後に上寺＝開封の開宝寺の東院上方寺に滞在し、五臺山巡礼を遂げ、天台山国清寺に戻る途中、蘇州出身の丁謂の招聘により蘇州の普門寺に居住し、ついに日本には帰国せず、宋で死去した。開封滞在中の出来事として、伝承的ながら、宋の朝廷で宋僧と飛鉢の法力を競い、日本の神仏の加護により見事に他を圧倒し、「日本の恥」にならなかったという話、瘡病・穢気の女性を湯浴させたところ、その女性は文殊の化身であったという話、また日本の清範律師の生まれ変わりである宋の皇子に出会った話などが残っている（『続本朝往生伝』、『今昔物語集』巻十九第二話・巻十七第三十八話、『宇治拾遺物語』百七十二（巻十三ノ一二））。

これらの伝承を日本に伝えたのは弟子の念救であり、彼は土佐国出身で、長和元年（一〇一二）に十年ぶりに故国の地を踏み、長和四年に再び師の待つ宋に戻った。実はこの間にも道長宛の書状が何度か届けられており、道長や他の貴族からの消息が送られている（『楊文公談苑』、『御堂関白記』寛弘二年十二月十五日条、『権記』同五年十二月十五日条）。寂照の渡海を機に、彼我を仲介する新たな商客の活動が展開しているのであり、道長も唐物入手のために、当時存した年紀制による商客との交易規制を柔軟に運用し、対応しようとしており、念救の帰朝もこの時期に活躍する周文裔の来航によって可能であったのである。[注12] 念救の用務は、①道長への報告、②宋の天台山から日本の延暦寺への連絡を伝達、③「大宋国智識使」として、日本の諸貴族の結縁を募る、④寂照一行の得度証明書である度縁を持ち帰るといった事柄に整理できる（『御堂関白記』長和元年九月二十一日・二年九月十四日・四年七月十五日条、『小右記』長和四年六月一九日条、『日本紀略』長和四年五月七日条など）。

①に関しては、帰朝時に道長に摺本の『白氏文集』や『天台山図』などを献上しているが、一切経の入手は未達成である旨を伝えたと思われる。③とも関連して、道長は天台山大慈寺（国清寺と並ぶ戒壇が存在）修造の料物

として、諸貴族の結縁品ともども諸々の物品を贈るとともに、寂照には砂金百両を送付して一切経論入手の資とすべきことを伝達している。道長は結局のところ寂照を介した一切経論を入手することはできず、寛仁二年（一〇一八）に奝然の弟子盛算から奝然将来の大蔵経の献上を得て、これは最終的には法成寺に納められたから、道長の希望は代替品によって何とか形になったと言えよう（『御堂関白記』寛仁二年正月十五日条、『日本紀略』治安元年〔一〇二一〕八月一日条、『参記』巻七熙寧六年三月二十三日条）。寂照からは万寿四年（一〇二七）に道長宛の書状が届き（『百錬抄』万寿四年今年冬条）、同年十二月四日の道長の死後も、長元五年（一〇三二）には子の頼通が寂照の書状に対する返状を送付しているから（『日本紀略』長元五年十二月二十三日条）、寂照と摂関家の関係は続いていたようである。

道長がついに新たな一切経論を入手することが出来なかった理由として、やはり宋側には公的な朝貢関係を取り結ぼうとしない日本の意図を見透かされていたことが挙げられる。『平安遺文』補二六四・六五号文書として長和四年六月の藤原道長書状が存するが（一通は寂照宛、一通は「大宋国天台山諸徳和尚」宛）、いずれも私状で、内容も信仰心に基づく結縁のためのものであって、宋皇帝との間に外交関係を築こうとするものではない。ちなみに、道長や諸貴族からの寂照に宛てた書状は宋側の検閲を受けたものと目され、それ故に知銀台通進司であった楊億が閲覧することができ、『楊文公談苑』に史料が残った次第である。「凡三書、皆二王之迹、而野人若愚章草特妙、中土能書者亦鮮レ及。紙墨尤精」と、王羲之・王献之の書風による能書ぶり、紙・墨への評価は示されているものの、日本側の意図は筒抜けであった。

四　幕間劇

なお、寂照が持参した源信の台宗問目二十七条に関連して、『元亨釈書』巻五安海条の記載を見ておきたい。源信（恵心流の中心）と並ぶ覚運（檀那流の中心）の弟子に安海という者があり、彼はかねてより「源信の学問は浅く広くで、じゃぶじゃぶと歩いて渡ることができる。覚運の方は深いが、狭いので、ひとまたぎに越してしまうことができる」と嘯いており、今回も安海は自ら上・中・下の三通りの答えを作り、宋から来る答釈もこの範囲を超えるものではないと豪語したという。宋の答釈が届いた時、安海は既に死去していたが、その内容は殆ど安海の作った下義だったので、安海の弟子たちが宋答を持って墓で読祭したところ、安海の骨は光を放って喜んだ、と。歴史学を含む学問の何たるかを教えてくれるエピソードであるが、日本側の矜持を窺わせる一例である。「日本の恥」という認識とともに、このあたりにも日本が中国と対峙する意識が看取され、[注13] 公的通交の確立を避ける理由の一端を探る材料があるのかもしれない。

d『本朝高僧伝』巻十江州睿山沙門紹良伝

釈紹良、夙陟二睿山一、従二源信僧都一学二山家法一、得二其大旨一、又問二諸師一。長元初浮レ杯南詢謁二延慶尚賢法師一。賢、四明知礼之高弟、賜二号広智一者也。良、齎二呈金字法華経一、留学三年、三観十乗益達二幽玄一。帰朝之日、棲二遅台嶺一、敷二演所業一。

e『入唐記』（続群書類従二八下）

慶盛。永承四年申二給官符一入唐。後冷泉院御代也。

「はじめに」に掲げた僧成尋請渡宋申文によると、寂照の次の入宋僧は約七十年後の成尋となる。しかし、実際にはこの間にも彼我を往来した僧侶がいた。ｄの紹良の記述は『仏祖統紀』をもとにしたもので、そこには「日本国師遣二紹良等一、齎二金字法華一為レ贄、請学二輪下一。三年学成、辞還二日本一、大二化斯道一」とあり、知礼の弟子尚賢（広智）に師事した紹良という日本僧がいたことが知られる。「紹良等」とあるように、複数で渡宋したものと目され、これは上述の藤原頼通の寂照宛書状を持参して渡海したものではないかとする推測が示されている。[注14] 頼通期は道長期ほどには史料の残存状況がよくなく、なお不明の点も多いが、この間にも宋商人が頻繁に来航していたことはまちがいなく、頼通も道長の対外政策を継承していた。とすると、宋商人の船で彼我往来する環境は続いており、様々な用務や巡礼・修行のために入宋を試みる者がいたとしてもおかしくないが、渡宋にはそれなりの準備・費用が必要であり、やはり摂関家などの後援・用務によるものが想定されるところである。

ｅの慶盛は『尊卑分脈』には北家魚名公孫の山蔭の五代孫で、「入唐聖人」と記されている（二―二九〇頁）。『野決血脈集』巻一では、小野僧正仁海より付法したことが知られ、真言僧であった。この頃、博多津周辺では鴻臚館に代わって、「大宋商客宿房」、即ち「唐房（坊）」と称される中国商人の居留場所が出現するようであり、[注15] 短期往来型の来航形態から長期滞在型の来航・僑住へと変化し、宋商人の活動はさらに盛んになっていく。慶盛は永承四年（一〇四九）に「申二給官符一入唐」とあるので、朝廷から正規の許可を得て、入宋したものと考えられる。『百錬抄』永承三年八月十一日条には「大宋国商客来朝。有レ議令二廻却一」とあり、この宋商人の帰国の便船などを利用して、渡海することができたのであろう。

成尋がこれらの事例に言及していないのは、紹良は天台山のみでの修学で、五臺山を巡礼していないこと、慶盛は天台宗ではなく、やはり五臺山巡礼の目的がなかったためと見なされる。また首都開封への到来もなかったと思われ、入宋僧の先達と位置づけ難いという認識であったのかもしれない。

五　成尋の入宋

奝然―寂照と続く入宋僧の系譜を引き継いだのは、延久四年（一〇七二）に渡海した成尋である。[注16]成尋の父は興福寺僧貞叙と目され、藤原忠平―師尹―定時―実方―貞叙という系譜、母は『成尋阿闍梨母集』という日記文学系統の著作を残しており、安和の変（九六九年）で左降された醍醐源氏の源高明の孫、父俊賢は一条朝の名臣の一人で、道長や実資とも親しい人物であった。母の兄弟には『今昔物語集』の撰者にも比定されている源隆国がいる。成尋は天台宗寺門派に属し、延暦寺阿闍梨の称号を取得、京都岩倉の大雲寺の寺主、藤原頼通の子で次代の摂関家を担う左大臣藤原師実の護持僧を勤め、後冷泉天皇（在位一〇四五～一〇六八）の病気平癒の祈禱にも招かれる高位の僧であった。

「はじめに」で触れたように、成尋は延久二年正月に渡宋申文を朝廷に奉り、入宋の許可を求めていたが、勅許を得ることができないままに延久四年三月十五日に肥前国松浦郡壁島で宋商人曾聚らの船に密航する形で渡海を敢行する。『母集』によると、成尋は延久三年二月に筑紫に出立し、渡航の準備を進めていたようであるが、便船を得ることができなかったのか、十月に一旦帰京しており、母を喜ばせたものの、すぐに備中国新山別所での修行に向かい、翌年に便船を得て入宋してしまう。母は八十歳、成尋は時に六十歳で、これほどの高位の僧侶・教学的に完成された人物が中国に渡航するのは異例中の異例であり、入宋への熱望・決断が窺われる、成尋はついに帰国することなく異土で死去しているので、母子は今生の別れになった。

成尋は杭州に上陸し、陳詠という宋商人と「遭遇」、彼を通事として、当初は天台山参詣後に日本に戻るという名目で宋の国内移動許可を得て天台山行きを実現する。この許可証入手をはじめ、成尋の宋での行動は通事陳詠に依存するところが大きかった。天台山では日本で夢に見た（『参記』巻一熙寧五年五月十八日条）聖地を巡礼し、その後五臺山参詣の希望を表明したところ、宋の神宗皇帝（在位一〇六七～一〇八五）から上京・面見の指示を得て、以降は皇帝の使臣とともに円滑に旅程を進めることができた。この乗船から宋での諸活動、そして翌年（一〇七三）六月十二日に先行して帰国する五人の弟子（成尋には頼縁・快宗・聖秀・惟観・心賢・善久・長明の七人の随行者があり、聖秀・長明は宋に滞留した）を見送るところまでの計四七〇日間の渡海日記が『参天台五臺山記』全八巻で、承和度遣唐使の請益僧円仁の『入唐求法巡礼行記』全四巻に匹敵する貴重な渡航記録となっている。[注17]

成尋と通事陳詠の出会いは偶然であったかに記されているが、『参記』の別の箇所では、「昨於二慶暦八年内一、本州市舶司給二得公牒一、行二日本一興販前後五廻」（巻八熙寧六年四月十二日条所引尚書祠部牒）とあるので、慶暦八年（一〇四八＝日本・永承三）以来五回も彼我を往来していたことが知られ、「昨於二治平二年内一、往二日本国一買売、与二本国僧成尋等一相識、至二熙寧二年一従二彼国一販二載留黄等一、杭州抽解貨売、後来一向只在二杭・蘇州一買売」（巻二熙寧五年六月五日条所引杭州公移）とも見えるから、直近では治平二年（一〇六五＝治暦元）～熙寧二年（一〇六九＝延久元）に日本に滞留して、硫黄などを入手しており、またその際に成尋と知己になっていたことが判明する。陳詠の過去五回の来航は日本側の史料には見えず、陳詠は船頭（綱首）クラスではなかったためと思われる。『百錬抄』永承三年八月十一日条には大宋国商客の到来と廻却が知られ、これが陳詠の第一回目の来航に関係するものと目されるが、上述の慶盛は永承四年の渡海であり、これはこの時の廻却の便船を利用した可能性を考えてみたい。

成尋入宋のタイミングとしては、後冷泉天皇の崩御、後三条天皇の即位という代替わりとともに、北宋と対立する契丹（遼）に服属していたことで、通交が途絶していた高麗と宋の関係が回復するのが神宗即位後の熙寧元年（一〇六八）で、同四年三月には高麗側から宋に正式に朝貢を行っている点にも留意したい（『高麗史』巻八文宗二十二年七月辛己条、二十五年三月庚寅条）。神宗期にはこうした国際関係の画期があり、注18 勅許を待つ間に筑紫に下向していた成尋は宋商人などからの情報でそのような情勢を知り、陳詠との事前の連絡をふまえた上で、渡海を決行したのであって、陳詠はその頃合いを計算して杭州で邂逅することができたのである。成尋は曾聚らに米五十斛・絹百疋・掛二重・砂金四小両・上紙百帖・鉄百廷・水銀百八十両などを志与しており、充分な資金と綿密な計画を以て入宋を果たしたのであった。

五月十三日～八月五日の天台山滞在では、成尋は寺門派の祖師円珍ゆかりの国清寺西院（十方教院）に宿所を得て、聖地巡礼を行うとともに、諸僧との交流に努めた。成尋は高位の僧で、天台教学に通暁しており、経典を六百巻も持参していたので、宋の天台経典を書写するよりは、むしろ経典を貸与することが多かった。上述の安海の逸話からも窺われるように、成尋も日本の天台教学に自信を持っており、時に宋僧の誤りを指摘し、無知を叱責する場面も見られる（巻二熙寧五年六月十二日・七月三十日条など）。天台山への滞在許可を得るために天台県や台州に赴いた際には、県令や刺史と法門問答を行い、その学識を見せつけて信服を得ており、台州刺史が五臺山巡礼の希望を皇帝に取り次いでくれたのは、成尋の学僧ぶりに魅了されたことが大きい（巻一熙寧五年六月三・四日条）。

八月六日～十月十日は上京の旅で、皇帝の使臣に先導されて大運河を利用して開封に到着する。この間の運河の様子や途中の都市の賑わい、諸寺での交流も興味深いが、ここでは省略する。開封では太平興国寺伝法院を宿所とし、天竺僧の日称三蔵以下、当時訳経事業に参加していた著名な僧侶たちと親しく交わることができた。また皇帝の下問に対して詳細な日本情報を奉答し（巻四熙寧五年十月十四・十五日条）、その後入城して皇帝との面見を遂げる[注19]（十月二十二日条）。皇帝の指示で開封の主要な寺院を巡見した後、いよいよ五臺山の巡礼に向かうことになる。十月二十七日条には「御薬来坐、被レ示云、厳寒比難レ堪、春間可レ赴二五臺一者。答云、小師・通事欲三早帰二日本一、依レ之今年早々参者」とあり、厳寒の時期の五臺山参詣は堪え難いと忠告されるが、成尋には弟子や陳詠を日本に遣す予定があるので、どうしてもこの時期に強行せざるを得ない事情があったと見られ、このあたりにも成尋の計画性が看取される。

十一月一日〜二十八日が往路、五臺山には三泊四日の滞在で、十二月二日〜二十六日が復路であり、『参記』には山路の辛苦の様子が記されている。帰京後は年末・年始を伝法院で過ごし、上元節などの行事を楽しむ一齣もあった。熙寧六年正月二十二日ころから五人の弟子たちの帰国準備が話題になり、彼らは二十七日に皇帝に辞見、紫衣を授与され、二月八日に明州に向けて進発する。その後、成尋らは伝法院で観経などをして過ごしていたが、この年は少雨で、宮中で祈雨が行われることになり、成尋も招聘され、三月二日〜十二日には宮中で宋僧とともに祈雨に努める。成尋は皇帝の諮問に対して、三日の内に雨が降ると答申しており、その胸中は「一後五百歳一乗流布時、顕二法花勝利一弥令レ信二一乗一。二為レ報二皇帝広恩一、必欲レ顕二法験一。三前々大師等従二日本一来給、未レ有二如レ此事一、小僧始有二此事一、為二本国一無レ験大耻辱也。依二此事一致レ誠修行、三日内欲レ感二大雨一」というものであった（巻七熙寧六年三月三日条）。三月四日になっても雨が降らず、やきもきしたが、成尋の法力により僅か三日で祈雨が成願し、成尋は皇帝から高く評価される。成尋は善恵大師の号を賜与され、皇帝から祈禱僧として開封に留まるべきことを要請された（三月二十三・二十八日条）。

しかし、成尋は「為三早去二天台一中心祈レ之」（三月十三日条）、「素意於二天台・五臺一欲レ修二仏道一、而為二参臺一入二花洛間一、去年廿日住二此訳館一。今年早帰二天台一思切。去年参臺、騎馬及二六十日一、老衰之身弥以疲極。待二花水来一以レ船欲レ帰、二月廿五日待二得花水一即以上表。依二祈雨　御修法一、三月十日延引、十一日蒙下帰二天台一　聖旨上、船・使臣具了。依二新経事一又以延レ日、中心辛苦」（三月二十五日条）と心情を吐露しており、天台山に戻って修行することが本意であった。皇帝には「経二両年一後参二五臺一一年修行後至住二京洛一可レ随二左右一」（三月二十八日条）と返答し、天台山への下向が許可された次第である。また「新経事」とあるのは、上述のように、宋では訳経事業が進行しており、成尋も訳経の現場を見学し、皇帝の評価や約束を交わしたことなどによるのか、日本に帰国する弟子たちに奝然以後の新訳経を付託することが許可され、計四二一巻冊の新印経の完成を待っていたことを示している。

f　『参記』熙寧六年六月十一日条

（上略）夜前後孫吉船五人来由申了。但定海県可レ送二日本船一由、可レ被レ賜二丁〔下カ〕文一由了。使臣殿直来。与二殿直一酒食。沐浴了。通事陳詠於レ京蒙二　聖旨一、孫吉先賜二奉国軍牒一、如レ此相論。今日未レ下二定海県船一。明日相定五人僧可レ下二定海一也。自沐浴了。

g　『参記』熙寧六年六月十二日条

天晴。卯時陳詠来相定。新訳経・仏像等買レ船可二預送一并賜下預　大宋皇帝志二送　日本一御筆文書上、至二于物実一者入二孫吉船一了。五人相共今日乗二孫吉船一渡了。

こうして成尋は開封での用務を終え、四月十五日出発、六月十日に明州に到着し、六月十二日に帰国する弟子たちの出帆を見送るところで『参記』は終わる。ところが、この最後の場面で、通事陳詠とこの前後に何度か日本に到来していた孫吉との間に、どちらが成尋の弟子たちを送って日本に行くのか、つまり日本行きの大きな名分となる利権をめぐる争いが生じることになる。[注20]結局のところ、新訳経・仏像や宋皇帝の文書といった最も名分のあるものは陳詠が運ぶことにし、皇帝の信物などの物実や五人の僧侶については孫吉の船で運ぶという内容で決着したようであり、ここには宋商人が日本来航の名目を得るために様々な手段を講じようとしていた様子が看取される。

六　その後の渡海僧

成尋らは密出国であったが、帰国した五人の弟子たちが咎めを受けることはなかった。むしろ宋での祈雨の成功が喧伝され、貴重な将来品と相俟って、成尋の入宋は高く評価され、「入唐之間路次従二日域一及二唐朝一図絵」が屏風十二面に仕立てられて、それを白河院が所持していたことが知られる（『中右記』康和四年〔一一〇二〕六月十九日条）。また宋で製作した成尋真影（『参記』巻七煕寧六年三月二十三・二十七日条、巻八四月一・十一日条など）は大雲寺に安置され、諸貴族の参詣を得ており（『水左記』承暦四年〔一〇八〇〕十月二十二日条、『中右記』長承三年〔一一三四〕二月二十八日条）、大雲寺の寺門興隆や弟子たちの行く末を保証するものとなった。但し、到来した宋皇帝からの書・信物をめぐっては、これに返答するべきか否か、答信物を送るべきかどうかなど、宋との対外関係の機微に関わる問題が惹起しているのであるが、僧侶の交流を主題とする本稿では省略することにしたい。[注21]

成尋に続く入宋僧としては、承保三年〔一〇七六〕以降に渡海した日円の存在が知られる（『入唐記』、『仁和寺史料』寺誌編一「御室相承記」四高野御室〔覚法法親王〕久安三年（一一四七）十一月十五日条、『続本朝往生伝』日円条）[注22]。承暦元年（一〇七七）には上述の宋皇帝への答信物を持って、孫吉と通事僧仲回が入宋しており（『宋史』日本国伝、『続資治通覧長編』巻二百八十八元豊元年二月辛亥条）、『朝野群載』巻二十承保四年三月付の源隆国の成尋宛書状もこの時に持参されたものと目されるから、日円はこの機会に渡航したのであろうが、彼は天台山国清寺で入滅したといい、異国の土になった。

h『渡宋記』元豊五年（一〇八二＝永保二）十月二日条所引九月十八日付上表文

日本国天台山延暦寺伝灯大法師位戒覚言、竊以遠方異俗来朝入観、巡二礼聖跡名山一例也。近則阿闍梨成尋、去熙寧五年賜二 宣旨一、遂二心願一先了。是以長別二父母之邦一、遙従二商客之便一。齢及二衰老一、更無二帰郷之望一、魂銷二陽候一、何有二懐土之思一。故五臺山者、卜二終焉之地一、宜レ信二道超上人之微言一也。天台山者、以二自宗之源一、欲レ礼二智者大師之遺像一也。（下略）

i『続資治通鑑長編』巻三百三十四元豊六年（一〇八三＝永保三）三月己卯条

（上略）日本国僧快宗等一十三人見二於延和殿一。上顧二左右一曰、衣二紫方袍一者何日所レ賜。都承旨張誠一対曰、熙寧中、従二其国僧誠〔成〕尋一対見被レ賜、今再入貢。上曰、非二国人入貢一也。因三其瞻二礼天台一、故来進見耳。並賜二紫方袍一。

j『大乗瑜伽金剛性海曼殊室利千臂千鉢儀軌』奥書

大宋元豊六年正月廿五日於二天台山国清寺一、日本巡礼沙門賜紫永暹写功了。帰朝之後、以二日本応徳年中一以二此法一授二多峯妙楽寺僧済厳一了。其後清水寺僧定深写レ之。

k『忍空授釼阿状』[注23]

（上略）成尋闍梨、入唐得二大師号一、即善恵大師授二同入唐賜紫厳円一、々々以二大宋元豊七年正月廿四日一於二天台山国清寺日本唐院一〈善恵大師廟也〉授二新入唐巡礼沙門賜紫永暹一、（下略）

成尋の次に天台山・五臺山の巡礼を遂げたのは、hの戒覚である。[注24] 戒覚は俗姓中原氏、中下級官人の出身で、播磨国綾部別所引摂寺という地方寺院に居住していたから、渡海資金は欠乏しており、商客劉琨の廻却の便船で密航して入宋を果たすことができた。hに看取される成尋の先例への依拠ともども、成尋の事績・行動は広く知られており、それに倣った聖地巡礼が試みられた次第である。戒覚も神宗皇帝に面見しており、その様子は「依二宣旨一経二　朝見一。便於二崇政殿之前一賜二紫衣一襲一〈衣、袈裟、裳〉。又出レ闕之後、追二賜香薬・装束幷絹百疋一。人々云、非二先例一事云々」と記されている（『渡宋記』元豊六年三月五日条）。「非二先例一事」とあるが、これは概ね奝然や成尋の先例に依拠するものである。また戒覚は仙勢・隆尊とともに渡航したが、隆尊を先行帰国させ、自らは宋に留まり、死去したようであり、この点でも成尋に倣っている。引摂寺には五臺山の聖遺物（菩薩石、土・植物）が齎され、これが寺門興隆のよすがとなるべきものであった。

この戒覚の渡海とほぼ同時期に、iの成尋の弟子快宗の再渡航、jの永暹の入宋とkに見える厳円の在宋が知られる。上述の仲回の帰朝とともに来航した孫吉はこのころに宋に帰国しており、快宗・永暹はこの便船を利用したのではないかと思われる。ここにも成尋入宋を契機とする宋との関係云々の問題継続が窺われるが、快宗が前回の辞見の際に賜与された紫衣を着しているのを見た神宗は、周囲の者にいつ賜与したのかを尋ねている。成尋は既に元豊元年（一〇八一＝永保元）に開封で死去していたとはいえ、皇帝にとっての紫衣賜与の意味合い（軽さ）や忘却ぶりが看取され、興味深い。神宗はまた、「非二国人入貢一」、つまり正式な朝貢使ではないと看破しており、宋側の僧侶の通交に対する認識も知られる

むすびにかえて

以上、主に十一世紀末までの入宋僧たちの国際交流を整理した。北宋は契丹（遼）の圧力を受けており、一一二六年（日本・大治元）には前年に契丹を滅ぼした金に皇帝が拉致される事件が起こり（靖康の変）、翌年に南遷して南宋を立てるという大きな変動があった。この間、日本側では宋商人来航の史料が見えず、僧侶の渡航も不明である。[注25] ただ、信西（藤原通憲）のように、「唐使にもや渡らせ給ふとて、吾朝のみならず天竺・震旦・新羅・百済をはじめて五六ケ国の間に、上一人より下萬人に申かへたる詞づかひを学したるなり」（『平治物語』上「唐僧来朝の事」）といった研鑽に励む者もいた。

渡海僧の動向が再び明らかになるのは、十二世紀後半の重源・栄西であり、そこには後白河・平清盛政権と南宋との仏教的な交流があった。[注26] 鎌倉時代へと展開する僧侶たちの国際交流については、多くの研究がなされており、[注27] それらを参照していただくことにして、蕪雑な稿のむすびとしたい。

注

1　拙著a『遣唐使の光芒』（角川学芸出版、二〇一〇年）、拙稿「九世紀の入唐僧」（b『成尋と参天台五臺山記の研究』吉川弘文館、二〇一三年）、田中史生編『入唐僧恵蕚と東アジア』（勉誠出版、二〇一四年）、上原真人編『皇太后の寺』（柳原出版、二〇〇七年）、佐藤長門編『遣唐使と入唐僧の研究』（高志書院、二〇一五年）、佐伯有清a『智證大師伝の研究』（吉川弘文館、一九八九年）、b『円珍』（吉川弘文館、一九九〇年）、c『悲運の遣唐僧　円載の数奇な生涯』（吉川弘文館、一九九九年）、d『高丘親王入唐記』（吉川弘文館、二〇〇二年）、杉本直治郎『真如親王伝研究』（吉川弘文館、一九六五年）、川尻秋生a「入唐僧宗叡と請来典籍の行方」（『早稲田大学會津八一記念博物館研究紀要』一三、二〇一二年）、b「「神護寺五大堂一切経目録」の性格」（『日本史研究』六一二、二〇一三年）、小山田和夫『智証大師円珍の研究』（吉川弘文館、一九九〇年）など。

2　竹内理三「「入呉越僧日延伝」釈」（『日本歴史』八二、一九五五年）、西本昌弘「日本・呉越国交流史余論」（『摂関期の国家と社会』山川出版社、二〇一六年）など。

3　王勇「ブックロードとは何か」（『奈良・平安時代の日中文化交流史』農山漁村文化協会、二〇〇一年）。

4　拙稿「遣外使節と求法・巡礼僧の日記」（注1b書）。

5　拙稿「入宋僧成尋の系譜」（注1b書）。

6　上川通夫「奝然入宋の歴史的意義」（『日本中世仏教形成史論』校倉書房、二〇〇七年）、手島崇裕「東アジア再編期の日中関係における仏教の位置・役割について」（『平安時代の対外関係と仏教』校倉書房、二〇一四年）、平林盛得「資料紹介　優塡王所造栴檀瑞像歴記」（『書陵部紀要』二五、一九七三年）など。

7　『鵝珠鈔』下二所引「奝然法橋在唐記」逸文に、「又云、伝智元是日本大宰監藤原貞包〈養鷹〉息也、随二呉越商客一入唐、為レ往二西天一乗レ船去、到二瞻城国一酔レ水死」とあり、伝智という者の試行を知っていたことがわかる。伝智に関しては、西本注2論文を参照。

8　拙稿「入宋僧成尋とその国際認識」（注1b書）。

9　拙稿「入宋僧とその弟子」（注1b書）。

10　石上英一「日本古代一〇世紀の外交」（『東アジア世界における日本古代史講座』七、学生社、一九八二年）は、国使としての性格を重視すべしとするが、石井正敏「入宋巡礼僧」（『遣唐使から巡礼僧へ』勉誠出版、二〇一七年）、上川注6論文などはそうした性格を否定する。

11　手島崇裕「平安中期国家の対外交渉と摂関家」（注6書）。

12　拙稿「朱仁聰と周文裔・周良史」（『東洋大学文学部紀要』史学科篇四一、二〇一五年）。

13　拙稿「平安貴族の国際認識についての一考察」（『古代日本の対外認識と通交』吉川弘文館、一九九八年）。

14　後述の慶盛ともども、榎本渉『僧侶と海商たちの東シナ海』（講談社、二〇一〇年）一一〇～一一一頁を参照。

15 山内晋次「『香要抄』の宋海商史料をめぐって」（『アジア遊学』一三二、二〇一〇年）、渡邊誠「大宰府の「唐坊」と地名の「トウボウ」」（『平安時代管理貿易制度史の研究』思文閣出版、二〇一二年）など。

16 藤善眞澄a『参天台五臺山記の研究』（関西大学出版部、二〇〇六年）、b『参天台五臺山記』上・下（関西大学出版部、二〇〇七・一一年）、石井正敏a「成尋生没年考」、b「成尋――一見するために百聞に努めた入宋僧」、c「『成尋阿闍梨母集』にみえる成尋ならびに従僧の書状について」、d「源隆国宛成尋書状について」（注10書）、注1b拙著、水口幹記『渡航僧成尋、雨を祈る』（勉誠出版、二〇一三年）など。

17 拙稿「『参天台五臺山記』東福寺本の校訂本（案）」（『遣唐使の特質と平安中・後期の日中関係に関する文献学的研究』平成十九年度～平成二十年度科学研究費補助金〈基盤研究（C）〉研究成果報告書〔研究代表者・森公章〕、二〇〇九年）、王麗萍校點『新校参天台五臺山記』（上海古籍出版社、二〇〇九年）、藤善注16b書など。

18 拙稿「宋朝の海外渡航規定と日本僧成尋の入国」（注1b書）。

19 藤善眞澄「宋朝の賓礼」（注16a書）、廣瀬憲雄「入宋僧成尋の朝見儀礼について」（『東アジアの国際秩序と古代日本』吉川弘文館、二〇一一年）など。

20 孫吉については、拙稿a「劉琨と陳詠」（注1b書）、b「平安中・後期の対外関係とその展開過程」（『東洋大学文学部紀要』史学科篇四一、二〇一六年）、原美和子「成尋の入宋と宋商人」（『古代文化』四四の一、一九九二年）などを参照。

21 注20b拙稿、篠崎敦史「十～十一世紀の日宋交渉と入中僧」（『ヒストリア』二五五、二〇一六年）など。なお、篠崎敦史「平安時代の渡海制と成尋の〝密航〟」（『史学雑誌』一二六の八、二〇一七年）は、成尋は密航ではなかったとするが、その論拠となる『参記』巻一延久四年三月十五～十七日条や『成尋阿闍梨母集』巻二の「賜はずは、とどまりてこそはべらめ」などの理解にはなお異見があり（海辺人が来ると隠れるのは密航を認識／母を説得する方便か）。さらなる検討が俟たれる。

22 大塚紀弘「日宋交流と仏牙信仰」（『日本歴史』七五八、二〇一一年）。

23 納富常夫「室生寺と称名寺釼阿」（『金沢文庫資料の研究』法蔵館、一九八二年）。

24 森克己「戒覚と渡宋記について」（『続日宋貿易の研究』国書刊行会、一九七五年）、橋本義彦「『渡宋記』」（『平安の宮廷と貴族』吉川弘文館、一九九六年）など。

25 寛治六年（一〇九二）の僧明範の契丹渡航事件については、保立道久「院政期の国際関係と東アジア仏教史」（『歴史学をみつめ直す』校倉書房、二〇〇四年）、上川通夫「日本中世仏教の成立」（『日本中世仏教と東アジア世界』塙書房、二〇一二年）、拙稿「日麗関係の形成と展開」（注1b書）などを参照。

26 渡邊誠a「後白河法皇の阿育王山舎利殿建立と重源・栄西」（『日本史研究』五七九、二〇一〇年）、b「後白河・清盛政権期における日宋交渉の舞台裏」（『芸備地方史研究』二八二・二八三、二〇一二年）、山内晋次「平氏と日宋貿易」（『神戸女子大学古典芸能研究センター紀要』六、二〇一二年）、髙橋昌明『平清盛 福原の夢』（講談社、二〇〇七年）など。なお、榎本渉「平安末期天台宗における宋代仏教へのまなざし」（『仏教史学研究』五九の一、二〇一六年）は、成尋〜栄西の「空白の八〇年」の状況を考察しているので参照されたい。

27 榎本渉a『東アジア海域と日中交流』（吉川弘文館、二〇〇七年）、b『南宋・元代日中渡航僧伝記集成』（勉誠出版、二〇一三年）、注14書、村井章介『日本中世の異文化接触』（東京大学出版会、二〇一三年）、村井章介編『東アジアのなかの建長寺』（勉誠出版、二〇一四年）、石井正敏『「武家外交」の誕生』（NHK出版、二〇一三年）など。

鴻臚館と博多

菅波　正人

一　はじめに

『日本書紀』宣化天皇元年（五三六）五月一日、那津に官家の設置を命じた記事に、「（略）夫筑紫国者遐邇之所朝届。去来之所関門。（略）」とあり、筑紫の国は、遠近の国々が朝貢してくる所であり、往来の関門とする所であると評されている。また、『日本三大実録』の貞観十一年（八六九）十二月二十八日の記事の中に「（略）博多是隣国輻輳之津。警固武衛之要。（略）」とあり、博多津は近隣諸国がやってくるところで、警護武衛の要の場所であると評されており、これらが古代の博多湾に対する「場」としての認識であったと言えよう。

古代の博多湾は大宰府の外港であり、そこに設置された施設が筑紫の鴻臚館である。鴻臚館跡の立地する場所は、南の「大休山」から博多湾に伸びる「福崎」と呼ばれた丘陵の先端にあたる。この丘陵は早良郡と那珂郡の境界をなす。鴻臚館の時代は、丘陵西側は「草ヶ江」の入江で、その対岸は「荒津山」に向って砂州が伸びてい

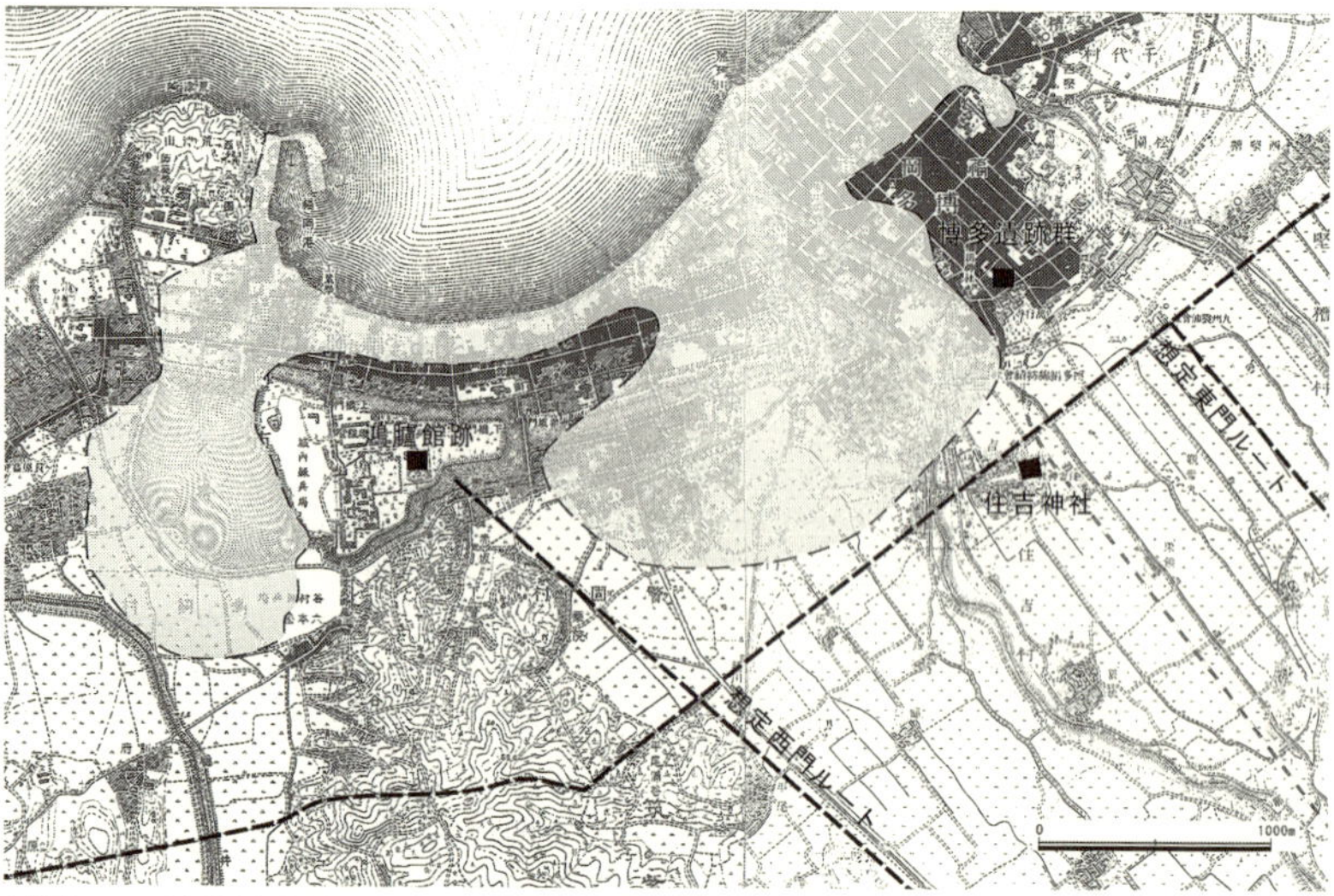

挿図１　鴻臚館跡周辺旧地形及び官道推定図

た。荒津山の裾部の海は水深があり、古代には大型船の停泊地になったと考えられている。湾内は大型船の停泊は困難であるが、施設の周辺には艀等の船着き場が存在したと考えられる。

一方、東側は那珂川下流の入江となっていたと想定されており、その北東側の砂丘上に立地するのが博多遺跡群である。現在、この入江の南東隅にあたる場所に式内社であった住吉神社が存在する。博多遺跡群は弥生時代以来、奴国の海上交易の拠点であり、古代では鴻臚館に関連した官衙の存在が指摘されている。大宰府と鴻臚館、博多の間には水城の東門と西門からそれぞれ伸びる官道があり、両者は外交、交易面での結節点と言えよう。

本稿では古代の博多湾の外交、交易面の拠点であった鴻臚館と博多について、奈良・平安時代の東アジア諸国との国際関係の変化に連動する「往来の関門」「警固武衛の要」としての役割を見ていく。

二　鴻臚館の様相

1　筑紫館の成立過程

『日本書紀』の持統二年（六八八）の記事に初出する筑紫館が鴻臚館の前身とされ、大宰府の外交施設として、蕃客の安置・供給・饗讌の役割を担った。筑紫館が登場するまでの四半世紀は、東アジアの動乱の中で、倭王権にとって対外的にも対内的にも激動の時代であったと言える。天智二年（六六三）の白村江の戦いで唐・新羅の連合軍に大敗により、国防と政治体制の強化を図る最中、六六四年、唐の駐留将軍の使いが初めて派遣される。その後、天智四年（六六五）、同六年（六六七）にも使いが派遣され、国交の回復が図られていく。同八年（六六九）には遣唐使を派遣することになる。

一方、天智七年（六六八）、高句麗が滅ぶと、唐との関係が悪化していた新羅から使節が派遣される。以後、新羅は「請政」という形で国内情勢を倭王権に伝え、たびたび来朝して「朝貢」姿勢を示し、倭王権も遣新羅使を派遣するという関係が続くことになる。この間、高句麗遺民、耽羅などが倭王権の支援を望み、活発に使節を派遣するようになる。

壬申の乱後、天武天皇が即位すると、天武二年（六七三）、天皇の即位を祝う賀騰極使・金承元らと、天智天皇の喪への弔いで金薩儒らが来日する。前者は入京したが、後者は筑紫大郡で饗応を受けた。筑紫大郡は、この時の『日本書紀』の記事が初出で、以後、史料では見られないが、筑紫での饗応はここで取り行われたと考えられる。

天武朝（六七二～六八六年）から持統朝（六八七～六九七年）にかけて、新羅使などが頻繁に来朝しているが、天武八年（六七九）から持統四年（六九〇）の間は入京させずに筑紫で饗応し、帰国させたとされる。この理由には一つは国防上の配慮で、各地の軍事施設が使者の目に触れるのを避けたということである。もう一つは国家の威信に関わることで、律令体制の形成期で、整備途上の状況であることが入京を避けさせたということである。

筑紫での外国使節の饗応は、京から遣わされた使者によって行われ、朱鳥元年（六八六）には川原寺から伎楽の衣装なども運ばれている。持統二年（六八八）には新羅使金霜林らを饗応した施設として筑紫館が登場する。宿舎である館で饗応を行っている点で、筑紫大郡と一線を画するものであったと考えられる。おそらく律令体制を確立していく中で、外国使節に係わる制度や施設の整備が行われ、この段階で筑紫において整ったものが筑紫館であったと考えられる。

2　鴻臚館の変遷

両側を入江で挟まれた丘陵の先端に立地した鴻臚館は、郡境にもあたり、郡の中心施設や駅家などとも一定の距離があった。しかも出入りする者を監視しやすい場所にあり、隔離性、防備性を備えており、蕃客を対応する施設にふさわしい立地であったと言える。約四〇〇年間この場所にあり続けられたのはその環境が保たれたことに他ならない。

鴻臚館跡は、昭和六十二年の平和台野球場改修に伴う発掘調査以来、二十六年間に及ぶ調査で、七世紀後半～十一世紀前半までの存続期間と第Ⅰ～Ⅴ期までの五時期の遺構変遷を確認した。

a．第Ⅰ期（七世紀後半～八世紀前半）

第Ⅰ期は、丘陵に入り込む谷で南北に隔てられた施設（以後、それぞれを南館、北館と呼ぶ）が造営される。南

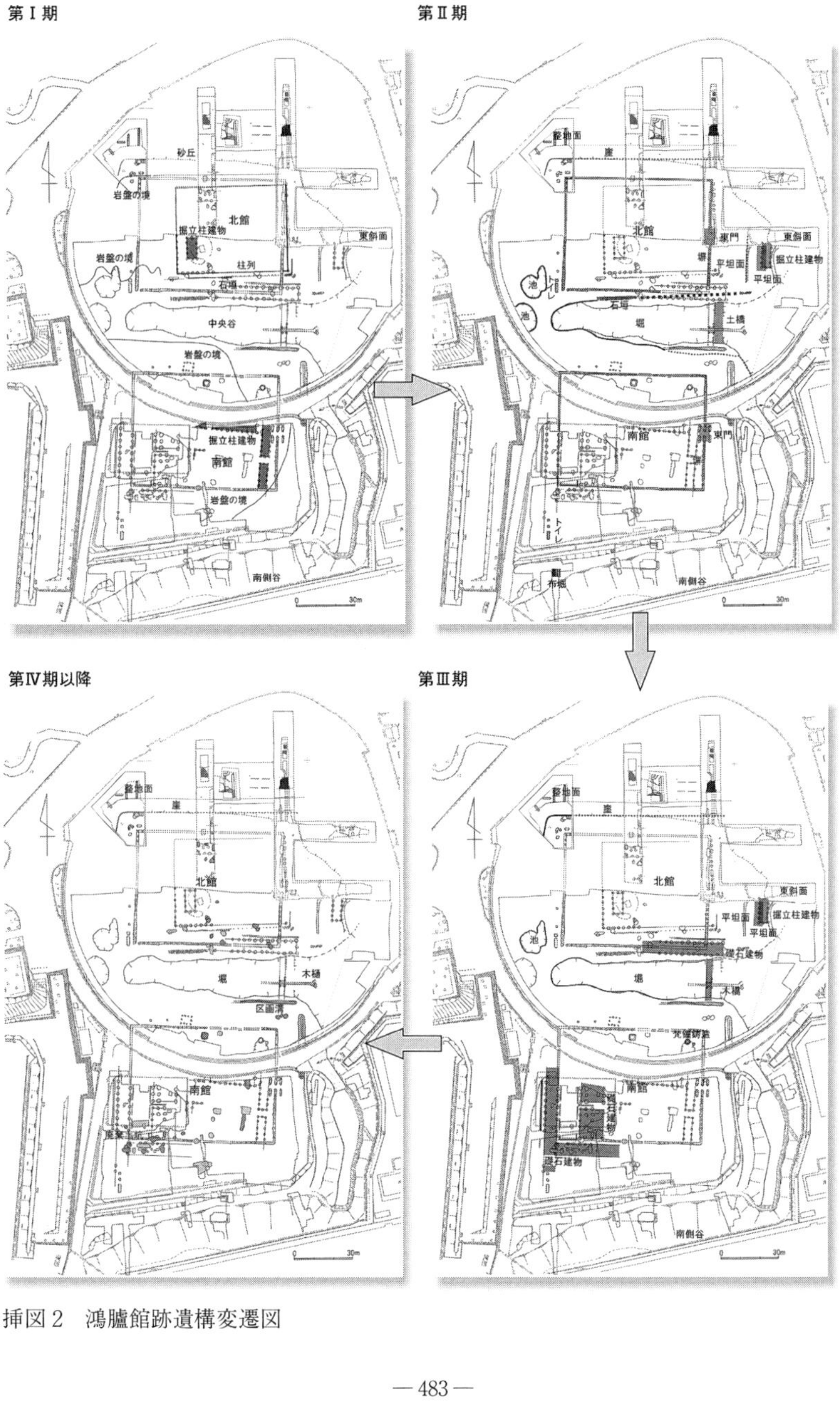

挿図２　鴻臚館跡遺構変遷図

館、北館とも掘立柱建物で構成される。瓦の出土が見られないことから、屋根は板葺と考えられる。北館では石垣と長方形に巡る柱列が検出された。石垣は柱列に南辺と南東コーナーに沿って積み上げられている。柱列の主軸方位はN-1°30′-Wをとり、規模は東西約五四メートル×南北約三九メートルとなる。柱列の内部は二×四間の側柱建物が確認された。柱列の東側では門の一部と考えられる柱穴群が検出された。南館は北館より約一・五メートル高い場所にあり、ここでは主軸方位N-5°-Eをとる、梁間二間、桁行五間以上の側柱建物の南北棟一棟と柱筋をそろえる同様の建物一棟が検出された。また、それらに直行する二×九間の東西棟一棟と柱筋をそろえる同様の建物一棟が検出された。更に、南北・東西棟に内側で建物一棟が検出された。

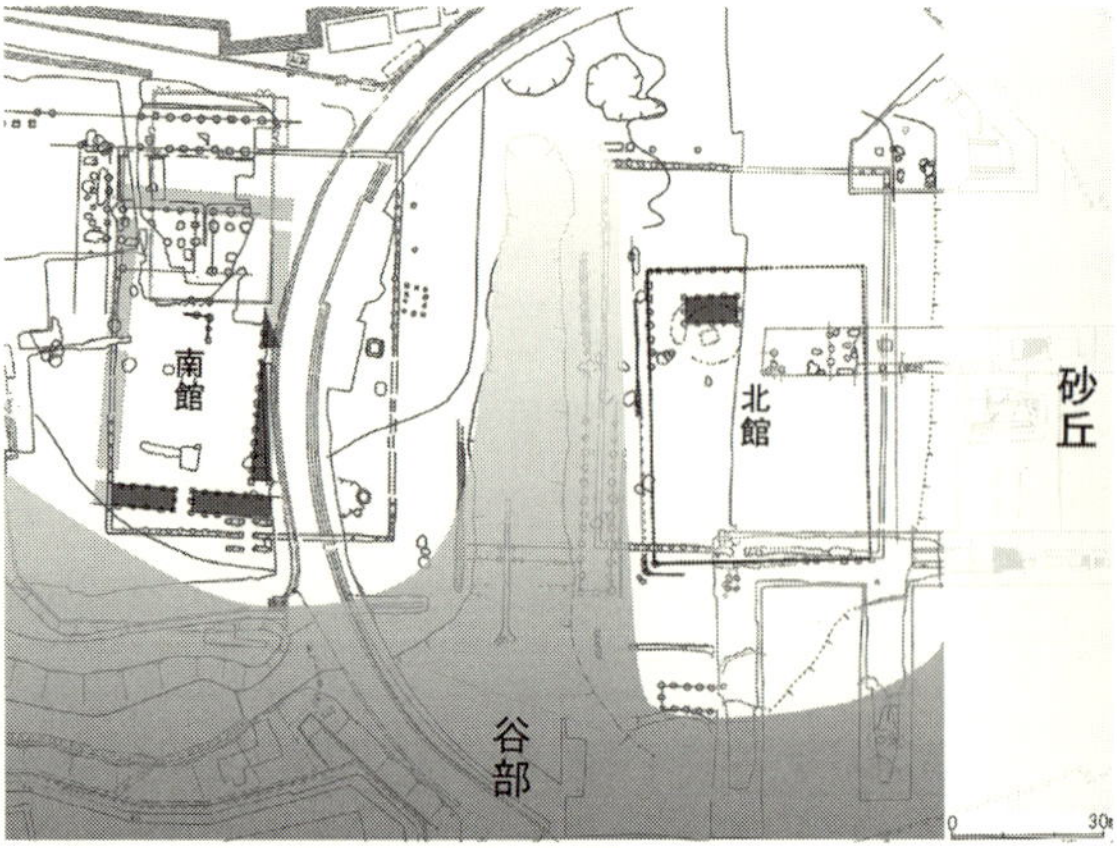

挿図３　第Ⅰ期建物配置復元図

　第Ⅰ期は後世の造成により、不明確な部分も多いが、南館と北館では建物等の主軸方位や構成が異なっている。検出された建物の状況から、南館建物群は長舎建物がロの字形に配置されたと想定される。内部にある建物は中心建物であった可能性が高い。北館は建物を塀で囲むもので、内部に数棟程度の建物が想定される。

　遺構や地形などを考慮して施設を復元すると、南館は推定復元で、東西長約五二メートル、南北長約三七メートルの規模となる。建物構成に注目すると、長舎建物が中心建物を取り囲む構造は初期の郡庁の建物配置に類似する。郡庁は政務の実務的な場である一方で、儀式や饗宴の場としての機能も想定されている。また、饗宴施設の建物配置モデルとして取り上げられている、奈良県石神遺跡のＡ３期東区画建物群にも類似する。これらの事例を参考にすると、第Ｉ期の南館には儀式や饗宴施設の機能が想定される。一方、北館の構造は建物を塀で取り囲むものであり、その構造から部外者との接触が避けられた外交使節が滞在する館（宿舎）の機能が想定される。つまり、海側に近い北館は宿舎であり、一段高い位置にある南館は儀式や饗宴施設となり、外交使節の宿泊、管理、饗応の機能を備えた施設の姿が浮かんでくる。

b．第Ⅱ期（八世紀前半～末）

第Ⅱ期は、敷地を広げるため、凡そ南北二町、東西一町の範囲を大規模に造成し、規格性の高い建物配置を行う。南北を隔てる谷は埋め立てにより狭められ、幅約二〇メートルの堀となる。堀の開口部では土橋を確認しており、南北の連絡路と考えられる。北館の南側では盛土造成を行い、谷の北側斜面に石垣が築かれる。高さ約四・二メートルを測り、裏込め石や版築はなく、盛土しつつ積み上げられたと考えられる。北館の北側は、盛土造成で第Ｉ期より北側に約一〇メートル平坦面を広げて高さ約四メートルの崖面を形成し、崖下には砂丘面に瓦を敷いて、幅約一〇メートルの盛土造成を行っている。拡張した平坦面には布掘り塀が設けられることになる。

南館、北館は東西長約七四メートル、南北長約五六メートルの長方形区画の布掘りの塀が巡り、東側に八脚門が付く。塀の主軸方位はN‐1°30′‐Eをとる。門は梁行五・三メートル×桁行七・五、中央間三・五メートルを測る。北館の門の東側は幅二〇メートル程の平坦面があり、そこから一段下がる場所に二×五間の掘立柱建物があり、使節等の出迎えや警備に関わるものと考えられている。塀の内側では建物の柱穴や礎石は確認できず、削平で失われたと推測されるが、鴻臚館式軒瓦が葺かれた建物であったと考えられる。

建物以外の遺構では、南館の南西隅外側で三基のトイレ状遺構、北館の南西隅外側で二基のトイレ状遺構が検出された。平面形は隅丸長方形プランと隅丸方形プランのものがあり、本来の深さは四メートルほどあったと考えられる。坑内から籌木や食物残滓などを含む排泄物が出土し、その中に含まれる種子や花粉、寄生虫卵の分析からウリ、ヤマモモ、ナツメ、ミズアオイ、アブラナ、コイ、アユなどが食されたと想定されている。その内、南館のＳＫ69、70からはブタやイノシシなどの寄生虫卵が出土しており、肉を常食とする外来者（新羅使）が使用した可能性が高いと推測されている。南館のＳＫ57では籌木として転用された荷札木簡があり、筑前国内の「京都郡」や「鞍手郡」、肥後国の「天草郡」や讃岐国の「三木郡」の米、「鹿乾脯」（鹿の干し肉）や「魚鮨」といった食材に付けられたもので、ここで提供された食事を推測する手がかりとなっている。

南館と北館は同一主軸、同一規模の相似形をなすものであるが、造営の時期に若干の差が認められる。南館の布掘り塀と便所遺構の造営時期は八世紀前半～中頃に比定される。一方北館は、石垣の推定ラインが布掘り塀と交差することと、布掘り塀が掘り込まれる盛土との関係により、石垣は八世紀前半の築造、石垣に後出する布掘り塀は、八世紀中頃～後半に造営されたと考えられる。

つまり、第Ⅰ期の長舎建物から変わる形で、南館が先行して布掘り塀とそれに伴う施設が造営される。八世紀前半～中頃に造営される南館は、第Ⅰ期の北館と同様、塀による区画施設をもつもので、宿泊施設として整備されたと考えられる。

大宝律令の施行に伴って、大宰府の官制は整備され、律令国家の対外的機能、軍事的機能の一端を担い、かつ、西海道の統括を行う機関となる。これに対応する朝堂院様式の大宰府第Ⅱ期の建物は、海外の使者を送迎する儀礼の府としての姿に相応しいものであった。大宰府第Ⅱ期の造営の時期は、和銅年間（七〇八～七一五）から霊亀年間（七一五～七一七）を経て養老年間（七一七～七二四）頃までというのが有力な説であり、筑紫館の第Ⅱ期の造営もこれに続いて行われたと考えられる。更に、太宰府市の西鉄二日市操車場跡地で見つかった、八世紀第二四半期の造営された客館跡も一連の動きであろう。『続日本紀』の天平四年（七三二）の記事に、「造客館司」を初めて設置したとあり、大局的には、新羅や渤海との外交関係の強化を進める中での動向と捉えることができよう。

第Ⅱ期の筑紫館は、遣唐使や遣新羅使の風待ちの場所でもあったが、一義的には新羅との外交政策のための施設と言えよう。ただし、新羅使の来朝はあるものの、筑紫館での饗応の記事は見られないことから、饗応については大宰府で行われ、筑紫館は安置、供給が主たる役割になったと考えられる。段階的に造営された第Ⅱ期の鴻臚館の造営には、新羅や渤海との外交政策の変化も背景にあるものと考えられる。

第Ⅱ期には、朝貢という形態を求める日本とそれに改めたい新羅との関係は、次第に亀裂を生じていく。天平六年（七三四）、国号を「王城国」に改めたと告げた新羅の使節を返して以来、日本から派遣した遣新羅使も儀礼を受けずに返されることが起こっている。筑紫館に立ち寄ったことが万葉集により知られる、天平十年（七三八）の遣新羅使もその例にあたる。一時は新羅討伐の計画が立てられるほどの状況になった両国の関係であるが、小康状態が続いた後、宝亀十年（七七九）を最後に新羅使の行き来が途絶えることになる。これにより外交施設としての筑紫館の役割は低下していく。

c．第Ⅲ期（九世紀初～後半）

第Ⅲ期は、乱積みの基壇を持つ礎石建物が設けられた時期で、第Ⅱ期の主軸方位N－1°30′－Eを踏襲しながら、建物の規模が拡大する。外交施設としての役割が低下する中で、逆行するかの様な動きである。第Ⅲ期の堀は埋め立てにより狭められる。Ⅱ期の石垣は埋められ、土橋は木橋に変わる。全体に遺存状況は悪いが、比較的残りの良い南館の西南側では、軒を連ねた身舎二間で、東西に庇が付く南北棟二棟、その西側に梁間二間、桁行十六間（四八メートル）以上の南北棟一棟、それに直行する梁間二間、桁行七間（二一メートル）以上の東西棟一棟とそれに伴う雨落ち溝が検出された。これらの建物配置から、第Ⅱ期の建物方位や中軸線を踏襲した回廊状の建物とその内部に長大な南北建物が配置されたものが復元される。北館では南東側でⅡ期の布掘り塀の南辺に重なるように梁間二間、桁行一四間（四二メートル）以上の礎石建物の東西棟一棟が検出された。削平のため遺構の残りが悪いが、南館同様に回廊状の建物と想定される。ただし、南館より南北の長さが一回り小さい復元案が示されている。文献史料には天安二年（八五八）、唐から帰国した円珍が鴻臚館に滞在した際、中国商人からの送別詩の題に「鴻臚北館門楼」という記載があり、この時期の北館は重層の門であったと想定されている。

第Ⅲ期は第Ⅱ期の規格を踏襲し、南北の規格に若干の違いはあるものの、規模が拡大する。第Ⅲ期開始期の弘仁年間（八一〇〜八二四）は、施設の名称を中国風に呼び変える時期であり、外国からの使節に変わり、新羅商人や唐商人が来着するようになる。それまで外交使節により行き来していた人々やモノが、外国商人により、行き来するようになっていく。

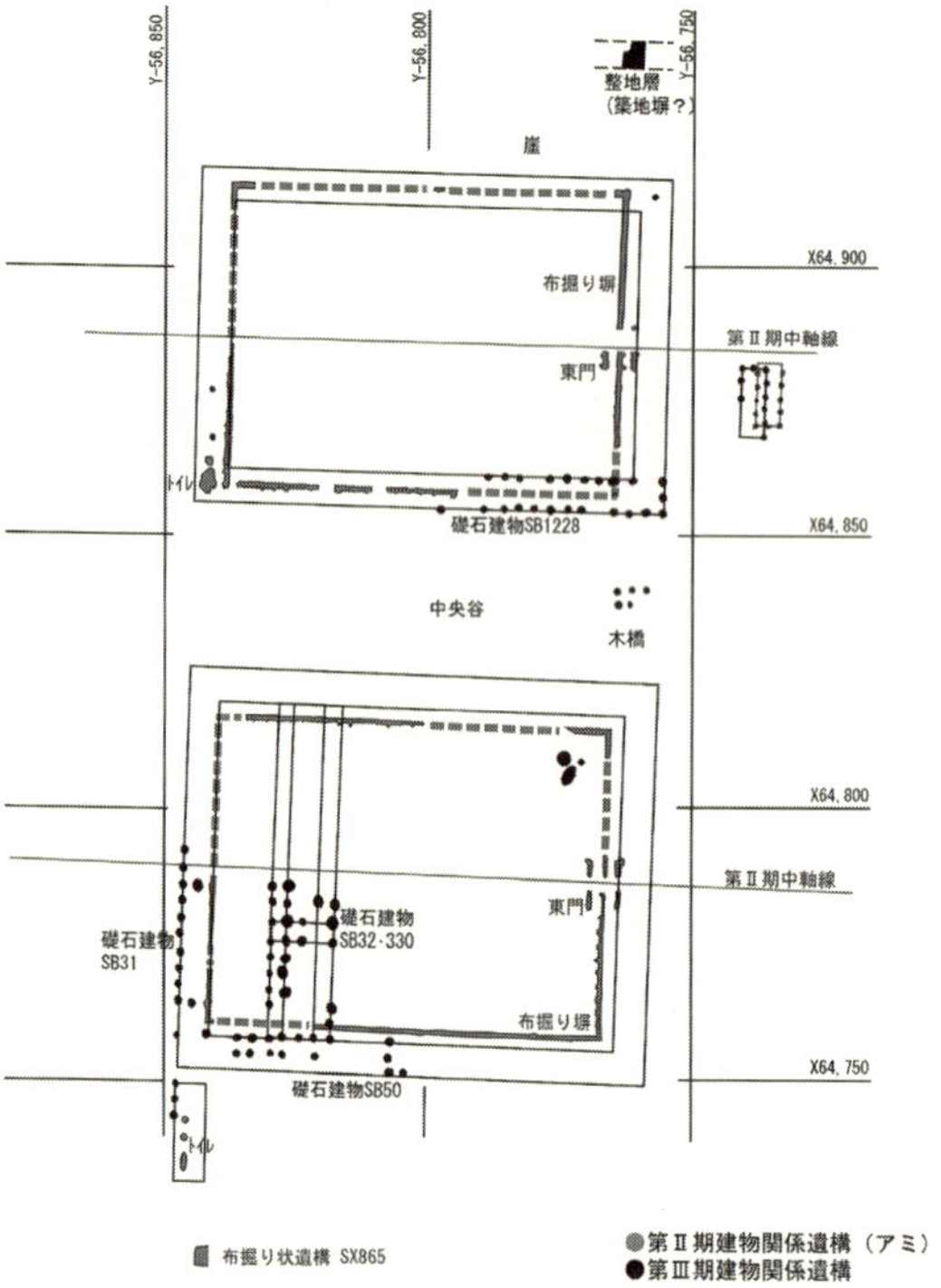

挿図４　第Ⅱ期、第Ⅲ期建物群の変遷比較

d．第Ⅳ期以降（九世紀後半～十一世紀前半）

第Ⅳ期以降は、第Ⅳ期以降は、中国商人の来着の記事が多くみられ、この場所が唐物の取引の場として、活況を呈していたと推測される。ただし、建物遺構の遺存状況は悪く、施設構造は不明確である。しかし、瓦類は多量に出土しており、十～十一世紀代の特徴を示す瓦も含まれることから、第Ⅳ期以降も瓦葺き建物は存在したことは確かであろう。第Ⅳ期（九世紀後半～十世紀前半）と第Ⅴ期（十世紀後半～十一世紀前半）は主に廃棄土坑の出土遺物から時期区分している。南館で多く見られる廃棄土坑は、中国産陶磁器、特に越州窯系青磁を大量に廃棄したものである。出土した陶磁器が二次的に火を受けていることから、倉庫等に保管されていた商品が火事にあい、一括投棄されたものとみられる。これらの土坑から出土した越州窯系青磁の組成には顕著な差が認められ、福建省産とみられる粗製の越州窯系青磁が過半数を占めるものや、複数の産地の様々な器種を集めたようなものなどがある。一方で、北館においてはそのような廃棄土坑はほとんど見られず、完形の土師器坏や碗を多量に廃棄した土坑が多く見られた。

調査で出土した軒瓦の鴻臚館式（丸瓦二二三型式、平瓦六三五型式）が大半で、それに軒丸瓦〇八二A型式、〇八二B型式、軒平瓦六六二型式、六六三型式が加わったものが主たる構成となる。第Ⅳ期以降もそれらは再利用される。十世紀～十一世紀に位置づけられるものは少量であるが、軒丸瓦〇四九型式と軒平瓦六〇五型式がある。これらは主に北館で見られるもので、南館ではほとんど出土しない。第Ⅳ期以降、施設造営は北館に力が注がれたことが想定される。

廃棄土坑の様相や施設造営の在り方から南北の機能の差を窺うことができ、南館には貿易陶磁器類の管理や取引、北館には宴会や飲食、宿坊といった役割が想定できるのではないかと考える。第Ⅳ期以降の様相はそれより前に比べると整然さが欠けるような印象であるが、そこには贈与や宴を介して、人間関係を醸成し、国境を超えて、広域な交易をおこなった中国商人とのやり取りの様子が垣間見えるのかもしれない。

第Ⅳ期以降の鴻臚館の役割は外交施設から中国商人との取引の場と変わり、合わせて新羅海賊などへの防備も強化される。鴻臚館の防備に関して、北館の北側の崖下で第Ⅳ期に位置づけられる塀の積土もしくは積土が崩壊堆積したものが検出されている。全容は不明であるが、北側の外郭を示すもので、第Ⅴ期まで継続したと想定される。なお、第Ⅱ期、Ⅲ期の外郭を示す遺構については確認されていない。『日本三大実録』貞観十一年（八六九）五月二十二日に、新羅海賊に豊前国年貢の絹綿が略奪されたことに対応して、同年十二月には鴻臚館へ統領一人・選士四十人、甲冑四十具、翌年正月には甲冑百十具が移されている。また、延喜式には大宰府の兵馬二十疋のうち、十疋、牧馬十疋を分置するとあり、防備の拠点強化も進められている。それらのことから、ここで検出された外郭施設も外交施設の外観より、防備を重視したものの可能性も考えられる。

3　出土遺物から見た鴻臚館

新羅土器は第Ⅰ期、Ⅱ期に見られるもので、新羅使を迎えたことにも対応するようである。出土量は南館の方が多い傾向にあり、第Ⅱ期の南北の館の設置時期の差を反映しているのかもしれない。器種には印花文を施した坏蓋、瓶などが出土している。トイレ状遺構からは無文の樽型瓶が出土している。

ガラス器は少量であるが、ワイングラス風もしくは瓶のような形態のものが出土している。色調は透明、緑色を呈する。蛍光X線分析では西アジア系ソーダ石灰ガラスの特徴に類似する。

唐三彩の出土量は少ないが、形態が分かるものとしては三彩鴛鴦文陶枕がある。また、晩唐に比定される白化

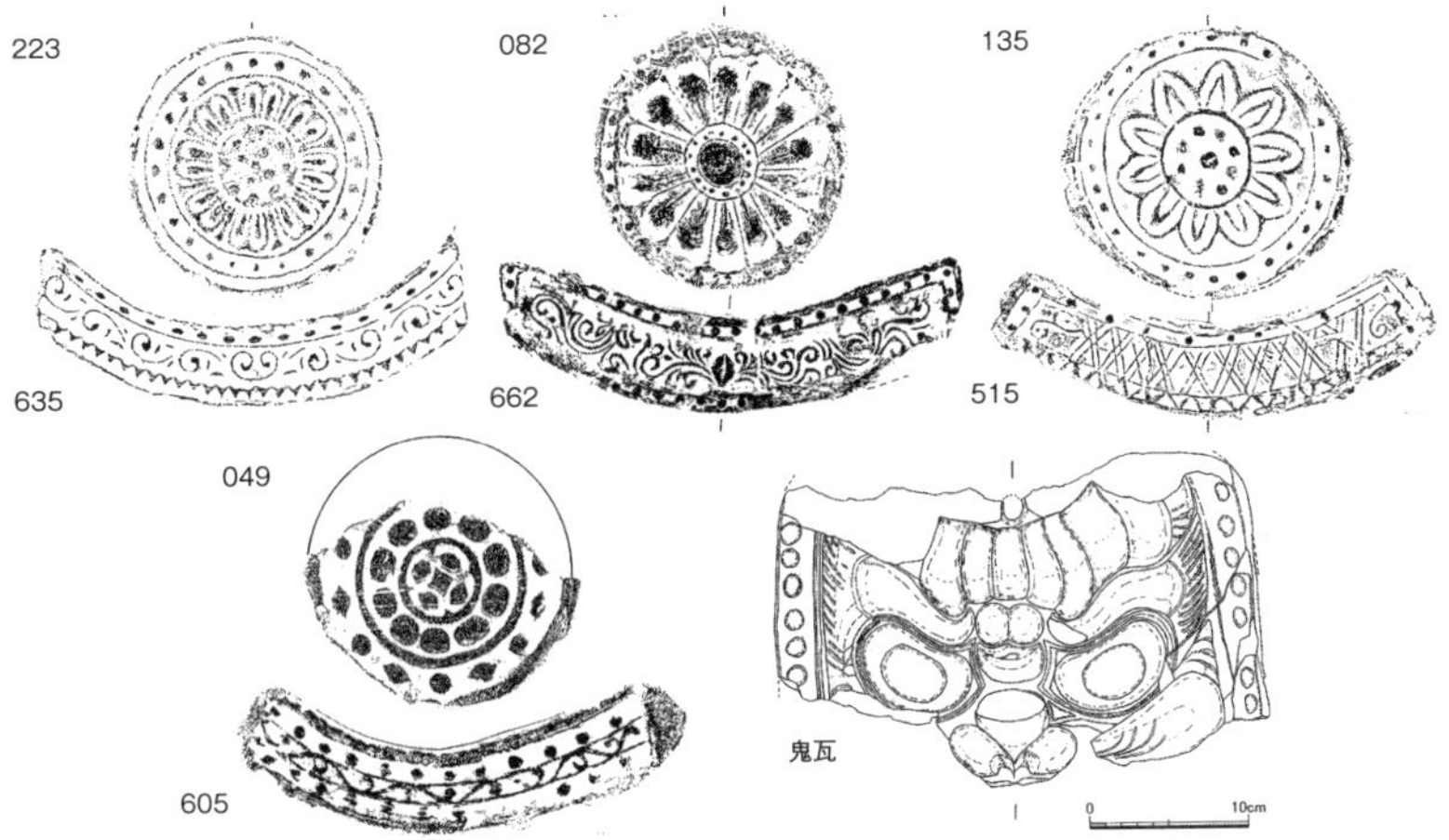

木簡

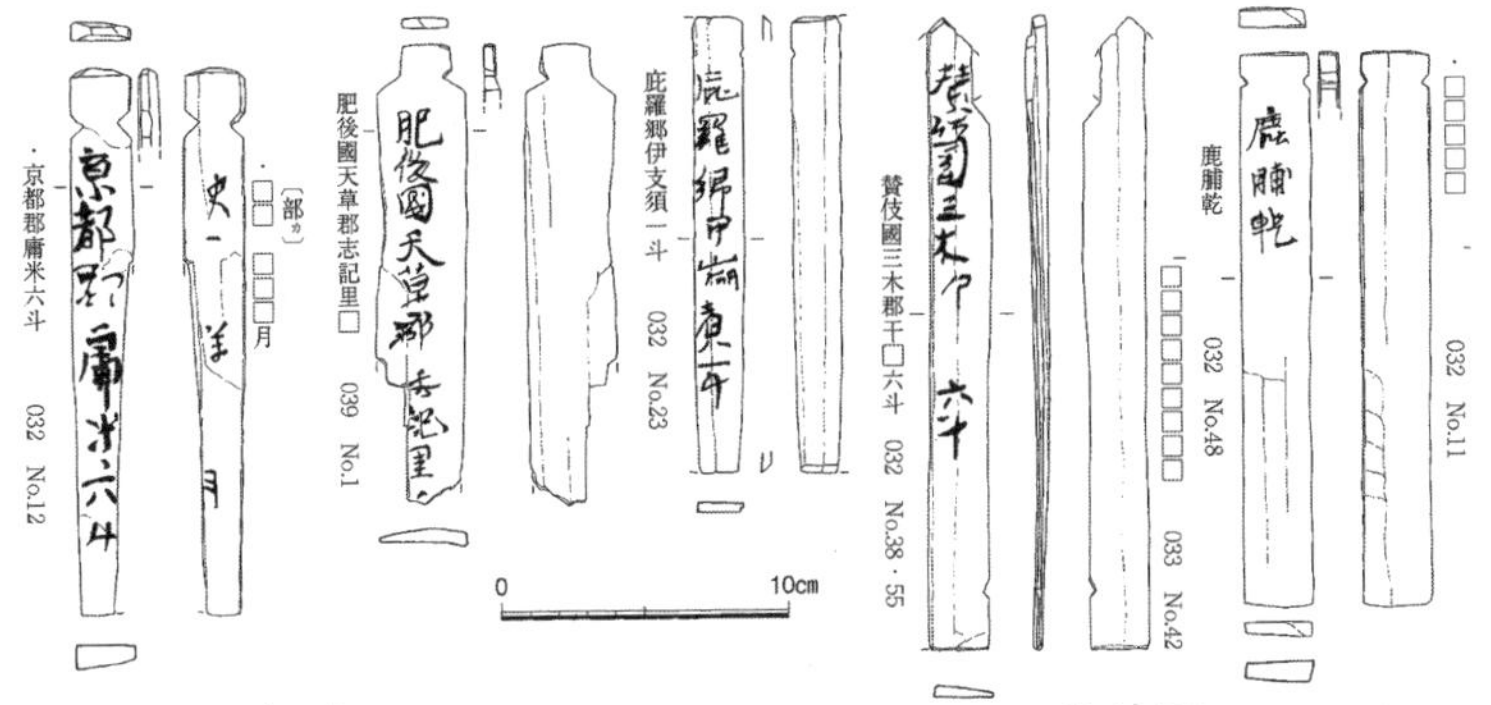

籌木

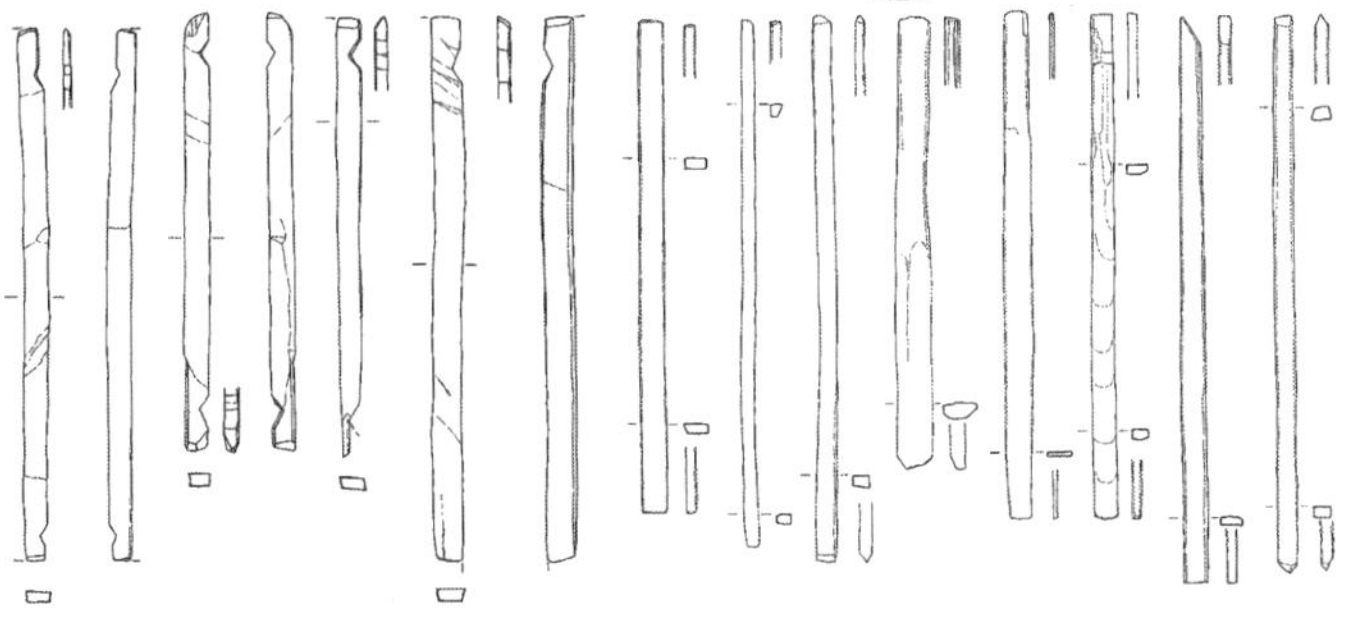

挿図5　鴻臚館跡出土の主要遺物1

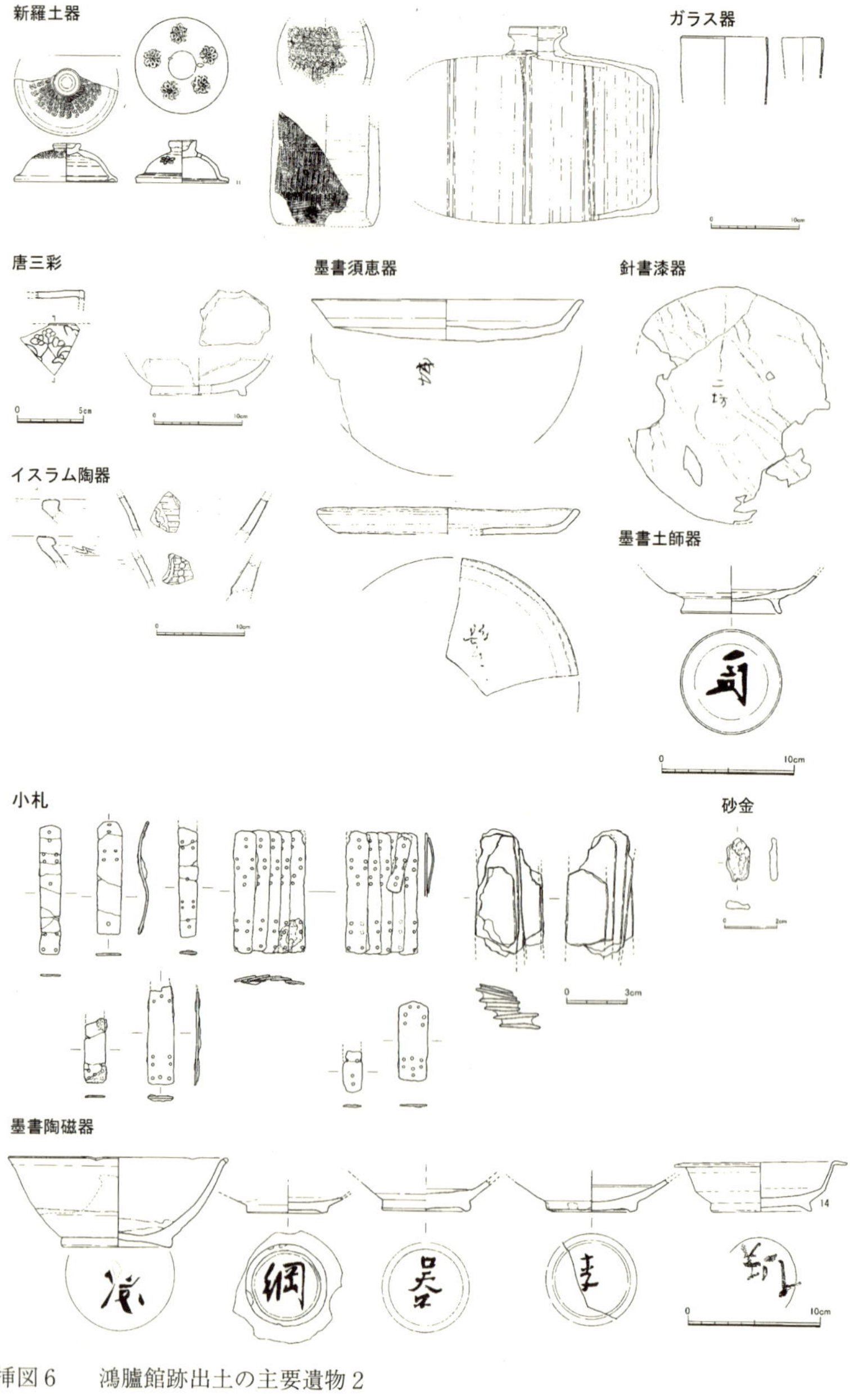

挿図6　鴻臚館跡出土の主要遺物2

粧した白地に緑釉・黄釉で斑点を打つ盤が出土している。

イスラム陶器は破片資料が大半であるが、外面に貼付文を施し、コバルトブルーの釉薬をかけた大型の壺がある。イスラム系の商人の活動の拡大により中国にもたらされたものが、中国商人により持ち込まれたものと考えられている。

墨書土器の出土数は少ないが、注目されるのが八世紀後半の皿の底部に「城」と記されたものである。『続日本紀』宝亀三年（七七二）年十一月辛丑の条にある「罷筑紫営大津城監」の記述にある「大津城」に関連する可能性が指摘されている。トイレ状遺構SK57から出土した漆器には「二坊」と針書きしたものがあり、宿坊などの施設を示す資料として注目される。十世紀代に位置づけられる土師器碗では外底部に「厨」と記されたものがある。

挂甲の鉄小札は重なった状態で十数点出土している。小札は、革紐等で綴じ合わせたものであろうが、紐は遺存していない。先に触れた貞観十一年（八六九）の鴻臚館への甲冑の配備にも関わるものと注目される。

砂金は商品の対価でもあり、鴻臚館での交易に関わる資料の可能性があるが、共伴遺物が少なく、年代を特定することはできない。長さ一六・〇八ミリメートル、幅八・九ミリメートル、最大厚三ミリメートル、重さ二・七五グラムを測る。九九・五％の純度の高い金である。

多量に出土した貿易陶磁器中に外底部に墨書を記したものが少数だが存在する。越州窯系青磁に記したもの（判読できないが）もあるが、大半は第Ⅴ期の白磁碗、皿である。判読できるものでは、船主を示す「綱」や「呉」「李」「鄭」といった中国人名などがあり、十二世紀代に博多遺跡群で多く見られる墨書土器に類似するものであり、鴻臚館での交易に関わる中国商人の存在を示すものである。

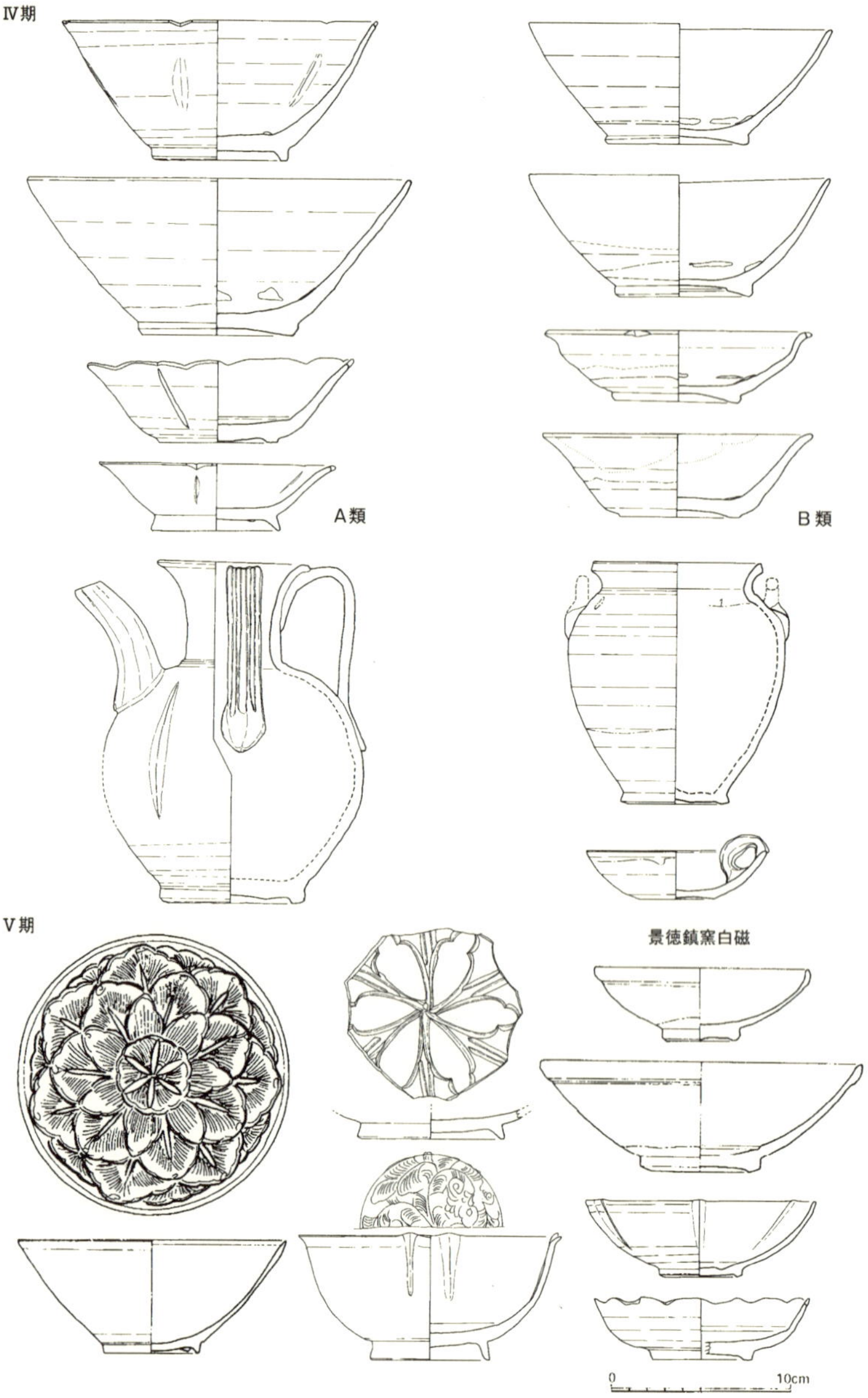

挿図７　鴻臚館跡出土の第Ⅳ・Ⅴ期の貿易陶磁器

貿易陶磁器は第Ⅲ期段階になると、越州窯系青磁や邢窯系白磁、長沙窯水注などが出土するが、出土量が増大するのは第Ⅳ期以降である。第Ⅳ期のもので主体となるのは越州窯系青磁である。越州窯系青磁は精製品と粗製品の二種類に大別され、前者が浙江省産、後者が福建省産と把握されている。鴻臚館跡出土品は前者がA類、後者がB類と分類され、胎土や釉色から細分されている。器種は碗や坏、水注や鉢などがあり、このほか、褐彩陶器の水注や鉢、褐釉陶器の灯盞（燈明皿）や香炉、無釉陶器の茶碾輪（薬研）、朝鮮半島産無釉陶器、定窯白磁など多彩な製品が見られる。これらの中には中国商人が鴻臚館滞在中に使用したと考えられるものも含まれる。第Ⅴ期になると、景徳鎮窯白磁が出現し、青磁は減少傾向となる。白磁は口縁を折り返して玉縁状にした碗や皿が主体となる。青磁は毛彫りや片彫りの劃花文を施した碗や水注など、前代には見られなかったものが出土している。

出土遺物を見ると、交易に関わる品々が目立つ一方で、官衙で特徴的な帯金具や墨書土器、国産の須恵器や土師器、緑釉陶磁器などの出土量は少ない。蕃客などの滞在施設であった施設の在り方を象徴するものと考えられる。

4　鴻臚館の終焉

鴻臚館の最末期である第Ⅴ期では中国商人の滞在期間については、六～八年という長期にわたって滞在する例も見られる。また、周文裔や章承輔などの商人は日本人妻を持ち、その間に生まれた子が後に日宋貿易に関わったという。来航の年数を規定する年紀制により、規定年数まで居住してわずかの年数の帰国で再び来航するという形態で貿易を行うものが現れた結果、鴻臚館では常駐化する中国商人がいたと想定されている。この時期に見られる「綱」「呉」「李」「鄭」などを墨書した陶磁器の存在がその傍証と言えよう。また、このことは後の博多における「住蕃貿易」に繋がるものものとして評価されている。

十一世紀中頃以降は『扶桑略記』永承二年（一〇四七）の「大宋国商客宿房」放火犯人捕縛の記事と整合して、鴻臚館に関わる遺構や遺物は皆無となり、焼失した鴻臚館は再建されなかったと考えられる。ただし、史料から読み取れる変遷と考古学的な変遷とでは、整合性の取れていない点も多い。十一世紀中ごろ史料である藤原明衡『雲州消息』下末所収文書に見られる「客館」「鄭十四客房」や『香要抄』にある「唐人王満之宿坊」などは鴻臚館焼失後のものであり、その場所が鴻臚館であるか博多であるかの検証が必要である。また、鴻臚館にあったと考えられる倉庫や馬の厩舎、博多津の防備を担った「警固所」などについては考古学的には確認されておらず、これらの検証も鴻臚館の全容解明につながる課題と言える。

三　博多遺跡群の様相

博多遺跡群が立地する砂丘は、大きく三つの砂丘列からなり、内陸側の砂丘1、2（博多浜）から博多湾側の砂丘3（息浜）に広がっていく。それぞれの砂丘列は形成時期が異なり、居住可能な安定的な環境になるのは、砂丘1では弥生時代前期後半以降、砂丘2では弥生時代後期後半以降で、八世紀後半以降は全域に遺構が展開する。砂丘3は砂丘南側背面部の一部で、九世紀代には墓域として利用が始まるが、本格的な土地利用は十二世紀前半以降に砂丘2と砂丘3の間が埋め立てにより陸橋状に繋がってからである。したがって、古代以前は内陸側の砂丘1、2が主たる活動領域と言える。

弥生時代後期から古墳時代初頭にかけては、方形周溝墓や玉造工房、精錬鍛冶などの遺構や山陰や畿内、東海などとの交流を示す遺物が確認されている。また、五世紀代では全長五六メートルを超える前方後円墳が築造されており、福岡平野の首長墓の一つに位置づけられている。砂丘の西側は那珂川の河口にあたり、奴国の海上交易の拠点として、六世紀代に設置された那津官家にも大きく関わっている場所と言える。

古代における「博多」に関して、『続日本紀』天平宝字三年（七五九）三月二十四日条の「博多大津」があげられるが、広義の博多湾を指したもので、古代の博多の様相を示す文献史料はほとんどない。発掘調査の成果がその様相を知る手がかりである。遺跡群では八世紀以降、区画の溝や竪穴住居跡、井戸などの遺構、官人層の存在を示す帯金具や墨書土器、硯などの遺物が確認される。

砂丘1の東側では東西・南北方向の主軸を基本として八世紀代に整備された「官衙域」と考えられる区画が存在する。この官衙域は約一町四方の範囲で復元されており、この範囲内では地形を考慮しない正方位の主軸を採る溝が多数検出されている。区画の内部の遺構の遺存状態は良くないが、井戸や大型の建物なども検出されている。施設名や役割については不詳であるが、鴻臚館にも関係し、博多大津の管理や交易に関わる大宰府の付属施設と考えられている。

官衙域の北側では砂丘1から2にかけて、現在の町割りに近い主軸方向を採る「居住域」と考えられる区画があり、八世紀から九世紀の時期の竪穴住居跡や井戸などが検出されている。その西側には那珂川の河口に面して、N–23°–W前後の主軸方向を採る「港湾域」とされる区画が存在している。区画は各々の地形に則して整備され、基軸となる直線的な溝等により規制されたものであるが、その分布範囲は「官衙域」と異なり必ずしも方形ではなく、各区画の接合点付近では両者は複雑に入り組んでいる状況が見られる。これらの区画は古代の時期に現れ、十三世紀末から十四世紀初頭に遺跡群の中央に基幹道路が整備されるまで部分的に存続したことが判明し

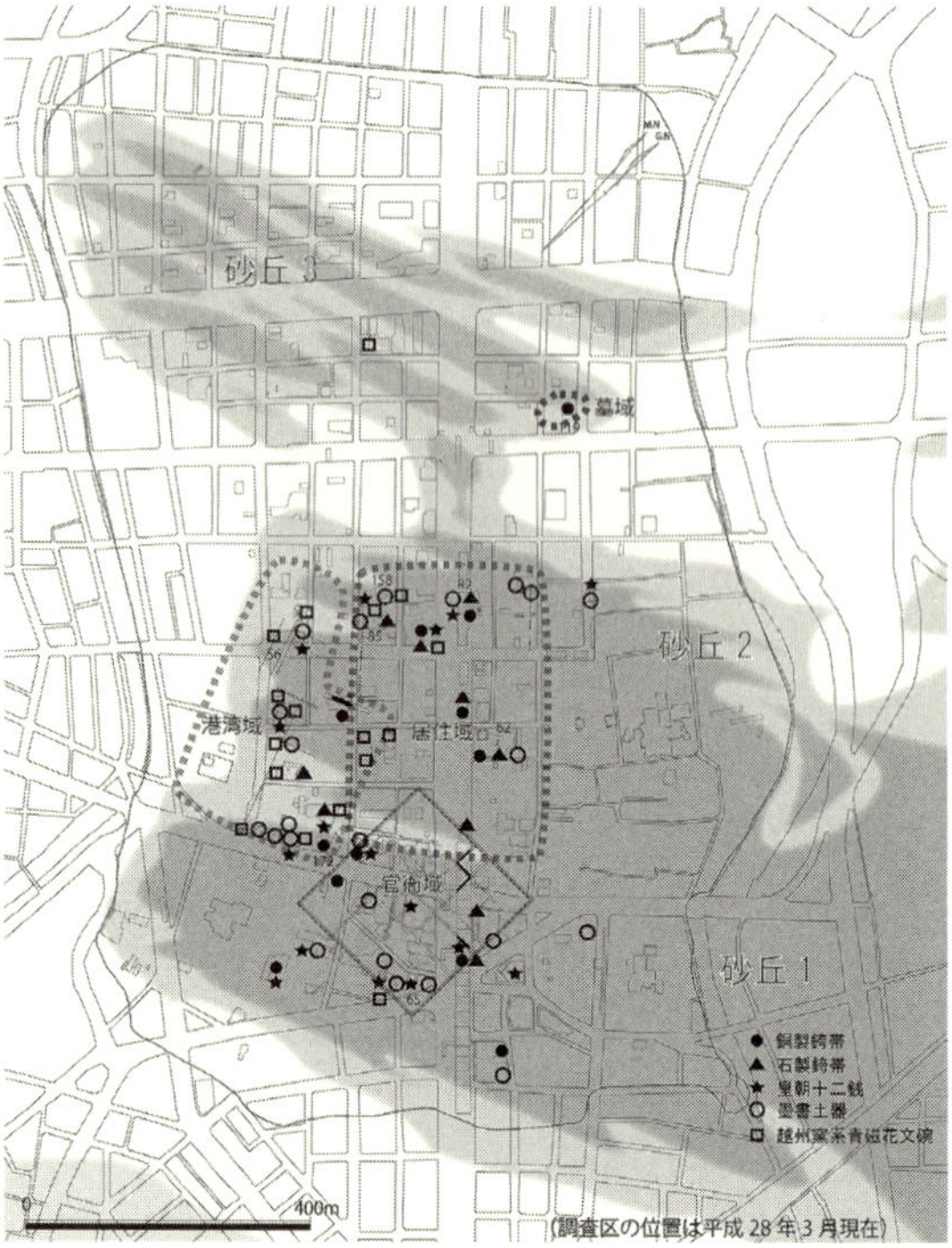

挿図８　博多遺跡群官衙関連遺物分布図

ている。

官人層に関わる遺物では、銅製帯金具は、砂丘1、2の広範囲に出土するが、「官衙域」周辺に多く集中する傾向が見られる。一点のみ砂丘3の南側の第一一九次調査地点で出土している。八世紀後半の時期に属するもので副葬品として埋葬されたものであり、八花鏡・須恵器碗とともに出土している。石帯の分布状況を見ると、やはり「官衙域」での出土が多いが、「居住域」での出土数もこれに類するものとなる。

墨書土器は、中世の墨書陶磁器と異なり出土数は多くなく、百点程度である。分布状況を見ると、砂丘1、2のほぼ全域で出土しているが、「港湾域」・「居住域」では海浜部に近い範囲に集中している。墨書土器には「長官」や「佐」、「官」等の官人の役職を表すものもあり、官人層の存在を示すものと注目される。居住域の東側にあたる築港線二次（R2）では「長官」第六二次調査では「佐」が出土しており、官人層の居住が推測される。

皇朝十二銭の分布状況も銅製帯金具と同様に「官衙域」周辺に比較的多く集中する傾向が見られるが、「居住域」とされる砂丘2の前面付近でもまとまって出土している。

このようにみると、「居住域」の性格については、「官衙域」に設置された大宰府の付属施設に仕えた官人層の居住地があった可能性が高いと考えられる。また、「居住域」の北側に位置する第一五八次調査周辺で八世紀中頃から九世紀にかけての鍛冶遺構が検出されている。この他、長門長登銅山産の銅を利用したと考えられる坩堝や焼塩壺、ウシやウマの骨なども出土しており、各種の工房の存在も想定できる。

墓地については先に触れた第一一九次調査でも確認されているが、「居住域」の東側の第六二次調査では越州窯系青磁の水注を副葬した九世紀末の木棺墓が検出されており、官人層の墓の存在も想定される。

遺構としては確認されていないが、先に触れた貞観十一年（八六九）五月二十二日に、新羅海賊に豊前国年貢の絹綿が略奪された事件は博多津で起こっており、この場所もその後の防備強化の範囲になったと推測される。

遺跡群では、鴻臚館跡には数量的には劣るものの、官衙域、居住域、港湾域で越州窯系青磁、邢窯系白磁、長沙窯の製品、イスラム陶器など初期貿易陶磁器が出土する。数量の多い越州窯系青磁についてはほぼ全域で出土する。

十世紀後半から十一世紀前半になると、鴻臚館でも多く見られる、見込みに花文を施した越州窯系青磁碗が港湾域で出土するようになり、特に港湾域の北西側にあたる第五六次調査周辺に多く分布している。この段階では鴻臚館跡で見られる貿易陶磁器の廃棄遺構は検出されていないものの、鴻臚館跡と同様の陶磁器類が多量に出土することは、中国商人との交易に関連するものと言えよう。鴻臚館焼失後の十一世紀後半以降、その新たな拠点となったのは博多であるが、それに先立って交易活動の一端が博多にも存在したことを推測することができる。
この場所は十一世紀後半〜十二世紀前半には破損した白磁などの陶磁器の大量廃棄が確認されており、交易品の

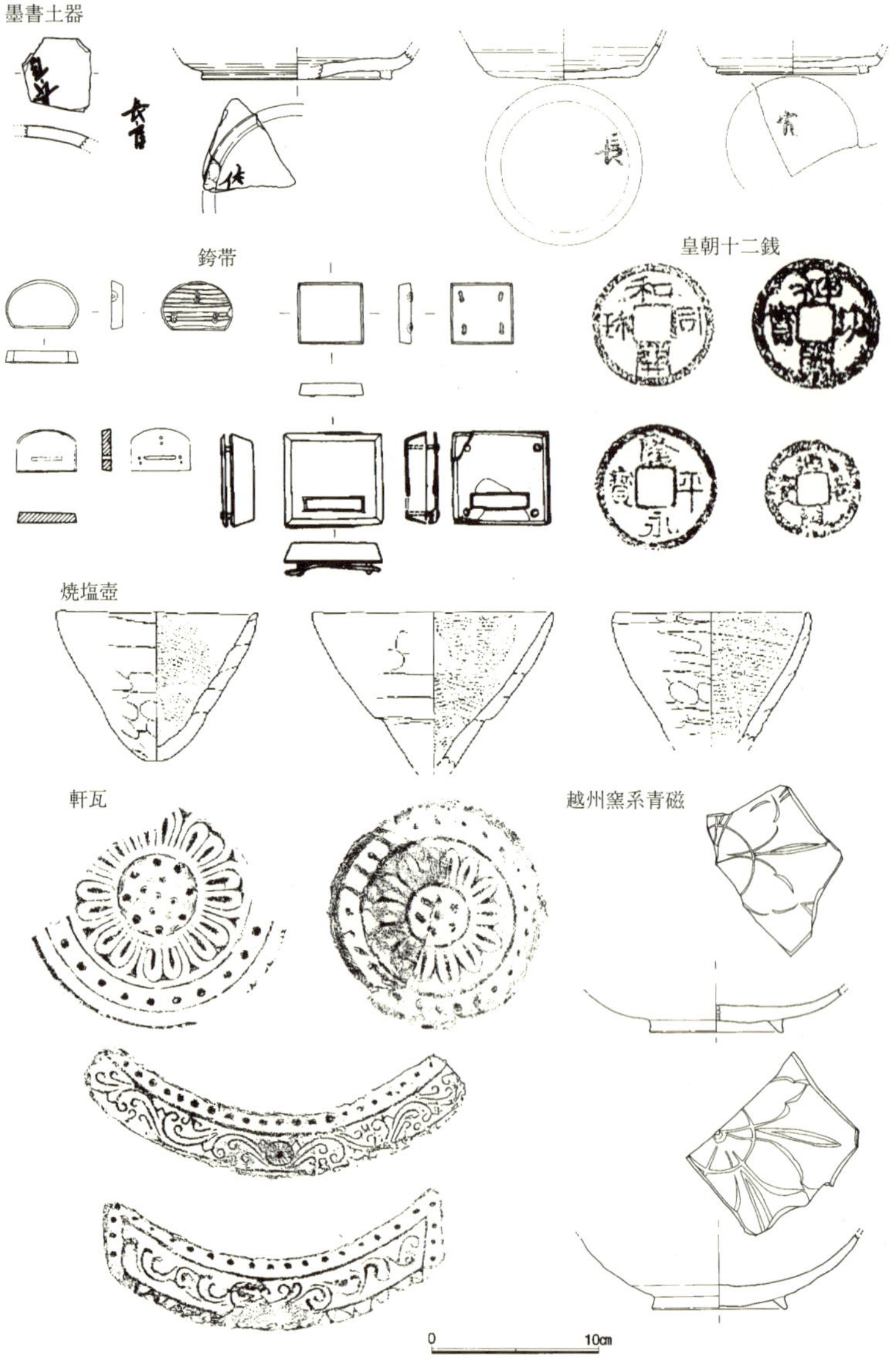

挿図９　博多遺跡群出土官衙関連遺物

荷揚げ、選別の場所とした港であり、周辺には中国商人が居住した唐房の存在が想定されている。

大宰府による管理貿易は十二世紀前半頃まで続いたとされ、大宰府の付属施設や、官人層の居住域があり、港湾機能ももっていたこの場所に中国商人の居住が始まったのも、鴻臚館に代わる新たな管理貿易の拠点として、自然な流れとして理解できよう。ある意味で公的な滞在、交易施設であった鴻臚館に代わり、中国商人による滞在、交易施設である唐房の設置は、管理貿易が限界に近付いた中での規制緩和とも言えよう。

四　おわりに

鴻臚館は約四百年間の存続期間の中で、対外関係の変化と連動して、施設の性格が変容しており、遺構や遺物からもそのことを窺うことができる。外交の施設であった第Ⅰ期、Ⅱ期の建物の様相や新羅土器などの在り方、本格的に交易の場となった第Ⅳ期以降の膨大な量の貿易陶磁器、更に新羅海賊の侵入などに対して、兵士や武器、兵馬等を配備しての防備強化、博多に拠点が移る十一世紀中ごろ以降の遺構の消滅などがあげられる。

博多遺跡群は鴻臚館に関連して対外交易に関わった場所であり、「鴻臚館中島館」「津厨」といった施設の存在が指摘されている。発掘調査の成果から官衙・居住地・港が一体となって機能的かつ規格的な区画配置やさまざまな階層の人々が集住した様相などが見られ、客館であった鴻臚館とは異なり、古代の「博多」には都市的な様相を窺うことができる。この都市性が中世博多の発展の基盤となったと見做すことができよう。

冒頭に示したように、古代における博多湾は、遠近の国々が朝貢してくる所であり、警護武衛の要の場所であると認識され、管理されていた。しかし、九世紀後半以降、対外関係や中国商人の交易活動などはそれらを揺るがすことになった。管理貿易が終焉を迎える十二世紀前半以降、寺社や権門といった新たな枠組みで、国境を越えた交易の場として中心的な役割を果たしていく。そこには弥生時代以来、最前線で最新の文物や技術を受け入れ、対外関係によるリスクも負っていた博多湾の場所性も大きく影響したと言えよう。

参考文献

大庭康時『中世日本最大の貿易都市・博多遺跡群』（遺跡を学ぶ〇六一、新泉社、二〇〇九年）
大庭康時「博多津唐房以前」（『博多研究会誌』第一三号、博多研究会、二〇一五年）
小田裕樹「饗宴施設の構造と長舎」（『長舎と官衙の建物配置　報告編』第十七回　古代官衙・集落研究会報告書、クバプロ、二〇一四年）
亀井明徳「鴻臚館と唐房の構造と機能」（『博多唐房の研究』亜州古陶瓷学会、二〇一五年）
九州歴史資料館編『大宰府政庁跡』（吉川弘文館、二〇〇二年）
菅波正人他「鴻臚館跡二三――北館部分の調査（二）」（『福岡市埋蔵文化財調査報告書』第一三三六集、福岡市教育委員会、二〇一七）
菅波正人「鴻臚館の道路と景観」（『日本古代の道路と景観――駅家・官衙・寺――』八木書店、二〇一七年）
田島公「大宰府鴻臚館の終焉――八世紀～十一世紀の対外交易システムの解明――」（『日本史研究』三八九、日本史研究会、一九九五年）
田中史生『国際交易と古代列島』（角川選書五六七、ＫＡＤＯＫＡＷＡ、二〇一六年）
田村圓澄『大宰府探究』（吉川弘文館一九九〇年）
長洋一「大宰府鴻臚館前史への試論」（『海路』第二号、海鳥社、「海路」編集委員会、二〇〇五年）
本田浩二郎他「博多一三五――博多遺跡群第一七二集――」（『福岡市埋蔵文化財調査報告書』第一〇八六集、福岡市教育委員会、二〇一〇年）
山内晋次「『香要抄』の宋海商史料をめぐって」（『東アジアを結ぶモノ・場』勉誠出版、二〇一〇年）
吉武学「鴻臚館跡十九――南館部分の調査（一）」（『福岡市埋蔵文化財調査報告書』第一一七五集、福岡市教育委員会、二〇一二）
渡邊誠「鴻臚館の盛衰」（『日本の対外関係三　通交と通商圏の拡大』吉川弘文館、二〇一〇年）

列島北方史からみた日本とアジア

蓑島　栄紀

はじめに

およそ一九九〇年代以降、前近代の列島北方史に関する研究は、「交流」や「交易」を重要なキーワードとして活況を呈している。そこでは、古代〜近世の北海道とその隣接地域や、アイヌ民族（およびその祖先集団）を取り巻く、ヒト・モノ・情報の多元的・複線的な交流に光を当てた、ダイナミックな歴史像に注目が集まっている。こうした視座からなる新しい列島北方史研究は、古代以来、北海道およびアイヌ民族の社会が、決して孤立的なものではなく、むしろ日本やアジア各地と複雑な網の目でつながり、相互依存的ともいえる密接な関係にあったことを浮き彫りにしつつある。なお、古代に関しては、列島北方史に直接かかわる文献史料はごく限られており、しぜん、考古学的な発掘調査の情報やその研究成果にも熱い視線が注がれている。

列島北方史がこのようにクローズアップされる背景には、上記のような活発な「交流」の前提となる、列島北方地域のもつ地政学的な条件がある。列島北方地域は、日本列島上における交流の要衝の一つであり、列島内外に開かれた多彩な交流の実態を組み込んだ日本史やアジア史を構想するうえで、無視しえない存在感を示している。そうした意味で、北方ユーラシア大陸から間宮海峡、サハリン、宗谷海峡を経由して列島北方地域へ至る「北周り」の交流ルートの存在は、これまでにも大きな関心を集めてきた。ただし、実は最近、考古学研究者の多くは、このルートの意義を過度に重視することに懐疑的である。[注1]

とはいえ、その時々の歴史的な条件によっては、「北周り」交流の役割が比較的大きかった時期があることも否定できない。要するに、前近代の列島北方史において、北方ユーラシア大陸との交流が、どのように、またどの程度の意義を有したのかは、時代に即して個別具体的に検討される必要があるのである。

一方、北海道と本州北部のあいだを分かつ津軽海峡については、「北周り」のつながりよりもずっと恒常的な交流が繰り広げられていたとみなされている。津軽海峡の存在がしばしば「しょっぱい川」などと評されることも、この海峡を越える交流の盛んさを物語る。その反面、津軽海峡を境界として、生物地理学上のラインであるブラキストン線が走っていることの意義は軽視できない。北海道以北の自然環境は、本州以南には生息しないか、生息しても分布の限られる各種の生物種の宝庫であり、その製品はしばしば、本州の王・貴族たちにとって垂涎の品々となった。

以下、本稿では、近年の古代史と考古学の研究成果からみた列島北方史の要点と課題を、それを取り巻く日本・アジア規模の政治・経済の動向というマクロな視点と、具体的な「モノ」の生産・交易のようなミクロな視点との双方から概観したい。それにより、日本とアジアの歴史・文化を、「列島北方史」の視座から照射するための手がかりの一端を示したい。

一　列島北方地域の古代史と倭・日本

1　生態的・文化的な特質からみた列島北方史の位置

環境・生業や、それにもとづく文化・社会の様相を俯瞰したとき、列島北方地域（本稿では北海道およびおよそ北緯四〇度以上の本州東北北部を中心とする地域を指し、場合によりその北のサハリン・千島列島を含む）は、きわめて独特の重要な位置づけを担っていることに気づく。

古代において、この地域の南に隣接する本州では、倭・日本という政治的社会・国家が形成された。このことは、列島北方史の展開に多大な影響を及ぼした。これにより列島北方社会は、より温暖で農耕生産を基盤とし、律令制を体系的に導入するような世界と境を接することになった。いわば「東アジア」に由来する秩序の外縁に接続したのである。

一方、この地域から、サハリン、間宮海峡を経由して、ユーラシア極東の大河、アムール川の流域に通じる道もある。そこは、生業における狩猟・漁撈の比重がより高い、靺鞨や女真などの活動する「北東アジア」地域であった。彼らはのちに金などの国家を成立させるが、当時はまだ独自の国家を形成するには至っていない。とはいえ、靺鞨や女真に隣接して、高句麗・渤海などの古代王権・国家が生成しており、また突厥やウイグル、契丹（遼）など、「北アジア」の遊牧帝国も、この地域の動向に軽視しえない影響を及ぼした。

古代の列島北方地域の人々は、これら北東アジア、北アジアの人々と、文化的・経済的に交流を有しただけでなく、政治的・外交的に交渉することもあり、それに仲介されて、はるか中国王朝と接触することもあった。

さらに、オホーツク海沿岸を北上した諸地域に広がる「環オホーツク海域」や、あるいは千島列島を辿ってカムチャツカ半島に至る地域などにも、古くから人々の文化や社会の独自の営みがみられた。そこは、さらに寒冷で農耕が不可能な、狩猟・漁撈やトナカイ遊牧などに依拠する世界である（なお、文化人類学などの区分では、これらの地域も「北東アジア」に含まれる）。

列島北方地域は、巨視的にみればこれら複数の地域システム＝世界の境界に位置し、それぞれの隣接諸地域にゆるやかに連続している。そして当然、これらの諸地域との交流は、列島北方史に大きく作用した。そのような意味で、東アジア世界論、あるいは近年の東部ユーラシア世界論などの広域史モデルを、列島北方史の側から照射することには、一定の重要な意義が認められるといえよう。

2　続縄文文化とは

列島北方史のいわば中心地ともいえる北海道の歴史は、一般に、本州の歴史年表とは大きく異なる独自の時代区分を有する。とりわけ、本州の弥生・古墳時代にほぼ並行する期間、北海道を中心とする地域に存在した文化として、続縄文文化が設定されている。これ以後、北海道史の時代区分は、日本史一般のそれとは大きく分岐する。

続縄文文化は、大きく前半期（紀元前三世紀頃～紀元二世紀頃）と後半期（二～七世紀頃）に分けられる。「続縄文」という命名のとおり、縄文文化の多くを継承して、狩猟・漁撈・採集経済を基盤とし、土器に縄文を施す伝統も六世紀頃（北大Ⅱ式期）まで残る。

とはいえ、続縄文文化を縄文文化の単なる遺制のようにとらえるのは正しくない。続縄文文化では、弥生・古墳文化との積極的な交流によって、すでに鉄器が普及しはじめていた。文化や社会のさまざまな面でも変化が認められ、副葬品の検討から、続縄文前半期には、一定の複雑化・階層化した社会が成立していたとする意見もある。[注2]また、続縄文後半期の段階により大きな画期性を指摘し、この時代をアイヌ文化につながる北海道独自の文化の第一段階とみなす見解もある。[注3]つまり、続縄文文化については、北海道の環境・生態系に根ざしつつ、他地域との交流を踏まえ、新しい時代に適応して生まれた「新文化」としての側面を十分に評価すべきであろう。

さて、続縄文文化は、その前半期には地域ごとの差異が大きく、いくつかの土器文化圏に分かれるが、後半期の後北C1式（二世紀頃）の段階には、道内の広い範囲に比較的斉一的な土器型式の広がりをみせるようになる。この時期には、道外へと分布を拡大する兆候がみられ、さらに、おおむね三・四世紀頃の後北C2・D式土器の時代には、より顕著な拡大・進出の動きが認められる。この時期の本州北部には、かなりの密度で続縄文系の遺跡・遺物が分布する。続縄文後半期の人々は、鉄の入手を理由の一つとして道外に進出し、弥生・古墳文化との関係を深めていったのであろう。

近年、宮城県栗原市の入の沢遺跡（のちの伊治城の付近）や、新潟県新潟市の菖蒲塚古墳とその付近の南赤坂遺跡、岩手県奥州市の角塚古墳とその付近の中半入遺跡など、当時の東北や北陸において、古墳文化の最前線ともいえる拠点的遺跡とその近隣では、続縄文系の人々の足跡を色濃くうかがわせる事例がしばしば知られている。[注4]こうした、南北の交流拠点ともいえる場の存在は、続縄文文化にとって不可欠な弥生・古墳文化との交渉が、決して偶発的なものではなく、ある程度組織的に編成された面があったことを示唆する。同時に、古墳時代の東北や北陸の首長たちの地位にとって、続縄文人たちと接触し、交流（交易）ルートを掌握することが重要な意味を有したことをも推測させる。

このような交流の過程で、続縄文文化は古墳文化（土師器文化）からの影響を強めていく。続縄文文化の北大Ⅰ式（五世紀）、北大Ⅱ式（六世紀）の段階までは、土器の表面に縄文が施されるが、北大Ⅲ式（七世紀）の段階には縄文がみられなくなる。約一万年におよぶ縄文の伝統の終焉であり、北海道における文化史上の大事件といえる。それゆえ、大沼忠春のように、従来北大Ⅲ式とされてきた土器群について、「十勝茂寄式」を設定し、擦文文化の最初期の土器として位置づける見解もある。[注5]

いずれにせよ、古墳文化・土師器文化との不断の交渉を通して、続縄文文化は変容を深め、七世紀後半頃には擦文文化へと移行する。また、続縄文後半期の五世紀前後から、道北地方の沿岸部を中心に、サハリン方面を原郷とするオホーツク文化が成立・分布し、続縄文文化と並存する状況が出現する。

3　擦文文化の成立と倭・日本

『日本書紀』には、斉明四年（六五八）～六年にかけて、「越国守」とされる阿倍比羅夫の北方遠征（北航）が記載される。こうした文献史料の記述は、この時期、列島北方社会と本州との交流が新たな段階に入りつつあったことを示唆する。比羅夫の船団は、秋田・能代・津軽の蝦夷と次々に接触し、さらに「渡島蝦夷」と交渉した。「渡島蝦夷」は北海道の集団と考えられ、具体的には続縄文末期ないし擦文初頭の人々に当たるであろう。[注6]また比羅夫らは、「渡島蝦夷」との交渉の過程で、「粛慎」という集団とトラブルになり、戦闘に及んでいる。この「粛慎」の実態についても諸説があるが、七世紀頃に道東地方や千島列島まで分布域を拡大しつつあったオホーツク文化の人々に当たる可能性が高い。[注7]

道央地方の恵庭市西島松5遺跡や、小樽市蘭島遺跡、余市町フゴッペ洞窟前庭部、同天内山遺跡、同大川遺跡などを代表例として、続縄文文化末期の七世紀頃の遺跡からは、刀剣類に代表される本州製品がしばしば出土する。これらには、地域の有力者のシンボルとして倭王権から授与された威信財が含まれるであろう。阿倍比羅夫の北航記事に象徴される七世紀の倭・日本との交渉は、本州や王権・国家との交流の機会を激増させた結果、続縄文時代を終わらせ、列島北方社会が新たな時代へと向かう重要なきっかけの一つとなった。

最近、瀬川拓郎は、道南地方の奥尻島青苗砂丘遺跡など、六・七世紀頃の北日本海沿岸部にオホーツク文化の南下が確認されることに着目し、オホーツク文化（「粛慎」）の海上活動は、続縄文集団と本州との交渉を阻害していたが、比羅夫の遠征によって北海道南部の日本海沿岸におけるオホーツク文化の影響が一掃され、新たな地域秩序が生まれたと推定している。[注8] つまり、この時期の倭王権による介入は、津軽海峡をこえる交流の障壁を取り除き、結果、本州から新文化の波が渡来して、それらを導入した擦文文化の形成への道を拓いた、と想定するのである。たいへん明快で、蓋然性のあるシナリオである。

またこの事件は、日本史における列島北方の産物の登場という側面からも重要である。比羅夫は「粛慎」から「生羆二・羆皮七十枚」を入手したとされる（斉明四年〈六五八〉是歳条）。この七〇枚ものヒグマ皮は、大陸から持ち込んだ一枚のヒグマ皮を「綿六十斤」で売ろうとした高句麗使を驚愕させた（斉明五年是歳条）。これ以前において、ヒグマ皮は、おもにユーラシア大陸からの輸入品だったのであろう。しかし、斉明期に至って、倭王権は北海道という新たなヒグマ皮の入手先を開拓し、それを対外的に誇示する機会を得たのである。[注9] ヒグマ皮は、古代日本における北海道との最初期の重要な交易品といえる。

後述するように、サハリンのオホーツク文化に当たると思われる「流鬼」は、六四〇年に唐に朝貢し、「貂皮」をもたらしたとされる（『通典』『新唐書』など）。つまり、七世紀には、日本と中国との双方の文献史料に列島北方地域の集団のことが記述され、その産物に対しても強い関心が注がれるようになる。七世紀は、列島北方社会にとって、日本・アジアの諸王権・国家との関係の重大な転換点となった可能性が高いといえよう。

東アジアの七世紀は、五八九年の隋による中国統一を受けて幕を開け、各地の王権が律令国家形成へと向かう政変・改革の波にさらされた激動の時代である。列島北方史もこのようなアジア規模の動きと無縁ではなかった。その一端は、土師器文化の影響を受けた擦文文化の形成にも窺うことができる。遅くとも七世紀以後、北海道とその近隣の社会は、倭・日本を含むアジアの諸王権・国家の動向にも左右されつつ、ダイナミックに歴史展開を加速させる時代に入っていくのである。

4 「アイヌ史」の一部としての擦文文化の展開

七世紀後半から八世紀頃、北海道の道央・道南を主な分布範囲として、擦文文化が成立する。その早期・前期の土器は無文化が著しく、土師器の地域的ヴァリエーションとしてとらえられることも多い。住居は、基本的に本州と同じカマド付きの方形竪穴住居である。墓制においても、本州の末期古墳の系譜を引く小規模な「北海道式古墳」が出現する。

この時期の墓には、しばしば本州系の直刀や蕨手刀が副葬される。鉄製のスキクワ先や鎌などの農具も出土する。狩猟・漁撈・採集を基盤としつつも、農耕（雑穀栽培）とそれに伴う文化複合をかなり本格的に受容したことが明らかである。これらの点から、擦文文化の成立には本州からの渡来集団が深く関与したとする意見が根強い。ただし、移民の具体的な規模・程度については、研究者によって大きく評価が分かれる。[注10]

擦文文化は、石器の使用をほぼ全面的に払拭しており、鉄器文化としての性格が色濃い。文化・社会の再生産に不可欠となった鉄器の入手は、擦文社会が対外交易に大きく傾斜していく前提条件となったであろう。九・十世紀頃、擦文集団は道内外へ拡大・進出の動きを示し、道北・道東の各地に大規模な集落を築くようになる。こうした分布域拡大の要因は、基本的に本州・日本社会との交易の大規模化にあると思われる。後述するクロテン皮やワシ羽をはじめとして、各種の特産品の交易が、その背景となった可能性がある。[注11]

交易の増大は、北海道に鉄鍋や漆器をもたらし、十二・十三世紀頃に土器製作を終わらせたと考えられるが、その実年代については、研究者によって一〇〇年以上の見解の相違がある。[注12] いずれにせよ、一般にはこれ以後を「アイヌ文化期」と呼称する。

ただし、十三世紀以後の期間に「アイヌの歴史」を押し込めるのはあまりにも窮屈であり、歴史の実態にも即していない。「アイヌ史」は、より広い時空において把握されるべきであろう。

続縄文文化を終わらせ、擦文文化を成立させた要因として、本州文化との交流の進展の意義は重大であり、倭・日本との交渉が決定的なインパクトとなった可能性も否定できない。先述のように、七・八世紀に成立した擦文文化は、土器においては本州の土師器の影響によって著しい無文化を遂げ、カマド付きの方形竪穴住居や小規模な古墳、各種の鉄製品や雑穀農耕なども採用して、一見すると「南」の文化に覆われたかのようである。

しかしながら、九世紀の擦文土器は再び有文化の傾向をみせはじめ、十世紀以後には、本州の土器文化とは全く異なる華麗な装飾を発展させていく。[注13] このような文化の個性化・独自化が、外部に対して自らを閉ざすのでなく、むしろ対外交流が質・量ともに増大していくなかで生じていることも興味深い。土器への多彩な施文という在来の伝統は、外来文化の奔流のなかで水面下に潜みながら、その後、新たな装いをまとって花開いたといえるだろう。こうした現象のなかに、「伝統の継承と変容・創出の絶えざる過程」としての「アイヌ史」の一端を読

み解くことも可能ではなかろうか。[注14]

二　列島北方地域の古代史と北方ユーラシア

1　オホーツク文化と北方ユーラシアの諸文化

オホーツク文化は、海獣狩猟と海洋漁撈を主たる生業とし、沿岸部に五・六角形の特徴的な大型竪穴住居群からなる集落を営む、海洋民的色彩の強い文化である。その一方で、ヒグマのような陸獣も盛んに狩猟し、信仰・儀礼の対象としており、しばしば民族誌的なアイヌの儀礼や精神文化とのつながりが指摘されている。[注15]

オホーツク文化は三・四世紀頃にサハリン南部と北海道北部に存在したススヤ式土器文化をルーツの一つとし、五・六世紀の円形刺突文期（十和田期）に成立するとされるが、その起源についてはいまだ不明な点が多い。七世紀の刻文期の土器は、対岸の靺鞨文化の土器によく似る。また七・八世紀頃のオホーツク文化が、曲手刀子や鉾などの鉄製品、青銅製帯飾板や軟玉製品、鐸など、多くの大陸製品を有することも知られる。[注16]このような大陸系文化とのつながりは、オホーツク文化の特徴として強調される点の一つである。

七世紀のオホーツク文化は、北海道道東地方や千島列島まで広範囲に分布域を拡大するが、八・九世紀の沈線文・貼付文期になると地域ごとの個性を強め、九世紀後半以後には擦文文化の影響を受けて変容していく（道北の元地式、道東のトビニタイ式）。こうした過程をへて、北海道内のオホーツク文化は、擦文文化に同化・吸収されていく。ただし、その後も文化的なアイデンティティは潜在的に継承された可能性が指摘される。[注17]また、サハリンでは十二・十三世紀頃までオホーツク文化が存続する（南貝塚期）。

オホーツク文化について、大陸から靺鞨の一派が渡来して成立したものとする説もあるが、両者の文化には相違点も大きく、むしろ現在のニヴフ民族に連なるサハリン在来の集団とする説もある。[注18]大陸からの移住者がいたことは否定できないが、その規模と性格は、現状では過大評価できない。オホーツク文化のルーツを探るうえでは、大陸との関係だけでなく、サハリンに根ざした地域独自の文化の様相にも留意する必要があろう。

同時期の北方ユーラシア大陸に目を転じると、まず、全長四四四四キロメートルに及び、長さ世界第八位、流域面積第十位の大河であるアムール川（黒龍江）の存在は重要である。その流域は、支流である松花江や牡丹江、ウスリー川などを含めれば、ロシア沿海地方や中国東北地方までに広がる。この川の恵みは、古くから数多くの文化を育んだ。

四～九世紀頃、この一帯にはロシア考古学における「靺鞨文化」（中国では「同仁文化」）が分布し、文献上の「靺鞨」がこれを担ったと考えられる。[注19]靺鞨文化は、その南に成立した渤海の影響などにより、九・十世紀頃には「女真文化」に変容する。これを担った人びとは、基本的に文献上の「女真」（女直）であるとみてよかろう。なお、金建国以前の初期女真文化については、近年、新たに「ニコラエフカ文化」と呼称する動きがある。[注20]これと同時期のアムール川中流域には「パクロフカ文化」（「アムール女真文化」）が存在する。[注21]その荷負者は、宋代の諸文献において女真と区別される「五国部」に当たる蓋然性が高い。五国部に比定される考古学的文化について、中国では「綏濱三号文化類型」が設定されている。また、これらと同時期のアムール川下流・河口域には、靺鞨文化およびオホーツク文化と関わりの深い「テバフ文化」が存在した。[注22]

さらに、オホーツク海沿岸の諸地域に視野を広げると、その北岸には「初期鉄器時代の遺跡」や「トカレフ文化」「古コリャーク文化」「テヴィ文化」などが設定されており、カムチャツカ半島には「古イテリメン文化」

（さらに細分されるが、そのうちのクロノツキー期はほぼ古代に該当する）の存在が知られる。[注23]これらはコリャーク民族やイテリメン民族の源流につながることが考えられるが、実年代を含め、その詳細についてはまだ不明な点が多い。

靺鞨文化やオホーツク文化のものに類似する土器や骨角器は、これらオホーツク海の北東部にも分布しており、北極圏へと連続する広大な「環オホーツク海域」という地理的枠組みが山浦清や菊池俊彦らによって提起されている。[注24]菊池は、北極圏に生息するセイウチの牙製品が、環オホーツク海域の諸集団を介する超遠距離交易によって、唐代以後の中国へもたらされていたことを明らかにしている。[注25]なお、主として文化人類学の領域では、日本列島北部から千島列島やカムチャツカ半島を経由し、ベーリング海峡やアリューシャン列島を介して、アラスカや北米北西海岸に至る「環北太平洋」的な文化圏の存在が古くから論じられている。[注26]ただし、古代のこの方面における地域的連関を、歴史的・具体的に究明することは、現状ではきわめて難しい。

2　靺鞨・流鬼の関係と北方ユーラシア

このように、北方ユーラシア大陸の極東地域には、古くからさまざまな諸民族・諸文化が存在し、多彩な交流を繰り広げたが、この地域においても画期としての七世紀の重要性は際立っている。『隋書』靺鞨伝には、「（従来、）靺鞨のあるものは高句麗に、あるものは突厥に附属していた」とされるが、七世紀には高句麗・突厥が隋・唐によって攻撃され、衰亡している。このような情勢が靺鞨社会に重大な影響を及ぼしたことは確実である。

この頃、中国王朝が認識する世界の極遠に位置した集団の一つとして、北方の「流鬼」という人々に関する記録がある（『通典』辺防・上、『新唐書』東夷伝・流鬼など）。「流鬼」の比定地にはカムチャツカ説とサハリン説があるが、サハリン説が有力であり、「流鬼」はサハリンのオホーツク文化に当たる可能性が高い。[注27]『通典』によれば、靺鞨のなかには「流鬼」の地に渡海して交易するものがおり、唐の盛んなことを伝えたので、これに導かれた流鬼は、六四〇年に唐に朝貢し、長安に至ったという。また『新唐書』は、このとき流鬼が「貂皮」を持参したことを伝えている。[注28]

この流鬼による入唐の約一〇年前、北方ユーラシアにおいて大きな事件が起きている。トルコ系遊牧民の突厥は、五八二年に東西に分裂してのちも強い影響力を保持していたが、東突厥の第一可汗国は六二〇年代、それまで従属させていた諸部の離反などによって急激に瓦解していき、六三〇年には唐の攻勢で皇帝を捕らえられ、滅亡する。

この事件によって、北方の草原地帯には一時的な政治権力の空白が生じた。靺鞨に対する北アジア方面からの圧力は、この時期急激に縮小したことが考えられる。文献上の靺鞨による対中国外交や、「流鬼」への積極的な関与は、まさにこの時期に顕在化している。一方、先述のように、オホーツク文化は七世紀の刻文期に大きく分布域を拡大するが、その土器は、靺鞨系の土器文化からの強い影響によって成立したとみなされている。文献史料の記述と考古学の成果との双方を合わせて考えれば、七世紀、とくに六四〇年前後の靺鞨による流鬼＝オホーツク文化への働きかけの背景には、突厥の圧力を脱したことによる靺鞨（とりわけ黒水靺鞨）の活動の活発化があった可能性があるといえよう。[注29]

要するに、七世紀のオホーツク文化は、大陸の靺鞨との強固なパイプの形成を背景に、高価な毛皮類の増産のため、靺鞨に由来する刻文土器の文化を携えて、それらの資源の豊富な道東や千島列島まで分布域を一気に拡大したのではなかろうか。

3　オホーツク文化のブタ飼育と靺鞨

ところで、オホーツク文化に特徴的な文化要素のうち、靺鞨との関係を示唆するものとして、上記のほかにブタ（北方系のカラフトブタ）飼育の伝統があげられる。オホーツク文化の遺跡から出土する動物遺存体として、ブタはイヌとともに顕著である。また上述の「流鬼」は、『通典』に「婦人は冬にブタやシカの皮を着る」と記述されており、文献史料の側からもオホーツク文化のブタ皮利用が推測できる。この点は、流鬼＝オホーツク文化説の根拠の一つともされている。

早くに西本豊弘は、「イヌを食用としたこと、ブタを飼っていたことは漁撈を生業基盤とするオホーツク文化の特徴」と指摘し、厳しい環境を生きるオホーツク人にとって家畜のブタは「救荒食」的な役割を有したと推測している。[注30]また内山幸子も、寒冷な自然環境のもとで海獣狩猟文化を発展させたオホーツク文化におけるブタ飼育について、生存のためのリスク分散戦略としての面を重視している。[注31]これに対して最近、オホーツク文化のブタ飼育と利用について網羅的・多角的に考察した服部太一は、「流鬼」に関する文献の記載などにも留意しつつ、オホーツク文化におけるブタ飼育の目的の一つとして、皮革利用の意義を指摘している。[注32]その当否は今後の検討課題であるが、いずれにせよ、オホーツク文化のブタ飼育に関しては、さまざまな側面から再検討する余地がある。

そもそも、ブタ飼育の文化は、北東アジアでは紀元前の初期鉄器時代前期からみられる伝統である。[注33]文献史料では、靺鞨社会において、「家畜としてブタがあり、富者は何百頭も所有する」（『旧唐書』靺鞨伝）とされており、文化的・社会的に富のシンボルのような扱いを受けていた可能性がある。こうした靺鞨におけるブタ飼育の社会的意味や価値観が、オホーツク文化にどのように受容されたかが、あわせて論点となりうる。

興味深いことに、オホーツク文化におけるブタ飼育は、サハリンの遺跡や、利尻島・礼文島など道北の遺跡に目立つ文化であって、道東の網走市モヨロ貝塚などではほとんどその痕跡をみることができない。その一方で、大陸系の帯飾板や、本州系の直刀・蕨手刀など、外来の威信財の所有率は、モヨロ貝塚や、道北と道東の中間に位置する枝幸町目梨泊遺跡などでむしろ高いことが知られている。[注34]

現時点では憶測にとどまるが、道北のオホーツク文化の人々は、靺鞨社会でのブタに対する価値観をより積極的に受容し、自らの富や威信の多くをブタの飼育に傾けたという可能性を考えてみてもよいのではないか。[注35]なお、その後の民族誌的なアイヌ文化にはブタ飼育の伝統が継承されなかった点も、重要な問題の一つであろう。仔熊飼育型のクマ送り儀礼などを典型として、オホーツク文化の文化要素は、しばしばアイヌ文化に大きな影響を与えたことが指摘されるが、[注36]ブタ飼育の例にみるように、文化的な断絶面も決して少なくはない点にも留意する必要がある。

4　渤海、靺鞨、そしてオホーツク文化

七世紀末、北東アジア地域の南部には渤海国家が成立する。渤海は、多様な集団を包摂して成り立つ、いわば多民族国家であった。そのなかには、旧高句麗領や粟末靺鞨・白山靺鞨などのように、農耕の比較的発達した地域も含まれるが、全体として、生業における狩猟・漁撈の比重の大きさは否定しがたい。こうした社会構造に立

脚した渤海では、必然的に、対外交易がすこぶる重要な位置を占めることになった。

七世紀から八世紀前半において、靺鞨の諸グループは唐と独自に朝貢（交易）していた。『冊府元亀』や『新唐書』によれば、この頃、払涅・鉄利・虞婁・越喜・黒水など多くのグループがそれぞれ頻繁に唐に来朝している。ところが渤海建国後、靺鞨諸集団による対中国外交の記録は次第に途絶えていく。とくに唐の天宝年間（七四二〜七五六）には、払涅・鉄利の朝貢がみえなくなり、虞婁・越喜の名も貞元年間（七八五〜八〇五）を最後に消える。[注37]

これは、『新唐書』黒水靺鞨伝に「（前略）後渤海盛、靺鞨皆役属之、不復與王会矣。」とされるような状況に対応する現象であろう。渤海国家は靺鞨系の集団を支配下に包摂すると、その集団が本来有していた伝統的な交通（交流・交易）を規制したのである。しかしながら、靺鞨の人々の生業において必要不可欠な対外交易を、何らかの形で代替しない限り、彼らを円滑に支配していくことは不可能であった。[注38] そこで渤海は、靺鞨の多数の在地首長層である「首領」層を日本や唐との国家的外交のなかに組み込むことで、支配下の靺鞨人の交易活動を保障しようとしたものと思われる。[注39]

七二七年、唐・新羅・黒水靺鞨との対立のなかで、渤海は対日外交を開始する。これは一般に、日本との軍事同盟を求めたものとされるが、当時の渤海が国際的に孤立し、靺鞨諸族の必要とする対外交易ルートの大半を閉ざされていたという事情も手伝ったかもしれない。

渤海の対日外交における経済重視の姿勢は、東アジアの軍事的緊張が緩和する安史の乱（七五五〜七六三年）後に拍車が掛かっていく。[注40] この頃の渤海は、第三代国王大欽茂のもとで領土を拡大していた時期に当たる。新たに多数の靺鞨集団を支配下に加えたことは、渤海にとって対日交易の意義を増大させる一因となったであろう。

その一方で、黒水靺鞨を中心とするいくつかの靺鞨集団は、渤海に服属せず、独自の自由な活動を継続していた。黒水靺鞨は、「大暦世凡七、貞元一来、元和中再」（『新唐書』黒水靺鞨伝）とされ、大暦年間（七六六～七七九）、貞元年間（七八五～八〇五）、元和年間（八〇六～八二〇）においても自主的な外交・朝貢活動が確認される。黒水靺鞨と唐とは、渤海を牽制するうえで互いの存在を重視しており、七二六年、唐は黒水靺鞨に「黒水府（州）」を置いて羈縻支配をはかっている。両者は長く緊密な関係を維持していたのである。

こうした唐との関係は、黒水靺鞨において、多量の朝貢品（毛皮類など）の需要を引き起こしたであろう。そのため、黒水靺鞨はオホーツク文化など近隣の諸集団との関係を重視する必要にかられた。すでに、六四〇年に「流鬼」が唐に朝貢した際にも、「貂皮」を献上している（『新唐書』流鬼伝）。また、北部靺鞨の払涅部が唐にもたらした珍品として、「鯨睛」がある。これは、クジラの眼球の水晶体とも解されており、海獣狩猟に特化していたオホーツク文化の所産であった蓋然性があろう。

要するに、渤海との対抗関係を背景として、黒水靺鞨は周辺諸地域に対する影響力を保持しようとし、各地から入手した特産品を唐との外交・交易に用いたのである。これにより、七・八世紀にかけて、オホーツク文化にとって黒水靺鞨はその重要な後ろ盾であり続けた。考古学的に、この期間のオホーツク文化に大陸系の物質文化の痕跡が多いことは、このような事情によるものであったと思われる。

ところがその後、九世紀になると、サハリンや北海道などの列島北方地域において、北方ユーラシア大陸との結びつきを示す考古学的な徴証は、きわめて希薄となる。[注41] オホーツク文化と靺鞨とのパイプは、この時期に急速に弱化したと考えざるを得ない。

その要因は、九世紀初頭の渤海王・大仁秀（在位八一八～八三〇）による北部靺鞨征服にある可能性が高い。『新唐書』渤海伝には、「（大仁秀は）北方の諸族を征服し、渤海の領土を大いに拡大する功績があった」とされている。黒水靺鞨による唐への朝貢の記録も、元和年間（八〇六～八二〇）を最後に史上から消える。これは、まさしく大仁秀の治世にあたる。渤海に長く抵抗を続けていたアムール川中流域の黒水靺鞨は、この時期に渤海に屈服を余儀なくされたのであろう。[注42]

以上のように、九世紀初頭にはついに黒水靺鞨にまで渤海の支配が及び、その活動を規制するようになったことが推測される。それは、オホーツク文化が重要なバックボーンとしていた大陸方面との伝統的なつながりを喪失したことを意味した。こうした事情は、九世紀後半頃から、オホーツク文化が擦文文化の影響を強く受けて変容しはじめる一因となった可能性がある（標津町カリカリウス遺跡など）。

三　古代末から中世にかけての列島北方史の展開と日本・アジア

1　女真の経済活動と中国・契丹

九二六年、契丹（遼）の攻撃を受けて渤海は滅亡し、その後の北方世界にはさらなる新たな動向がみられる。まずもって十世紀には、渤海の支配から解き放たれた靺鞨諸部（十世紀以後、「女真」「女直」や「五国部」として表記される）が、独自の対外的な活動を再開する。

対中国・朝鮮半島方面では、渤海滅亡の前夜から、女真の出没が目立ちはじめている。九二四年・九二五年には、「黒水」「女真」が後唐に朝貢している（『五代会要』黒水靺鞨、『新五代史』唐本紀・同光三年五月己酉条、『同』四夷附録・黒水靺鞨）。その交易品は馬が中心で、以後、連年のように山東半島に到来するようになる。[注44] また八八六年に「宝露国・黒水国」の人が新羅の国境に現れたという記事にも注目される（『三国史記』新羅本紀・憲康王十二年条）。渤海による国家的交易規制の緩みを示唆する現象であろう。[注45] 渤海のくびきを脱したかつての靺鞨諸族は、積極的な経済活動を開始するのである。渤海滅亡後の鴨緑江流域には、渤海遺民政権の定安国が存在し、女真との共存・共生関係を成立させていた。女真による対中国交易は、この政権に交易ルートの安全を約束されて成り立っていた。

ところが、十世紀末に重大な変化が起こる。契丹に聖宗（在位九八二～一〇三一）が即位すると、契丹は数次にわたる外征で定安国を撃破し、九九一年には鴨緑江流域に三柵を設置する。これにより、女真による宋への朝貢ルートは閉ざされてしまう（『宋会要』女直・淳化二年条[注46]）。

この時期を境として、女真による高麗沿岸部への襲撃が活発化するようになる。女真による海賊活動の実質的な初見は一〇〇五年である（『高麗史』）。女真たちは、一〇一八年に于山国（鬱陵島）を滅ぼし、翌一〇一九年には北九州沿岸にも襲来する（いわゆる刀伊の入寇）。

交易活動と海賊活動がしばしば表裏一体のものであることは、人類史に普遍的な現象として指摘されるが、以上のような女真のあまりにも苛烈な「海賊活動」は、必ずしも自然な姿とは考えにくい。この時期に集中する女真の海寇は、契丹によって従来の交易ルートを失った矛盾・混乱の表出とみるのが合理的であろう。[注47] 対外交易の保障と安定は、依然として北東アジア諸族の情勢と動向を大きく左右したのである。

2　名鷹・海東青をめぐる交流

ところで、女真の対中国外交にみられるような、十世紀以後の北東アジアによる経済活動の展開は、アムール川流域からサハリン・北海道方面に対しても、その余波を確実に及ぼした可能性が推察される。

これらの地域における諸集団の関係を考えるうえで、交易品としてのタカの存在に注目される。この頃、前近代の中国における北東アジア産物のシンボル的存在であり、多分に伝説化された優れたタカである「海東青」に関する記録が登場しはじめている。

すなわち、『契丹国志』十には、「女真は東北を五国に隣し、五国は東を大海に接す。名鷹を出す。海東より来るは、これを海東青と謂ふ。小にして俊健なり。能く鵝鶩を擒ふ。爪の白きは尤も以て異となす。遼人これを酷愛して、歳歳女真に求む。女真は五国に至りて戦闘し、しかる後に得る。」とある。すなわち、優れたタカである「海東青」は、五国部の所産であり、これを強く欲する契丹の需要に応えるため、女真は五国部と戦闘してこれを得ていたという。ここからは、女真による交易活動は、その前提として、以北の五国部などの特産品を集約する状況を引き起こしていたことが示唆される。[注48]

「海東青」を含む五国部の産物は、通常は平和的な交易によって入手されていたのであろう。ただし、『契丹国志』九、十、二六などには、海東青を求める契丹人への怨恨が、女真による契丹の打倒や、金の建国の遠因となったとされている。[注49] 契丹による収奪はきわめて厳しいものであり、海東青の入手を求める女真の五国部に対する姿勢も、しばしばトラブルや「戦闘」を引き起こすほど苛烈なものにならざるをえなかったのである。

ここでもう一点注目したいのは、「海東青」の原産地である。上記によれば、五国部は「東を大海に接」しており、「名鷹を出」し、「海東より来るは、これを海東青と謂ふ」とされる。つまり、「海東青」は海の向こうから飛来するタカであり、五国部の地に「海東より来る」という海東青は、実質的にはサハリン方面が産地であるとみてよかろう。

これにかかわって、時代は下るが、元代の記事にも注目される。『元史』地理志は、海東青について、「俊禽有りて海東青と曰ふ。海外より飛来し、奴児干に至る。土人これを羅し、以て土貢となす。」と記載する。「奴児干」（ヌルガン）は、元や明が拠点を置いたアムール下流域～河口付近の要衝である。つまり元代のアムール川下流域では、「海外」（サハリン方面であろう）から飛来する海東青を地元の住民が捕らえて朝貢品としていたとされる。

さらに、実際にはこの頃、海東青の生産と交易は、直接サハリンの地にも及んでいたことが知られる。十三世紀後半～十四世紀初頭にかけて、しばしば「北からの蒙古襲来」などと称される、モンゴル帝国（元）と「骨嵬」（クイ＝アイヌ）との紛争が起きている。『元文類』所収の『経世大典序録』によれば、両者の抗争の一因として、海東青をめぐる争いがあったことがうかがわれる。すなわち、一二九七年八月、「吉烈（里）迷」（ギレミ＝ニヴフ）の人が来て、クイがギレミの「打鷹人」（鷹匠）を捕虜にしようとしていると訴えた。その後クイが「果夥」（クォフォ）という場所を越えて侵攻してきたので、元はこれを破ったという。[注50]

このクォフォについては、サハリン最南端のクリリオン岬に位置する白主土城に当たる可能性が論じられている。白主土城は、一辺約一二〇メートルの方形の壕と土塁を有する、江戸時代から存在の知られた遺跡であり、近年の調査において、金～元代頃の築造とみて矛盾しないとの見解が提出されている。[注51]

要するに、当時のサハリンには、元に海東青を献上するニヴフの鷹匠が多くおり、その権益にアイヌが介入しようとしていたことが推察される。

先述のように、十一世紀には、契丹によって海東青の需要はすでに高まっており、そのことは女真や五国部の動向にも多大な影響を与えていた。とすれば、元代の史料にみられるような、海東青をめぐるサハリンと大陸の諸民族との関係は、十一世紀頃にもその原型を認めうるかもしれない。つまり、すでに十・十一世紀頃には、海東青を求める女真・五国部によって、大陸からサハリン方面への交易路が伸びていたことを想定してもよいのではあるまいか。

以上述べてきたように、十・十一世紀の女真や五国部は、当初は中国との、のちには契丹との関係を軸として、アジア的な経済圏の一端に組み込まれていた。この頃、女真や五国部の活動によって、サハリン、列島北方地域、環オホーツク海域へとつながる広大な交易圏が形成されていた蓋然性があろう。その成立を後押しした交易品として、文献史料からは、「海東青」のようなタカの存在が指摘できるのである。

近年の考古学研究では、主として物証の少なさから、十世紀前後の大陸と北海道方面との交渉は低調であったとされることが多い[注52]。しかしながら、旧本斗町遠節（ネヴェリスク）・モヨロ貝塚などでは、かつて「遼代」の土器とされたパクロフカ文化の陶質土器が出土しており、オンコロマナイ貝塚（稚内市）やモヨロ貝塚では北宋銭の出土が知られている。近年、南サハリンの白主土城からもパクロフカ文化の土器片が出土している。また、南サハリンのセディフ遺跡出土の青銅製帯飾板、千歳市美々8遺跡の同様の帯飾板、厚真町ニタップナイ遺跡の鉄鏃などは、十・十一世紀頃の大陸系遺物である蓋然性が高い。モヨロ貝塚出土の小鐸（臼杵編年第四期）もこの時期に当たるであろう。このように、十世紀前後の「北周り」交流の物証は増大しつつあると思われる[注53]。とはいえ、この問題の当否を考えるには、今後の考古学的研究の進展も含め、さらなる検証が必要である。

3　クロテン皮交易の道と、平安日本の北方認識

上述のように、十世紀以後、北東アジア大陸―サハリン―北海道を結ぶ「北周り交流」が再活性化した可能性を想定したとき、その傍証として、古代末期の日本の支配層による地理認識を参照することは有益であろう。

まず、大陸に由来する「粛慎」という民族イメージが、賭弓や御禊行幸など儀式・行事の場面で、「鷲羽」と併記される「粛慎羽」というかたちで、平安中期頃の中央貴族層の間に流布していることがあげられる（『西宮記』巻九・賭弓など参照）。このことは、「日本列島の北辺と大陸との連続性」という国土観の再生を意味していると考えられる。[注54]

同様の認識は、安倍頼時の渡海伝説（「陸奥国の安倍頼時、胡国に行きて空しく返る語」『今昔物語集』巻三一―一一）からも濃厚に伺うことができる。ここで、「胡国ハ唐ヨリモ遥ノ北ト聞ツルニ、陸奥ノ国ノ奥ニ有、夷ノ地ニ差合タルニヤアラム」と驚きをもって表明されているように、遅くとも十一世紀頃の日本の支配者たちは、「エゾ」の世界に接して、大陸の諸民族の世界があるという認識を明瞭に有していたのである。

こうした「北周り」交流の成立を後押しする「南から」の要素として、平安貴族社会において、クロテンの毛皮に関する記録が十世紀に急増することにも留意される。とりわけ『御堂関白記』長和四年（一〇一五）七月十五日条に、藤原道長から天台山への贈り物とされた「奥州貂裘三領」には注目される。平安日本において、渤海や唐・宋などからの舶載でなく、列島北部からクロテン皮を入手するルートが実在したことを示唆する。[注55]

後世の認識ではあるが、サハリンと北海道とではクロテンの毛皮の品質に大きな格差があった。例えば、江戸後期の松田傳十郎は、「北蝦夷地（サハリン）産のクロテン皮は東西蝦夷地（北海道）産のクロテン皮の四倍の高値で取引される」「北海道産のエゾクロテンの皮は黄色く、品質に劣るが、サハリン産のクロテン皮は高品位な黒色で、満洲（清朝）でもこれを喜ぶ」と記している（『北夷談』）。とすると、道長がことさらに天台山への贈り物とした「奥州貂裘」とは、高級なサハリン産のクロテン皮製品であった可能性もある。[注56]

考古学的には、十・十一世紀前後のサハリンには、オホーツク文化末期の南貝塚期のグループが居住していた。同時期には、宗谷海峡をへだてた北海道の道北に、擦文文化が進出し、大規模な集落が成立しはじめていた。さらにこの頃、擦文人によるサハリンへの渡来を想定する意見もある。[注57] そこには、平安日本によるクロテン皮への需要を背景として、高品位なサハリン産クロテンの獲得をめざす目的があったのかもしれない。

要するに、平安期の王朝社会におけるクロテン皮製品は、サハリンのオホーツク文化から、擦文文化の手を介するルートで入手されたものであった蓋然性が高い。こうしたサハリン方面にもつながる交易路の存在は、中央貴族たちの北方認識に作用したことが考えられる。それは、北海道など列島北方社会の住民に対して、「大陸・外国につらなる人びと」としての異族視を強めていく一因になったであろう。そして、そのことが、「日本国の外部」の民族集団として明瞭に位置づけられた中世的「エゾ」認識形成の背景・前提になった可能性がある。[注58]

4　ワシ羽がむすぶ日本とアイヌ

十世紀前後の列島北方史を大きく左右した重要な交易品として、いま一つ、近年の研究で脚光を浴びているワシ羽交易の実態と意義について概観しておきたい。

北海道では、冬になると各地で、越冬のためシベリアから渡ってきたオオワシやオジロワシの姿をみることができる（オジロワシの一部は留鳥になっている）。なかでも、知床や根室・釧路など道東地方には多く飛来する。これらオオワシやオジロワシの尾羽（一般にワシタカ類は十二枚、オオワシは十四枚）は、幼鳥の頃には複雑な斑紋を有するが、成長するに従い白さを増していく。そして、この多彩な紋様への愛好も手伝って、オオワシ・オジロワシの尾羽は、古くから日本社会で最高品質の矢羽として珍重されてきた。

幕末の玉蟲左太夫『入北記』によると、根室・釧路産のオオワシ尾羽（十四枚）は、上質なものでは銭二貫以

上の値がついている。近世においても、北海道を代表するワシ羽の産地は道東地方であった。[注59]

さて、鎌倉中期の権僧正・公朝による文永二年（一二六五）の歌（『夫木和歌抄』巻二七〔第八九五番〕）には、

みちのくの　えぞがちしまの　鷲のはに　たへなるのりの　もじもありけり

と詠まれている。ここでは、「エゾ」の地からもたらされるワシ羽の複雑な紋様を、「妙なる法の文字」、つまりサンスクリット文字にみたてており、注目される。中世初期には、ワシ羽は北方の「エゾ」を代表する産物となっていた。[注60]

日本古代のワシ羽については、すでに天平勝宝八年（七五六）の『国家珍宝帳』にも「鷹羽」や「雕羽」の「箭」がみられるが、これらが北方産であるかどうかは断言できない。日本社会において、北方産のワシ羽の流通が確実となるのは、平安中期の十世紀頃からである。『延喜式』や『西宮記』によれば、伊勢遷宮の際には、「神宝」として八百枚ものワシ羽が必要とされている。『小右記』や『玉葉』においても、ワシ羽はほとんどの場合、「神宝」として登場する。さらにワシ羽は、先述の「粛慎羽」と並んで、賭弓や御禊行幸の場面に多く登場するようになる（『西宮記』巻九・賭弓、『御禊行幸服飾部類』など参照[注61]）。

このように、北方産のワシ羽は当初、「神宝」としての意味合いが強く、また天皇や貴族社会の各種の儀式・行事において必要とされる例が多かった。しかし、やがて新興の武士階層によって、上質な矢羽としての需要がさらに増していくことになる。

中世の軍記物語は、華々しい場面で登場人物の身にまとう武具のディティールに大きな注意を払っており、矢羽もその例にもれない。例えば、『平家物語』巻九「敦盛最期」では、平敦盛の豪奢ないでたちのなかに、「廿四さいたる切斑（きりふ）の矢」が描かれる。[注62]また屋島合戦の際に那須与一が平家方の海上の扇を射落とした鏑

矢は、「うすぎりふに鷹の羽わりあわせてはいだりける、ぬための鏑をぞ差し添へたる」（『平家物語』巻十一「扇」）であった（薄い色の切斑二枚とタカの羽二枚を互い違いにまぜ合わせた四立羽の矢羽に、鏑は鹿角製）。武士たちは、晴れやかな舞台を演出する小道具として、矢羽になみなみならぬ関心を傾け、個性を競ったのである。

十～十二世紀頃、北海道産のワシ羽は、安倍氏・清原氏や奥州藤原氏のような奥羽の勢力にとって重要な交易品であった。奥州藤原氏の二代・基衡が、平泉の毛越寺の本尊造営のため、「鷲羽百束」などの高価な品々を京の仏師に贈ったことはよく知られる。

文治五年（一一八九）、源頼朝は奥州合戦によって奥州藤原氏を滅ぼす。『吾妻鏡』では、奥州合戦直後の文治五～建久四年（一一九三）にワシ羽に関する記述が集中する。奥州を征服した「あかし」として、ワシ羽の存在が脚光を浴びたのであろう。文治六年（建久元年・一一九〇）正月には頼朝から後白河院へ「鷲羽一櫃」が贈られ、同年十一月にはやはり後白河院に対して、砂金八百両・御馬百疋とともに「鷲羽二櫃」が贈られている。これらは頼朝による奥州征服、北方交易ルートの掌握を誇示する政治的アピールにほかなるまい[注63]。

またこの時期、鎌倉殿・将軍と御家人らが主従関係を確認する正月の垸飯では、しばしば御家人たちから頼朝や実朝に向けて多数のワシ羽が献上されている。「エゾ」を代表する産物としてのワシ羽は、鎌倉幕府成立期の秩序形成において、一定の政治的な意義を有した可能性があろう[注64]。

先述のとおり、七世紀後半～八世紀頃、主として道南と道央に分布していた擦文文化の人々は、およそ十世紀以後、道北地方に分布を拡大し、さらに、常呂や網走、知床や標津、根室、釧路など、道東地方にも大規模に拡散していく。従来、その理由として海獣皮の獲得などが想定されていたが、瀬川拓郎氏や澤井玄氏は、これにワシ羽の入手がかかわっていた可能性を指摘している[注65]。継承すべき問題提起である。

おわりに

古代の列島北方地域に生きた人々は、各種の毛皮やワシ羽に代表される独自の生産物を、南の日本社会と交易することで、鉄や繊維製品・米・酒などを入手した。列島北方史において、こうした日本との交易は、経済・社会に大きな影響を与え、文化面、さらには政治面での交流を引き起こすこともあった。

列島北方社会の人々と、日本王権の中枢にいた天皇・貴族や武士たち。彼ら当事者は互いに知るよしもなかったが、双方はクロテン皮やワシ羽のような「モノ」を媒介として、容易に可視化しえない糸で複雑に結びつき、相互依存的ともいえる緊密な関係を構築していた。まさに、互いの文化と歴史を規定しあっていたとして過言ではない。

さらに、列島北方史のもう一つの重要性は、その歴史・文化の動きが「日本」の枠をはみ出し、「北東アジア」や「北アジア」に広がる地域との歴史的な連関を示す場面があった点にある。その意味では、列島北方史の特質は、「東アジア」という枠組みによってすら、十分に説明しきることが難しいかもしれない。このような列島北方史は、近年話題となっている「東部ユーラシア」論に馴染む面を持ち合わせていると思われ、留意される。

最近、廣瀬憲雄氏は、東部ユーラシア論の立場から古代日本の通史を描く試みを提示している。[注66] その叙述が、対外交流の意義を過小評価している点には違和感を覚えるが、東部ユーラシア論の根幹ともいえる、「多元的な国際秩序の重層的共存」を重視する点は、列島北方史を広域史のなかに位置づけるうえで、示唆に富むものがある。

「列島北方史」において、そこに生きた人々を主体とする民族史、すなわち「アイヌ史」という立場による歴史像の構築は、きわめて重要な課題である。一方で、ユーラシアにつながる広域史の立場から「列島北方史」を位置づけ、「日本史」の範囲を拡張し、相対化することにも大きな意味がある。これら二つの視座は互いに矛盾するものでなく、双方が補完しあい、表裏一体の関係をなすものといえよう。

ユーラシア史という規模から俯瞰したとき、列島北方地域は、ユーラシア各地を行き交う諸文化が交流する「場」の一つとしての位置づけをみせる。[注67]列島北方地域は、「東アジア」に由来する文化圏と、「北アジア」および「北東アジア」の文化圏とが、日本列島という弓なりになった島々の、北の一角においてリンクする、ユーラシア外縁部における諸文化の結節点の一つであった。「アイヌ史」は、このようなユーラシア的な条件に規定されて展開した民族史でもあった。すなわち、アイヌ民族の前近代史は、列島北方地域をその足元に踏みしめつつも、北方ユーラシアと日本社会との双方を股にかけて、両者から多様なものを摂取し、取捨選択と新陳代謝を繰り返しながら独自の文化を育んできた、生成と流転の過程として位置づけられるのである。

注

1　福田正宏『極東ロシアの先史文化と北海道』北海道出版企画センター、二〇〇七年、北海道考古学会編『二〇一五年北海道考古学会大会「サハリン・千島ルート再考」資料集』二〇一五年など。

2　瀬川拓郎「縄文の祭りを継ぐ　アイヌ儀礼から読み解く縄文～続縄文の構造変動」『東北学』一九、二〇〇九年。

3　佐藤剛「「続縄文」の意義とその時代性について」『北方島文化研究　２０００～２００１年研究発表資料集』二〇〇二年、蓑島栄紀「古代北海道地域論」『岩波講座日本歴史20　地域論』岩波書店、二〇一四年など。

4　東北・関東前方後円墳研究会編『古墳と続縄文文化』高志書院、二〇一四年、辻秀人編『古代倭国北縁の軋轢と交流――入の沢遺跡で何が起きたか（季刊考古学・別冊24）』雄山閣、二〇一七年など参照。
5　大沼忠春「北海道の古代社会と文化」『古代蝦夷の世界と交流』名著出版、一九九六年。
6　天野哲也「極東民族史におけるオホーツク文化の位置」『古代の海洋民　オホーツク人の世界――アイヌ文化をさかのぼる』雄山閣、二〇〇八年（初出は一九七七年）、鈴木靖民「古代蝦夷の世界と交流」『古代蝦夷の世界と交流』名著出版、一九九六年など。
7　天野前掲注6、越田賢一郎「北方社会の物質文化」『蝦夷島と北方世界』吉川弘文館、二〇〇三年など。
8　瀬川拓郎『アイヌの世界』講談社選書メチエ、二〇一一年。
9　蓑島栄紀『古代国家と北方社会』吉川弘文館、二〇〇一年。
10　移民の規模に関する積極説として、大沼前掲注5、越田前掲注7などがある。一方、消極説として、鈴木信「「北海道式古墳」の実像」『新北海道の古代3　擦文・アイヌ文化』北海道新聞社、二〇〇四年などがある。
11　山浦清「オホーツク文化の終焉と擦文文化」『東京大学文学部考古学研究室研究紀要』二、一九八三年、中田裕香「北海道の古代社会の展開と交流――一〇～一三世紀」『古代蝦夷の世界と交流』名著出版、一九九六年など。
12　擦文土器の終焉を十三世紀前後とらえるものに、中田裕香「擦文文化の土器」『新北海道の古代3　擦文・アイヌ文化』北海道新聞社、二〇〇四年、同前掲注11などがある。一方、十一・十二世紀前半と早くとらえるものに、三浦圭介「古代東北地方北部の生業における地域差」『北日本の考古学』吉川弘文館、一九九四年などがある。
13　中田前掲注11など。
14　蓑島前掲注3、同『「もの」と交易の古代北方史　奈良・平安日本と北海道・アイヌ』勉誠出版、二〇一五年。
15　渡辺仁「アイヌ文化の源流――特にオホツク文化との関係について」『考古学雑誌』六〇―一、一九七四年、天野哲也『クマ祭りの起源』雄山閣、二〇〇三年など。
16　菊池俊彦『北東アジア古代文化の研究』北海道大学図書刊行会、一九九五年。
17　瀬川拓郎『アイヌの歴史　海と宝のノマド』講談社選書メチエ、二〇〇七年、小野哲也「標津遺跡群――知床に刻まれた「道東アイヌ」の足跡」『アイヌ史を問いなおす――生態・交流・文化継承』勉誠出版、二〇一一年。

18　菊池前掲注16。
19　菊池前掲注16、臼杵勲『鉄器時代の東北アジア』同成社、二〇〇四年。
20　中澤寛将『北東アジア中世考古学の研究』六一書房、二〇一二年。
21　臼杵前掲注19、中澤前掲注20。
22　臼杵前掲注19。
23　A・V・プタシンスキー（高瀬克範訳）「カムチャツカ考古学の最前線」『北方博物館交流』二五、二〇一三年など。
24　山浦清「「環オホーツク海文化」という視点――鋸頭の分析から」『北海道考古学』二九、一九九三年、菊池俊彦『環オホーツク海古代文化の研究』北海道大学図書刊行会、二〇〇四年など。
25　菊池俊彦『オホーツクの古代史』平凡社新書、二〇〇九年。
26　古くは二十世紀初頭のフランツ・ボアズの研究を嚆矢として、渡辺仁「北太平洋沿岸文化圏――狩猟採集民からの視点1」『国立民族学博物館研究報告』一三―二、一九八八年など参照。
27　菊池前掲注24、同前掲注25など。
28　菊池前掲注24、同前掲注25など。
29　蓑島前掲注9。
30　西本豊弘「オホーツク文化の生業」『北海道の研究2　考古篇Ⅱ』清文堂出版、一九八四年。
31　内山幸子「海獣狩猟文化における動物飼養の研究：続縄文・オホーツク文化両文化に見るその変遷と意義」（筑波大学博士（文学）学位論文、つくばリポジトリにてオープンアクセス）二〇〇五年。
32　服部太一「オホーツク文化におけるブタの飼育・利用」慶應義塾大学大学院文学研究科修士論文、二〇一六年（慶應大学図書館で閲覧可能）。
33　臼杵前掲注19。
34　高畠孝宗「オホーツク文化における大陸系遺物の分布について」『考古学ジャーナル』四三六、一九九八年。
35　なお、礼文島浜中2遺跡の検討では、出土したブタの遺存体、とくに歯に生じたストレスマーカーから、栄養状態が不良で、粗放的な飼育・給餌状態に置かれていた可能性が指摘されている（服部前掲注32）。現状では、こうした最新の成果を組み込んだ整合的な私見を示すことはできず、今後の課題としたい。
36 渡辺前掲注15、天野前掲注15。
37 大隅晃弘「渤海の首領制――渤海国家と東アジア世界」『新潟史学』一七、一九八四年。
38 李成市『古代東アジアの民族と国家』岩波書店、一九九八年。
39 李前掲注38
40 石井正敏『日本渤海関係史の研究』吉川弘文館、二〇〇一年、酒寄雅志『渤海と古代の日本』校倉書房、二〇〇一年。
41 山田悟郎・平川善祥・小林幸雄・右代啓視・佐藤隆広「オホーツク文化の遺跡から出土した大陸系遺物」『北の歴史・文化交流研究事業　研究報告』一九九五年。
42 蓑島前掲注9、同前掲注14。
43 大隅前掲注37。
44 日野開三郎『東洋史学論集16　東北アジア民族史下（後渤海・女真篇）』三一書房、一九九〇年。
45 李前掲注38、蓑島栄紀「十～十一世紀の北東アジア情勢と「北の中世」への胎動」『北から生まれた中世日本』高志書院、二〇一二年。
46 日野前掲注44。
47 蓑島前掲注9、蓑島前掲注45。
48 蓑島前掲注9、蓑島前掲注45。
49 三上次男『金史研究1　金代女真社会の研究』中央公論美術出版、一九七〇年
50 中村和之「「北からの蒙古襲来」小論――元朝のサハリン侵攻をめぐって」『史朋』二五、一九九二年。
51 中村和之「白主土城をめぐる諸問題」『北東アジア交流史研究――古代と中世』塙書房、二〇〇七年。
52 北海道考古学会編前掲注1。
53 蓑島前掲注14、同前掲注45。
54 蓑島前掲注3、同前掲注14。
55 蓑島前掲注14。

56　蓑島前掲注14。
57　瀬川前掲注15。
58　蓑島前掲注3、同前掲注14、同前掲注45。
59　菊池勇夫「鷲羽と北方交易」『キリスト教文化研究所研究年報』二七、一九九三年。
60　瀬川拓郎「蝦夷の表象としてのワシ羽」『中世東アジアの周縁世界』同成社、二〇〇九年、蓑島前掲注14。
61　鈴木敬三『武器と武具の有識故実』吉川弘文館、二〇一四年、蓑島前掲注14。
62　「きりふ」は紋様の特徴による矢羽の分類の一種。鈴木前掲注61など参照。
63　蓑島前掲注14。
64　蓑島前掲注14。
65　瀬川前掲注17。澤井玄「一一～一二世紀の擦文人は何をめざしたか」『エミシ・エゾ・アイヌ（アイヌ文化の成立と変容――交易と交流を中心として・上）』岩田書院、二〇〇八年。
66　廣瀬憲雄『古代日本外交史――東部ユーラシアの視点から読み直す』講談社選書メチエ、二〇一四年。
67　鈴木靖民が、古代北海道史の意義について「東アジア文明の十字路」としての評価を与えていたことを改めて想起すべきだろう（鈴木前掲注6）。

列島南方史からみた日本とアジア

永山　修一

はじめに

二一世紀に入り大島諸島から奄美群島にかけて、広田遺跡（種子島の南種子町、二〇〇八年指定）、赤木名城《あかぎなじょう》跡（奄美大島の奄美市笠利町、二〇〇八年指定）、徳之島カムィヤキ陶器窯跡（徳之島の伊仙町、二〇〇七年指定）、住吉貝塚（沖永良部島の知名町、二〇〇七年指定）、小湊《こみなと》フワガネク遺跡（奄美市名瀬小湊、二〇一〇年指定）、城久《ぐすく》遺跡群（喜界島の喜界町、二〇一七年指定）などが国史跡に指定され、また広田遺跡の出土品（二〇〇六年指定）、小湊フワガネク遺跡の出土品（二〇一六年指定）が国の重要文化財に指定されている。これは、大隅諸島から奄美群島にかけての歴史が、日本の歴史を考える上で重要な意義を有するという見方が広く認知されるようになってきた結果と考えられる。

本稿では、列島南方を、現在の南九州（主に宮崎県と鹿児島県本土域）と琉球列島（鹿児島県の島嶼部と沖縄県）

と措定し、この地域と日本・アジアとの関係について、古代を中心に文献史学と考古学の成果に基づいて、概観していくことにしたい。

一　古墳時代までの南九州・南島

弥生時代の段階で、南島産の貝で作られた貝輪が、北部九州で大いに用いられていたことに関しては、木下尚子氏が「貝輪の道」として考察を加えている（「サンゴ礁と遠距離交易」『沖縄県史　各論編　古琉球』沖縄県、二〇一〇年）。奄美諸島などで産するゴホウラ・オオツタノハ・イモガイなどは、薩摩半島西岸の高橋貝塚で加工あるいは粗加工され、北部九州の甕棺の被葬者の腕を飾った。

前期古墳では、島の山古墳（奈良県川西町、墳丘長二〇〇メートルの前方後円墳）に代表されるように粘土槨を飾る鍬形石・車輪石・石釧などが知られているが、これらは、ゴホウラ・オオツタノハ・イモガイ製の貝輪を碧玉で形取ったものとされている。また、古墳時代には馬具の雲珠《うず》にイモガイの螺頭が用いられた。

古墳時代前期（四世紀）の宮崎市生目《いきめ》一号墳（墳丘長一三六メートル）・三号墳（墳丘長一四三メートル）・二二号墳（墳丘長一〇一メートル）は、この時期では九州で最大の規模を持つ。古墳時代中期初頭、志布志湾沿岸の唐《とう》仁大塚《じんおおつか》古墳（墳丘長一五四メートル）が、五世紀前葉には、西都原《さいとばる》古墳群で女狭穂塚《めさほづか》古墳（墳丘長一八〇メートル）・男狭穂塚《おさほづか》古墳（墳丘長一七五メートル）という九州最大の前方後円墳が築造され、南九州の首長連合の盟主となった。五世紀中葉に、志布志湾沿岸部（鹿児島県肝属郡大崎町）にこの時期に九州で最大の前方後円墳である横瀬古墳（墳丘長一四〇メートル）が築造された。

古墳時代前期~中期にかけて、宮崎平野部から大隅半島の志布志湾沿岸部にかけての地域に大型の前方後円墳が築造されていった背景には、瀬戸内海ルートに直結する九州東岸ルートの拠点、南島を含む広域交流の結節点となり、畿内中央政権の強大化にともない、情報・物資流通のメインルートが、九州西岸ルートから九州東海岸に重点化されたという説も示されている（橋本達也「薩摩地域の古墳時代墓制と地域間交流」『薩摩加世田　奥山古墳の研究』鹿児島大学総合研究博物館、二〇〇九年）。

南海産の貝交易に関して近年大きな関心を集めているのが、ヤコウガイである。ヤコウガイは、リュウテンサザエ科の大型巻き貝で、表面は緑色であるがその下に分厚い真珠層を持つ。生息域の北限は屋久島とされ、珊瑚礁のリーフの際に生息する。中国では緑螺と呼ばれ、日本では『和名類聚抄』などに夜久貝《やくがい》あるいは夜久之斑《やくのまだら》貝《がい》と見える。ヤコウガイは螺鈿の材料として重要であり、漆芸の分野で注目されていたが、一九九二年に奄美大島の土盛《ともり》マツノト遺跡（奄美市笠利町）の調査で大量のヤコウガイが出土し、一九九七年からの小湊フワガネク遺跡（奄美市名瀬小湊）の調査において、ヤコウガイの貝匙の製造過程が確認されたことにより、改めて文献・考古の両面から研究が進められた。

その中で、高梨修氏は、ヤコウガイ大量出土遺跡という遺跡の類型を設定している。奄美大島の奄美市笠利町の用見崎《ようみさき》遺跡・土盛《ともり》マツノト遺跡・和野《わの》長浜金久《かねく》遺跡、同市名瀬小湊《こみなと》の小湊フワガネク遺跡、沖縄県久米島の北原貝塚・清水貝塚などをあげることができ、奄美大島が中心となる。ヤコウガイ製の匙の加工過程が確認できるこれらの遺跡の時期は、奄美諸島の在地の土器である兼久式土器の時代、七世紀前後から一一世紀頃が中心であるとされている（『ヤコウガイの考古学』同成社、二〇〇五年）。

一方近年、韓国でヤコウガイ製貝匙が確認されてきている。五世紀後葉に築造された訥祇王妃陵と考えられる慶州市皇南大塚北墳では二点、五世紀末に築造された王族墓と推定される慶州市金冠塚では三点、五世紀初頭に築造された王族墓とされる慶州市天馬塚では一点の夜光貝製柄杓形杯（金銅製覆輪）が、五世紀末に築造された大加耶の王陵とされる高霊郡池山洞四四号墳では夜光貝製柄杓形杯一点が検出されている。この時期のヤコウガイは北部九州の勢力を経由して入手された可能性が高いという（神谷正弘「新羅王陵・大加耶王陵出土の夜光貝杓子（貝匙）」『古文化談叢』六六集、二〇一一年。朴天秀・李炫姃「古代韓半島出土琉球列島産貝製品の諸問題」九州考古学会・嶺南考古学会第一一回合同考古学大会『海洋交流の考古学』二〇一五年）。金銅製覆輪が装着されているヤコウガイ匙は今のところ新羅の王陵墓で出土しているものに限られる。新羅では金冠などにヒスイ製の垂飾を着けたものが知られているが、ヤコウガイは磨くとヒスイのような質感を見せるので、これは新羅の王族の嗜好に合わせたかたちで金銅製覆輪を装着したと考えておきたい。一方、奄美諸島側では、現時点で五世紀代に遡るヤコウガイの出土遺跡を確認できておらず、この点は今後の大きな課題となる。

南九州に展開する地下式横穴墓は、地表面から竪穴を掘り（竪坑）その底部から横に掘り進めて玄室を設けるもので、現時点で一〇〇〇基以上が確認されおり、かつて南九州独自の墓制とされていた。しかし、近年は出現時期や構造的な類似性から見て、朝鮮半島から導入された横穴墓制の影響下に出現したと考えられるようになってきており、外部の世界から孤立したなかで独自に生み出され継承されたものではなく、朝鮮半島や近畿中央など広域に結びつく古墳時代のネットワークによってもたらされる情報や葬送観念に接した上で、在地に定着した墓制であると考えられるようになっている（橋本達也「地下式横穴墓とはなにか」『南九州とヤマト王権――日向・大隅の古墳』大阪府立近つ飛鳥博物館、二〇一二年）。

二〇一四年に発掘調査された宮崎県えびの市島内一三九号地下式横穴墓は、きわめて保存状態が良く、有機物を含む多くの遺物が検出され、多くの新知見が得られた。それらによれば、甲冑のセット・鏡・木装大刀・装飾馬具・平胡簶・長頸鏃群などは、畿内中央政権との政治的紐帯を表すものとして配布されたものであり、一方銀装円頭大刀は、百済ないし加耶製と考えられ、同時期では畿内中央部などでも出土していないから、朝鮮半島の諸勢力との直接的な交渉を示すという（橋本達也・中野和浩「宮崎県えびの市島内一三九号地下式横穴墓の発掘調査概要」『日本考古学』第四二号、二〇一六年）。

二　南島の初見記事と隼人の登場

南西諸島に関する初見記事は、『隋書』東夷伝流求国条である。大業四年（六〇八）、煬帝の命で羽騎尉の朱寛が、前年に続いて流求の慰撫に赴いたが、流求は従わず、布甲《ふこう》を得て帰還した。その折、隋に滞在していた倭国使（小野妹子の一行）が、この布甲を見て、「此、夷邪久国人の用る所也。」と言った。この「夷邪久」については、掖玖の音をとったものとする説と、「夷の邪久」とする説がある（田中聡「古代の南方世界」『日本古代の自他認識』塙書房、二〇一五年）。このころヤク関係の情報が倭政権の中枢に届いていたのは明らかであり、またこのヤクの社会が布甲という武具を必要とする段階にあると認識されていたことがわかる。また『日本書紀』推古二十四年（六一六）三月・五月・七月の合計三〇人にのぼる掖玖《やく》（夜勾《やく》）人来朝記事以降、推古二十八年（六二〇）八月に掖玖人二口が伊豆島に流れ来たり、田部連（名は不明）が舒明元年（六二九）四月に掖玖に派遣され、翌年九月に帰還、舒明三年（六三一）二月には掖玖人が帰化するという記事がある。これらのヤク関係記事にいうヤクとは、屋久島そのものというよりは屋久島以南の南島の総称であったと考えられる。

『日本書紀』白雉《はくち》四年（六五三）七月条は、遣唐使船の薩麻の曲・竹島の間に於ける遭難記事を伝えている。ここに見える「薩麻」は、令制薩摩国の成立をうけて、『日本書紀』編纂段階で用いられた地域名称であると考えられる。翌白雉五年の遣唐使が伝えた情報については、『唐会要』巻九九の倭国条に永徽五年（六五四）のこととして「倭国東海嶼中の野人、耶古・波耶・多尼の三国有り。皆倭に附庸す。」との記事がある。倭国使は、唐に対して海中にヤコ・ハヤ・タニという三つの倭国に従う地域の存在を伝えていた。このうち、ヤコは掖玖、タニは多禰のことと考えられるが、ハヤの遺称地は不詳である。また、『日本書紀』斉明三年（六五七）七月己丑条は、唐に向かう途中に筑紫に漂着した都貨邏《とから》国人（タイのメナム河下流域にあったドヴァラヴァティ王国のことか）が、「臣等《ら》初め海見《あまみ》島に漂泊す。」と言ったことを伝えている。これが奄美の史料上の初見である。

『日本書紀』によれば、天武六年（六七七）二月には多禰《たね》島人等を飛鳥寺の西の槻《つき》（ケヤキ）の下に於て饗し、天武八年（六七九）十一月には倭馬飼部造連を大使とする使節を多禰島に派遣した。天武十年（六八一）八月には、使人らが帰朝し、多禰国図を貢じ、多禰国に関する情報を伝えた。このとき、使節は多禰島人を引率しており、九月には多禰島人らを飛鳥寺西河辺で饗している。天武十一年（六八二）七月丙辰条には、「多禰人・掖玖《やく》人・阿麻彌《あまみ》人に禄を賜ふこと、各差有り。」とあって、タネ・ヤク・アマミによる朝貢が行われた。天武十二年（六八三）三月丙午条には、多禰に遣わした使人が帰ってきたという記事がある。

南九州に目を転じると、古墳時代後期（六世紀）に入り後の薩摩・大隅国の地域では、前方後円墳などの高塚古墳は築造されなくなってくる。また、カマドや須恵器といった五世紀中葉以降の渡来系文化要素も導入されず、生活様式や土器様式に差が生まれ、在地色が強まり、個性化・異質化が進んでいく。そして、七世紀には社会的諸側面で他地域との差異が顕在化し、結果として律令国家形成段階に異民族という枠組みが創出される中で、薩摩・大隅の居住者が「隼人」とされていくことになる（橋本達也「古墳築造南限周辺域社会と「隼人」」『古墳以外の墓制による古墳時代墓制の研究』鹿児島大学総合研究博物館、二〇〇七年）。

『日本書紀』天武十一年（六八二）七月甲午（三日）条には、「隼人多く来たり、方物を貢ず。是日、大隅隼人、阿多隼人と朝廷に相撲す。大隅隼人勝つ。」、七月戊午（廿七日）条には「隼人等を明日香寺之西に饗す。種々楽を発す。仍りて禄を賜ふこと各差有り。道俗悉く之を見る。」とあって、隼人の朝貢が開始された。これは、実態をともなった隼人の初見記事であって、特に饗宴の様子を道俗に見学させていることは、隼人の存在自体が、天皇の権威を飾る上で重要な役割を担っていたことを示している。

天武十四年（六八五）六月には、畿内の一〇氏に並んで大隅直氏に忌寸姓が与えられた。大隅忌寸氏は、朝貢隼人や畿内近国に移配された隼人を統括する任務を担ったと考えられる。大隅直氏は、志布志湾沿岸を本拠とし、「直」姓を与えられていたことからも分かるように、倭王権とのつながりを維持していた勢力であったが、ここに来て「隼人」という一種の身分に編成されたのであった（永山修一『隼人と古代日本』同成社、二〇〇九年）。

朱鳥元年（六八六）九月と持統元年（六八七）五月には、天武天皇の殯宮で大隅隼人・阿多隼人の魁帥《ひとごのかみ》（首長）が誄を進めた。持統三年（六八九）正月には、筑紫大宰（後の大宰帥）粟田真人が隼人一七四人を献じたが、これは持統天皇の即位式へ参列させるためのものであったと考えられている（竹森友子「元日朝賀・即位式と隼人」舘野和己編『日本古代のみやこを探る』勉誠出版、二〇一五年）。

三　夷狄としての隼人と南島人

持統三年（六八九）に成立する飛鳥浄御原令では、後の隼人司につながる官司が成立したと考えられる。『日本書紀』によれば、持統九年（六九五）五月に大隅隼人が朝貢を行って饗され、また飛鳥寺の西の槻の下で隼人が相撲をとった。

その二ヶ月前の三月に、政府は文博勢《ふみのはかせ》らを多禰に派遣して、「蛮《ひな》の居る所」を求めさせた。『続日本紀』によれば、その三年後の文武二年（六九八）四月に、政府は文博士ら八人に武器を携行させて南島に派遣し、国を覓《もと》めさせた。この使節団を覓国使《くにまぎのつかい》《べつこくし》とよんでいる。覓国使は二手に分かれて行動したようで、翌文武三年七月に、多褹・夜久・菴美・度感《とかん》などの人々が、朝宰に引率されて、朝貢を行った。この記事には、「其の度感島の中国に通ずるは是に始れり。」とあって、当時の政府が、明確に「中国」意識を持つに至っていることを示している。

このころから、南九州の情勢が悪化してくる。十一月に帰朝した覓国使刑部真木《おさかべのまき》らは、南九州で襲撃を受けていた。翌文武四年（七〇〇）六月に、政府は竺志惣領《つくしのそうりょう》に対し、肥人《ひひと》らを従え武器を持って刑部真木らを剽劫した薩末比売《さつまのひめ》・久売《くめ》・波豆《はず》、衣評督衣君県《えのこおりのかみえのきみのあがた》・助督《すけ》衣君弖自美《てじみ》、肝衛難波《きもつきのなにわ》を処罰させている。薩末は川内川下流域、衣評は薩摩半島南端、肝衛は肝属川下流域のことであり、薩摩半島にも飛び石的に評が設置されていた。

大宝元年（七〇一）には、大宝律令が制定され、国郡の設定、国司・郡司の任命などが行われるが、南九州の一部では郡司候補者の大宰府出頭拒否などが起こったらしく、これが政府に対する反逆と見なされたようだ。『続日本紀』大宝二年（七〇二）八月丙申（一日）条には、「薩摩と多褹、化を隔て命に逆ふ。是に於て兵を発し征討す。遂に戸を校し吏を置く。」とあって、政府は戸籍作成に着手し、薩摩国と多褹嶋を成立させた。十月には、唱更国司（日向・薩摩国司）らの申請により、国内要害の地に柵を建て戍《じゅ》（守備兵）を置くことが許可された。薩摩国では、肥後国合志《かわし》・飽田《あきた》・宇土・託万《たくま》の四郡から移民を行って高城《たかき》郡を建て、ここに国府を置くことになった。

種子島・屋久島地方は多褹嶋に編成されることになった。多褹嶋は、隼人に対する支配をすすめ、また南島に沿って設定されていた遣唐使の渡航ルートや南島人の朝貢ルートを維持するために設置されたが、多褹嶋に公印が与えられたのは和銅七年（七一四）のことであるから、多褹嶋の正式な成立はこのころのことと考えられる。

和銅六年（七一三）には、日向国肝坏・曽於・大隅・始羅の四郡を割いて、大隅国を置いたが、これに際して、隼人の大規模な抵抗が起こり、翌年には隼人を教導するために豊前・豊後などからの移民が行われて、これをもとに桑原郡が建てられた。

養老四年（七二〇）二月、大隅国守陽侯麻呂《やこのまろ》が隼人に殺害される事件が起こると、政府は、大伴旅人を征隼人大将軍とする一万人以上の征討軍を派遣し、約一年半かけてこれを鎮圧した。

『古事記』『日本書紀』には、いわゆる日向神話の海幸彦・山幸彦神話があるが、この神話は、『古事記』『日本書紀』が編纂される時期、たびたび隼人と政府との軍事的な衝突が起こっている状況を背景に、隼人の服属を神話に遡って示すためにつくられたものとすることができる。また、和銅三年（七一〇）正月元日の儀式に隼人と蝦夷が参列しており、『日本書紀』清寧天皇四年八月癸丑条・欽明天皇元年三月条・斉明天皇元年（六五五）是歳条に見える隼人・蝦夷が並んで帰附・内附する記事は、こうした和銅年間の状況を反映したものと考えられる。

和銅七年（七一四）十二月には、太遠建治《おおのおけじ》らに率いられて南島の奄美・度感・信覚・球美などの五二人が来朝し、和銅八年（七一五）の正月元日の儀式に、南島人は陸奥出羽蝦夷とともに参列し、方物を貢納した。ここに、隼人に代わって南島人が、蝦夷と並ぶべき夷狄《いてき》に位置づけられることになった。

一方、霊亀二年（七一六）五月に、大宰府の申請により、薩摩大隅二国隼人の朝貢の六年相替制が定められ、翌養老元年四月には、大隅薩摩二国隼人が入朝し、天皇出御のもと大極殿で風俗歌舞を奏上した。これが隼人による風俗歌舞奏上の初見であり、以降隼人の朝貢は基本的に大極殿において単独で行われることになった。また、相撲は、相撲節として全国から相撲人を集めて大極殿以外の場所で行われるようになり、隼人はこれに参加しなかったと考えられる。

『続日本紀』によれば、養老四年（七二〇）十一月丙辰条に南島人二三二人、神亀四年（七二七）十一月乙巳条にも南島人一三二人が来朝し、位を与えられた記事がある。この時、南島人は、都には行かず大宰府で叙位されたという説もある（山里純一『古代の琉球弧と東アジア』吉川弘文館、二〇一二年）。この二度の来朝を、南島人の主体的な朝貢とする説があるが、養老四年は隼人との軍事衝突のさなか、神亀四年は聖武天皇の皇子立太子の直後であるから、政府側からの働きかけによるものと考えられる。

南島人の来朝記事は、神亀四年（七二七）を最後に確認できなくなる。この後、朝貢は行われなかったのか、あるいは『続日本紀』が記事を漏らしているのか明らかではないが、南島との交易が続けられたことは間違いない。この時期の交易の存在を示す考古遺物として、「㭺美島《あまみ》」「伊藍《いらん》島竹五《カ》」の木簡をあげることができる。これらは、一九八四年に福岡県太宰府市の大宰府跡不丁《ふちょう》地区から発掘された木簡に含まれる。この木簡は、発掘された場所や同時に発見された他の木簡に記されていた年紀から、ほぼ天平年間（七二九～四九）に「㭺美嶋」「伊藍嶋」より貢上された品物に付けられていた荷札であって、大宰府が南島から集められた品々をまとめて都に送ったため、個々の品々につけられていた木簡が不要になり溝に捨てられたものと推定されている。「㭺美嶋」は奄美大島、「伊藍嶋」は沖永良部島あるいは与論島のことであると考えられている（九州歴史資料館『大宰府史跡出土木簡概報（二）』一九八五年、『大宰府政庁周辺官衙跡Ⅴ』二〇一四年）。

天平五年（七三三）四月に難波津を進発した遣唐使船四艘のうち、大使多治比広成《たじひのひろなり》の乗った第一船は、任務を終えて翌天平六年十一月に多褹嶋に帰着した。その後天平七年、大宰大弐《だいに》小野老《おゆ》が、高橋牛養《うしかい》に命じて、南島に牌《はい》を建てさせた。その牌には、島の名前と、停泊できる場所、水のある場所、帰り着くべき場所への距離等が書かれていたから、多治比広成一行の経験に基づいて建てさせたものと思われる。

また、副使中臣名代《なかとみのなしろ》の乗った遣唐第二船は、天平八年八月に拝朝しているが、「天平八年薩麻国正税帳」には、この船に米や酒を支給した記事があるので、この船も南島路を経由した可能性がある。

天平勝宝四年（七五二）に発遣された藤原清河《きよかわ》を大使、吉備真備・大伴古麻呂《こまろ》を副使とする遣唐使は、鑑真の伝記である「唐大和上東征伝」によれば、翌年十一月十六日に帰国の途に就き、二十日～二十一日に第一船～第三船は阿児奈波島に着いた。十二月六日、座礁して動けない第一船を残して、第二・三船は多褹島に向けて出帆し、十二月七日には益救《やく》島（屋久島）に着いた。この二隻は、十八日に屋久島を出帆するが、副使吉備真備が乗った第二船は紀伊半島に、鑑真一行が乗船していた第三船は二十日に薩摩国阿多郡秋妻屋浦《あきめやのうら》（南さつま市坊津町秋目）に着いた。

翌年二月、政府は、第二・三船の報告に基づいて、天平七年に樹てられて朽ち果てていた牌を大宰府に命じて修復させた。また三月には行方不明になっている第一船の消息を尋ねるため、南島に使節を派遣し、「第一船、帆を挙げ奄美島を指して発去す。未だ其の着く処を知らず。」との情報を得ている。このように、政府は、南島に関してかなりの情報を得ていたようであり、必要に応じて南島に使節を派遣することもあった。なお、唐を出帆して間もなく船火事を起こした第四船は、遅れて天平七年四月に薩摩国石籬浦《いしがきうら》（南九州市頴娃町石垣）に到着している。

遣唐使入唐航路に関して、南島路に否定的な説が多く見られる。しかしここまでみたように天平度や天平勝宝度の遣唐使の帰朝後に牌を立てさせ、その修理を命じていること、時代は下るものの『延喜式』大蔵省入諸蕃《にゅうしょばん》使《し》条に新羅・奄美訳語《おさ》が見え、雑式大宰牌条に南島牌に関する規定が存在することは、たとえそれが漂着という形であったにせよ、奄美を経由する航路が想定されていたことを物語っている。

四　平安前期の南方世界

延暦十九年（八〇〇）、政府は大隅薩摩両国百姓の墾田を収公し、口分田として班給した。八世紀最後の年に、大隅・薩摩両国でようやく班田制が施行されたのである。その翌年、大宰府に対して、この後の隼人の朝貢停止を指示し、延暦二十四年（八〇五）に、大替隼人の風俗歌舞を停止した。畿内に抑留された一部の隼人を除いて、朝貢隼人たちは帰郷し、ここに一二〇年余り続いた隼人の朝貢は終わることになった。これ以降、南九州の居住者に対する「野俗」視は残るものの、隼人と呼ぶことは史料上確認できなくなる。

八世紀末以来、大宰府管内では飢饉や疫病の流行がみられ、大宰府の財政状況は厳しくなった。そこで、弘仁十四年（八二三）に政府は、大宰府が公営田を設置して農民に耕作させ、財源を確保すると同時に農民の生活安定に資する策を採った。この公営田制の採用によって、多褹嶋の公廨に宛てていた公田地子が激減したため、翌天長元年（八二四）に多褹嶋は、四郡を二郡にして大隅国に併合されることになった（永山修一「天長元年の多褹嶋停廃をめぐって」東京大学文学部国史学科古代史研究会『史学論叢』一一号、一九八五年）。こうした変化が、大宰府の南方世界に対する支配のあり方に変化をもたらしたという説が示されているので、これについて見ておこう。

二〇〇三～二〇〇九年に、喜界島（鹿児島県大島郡喜界町）で、城久遺跡群が調査された。これは、喜界島中央部の標高九〇～一六〇メートルの海岸段丘上に立地し、面積約一三万平方メートルにおよぶ九世紀～一五世紀の遺跡群で、山田中西・山田半田・半田口・小ハネ・前畑・大ウフ・半田・赤連の八遺跡から成る。この遺跡群は、大きくⅠ期（九世紀～一一世紀前半）・Ⅱ期（一一世紀後半～一二世紀）・Ⅲ期（一三世紀～一五世紀）の三期に分けられている。ここではⅠ期についてみておこう。

Ⅰ期の遺構は確認されていないが、越州窯系青磁や初期高麗青磁、東美濃産灰釉陶器など大宰府との関係を強く示唆する遺物が出土しており、なかでも山田半田遺跡出土の越州窯青磁は、九世紀中葉の年代が与えられている。量は少ないが高級品が多く、出土遺物の七〇%は島外からの搬入品が占めている。これに関して、亀井明徳氏は、天長元年（八二四）の多褹嶋停廃後、大宰府は南島経営の拠点を現在の種子島から喜界島に移したのではないかとしている（「南島における喜界島の歴史的位置――〝五つのカメ〟伝説の実像――」『東アジアの古代文化』一二九号、二〇〇六年）。『日本三代実録』元慶二年（八七八）四月二十二日条には、春日宅成《かすがのやかなり》を大隅守に任ずる記事が見える。田中史生氏によれば、春日宅成は、唐や高麗との交易に手腕を発揮した人物であったから、彼は、国際交易の拠点である大宰府と南島を結ぶ交易で仲介の役割を期待されて、この人事となったのではないかとしている（「七～一一世紀の奄美・沖縄諸島と国際交易」『国際交易と古代日本』吉川弘文館、二〇一二年）。

南島との主要な交易品は、赤木・檳榔・ヤコウガイであった（山里純一『古代の琉球弧と東アジア』吉川弘文館、二〇一二年）。『延喜式』内蔵《くら》寮諸国供進条には大宰府が進上するものとして「赤木二十村」があり、民部下諸国年料雑物条には「赤木。南島の進む所。其の数は得るに随へ。」とある。赤木は、親王の位記の軸に用いられることになっており、正倉院には赤木軸の経巻があり、「東大寺献物帳」には赤木を用いた倭琴が見える。

檳榔については、藤原宮跡から「檳」の文字が記された木簡が三点出土している。そのうち、一点は二文字目の旁が「良」、別の一点は「籠《カ》」とされており、これは両方とも檳榔に関わるものと考えられる。『続日本紀』宝亀八年五月二十三日条によれば渤海使の帰国に際して渤海王へのみやげとして「檳榔扇十枚」を送ったことが記されている。また時代は下るが、践祚大嘗祭において、天皇の禊《みそぎ》のために建てられる百子帳《ひゃくしちょう》という仮屋の屋根は檳榔で葺くことになっており、また車箱の表面を檳榔の葉で飾った「檳榔毛車《びんろうげのくるま》」という牛車には、天皇・太上天皇及び四位以上の者しか乗ることができなかった。

ヤコウガイについては、すでに若干触れておいた。ヤコウガイ大量出土遺跡については、小湊フワガネク遺跡の調査成果が重要である。六世紀~七世紀とされるこの遺跡では、貝匙の加工過程が確認されたが、完成品はごくわずかで、基本的に完成品は交易品として島外に運び出された可能性が指摘されている。また、ヤコウガイ大量出土遺跡では、鉄器が確認されており、貝匙の対価として鉄器がもたらされた可能性も指摘されている。従来考古学の分野では、南島社会がグスク時代に入るまで、狩猟漁労採集段階の階層化されていない社会とされていた。一方、文献史学の面では、正史に見える南島人の朝貢などをもとに、朝貢を可能にする階層化された首長制の社会を想定していたが（鈴木靖民「南島人と日本古代国家」『日本古代の周縁史』岩波書店　二〇一四年、初出は一九八七年）、小湊フワガネク遺跡の調査によって、その想定が正しかったことが明らかになった（高梨修『ヤコウガイの考古学』同成社、二〇〇五年）。

また、正倉院には、夜光貝の螺鈿を用いた鏡・琵琶・琴・箱など二〇点以上や夜光貝の貝殻そのものも伝来している（荒川浩和「正倉院の螺鈿」『正倉院紀要』二〇、一九九八年）。

奝然が、永延二年（九八八）にその弟子嘉因を入宋させた際、宋皇帝へ献上した品々の中には、仏典、琥珀、青紅色の水晶、紅黒木槵子の念珠、染皮、金銅の水瓶、金銀蒔絵の硯筥・扇筥などの工芸品のほか、螺杯・法螺・赤木梳、螺鈿の梳函・書案・書几・鞍・轡など、南海産の品々、もしくはこれを原材料とした工芸品が数多く含まれていた。坂上康俊氏は、『宋史』日本伝にすでに一五〇年以上前に停廃されていた多褹嶋が日本の地誌情報として含まれていることともからめて、領域内に産出する物を天子に献上することを通じて、その産地に対する貢献者の支配が認定されることを期待しての行為であり、平安貴族たちは、東シナ海を舞台とした海商たちの動きが日本の南方領域に及ぼす影響を機敏に予知し、安定期を迎えつつある宋王朝に対して、日本南方領域の確認を求めたとしている（「八～十一世紀日本の南方領域問題」九州史学会編『境界からみた内と外』岩田書院、二〇〇八年）。

五　南蛮襲来事件とキカイガシマ

南島との交易の活発化は、交易上のトラブルも引き起こしていったと考えられる。『日本紀略』、『小右記』（藤原実資《さねすけ》の日記）、『権記』（藤原行成の日記）によれば、長徳三年（九九七）十月一日、天皇出御のもとに旬政《しゅんせい》が行われているさなか、大宰府が南蛮人（奄美島人）による管内諸国襲撃事件を報告してきた（山里純一「平安時代中期の南蛮人襲撃事件をめぐって」鈴木靖民編『日本古代の地域社会と周縁』吉川弘文館、二〇一二年）。また、『小右記』同日条に載せる大宰府からの解文には、これより何年か前に奄美人が大隅国人四〇〇人を連れ去る事件も起こっていたことを伝えていた。公卿たちは善後策を協議し、要害の箇所の警備と、追討を加えること、仏神へも祈禱すべきことを決定した。そして翌年九月十四日には、大宰府が、南蛮の捕進を貴駕島に下知した由を言上してきた（『日本紀略』）。これが、キカイガシマの初見記事であり、政府の下知の対象になるキカイガシマは、征討の対象とされた奄美とは区別される存在として認識されていたことが分かる。そして長保元年（九九九）八月十九日に大宰府が、南蛮の賊を追討したと言上してきた（『日本紀略』）。キカイガシマには、大宰府の下知をうけ、それを実行に移すことを可能とする大宰府の出先機関が存在したか、あるいは大宰府の官人が滞在していたと考えられる。このように考えるならば、城久遺跡群のⅠ期の出土品のあり方からして、キカイガシマが喜界島である可能性は高いと言える。また、寛仁四年（一〇二〇）と天喜二年（一〇五四）前後にも、南蛮襲来事件が起こっていたと考えられる（永山修一「文献から見るキカイガシマと城久遺跡群」『東アジアの古代文化』一三〇号、二〇〇七年）。

一一世紀に成立した『新猿楽記』には、東は俘囚之地から西は貴賀之島までを活動範囲とする商人の主領としての八郎真人《はちろうのまひと》が登場する。八郎真人は、当時の交易者をもとに造形された人物であって、彼が扱った品が唐物・本朝物として列記されており、その中には夜久貝が含まれている。

『小右記』長元二年（一〇二九）八月二日条は、大隅国の住人藤原良孝が、島津荘を開発した平季基《たいらのすえもと》による大隅国府焼き打ちに対抗するための政治工作の一環として、右大臣藤原実資に色革・赤木・檳榔・夜久貝を贈ったことを伝えている（永山修一「『小右記』に見える薩摩・大隅国からの進物の周辺」『鹿児島中世史研究会年報』五〇号、一九九五年）。前年に実資は、前大宰帥藤原隆家の求めに応じて夜久貝四〇余口を贈っており、実資の手元にはおそらく常に一定量の夜久貝がストックされていたと思われる。このころ螺鈿《らでん》がさかんに用いられていたことは、記録類・儀式書・『枕草子』・『うつほ物語』に頻出することで知られており、また漆芸技法の面から見ると、一一世紀に入る頃と一二世紀に入る頃に螺鈿技法の飛躍的進展があり（中里壽克「古代螺鈿の研究」上・下『国華』一一九九号、一九九五年・一二〇三号、一九九六年）、これはヤコウガイの需要の増大と密接な関わりを持つと考えられる。

一一世紀に入ると、奄美大島などでは、ヤコウガイ大量出土遺跡が姿を消す。『小右記』には、ヤコウガイの数詞として「口」が用いられていおり、ヤコウガイに加工を加えず、貝をそのまま運び出すようになったことと関わると考えられる。

『小右記』に見える地方在住者からの進物記事を見ると、右大臣藤原実資は、自らの家人などを薩摩・大隅の国司に任じ、南島産品などを送らせている。南海の島々は、王朝貴族の珍重すべき品々を産出することによって、「貴」のイメージを以て認識されており、個別島名としてばかりでなく、多くの島々の集合名称としても用いられるようになった（永山修一「キカイガシマ・イオウガシマ考」『日本律令制論集　下』吉川弘文館、一九九三年）。

六　キカイガシマとイオウガシマ

一一世紀後半に入る頃、南島をめぐる状況に大きな変化が見られる。

まず、喜界島の城久遺跡群ではⅡ期（一一世紀後半〜一二世紀）に入り、この遺跡群は、遺物・遺構の両面で最盛期を迎える。大型の四面庇状建物跡とそれに付随する住居・倉庫群や、多数の鍛冶関連の遺構や遺物も確認され、原料から鉄を取り出し、インゴット化する作業が行われていたと考えられる。また、火葬・再葬（焼骨再葬）・土葬などさまざまな葬法が見られ、白磁碗・カムィヤキ壺・ガラス玉などが副葬されている。遺物の面では、白磁Ⅳ・Ⅴ類、初期高麗青磁、朝鮮系無釉陶器、滑石製石鍋、カムィヤキ類須恵器、讃岐産須恵器などが検出されている。南西諸島ではこれまでの調査でこの前後の時期の製鉄炉は見つかっていないことから、城久遺跡群で生産された鉄塊が南西諸島に広く普及している可能性もあり、鉄器の普及は農耕の普及とも大きく関わっていると推察できるので、城久遺跡群にモノが集約する大きな求心力の一つであろうとも考えられている（松原信之他『城久遺跡群　総括報告書』喜界町教育委員会、二〇一五年）。

徳之島では、忽然とカムィヤキ類須恵器の製造が始まる。これは、東播系・常滑・珠洲と並ぶ四大広域流通陶器の一つに数えられている（吉岡康暢「中世須恵器の語る列島海域の物流」荒野泰典他編『日本の対外関係3　通商・通交圏の拡大』吉川弘文館、二〇一〇年）。徳之島伊仙町の七つの支群、一〇〇基以上から成るカムィヤキ陶器窯跡では、一一世紀後半に、朝鮮系無釉陶器の技術を導入する形で生産が始まり、一四世紀頃まで操業された。カムィヤキ類須恵器は、壺・鉢・甕を主とし、玉縁口縁白磁を模した碗や瓶などの器種もある。鹿児島県本土部から沖縄県の波照間島まで広く分布し、出土資料数は奄美諸島に多い（新里亮人「カムィヤキとカムイヤキ古窯跡群」『東アジアの古代文化』一三〇号、二〇〇七年）。なお、近年長崎県大村市竹松遺跡でカムィヤキ類須恵器が確認され、分布域が大きく北に広がった。

さらにこの時期に、滑石製石鍋が南島に流入してくる。滑石製石鍋は、長崎県の西彼杵半島などで作製されたことが知られており、一一世紀を中心とする竪耳形と一二世紀以降の鍔付形（羽釜形）に分けられるが、南島に流入してくるのは、基本的に竪耳形（把手付）の石鍋である（鈴木康之「滑石製石鍋の流通と琉球列島」池田榮史編『古代中世の境界領域』高志書院、二〇〇八年）。また、南島では、粉末にした滑石を粘土に混ぜて焼成した石鍋模倣土器（滑石混入土器）が多く作られた。この石鍋模倣土器は、質感においても滑石製石鍋によく似ており、沖縄諸島では、滑石製石鍋や陶磁器・鉄鍋などを模倣することによって、一一世紀代にグスク系土器が成立するという（池田榮史「グスク文化の形成と東アジア」『沖縄県史　各論編　古琉球』沖縄県、二〇一〇年）。

日宋貿易の拠点である大宰府では、一一世紀中頃までに鴻臚館が廃絶し、貿易の中心地が博多遺跡群に移って、博多に居留する宋人によるいわゆる住蕃《じゅうばん》貿易が開始されるようになる（大庭康時『中世日本最大の貿易都市博多遺跡群』新泉社、二〇〇九年）。また、大宰府官長が府官を手足として管内諸国への支配強化をはかり、一〇世紀末以降、管内諸国の国司や宇佐宮・安楽寺などと激しく対立するが、中央の裁定により往々にして大宰府官長側の敗北に終わり、徐々に大宰府の統制が有名無実化していった。

『高麗史』文宗三四年（一〇八〇）閏九月庚子条によれば、薩摩国に何らかの基盤を持つ勢力が、高麗との交易に乗り出していた。また『続資治通鑑長編』巻三四三、神宗の元豊七年（一〇八四）二月丁丑条によれば、宋は、五つの商人集団（綱）によって、日本から硫黄五〇万斤の輸入を計画し、実行に移した。これは、西夏との戦いの中で、火薬兵器の材料を得るためであり、宋が日本との硫黄交易に本格的に乗り出してきたことが分かる（山内晋次『日宋貿易と「硫黄の道」』山川出版社、二〇〇九年）。硫黄が注目されるようになってきたことにより、イオウガシマという島名が存在感を強めていき、イオウガシマは、南島の集合名称ともなっていった。

硫黄島（鹿児島県三島村）では、近年、大宰府編年白磁碗Ⅳ類などが確認され、山内晋次氏の言う「硫黄の道」に組み込まれていたことが、考古学的にも明らかになった（橋口亘「中世前期の薩摩国南部の対外交渉史をめぐる考古新資料」『鹿児島考古』四三号、鹿児島県考古学会、二〇一三年）。

さらに、『高麗史』宣宗十年（一〇九三）秋七月癸未（八日）条によれば、高麗の西海道按察使が捕らえた海賊船には宋人・倭人が乗り組んでおり、真珠・硫黄・法螺貝など南海産と思しき品々を積載していた。宋・高麗・日本の人々が、東シナ海で活動を活発化させていた。

博多遺跡群では墨書陶磁器が多数出土しており、その中に宋の商人集団に関わる「綱」「〇（人名）綱」と墨書されたものが多い。二〇一六年には、鹿児島県大島郡瀬戸内町の与路島で、一二世紀中頃のものとされる「荘綱」と墨書された白磁が確認された（與嶺友紀也『瀬戸内町内の遺跡1』瀬戸内町教育委員会　二〇一七年）。先に見た滑石製石鍋は宋商人が用いた煮炊具であるとも考えられており、南島海域での宋商人の活発な活動の一端を示している。

一一世紀半ば頃から南島で見られる大きな変化は、東アジアのレベルで起こっていた変化の重要な一部を構成しているとすることができる。

七　キカイガシマ　「貴」から「鬼」へ

源《みなもとの》師房《もろふさ》の日記『長秋記』天永二年（一一一一）九月四日条によれば、喜界島の人の紀伊国漂着事件が現在の閣議にあたる陣定の議題になっていた。これは、「宋人定」に準じたものであり、喜界島は中国の宋と同じように異国としての扱いを受けていることがわかる。一〇世紀末、大宰府の下知を受ける存在、即ち日本の内側に位置付けられていたキカイガシマが一二世紀初頭には日本の外側に位置付けられることになった。

一方、国史跡隼人塚（鹿児島県霧島市隼人町）は、大隅国分寺の六重層塔の「康治元年（一一四二）」の記年銘などから、同じ頃に造られたとされているが、鈴木景二氏は、鎮護国家を祈る大般若会の本尊としてつくられたもので、南島世界の窓口に位置する大隅国の性格を背景に持つとしている（「大隅国の希有な遺跡・遺物～仮名墨書土器・隼人塚～」『大隅国建国一三〇〇年記念記録集』霧島市教育委員会、二〇一四年）。

『吾妻鏡』文治三年（一一八七）九月二十二日条には、薩摩国阿多郡に本拠を置き源為朝の舅として九州で大きな力をふるった平忠景が、平家在世の永暦元年（一一六〇）ころ、勅勘を蒙り、貴海島に逐電したという記事が見える。これは、貴海島がもはや勅勘の効力を発揮し得ない場所、すなわち日本の外と認識されていたことを示す。また、源頼朝が計画した貴賀井島征討に対して、摂関家が「彼の島の境は、日域太だ故実を測り難し。」との諷諫を行ったことにも通じる。平忠景の初見記事は保延四年（一一三八）十一月十五日付の観音寺への所領寄進状であるが、観音はこの時期東アジアに於いて航海神の性格を持っており、山あてとなる金峰山（標高六三六メートル）の山腹に観音寺が創建されていることは、この地域の対外交易を考える上で重要である。

安元三年（一一七七）に平清盛打倒を計った鹿ヶ谷事件で、俊寛・藤原成経・平康頼はキカイガシマに流罪となった。このキカイガシマは、硫黄島（鹿児島県鹿児島郡三島村）のことであるが、『平家物語』によれば、成経のもとには舅の平教盛の計らいで肥前嘉瀬荘より物資が送られたといい、また赦免後に康頼が著した『宝物集』の中で、この島を「鬼界島」と表記している。かつて、垂涎の品々を産出することからプラスイメージの「貴」・「喜」の字を以て表記されていたキカイガシマは、異域に対する恐怖心や地獄観あるいは流刑地としての利用の影響などから、マイナスイメージの「鬼」の字を以て表記されるようになっていった。（永山修一「キカイガシマ・イオウガシマ考」）

おわりに

万之瀬川下流域に位置する中岳山麓に九〜一〇世紀に営まれた窯で焼かれた須恵器が種子島や喜界島で出土していることが明らかになった（中村直子・篠藤マリア編『中岳山麓窯遺跡群の研究』鹿児島大学埋蔵文化財調査センター、二〇一五年）。また、トカラ列島の中之島でも、平安時代の土師器・須恵器・越州窯系青磁が確認されている（新里貴之「トカラ列島の弥生時代と平安時代」『日本考古学協会第83回総会発表要旨』二〇一七年）。

さらに万之瀬川下流域の遺跡群の一つである持躰松遺跡（鹿児島県南さつま市金峰町）は、一一世紀後半からの遺物が出土し、一二世紀中頃から一三世紀前半を中心とする。この主たる遺物の組成が、奄美大島の倉木崎海底遺跡（大島郡宇検村）で引き上げられた中国産陶磁器の組成によく似ていることから、万之瀬川流域に見られる「唐房」「唐仁原」の地名とも絡んで、中国との交易の拠点であったと評価されている（柳原敏昭『中世日本の終焉と東アジア』吉川弘文館、二〇一一年）。

黒島（鹿児島県鹿児島郡三島村）の大里遺跡では、軒平・軒丸・鴟吻などの中国系瓦が出土しており、宋人によって寺院が建立された可能性が指摘されている（中園聡編『黒島平家城遺跡・大里遺跡ほか』三島村教育委員会、二〇一五年）。

鹿児島県大島郡瀬戸内町では、貝塚時代後2期（古墳時代後期～平安時代併行）の一六遺跡からグスク時代（一一世紀後半～一五世紀前半）には四九遺跡に遺跡数が一気に拡大する（與嶺友紀也『瀬戸内町内の遺跡1』瀬戸内町教育委員会、二〇一七年）。

こうした南島での交易の活発化は、琉球王国の形成にも重要な影響を与えたことが知られている（吉成直樹『琉球の成立』南方新社、二〇一一年、来間泰男『琉球王国の成立　上・下』日本経済評論社、二〇一四年）。また、高梨修氏は、中国山東半島から朝鮮半島南西岸の多島海域、九州西海岸の多島海域、南西諸島、台湾を結ぶ「韓日琉中弧島嶼帯」と仮称する交流圏を想定している（『南方史』鈴木靖民他編『日本古代交流史入門』勉誠出版、二〇一七年）。発掘調査のさらなる進展によって、特に南島地域における歴史像が今後も更新されていくことを期待したい。

あとがき

古代日本の国際環境を主題とする本巻の内容に関し、私が最初に試案を作成したのは、二〇一四年七月であった。当時、竹林舎において本シリーズの企画が持ち上がっていて、その可能性を検討する際の参考にと鈴木靖民氏から依頼されたためである。その後、鈴木氏を監修者とする『古代文学と隣接諸学』の全体像が具体化されたため、あらためて古代文学をイメージしながら、周囲とも相談しつつ内容と構成を再検討してみた。けれども結局、章立ては当初の試案をそのまま踏襲し、執筆項目案も大きく変える必要を感じなかった。けれども本巻をなすには、いずれの項目の執筆も、それぞれの分野を最前線で牽引し多忙を極める研究者にお願いしなければならない。そのため、刊行までの準備は容易でないだろうと予測していた。実際、色々と難しいこともあったが、それでもこのたび、計画された刊行時期を大きく遅らせることなく、予定された二〇編の論考を全て整えることができたことに、編者としてひとまず安堵している。

しかも寄せられた論考はいずれも、それぞれの専門領域の方法論と研究蓄積にしっかりと立脚し、かつ個々の専門分野から外の分野へとつながる視点や提言が豊富である。まさに「隣接」を意識した論考が揃ったように思う。「序」でも記したように私自身も多くの気づきがあった。これらをそれぞれの問題関心に基づき組み合わせて読むことで、特定の専門領域からでは見えなかった、古代列島をとりまく国際交流史の新たな扉が開かれることを期待している。本シリーズと本巻の趣旨にご賛同頂き、お忙しいなかご協力いただいた執筆者の方々、また我々を力強く後押しいただいた竹林舎の黒澤廣氏に、厚く御礼申し上げる次第である。

執筆者一覧

赤羽目匡由	あかばめ まさよし	朝鮮古代史	首都大学東京准教授
榎本　淳一	えのもと じゅんいち	日本古代史	大正大学教授
王　　海燕	おう かいえん	日本古代史	中国 浙江大学教授
葛　　継勇	かつ けいゆう	日本古代史・東アジア古代史	中国 鄭州大学教授
金子　修一	かねこ しゅういち	中国古代史	國學院大學教授
河添　房江	かわぞえ ふさえ	日本文学	東京学芸大学教授
河内　春人	こうち はるひと	日本古代史・東アジア交流史	明治・立教・中央・ 大東文化・首都大学東京兼任講師
近藤　　剛	こんどう つよし	日本高麗関係史	開成中学・高等学校教諭
菅波　正人	すがなみ まさと	日本考古学	福岡市経済観光文化局
田中　克子	たなか かつこ	考古学（中国陶磁）	アジア水中考古学研究所理事
田中　史生	たなか ふみお	日本古代史	関東学院大学教授
手島　崇裕	てしま ++++ たかひろ	平安時代仏教交流史	韓国 慶熙大学校助教授
永山　修一	ながやま しゅういち	日本古代史	ラ・サール学園教諭
西村さとみ	にしむら さとみ	日本文化史	奈良女子大学准教授
浜田久美子	はまだ くみこ	日本古代史	国立国会図書館司書
細井　浩志	ほそい ひろし	日本古代史	活水女子大学教授
皆川　雅樹	みながわ まさき	日本古代史	産業能率大学准教授
蓑島　栄紀	みのしま ひでき	日本古代史・アイヌ史	北海道大学准教授
森　　公章	もり きみゆき	日本古代史	東洋大学教授
山崎　覚士	やまざき さとし	中国中世史	佛教大学教授

監修

鈴木　靖民	すずき やすたみ	日本古代史・東アジア古代史	横浜市歴史博物館館長

古代日本と興亡の東アジア　〈古代文学と隣接諸学１〉

2018年1月15日　発行

編　者　田中　史生

発行者　黒澤　廣

発行所　竹林舎
112-0013
東京都文京区音羽1-15-12-411
電話03(5977)8871　FAX03(5977)8879

印刷　シナノ書籍印刷株式会社

ISBN 978-4-902084-71-9

古代文学と隣接諸学〈全10巻〉

監修　鈴木靖民

第1巻	古代日本と興亡の東アジア	編集　田中 史生
第2巻	古代の文化圏とネットワーク	編集　藏中 しのぶ
第3巻	古代王権の史実と虚構	編集　仁藤 敦史
第4巻	古代の文字文化	編集　犬飼 隆
第5巻	律令国家の理想と現実	編集　古瀬 奈津子
第6巻	古代寺院の芸術世界	編集　肥田 路美
第7巻	古代の信仰・祭祀	編集　岡田 莊司
第8巻	古代の都城と交通	編集　川尻 秋生
第9巻	『万葉集』と東アジア	編集　辰巳 正明
第10巻	「記紀」の可能性	編集　瀬間 正之